尾崎俊二
OZAKI SHUNJI

POWSTANIE WARSZAWSKIE 1944

ワルシャワ蜂起

1944年の63日

御茶の水書房

まえがき

ワルシャワ蜂起――一九四四年の六三日

一九四四年八月一日から一〇月二日まで続いたワルシャワ蜂起を書くのが容易でないことはよく承知している。その背景には、ロンドンにおかれたポーランド亡命政府と英米ソ三大国のあいだの外交関係、東部戦線におけるドイツ軍とソ連軍の動向とポーランド国内軍（AK）の「ブジャ」（嵐）作戦の展開、そしてワルシャワ市内そのものの戦闘の経緯などがあって、それぞれが独自の研究テーマとなりうるものであり、それらはまた相互に複雑な要素がからみあう関係にもある。そのため、その国の歴史学者のみならず一般市民のあいだでも、蜂起開始の決断について決定的な評価を下すことは極めて困難で、将来にわたってもその評価が定まることはないだろうと言われるのである。

六三日間にわたるワルシャワ蜂起でのポーランド人犠牲者は民間人一八万人、戦闘員二万人以上で合計二〇万人をこすとされる。ワルシャワで会ったある人はその数が広島・長崎への原爆投下で一九四五年末までに直接亡くなった人数（広島で一四万人、長崎で七万人以上）とほぼ同じなのだと言った。ポーランド人がいきなり「ヒロシマ」「ナガサキ」の犠牲者と比較したことには思いがけない感動をおぼえたのだが、その国の人々にとって一九四四年蜂起の犠牲は原爆投下による犠牲者にも匹敵するほどに大きなものだったのである。それほどに多大な犠牲を生んだため、「蜂起は起こすべきでなかった」という意見が蜂起を体験した人々のなかだけでなく、後世代の人々のなかにも素朴な感情として少なからずあるのも事実である。蜂起の主体となったタデウシュ・コモロフスキ（ブル）をトップとする国内軍総司令部、アントニ・フルシチェル（モンテル）をトップとする国内軍のワルシャワ管区司令部の情勢分析や戦略的判断、戦闘戦術を批判する向きもまた少なくはない。ロンドンにあったポーランド軍の最高司令官、カジミェシュ・ソスンコフスキ将軍は七月二九日に視察先のイタリアから蜂起開始に強く反対し、ポーランド第二軍団司令官、ヴワディスワフ・アンデルス将軍は八月一日のワルシャワ蜂起開始の知らせを聞いて「容赦できない誤り」と批判したという。

一方で、では一九四四年七月末のあの時点で、被占領地の地下国家指導者と国内軍指導者には、他にどのような選択肢があったのかとの反論がなされる。モスクワからの共産主義者の放送が連日、ワルシャワ市民に決起を煽るなか、東方からヴィスワ川右岸近くに進出してきたソ連軍がその直後に進撃を突如ストップすることをだれが予想できただろうかとも言われる。二ヶ月後の一〇月初めに停戦・降伏をよぎなくされはしたが、あのときに蜂起して自由と独立を求めるポーランド国民の意思を示さなかったならば、戦後四五年間の共産党（統一労働者党）のもとでの社会主義体制を克服して、基本的に民主主義が保障された今日の政治体制に踏み出すことが果たしてできただろうかという意見も聞く。一九四四年の蜂起について語りだすと、ポーランド人のあいだの議論は果てしなく続き、みなが一致する結論に到達することはまれだろう。

だが、いずれにしても、重い事実として知っておくべきことがある。ワルシャワ蜂起についてのこうした議論そのものが広く自由になされるようになったのは、ポーランドが自主独立労組・連帯の一〇年間の闘争をへて、戦後初めて自由選挙をかちとって体制変革の道をたどる一九八九年頃からだったということである。ワルシャワに観光ツアーでやって来る人々が必ず訪れるクラシィンスキ広場のワルシャワ蜂起記念群像が除幕されたのも同じ一九八九年のことで、蜂起からすでに四五年が経っていた。それ以前、とくに戦後間もない頃は蜂起を称揚することなどとても許されず、蜂起の主体となった国内軍の指導者や蜂起兵は「反ソ」であるがゆえに「ナチスの協力者」「ファシスト」「裏切り者」よばわりまでされて迫害され、秘密裁判にかけられて処刑された人さえ少なくなかった。蜂起の英雄的行為に言及するならば、ヒーローは共産党系の人民軍（AL）でなくてはならなかったし、一般の蜂起参加者や市民は「無責任な」国内軍指導者の犠牲者だったとされた。学校教科書でも、ポーランド統一労働者党が権力をにぎる社会主義政権の許容するそうした内容の公式の筋書きが長く支配的だった。

こうした見方は戦後初めて現れたものではない。それはすでに蜂起開始のときから、スターリンのソ連が発する強力なプロパガンダのもとにポーランド人のみならず、諸外国の国民やメディアにも押しつけられてきたもので、戦後も長くその影響力を持ち続けた。

ジョージ・オーウェル（エリック・アーサー・ブレア、一九〇三～一九五〇）が一九四四年八月のワルシャワ蜂起について書いた一文がある。同年九月一日付『トリビューン』紙 *Tribune* のコラム *As I Please 40* である。蜂起開始からすでに一ケ月が経過していた。ワルシャワでは西部のヴォラ、西南部のオホタ両地区がナチス・ドイツの凶悪な犯罪者部隊によって蹂躙・席捲されたあと、ヴィスワ川にも近いスタレミャスト（旧市街）がまさに陥落したときである。オーウェルは一九四四年蜂起そのものにとくに肩入れしようとしたのではないが、英国の左派系各紙とインテリゲンツィヤがスターリンとソ連政府の顔色をうかがい、ロンドンにおかれたポーランド政府に対して冷淡でアンフェアな態度をとっていることに関し、「左派系のすべて、あるいはほとんどすべての新聞は、赤軍の進入を目前にしながら、『機が熟さぬままに』配下に蜂起命令を下したロンドンの亡命政府に対する非難でいっぱいになった」（*Orwell in Tribune, 'As I Please' and other writings 1943-7*, p.182）と憤りの声をあげた。

オーウェルは「ポーランド問題に詳しくはなく」「ロンドンのポーランド政府とモスクワ系の国民解放委員会の間の争いに介入するつもりもない」と断りながらも書いた。「私の関心事は英国のインテリゲンツィヤの態度である。彼らは両者の間で、自分たちがロシアの政策だと信じるものについて、それがどのような方向をとろうとも異議を唱えようという声をまったくあげられず、いまこの場合には卑劣きわまりなくも、わが国の爆撃機をワルシャワで戦う同志たちの援助に派遣すべきでないとまで言いたげである」(*Ibid.*, p.183)。

スターリンのソ連は一九四四年七月からワルシャワでの反ドイツ決起を煽っていた。ところが、八月一日に蜂起が開始されると、ソ連軍のワルシャワ進軍にブレーキがかかる。そのとき、ヴィスワ川右岸・プラガ地区付近でドイツ側の強力な反攻に遭ったという事実があったにしても、ソ連軍が攻勢にでたのはようやく九月一〇日頃のことで、その数日後に同地区を制圧するとまたも沈黙し、ワルシャワ市民を深く失望させた。スターリンは八月九日にモスクワ滞在中のスタニスワフ・ミコワイチク首相に対して「ワルシャワ支援に最善をつくす」と言明していた。しかし、ソ連軍がワルシャワを解放したのは約五ヶ月後の一九四五年一月一七日のことで、蜂起軍が武器をおき、ドイツ軍がワルシャワを完全に破壊したあとだった。その間、国内軍指導部は「事前の協調もなく」蜂起を開始した「冒険主義者」として非難され、一方では戦闘の主体は共産党系の人民軍であるとの印象がつくりだされた。

チャーチルは在ロンドンのポーランド政府とワルシャワでの蜂起に対する支援に努力したが、大戦戦略と戦後の世界秩序を構想するうえでスターリンの意向に対してはつねに慎重な対応と配慮を迫られた。ポーランド問題でスターリンと対立することは「ナチス・ドイツの無条件降伏」という大目標の実現を妨げる危険があった。ポーランドの旧東部国境問題でチャーチルとローズヴェルトがスターリンの要求を受け入れたため、在ロンドンのポーランド政府の威信は傷ついた。スターリンは戦後世界での自らの勢力圏を構想しつつ、躊躇なく共産主義者によるポーランド政権樹立に向けて動きだした。戦後、ポーランドはナチス・ドイツから解放されたが、スターリン主義的な社会主義陣営に入り、一九四四年蜂起に関しても、ソ連のプロパガンダにもとづく解釈が引き続き長く押しつけられることになる。

ソ連と戦後のポーランド社会主義政権のもとで押しつけられたアンフェアな政治的評価が修正されてくるのは、一九八〇年代から強まった民主化の過程のなかでのことである。それまで、ワルシャワ市内の多くの通りや広場には当然のこととして共産党指導者の名前が冠せられ、建物壁や公園などの記念碑のプレートも戦前の共産党系指導者や人民軍を讃美するものが多数をしめた。政治体制の変革過程の進展にともなって「戦うポーランド」を意味するPWのシンボルとともに蜂起の主体となった国内軍の戦闘を記念するプレートがつぎつぎに現れてきたのは一九八〇年代半ばから九〇年代にかけてである。PWは"*Polska Walcząca*"(「ポルスカ・ヴァルチョンツァ」＝戦うポーランド)の頭文字であり、占領下のポーランド地下運動と国内軍のシンボルである。政治体制の変化とともに、教会や墓地のなかだけに長く封殺されてきた蜂起参加者に対する熱い思いがあふれ出たのは、それまでの鬱屈した感情の反動でもあったろう。ポーランドの人々が戦後長くその精神を抑圧してきた社会主義権力公認のアンフェアな筋書きから解放され、ようやく自由な言論・出版のもとで蜂起について、さまざまな立場・観点から公然と広く語ることができるようになって、いまようやく二〇年余りなのである。ワルシャワ蜂起博物館が開館したのも二〇〇四年七月末、蜂起六〇周年のことであり、国内軍関係の記念プレートや記念碑がいまも新しく生まれ、その街を訪ねる度に蜂起を描く新しいストリート・アートにもあちこちで出会う。

情勢分析、戦略戦術に関して蜂起指導部に対する批判は少なくなく、あれほどの犠牲を出したのは間違いだとの声も聞く。ブル＝コモロフスキを蜂起開始の決断に踏み切らせたのはモンテルのもたらした情報で、もしも別の情報をもたらした情報参謀、カジミエシュ・イラネク＝オスメツキが七月三一日の幕僚会議にもう少し早く到着していたら、歴史が変わっていたかもしれないなどという見方もある。しかし、ワルシャワ蜂起の現場を調べてたずね歩いてみて痛切に思うのは、戦闘開始の判断はたとえ歴史家からみて非合理的であったとしても、ナチス・ドイツ占領下のまさにその首都にいてそれを決断せざるを得ず、戦った人々にこそ歴史のリアリズムがあったのだということである。ロンドンでソ連と英米の動向を見ていた指導者たちには「大局的」な判断が可能だったかもしれない。また、後の時代の歴史家、批評家はことの成り行きを見た上で、被占領地の指導部の欠陥をいくらでも突くことができるだろうし、「正しい判断」をさずけることもできるだろう。しかし、一九四四年のワルシャワ蜂起に関して、国内軍指導者も、またその命令を受けて行動したすべての人にとっても、複雑な状況のなかでのそのときの決断以外に他の選択肢はなかったのだと思わざるをえない。占領下ワルシャワの地下国家指導部・国内軍指導者らが直面したのは、ワルシャワ解放が西側連合国軍によってではなく、ソ連軍の力に依存せざるをえないことが明らかになった状況のもとで、いかにしてポーランドの独立を回復・維持できるかというほとんど解決不可能な難問だった。地下国家政府の市民闘争指導部の責任者だったステファン・コルボインスキは書いている。

「ワルシャワで四万人の将兵を擁する国内軍が、退却し混乱に陥るドイツ軍を攻撃もせずに傍観しているなどということは考えられなかった。ポーランド国民の尊厳と誇りにかけて、ポーランド人自身によって首都を解放しなければならなかった。それはまったく議論の余地がなかった。それに、もしもソ連軍がポーランド人の支援なしにワルシャワを制圧した場合、西側世界が何と言うかを考えなければならなかった。そうなった場合、スターリンは連合国に対して、国内軍、地下政府、ポーランドの地下抵抗運動などはそれ自体フィクションだと容易に確信させることもできよう。首都にいながら、その解放の戦いに参加できない軍隊、国家とはどういうものなのか。そんなものは存在しないに等しい、となるのは明らかであろう。そして最後には、ヒトラーの命令により、何がなんでもワルシャワは破壊され抹殺されるとの情報がドイツ側から流されていたのだ」(*Fighting Warsaw*, pp.347-348)。

彼は「客観的であるために」としてさらに続ける。

「あのとき、ソ連軍が意図的に攻勢を止め、ワルシャワ蜂起が開始された日に攻撃を中止するなどと、ほとんどだれも予想できることではなかった。ヴィルノやルヴフの解放に参加した国内軍部隊がソ連軍によって武装解除されたという情報は総司令部からおぼろげながら届いてはいた。しかし、たとえそれについて完全で確かな情報があったとしても、ワルシャワでの軍事行動という考えを放棄する決定がなされたとは思わない。もはや、火山の噴火を止める方途を考えつくものはだれもいなかった。一九四四年七月、ワルシャワはまさに噴火寸前の火山だった」(*Ibid.*, p.348)。

とはいえ、筆者が本書で意図したのは、ワルシャワ蜂起について政治的分析をくわえて何らかの歴史的評価をくだすことではない。筆者は二〇〇七年に上梓した『記憶するワルシャワ』(副題、抵抗・蜂起とユダヤ人援助組織「ジェゴタ」、光陽出版社刊)で、ナチス・ドイツ占領下のワルシャワにおけるポーランド・ユダヤ人とワルシャワ・ゲットー、ユダヤ人の武装抵抗、ポーランド人の武装抵抗とユダヤ人援助活動、ワルシャワ蜂起について、ワルシャワの街をめぐり歩きながら、当時そこに生きた人々の証言をまじえて書き記してみた。その後、ワルシャワ蜂起そのものを同じような手法で書き記すことができないかと考え始めた。そして、蜂起に関わる記念碑的スポットをさらにたずね歩いた。それぞれの場所で、そこに生きて戦った人々、斃れた人々のことをかすかであれ思い描くことができればと思った。冒頭に犠牲者の概数をあげたが、犠牲者の数はそれがいかに大きな数字でも、いや大きな数字であればあるほど、そこに個々の人間の生死を見出すことはむずかしくなる。だが、蜂起にかかわる記念碑的スポットにはそうした人々がたしかにそこに生きて斃れたことが記憶されている。

繰り返しになるが、筆者の関心はワルシャワ蜂起を一つの歴史的事件として組み立て分析して評価を加えることにはない。むしろ反対に、ワルシャワ市内のさまざまな地域でさまざまな人々が体験したことをそれぞれの場所を通じて個別的にたどることにある。人々はそれぞれ異なった場所で異なった体験をしている。いつどこで蜂起を体験し戦ったのか。そこでどのような光景を見たのか。その体験が一人一人の蜂起に対する評価を決定する。あえて言えば、一人一人の体験が真実であり、真実は実に多様なのである。

書くことがきわめて難しいそのワルシャワ蜂起について書くことを強く後押ししたのは、蜂起を戦った人々と犠牲者に対するポーランド人、ワルシャワ市民の熱くて深い思いである。人々は蜂起開始についての政治的評価に関して、それぞれに相異なるものをもってはいても、蜂起を戦い、犠牲となった人々を悼み、記憶し、深く思いやる気持ちはみな等しく同じである。それは蜂起にかかわったのがまさにワルシャワ市民全体だったという事実によるのだろう。あらゆる階層、裕福なものも貧しいものも、大学教授も学生も、労働者も知識人も商売人も、芸術家も聖職者も、女性も子供も、老人も障害のある人も、ユダヤ系市民も、政治信条からすると共産主義者もナショナリストもリベラルもあらゆる人々が蜂起に参加した。その国内軍はナチス占領下の地下国家の軍隊として、限られた武器を手に圧倒的に優勢な敵と戦った。スカウトの少年少女たちは野戦郵便活動で手紙や通信をもって戦火の街と瓦礫のなかを走り抜けた。市民たちはいたるところでバリケードを構築した。女性たちは兵士として戦ったほか、負傷兵を手当てし、食料の供給に力を尽くした。地下水道の案内人の多くは「カナラルカ」とよばれた女性たちだった。もちろん、本文にも記すように、戦況の悪化にともない、市民のなかからは国内軍指導部に対する強い批判や不満もでた。しかし、ワルシャワ市民全体が蜂起に参加し、その多くが犠牲となったという事実は動かない。

蜂起に斃れた人々に対するワルシャワ市民の思いは、市内各所に数え切れぬほどある記念碑や記念プレートの前に色鮮やかな花やろうそくが常に絶えることなくたむけられていることによく表れている。だが、人々のその思いをひときわ鮮明に集約して表すのは、蜂起が開始された八月一日前後の首都の光景である。蜂起開始の「W時」(「ゴヂナ・ヴ」)とされたその日の午後五時、ワルシャワの街はスチール写真のようにぴたりとその動きを止める。市内を走るトラムも車も止まり、人間の唸り声のようなサイレンが空に鳴り響き、街行く人々はみな立ち止まって黙祷する。クラシィンスキ広場のワルシャワ蜂起記念群像のもとへは年寄りから若者まで大勢の人々がすでに集まっていて、記念碑の周りは花とろうそくで埋めつくされてしまう。午後九時頃、ようやく日は落ち、蜂起部隊の犠牲者が大隊・部隊ごとにも多数埋葬されているポヴォンスキ軍人墓地には大勢の人々が訪れ、供えられた無数のろうそくの炎があちこちの暗闇で墓石・墓標を赤々と照らしだす。まさにその炎のゆらめきにワルシャワの魂を見る思いがする。ワルシャワという街はこれからも幾世代にもわたり、人々を蜂起の記憶に懐深くつつみこんでゆくのだろう。

本書はプロローグに続いて、第一章「地下水道」から始まる。ワルシャワ蜂起といえば、アンジェイ・ヴァイダ(ワイダ)監督の映画「地下水道」(*Kanał*, 1956)を思い浮かべる方も多いだろう。蜂起で使われた地下水道ルートはいくつもあって、第二章以下で詳述する各地区をつなぎ、蜂起部隊の通信・連絡、武器・弾薬の輸送、そして脱出ルートともなった。読者にはまず「地下水道」を通してワルシャワ市内の輪郭と蜂起部隊の戦いの一端にふれていただき、そのあと各地区に足を踏み入れていただきたい。ひと口に「一九四四年のワルシャワ蜂起」といっても、その六三日間にそれぞれの地区で実に様々な戦闘や出来事があり、しかもそれぞれの出来事がさまざまな過去ともつながっていて、それらを大づかみにして、何らかの政治的評価を安易にくだすことはできない。その意味でも、一九四四年のワルシャワ蜂起の評価は将来にわたって定まることはないといえるのかもしれない。前著『記憶するワルシャワ』と同様、本書でも当時を生きて戦った人々の語りと記述を引用している。当然のことながら、そうした人々の証言も視点を変えれば違った見方や批判がありうるが、それぞれが原証言としての価値まで奪われることはない。

本書の執筆にあたり、現地ワルシャワの方々から多大な援助と励ましを継続していただいた。一九四四年当時には十代半ばとか二十歳そこそこで蜂起に参加して戦った方々が、ワルシャワ蜂起を書くことを大いに励ましてくださるとともに、貴重なお話や資料を提供してくださった。そのような支えなくして本書を執筆することは、まったく不可能であった。次の方々に心からの謝辞とともに深い敬意を捧げる。

ワルシャワ蜂起者同盟のズビグニェフ・シチボル＝ルィルスキ、エドムント・バラノフスキ、ズビグニェフ・ガルペルィン、ダヌタ・ガウコヴァの各氏、オホタ地区で蜂起を戦ったヤヌシュ・ビエシャルスキ、ズヂスワフ・グロントコフスキ、ヴォイチェフ・マルチンキェヴィチ、アレクサンデル・ミュルレル、イェジ・ルジャの各氏、シルドミェシチェ北で蜂起を戦ったイェジ・ザクシェフスキ氏、ヴォラ地区のパワツィク・ミフラとプロテスタント墓地での戦闘指揮官だったヤヌシュ・ブロフヴィチ＝レヴィンスキ氏、ジョリボシュ地区の秘密地下通信局「潜水艦」のレジスタンス活動家だったヴワディスワフ・ロドヴィチ氏、その地下通信局跡を案内してくださったご子息のピョトル・ロドヴィチ氏、フスプルノタ・ポルスカ協会のアグニエシュカ・ボグツカ氏、貴重な歴史的資料をいくつもいただいたアンジェイ・ゴウォス氏、そして、ワルシャワ訪問のたびに歓迎してくださったヴァレンティナ・シェ＝グラボフスカ、イェジ・シェ＝グラボフスキ、アダム・シェ＝グラボフスキ、スタニスワフ・フィリペク、エヴァ・ブラトシェヴィチの各氏。とくにヴァレンティナ・シェ＝グラボフスカ氏は筆者の関心にこたえて数々の資料をお送り下さるとともに、蜂起に参加した方々をはじめとしてワルシャワの多くの方々との出会いの場をつくり、ポーランドへの扉を開いて下さった。そして、エヴァ・ブラトシェヴィチ氏のご尽力に格別の感謝の意を表する。同氏は二〇〇五年以来毎年、筆者のフィールド・リサーチの計画と要望にもとづいて綿密な現地プランを作成し、のべ数百箇所の調査行動・現地取材に協力して下さるとともに、数々の質問に対しては詳細・豊富な資料をそえて答えてくださった。さらには、本書に収めたオホタ地区などの蜂起参加者のインタビューの書き起こしと英訳の労まで引き受けてくださった。筆者のしごとに格別の理解と励ましをいただいたこの両氏に出会うことがなければこの著書の出版はなかった。お二人との出会いは人生最大の幸運である。

最後に、ポーランド語について貴重な助言をいただいてきた大正大学准教授の白木太一氏、ならびに、筆者の執筆意図を実現するため、適切な助言をいただくとともに、面倒な要望をかなえるために多大なお骨折りをいただいた東洋書店の有馬三郎氏、フリー編集者の吉田淳一氏、カバー装丁の澤井洋紀氏にも深い感謝の意を表する。

二〇一〇年一〇月　　尾崎俊二

再刊によせて

一九四四年のワルシャワ蜂起について、ポーランド本国では当然ながら数多くの研究書が出版されている。しかし日本においては、重要な翻訳書が数点あるものの、日本人自身の筆になるものもまた数点しかない。このたび、東洋書店版が絶版となるにおよんだが、御茶の水書房の橋本盛作社長が本書の意義を認めてくださり再刊が実現することとなった。ここに深く感謝する。再刊にあたり、本文は基本的に手を加えていない。

二〇一五年一一月　　尾崎俊二

人名・通り名の表記、写真などについて

（一）本文中の人名・通り名などポーランド語のカタカナ表記は、白水社『ポーランド語辞典』（木村彰一・工藤幸雄・吉上昭三・小原雅俊・塚本桂子・石井哲士朗・関口時正共編）に準拠したが、ワルシャワ（ヴァルシャヴァ）、ウッチ（ウゥチ）、アンジェイ（アンヂュジェイ）など、日本語で定着している表記を採用したものもある。他方、現代の日本語かな表記では用いられない「ヂ」をあえて使用した例がある。

（二）ポーランド語の単語のアクセントは原則的には後ろから二番目の音節におかれて長音のように聞こえるために、他書においては日本語のかな表記で長音記号を用いるものがあるが、筆者は日本語の長音とは異なると考えるため、本稿における人名や通り名などのポーランド語のカタカナ表記には原則的には長音記号を使用していない。

（三）ポーランドの通り名については、「通り」「街路」を意味する **ulica** 、あるいは「大通り」を意味する **aleja (Aleje)** に後続して語形変化した形をカタカナで記す。ただし、人名に由来する通り名は語形変化した形ではなく、本来の人名（主格）にもどしてカタカナ表記した。

（四）国内軍指導者をはじめ、ドイツ占領下のポーランド地下抵抗活動に参加した人々がそれぞれ使用した「コードネーム」は姓名のあとのカッコ内に記した。

（五）本書に使用した表紙および本編への挿入写真はすべて筆者の撮影によるものである。

（六）本書に掲載した地図は、各種の地図と資料をもとにして筆者が作成したものである。とくに地下水道ルートの地図作成については、*Wielka Ilustrowana Encyklopedia Powstania Warszawskiego*, tom 1 (redaktor naukowy, P. Rozwadowski, 2005), *Kanały: trasy łączności specjalnej powstania warszawskiego* (T. Duchowski i J. Powałkiewicz, 2003), *Dni walczącej Stolicy: Kronika Powstania Warszawskiego* (W. Bartoszewski, 2004), *Warszawa Przedwojenna: plan miasta z 1939r.*, *Dawna Warszawa: reedycja plamu z 1910 r.*, *Mapa Powstania Warszawskiego: 1 VIII-2 X 1944* などを比較参照した。

目次

第七章　三十字架広場、聖アレクサンデル教会、ワルシャワ工科大学
――シルドミェシチェ南

モコトゥフ行進曲――プワフスカ通り
クルリカルニャとアルカディア公園――プワフスカ通り
バシュタ連隊兵士の記念碑――カジミェショフスカ通り
地下水道入口――バウツキ通りとヴィクトルスカ通りの角
地下水道脱出蜂起兵の処刑――ドヴォルコヴァ通り
民家の小さなチャペル――グロットゲル通り
バシュタ連隊記念のオベリスク――ドレシェル公園
ヴォロニチ通り学校の蜂起拠点
エルジュビェタ修道女病院――ゴシチィンスキ通り
「アルカザル」蜂起拠点――ニェポドレグウォシチ大通り
「プデウコ」蜂起拠点――ニェポドレグウォシチ大通り
マグネト要塞――ベルヴェデルスカ通りとプロメナダ通り

第一〇章　最初の銃撃戦・最後の降伏、地下通信局「潜水艦」――ジョリボシュ

ジョリボシュ地区と蜂起
ワルシャワ蜂起最初の銃撃戦――スウォヴァツキ通り
秘密の地下通信局「潜水艦」――フォルテチュナ通り
無名蜂起兵の墓――チェシュコフスキ通り
復活修道会の蜂起拠点――クラシィンスキ通り
旧市街への地下水道入口
ジョリボシュ地区司令官の最後の司令部――ディグナシィンスキ通り
ユダヤ人戦闘員の潜伏地――プロムィク通り
マルィモントの記念プレート――ビェニェヴィツカ通りなど
グダィンスキ駅の激戦
聖スタニスワフ・コストカ教会と最年少兵士像
ジヴィチェル部隊兵士の公園――ポピェウシュコ神父通り
ベモヴォの聖母子像――ベモヴォ地区
ポヴォンスキ軍人墓地――ポヴォンスコフスカ通り

333

現在のワルシャワ行政区分

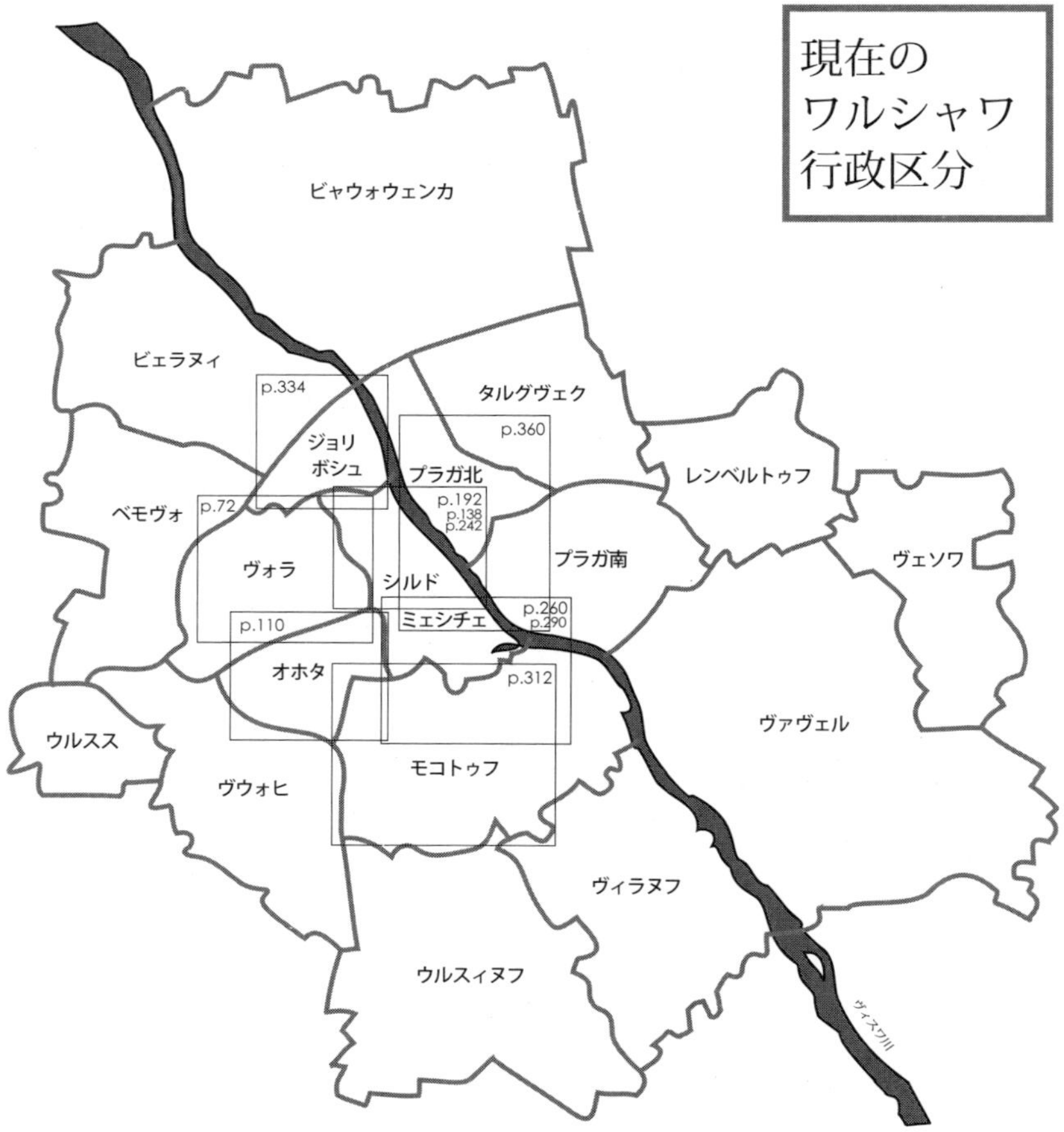

※ 地図中の枠囲みは、本文の各章でとりあげる地域の部分図が表示の頁に掲載されていることを示す。

プロローグ
——ブジャ（嵐）作戦からワルシャワ蜂起開始命令へ

「1944年7月31日、19時頃、国内軍ワルシャワ司令官、アントニ・フルシチェル（モンテル）大佐が、この建物の秘密参謀司令部において、ワルシャワ蜂起開始の命令書に署名した」（オホタ地区、フィルトロヴァ通り68番の記念プレート）

蜂起開始時のワルシャワとその周辺

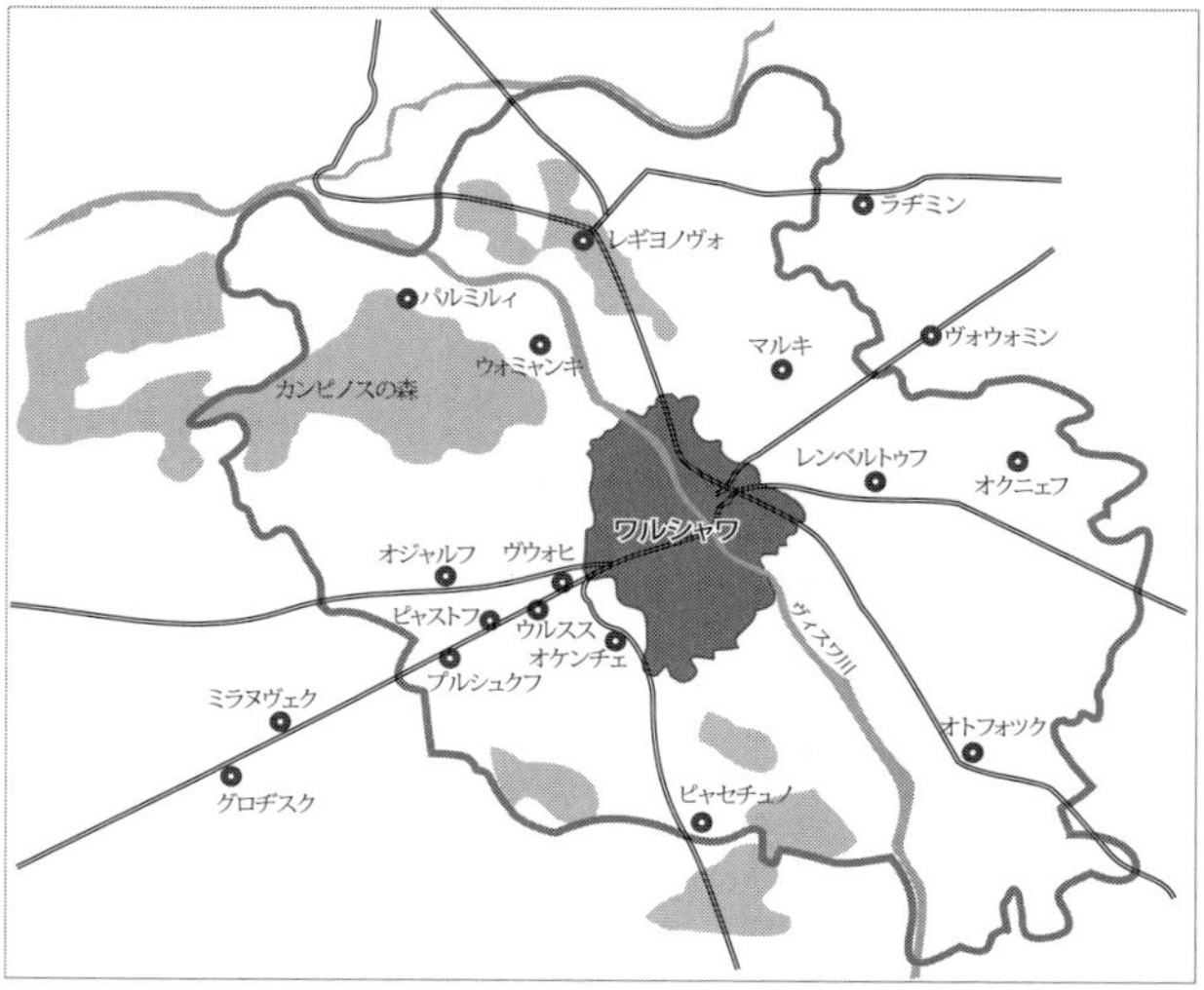

国内軍配置と制圧地域

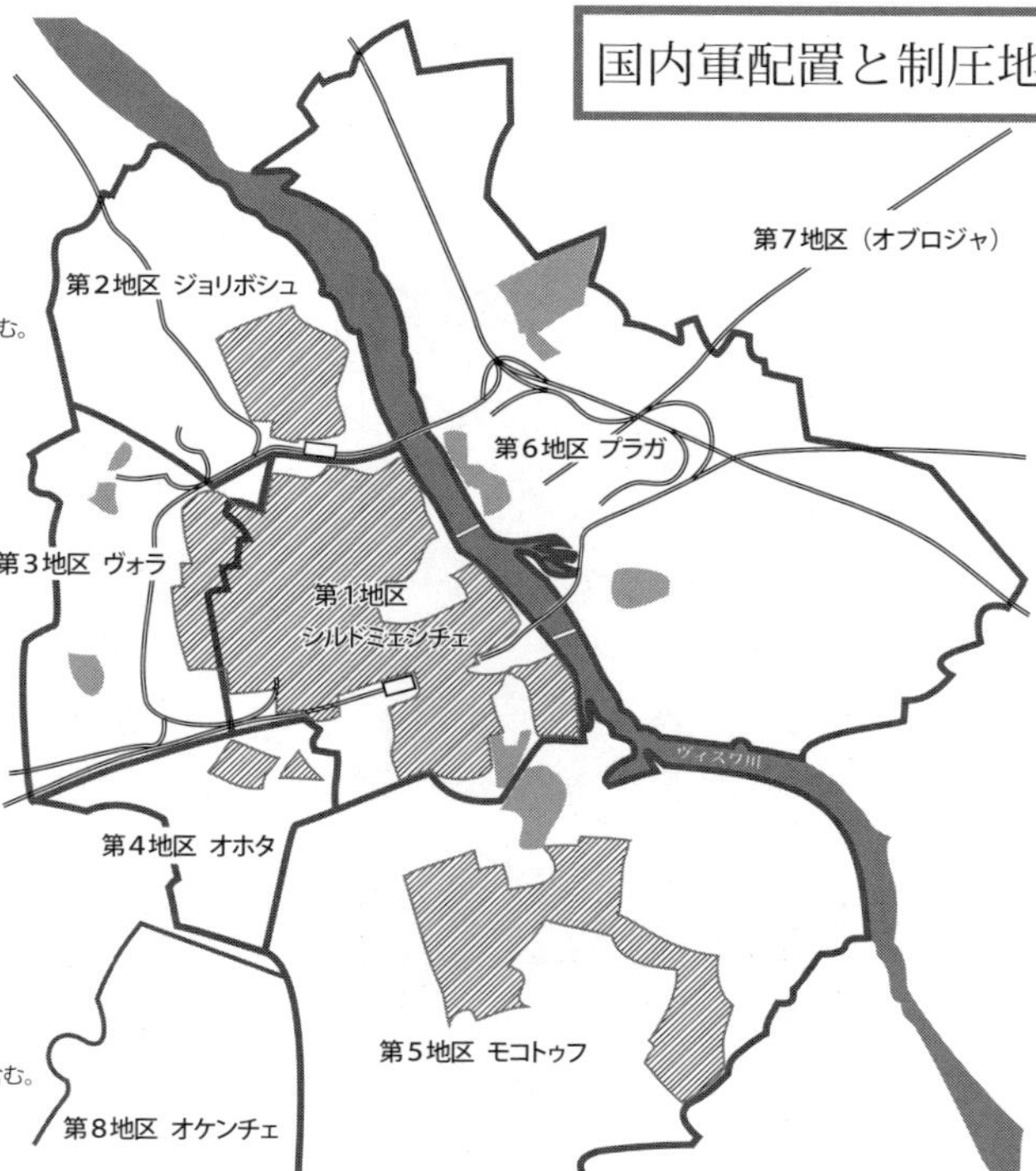

※ 第２地区には、
マルィモント、ビェラヌィを含む。

※ 第３地区には、
ポヴォンスキ墓地、
ユダヤ人墓地を含む。

※ 第１地区には、
旧市街、ポヴィシレを含む。

※ 第５地区には、
チェルニャクフ、サディバを含む。

※ 第７地区は、
第１～第６地区の周りの円環をなす広大な地域。

（斜線）蜂起緒戦での国内軍制圧地域

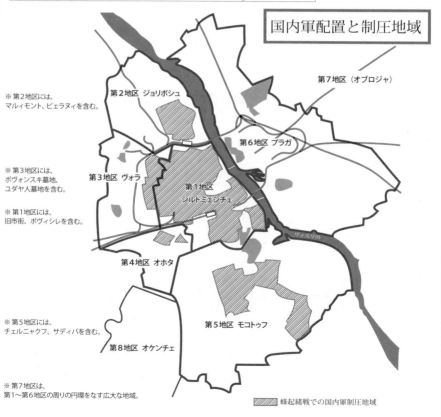

蜂起開始の決定
――パインスカ通り六七番

一九四四年のワルシャワ蜂起を開始する時刻には「W時」(ゴヂナ・ヴ)というコードがつけられていた。それを「八月一日の午後五時」とする決定がなされたのは、パインスカ通り六七番の建物においてである。パインスカ通りは戦後敷かれたヤン・パヴェウ(ヨハネ・パウロ)二世大通りと交差するプロスタ通りの南側を平行して東西に走る。当時のパインスカ通り六七番は現在のヤン・パヴェウ二世大通りの少し西側で、ジェラズナ通りのすぐ東側にあたり、ヴォラ地区に入っている。一九四四年七月当時はもうすでに破壊されていた小ゲットー地域の内側で、すぐ西側はゲットーの壁があった場所のはずだ。いまそこには大きな高層住宅が建ち並び、当時の様子を想像することはまったくできない。

ナチス占領下、地下国家の軍隊である国内軍(AK)総司令官だったタデウシュ・ブル＝コモロフスキ(一八九五〜一九六六)はその場所で蜂起開始の決定を下した歴史的瞬間について、戦後の一九五〇年に出版した回想記に以下のように書いている。

「七月三一日、ワルシャワ地区司令官のモンテル(1)は午後六時に幕僚司令部に来ることになっていた。しかし、予定より早く午後五時に現れ、ソ連軍の機甲部隊がドイツ側橋頭堡に突入して防衛線を突破し、ラドシチ、ミウォスナ、オクニェフ、ヴォウォミン、ラヂミンがすでにソ連軍の手に落ちたとの情報をもってきた。短い協議の後、私はワルシャワ解放の戦闘開始の瞬間が来たと判断した。ソ連軍の攻撃が時々刻々迫っていると思った。ブジャ作戦に関わる戦闘についてはすべての決定が私に委ねられていたが、首都の命運がかかっていた異例のケースだけに、その決定について国内政府代表(2)の承認を得ておきたいと思った。すぐに使者を遣って、国内政府代表に来てもらうことにした。彼は三〇分後に到着した。私は状況を簡潔に説明し、まさに戦闘開始のときであるとの考えをつたえた。国内政府代表は私の意見を最後まで聞いて、幕僚たちにもいくつか質問した。彼は状況を十分に把握すると、私に向かって言った。『よし、戦闘開始だ。』私はワルシャワ地区司令官として作戦準備と戦闘指揮を委ねていたモンテルに命令した。『明日、一七時ちょうどにワルシャワで作戦を開始せよ』と。賽は投げられた。その夜、何千という命令が市内を駆け巡った。」(3)

だが、蜂起開始の決定をめぐっては、その前後に幕僚たちによる激しい議論が繰り返されており、総司令官の判断の是非はのちの歴史家たちのあいだでも論争の的となって、さまざまな批判を受けることにもなる。

その日（七月三一日）、ブル＝コモロフスキを長とする国内軍総司令部は午前中にもフウォドナ通り四番の建物で会議を開いている。会議では「ソ連軍がワルシャワ北東一二マイルのヴォウォミン、一六マイルのラヂミンに進軍中である」との情報をもとに蜂起を開始すべきか否かについて議論があった。結局、即時開戦に賛成したのは、レオポルト・オクリツキ（ニェヂヴィャデク）将軍（一八九八〜一九四六）、ユゼフ・ショスタク（フィリプ）大佐、ヤン・ジェペツキ（プレゼス）大佐の三人。反対したのは、アントニ・フルシチェル（モンテル）大佐（一八九五〜一九六〇）、ヤヌシュ・ボクシュチャニン（センク）大佐、カジミェシュ・イラネク＝オスメツキ（ヘルレル）大佐（一八九七〜一九八四）、カジミェシュ・プルタ＝チャホフスキ（クチャバ）大佐の四人だった。ブル＝コモロフスキとタデウシュ・ペウチィンスキ（グジェゴシュ）（一八九二〜一九七九）の両将軍は判断を保留した。会議は「八月一日に蜂起を開始しない」「事態のさらなる進展を待つ」(4)という結論になった。同日昼過ぎ、ブル＝コモロフスキは国内（被占領地）政府代表のヤン・スタニスワフ・ヤンコフスキ（ソブル）（一八八二〜一九五三）、被占領地における地下国家議会にあたる挙国一致評議会（RJN）代表のカジミェシュ・プジャク（バズィリ）（一八八三〜一九五〇）らとも会談し、午前中の会議での結論について説明している。

同日午後四時すぎ(5)、再びパインスカ通り六七番の建物で午後の情勢検討会議が開かれた。当初の出席者はブル＝コモロフスキのほかに、ペウチィンスキとオクリツキ、ほかに女性将校のヤニナ・カラシュヴナ（ブロンカ）少佐がいただけだった。午後五時過ぎ、もしくは五時半頃、ブルの回想記にある通り、ワルシャワ管区司令官のアントニ・フルシチェル（モンテル）が到着し、ソ連軍機甲部隊がドイツ側のプラガ地区橋頭堡を打ち破りつつあるとの前述の報告をもたらした。総司令官はこの報告をもとに蜂起の即時開始方針を決定する。ブルはモンテルに最終命令を下す前に、亡命政府代表のヤンコフスキをよびだして了承を得る。こうして午後六時半頃、ブルはモンテルに対して「八月一日一七時、ワルシャワでのブジャ作戦開始」を命令したのだった。

しかしその直後に諜報担当参謀のイラネク＝オスメツキ大佐が到着し、「ドイツ軍は新たな増援部隊をプラガに送り、ソ連軍との接近戦に備えている」という戦況情報をもたらした。彼は午前の幕僚会議の直後にナポレオン広場（現在のワルシャワ蜂起者広場）近くで、プラガ地区からもどった偵察兵士による最新の情報を得ていた。ジャーナリストのジョージ・ブルースによると、イラネク＝オスメツキが、この重要情報をもって、ナポレオン広場から「午後五時開始予定の幕僚会議へ向かったのは午後四時四五分頃だった。」(6)ナポレオン広場から幕僚会議が開かれたパィンスカ通りの建物までは通常なら一五分も歩けば着ける距離だが、当時はナチス占領者が非常線をはっていたため、大きく迂回して来ざるを得なかった。イラネク＝オスメツキ大佐は「モンテルの情報は楽観的にすぎ、少なくとも誇張されている」(7)と主張した。続いて到着したプルタ＝チャホフスキ大佐（通信担当）もドイツ軍の反攻が開始されつつあるとの情報をもってきた。さらに、即時開戦派だったショスタク大佐（作戦担当）が到着したが、彼も蜂起開始反対に態度を変えた。イラネク＝オスメツキ、プルタ＝チャホフスキ、ショスタクの三人は諜報担当参謀や作戦参謀との協議ぬきでの最終決定に異議を唱えた。

たしかにそのとき、プラガ地区郊外では約四五〇輛のドイツ軍戦車・自走砲と約八〇〇輛のソ連軍戦車・自走砲とのあいだで、一九四四年夏最大の戦車戦が始まろうとしていた。しかし、ブル＝コモロフスキ総司令官は蜂起開始反対の主張に対して、「命令は下された。撤回するには遅すぎる」と答え、命令の撤回要求には応じなかった。午後八時からの夜間外出禁止令までに残された時間もわずかで、現実的にも命令の撤回は不可能だったという。命令を撤回すれば、決起を待ちわびる国内軍兵士の士気をくじくことになるのも明らかだった。蜂起開始命令を受けたモンテル大佐は、ワルシャワ管区司令部をおいていたオホタ地区のフィルトロヴァ通り六八番にもどり、各地区司令官に「八月一日一七時〇〇分、蜂起作戦開始」の命令を発した。

ヤン・チェハノフスキは著書で、ブル総司令官の蜂起開始命令について「ワルシャワの運命が三〇分そこそこで決定された。モンテルの情報が正しいものかどうかが確かめられもせずにである」(8)ときびしく批判した。ブルースは、「午前中の会議のあと、コモロフスキに何か変化が起きていた。用心深さ、慎重な態度、リアリズムがなくなっていた。このたった一つの検証もされない情報をもとに、しかも、戦場からの情報収集で信頼をおいていたイラネク＝オスメツキ大佐の帰りを待つことさえなく、総司令官は蜂起の即時開始を命令しようとした」(9)と書いた。

だが、蜂起開始決定の是非をこの七月三一日の出来事だけで判断するのもフェアではないし単純にすぎる。ブルースは、「コモロフスキ、ペウチィンスキ、フルシチェルといった勇敢で有能な人々が、長年待ち望んだ瞬間、強く渇望してきた解放がすぐそこまで来ているときに、アダム・ボルキェヴィチ大佐（国内軍将校）がいみじくも『自らが合理的に慎重に準備してきた』と言った計画をどうして実行できなかったのだろうか。なぜ彼らは『冷静な判断を維持できず、当初の決定に忠実であるだけの意志を欠いたのだろうか』と問いかけ、さらにこう書いている。

「蜂起は、『五年間に及ぶ比肩すべきものもないほどに神経を擦り減らす拷問』が最高点に達するようなものだった。その責苦の圧力の下にあったのは若い世代というよりも、その前の世代、とくにそうした人々が属していた年齢集団だった。七月三一日、彼らはみな、もはや耐え難いまでに神経を消耗していた。コモロフスキ自身、それまで五年間、容赦ない逮捕・追跡を逃れてきていた。多くの同志が捕らわれ、拷問されて殺害されるのを見てきた。毎夜、場所を変えては短時間しか眠ることができなかった。自分が誰であるかを明かすこともできず、個人的財産さえ所有することもできなかった。身籠っていた妻がどこに隠れ住んでいるか、その生死さえも知ることはできなかった。いまや、士気が興奮状態にまで達していた地下国家の軍隊がそれぞれの集合地点に集まって蜂起開始準備を整えているとき、コモロフスキとその参謀たちは意見の相違に引き裂かれた。彼自身の軍事的リアリズムが一方で彼に慎重さを迫ったが、一方で性急な将校たちと蜂起開始を待ち望む部隊が彼の背中を押した。」(10)

さらに、この蜂起開始決定への潜在的動因を探るには、「ブジャ（嵐）作戦」の展開についても知らねばならない。

ブジャ（嵐）作戦

一九四四年八月一日に開始されるワルシャワ蜂起は、ドイツ占領下で構想されてきた「総蜂起」計画を修正した「ブジャ（嵐）作戦」（ポーランド語ではAkcja Burza、英語ではOperation TEMPESTとかSTORM Operationと訳される）が展開するなかで敢行されたものである。

ナチス・ドイツ占領下のポーランドにおける武装抵抗組織、すなわち地下国家の軍隊はポーランド勝利奉仕団（SZP）として発足し、武装闘争同盟（ZWZ）に改組され、すでに一九四〇年初め頃には、ドイツ軍関係の鉄道や橋梁、戦争物資関連の工場などの爆破作戦を始めていた。武装闘争同盟はその後、さらに広く反ドイツ武装勢力各派を糾合して、一九四二年二月には国内軍（AK）と名付けられた。国内軍司令部が統括した地域は戦前のポーランド共和国領土のみならず、ソ連の一部、ドイツ、ハンガリーなどにもおよび、その勢力は最大三八万人(11)にもおよんだという。

総蜂起のプランは武装闘争同盟の参謀将校らによって一九三九年のドイツによる占領直後から模索されていた。一九四二年夏までには、武装闘争同盟（後の国内軍）総司令官だったステファン・ロヴェツキ（グロト）（一八九五〜一九四四）のもとで基本的構想が準備された。それは、東部戦線におけるドイツ軍の敗北と崩壊が明らかになった機をとらえ、国内軍総司令官の命令により、ポーランド中央部の各地域で連続的に反ドイツ蜂起することを想定していた。この作戦計画の策定を指示したのはロンドンにおかれたポーランド亡命政府首相兼ポーランド軍最高司令官だったヴワディスワフ・シコルスキ（一八八一〜一九四三）だった。

しかし、一九四三年六月末にロヴェツキがワルシャワ市内で逮捕され、その数日後にはシコルスキがジブラルタル上空で謎の飛行機事故により死亡する。そのため、ロンドンではシコルスキが兼任していた二つのポストが、首相としてのスタニスワフ・ミコワイチク（一九〇一〜一九六六）とポーランド軍最高司令官としてのカジミェシュ・ソスンコフスキ（一八八五〜一九六九）の二人に分離され、被占領地ではタデウシュ・ブル＝コモロフスキがロヴェツキの後任として国内軍総司令官に任命される。ロンドンでは、対ソ関係の維持改善を追求しようとするミコワイチクとソ連に対して非妥協的な態度をとるソスンコフスキの対立と緊張関係が浮上して鮮明になる。

その間、ヨーロッパにおける連合国軍とドイツ軍のあいだの戦況も、スターリングラードにおけるドイツ軍の降伏（一九四三年二月）、クルスク近郊におけるドイツ軍の攻撃と失敗（同年七月〜八月）、連合国軍のイタリア進出とイタリア軍の降伏（同年九月）など大きな展開があり、ドイツ軍の後退とソ連赤軍のベルリンへの進撃という趨勢がはっきりとみてとれる事態となった。さらにもうひとつ極めて重大なことは、一九四三年四月二五日、ソ連政府がポーランド政府との外交関係の断絶を通告してきたことだった。その二週間前の一二日、ドイツ当局はスモレンスク近郊のカティンで多数のポーランド人将校の埋葬地を発見したと発表していた。一九三九年九月一七日にソ連軍が旧ポーランド東部に侵攻して以来、膨大な数のポーランド人将兵が捕虜となり、多数の将校の行方が分からなくなっていた。ポーランド政府はすでに再三再四、ソ連当局に調査を求めていたが、ソ連側は逆にポーランド政府を非難するだけだった。カティンにおけるポーランド人将校の虐殺遺体の発見に関して、ロンドンのポーランド亡命政府が国際赤十字などによる現地調査と真相究明を求めたのに対し、ソ連側はそれを「ナチスの犯罪に加担するもの」として激しく非難した。しかし、この大量処刑を「ナチスの仕業」と信じるポーランド人は少なかった。

こうした戦況の変化にともない、総蜂起のプランは修正を迫られる。ブル＝コモロフスキは当初の目的についてこう書いている。

「われわれの主要な目的は国内軍を最終決戦にそなえさ

せることであった。それは、全国土の解放を目指す総蜂起というかたちをとる。さまざまな作戦の最後の段階に、国内軍の隊列を構成するすべての地下軍隊がいっせいに公然たる戦闘に立ち現れるというものだった」「決行が想定されていたのは、ドイツ軍が戦線で瓦解するとき、また、ドイツが内部崩壊する場合で、しかも蜂起勢力に外部からの支援が得られる場合であった。そのときこそ、全面蜂起の機が熟するときであり、全住民の支持を得て、占領統治機構を全廃し、占領者を追い出すという最終目的を達することができるというものだった。」(12)

ブル＝コモロフスキによると、この蜂起計画が練りあげられたのは一九四一年だったが、一九四三年一一月には、「ドイツ軍後方での強力な破壊攪乱活動」である「ブジャ作戦」に事実上修正されることになる。同年半ば、カティンでのポーランド人将校の多数の遺体発見とソ連との外交関係の断絶という状況のもと、東方から進撃してくるソ連赤軍を単なる「解放軍」とみなすことはもはやできなかった。ロンドンに本拠をおくポーランド軍のソスンコフスキ最高司令官は早くからソ連軍による占領を危惧しており、亡命政府内での意見対立も浮上していた。いずれ必ず進撃してくるソ連赤軍に対して、占領下の地下国家軍隊である国内軍はどのような行動にでるべきか。国内軍指導部はきわめて難しい問題に直面した。亡命政府は一九四三年一〇月、被占領地の国内軍に対して、近づくドイツ軍の敗走を想定しつつも、進撃してくるソ連赤軍にどう対応するかについて指示をだしていた。それは、ソ連軍が（当時の）ポーランド領内に進出してきたとき、ポーランド・ソ連関係がまだ断絶状態のままであれば、国内軍の戦闘行動はドイツ軍の背後だけに限り、ソ連軍支配下では公然化しないでさらなる命令を待つというものだった。

しかし、被占領地にいる国内軍総司令官、ブル＝コモロフスキの判断では、退却するドイツ軍との戦闘には公然と現れ、ロシア人が来ればまた潜行して隠れるなどということは実際上、まったく不可能なことだった。そこで彼は一一月二六日付でポーランド軍最高司令官に対し、「私は全指揮官と部隊に対して、退却するドイツ軍に対する作戦に参加したあと公然化せよとの命令を下した。その時点での彼らの任務はポーランド共和国が存在する証拠を見せることになろう」(13)と報告した。

これに対する亡命政府の正式な返答をブル＝コモロフスキが得たのは一九四四年二月になってからだったが、彼はすでに被占領地全土の地方・地区司令官に対する同年一一月二〇日付命令のなかで、「われわれの戦闘準備の主要な任務はドイツに対するものである」「退却するドイツ軍を追撃してわが国領土に進入するロシアに対抗する行動は自衛行動を唯一の例外とする他、いかなる理由によってもなされない」

(14)ということを明確にしていた。彼は「ブジャ作戦実行の基本」が「退却するドイツ軍後衛部隊への攻撃を集中すること」にあるとしたうえで、ソ連軍、ソ連のパルチザン部隊との「摩擦を避けるため」に次のように指示した。

「赤軍正規軍がわが国領内に入ってきた場合、当該地区のポーランド側司令官はドイツ軍に対する作戦行動の終了時に自らの身分を明らかにし、正式に認知されるように出向くものとする」「ソ連軍各司令官の要求にはすべてしかるべき考慮をはらいながらも、正当な統治者はなおポーランド当局者であるということが忘れられてはならない」「わが部隊をソ連軍やベルリンク部隊に編入しようとすることには反対すべきである。」(15)

一九四四年二月、ヤン・ヴォイチェフ・キヴェルスキ(オリヴァ)少佐指揮下、約六〇〇〇名の国内軍部隊(第二七ヴォウィン歩兵師団)が「ブジャ作戦」を開始した。国内軍部隊がドイツ軍を西へ追撃する赤軍と最初に出会ったのは旧ポーランドのヴォルヒニャでのことだった。ヴォルヒニャはウクライナ北西部の歴史的呼称で、ポーランド語ではヴォウィンといった。一九三九年以前、旧ポーランド領全体の九パーセントを占めていたが、その二三パーセントを森林と農地が占め、ポーランド人は住民の六分の一ほどだった。住民の三分の二を占めていたのはウクライナ人で、ドイツ占領下では、ナチスがウクライナ人のパルチザン組織によるポーランド人攻撃を容認していた。ウクライナ蜂起軍(UPA)の第一の敵はソ連軍であり、第二の敵がポーランド軍だった(16)。

オリヴァの歩兵師団はヴウォヂミェシュ、コヴェルなどでドイツ軍部隊と交戦した。ブル＝コモロフスキによると、三月二〇日にソ連赤軍と共同の戦闘行動が初めてあり、国内軍部隊がロンドン指導部の下にあるポーランド軍部隊として受け入れられた。この展開はブルを一応は満足させたが、国内軍部隊と赤軍部隊のこうした関係は長くは続かなかった。赤軍部隊、もしくはNKVD(内務人民委員部)のパルチザン特殊部隊は、各地の国内軍部隊に対してベルリンク部隊への編入を迫っただけでなく、武装解除まで行った。ヴォウィンのプシェブラセではすでに三月一五日、ロシア人部隊が国内軍部隊を武装解除して司令官を射殺し、数人を絞首し、二十数人をロシアへ送っていたという(17)。

四月一八日、第二七ヴォウィン歩兵師団のオリヴァ(当時は中佐に昇進)が戦死し、タデウシュ・シュトゥンベルク＝ルィフテル(ジェゴタ)少佐が司令官を受け継いだ。同師団はその後、ドイツ軍の包囲網を突破してルブリン地域に入るが、同地でソ連軍に武装解除される。その間の推移についてブル＝コモロフスキはこう総括する。

「ヴォルヒニャの経験が示すのはこういうことのようだ。

ロシア軍は国内軍に対して、状況に応じて政策を変えていた。前線の戦闘行動ではわれわれの支援を利用し、われわれの部隊がポーランド軍の一部であるという性格も認めた。しかし、完全に制圧した地区では、わが方の司令官を処刑し、兵士たちをベルリンク部隊に編入した。」(18)

七月七日、ヴィルノ(現在、リトアニアの首都ヴィルニュス)での戦いが始まった。ヴィルノも戦前はポーランド領にあり、人口約二〇万人のうち、ポーランド人が三分の二、ユダヤ人が二八パーセントを占めていた(19)。ヴィルノとその南東部に広がるノヴォグルデク地域の国内軍は一万五〇〇〇人を数えた。国内軍部隊が南から、ソ連軍が北から、そして市内に潜んでいた国内軍部隊も同時にドイツ軍を攻撃し、一週間後の一三日にヴィルノは制圧された。国内軍部隊司令官、アレクサンデル・クシジャノフスキ(ヴィルク)大佐はソ連軍司令官に会い、約三〇人の将校とともに、ベラルーシ第三戦線指揮官との会見に招かれたが、全員逮捕された。残った国内軍部隊には、武装解除とベルリンク部隊への編入という最後通牒がつきつけられた。ベルリンク部隊への編入を拒否した約五〇〇〇人の兵士たちはソ連の労働キャンプ送りとなった。

南東部地域での「ブジャ作戦」は一九四四年三月に始まったが、主要な戦略目標はルヴフ(現在、ウクライナのリヴィウ)の制圧だった。ルヴフは一九一八年まではオーストリア支配下にあったガリツィア地方東部の主要都市で、人口約三一万五〇〇〇人を数え、約半数がポーランド人、三分の一がユダヤ人、ウクライナ人は一六パーセントだった(20)。ルヴフでの戦闘は七月一七日に始まり、赤軍の進撃に合わせて、国内軍部隊も公然化して戦闘に参加し、同月二二日から二七日にかけてドイツ軍は駆逐された。しかし戦闘が終わると、NKVD部隊司令官は国内軍の存在を容認できぬと宣言し、部隊の解体とベルリンク部隊への編入を要求した。国内軍部隊現地司令官、ヴワディスワフ・フィリプコフスキ(ヤンカ)大佐はやむなくこの要求を受け入れたが(ブル＝コモロフスキによる)、彼自身はソ連領内に連行され、他の将校たちもNKVDに逮捕・拘束された。投獄やソ連領内への追放をのがれようと、近隣の森へ逃げ隠れた兵士たちが大勢いた。

ソ連軍は七月二〇日にルブリンに接近したが、同地域ではすでに「ブジャ作戦」が始まっていて、国内軍部隊がドイツ軍との激しい戦闘に突入していた。ルブリンは一九三九年当時、人口約一三万人で三分の一がユダヤ人だったが、ナチス占領下のユダヤ人絶滅政策のなかでゲットーに囲われ、絶滅収容所などに送られたため、一九四四年に残っていたのはほとんどポーランド人だった(21)。国内軍部隊は赤軍の側面支援のもとに、ルブリンをふくめて主要地域の制圧に成功した。しかし、戦闘作戦が成功すると、ここでも国内軍現地司令官、カジミエシュ・トゥミダイスキ（マルチン）大佐が逮捕され、指揮下の部隊をベルリンク部隊に編入させるか、解体して武器を捨てるかという最後通牒を突きつけられた。マルチンは部隊の解散を命じた。マルチンはソ連側司令官から、ソ連軍と戦えとの命令を受けていないかどうか詰問されたという。ブル＝コモロフスキはそこまでの「ブジャ作戦」について次のように総括している。

「旧ポーランド東部国境とヴィスワ川の間の地域で、組織された大部隊（歩兵師団と騎兵旅団）だけでなく、多数の小規模部隊やパルチザン派遣部隊がドイツ軍と何百回も交戦して多大な損害と死傷者をだした。戦闘継続中、ロシア人は寛容にしてこれを賞賛していた。しかし、作戦が終了すると、この態度は一変した。決まって、ベルリンク部隊への降伏を要求し、応じない者はみな逮捕された。国内軍部隊はそのまま包囲されて、強制的に武装解除された」「こうして、一方で、英米両国の援助が精神的支援と物資の空輸というかたちでわれわれに届き、全体としてはドイツに対するわれわれの立場を励ますものと考えられていたが、他方では、英米の連合国であるソ連がわれわれの最良の兵士たちをいっせいに逮捕して強制収容所に送り、アジア奥深くに追放していたのだ。」(22)

一九四四年七月、東部戦線におけるドイツ軍の敗走は明らかになっていた。ソ連軍は刻一刻とワルシャワにも近づいてきていた。そこで「ブジャ作戦」は同月半ばに再度修正を迫られることになる。「ブジャ作戦」はもともと、無防備な市民の多大な犠牲を避けるため、大都市での戦闘を除外しており、ワルシャワはその適用外にあったのである。

しかし、ジョージ・ブルースはこう書いている。「カーゾン線(23)以東の係争地域の主要都市を赤軍が到来する前に制圧しようという、コモロフスキのいささか空想的な（ドンキホーテ的な）作戦は失敗した。いまやワルシャワが唯一の希望となっていた。ヴォルヒニャ、ヴィルノ、ルヴフに白鷲の旗を掲げることができなかったことで、彼とその司令官たちは、全世界の良心を動かす努力が必要だと確信した。ワルシャワで蜂起を成功させることしか、それをなさしめる方法はない。コモロフスキとその参謀たちは一九四四年七月後半、その方向へ進んでゆく。」(24)

ソ連軍が進入する直前に首都を制圧しなければならない。国内軍は自身の手で首都を解放し、ポーランド国家の主権者がだれなのかを明確に示さねばならない。しかし、このワルシャワでの蜂起作戦は、ドイツ軍に対するソ連軍の圧倒的優位に大きく依存するという根本的矛盾もはらんでいて、ロンドンのポーランド軍最高司令官、ソスンコフスキは「ソ連の善意」に過大に期待をかけるものとして強く反対した。しかし、七月二五日、ロンドンの亡命政府は首都における一斉蜂起の可能性を認め、被占領地におかれた政府代表に対して、ソ連軍の進撃如何で求められるあらゆる決定を下す全権を付与した。こうして、ワルシャワにおける蜂起の決定は実質的には、国内軍総司令官であるブル＝コモロフスキの決断にゆだねられることになった。

ワルシャワで、いつ蜂起するのかという決定は最も重く難しい判断を求められるものだった。早すぎても遅すぎてもいけない。ブル＝コモロフスキら国内軍司令部指導者たちは、市民の被害を最小限にするため、戦闘を最短の日数でおさめたいと考えていた。また、前述のように、ワルシャワは「ブジャ作戦」から当初除外されていたため、ワルシャワの地下武器工場で製造された武器の多くが東部戦線の国内軍部隊に送られていた。戦闘が長引けば、弾薬・食糧の不足に直面するのも明らかだった。ブル＝コモロフスキは「われわれの弾薬・食糧の備蓄は、一週間から一〇日間の戦闘にもちこたえられる程度だった」(25)と書いている。他方、蜂起開始が遅すぎると、首都の運命を他国に決定させる事態を生む。したがって、こうした点にからんで最も重要な要素は、ソ連軍との連絡・調整だった。しかし、ブル＝コモロフスキは無線通信の技術的問題とソ連側の「冷淡な態度」によって、十分な意思疎通を果たせずに苦しむことになる。

ソ連軍の進撃は確実に速度を増してドイツ軍が浮足立ち、蜂起への条件が熟しつつあるかのように思われた。連合国軍はすでに六月六日、ノルマンディー上陸を果たしており、七月二〇日にはヒトラー暗殺未遂事件が起きた。未遂に終わりはしたが、レジスタンスに与えた心理的影響は小さくなかった。ソ連軍は同日、ブク川を渡り、二二日にはブク川の西方にあるヘウムを解放した。ワルシャワではドイツの民間人が一日も早く避難して帝国へもどろうと鉄道駅に殺到した。東方からはドイツ人の退却部隊が列をなしてヴィスワ川を渡ってきた。ワルシャワ市民の間にも解放への期待が高まった。ブル＝コモロフスキは七月二一日、ロンドンのポーランド軍最高司令官に対し、「ドイツ軍は東部で大敗に直面しており、ソ連軍の進撃をくい止めるだけの十分な戦力も予備兵力もない」(26)と打電した。

この間の七月二一日にはモスクワで、ポーランド愛国者同盟と旧ポーランド共産党メンバーで構成する「ポーランド国民解放委員会」（PKWN）が発足し、翌二二日にはモスクワ放送がそれを伝えていた（「ポーランド国民解放委員会」の『宣言』はヘウムで発表されたとされるが、同委員会はモスクワで発足している）。ワルシャワでも共産党系の人民軍（AL）部隊が、ヴィスワ川右岸に進撃するソ連軍とポーランド軍（ベルリンク指揮下のポーランド軍第一軍団）に呼応して戦う準備を強めていた。同月二五日以降、ヴィスワ川右岸でのソ連軍の砲声は確実に近づいていた。ソ連軍機は七月末から東部地域の軍事施設や飛行場を制圧して、空爆を強化していた。ブル＝コモロフスキは七月二八日、ソ連軍がオトフォツク、ファレニツァ、ユゼフフを占領したとの報告を受ける。二九日夜からは、モスクワ放送が、「ソ連軍の訓練を受けたポーランド軍がいまやポーランド領内に入り、敵軍を追撃している」とのポーランド愛国者同盟のアピールを繰り返し無線放送で流し、ワルシャワ市民に総蜂起をよびかけていた。ワルシャワにおける共産主義勢力は大きなものではなかったが、新聞やビラなどによるプロパガンダは強力で、国内軍はドイツ軍と戦おうとしないなどと宣伝していた。

蜂起開始決定への一〇日間

こうした情勢の中の七月下旬、国内軍総司令部は連日、ワルシャワ市内中心地域の各所に場所を移しながら幕僚会議を開き、ドイツ軍、ソ連軍の動向と戦況を分析して、首都での作戦計画を討議していた。

七月二一日、ニエポドレグウォシチ（独立）大通りのアパートで、国内軍総司令官のブル＝コモロフスキ、副司令官で参謀長のペウチィンスキ将軍、参謀次長のオクリツキ将軍の三人が協議し、「ワルシャワを蜂起作戦に適用する」ことを決めた。首都での軍事作戦でドイツ側の対ソ防衛能力をたたき、戦闘と破壊を最小限度にとどめながらも「主人として」ソ連軍を迎えるという基本戦略だった。ワルシャワの国内軍指導部は同じ日にモスクワで共産主義者を中心に「ポーランド国民解放委員会」（いわゆる「ルブリン委員会」）が発足したことをそのときまだ知らなかった。モスクワ放送が「ルブリン委員会」の発足を伝えたのは翌二二日の午後八時一五分だった[27]。

七月二二日、緊急参謀会議が招集された。出席者はコモロフスキのほかに、ペウチィンスキ、オクリツキ、ショスタク、イラネク＝オスメツキ、ジェペツキ、プルタ＝チャホフスキ、アントニ・サノイツァ（コルトゥム）、ヤニナ・カラシュヴナだった[28]。コモロフスキは各種の情報を紹介し、ソ連軍のワルシャワ進入前に蜂起する方針を決定した。以後、毎日午前一〇時に情勢分析を行うことも決定された。こうして「ブジャ作戦計画」は大きく修正され、問題はワルシャワでの蜂起をいつ決行するかに移っていた。ブル＝コモロフスキはこの日、ロンドン亡命政府の被占領地政府代表、ヤンコフスキとも会談し、ワルシャワにおける蜂起作戦についての決断を伝えて了承を得た。ヤンコフスキは地下国家の議会にあたる挙国一致評議会（RJN）を緊急招集して、文民行政組織の対応を協議する。ワルシャワのドイツ人の間ではパニックが起き、行政機構の職員らが撤退を開始した。

七月二五日の会合では、イラネク＝オスメツキ大佐が東部戦線の戦況はいまだ鮮明でないとの懸念を表明した。前述のようにロンドンではこの日、亡命政府閣僚会議が「ソ連軍の攻勢の速度如何により迫られて（必要ならば事前に政府に連絡することなしに）なさねばならぬ決定の権限を、被占領地政府代表（すなわち、ワルシャワのヤンコフスキ代表）にあたえること」を決定した。

七月二六日、フウォドナ通り四番での会議で蜂起即時開始について激論があったが、ブル＝コモロフスキ総司令官とペウチィンスキ参謀長の二将軍を除くと、即時開戦賛成派と反対もしくは慎重派が五対五に分かれたという。

即時開戦賛成派：オクリツキ将軍、ジェペツキ大佐、フルシチェル大佐、ショスタク大佐、サノイツァ大佐。

反対・慎重派：アルビン・スクロチィンスキ（ワシュチュ）大佐、ボクシュチャニン大佐、プルタ＝チャホフスキ大佐、イラネク＝オスメツキ大佐、ルドヴィク・スウコフスキ＝ムジィチュカ（ベネディクト）中佐。

ペウチィンスキ将軍は蜂起開始にはデータがまだ不十分と強調し、プルタ＝チャホフスキ大佐が赤軍との作戦連絡の欠如を指摘した。イラネク＝オスメツキはここでも、ワルシャワ東部の戦況がまだ不透明だとして、前日同様に即時開戦には慎重な態度をとった。たしかに、コンスタンティ・ロコソフスキー将軍指揮下のベラルーシ第一方面軍がルブリン（ワルシャワ南東一四〇キロ）を制圧したのはわずか三日前の二三日であり、一方では強力なドイツ軍戦車部隊がワルシャワ近郊に到着しているとの情報もあった。即時開戦を唱えたフルシチェル大佐は、それでもドイツ軍のヴィスワ川右岸の防衛布陣はぜい弱だと強調したという(29)。コモロフスキは蜂起開始の根拠は整わぬとして会議をおさめたが、ロンドンに対しては「ワルシャワの戦闘をいつでも開始する準備ができている。戦闘開始の日時は追って通知する」と打電するとともに、ポーランド人パラシュート旅団の投入とワルシャワ近郊のドイツ軍飛行場に対する空爆を要請している（これに対する返電が国内軍総司令官に届いたのは、蜂起がすでに開始されたあとの八月二日だった）。同じ二六日、ソ連政府は「ポーランド国民解放委員会」（PKWN）を「ポーランド国民の合法的な代表」として承認した（スターリンのソ連は一九四三年四月にカティン事件についての対応を口実にして、ポーランド政府と断交していた）。

七月二七日、ソ連赤軍はワルシャワ南東のガルヴォリンを制圧した。他方、ドイツ軍はモドリン、ムウォチヌイに機甲部隊が到着するとともに、スキェルニェヴィツェとジラルドゥフでも機甲部隊の配備を整えた。幕僚会議ではブル＝コモロフスキが「蜂起開始日時はヴィスワ川右岸地域での戦闘とソ連軍の攻勢の進展にかかる」との決定を下し、ロンドンへもその旨打電した。彼はまた、ソ連軍がルブリン地域で国内軍第二七師団を武装解除させたことを報告し、ソ連軍が国内軍を破壊しようとしていることを明白に示すものだと指摘した。

この日の午後五時、街頭のスピーカーなどを通じて、ナチス占領者のワルシャワ総督、ルードウィヒ・フィッシャーの名により、一七歳から六五歳までの男性は一〇日間の塹壕掘削作業のため、翌二八日午前に広場各所に集合せよとの命令が布告された。約一〇万人と推定される市民をソ連軍の進撃に対する防護体制の構築に動員しようというものだった。午後七時、国内軍・ワルシャワ管区司令官のモンテルは、この布告命令がボイコットされた場合にナチス占領者が強力な報復に出るのを想定し、各地域司令部に対して「緊急非常態勢」に入り、武器を持って所定の場所に集結せよとの命令を下した。命令はブル＝コモロフスキ総司令官の事後承認を受けた。モンテルの命令は遅滞なく各部隊に徹底され、数時間後には、市内で数千人が蜂起開始時刻の暗号である「W時」が設定されるのを緊張して待った。

しかし、翌二八日、ドイツ側の徴用命令に応じた市民は数百名にとどまり、午後四時頃には「緊急非常態勢」命令は解除されて、もとの「警戒態勢」にもどされることになる。秘密の場所にすし詰めになって戦闘準備に入っていた若い兵士たちはやむなく帰宅を命じられ、フラストレーションが高まった。しかもこの間、モスクワからは共産党系の「ポーランド愛国者同盟」の首都蜂起アピールが繰り返し放送されていた。この日、ポーランド軍最高司令官のソスンコフスキは視察先のイタリアから国内軍総司令官に打電し、ソ連側に敵対的姿勢がある以上、蜂起の勝利は見込めず、不必要な犠牲を招くだけだとする意見を表明した。しかし、ロンドン経由のこの電報はソスンコフスキと対立していたヴワディスワフ・ラチュキェヴィチ大統領（一八八五～一九四七）の指示でワルシャワへの転送がおさえられた(30)。

七月二九日、シリスカ通り六番のアパートで開かれた幕僚会議には、数日前にパラシュートでポーランド国内に降下潜入したクーリエのズヂスワフ・イェジョラィンスキ（ノヴァク）が出席した。ノヴァクはワルシャワとロンドンを往復したクーリエである。イタリアのブリンディジ基地を「ダコタ」とよんだDC-3機で飛び立つときのことを、「雨降る秋の夜、ワルシャワ中央駅(31)を発って始まったワルシャワからワルシャワへの往復旅程の途上にあった。その始まりはまず北上してストックホルムへ向かったが、いま大陸の反対側の端のブリンディジからまたワルシャワにもどろうとしている」(32)

とのちに書いた。長時間の飛行のあと、クラクフ東方の小さなヴァウ・ルダ村近くに降下着地した。その後列車で、ブジェスコからクラクフ、ラドムを経由し、当時のワルシャワ中央駅に着いたのは七月二六日午後九時のことだった(33)。

ノヴァクの任務はロンドンの亡命政府の意向とポーランド軍最高司令官、ソスンコフスキの指示を伝達することで、二九日の幕僚会議での彼のブリーフィングは四時間におよんだという。それは、国内軍が首都で蜂起しても、連合国軍による物質的支援を期待するのは妄想にちかいというきびしい内容だった。幕僚会議でのブル＝コモロフスキらの主たる関心は、ワルシャワが蜂起した場合に連合軍機による武器の空中投下とポーランド・パラシュート旅団の派遣をあてにすることができるかどうかということだった。ノヴァクはこの質問に対して、はっきりと否定的に答えた。ポーランドのパラシュート旅団は英国軍司令部の下に置かれ、西部戦線での作戦に使われることになっていた。武器の空中投下に関しては、(イタリアの)ブリンディジ基地で使用可能な航空機と乗組員の不足があることを、ノヴァク自身が同基地を発つときに基地司令官から聞いた言葉を引用して話した。すると、誰かが「分かった。しかし英国にはワルシャワの戦いに使うことのできるポーランド自身の爆撃飛行中隊があるはずだ」と言葉をはさんできた。ノヴァクは、ポーランドの飛行中隊は英国空軍の不可分の構成部分になっていて、英国の地上整備員と燃料供給に依存していると説明した(34)。

その時、誰かが入ってきて、ソ連の装甲パトロールがプラガ郊外で目撃されたとの情報をもたらした。すぐに議論が起き、ブルが対応について意見を求めた。ノヴァクの隣に座っていたボクシュチャニン(センク)が発言した。「ロシアがヴィスワ川左岸で砲撃を開始するまで、われわれは動くべきではない。」ノヴァクはこの冷静な主張に打たれたが、出席者の間では意見の対立が見られた。ブルは出席者全員の意見を聞いたあと、ボクシュチャニンに再度、その意見の真意をたずねた。ボクシュチャニンは歯切れよく答えた。「ソ連の砲撃はまだ遠く、断続的で激しいものではない。それはまだ、ヴィスワ川の全面的な強行渡河と市内攻撃を準備したものとは思えない。ドイツ軍がワルシャワ近郊に差し向けている機甲予備軍は十分に装備されており、橋頭堡での戦闘に備えている。ソ連軍が市内攻撃の意図を明白に示すまで、われわれは作戦を開始すべきではないということだ。ソ連軍の分遣隊がプラガ郊外に現れたといっても、重要なことではない。それはただの偵察パトロールにすぎない。」(35)

四時少し前、ペウチィンスキがノヴァクを窓のそばに招き、現下の情勢を「客観的に見て」どう思うか意見をたずねた。ノヴァクは「ワルシャワにいるあなたたちがブジャ作戦を政治的・軍事的デモンストレーションと考えていても、それは連合国の政策に影響をあたえることはまったくないだろう。西側世論に関するかぎり、それは文字通り『コップの中の嵐』にすぎない」と答えたが、こうも付け加えた。「もし戦闘が始まって、国内軍の力とそれに対する市民の支持が示されれば、それは間違いなくモスクワでのミコワイチクの会談(36)をうまく運ばせるのに役立つだろうし、もしもわが部隊がワルシャワを制圧できれば、彼が英国と政治的な作戦をすすめるのにも役立つだろう。」だが、ペウチィンスキはこう言った。「私は、ロシアがワルシャワに入り、われわれが公然化した後にわれわれを待ち受けていることに何の幻想もいだいていない。たとえ最悪の運命が私自身に訪れようとも、私は戦わずに降伏するよりはその方を選択する。最後まで義務を果たさねばならないのだ」と(37)。

ノヴァクは幕僚会議でのブリーフィングを国内(被占領地)政府指導者にもするよう指示され、「重い気持」でシリスカ通りのアパートを出た。そのときこう思った。

「『ロシアがワルシャワに入ってきた後、われわれに待ち受けていることには何の幻想ももっていない』というペウチィンスキの言葉がまだ耳の奥に響いていた。確かにこの人々は幻想をいだくことはできなかった」「ソ連は彼らを敵とみなしていた。公然化すればすべて監獄入り、ミコワイチクがスターリンと和解しないかぎり、最悪の場合には死が待ち受けている。ソ連がヘウムにポーランド国民解放委員会を発足させた後、私は希望を失っていた。それは、スターリンが傀儡政権を望み、いかなる妥協も受け入れないということをはっきり示すものだった」「ペウチィンスキの言葉から、政治情勢がどうであれ、この指導者たちにはもはやワルシャワ制圧に立ち上がるほか選択肢はなかったということが明らかだった。」(38)

同じ二九日の午後八時一五分、モスクワから、コシチュシュコの名を冠した共産主義者のラジオ放送がワルシャワ市民に蜂起をよびかけた。

「ワルシャワには解放をもたらす戦闘の砲声がすでにとどいている。ヒトラーの権力に決して屈することのなかった人々は一九三九年のときと同様に、こんどこそ決戦となるドイツとの戦闘に参加するだろう。ソ連で訓練された ポーランド軍がいままさにポーランド領内に進撃中で、人民軍と合流してポーランド軍部隊を形成し、わが国の独立闘争での武装部隊となろう」「ポーランド人諸君、解放のときは近い! ポーランド人諸君、武器をとれ! もはや一刻の猶予もないのだ。」(39)

こうしたアピールはロシア軍機からもビラで撒かれ、ソ連軍がいますぐにでもワルシャワに進入しそうな雰囲気を醸成していた。

そしてこの日、ブル＝コモロフスキを蜂起開始の決断へとまた一歩押しやることになるもう一つの出来事があった。それは、社会党左派のポーランド人民軍（PAL）指導者、ユリアン・スココフスキ（ザボルスキ）大佐とヘンルィク・ボルツキ（チャルヌィ）の署名入りで「亡命政府代表部のヤンコフスキ代表と国内軍総司令官のブル＝コモロフスキが参謀たちとともにワルシャワから逃げ出した」とのデマ・ポスターが貼り出されたことである。モスクワとその配下の共産党系武装勢力は強力な心理・情報戦をしかけてきていた。

さらにこの日、イタリアにいたソスンコフスキ最高司令官は国内軍総司令官のブルに再度打電して、蜂起開始に絶対反対を表明した。しかしこの電報がロンドン経由でワルシャワに届いたのは蜂起開始数日後の八月六日のことになる。

七月三〇日、ソ連軍はプラガ郊外、ラヂミン、ヴォウォミン、オクニェフへ接近する。ミコワイチク首相が対ソ関係改善を模索して、スターリンと会談するためモスクワに到着したのもこの日だった。同日のワルシャワでの幕僚会議には前記のイェジョラインスキ中尉（ノヴァク）が再度出席し、蜂起開始に否定的意見を述べた。ブル＝コモロフスキは、まだ蜂起開始の時期ではないと考えていた。第二参謀次長のボクシュチャニン大佐も、ソ連軍がプラガ市内で砲撃を開始してから蜂起を開始すべきだと再度主張した。司令部第五部長（通信参謀）のプルタ＝チャホフスキ大佐も作戦連絡体制の不備を指摘し、ソ連軍がヴィスワ川を渡るときに蜂起を開始すべきだと主張した(40)。この日、シルドミェシチェ（中央区）で国内軍発行の地下新聞が初めて公然と街頭で配布された。ワルシャワ市民の蜂起を呼びかけるモスクワからの共産主義者の放送が続いていた。

こうして蜂起開始が決定される三一日をむかえる。だが、ソ連軍の迫るヴィスワ川右岸ではドイツ軍がソ連軍を迎え撃とうと戦車部隊を増強していた。それは第四SS戦車軍団（ヴィーキング師団とトーテンコプフ「どくろ」師団）とヘルマン・ゲーリング師団をふくむ五つの戦車師団である(41)。この日も、「愛国者同盟」が「コシチュシュコ」の名を借りたモスクワの放送局から、「戦闘開始」「首都奪還」「赤軍への支援」を間断なく呼びかけていた。

一九四四年八月一日（火曜日）

蜂起開始時刻の「W時」（午後五時）以前にジョリボシュ地区やナポレオン広場で銃撃戦が散発的に起きていたが、ブル＝コモロフスキによると蜂起直前の市内の様子は次のようなものだった。

「国内軍兵士はまだ普通の通行人と同じで、人ごみに混ざりながら、少人数ごとに指定された家々に入っていった。それぞれの建物は明確な計画のもとに十分注意して選定されたものだった。大抵は通りの角にあり、重要な十字路を見渡せたり、鉄道駅、ドイツ軍兵舎、店舗、公共建築物の部局に面したりしていた。それらはみな緒戦で攻撃して占拠すべき場所の近くだった。蜂起する兵士たちは、アパートのベルを鳴らし、蜂起当局者のサインのある徴発命令書を居住者に手渡した。住人たちは興奮の色を見せたが、腹を立てることなどまったくなかった。むしろ例外なく、可能なかぎりの援助を惜しまず、兵士たちに食料なども提供してくれた。兵士たちは窓際、屋根裏、煙突などの配置場所についた。集合住宅のブロックへの進入路はバリケードで封鎖された。中庭に見張りが立ち、最終段階の蜂起準備が敵に露見することのないよう、住民が通りに近づくのを禁止した。蜂起開始の三〇分前、準備はすべて完了した。兵士たちは武器を取り出し、白と赤の腕章を着けた。それは、ドイツによる占領以来初めて、このポーランドの国士でポーランド軍のしるしを公然化させることだった。五年間、彼らはみなこの瞬間を待っていた。いまや、その最後の瞬間が永遠に続くかのようにも思われた。午後五時、彼らは地下抵抗運動という存在に終止符を打ち、今一度、正規兵として公然と戦いにうって出るのだった。」

「午後五時ちょうど、何千という窓がいっせいに開かれ、閃光が放たれた。四方八方から銃弾の雨が通行中のドイツ人に降り注ぎ、ドイツ側の建物を穴だらけにし、ドイツ兵の行進隊形を混乱に陥れた。瞬く間に市民たちは通りから消えた。建物から蜂起兵がいっせいに飛び出して攻撃に加わった。百万人都市全体が一五分間で戦闘にまきこまれた。あらゆる交通機関がストップした。ドイツ戦線のすぐ背後で、東西南北の道路が一点に集まる交通の中心としてのワルシャワは存在を停止した。首都の戦いが続くのだ。」(42)

国内（被占領地）代表部の市民闘争指導部の責任者だったステファン・コルボインスキが「八月一日午後五時」という蜂起開始時刻を知ったのは連絡の不備でやや遅れたが、彼はその日の街の様子をこう書いている。

「通りは普段とはまるで違った活気に満ちていた。トラムは青年たちで混み合っていて、彼らは『ドイツ人専用』*Nur für Deutsche* になっていた乗降場の前部分も平気で占拠していた。そこにいたドイツ人もそれに対してどうこうすることもなかった。歩道では女性たちが三々五々になって、重そうなバッグや包みをもって、いかにも急いでいる風にせわしく歩いていた。『武器を持って集合地点へ向かっているのだな』と私は思った。一団の自転車が車道を走り去った。トップブーツを履きウィンドジャケットを着た少年たちが全力でペダルをこいでいた。そのうちの一人のリュックサックから杖に似たものがのぞいているのに気がついた。新聞紙に包まれ紐で縛られているが、ライフル銃の先端だということは誰にでも分かった。制服を着たドイツ人パトロールがあちこちでリズムに乗って行進していたが、彼らには何も見えず、何が始まろうとしているのか全く分からない様子だった」「コシコヴァ通りを歩いていると、マルシャウコフスカ通りの近くで若者と娘が門から出てきた。彼女は若者の首に腕をまわし、愛情をこめてキスした。感動的な光景だった。若者は私のトップブーツに目をやり、軽く頭を下げてあいさつした。私は敬礼して返し、彼に時計を見せて言った。『時間だ。』若者は娘にキスして、急いで立ち去り、やってきたトラムに飛び乗った。」(43)

「ワルシャワからのクーリエ」であるノヴァク、すなわちズヂスワフ・イェジョランスキは午後二時頃、フィアンセのグレタから蜂起開始が午後五時であることを知らされた。アルトゥル・グロットゲル通りに隠していたリボルバーと弾薬を取りに行き、そのあとグレタとともに集合場所に指定されたヤスナ通り(44)に駆けつけた。「通りには通常以上のドイツ人パトロールや軽量装甲車が出ていたが、ドイツ側が予防的攻撃に出なかったのは奇跡だった。時折、あちこちから銃声が聞こえるようになり、だんだん近くなってくる様子だった」「ヤスナ通りの建物入口で武装した市民が私たちにパスワードを求めた。国内軍の兵士が公然と武器をもっているのを見たのはこれが初めてだった」「その建物のホールの反対側の部屋は、ワルシャワ地区司令官、モンテルとその参謀が占有していた。」(45)

そして午後五時、「その瞬間、われわれは耳を劈き長く尾を引く手榴弾の爆発音を聞いた。二発目、三発目、四発目と続く。同時に機関銃とライフル銃の掃射が始まった。民族ドイツ人のアパートの窓からは、通りを行く人々が走って屋内に入るのが見え、店舗のシャッターが勢いよく閉められる音が聞こえた。蜂起兵たちが中庭からあふれるように出てきて、建物の壁伝いに近くの目標に進んだ。ちょうど五時だ！W時だ！始まったのだ。われわれは白と赤の地にポーランド軍を意味するWP (Wojsko Polskie) を書いた腕章をつけた。鷲の紋章のついたものもあった。」(46)

前記のように、ワルシャワは当初はブジャ作戦から除外されていた。そのために、ワルシャワの武器・弾薬は市外の戦線に送られていて、蜂起開始時の蜂起部隊の装備はきわめて不十分なものだった。そのとき、ワルシャワの国内軍勢力は最大で五万人だったが、銃器で武装していたのは一〇パーセントにすぎなかったという(47)。

第一章　地下水道

ワルシャワ蜂起記念碑（クラシィンスキ広場）

地下水道網　主なマンホール出入口
（1944年当時）

主な地下水道経路［太線］とマンホール位置

①—③（スタレミャスト——シルドミェシチェ）
①—⑥（スタレミャスト——シルドミェシチェ）
④—⑤（スタレミャスト——シルドミェシチェ）
①—②（スタレミャスト——ジョリボシュ）
②—⑦（ジョリボシュ——シルドミェシチェ）
⑨⑩—⑧（モコトゥフ——シルドミェシチェ）
⑪—⑨（チェルニャクフ——モコトゥフ）
⑫—⑬（オホタ地区）
⑭—⑮（南のカバツキ、ホイノフスキの森へ）

アンジェイ・ヴァイダ監督の有名な映画「地下水道」（*Kanal*, 1956）で、ザドラ中尉が指揮する蜂起部隊は一九四四年九月二六日頃、地下水道を抜けて蜂起側がまだ辛うじて制圧していたシルドミェシチェ（中央区）を目指す。中隊は当初七〇人いたが、ドイツ側の猛攻を受けて残るのはすでに三〇人足らずになっていた。ザドラ中尉は国内軍司令部から地下水道を通ってシルドミェシチェに退却せよとの命令を受け、「これだけひどく血を流した部下に向かって、今度は地下を這いまわれなどとは言えない」と憤激を露わにするが、結局は従わざるをえない。兵士たちは日暮れとともにマンホールに身を沈める。だが、蜂起兵たちの最後はそれぞれに悲惨で痛ましいものとなった。

ヘドロからたちのぼるガスと、時に胸までつかるずっしりと重い汚水。ドイツ側の毒ガス投入の声に恐怖して途中のマンホールから脱出しようとして撃たれる男。汚水と泥土にまみれ、やっとの思いで、あるマンホールから這い上がって目を凝らしてみると、その眼前に待ち構えて居並ぶドイツ兵。そして同じように脱出しながらも、すでに武装解除された兵士たちが近くに疲弊し悄然と立ち並んでいる。すでに重傷を負い高熱にも苦しむ小隊長のコラブ（ヤツェク）とその恋人で連絡員でもあるストクロトカ（デイジー）は、ようやくたどり着いたまぶしい光が差し込む中で、悠然と流れるヴィスワ川とその向こうの対岸を目の前にしながら、微動もしない非情の鉄格子に阻まれて絶望する。そしてザドラ中尉自身はクラ軍曹とともに硝煙がたちのぼる無人の廃墟のただ中のマンホールから脱出するのだが、後続の兵士がだれも上がってこないことを知り、むなしくも部下を探しに再びマンホールに身を沈めて行く。

この地下水道脱出劇は「蜂起してから五六日」とされること、トンネルの中では「ヴィルチャ通り」を目指していたと思われることからも、そのルートはモコトゥフ地区からシルドミェシチェ（中央区）を目指すものだったと推察できるが、そのプロットと登場人物たちはフィクションとして構成されている。しかし、その出来事の一つ一つ、一人一人の運命は間違いなく、ポーランド人にとっては辛く忘れ難い実際の体験に重なっているのである。

ワルシャワ素描

ワルシャワがマゾフシェ公の居所となったのは一三世紀から一四世紀のこととされる。一六世紀後半にはクラクフから議会が移され、一五九六年から国王のズィグムント三世ヴァザ（一五六六～一六三二）が王宮も移し、新しい都として繁栄することになる。一九世紀末から急速な資本主義の発展とともに地域的にも拡大を続けてきた。一九四四年蜂起とナチス・ドイツによる徹底的な破壊を経験し、戦後復興のなかでヤン・パヴェウ二世大通り（社会主義時代はユリアン・マルフレフスキ通りと名付けられていた）やヴワディスワフ・アンデルス将軍通り（これも同様に社会主義時代はマルツェリ・ノヴォトコ通り）などの基幹道路が新たに敷かれたり、一部の通り名が変わったりしたが、いまもその通りの網の目に戦前のすがたを重ね合わせてみることはそう困難なことではない。

ワルシャワは西北へ流れるヴィスワ川で二分される。左岸のヴォラ地区、シルドミエシチェ（中央区）から右岸のプラガ地区へと大動脈のイエロゾリムスキェ（イェルサレム）大通りが走る。中央区の北東にはヴィスワ川を望んで王宮と旧市街地域（スタレミャスト、あるいはスタルフカの名で親しまれている）があり、さらに川沿いを南東に下るとその名の通りポヴィシレ（ヴィスワ沿岸という意味）地区が広がる。ワルシャワ大学も主にはポヴィシレ地区にある。旧市街の北、ヴィスワ川の沿岸を見下ろすツィタデラ（アレクサンデル三世がロシアによる支配のために建造した）の西には新しい郊外地区となったジョリボシュがあり、さらに北は郊外地区のマルィモント、ビェラヌィへと続く。

シルドミエシチェは大動脈であるイェロゾリムスキェ大通りを境にして北と南に分かれる。中央区北の西はヴォラ地区だが、その北にはかつてのユダヤ人居住地区のムラヌフ、ユダヤ人墓地、カトリック墓地、プロテスタント墓地がある。中央区南の南東、有名なショパンの記念像があるワジェンキ公園あたりまでが市内中心部をなす。中央区南の西、すなわちヴォラ地区の南側はオホタ地区で、オホタ地区に隣接してモコトゥフ地区が広がる。広大なポレ・モコトフスキェ（競馬場やパレード会場にも使用された）は、モコトゥフ、オホタ、中央区南の一部をカバーする。一方、中央区南でヴィスワ川に沿って下ると、ソレツ、チェルニャクフ地区となる。

地下水道

ワルシャワで最初の下水・排水溝ができたのは一五世紀にまでさかのぼるともいう。もちろん当初は旧市街や新市街のごく一部地域に限られたものだったが、一八世紀末頃には全長が約一万六〇〇〇メートルになっていた(1)。

近代的な下水道システムをつくるうえで功績のあったのはロシア支配時代にロシア人でワルシャワ市長だったソクラテス・スタルィンキェヴィチ（一八二〇～一九〇二）である。彼は英国人エンジニア、ウィリアム・リンドレー（一八〇八

〜一九〇〇）に本格的な下水道システムの構築を委嘱する。リンドレーはその設計にとりくみ、息子のウィリアム・ヒーアレイン・リンドレー（一八五三〜一九一七）によって、一八八一年から一九一五年にかけてその計画が実現された。暗くて迷路のような下水道は雨水を運び、下水を川に送るために設けられた。網の目のようなトンネル群は「コレクトル」Kolektorとよばれる下水道の本流と夥しい数の支流で構成される。トンネルは蜂起緒戦の頃、国内軍の地下通信経路としても利用されたが、その後各地域が孤立すると蜂起部隊や市民の脱出経路としても使われた。大小さまざまなトンネルが複雑な回路を形成していた。トンネルの断面は基本的には卵を立てたような楕円形だが、下の方がややふくらんだような形のものもあった。「本溝の最も大きいもので楕円形断面の高さが二・四メートル、幅が一・六メートル、梨型ののでは高さが二・二五メートル、幅が一・八メートル、側溝の方は高さが〇・八メートルから一・五メートル、幅が約〇・六メートル程度だった。」(2) 地下水道の使用は国内軍総司令官のブル＝コモロフスキと地区司令官の管理するところとなり、使用命令書や通行許可証が必要となった。地下水道は蜂起側にとって、分断され孤立した各地区をつなぐ唯一の連絡道となった。

だが、一九四四年の蜂起以前に国内軍が地下水道を通路として使うことはなかった。地下水道が軍事作戦の関係で使われたのは、ワルシャワ蜂起前年の一九四三年四月に勃発したユダヤ人のゲットー蜂起のときだった。拙著『記憶するワルシャワ』にも書いたが、ユダヤ戦闘組織（ŻOB）の戦闘員らが地下水道を通って脱出した。ドイツ側はそのとき、地下水道を発見すると毒ガスを放ったり、水浸しにしたりして大勢のユダヤ人を殺害した。ポヴィシレ地区で国内軍の看護活動にあたっていたイレナ・オルスカは記している。

「わたしたちは一九四三年のそのことを忘れることができなかった」「国内軍はゲットー蜂起のときには立ち上がらなかった。勝利の見込みがなかったからだ。赤軍はまだ遠くにあり、解放の展望もなかった。ゲットー蜂起を生き残った少数の人たちが悲しげな眼をしてわたしたちに言った。『きっとすぐに同じことがあなた方にも起きるでしょう。たぶん、二年もすれば。』この言葉は頭からはなれなかった。そしてたしかに、同じことが一五ケ月後に起きたのだった。」(3)

ワルシャワ蜂起が始まり、戦闘の長期化が予想されるようになって、地下水道を連絡・通信目的などで使用する必要に迫られる。前年五月にワルシャワ・ゲットー蜂起が鎮圧され、真っ暗な地下トンネル内で殺された多くのユダヤ人たちの悲劇とともに地下水道は記憶の奥に押しやられてはいたが、国内軍は今一度、そのルートの使用を考えざるをえなくなった。ワルシャワの地下水道は旧市街防衛戦で生き残った兵士たちを救うなど、蜂起側にとって極めて重要な役割を果たした。国内軍のワルシャワ管区司令官、アントニ・フルシチェル（モンテル）によると、蜂起部隊間の連絡・通信活動の七〇パーセントは連絡員の働きによるものだったが、それは三つの形態があった。一つは地上。瓦礫の中、ドイツ側の狙撃兵、臼砲、大砲をくぐりぬけて地上を走る。二つ目は地下室。人々が退避するために各家の地下を掘り抜いてときには数ブロックにもわたる地下避難場所を通る。そして地下水道のトンネルだった(4)。

地下水道は武器・弾薬の補給にも使用された。しかし、地下水道で運ばれた武器・弾薬は少量だった。八月第二週から同月末まで国内軍総司令部をスタレミャスト（旧市街）においていたブル＝コモロフスキは「たとえば、六〇人の隊列がジョリボシュ地区から地下水道に入ったが、スタレミャストに着くのに六時間もかかり、しかも到着したのは二四人だったことがあった。彼らがもってきたのは手榴弾約三〇〇個、機関銃二丁、トミーガン数丁だった。だがこれでも、スタレミャストの守備隊には貴重な援助だった」(5)と書いている。

地下水道のトンネル内の様子についての資料や証言に接してみると、ヴァイダ監督の映画が描いたことがいかに真実に迫っているかよく分かる。トンネル内は安全のために灯火が制限されてほとんど真っ暗闇である。強烈な刺激臭のガスが一面にたちこめ、呼吸も困難になり、涙がでるのを抑えきれない。漆黒の闇のなかの狭い通路を膝、腰、ときには肩まで泥水につかりながら進まねばならない。ブル＝コモロフスキは「決して勇気がないわけでなく、火炎びんで敵戦車を攻撃することさえ躊躇わぬ男でも怖じ気づき、こうした狭いトンネルを数百ヤード進んだだけで完全に疲弊した例をいくつも知っていた」(6)と書いている。兵士たちは腰まで泥水につかって武器・弾薬、医療品などを運びながら、流水の中で転ばぬようにバランスをとって進まねばならなかった。地下水道の通行に多大な貢献をしたのは「カナラルカ」kanalarka（kanał「下水道」に由来）とよばれた女性のガイドたちだった。彼女たちはメッセージや命令書を運んだり、新しいルートを下検分したり、障害物の除去などにもあたった。

ブル＝コモロフスキはヴァイダ監督が映画で描いた忘れられぬ場面のいくつかをたしかにこう書いている。

「地下水道の恐怖を増幅したのは、負傷者があげるうめき声や叫び声、異常な体験のもとで神経がまいってしまって発するヒステリックな笑い声がこだまする音だった。ほんの小さな音が何百倍にも増幅されて、果てしなく繰り返されるこだまとなって転がっていくように、何マイル先にも聞こえるのである。こうした音は本当に恐怖だった。先頭を行く者がドイツ側陣地のマンホールが開いているのを見て正気を失くし、隊列全体が止まってしまうというようなこともよくあった。こうした地点の近くでは、ドイツ側が手榴弾や発煙弾を投下させる兵隊を配置し、地下水道からちょっとでも音がすればそれを投げ込ませた」「前進するのを拒否した人々は幻覚にとらわれた場合が多い。彼らは実際にはだれもいないのに、ドイツ軍の足音をはっきりと耳にしたのである。」(7)

当初、ドイツ側は国内軍の連絡員の女性、負傷者の護送隊、弾薬の輸送集団が自分たちの真下を通過しているとはまったく気づかなかったようだ。ゲシュタポ本部の真下にも地下水道は走っていて、国内軍の連絡員が行き来していた。コモロフスキによると、ドイツ側が国内軍による地下水道の利用を知ったのは九月初めだという。ドイツ側はそのとき、サスキ公園近くの国内軍の拠点ビルを爆破するためトンネルを使っての新戦術を決めた。そのトンネルの掘削作業中、地下水道からガタガタいう人の動きの反響音が聞こえ、何が起きているのかをすぐに悟った。ドイツ側支配地区のマンホールはすべて開けられ、手榴弾、地雷、刺激性のガス缶などが投げ込まれた。瓦礫やセメント袋の障害物で封鎖されたトンネルもあった。ピンをはずした手榴弾をトンネル内にぶらさげた。もしもだれかが這っていて、その一つにあたろうものなら、即刻爆砕されてしまうのだった。さらにドイツ側は地下水道のなかでも最も頻繁に通行する場所から数百ヤードの地点のトンネルに石油を流し込んで火を放った。

以下に主な地下水道経路とマンホールの位置、現在そこに掲げられている記念プレート、それらのルートにまつわる出来事について記す。

スタレミャスト（旧市街）――シルドミエシチェ（中央区）〈1〉（地図：①―③）

①クラシィンスキ広場・ワルシャワ蜂起記念碑のすぐ近く、ドウゥガ通りの建物の記念プレート

「英雄的な旧市街防衛戦のあと、北部軍団の五三〇〇人の蜂起兵がこの地下水道を通って、シルドミエシチェとジョリボシュ地区へ脱出した。」

③ノヴィ・シフィャト通り五三番、ヴァレツカ通りとの角にある建物の記念プレート

「ワルシャワ蜂起中の一九四四年九月一日と二日、旧市街防衛にあたった国内軍兵士が三二日間の英雄的な戦いのあと、地下水道を通ってきてこの場所に出た。」

記念プレート①

前述のように地下水道を利用することはワルシャワ蜂起開始以前には考慮されていなかったが、蜂起が開始されて短期間での決着が難しいと判明すると、各地区で地下水道の探索が始まった。八月初め、国内軍連絡将校のヤニナ・カラシュヴナ（ブロンカ）少佐は地下水道専門のグループを組織し、ブル＝コモロフスキが八月六日から国内軍総司令部をおいていた旧市街とシルドミェシチェの地下水道ルートについて検討を始めた。ナタリヤ・センディス（ズィトカ）ら地下水道偵察グループがトンネルに入ったのは八月一〇日から一三日のあいだと推定され、劇場広場、ヴィェジュボヴァ通り、ピウスツキ広場、マワホフスキ広場、マゾヴィェツカ通りの下を通り、数時間後にシルドミェシチェに着いた(8)。これは後述する「スタレミャスト――シルドミェシチェ〈3〉（地図：④―⑤）」のルートでおよそ千数百メートルの距離だった。地下水道の管理体制がしかれ、マンホール入口は監視下におかれ、通行証がないとトンネルに入ることはできなくなった。シルドミェシチェから旧市街へは弾薬や医薬品が運ばれた。

地下水道の踏破には非常な困難がともなった。大声を出すことや火気は厳禁だった。地上は敵陣地である。クラシィンスキ広場のマンホールからはシルドミェシチェまで二キロ弱だったが三、四時間はかかり、負傷兵のグループでは十時間以上かかった例もあったという。途中、身体に異常をきたしたり、失神したり、泥水に溺れるものがでることもしばしばあった。

クラシィンスキ広場のワルシャワ蜂起記念碑群像の一つは地下水道へのマンホールに半身を沈めている兵士である（本章扉写真）。それにも象徴されるように、数ある地下水道脱出の試みのなかで、最もシンボリックで伝説的な作戦となったのはスタレミャストからシルドミェシチェへの数千人の脱出劇である。旧市街陥落が目前に迫り、北部軍団司令官のカロル・ジェムスキ（ヴァフノフスキ）大佐は地下水道を使って脱出することが不可避と考え、八月二八日にはこの考えを国内軍ワルシャワ管区司令官のモンテルに伝えて了承を得ていた。モンテルは最初、この提案に反対したという(9)。あと数日間でも旧市街でもちこたえてほしかったのだろう。三〇日から三一日にかけて、旧市街からドイツ軍陣地を強行突破してシルドミェシチェの蜂起部隊に合流する最後の賭けが敢行されるが、これも不首尾に終わる。もはや地下水道で脱出するほかに選択肢はなくなった。それもまた極めて危険な賭けだった。それまで地下水道を一度に通っていたのはせいぜい数十人で、千数百人もの兵士がトンネルに入るのは想像もしていないことだった。多数の民間人もいた。狭いトンネルの中では自由に動き回ることはできず、いわば無防備同然となる。ドイツ側が手榴弾やガス弾を投げ込んだだけでパニックが起こり、脱出できないものが大勢でるのは明らかである。しかも、クラシィンスキ広場近くのマンホールはドイツ側制圧地域から二〇〇メートルほどしか離れていない。一度に千数百人もの兵士らが敵側に気づかれずに地下水道に入ることができるのだろうか。それは、「蜂起のなかでも最も難しい決断の一つだった。」(10)

記念プレート③

　実はその数日前、ブル＝コモロフスキ総司令官をはじめとする国内軍総司令部は旧市街地域で指揮をとるのは不可能と判断し、八月二五日夜から二六日にかけて(11)、地下水道を通ってシルドミエシチェに脱出して司令部を移した。このとき、亡命政府国内代表のヤン・スタニスワフ・ヤンコフスキ（ソブル）と挙国一致評議会（RJN）議長のカジミェシュ・プジャク（バズィリ）の文民行政組織指導者も一緒に中央区へ撤退している。

　ブル＝コモロフスキが国内軍総司令部を旧市街からシルドミエシチェに移そうとしたのは、ロンドンおよびポーランド他地域との無線通信が完全に途絶えようとしていたからだった。唯一機能する通信機も砲撃による震動によって頻繁に故障するようになっていた。代替機もバッテリーが尽き、数時間で無線機は完全に沈黙する。彼はトンネルに入ることを決断する。出発は「午後一一時」だった。以下、少し長くなるが、ブル＝コモロフスキ自身の地下水道体験を引用する。

　「出発前、ガイドは隊列を再確認するとともに、全員に行軍の指示を再度想起させた。完全なる沈黙が絶対命令だった。行程中の約三〇〇ヤードはドイツ側陣地の下を通過する。ガイドとしんがりの助手だけが懐中電灯を使用することができる。どんな異変もロープを三度強く引いて知らせる。一時間ごとに短時間の休憩がある。全行程は約一マイル半だ。それでも五時間以内ですませたいと考えていた。隊列の先頭にはトミーガンをもった兵士二人が立った。トンネルの高さが五フィートしかない地点では腰をかがめなければならなかった。突然、後ろで女性の叫び声が響いた。バシャ（ブルの女性連絡兵）が転んで、流れに押し戻されたのだ。きわどいタイミングで（ブルのすぐ後ろについていた）国内政府代表が彼女の手をつかんで起こすことができた。彼のおかげでバシャは流されずにすんだ。彼女の叫び声は数分間もトンネル内にこだましていたが、そのこだまが実際には消えたあとも、われわれの耳にはまだ鳴り響いていた。こうしたトンネルの穴の中で鳴り響く反響音はぞっとさせるほど恐ろしいものだった。」

「一時間ほど進んで、クラコフスキェ・プシェドミェシチェ通りのドイツ側陣地の真下に来た。ときどき、開け放たれたマンホールから入る光でトンネル内が照らされた。そうしたところは何時、手榴弾攻撃があるかも分からず、最も危険な場所でもあった。厳しい指令にもかかわらず、隊列全部が沈黙を守っているのは困難だった。みな疲れきっていて、何度かバランスをくずし、休憩を求める合図を送った。」

「水位はもうだいぶ低くなったが、泥は厚く進むのはまだ大変だった」「ある地点でガイドが一分か二分ほど懐中電灯を点けた。その明かりで、何とも表現しようもないほどの汚物と糞便のなかに猫の死骸がいくつもあるのが見えた。空気はますます悪臭を放っていた。開いたマンホールの下に来たときにだけ、比較的新鮮な空気を肺に満たしてやることができた。ある地点で少し長めの休息をとった。姿勢を少し変えられたが、直立はできなかった。少しでも動けないでいると、寒さで歯がガチガチ鳴った。またゆっくりと歩き始めた。脚の筋肉と背中が耐え難いほど痛かった。ガイドがあと五〇〇ヤードほどだとささやいた。全行程の三分の一弱といったところだ。とうとう、行く先に幽かだが青い信号灯の光を確認することができた。近くに見えたが、まだ二〇〇ヤード進まねばならなかった。その最後の道のりは終りがないようだった。明滅する青い光は人を惑わす鬼火のようで、到達するのは不可能にも思えた。だが、ついにトンネルは狭くなり、われわれはスロープを這い上がっていった。ぶら下がってきたロープの端っこに手が届いた。兵士がマンホールの上から小さな開口部を通って上ってくるようによびかけてきた。」

「トンネルの狭い出口から通りへ出てみると、皆、新鮮な空気でほとんど酔ったような気分になった。私は氷水をぶっかけられたように感じた。呼吸が困難で喘ぐように息を吸った。目の前には黒い点がいくつも踊っていた。気分が回復するまでしばらくの間壁にもたれかかっていた。トンネルの入り口は砂袋で防護され、カモフラージュされていた」「われわれが歩いたトンネルの距離は約一七〇〇ヤードだったが、夜中の何時間もかかった。」(12)

九月一日の国内軍部隊による大脱出のチャンスは予期せぬ出来事によって到来した。その日の夕刻、ドイツ側が戦闘での死者・負傷者を運ぶために数時間の停戦を求めたのである。北部軍団司令官のヴァフノフスキはこれをまさに天から授かった好機ととらえ、停戦を受け入れて脱出準備を命令した。停戦は午後八時だった。その夜は静かになることが約束された。

午後七時四五分、国内軍部隊の地下水道脱出が開始された。各地域の防衛拠点から集まってきた千数百人もの蜂起兵たちがつぎつぎにマンホールの下に飲み込まれていった。夜明けには攻撃が再開されるので、素早くことを運ばねばならないが、一人一人慎重に地下水道に入った。銃声が止み、すでに破壊され廃墟となった旧市街には静寂が広がっていた。バリケードの要所には見せかけだけの歩哨を立たせた。真夜中には、スタレミャストはまったくの無防備状態になっていた。午後九時頃から、ルク軍団、チュシャスカ軍団、クバ・ソスナ軍団など北部軍団の武装部隊が続き、最後に北部軍団司令部とラドスワフ軍団がついた。トンネル内は「人間の鎖」が延々と続いた。あるいはブル＝コモロフスキが「人間のヘビ」と表した兵士集団は一マイル半の長さになり、先頭が中央区付近に到着したとき、最後尾はまだマンホールの近くに立っていたともいう(13)。翌二日、停戦が終わる明け方ちかくの午前三時頃、長い列をなした最後の兵士がマンホールに入り、バリケード防衛にあたっていた兵士が続き、その集団とともにヴァフノフスキ大佐と側近も旧市街を去った(14)。停戦が終わり、ドイツ軍機の爆撃が再開されて、ミョドヴァ通りのマンホールのすぐ手前の控訴裁判所の建物が崩れ落ち、地下水道入口も瓦礫で塞がれた。しかし、国内軍部隊の大脱出作戦は成功した。ノヴィ・シフィャト通りとヴァレツカ通りの角の出口からは泥水にまみれ疲れ果てた兵士たちが、待ち構えていた支援者の手を借りながらずっしりと重い身体で次から次に這いあがってきた。

朝になって、ドイツ側は急降下爆撃機シュトゥーカ、大砲、戦車、最後に歩兵を動員して戦闘行動を再開した。ドイツ側はバリケードの沈黙について、弾薬を節約するための策にすぎないのだろうと考えていたという。

旧市街から地下水道を通って脱出した国内軍兵士の人数は推定でシルドミェシチェに約四五〇〇人（うち武装していたもの一五〇〇人）、ジョリボシュに約八〇〇人という数字がある(15)。『ワルシャワ蜂起大百科事典』は、「最少でも一五〇〇人ないし一九〇〇人、最大で五三〇〇人、ジョリボシュ地区にはおよそ八〇〇人の蜂起兵と市民が逃れた」(16)とする。ジョージ・ブルースは「全部で戦闘員一五〇〇人、負傷しているが歩けるもの約二〇〇〇人、看護婦をふくむ市民五〇〇人が中央区に着いた。このほかに八〇〇人がジョリボシュに着いた。あとに残された兵士たちは、もっと小さなトンネルを使って脱出を試み、一部が成功した」(17)としている。

一方、旧市街の地下壕には約三万五〇〇〇人の住民が残され、そのうち七五〇〇人は重傷を負っていた。地下水道の脱出に耐えられぬと判断されて残った蜂起兵重傷者も二五〇〇人にのぼった(18)。ドイツ側は静まり返ったバリケードには地雷が仕掛けられているのではないかと一時は警戒したが、まもなく蜂起部隊が去ったことを知り、火炎放射器をもった歩兵が突入した。ガソリンに火をつけてトンネルにまいた。ディルレワンガー指揮下の犯罪者部隊が残った人々に対して残虐行為を開始した。地下室に設けられた病院で身動きできない蜂起兵らが射殺されて、ベッドに石油がかけられて焼かれた。他の多くの人々もドイツ側の砲撃で死亡した。ドイツ側は旧市街を制圧することにより、キェルベチ橋へ出ることも可能になった。いまや、西はヴォラ、ポヴォンスキからゲットーの廃墟、旧市街を支配下に収め、ヴィスワ川沿岸に達した。

国内軍のソスナ大隊に所属して旧市街の戦闘に参加したザヴォドヌィはスタレミャスト撤退について以下のように書いている。

「手順の詳細は旧市街の北部軍団司令部で決定された。旧市街とジョリボシュ地区司令官の出す有効な通行証のある部隊だけが地下水道に入れるものとされた。時間割が決められて、それぞれの集団は指定されたガイドとともに半時間ごとにトンネルに入った」「脱出の順番も決められた。まず、負傷者。つぎに民間人、そして武器をもたない蜂起部隊兵士、さらに一五〇〇人のドイツ側戦争捕虜(国防軍)。最後が武装した蜂起部隊だった。医師と医療スタッフは搬送できる負傷者がいないか、地下室や瓦礫のなかを徹底的にさがし、マンホールに連れて行った。重傷者と民間人の大多数は旧市街に残されねばならなかった。タデウシュ・ポゴルスキ(モルファ)医師は旧市街の病院責任者の一人だった。ドイツ側はそのとき捕虜はとらず、あとに残されたものはみな射殺していた。もし一人でもトンネルを進む最中に死ぬと、せまいトンネルが塞がれて、旧市街防衛に残った人々に死を宣告することになることが医師にはよくわかっていた。負傷者たちもまた、みながトンネルで脱出できるとは思わなかった。だれが行くのかを選ぶのは医者の判断だった。」(19)ポゴルスキ医師はのちに、ザヴォドヌィのインタビューで「私は彼らの目を忘れることはできない。宣告を下す人間をどのように見つめていたかを」(20)と答えたという。

イレナ・オルスカの体験

旧市街陥落以前の地下水道体験を一つ紹介する。シルドミエシチェから旧市街への逆コースである。ポヴィシレ地区で看護少尉として任務についていたイレナ・オルスカが地下トンネルを通ってスタレミャストに行ったのは脱出のためでなく、旧市街住民を支援するためだった。蜂起開始から一週間余りたち、市内全域に対して、スタレミャスト支援のボランティア行動がよびかけられていた。スタレミャストはワルシャワ市民にとって象徴的な意味をもち、同地の陥落は蜂起の先行きに重大な影響があるとだれしも思っていた。戦前、蜂起開始前ならば、イレナの暮らしていたポヴィシレ地区、トピェル通りから北の旧市街までは二〇分そこそこで歩いて行けた。イレナが旧市街支援行動に参加したのは八月上旬の三日間だったが(21)、地上のルートはすでにドイツ側に封鎖され、唯一のルートは地下水道だった。

「旧市街に通じる地下トンネルの入り口はナポレオン・カフェの近くにあった」(22)と彼女は書いている。大勢の看護婦、兵士、連絡員の女性たちがすでに待機していた。旧市街からやってきた案内役の兵士はいかにも屈強そうな人物で完全武装していた。イレナたちはズボンをできるだけ上まで捲りあげ、鉄棒の狭い梯子を降りて行った。墓の中に降りていくような感じがした。

「私たちは腰をかがめて歩いた。トンネルはまっすぐに伸びていた。暗かった。当初の恐怖感に反して、やや乾燥しているようで、悪臭も初めはそうひどくはなかった。一列になって進んだ。寒くて震えがきたのだが、顔や首筋に汗が落ちた。ダヌタとスパローがすぐ前を歩き、ヤノシクとゴレチュがすぐ後ろについていた」「かなり長時間たった頃、トンネルは大きくなり、体を伸ばし、二人で歩くことができるようになった。眼も暗がりに慣れてきた」「やがて、一歩ごとに状態は悪化した。トンネルは狭くなり、空気も汚れてきた。ひどい悪臭が衣服や毛髪にこびりつき、喉や口内にも広がって吐き気を催した。後方でだれかが嘔吐するのが聞こえ、私は何とか同じようになるまいとこらえた。やがて道は下り、トンネルも小さくなって、四つん這いになり、サルのように両手両足をついて這って進んだが、足は泥と糞便に踝までつかり、顔も汚物でべとべとした」「不潔な泡にまみれて永遠に這っていくのかと思われた。重いリュックサックの紐が肩に食い込んだ。背中が痛んだ。力を入れて心臓がドキドキし、頭は血液であふれそうになった」「墓穴にいるほうがまだましだと思った。どうにもがまんできないほどの疲労感に襲われた。リュックサックがたえず滑り落ちそうになり、首筋が圧迫され、どうしようもなかった。前のダヌタが早すぎた。何か濡れた悪臭のあるものが顔にぶつかった。サルのように手足をついて進むしかない。左手、右手、左足、右足と。しかし、もうそれ以上長くはもたない。あと数歩も続いていたら、顔から倒れこんで、ヘドロの中で溺れ死んでしまっただろう」「半月形の光を見るまでに三時間半が経っていた。前を行く人たちがもう梯子を上っていた。『クラシィンスキ広場だ。』だれかが嘆息まじりに言った。私も梯子を上った。肩の下から抱えられて強い力で日の光の中に引き上げられたが、何も見えなかった。ずっと頭を下げて這ってきた極度の緊張から両目とも充血していた。みなしばらくの間、汚れた手で目をおおいながら立っていた。そして、ドイツ軍機が来て発見されないうちに、その場所から移動させられた」「私たちが案内されたのは広い地下室で、明らかに大きな商業ビルの倉庫だった。数百人が横たわり、床に敷かれたマットやマットレスのうえでぐっすり眠っていた。ほとんど死んだように眠っていて、私たちが入っていっても目を覚ますことはなかった。みな、国内軍の赤と白の腕章をつけていた。」(23)

イレナたちは旧市街のフキェルのワイン貯蔵室に設けられた病院の看護婦長のもとに出頭した。そこでは過労と睡眠不足で足元もふらついている看護婦が一〇〇人ほどもいた。しごとは山ほどあった。旧市街ではだれもパニックにはなっていなかった。地下貯蔵室は深く、壁も厚かったので、砲爆撃の音もほとんどとどかなかった。次々に負傷者が運び込まれた。外傷用薬剤、包帯、血清などはあったが、麻酔薬がなく、それでも手術が行われた。イレナは二日間、昼夜の区別なく不眠不休で地下室の病院で働いた。旧市街現地の看護婦たちを少しでも休養させるためである。数時間眠ったあと、ポヴィシレ地区にまたもどることになった。来るときは各自背負い込めるだけの医薬品を運んできたので、帰りのリュックサックは軽かった。再び地下水道を行くのは怖かったが、ほかにルートはなかった。ノヴィ・シフィャト通りに交わるヴァレツカ通りのマンホールから出たとき、強烈な吐き気を催した。しかし、トピェル通りに戻った頃にはすっかり回復した(24)。

それから三週間ほど後、こんどはヴァレツカ通りのマンホールの出口に待機して、陥落しつつあった旧市街から脱出してくる蜂起兵や民間人を受け入れる任務についていた。大勢の看護婦たちとともに、「ヘドロだらけの地下通路」から出てくる人々を待った。間もなく、旧市街の人々が地下トンネルから鉄の梯子を上って出てきた。イレナたちは次々に彼らを引き上げた。「ほとんどが骸骨のようだった。信じられないほどやせ細り、顔や体から突き出た骨に生気のない皮膚がへたりついているだけだった。女性たちは苦痛で言葉もでなかった。血にまみれた亡霊の行列が果てしなく続いた。人々の傷口はトンネルの汚物で固まっていた。」(25)重病人はストレッチャーでナポレオン・カフェに運ばれた。自分で動ける人たちは道路に座り込み、目を瞬かせながら周囲を見ていた。彼らは、ワルシャワにもまだ、たとえ切り株のようにでも建物が残っている場所があること、ヴァレツカ通りのバリケードが無傷であることに驚いていた。

ある女性はトンネルのどこかで子供を見失っていた。両手を大きく振りながら、あちこちの子供のもとへ走り、汚れた顔をのぞきこみ、ヒステリックに金切り声をあげて泣き叫び、子供の名を呼び続けた。イレナたちはトンネルからの脱出者の顔を拭いてやり、傷の手当てをした。おそらく兄妹なのだろう、七歳くらいの子供が二人手をつないでいた。両親のことを尋ねたが何も答えなかった。おそらく両親は旧市街に残されたのだ。国内軍部隊兵士も出てきた。イレナは脱出してきたフロブルィ部隊の約二〇〇人をズウォタ通り二九番に案内した。ヴァレツカ通りに立っていた少年が気になり、近づいてみると友人のボジェナの一人息子、ピョトレクだった。ボジェナの夫は八月一日にドイツ側に殺された。ボジェナは旧市街の病院で活動していた。イレナは少年に母親の安否をたずねた。少年は答えた。「ママは怪我した人たちの所に残った。ママはぼくに行けと言った。ぼくが一緒に残りたいと言うとママは怒った。旧市街を出て、ボーイスカウトの部隊に入り、中央区で活動を続けろと言ったんだ。どこへ出頭すればいいか教えて。」(26)

「三日三晩」、地下水道は疲弊しやせ衰えた男女、子供たちを吐き出し続けた。約二〇〇〇人がイレナたちのもとを通過した。旧市街からの脱出者の衣類を大量に洗濯する任務がイレナに下された。イェジ・フフスのチョコレート工場には井戸と大鍋があることを思いついて協力を求めた。彼は快く協力してくれた。

スタレミャスト——シルドミエシチェ〈2〉（地図：①—⑥）

⑥セナトルスカ通り四〇番、銀行広場の建物の記念プレート

「セナトルスカ通りの真ん中のこの場所に地下水道のマンホールがあって、一九四四年八月三〇日、蜂起部隊が銀行広場を占拠しようとして、そこから出てきた。」

その地下水道ルートは陥落直前の旧市街の蜂起部隊が中央区へ強行突破で脱出するのを支援するための陽動作戦で使

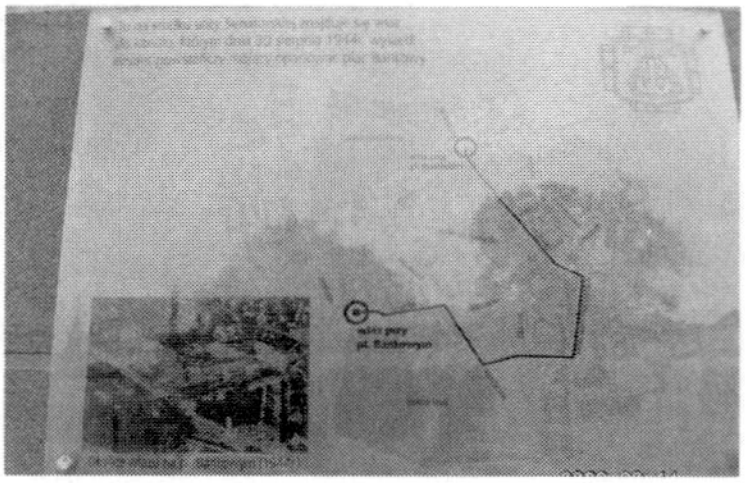

記念プレート⑥

われた。一九四四年八月三〇日、国内軍・チャタ四九大隊とユリウシュ特別部隊の兵士約一〇〇人が地下水道を通って銀行広場に出、ドイツ側部隊を背後から急襲するというものだった。指揮官はズビグニェフ・シチボル＝ルィルスキ（モティル）中尉とズヂスワフ・ゾウォヒィンスキ（ピョトル）中尉だった。

　八月三〇日夜から三一日にかけて、クラシィンスキ広場のそばのマンホールに入り、ミョドヴァ、クラコフスキェ・プシェドミェシチェ、トレンバツカ、ヴィェジュボヴァ、セナトルスカの各通りの下を通って銀行広場のマンホール下に到達した。サスキ公園の北西あたりになる。当時、そのマンホールのすぐ近くには少年像のある噴水と緑地があった。現在その噴水はヴワディスワフ・アンデルス将軍通りに移設されているので当時の銀行広場のすがたではない。銀行広場も当時は噴水と緑地を中心にした三角地域だったが、現在はその場所をふくめ、北のソリダルノシチ大通りにいたる広い地域の呼称となっている。その真夜中すぎ、蜂起部隊は地上に出て、聖ヤン・ネポムク像のそばの低木に身を隠す。しかし、この不意打ち作戦は成功せず、数十人の兵士がドイツ側との戦闘で死亡し、一部は地下水道を通って旧市街に撤収した。一方、旧市街から中央区への脱出をはかった蜂起部隊も約三〇〇名の死傷者をだし、サスキ公園を通ってクルレフスカ通りのポーランド側陣地に到達したのは六〇人ほどにすぎなかった。（詳細は第五章「シルドミェシチェ北」の「銀行広場」の項を参照）

スタレミャスト——シルドミェシチェ〈3〉（地図：④—⑤）

④セナトルスカ通り一一番の記念プレート

「ワルシャワ蜂起で、一九四四年八月一〇日から九月二日までの期間、高さ九〇センチ、距離一二〇〇メートルの地下水道によって、スタレミャストとシルドミェシチェの間の通信連絡が維持された。」

⑤マゾヴィェツカ通り三／五番の建物の記念プレート（④と同じ文面）

　セナトルスカ通り一一番は劇場広場の北東角あたりになるだろうか、戦前はダニウォヴィチョフスカ通りだったが現在はノヴィ・プシェヤスト通り側にマンホールがあり、その近くの白い建物に記念プレートがある。マゾヴィェツカ通り三／五番の建物には古い街路表示が残っている。その地下水道コースの脱出口となったマンホールがすぐそばにあるが、もはや開けられることもないのだろう。円い鉄蓋の内側にはタバコの吸い殻が散乱し、道路との隙間には土がかたく詰まっている。

　前述のように、地下水道が蜂起にどのように利用できるか実際の探索が始まったのは、蜂起開始後一週間ほど経ってからである。国内軍司令部の通信連絡部局チーフのヤニナ・カラシュヴナ（ブロンカ）が地下水道偵察グループを組織し、水道技術者のヴウォジミエシュ・スコラチェフスキがシルドミエシチェへのルートを開拓した。最短ルートは地下水道「コレクトルC」を使うことだったが、当時は地下水道内の排水レベルが高く、ドイツ側に察知される危険もあると判断され、その西側を通る側溝を通ってダニウォヴィチョフスカ通りにぬけるコースが採用された。前述のように、八月一〇日から一三日の間頃、最初の偵察グループが劇場広場の角のマンホールに入り、ヴィェジュボヴァ通り、ユゼフ・ピウスツキ広場、マワホフスキ広場、マゾヴィェツカ通りの下を通ってシルドミェシチェに到達した。このとき、スタレミャストからシルドミエシチェのモンテルに、この地下水道ルートを使っての最初の通信がもたらされたという。のちに「地下水道の女王」とよばれたナタリヤ・センディス（ズィトカ）が、この最初の偵察グループのなかにいた。まもなく、全体の通過時間は約二時間に短縮された。このルートは、「コレクトルC」の排水の高さが低下する八月末まで利用された。

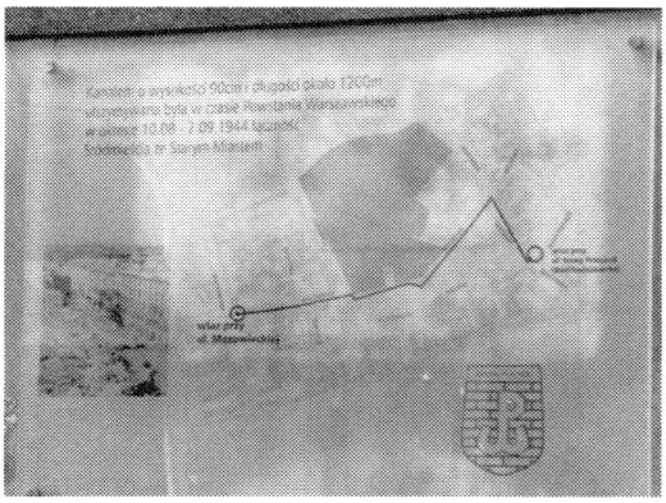

記念プレート⑤

スタレミャスト――ジョリボシュ（地図：①―②）

②クラシィンスキ通りとポピェウシュコ通りの交差点（クラシィンスキ通り二九番）の建物の記念プレート

「クラシィンスキ通りとポピェウシュコ神父通りの交差点近く、この場所のトラムの線路のそばに地下水道への入口があって、ワルシャワ蜂起中にジョリボシュ地区とスタレミャストおよびシルドミェシチェとの連絡通路となった。」

スタレミャストからジョリボシュへの地下水道ルートの探索も八月六日か七日頃に始められた(27)。地下水道「コレクトルE」とよばれるコースで、フレタ通り、ザクロチムスカ通りの下、ツィタデラの脇からウィルソン広場へと向かうものだった。だが、このコースは途中に格子門があるなど障害物のために使用見込みはなかった。

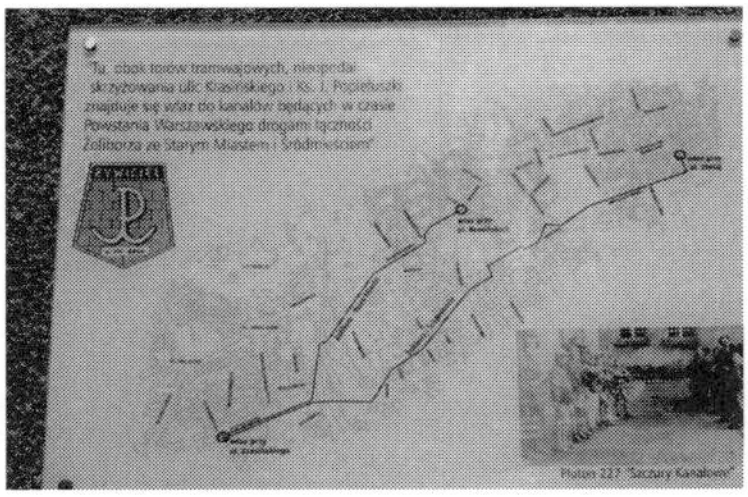

記念プレート②

八月八日、地下水道の専門家、レオン・ルィヂィンスキ(ヂョバティ)とアルフレト・ブヤノヴィチ(シュパガト)が地下水道「コレクトルC」をたどるルートを開拓した。クラシィンスキ広場のマンホールから、ノヴィニャルスカ、フランチシュカインスカ、ボニフラテルスカ、クウォポト、ストウェチュナ通りの下を通って、ズィグムント・クラシィンスキ通りとの交差点のマンホールへ出るコースである。フランチシュカインスカ通りやクウォポト通りはゲットーの廃墟で、一九四三年にゲットー戦士も通ったルートである(『記憶するワルシャワ』第四章「地下水道脱出」参照)。スタレミャストからジョリボシュへぬけるこのコースは、ドイツ側が空爆でクラシィンスキ広場近く、ミョドヴァ通りのマンホールを塞いでしまう九月二日まで使われた。

旧市街でモストファ通りのバリケード防衛にあたっていたイツハク・ツキェルマンの指揮するユダヤ戦闘組織(ŻOB)の戦闘員たちは八月末、クラシィンスキ広場近くのマンホールに入って、ジョリボシュ地区に脱出した。ツキェルマンは語っている。

「私はあの夜のことを忘れない。旧市街が炎上し、翌日にはドイツ人に占領された。砲爆撃を受けた。われわれにも身近だった旧市街が焼けおちて、グループごとに地下水道に入ることになった。私は数百人の戦闘員の脱出をまかされ、合図とともに地下に入った」「かがんで進まねばならないところもあったが、立って歩けるところもあった。一列で歩いたが、ときに二列になれるところもあった。私の後にはマレク・エデルマン(28)、ジヴィヤ(29)、それにトゥヴィヤ(30)もついていた」「何時間か歩き、明け方頃になって、地下水道が三又に別れた場所に来た。そこでドイツ人の悪辣さを見た。そこを通り抜けるには接触せざるをえないように電線が張られていたのだ。しかも、接触に気がつかないように。電線に接触すれば、地上の羽根状のものが動き、それを合図にドイツ人は手榴弾を投げ込もうというのだった」「電線が揺れ、手榴弾が一発、音をたてて飛び込んできた。幸い爆発場所付近の数人が軽傷ですんだ」「混乱はさらに続いた。後続の人々が引き返し始めたのである。しかし、われわれユダヤ人には戻るところなどなかった。ただ前に進むだけだった。深い水溜りがあり、滝のように水が落ちて渦を巻いているところがあったが、ガイドもそこに入るのは拒否した。そこは市内でも最も水流の強いところだった」「私はそのガイドを無理やり水の中に押入れて前に進ませた。渦巻きのあるその場所は意外に深く、地上で待ち伏せるドイツ人やウクライナ人に気づかれないように、ゆっくりと慎重に通り抜けねばならなかった」「正午頃、数時間歩いた後にジョリボシュに着いた」「ジョリボシュでは英雄のように歓迎を受けた。」(31)ツキェルマンは、ジョリボシュに着いたのが「蜂起開始から二ヶ月目の初め」としているから「九月初め」ということになる。

ジョリボシュ――シルドミエシチェ

（地図：②―⑦）

⑦ズゴダ通りとシェンキェヴィチ通りの角（ズゴダ通り一一番）の交差点の記念プレート

「このズゴダ通りの真ん中に、ワルシャワ蜂起期間中にシルドミエシチェとジョリボシュをつなぐ連絡通路となった地下水道の入口がある。」

スタレミャストからジョリボシュへの脱出が終わったあとの九月初め、ジョリボシュ地区の偵察部隊がストウェチュナ通り（現在、イェジ・ポピェウシュコ神父通り）下の「コレクトルA」を南下したあと、ヂカ通り下から地下水道「コレクトルB」を通ってシルドミエシチェにいたるルートを開いた。「ジョリボシュ――スタルフカ」のルートの西側を平行しているもので、ザメンホフ通り、プシェヤスト通り、ルィマルスカ通り、サスキ公園、マルシャウコフスカ通りの下を通って、イェロゾリムスキェ大通りの北のズゴダ通りのマンホールに出る。全長が五キロちかくあり、大勢で移動するには八時間以上もかかったといわれる(32)。そのため、主に通信・報告の伝達に使われたようだ。

ズゴダ通りはシフィエントクシスカ通り、マルシャウコフスカ通り、イェロゾリムスキェ大通りの中に

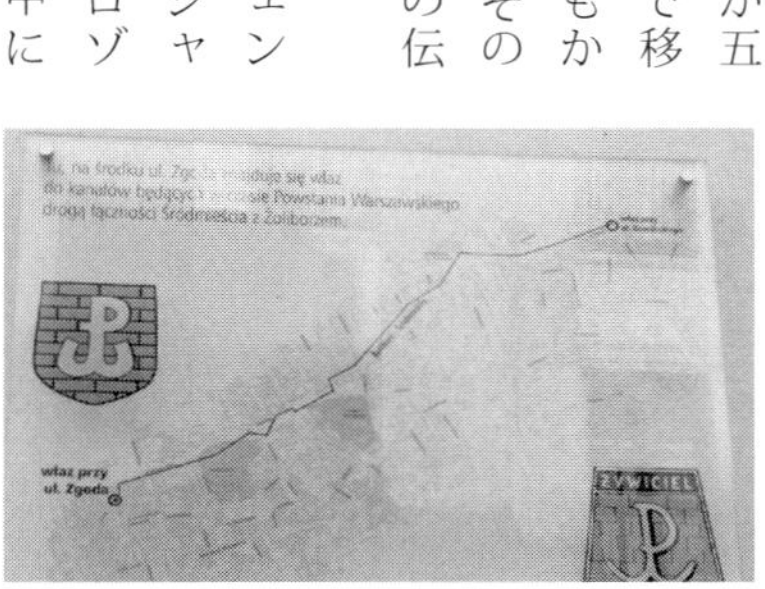

記念プレート⑦

あって、クルチャ通りからヘンルィク・シェンキェヴィチ通りの方へ北西に走っている感じである。マンホールの出口とその記念プレートがあるのはズゴダ通り一一番で、マルシャウコフスカ通りとシェンキェヴィチ通り近くの建物である。記念プレートの右側は紳士用品の店舗のようだが、二〇〇九年当時、その左側には「ナイトクラブ・ニューオーリンズ」の大きな垂れ幕が下がっていた。

モコトゥフ――シルドミエシチェ

（地図：⑨⑩―⑧）

⑧ウヤズドフスキェ大通り四三番の建物の記念プレート

「ここ、ウヤズドフスキェ大通りの真ん中に、ワルシャワ蜂起の最中にシルドミェシチェ南地区とモコトゥフ地区を結ぶ連絡ルートとなった地下水道への入口がある。一九四四年九月二六日と二七日の両日、モコトゥフ地区防衛部隊はこの場所に脱出した。」

⑨ドンブロフスキ通り（旧シュストラ通り）六番の建物の記念プレート

「この場所に、ワルシャワ蜂起期間中の一九四四年九月二六日と二七日の両日、モコトゥフ地区の蜂起兵が地下水道を通ってシルドミェシチェに脱出したマンホールがある。」

ウヤズドフスキェ大通り四三番の記念プレートがある古い建物は三十字架広場の少し南になる。地下水道ルートを示すイラストと写真のついた記念プレートのすぐそばにマンホールがある。ドンブロフスキ通りの建物の記念プレートには地下水道の案内人四人（男性二人、女性二人）の写真もそえられている。

ワルシャワ蜂起が始まって最初の地下水道探索がなされたのは、おそらくシルドミエシチェとモコトゥフをつなぐこのルートである。前述のように、蜂起司令部は当初、各地区部隊相互の連絡に地下水道を使用することは想定していなかった。まして蜂起部隊や市民が地下トンネルを使って脱出することなど想像もしていなかったに違いない。国内軍総司令部は蜂起が数日かせいぜい一週間で終わり、首都に入ってくるソ連軍を「主人」として迎えるはずであった。しかし、蜂起が始まって間もなく、当初の想定のように短期間で終わりそうもなく、長期化の様相も見えてきて、地下水道利用のための探索も始められた。

蜂起開始数日後の八月五日夜、エルジュビェタ・グロッスヴナ＝オストロフスカ（エラ）とマリヤ・ドミンスカ・クリムント（マルィシャ）の二人の女性偵察員が、三十字架広場の少し南、ウヤズドフスキェ大通りとヴィルチャ通りの角近くのマンホールから地下水道に入った。その目的はシルドミェシチェ南から南のモコトゥフ地区への地下水道ルートについて探索し、蜂起での利用可能性を探ることだった。このルートは「コレクトルC」とよばれる南北縦断の長大な地下水道の一部で、ドイツ人地区、ヤン・フルィスティヤン・シュフ大通りのゲシュタポ本部の真下を通ってルブリン合同広場下にいたり、さらにプワフスカ通りの下を通って、モコトゥフ地区のヤロスワフ・ドンブロフスキ通り（旧シュストラ通り）とヴィクトルスカ通りのマンホールにいたるものである。

　しかし、このルートは距離としては短かったが、主としてドイツ人占領地区の下を通るために危険でもあった。そのため、より安全ではあるが長距離の迂回ルートが考えだされた。それは、モコトゥフ地区のヴィクトルスカ通りから行くと、プワフスカ通りとアントニ・ユゼフ・マダリィンスキ通りの角から東に折れ、ワジェンキ公園の下を「コレクトルM」でまっすぐ北上し、グルノシロンスカ通りの下を西へ進んでウヤズドフスキェ大通りにいたるというものだった。

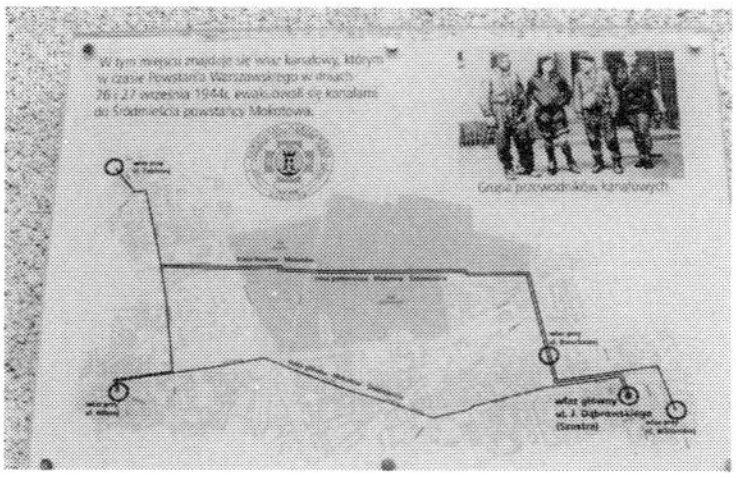

記念プレート⑨

　モコトゥフ地区からシルドミェシチェ南地区への蜂起部隊の脱出は九月二六日朝六時半、ヴィクトルスカ通り一四番のマンホール入口から始まり[33]、ワジェンキ公園下を通る後者の長距離ながら安全なルートが使われた。これは前者のルートがすでに、ゲシュタポ本部のあったシュフ大通りの下が封鎖されていたことにもよる。しかし、数時間後にはドイツ側の攻撃があり、空爆でマンホール付近が破壊されたため、脱出再開は夜にずれこんだ。九月二七日朝、ユゼフ・ロキツキ（カロル）中佐指揮下の蜂起部隊がマンホールに入った。しかし、地下水道の中で、モコトゥフを死守せよとの国内軍ワルシャワ管区司令官、アントニ・フルシチェル（モンテル）の命令がとどく。地下水道の中で中央区への脱出をめざそうとする人々とモコトゥフ地区にもどろうとするものが衝突して大混乱が起きた。地下水道案内人も不足していたため、トンネル内の迷路に迷い込んだ人も大勢いた。マダリィンスキ通りのすぐ東、ドヴォルコヴァ通りのマンホールでは、脱出しようとした蜂起兵一一九人がドイツ側に射殺された。その後、モコトゥフ地区の蜂起軍降伏の知らせで処刑は中止されるが、多数の蜂起側兵士が捕虜となった。モコトゥフ地区から地下水道を使ってシルドミエシチェに脱出したのは約六〇〇人といわれる（第九章「モコトゥフ」の「地下水道脱出蜂起兵の処刑」の項参照）。

イェジ・ルジャ（カクトゥス）は地下水道で脱出をはかりながら、マンホールから出たところを拘束されてドイツ側の捕虜となった一人である。一九二五年生まれで、蜂起当時はまだ一九歳だったはずだ。筆者は二〇〇九年九月、ワルシャワで彼の話を聞くことができた。イェジの蜂起部隊はオホタ地区からホイノフスキの森、カバツキの森へ撤収したあと、ヴィラヌフ、サディバ、チェルニャクフ、下モコトゥフ、上モコトゥフを転戦した。モコトゥフ地区は九月二七日に陥落するが、彼の部隊は同地区を撤収した最後の部隊だったという。彼の部隊が地下水道に入ったのはドヴォルコヴァ通りの三〇〇メートルほど南を東西に走るベルギイスカ通りとプワフスカ通りの角のマンホールだった。壁に打ち込まれた留め金に足を掛けて下に降りた。トンネルは楕円形で高さは約一八〇センチだった。悪臭を放つ液体に膝まで浸かった。シルドミエシチェ北を目指した。北上してドヴォルコヴァ通りの下付近を通る時にはとくに注意が必要だった。そのあたりではドイツ側が物音を聞きつけると手榴弾や化学物質をトンネル内に投げ込んでいたからだ。なんとかそこを通過したが、部隊はそのうちバラバラになった。時間の経過も分からなくなり、方向感覚もなくなった。数時間後、基幹トンネルから最初のハッチにもどっていた。出口で軍服を着た男たちに引き上げられたが、イェジは意識が朦朧とするなか、ライフル銃だけでなく時計、財布、タバコケースなど一切の私物を取り上げられた。まもなく、彼らがロシア語を話していることに気づいた。そこにいたのは親衛隊旅団のロシア人犯罪者部隊だったのだろう。イェジたちはマンホールの近くに整列させられた。撃ち殺されると思った。しかし、彼らは戦争捕虜としての扱いを受けることになり、モコトフスキ要塞に送られたあと、プルシュクフの中継収容所に移送された。イェジ・ルジャはモコトゥフ地区降伏の直前に頭を撃たれて負傷していた。地下水道に入った時も頭に包帯をしていたが、手で触るとまだ指に血がついた。小さな銃弾がいまも彼の頭に残っているという。

チェルニャクフ——モコトゥフ

（地図：⑪—⑨）

⑪ザグルナ通り二番の建物の記念プレート

「一九四四年九月一九日、チェルニャクフの蜂起兵がソレツ通りとザグルナ通りの角にあったマンホール入口を使ってモコトゥフ地区へ脱出した。」

⑨ドンブロフスキ通り（旧シュストラ通り）六番の建物の記念プレート（前記）

ヴィスワ川のすぐそば、ザグルナ通り二／四番の四階建のアパートに地下水道のルートを図示したプレートがある。アパートの前には手入れのゆきとどいた庭があり、背の低い緑の柵で囲まれているが、そのすぐ外側にマンホールもある。

このルートは「コレクトルM」という地下水道で、ザグルナ通り、グルノシロンスカ通りの下を西へ進み、同通りの中ほどからまっすぐに南下してワジェンキ公園の下を通り、モコトゥフ地区の旧シュストラ通り（現ドンブロフスキ通り）、ヴィクトルスカ通りへ出るもので、前記の「モコトゥフ——シルドミェシチェ」ルートを逆行するかたちになる。

記念プレート⑪

一九四四年九月一九日夜から二〇日にかけて、ラドスワフ軍団のヤン・マズルキェヴィチ（ラドスワフ）中佐はチェルニャクフ橋頭堡防衛の見通しがたたないとみて、指揮下の部隊約二〇〇人を地下水道でモコトゥフ地区に脱出させた。その入り口がザグルナ通りとソレツ通りの交差点のマンホールである。チェルニャクフで戦っていたズィグムント・ネツェル（クルィスカ）大尉の指揮するクルィスカ軍団もこの地下水道「コレクトルM」を使ってモコトゥフ地区との連絡をとっていた。その距離はおよそ三八〇〇メートルだった。

オホタ地区の脱出（地図：⑫—⑬）

⑫ヴァヴェルスカ通り六〇番の建物の記念プレート

「一九四四年、ワルシャワ蜂起の最中の八月一一日、ヴァヴェルスカ要塞を防衛していた国内軍第四地区の八三人の兵士たちが、ヴァヴェルスカ通り六〇番のこの建物から通路をつくってスタシツ団地下の地下水道に入り、プロクラトルスカ通りのマンホール出口に達した。これは、蜂起部隊が集団として地下水道を通り抜けた最初のケースだった。」

記念プレートにあるように、蜂起部隊の脱出のために地下水道が最初に使われたのは八月初旬、オホタ地区においてだった。同地区の蜂起部隊は緒戦で南西部から進撃してきた「ロナ」突撃旅団に対して、カリスカ、ヴァヴェルスカ両要塞を拠点にして抵抗したが一一日についに陥落し、蜂起部隊は地下水道を通ってシルドミェシチェ、モコトゥフ地区へ逃れる。

蜂起部隊がヴァヴェルスカ要塞を死守しようとして最後の防衛戦にあたっていた八月一〇日、ヴァヴェルスカ通り六〇番の建物では、必死の地下掘削作業が行われていて、二日間で地下水道への通り道がつくられた。一一日午後四時、イェジ・ゴウェンビェフスキ（スタフ）少尉の指揮のもとに最初の三〇人（看護兵と軽傷者）が地下水道に入ったが、大半はトンネルから出たところをドイツ側の手に落ちて殺害された。「このグループは道に迷い、モコトゥフ地区に着いたのは数人で、他の数人はもとの地点に引き返した」(34)との記述もある。午後五時、イェジ・モドロ（ラフィンチャ）少尉の指揮のもとに残りの兵士たち八三人（そのうちの一七人が女性）が続いた(35)。

地下水道の出口はヴァヴェルスカ通りとプロクラトルスカ通りの角、すぐ東がニエポドレグウォシチ大通りで、その向こうはシルドミェシチェ（中央区）となる。その地下水道はヴァヴェルスカ通り六〇番の入口から東西をまっすぐに走る直線で約一キロ。大きさは直径が約一メートルの狭いトンネルである。ラフィンチャ少尉指揮下の部隊がスタシツ住宅団地に着いたのは午後七時頃、シルドミェシチェからのパトロール部隊と合流したのは午後一一時頃(36)、その後、ニェポドレグウォシチ大通りを越えてゴルスキ大隊に合流した。蜂起部隊が脱出した後、住民たちは白旗を掲げていたが、ドイツ側は攻撃を止めず、親衛隊や「ロナ」旅団による「平定作戦」が続いた。

ズヂスワフ・グロントコフスキ（ズヂフ）は一九二四年生まれ。ヴァヴェルスカ要塞で戦い、八月一一日に地下水道に入った。二〇〇九年九月、ワルシャワで彼の話を聞いたが、前述のように地下水道で脱出する決定について混乱があったことはその話からもうかがえる。彼らは八月一〇日に出発準備していたが、翌朝、その決定が取り消されたことを聞く。しかし結局は同日午後、ゴウェンビェフスキ（スタフ）のグループでトンネルに入った。前述のようにこのグループはトンネル内で混乱に陥る。グロントコフスキと仲間は進むべきルートを見失った。そのうち、ヴァヴェルスカ通りに上がる出口を見つけた。マンホールに蓋はなく、そばの建物は砲撃を受けて大きく崩れ落ちていた。日の光が強力な電灯のようにマンホールのなかを照らしていた。彼はもう一人の仲間と一週間、トンネルの中に潜んでいた。凍えるような寒さのなか空腹で力もなくなり、進むべき方向が分かるまで待つしかなかった。水は勢いよく流れ、トンネル内の三分の一はすでに水につかっていた。泥土のなかにつかっていたので、足は麻痺して感覚がなくなっていた。ピンを打ち込まれても何も感じなかっただろう。仲間は行ってしまって一人になっていた。這ってでも脱出しなければならなかった。ついに外の廃墟に出てみた。ドイツ側の銃撃を受け、瓦礫となった建物の地下室に入り込んだ。そこはヴァヴェルスカ要塞の一部をなす建物だった。石炭の燃え残りがあって、その上に飛び降りたので足を火傷したはずだったが、もう感覚がなかった。そこで一夜を過ごし、翌朝、階段を上って、かろうじて残っているアパートメントに行ってみた。突然、だれかが銃に弾丸を込める音がした。仲間の蜂起兵だった。彼はもう少しで撃たれるところだった。そのとき彼は、自分がどんなすがただったか全く分からなかったのである。全身が真っ黒になっていて、歯と目だけが白かった。仲間はどうにか彼だと分かって、他の蜂起兵たちのもとへ連れて行った。ようやく衣服を変えて、横になることができた。ビスケットをつぶして湯に入れ、マギー・スープの素を加えて食いつないだ。だが、ドイツ側とは隣り合わせで、瓦礫のなかは常時パトロールがあって危険な状況だった。彼は仲間とともにようやく脱出するが、結局はプルシュクフ中継収容所に送られることになった。

　ヤヌシュ・ビェシャルスキ（ポライ）は一九二五年生まれ。ヴァヴェルスカ要塞で戦ったあと地下水道を通ってシルドミェシチェ南に脱出し、戦闘を継続した。同じく二〇〇九年九月にワルシャワで話を聞いた。スタシツ団地で地下水道を出たと聞いた。おそらく、前記の記念プレートにあるプロクラトルスカ通りのマンホールだったのだろう。プロクラトルスカ通りは、ヴァヴェルスカ通りとニェポドレグウォシチ大通りの交差点のすぐ北西にある小さな通りである。彼はトンネルを出て緑地区画の方へ渡ったとしている。ヴァヴェルスカ通りの南側だと思われる。彼らが地下水道に入るときヴァヴェルスカ通り六〇番の住民たちがトップブーツを提供してくれた。だが、こんどはドイツ側に気づかれないように、そのブーツを脱がねばならなかった。ニェポドレグウォシチ大通りは二車線あってその間には毬のある植物が密生していて足が傷だらけになったが、痛みなど気にしていられなかった。転がりこむようにしてニェポドレグウォシチ大通りの東側に渡り、また靴を履いた。英国軍機が近づき、ドイツ側は投光器を照射した。ライトが消えるとすぐに前進し、ようやくポルナ通りに着き、さらにルヴォフスカ通りとコシコヴァ通りの角にある工科大学の建築学部に迎え入れられた。体中が汚れて悪臭を放っていた。ほとんど睡眠をとらずにいて疲れ果てていた。あっという間にベッドに倒れこんで眠ってしまった。地下水道に慣れてしまっていたので、翌日昼間になっても目が覚めなかった。ビェシャルスキはシルドミェシチェ北の陽動作戦専門の小隊に加わった。彼は八月末、旧市街の蜂起部隊がシルドミエシチェへの強行突破作戦を決行した際に中央区の部隊がその支援のための陽動作戦を展開するのに参加した。旧市街の蜂起部隊が通過するはずだったサスキ公園の西、ミロフスキ広場に待機してドイツ側を攻撃する命令を受けた。（第四章「シルドミエシチェ（中央区）北への強行突破作戦」の項参照）

第二章　大虐殺——ヴォラ

5万人のヴォラ地区犠牲者を悼むモニュメント（レシュノ通り）

ヴォラ地区

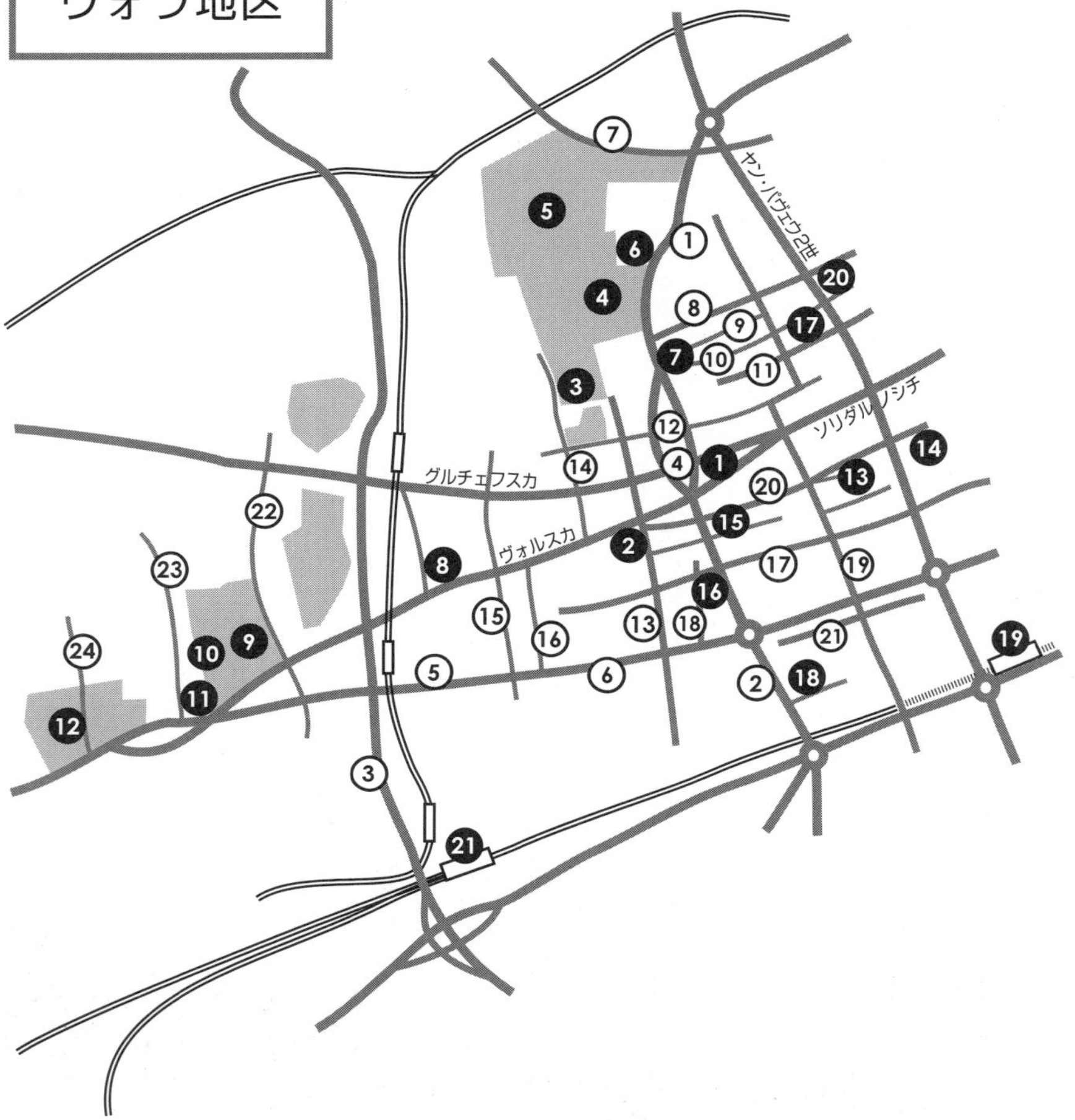

通り名

1 オコポヴァ　**2** トヴァロヴァ　**3** 千年首座大司教　**4** レシュノ　**5** カスプシャク　**6** プロスタ　**7** ポヴォンスコフスカ　**8** アニェレヴィチ　**9** パヴィヤ　**10** チェルナ　**11** ノヴォリプキ　**12** ジトニャ　**13** カロルコヴァ　**14** ムィナルスカ　**15** プウォツカ　**16** スキェルニェヴィツカ　**17** グジボフスカ　**18** プシオコポヴァ　**19** ジェラズナ　**20** フウォドナ　**21** パィンスカ　**22** エレクツィィイナ　**23** レドゥトヴァ　**24** ソヴィンスキ

スポット

1 5万人犠牲者記念碑　**2** 聖クレメンス・ドヴォジャク教会　**3** プロテスタント墓地　**4** ユダヤ人墓地　**5** ポヴォンスキ墓地　**6** 元聖キンガ学校　**7** 国内軍総司令部があった場所　**8** 聖ヴォイチェフ教会　**9** ソヴィンスキ将軍記念公園　**10** 正教会墓地　**11** 聖ヴァヴジィンツァ教会　**12** ワルシャワ蜂起者墓地　**13** 聖カロル・ボロメウシュ教会　**14** ミロフスキ市場・広場　**15** ワルシャワ・トレード・タワー　**16** ワルシャワ蜂起博物館　**17** 聖アウグスティン教会　**18** ヴォラ博物館　**19** ワルシャワ中央駅　**20** パヴィヤク博物館　**21** ワルシャワ西駅

ヴォラ地区と蜂起

ヴォラ地区はワルシャワ市内中心部の西に位置し、現在のワルシャワ行政区画によると、ヴォラ、ムラヌフ、ムウィヌフ、ウルルィフフ、コウォ、チステ、ミルフなどの地区をふくむ広い地域になっている。ワルシャワへの編入は一九一六年である。一八世紀には典型的な農業地帯だったが、選挙王政時代、貴族による国王選挙が行なわれたのはこの地区で、一七六四年にスタニスワフ・アウグスト・ポニャトフスキ（一七三二～一七九八）が国王に選出されたヴォラの様子はイタリア人画家、ベルナルト・ベロット（一七二一～一七八〇）(1)が描いた絵画でも有名である。

ワルシャワ・ウィーン間の鉄道建設で工業化が進み、金属工業、皮革産業、繊維産業が発展し、労働者の組織化が始まる。両大戦間期には重工業も発展し、労働者や職人の住宅建設が進み、病院などの社会施設も整備されてくる。スレブルナ通りのヴォラ博物館で見るヴォラの歴史はとても興味深い。

一九四四年蜂起開始時、ヴォラ地区は国内軍のワルシャワ管区第三地区となり、同地区防衛の主力はヤン・タルノフスキ（ヴァリグラ）少尉指揮下の軍団だった。蜂起開始翌日の八月二日、蜂起部隊はこの労働者階級地区を制圧した。これにより、ドイツ側が西方からヴィスワ川沿岸方面に向けての東西大動脈を突破するのをしばしではあったが阻止することになる。その防衛線となったのは、ポヴォンスキ墓地とユダヤ人墓地の境界、その西を南下するエウスタヒ・ティシュキェヴィチ通り、プウォツカ通り、スキェルニェヴィツカ通り、ムウィナルスカ通り（現在、ムウィナルスカ通りはヴォルスカ通りの北側までになっていて、南側はトラムの車庫になっている）、そしてすこし東よりのトヴァロヴァ通りだった。

蜂起開始後数日間、市民は五年ぶりに自由の空気を吸って熱狂し、蜂起兵にさまざまな支援を申し出た。人々は自発的に各所にバリケードを構築した。テーブル、長椅子、食器棚、物入れなど、運び出せるものは何でも窓から投げ出した。道路の舗装を引きはがし、ありとあらゆるもので防壁がつくられ、その前には塹壕が掘られた。通りの両側の家々にはポーランド国旗が掲げられた。占領者によるドイツ名の街路表示やドイツ語の店の看板は撤去された。だがこうした解放感は一週間も続かなかった。ドイツ軍の進撃を逃れて西方からは多くの人々がヴォラ地区中心部へ流れこみ、ヴォルスキ病院や聖スタニスワフ病院などすべての病院や教会が避難民であふれた。ドイツ側の進撃部隊による市民に対する残虐行為の情報が届いてきた。

そのとき、タデウシュ・ブル＝コモロフスキをトップとする国内軍（AK）総司令部は、当時ユダヤ人墓地の南に隣接していたスクラ運動場の東側、オコポヴァ通りに直角に交わるヂェルナ通り七二番にあったイェジ・カムレルの工場におかれていた。八月一日、早くもその周辺で銃撃戦が始まり、総司令部も攻撃を受けた。国内軍総司令部は二日、カムレルの工場に設置した無線局から、蜂起の開始と戦闘状況、支援の要請について、ロンドンにおかれた亡命政府への発信を開始した。直後の四日から五日にかけて、ヴァルテラント(2)の親衛隊警察指導者、ハインツ・ライネファアートの総指揮のもとに、北西方面からシュミット大佐、レック少佐の突撃部隊、西方からは親衛隊中佐、オスカー・ディルレワンガーのドイツ側戦闘部隊がヴォラ地区に侵攻した。イェロゾリムスキェ大通りの南側からは、ロール少将指揮下の部隊、ブロニスワフ・カミィンスキ指揮下の「ロナ」旅団が攻め上がった。ドイツ側侵食地域では市民が家々から追い出されて「人間の盾」にされ、建物は放火され、あちこちで大量処刑がおこなわれた。

四日にはヴォラ地区への空爆も始まった。ドイツ軍の急降下爆撃機シュトゥーカは建物上空一〇〇フィート以内にまで降下して爆弾を投下したという。同日夜、連合国軍から初めて援助があり、ハリファクス爆撃機が二機、武器・弾薬を詰めたコンテナを一二個、蜂起軍部隊に投下した(3)。ユダヤ人墓地とその南のプロテスタント墓地が投下場所となった。ところが同じ頃、蜂起開始前の数日間ワルシャワを空爆していたソ連軍機の作戦がピタリと止んでしまった。ドイツ側の初の空爆、ヴィスワ川右岸での突然の静寂という二つの出来事の重なりは蜂起のその後に暗い影を投げかけた。

蜂起勃発直後、ドイツ軍守備隊のライナー・シュターエル将軍とワルシャワ総督ルードウィヒ・フィッシャーはサスキ公園そばのブリュール宮殿に孤立した。それを救援するため、急きょ投入されたのが、ディルレワンガー旅団とカミィンスキ指揮下の「ロナ」旅団だった。前者はドイツ人の職業的犯罪者や保護観察中の親衛隊員などから、後者は元赤軍兵士たちから構成され、「住民をすべて撃ち殺せ」との命令を受けていた。両部隊は当初、ヴァルテラントの親衛隊警察指導者、ライネファアートの指揮下にあり、その司令部はワルシャワ南西七〇キロのスキェルニェヴィツェにおかれた。ライネファアートの任務はフウォドナ通りからサスキ公園を通ってヴォラ地区を貫通し、シュターエル将軍が釘付けにされているブリュール宮殿周辺から蜂起部隊を駆逐することだった。

ナチス親衛隊上級指導者、ハインリヒ・ヒムラー（一九〇〇〜一九四五）はワルシャワ蜂起勃発の報を聞くとすぐさま、ザクセンハウゼン強制収容所に前年から拘束していた国内軍元総司令官、ステファン・ロヴェツキ（グロト）の処刑を命じ、それに続いて、東プロイセンにあったディルレワンガー指揮下の特別旅団をワルシャワに急行させたのである。親衛隊のエルネスト・ローデ将軍が戦後、一九四六年のニュルンベルク法廷で証言したところによると、ヒムラーはディルレワンガー旅団派遣命令に「望むがまま、好きなだけ殺せ」と書きくわえたという(4)。同旅団は当初は八六〇人の犯罪者集団で構成されていたが、ワルシャワに入ってから一七〇〇人～二五〇〇人にまで増強されたという。アンドルー・ボロヴィエツによると、八月初めにワルシャワに入って蜂起鎮圧を指揮した親衛隊司令官、エーリヒ・フォン・デム・バッハ＝ツェレフスキ将軍（一八九九～一九七二）はディルレワンガーという人物をこう評した。

「もともとは獣医だったが、典型的な傭兵となった。親衛隊に入る前にはスペインの外国人軍団にいた。うわさによると、軍人になるまでさまざまな犯罪により刑務所暮らしをしていた。組織活動には長けていたが、戦術家としては平凡だった。しかし大胆不敵ではあった。常に酒浸りで嘘つきで、自分の犯罪を隠すこともうまかった」「ヒトラーもヒムラーも彼に絶大な信頼を寄せていた。」(5)

ジャーナリストのジョージ・ブルースもフォン・デム・バッハ将軍のことばを引いて、ディルレワンガー部隊のことをこう書いている。「倫理感については大いに問題があったが、その戦闘能力はすこぶる高いものだった。この旅団はもっぱら、戦闘で勇猛を見せれば特赦されるという犯罪者たちで構成されていた。彼らには失うものは何もなく、ただ勝ち取るものだけがあった」「彼らは戦闘で慈悲は微塵も示さず、相手側にそれを期待することも一切なかった。その結果、彼らはドイツ軍の他の部隊の三倍もの犠牲者がでた。彼らは反パルチザン戦闘に大変な経験をもっていた。」(6)

「ロナ」旅団の指揮官、ブロニスワフ・カミィンスキはポーランド系の血筋も引くロシア人の反共主義者だった。やはり、酒と女に溺れたが、ポーランド人に対してはとくに激しい憎悪をいだいていた。

八月五日はヴォラ地区の「暗黒の土曜日」となった。ドイツ軍戦闘部隊が総攻撃をしかけ、ディルレワンガー旅団が一般市民の組織的な大量虐殺を始めた。子供も老人も、病人も負傷者も、聖職者も区別はなかった。各所の病院で医師、スタッフ、負傷者、病人ら数十人から数百人が容赦なく殺害された。ヴォラ地区ではこの日だけでも少なくとも二万人以上が殺され、以後数日間で侵略者により虐殺された住民は四万人から五万人におよぶとされる。

東部戦線における対パルチザン掃討作戦を担当した親衛隊上級大将、フォン・デム・バッハ＝ツェレフスキ将軍がワルシャワに到着したのは八月五日だったが、彼は戦後のニュルンベルク裁判で、ワルシャワの指揮系統を引き継いだのは八月一三日以降だと主張したという。それは、ヴォラ、オホタ地区における民間人の大量殺害の責任を逃れようとするものだったとされる(7)。彼は民間人の無差別殺戮を禁じる命令を出し、八月五日夕刻、大量処刑は「公式には」中止される。六日、七日にも小規模ながらも市民の殺戮は断続的に起きたが、六日にはヴォラ地区住民の市外への強制退去が始まった。ヴォルスカ通り七六番の聖スタニスワフ教会（聖ヴォイチェフ教会）などの集合地点では「選別」が行われ、蜂起参加容疑者やユダヤ人と判明したものは処刑され、あとはワルシャワ郊外に設けられたプルシュクフ中継収容所に送られた。

ドイツ軍戦闘部隊によるヴォラ地区制圧が一気に進んだ。六日には、ブル＝コモロフスキがカムレルの工場において いた国内軍総司令部がスタルフカのバロコヴァ通り六番にあった学校建物に移動することになる。ディルレワンガー旅団は蜂起部隊の抵抗を破ってヴォラ地区中心部を突破し、フウォドナ通り、エレクトラルナ通りからサスキ公園の西側、ジェラズナ・ブラマへ向かって進撃した。ライネファート部隊もフウォドナ通り、オグロドヴァ通り、ミロフスキ広場、ジェラズナ・ブラマから蜂起部隊を排除し、侵略者部隊はヴォルスカ通り、フウォドナ通りのラインからサスキ公園にかけての広い地域を制圧した。蜂起側は七日、スタニスワフ・ステチュコフスキ（ザゴィンチク）少佐の指揮の下、ミロフスキ広場のドイツ軍に反撃したが、優勢な敵軍により撃退された。

八月七日午後八時頃には、ドイツ側はヴォスルカ、フウォドナ、エレクトラルナ通りからサスキ公園にいたる大動脈を制し、ヴィスワ川に架かるキェルベチ橋もあと二〇〇メートル足らずに迫っていた。その晩、ドイツ側制圧下の住民たちはそのラインに沿って瓦礫とバリケードの撤去に駆り出され、そのあとミロフスキ広場で多くが射殺された。

北のポヴォンスキ墓地地域でも、六日早朝、ライネファート部隊がヴォラ地区の突破を企図して攻撃を開始した。蜂起側はヤン・マズルキェヴィチ（ラドスワフ）中佐指揮下のゾシカ大隊が、ユダヤ人墓地南のプロテスタント墓地を奪回する。蜂起部隊は最後の拠点として、この墓地地域とスタフキ通りの一部を死守したが、一一日にはドイツ側の全面攻撃を受け、スタフキ通りへ撤収をよぎなくされた。指揮官のラドスワフも負傷し、ヴァツワフ・ヤナシェク（ボレク）少佐が指揮を取って代わった。ヴォラ地区の陥落は八月一一日である。

五万人のヴォラ地区犠牲者を悼むモニュメント——レシュノ通り

一九四四年八月五日から六日にかけて、ナチス・ドイツ戦闘部隊はヴォラ地区住民を大量虐殺し、略奪と暴虐の限りをつくした。この地区を流血の海に沈めたのは「囚人部隊」ともよばれた悪名高いディルレワンガー旅団の凶悪・残虐部隊だった。その犠牲者数を正確に知ることはできない。比較的有力な推定数として三万八〇〇〇人(8)という数字があるが、ポーランドにおけるナチス犯罪調査委員会は約五万人(9)と推定している。ヴォラ地区を東西に走るのは、現在のソリダルノシチ（連帯）大通りにつながるヴォルスカ通りである。まさに「ヴォラの通り」を意味するこの通りに当時の処刑と虐殺の場所を点示した地図が手元にあるが、西は現在のワルシャワ蜂起者墓地あたりから、東はフウォドナ通り近くまで、その通りの両側は数十箇所におよぶ残虐行為の現場を示す点でうめつくされている。こうした虐殺現場の特定や犠牲者数の推計は主として戦後の遺体発掘作業によるもので、場所により相違があるものの、数百キロから一〇〇〇キロを超す遺骨が収集されたという。

ヴォラ地区庁舎もすぐ近く、ソリダルノシチ大通りとレシュノ通りの交差点、ステファン・ヴィシィンスキ枢機卿通りとレシュノ通りの交差点近くでもあるが、そこにヴォラ地区で犠牲となった五万人を悼む大きな壁状のモニュメントが蜂起六〇周年の二〇〇四年七月に除幕された（本章扉写真）。「一九四四年、ワルシャワ蜂起の期間に殺害されたヴォラ地区市民」を悼む壁状の記念碑の片面は滑らかだが花崗岩のようで、そこには通りや地域ごとの犠牲者数が端から端までぎっしりと刻まれ、ところどころ砲弾のあとをイメージさせる穴が一〇個ほどあいている。反対側にまわると、目の粗い表面には一〇人の人間のシルエットがやや浅く彫り込まれている。すこし離れて見ると、明るい日差しの中にも、その壁面に白っぽい人影がぼんやりとかすみ、わずか二、三日で抹殺された人々の無念が漂ってくる。そしてその壁状の記念碑を真横からみると、大きな十字架が形づくられているのに気づく。記念碑を設計したのは彫刻家のルィシャルト・ストルィイェツキである。足元の記念プレートには「この記念碑はポーランドの未来の世代への警告と記念のために建てられた」とある。

壁状の大きなモニュメントの近く、ヴォルスカ通りへも続くソリダルノシチ大通りにはいくつもの記念碑が見られる。

ヴォルスカ通り二七／二九番。「祖国の自由のために斃れたポーランド人の血で清められた場所。一九四四年八月、ヴォルスカ通り二九番、四／六／八番で、ナチスは約三二〇〇人を殺害した。」

ヴォルスカ通り三七番。「一九四四年八月五日から九月末まで、ナチスがこの病院で何度も殺人行為をおこなった。」

この病院とは聖スタニスワフ病院という感染症病院のことである。近くの石碑には「一九四四年九月九日、ナチスによって虐殺された名も知れぬ二人の蜂起者の受難に捧げられた死者の場所」とある。

聖クレメンス・ドヴォジャク教会
――カロルコヴァ通り

グジボフスカ通りが十字に交差するカロルコヴァ通りの四九番にレデンプトル会の聖クレメンス・ドヴォジャク教会がある。ちょうどその東側、ヤクトロフスカ通りにはヤヌシュ・コルチャク（一八七八〜一九四二）の胸像のある児童施設がある（旧クロフマルナ通り九二番）。背の高い縦長の五角形をした白壁の教会ファサードは華美な装飾を一切排したきわめてシンプルなものだが、訪れる人びとはそれだけいっそう心が洗われる気持ちになるに違いない。だが、この教会の敷地に入っておどろくのは、手入れの行き届いた中庭に、ヴォラ地区でナチス占領者によって殺害された膨大な犠牲者を追悼する大理石の記念碑がいくつも立ち並んでいることである。それぞれ上部が屋根形の六角形のモニュメントだが、左側にPとWを組み合わせた「戦うポーランド」の大きなシンボルマーク、右側には「一九三九」「一九四四」「一九八九」というエポックを示す数字を配し、真ん中の大理石の記念板には、「ワルシャワ蜂起のさなか、一九四四年八月に殺害された五万人のヴォラ地区住民を記念する。自由は十字架に値する」と記されている（写真）。

メインのモニュメントの横に立ち並ぶ記念板の一つにヴォラ地区の通りごとの犠牲者数を刻みこんだものがある。

「ヴォルスカ通り五五番：七〇〇〇人、ヴォルスカ通り五八／六〇番：二〇人、ヴォルスカ通り七七／八一番：四〇〇〇人、ヴォルスカ通り八四番A：五〇人、ヴォルスカ通り八五番：二〇人、ヴォルスカ通り一〇二／一〇四番：二五〇〇人、ヴォルスカ通り一二二／一二四番：四〇〇〇人、ヴォルスカ通り一三〇／一三二番：一五〇〇人、ヴォルスカ通り一三八番：六〇人、ヴォルスカ通り一三八番：孤児院の子供たち、ヴォルスカ通り一四〇番A：数度の大量処刑、ヴォルスカ通り一八〇／一八二番：大量処刑、ヴロニャ通り四五／四七番：度重なる処刑、ジェラズナ通り八七／八九番：三五〇人」

このなかの「ヴォルスカ通り五五番」はウルスス工場で、

当時最大規模の処刑が行われた場所である。「ヴォルスカ通り一二四番」は鍛冶工場前広場、「ヴォルスカ通り一四〇番A」は後述する聖ヴァヴジィンツァ教会である。

また別の記念板は、一九四四年八月五日、レシュノ通り一二七番の聖ワザシュ病院で虐殺されたガールスカウト・メンバーの氏名と当時の年齢が刻まれている。彼女たちはヴォラ地区の国内軍衛生兵として活動していた。

「ダヌタ・ボビクヴナ（ヴィスワ）一六歳、エミリヤ・チェホフスカ（テレサ）二七歳、クルィスティナ・ガドムスカ（グラニト）一七歳、アリナ・グラレフスカ（シャロトカ）一六歳、ヤニナ・ヤミヨウコフスカ（スワヴァ）一六歳、ズヂスワヴァ・ケンプスカ（ストルムィク）一七歳、イレナ・マティシャクヴナ（イタ）一七歳、ゾフィヤ・リェデルヴナ（ステル）一五歳、ヤニナ・スワヴィンスカ（シュチト）一六歳、アドリアンナ・ヴォドニツカ（グラジナ）一六歳、レオカディア・ヴィソツカ（ギェヴォント）一五歳」

聖ワザシュ病院では八月五日に約一二〇〇人が虐殺され[10]、教会の西、聖スタニスワフ病院でも多数が虐殺された。

さらに別の記念板には、一九四四年八月六日に殺害されたレデンプトル会修道士の氏名と年齢が刻みこまれている。

「タデウシュ・ドリィンスキ六四歳、エドムント・グルスキ六九歳、フランチシェク・カチェフスキ三一歳、ユゼフ・カニャ五九歳、ユゼフ・カプスタ二八歳、ヘンルィク・コティンスキ六四歳、フランチシェク・マイギェル六三歳、ヴワディスワフ・マリシュ三五歳、タデウシュ・ミュルレル三六歳、ユゼフ・パレフスキ七七歳、ラファウ・ラチュコ七六歳、アントニ・ルチィンスキ三六歳、レオナルト・サニコフスキ五三歳、ヤン・シムリク三一歳、ヤン・シフィエルチェク二八歳」

メイン・モニュメントの右側に記念された「一九八九年」という年号から推察できるように、これらの記念板が設けられたのはこの国の政治的変革と軌を一にしたものだった。それ以前の社会主義時代においては、ワルシャワ蜂起を戦った人々と犠牲者を悼み讃えることができたのはカトリック教会のなかだけだった。この教会のモニュメント群も、四五年におよんだ共産党（統一労働者党）のもとでの人々の抑圧された思いの噴出を表すものなのだろう。

「パワツィク・ミフラ、ジトニヤ、ヴォラ・・・」――ヴォルスカ通り

二〇〇六年、ヴォルスカ通り四〇番の共同住宅前に大きな石の記念碑がおかれた（写真）。

「一九四四年八月五日、この場所で国内軍・パラソル大隊第一中隊の突撃部隊が『ミハウの屋敷』と製粉所を守って激戦を展開した。英雄的な祖国の守り手たちに捧げる。ワルシャワ市民から、二〇〇六年。」

記念碑の石の右肩にはパラソル大隊のシンボルマークである傘と白と赤の小さなポーランド国旗がついている。その記念石の右下にはもうひとつ小さな石があって、そこには「ミハウの屋敷」のイメージがとりつけられている。「パワツィク・ミフラ」とは「ミハウの小宮殿」とも訳せるが、実際は二階建ての住宅で、一階には商店も入っていた。二〇世紀への変わり目頃建てられたもので、カロル・ミフレルの穀物会社の所有だったという。その後ろにはミフレルの製粉工場があって、麺類などをつくっていた。

一九四四年八月五日、悪名高いオスカー・ディルレワンガーの指揮するナチス戦闘部隊がワルシャワ市内中心部への突破口を切り開こうとヴォラ地区のヴォルスカ通りを襲った。ヴォルスカ通り一帯にはバリケードが構築され、ナチスの戦闘部隊を阻止してヴォラ地区を防衛しようとする蜂起部隊との間で激戦となった。ドイツ側が攻撃を集中したのはヴォルスカ通りと、それに直角に交わるムウィナルスカ通りだった。「ムウィナルスカ」は「ムウィン」（製粉所）の派生語である。ドイツ側歩兵が戦車の援護のもとに攻勢をかけてきた。それに対する頑強な抵抗拠点が「ミハウの屋敷」だった。蜂起側は手榴弾などで応戦して敵に大きな損害をあたえた。戦闘に入ったのはタデウシュ・ホロンジク（チャルヌィ）少尉のパラソル大隊に属する小隊で、ヤヌシュ・ブロフヴィチ＝レヴィンスキ（グルィフ）とブロニスワフ・ヤシュチュシェンプスキの指揮のもとに(11)約一〇時間を持ちこたえた。蜂起側は一進一退の攻防でドイツ側も大きな損害を受けた。

七階建ての隣家（ヴォルスカ通り四二番）からも反撃したが、ついに「ミハウの屋敷」からの撤退をよぎなくされる。こんどは製粉所を拠点として反撃を継続し、「ミハウの屋敷」の奪回をはかるが、その後ムウィナルスカ通り、プロテスタントのエヴァンゲリツコ・アウグスブルスキ（アウグスブルク福音派）墓地まで後退してなおも抵抗を続けた。

この戦闘のなかで、「パワツィク・ミフラ」という有名な歌が生まれた。ワルシャワ蜂起では数々の歌が生まれたが、この歌を知らぬ人も少ないだろう。歌詞の作者はパラソル大隊の一員だったユゼフ・シュチェパインスキ（ジュテク）である。彼はヴォラ地区防衛戦のあと、スタレミャストで戦って重傷を負い、九月一一日にマルシャウコフスカ通り七五番の野戦病院で死亡したとされる(12)。作曲はヤロスワフ・スティアストヌィである。

ヴォラ地区庁舎はソリダルノシチ大通り九〇番、ジェラズナ通りとの角にある。毎朝午前一〇時に同庁舎の塔から「パワツィク・ミフラ、ジトニャ、ヴォラ・・・」のメロディーが流される。

ユゼフ・フラナシェクの工場
――ヴォルスカ通り

ヴォルスカ通りをはさんで「パワツィク・ミフラ」の記念碑の斜め向かいの建物には「一九四四年八月五日、ナチスがここでおよそ一〇〇〇人のポーランド人を射殺した」との記念板がある。ユゼフ・フラナシェクの工場は大きな工場で、大勢のヴォラ地区住民が避難していた。八月三日、一一時頃、最初のナチス戦闘部隊が侵入し、住民を捕えるとともに、工場のフィルムや写真用品を強奪した。大勢の住民がムウィナルスカ通りとカロルコヴァ通りのバリケード解体に駆り出された。八月五日、ナチス親衛隊が工場に火を放ち、脱出しようとする住民を射殺した。工場の中庭では二日間にわたり、地下壕に身を隠していた人々が射殺された(13)。

フラナシェクの工場に連行されて大勢の遺体の焼却を強制された男性の証言がある。彼は八月六日早朝、プロテスタント墓地の西、ヤン・ドウゴシュ通りから追いたてられて、ヴォルスカ通りとプウォツカ通りの角一帯で処刑されたり焼かれたりした遺体の処理にあたった。八日、ヴォルスカ通りのウルスス工場に連行されて、女性や子供など多数の遺体を見たが、そこで殺害された人数は六〇〇人にのぼると推定している。そのあと、彼らはフラナシェクの工場で数百人の遺体を焼いたという(14)。ナチス占領者の命令のもとに、何百という同胞の遺体の焼却にあたるほか生きのびるすべのなかった人々である。

プロテスタント墓地
――ムウィナルスカ通り、ジトニャ通り

「ミハウの屋敷」の近く、ヴォルスカ通りと直角に交わり北へ走るムウィナルスカ通りがあり、その東側にプロテスタントのエヴァンゲリツコ・アウグスブルスキ（アウグスブルク福音派）墓地がある。北はムスリム墓地と隣接し（さらにその北にユダヤ人墓地）、南にはプロテスタント改革派墓地があり、その南にジトニャ通りが東西に走る。ジトニャ通り四二番の墓地入口には国内軍・ラドスワフ軍団のゾシカ大隊を記念する黒いプレートが掲げられている。

「ワルシャワ蜂起のさなか、一九四四年八月八日、ヴォラ地区防衛戦でドイツ側との激戦中、国内軍・ゾシカ大隊、ルディ中隊、アレク小隊の兵士たちがこの墓地で戦死した。」記念プレートには戦死した兵士の氏名、コードネーム、階級、年齢が刻まれているが、一八歳から二三歳までの若者たちである。

ムウィナルスカ通り六八番の墓地の白壁にも記念板があって「一九四四年八月、ナチスがここで近隣住居の住民を射殺」とある。

ヴォラ地区防衛にあたっていたラドスワフ軍団のパラソル大隊は「ミハウの屋敷」を奪取された後、そのすぐ北のプロテスタント墓地に退却して抵抗を続けた。ドイツ軍は蜂起部隊を追撃して集中攻撃し、二つのプロテスタント墓地を占拠する。しかし、蜂起軍のラドスワフ軍団部隊はさらに北のユダヤ人墓地に兵力を集結させて、プロテスタント墓地のドイツ軍に奇襲をかけ、再びプロテスタント墓地を奪取する。その後数日間にわたり激戦が続き、ラドスワフ軍団部隊は八月一〇日までプロテスタント墓地を死守した。しかし、たのみとしていたカンピノスの森のパルチザン部隊からの支援が到着せず、ついに撤退をよぎなくされた。

そのとき激闘の場となったプロテスタント墓地はユダヤ人墓地などに比べてもこじんまりしたスペースで、濃い緑のなかに墓石は整然と並んでいるが、その中の多くに大小さまざまな弾痕、墓石の角が砲弾を受けて抉られているものなど死闘のあとがいまでも明らかに見てとれる（写真）。かつ

て銃弾が飛び交って多くの人々が死傷した時から六〇年以上もたって、あたりは静寂そのものだが、冷たい空気の中に蜂起と抵抗の息遣いがいまも静かに流れている気がする。ワルシャワのプロテスタント信者は少数だが、この墓地にはユダヤ人の改宗者も多く埋葬されているという。ユダヤ人のなかでも富裕層はとくにプロテスタントへの改宗者が多かったらしい。

ラドスワフ軍団部隊とユダヤ人墓地地域の激闘

オコポヴァ通りのユダヤ人墓地は一八世紀末に開設されたもので、西側にカトリックのポヴォンスキ墓地（「古いポヴォンスキ」を意味するスタレ・ポヴォンスキ墓地）、南側はプロテスタントのエヴァンゲリツコ・アウグスブルスキ墓地と隣接している。戦前および戦時中の行政区画ではポヴォンスキ地区となっていたが、現在の行政区画ではヴォラ地区に入っている。

蜂起開始から一週間後、国内軍のワルシャワ管区司令官、アントニ・フルシチェル（モンテル）は蜂起部隊の指揮系統を再編し、スタルフカやヴォラを含む北部軍団総指揮官にカロル・ジェムスキ（ヴァフノフスキ）大佐を任命する。ヴァフノフスキから墓地地域の防衛任務をあたえられたのはヤン・マズルキェヴィチ（ラドスワフ）中佐指揮下のラドスワフ軍団で、オコポヴァ通りに面するユダヤ人墓地とエヴァンゲリツコ墓地にゾシカ大隊、ゲットーとの境界をなすオコポヴァ通りにブロダ大隊、プロテスタント墓地とカロルコヴァ通りにも部隊を配置した。部隊は全体として二〇〇〇人で、ドイツ側から奪った戦車も三台あり、他に比べて装備はまだましだった。

八月八日、ドイツ側はライネファートの総指揮のもと、ディルレワンガー部隊、シュミット部隊を動員して墓地地域の蜂起部隊に対して南から、つまり、レシュノ通りからカロルコヴァ通り方面に攻撃をしかけた。ジトニャ通りのバリケードも戦車と火炎放射器による攻撃の的となった。ヤン・オストロルク通りとムウィナルスカ通りの交差点のバリケードにも砲火が浴びせられた。蜂起側も（ドイツ側から奪った）戦車小隊でジトニャ通りとカロルコヴァ通りの交差点のバリケードに迫ったドイツ側戦車隊と歩兵部隊を押し返した。その後、ドイツ側が反撃し、プロテスタント墓地を占拠。しかし、ラドスワフ軍団部隊がまたもドイツ側の一部を駆逐して重機関銃などを奪った。墓地をめぐる戦闘は激化し、墓石を楯にして手榴弾を投げ合うなど壮絶な展開となった。

やがて、ジトニャ通りの防衛線が崩壊し、蜂起部隊は同通りの北、ユゼフ・ミレツキ通りまで退いた。ラドスワフ軍団はユダヤ人墓地から歩兵と戦車で反撃し、敵に重大な打撃をあたえたが蜂起側の被害も大きかった。

ドイツ側は九日に小規模の攻撃をくり返し、一〇日には迫撃砲などで蜂起側に大きな損害をあたえた。一一日明け方、ラドスワフ軍団に対する最後の猛攻が開始された。歩兵部隊がオストロルク通りとムウィナルスカ通りの角のバリケードから蜂起側を排除した。オコポヴァ通りでは遠隔操縦による無人小型戦車「ゴリアテ」を使用した。ドイツ側はついに蜂起部隊をユダヤ人墓地から排除し、さらに野戦砲で援護された大隊がカトリック墓地で抵抗する蜂起部隊を撃退する。ラドスワフ指揮下の大隊も反撃して一時的にその前進を阻んだが被害も甚大だった。ラドスワフ自身も重傷を負い、六〇人（うち将校五人）が死亡し、数十人が負傷したとされる。北部軍団の総指揮をとるヴァフノフスキ大佐はラドスワフ軍団部隊にゲットーの廃墟を通ってスタフキ通りへ撤退するよう命じる。夕刻、軍団部隊は敵の砲火の中を旧パルィソフスカ通りとルベツキ通りのラインまで撤退する。軍団部隊はもはや当初勢力の半分となり、ムラノフスカ通りへ移動し、近くのスタフキ通り一帯が旧市街防衛の前線となる。ドイツ側はこうして大きな損害をだしながらも、八月一一日には首都制圧に重要な一歩をしるした。

ユダヤ人墓地のやや南、オコポヴァ通りとミレツキ通りの角には、ラドスワフ軍団のヴォラ地区での戦闘を記念するモニュメントがある。蜂起五〇周年の一九九四年にヴォラ市民がラドスワフ軍団兵士に捧げたもののようで、堅固な台座の上の大きな石にとりつけられた記念プレートにはこうある。

「この地域で国内軍中央司令部のケディフ部隊――ラドスワフ軍団のブロダ、チャタ、コレギウムA、ディスク、ピェンシチ、ミョトワ、パラソル、ゾシカの各部隊が、ヤン・マズルキェヴィチ（ラドスワフ）中佐の指揮の下、一九四四年八月一日にヴォラを防衛してドイツ側と戦闘を開始し、同年八月一一日まで絶え間ない戦闘を続けた。」

聖キンガ普通学校の蜂起拠点
――オコポヴァ通り

オコポヴァ通り五五番Aにはリツェウムとギムナジウムの大きな学校校舎があるが、戦前・戦中も総合学校だったもので、当時は通りの名としてあった聖キンガ（一二二四～一二九二、ハンガリー国王の娘でボレスワフ五世フスティドリヴィに嫁いだ）の名から聖キンガ総合学校一九六番とよばれていた。その学校建物は一〇日余りの間だったが蜂起側の拠点として「キンガ要塞」ともよばれた。オコポヴァ通りとニスカ通りがぶつかる地点とユダヤ人墓地の間の広い区域がその建物の敷地である。

一九四四年八月一日、前項のオコポヴァ通りとミレッツキ通りの角のモニュメント近くの建物にはゾシカ大隊の兵士約三〇〇人が集結していた。ドイツ側の親衛隊が占拠し、兵舎ともなっていた学校建物を攻撃するためである。午後五時、ゾシカ大隊のマチェク中隊が突入してドイツ側を駆逐し、武器・弾薬も確保した。学校建物は「聖キンガ要塞」と名付けられ、一二日にドイツ側が奪回して火を放つまで、ヴォラ地区における蜂起側の最後の要塞となった[15]。

オコポヴァ通り五五番Aの建物の壁には白と赤の国旗とともにゾシカ大隊の記念プレートが掲げられている。

「国内軍・ゾシカ大隊はワルシャワ蜂起中の一九四四年八月、この建物に司令部をおいていた。ゾシカ大隊が戦車二両を捕獲したあと、ゲンシュフカ強制収容所のユダヤ人拘束者を解放した。同大隊はヴォラ、スタルフカ、チェルニャクフ地区でも戦った。その隊列の中にはスタニスワフ・コナルスキ記念学校の生徒が十数人いた。」

スタニスワフ・コナルスキ（一七〇〇～一七七三）は聖職者であり教育改革者だった。一七四〇年にコレギウム・ノビリウムを創立するなど、教育改革の先駆者だった。

ブル＝コモロフスキ国内軍総司令官の司令部——ヂェルナ通り七二番

八月一日に蜂起が開始されたとき、ブル＝コモロフスキをトップとする国内軍総司令部[16]がおかれたのは、オコポヴァ通りとの角近く、ヂェルナ通り七二番のカムレルの工場として知られる建物だった。ユダヤ人墓地をすぐ西側にみる位置にある（ヂェルナ通りとパヴィヤ通りの間にあるので、パヴィヤ通り六七番にもあたる）。それは一九〇一年創業の家具工場で、ワルシャワ蜂起で国内軍が最初に総司令部をおいた場所となったばかりでなく、最初の戦闘が起きた場所の一つともなった。いまもそこには塀のなかに堅固な四階建の建物があるが、人影はまったくなく活動の雰囲気も感じられない。

国内軍総司令官、ブル＝コモロフスキはこの工場で、幕僚、国内（被占領地）政府代表、挙国一致評議会議長らと連絡を保つことにしていた。無線通信機もおかれた。ブル＝コモロフスキの国内軍総司令部が当初本部を置こうと予定していたのはモコトゥフ地区のピリツカ通り三六番の建物だったが、七月二九日にヴォラ地区への移動に計画を変えた[17]。

蜂起開始当日の八月一日、ブル＝コモロスフキがヴォラ地区、ユダヤ人墓地近くの国内軍総司令部のおかれたカムレルの工場に入ったのは午後四時少し前だった(18)。彼はその場所をこう表現している。

「その建物群はヂェルナ通りとパヴィヤ通りという平行する二つの狭い道路に面していた。どちらの通りもゲットーを囲む壁によって行き止まりになっていた。その壁の向こう側は黒焦げの廃墟が広がっていた。」(19)

拙著『記憶するワルシャワ』に詳しく記したが、一九四二年七月中旬から九月初旬にかけてのナチス・ドイツによる「大移送作戦」で、少なくとも三〇万人のユダヤ人がトレブリンカ絶滅収容所へ移送され、翌一九四三年一月と四月から五月にかけての二度にわたるユダヤ人戦闘組織の武装抵抗のあと、ワルシャワ・ゲットーは破壊され縮小された。ブル＝コモロフスキの言うように一九四四年八月初め、ヂェルナ、パヴィヤ通りはともに「ゲットーの壁」であり境界をなしていた。しかし、国内軍総司令部がおかれた当時の周囲の光景はゲットーが最初に封鎖された一九四〇年一一月のときとはまったく違っていて、「ゲットーの壁」もおそらくは残骸としてあったことだろう。

ドイツ占領者はゲットー側にあったタバコ専売会社の建物に守備隊を配置し、ヂェルナ、パヴィヤ両通りに対してコンクリートのトーチカで防備を固めていた。午後五時を期して国内軍・ラドスワフ軍団のエリート部隊ケディフが一帯を急襲して制圧し、国内軍総司令部を防衛することになっていたが、予定された時刻に動員が間に合わなかった。ブル＝コモロフスキが工場の司令本部に入ると、工場主でもあるカムレル中尉とその指揮下の小隊が集まっていた。彼らはみな工場労働者だった。「蜂起開始の日、工場組織がまるごと戦闘部隊に変わったのだった。」(20)

ドイツ側守備隊も前夜から五〇人に増員していた。国内軍総司令部警護の小隊は三三人で、ライフル銃一五丁、手榴弾約四〇発、あとは地下抵抗組織自前の手榴弾「フィリピンキ」が若干あるだけだった。総司令官は蜂起部隊が到着してドイツ側守備隊を攻撃するまで動かぬよう命じた。しかし、国内軍側歩哨とドイツ側のあいだで衝突と銃撃が起きた。ドイツ側の二箇所のトーチカから機関銃が掃射された。ドイツ側守備隊の工場は手榴弾が届くほどの距離である。バリケードを構築するなど防衛体制が固められた。四時半を少し回っていた。ドイツ側の本格攻撃が始まった。国内軍側は手榴弾で応戦した。五時になったが、ラドスワフ軍団部隊まだ到着しない。敵の機関銃掃射が続き、味方は断続的ながら効果的に応戦した。午後七時すぎにラドスワフ軍団部隊がオコポヴァ通りからドイツ側を突破し、間もなくドイツ側は守勢にまわり、形勢は逆転した。八月三日午前三時、国内軍部隊はドイツ軍守備隊の占拠するタバコ工場に突入した。

しかし、蜂起開始一週間でヴォラ地区の戦況は劇的に悪化する。ワルシャワ市内の西の防御壁だったヴォラ地区はヴィスワ川沿岸への幹線道路の制圧を目指すドイツ側増強部隊の突破作戦を真正面から迎え撃つことになった。八月六日、敵の戦車部隊が総司令部のある工場から約五〇〇メートルの地点に達し、国内軍部隊は激戦のすえに墓地地域からの撤収をよぎなくされた。ワルシャワ蜂起の作戦指揮はワルシャワ管区司令官アントニ・フルシチェル（モンテル）のもとにあったが、「ブジャ作戦」全体の進行を統括していたのはブル＝コモロフスキで、カムレル工場の警護部隊はかなり手薄だった。総司令官は司令本部をヴォラ地区から旧市街に移すことを決定する。すでに市内中心部とは連絡が遮断されていた。八月七日午前三時すぎ、総司令部は三グループに分かれて、ゲットーの廃墟を歩いて旧市街へ向かった。ブル＝コモロフスキはそのときに見た光景をこう書いている。

「私はそれまで、この謎めいた死の原野を遠くから、他の市内地域からそこを隔離していた高い壁のこちら側から見ていただけだった。いまはもう、生きた人間がいるのは三箇所だけになっていたが、それはみな刑務所か監獄だった。軍刑務所、パヴィヤク監獄、それにゲンシャ通りの強制収容所である。」(21)

ブル＝コモロフスキらは約二時間かけてゲットーの廃墟からスタフキ通りに入り、クラシィンスキ公園に着き、先遣隊を待って旧市街の新司令部に着いた。そこは、クラシィンスキ公園のすぐ東側、バロコヴァ通り六番の学校建物だった。国内軍総司令部はその後、八月一三日からドゥウガ通り七番の司法省建物(22)、二六日からは中央区北のヤスナ通り九番（シフィエントクシスカ通りとの角）のＰＫＯ（郵便貯金銀行）建物、九月六日からは中央区南、当時のピウス十一世通り（現在のピェンクナ通り一九番）に移動することになる。

ゲンシュフカ強制収容所の解放
——アニェレヴィチ通り

ユダヤ人墓地の現在の正門のあたりから北東にのびているのはモルデハイ・アニェレヴィチ通り（旧ゲンシャ通り）である。そのアニェレヴィチ通り三四番の建物の壁に黒っぽい大理石の記念板があって、ポーランド語とヘブライ語で次のように刻んでいる。

「一九四四年八月五日、国内軍・ラドスワフ軍団のスカウト大隊（ゾシカ）がドイツのゲンシュフカ強制収容所を奪取し、ヨーロッパ各国から連行されていた三四八人のユダヤ人収容者を解放した。解放された人々の多くがワルシャワ蜂起で戦死した。」

この記念プレートが設置されたのはワルシャワ蜂起五〇周年にあたる一九九四年のことで、当時大統領だったレフ・ヴァウェンサ（ワレサ）は同年八月一日に催された記念式典でワルシャワ蜂起を明確に肯定して賞賛し、戦後長期間にわたり続いてきた四四年蜂起に対するネガティブな評価を共和国大統領として公式に覆した。その四日後に記念プレートの除幕式が行われ、ゾシカ大隊の元指揮官も参加した。

一九四三年四月一九日に始まるワルシャワ・ゲットー蜂起は五月半ばには鎮圧される。ユダヤ戦闘組織（ŻOB）の指導者、モルデハイ・アニェレヴィチ（一九一九〜一九四三）は一九四三年五月八日、ミワ通り一八番の同組織司令部で敵の手に落ちるのを拒否して仲間とともに自殺した。ワルシャワの親衛隊・警察司令官、ユルゲン・シュトロープ（一八九五〜一九五二）はゲットー破壊作戦日誌の五月一六日に「ワルシャワにユダヤ人居住区はもうなくなった！　大作戦は二〇時一五分、ワルシャワのシナゴーグを爆破して終了した」と書いた(23)。このシナゴーグはトウォマツキェ通り七番にあった大シナゴーグのことで、戦前におけるワルシャワ・ユダヤ人の文化的・宗教的活力の源泉ともいうべきものだった。

ゲットーが破壊されたあとの一九四三年九月、ナチス占領者はユダヤ人墓地東側を走るオコポヴァ通りの東、墓地入口からやや北東方向に走るアニェレヴィチ通り（当時の名はゲンシャ通り）のすぐ北の地域にゲンシュフカ強制収容所を設置した。ルブリン近郊におかれたマイダネク強制収容所のサブキャンプの位置づけだった。当時の貴重な写真が残っているが、それを見ると、ゲンシャ通りの南側は完全に破壊されて建物らしいものは何もないが、同通りの北側には細長い収容棟らしき建物を六棟ほど確認できる。ナチス占領者は一九四三年後半にアウシュヴィッツ（オシフィェンチム）強制収容所から、ギリシャ、フランス、オランダ、オーストリア、チェコスロヴァキア、ドイツ出身のユダヤ人約三七〇〇人を連行し、翌一九四四年春にはハンガリー出身のユダヤ人約三〇〇〇人を連行してきて(24)、瓦礫の撤去や煉瓦・金属の選別、パヴィヤク刑務所などで死亡した人々の遺体焼却などの作業を強制していた。同年前半の収容者数はおよそ五〇〇〇人から六〇〇〇人と推定される。

一九四四年七月末、赤軍のワルシャワ接近が迫るなかで収容所の閉鎖・撤退が始まるが、収容者はなお四九〇〇人を数えていた。同月二七日、病気などで行軍不可能な人々約四〇〇人が射殺され、残りの人々はワルシャワの西、クトノへ駆り立てられ、そこからドイツ国内のダッハウ強制収容所に移送された。ゲンシュフカ収容所には約三五〇人が残り、パヴィヤク刑務所から動員された数十人とともに最後の撤去作業にあたらされた。蜂起開始の八月一日、このうちスタフキ通りの鉄道待避線近く（ウムシュラークプラッツ）で作業していた約五〇人はスタニスワフ・ソサボフスキ指揮下の国内軍・コレギウムA部隊によって解放された。

八月五日、ゲンシュフカ強制収容所に突入したのは国内軍・ゾシカ大隊の機甲小隊兵士だった。同地に残っていた三四八人のユダヤ人収容者を解放した。作戦を指揮したのはヴァツワフ・ミッタ（ヴァツェク）中尉だった。解放された三四八人のうち三二四人が男性、二四人が女性だった。大部分がハンガリー、ギリシャなど外国出身のユダヤ人だったが、ポーランド・ユダヤ人も八九人いたとされる(25)。そのなかの二四人の女性全員が解放直後、収容所と思われる建物をバックに撮影された写真が残っている。縦縞の囚人服を着てはいるが、みな微笑みを浮かべてカメラのレンズを見ている(26)。

シュムエル・クラコフスキは収容所解放の経緯をこう説明している。

「八月五日、国内軍のゾシカ、ヴィグルィ両大隊はヴォラ地区での戦闘が不首尾に終わり、ドイツ軍の攻撃を受けて撤退してきた。両部隊の任務は旧市街へ向けて突破作戦を展開することで、ゲンシャ通りの収容所はそのルート上にあった。ドイツ側との戦闘の結果、ギリシャ、フランス、ポーランド、ルーマニア、ハンガリー出身のユダヤ人、三四八人（うち女性二四人）を解放した。解放された囚人は全員が自発的に国内軍の隊列に参加することを申し出た。一部はゾシカ、パラソル、ヴィグルィ大隊の戦闘部隊に参加し、戦車修理に関わる小隊を結成したり、オコポヴァ通りの聖キンガ学校に設けられた武器修理工場で働くことになった。」(27)

ヴィグルィ大隊の補給将校、フェリクス・ツィヴィンスキ大尉は解放されたユダヤ人囚人を歓迎して食料や衣服も供給した。大尉は戦後、「諸国民のなかの正義の人」として顕彰もされる人物だが、蜂起開始まで二六人のユダヤ人に隠れ家を提供していたという。ゲンシュフカ収容所が解放されると、ツィヴィンスキは自らが匿っていたユダヤ人と収容所から解放されたユダヤ人で構成される特別部隊を編成し、ヴィグルィ大隊の一小隊とした。その小隊指揮官に任命されたシュムエル（スタニスワフ）・ケニグスヴェインもツィヴィンスキが匿ったことのある一人だった。彼はボクサーでポーランド軍では軍曹だった。部隊の一員の証言によると小隊は約四〇人だった。各所で戦闘に参加したが、最後はチェルニャクフ地区だったという(28)。

ストリート・アート
——スキェルニェヴィツカ通り

ワルシャワ中央部をやや北東から南西という傾斜で横断するソリダルノシチ（連帯）大通りは西のヴォラ地区に入ると、ジェラズナ通りと出会ったあと二叉に別れ、北の通りはレシュノ通りからグルチェフスカ通りへ、南の通りはソリダルノシチ大通りからヴォルスカ通りへと通り名を変えて行く。そのヴォルスカ通り四五番あたりで左に折れるスキェルニェヴィツカ通りがあるが、二〇〇八年、そこに真新しいストリート・アートを見た。ヴォラ地区のなかではチステとよばれる区域である。駐車場脇の壁全体を黒地に塗り、中央には旧市街のポドヴァレ通りで見る少年蜂起兵像が白い塗料で描かれている。その背後には大きな赤い文字で *Solidarność*（連帯）、その下には白地に黒の ***POWSTANIE WARSZAWSKIE 1944 ROK***（一九四四年、ワルシャワ蜂起）が壁全体の黒地と強烈なコントラストをなしている。少年兵の右側には赤い塗料で *Polska Walczy*（ポルスカ・ヴァルチ＝*Poland fights*）のシンボルマークもある。さらに右側の壁には、空爆されて空が赤桃色に染まるワルシャワの情景も描かれている。壁の前にはろうそくが供えられている。いつだれが描いたのかは分からないが、名も知れぬ人々の仕業であればこそ、一九四四年蜂起への深くて変わらぬ思いがいっそう強く伝わってくる。またそれを消そうともしないこの都市の心の奥底に沈む情念のようなものを感じさせる。

聖ヴォイチェフ教会——ヴォルスカ通り

ヴォルスカ通りをやや西に下ってゆくと、ソコウォフスカ通りに出会う少し手前、ヴォルスカ通り八〇番に聖ヴォイチェフ教区教会がある。一九世紀末に建造されて一九〇三年に開かれた。一九二七年にはワルシャワ大司教のアレクサンデル・カコフスキ（一八六二～一九三八）の教区となる。赤茶色の煉瓦壁のなかの各所に円形デザインを配し、高い尖塔をもつネオ・ゴシック様式は壮観で、しかもその古さが温もりも感じさせる。しかしこの教会もワルシャワ蜂起の期間中、ヴォラ地区住民の大量処刑場となり、蜂起中から蜂起後にかけて、住民をワルシャワ郊外に追放するための臨時中継収容所にかえられてしまった。両脇に赤、白の花が供えられたコンクリートの記念板にはこうある。

「祖国の自由のために斃れたポーランド人の血で清められた場所。ワルシャワ蜂起の期間中、ナチスは大量処刑を実行しつつ、この場所に住民追放のための臨時収容所を置いた。」

蜂起開始直後、教会はゲシュタポに占拠され、神父らの宗教行為も禁じられた。五〇〇〇人以上の周辺住民が男女、老人、子供の別なく教会に集められ、男性はバリケードの解体に駆り出され、その後はワルシャワ南西郊外のプルシュクフ中継収容所に連行されたり、蜂起参加を疑われたものが多数処刑された。教会すぐそばのソコウォフスカ通り五番は殺害された人々の焼却場になったという。教会は数知れぬ悲劇を目撃し、流された血が土中に浸みこんでいるはずである。

教会はポヴィシレ地区で看護将校だったイレナ・オルスカらが「聖スタニスワフ教会」とよんでいるものである。戦後補修されて、一九九七年一月に「聖ヴォイチェフ」の称号が与えられた。教会聖堂内側壁には、ワルシャワ蜂起中の市民の追放を描いた版画タッチの大きな壁画がある。大勢の市民が大きな袋を背負い、手にも籠や袋を持ち、みなが俯き加減で、銃を振り上げるドイツ兵に追いたてられている。そして足元には倒れている人のすがたもある（写真）。

ヴォルスカ通りとグルチェフスカ通りの間、プウォツカ通りの東側にヂャウドフスカ通りが南北に走っているが、同通り一八番に住んでいた女性の証言がある。蜂起の時、その一帯はバリケードで封鎖されていたが、八月一日午後三時頃戦闘が起きた。ドイツ側が家々に突入し、大勢の住民が殺害された。男性たちはバリケードの撤去に駆り出された。住居に火が放たれた。彼女は四歳、六歳、一二歳の子供と一緒で、妊娠の最終月でもあった。夫は蜂起に参加していてそばにはいなかった。最初は地下室に隠れていたが、ヴォルスカ通り五五番のウルスス工場に追いたてられた。中庭のあちこちに死体が積み重なっていた。まさに処刑場だった。持っていた貴金属で命請いしたが、まず長男が撃たれ、次に彼女とあとの二人の子供も撃たれた。彼女だけが致命傷をはずれた。死んだふりをしたが、男性の遺体が次々に押し重ねられた。夜になってようやく処刑が終わり、何とかそこを脱出した。翌々日、胎内で赤子が動くのを感じた。「この子だけは死なせない」と思って、ほとんど這うようにして別の場所に身を隠し、ようやく「処刑場」からスキェルニェヴィツカ通りに逃れ出た。彼女たちは「聖スタニスワフ教会」に集められた。そこでも遺体の集積を見た。ポーランド人が遺体を運ばされていた。二日後、彼女は他の病人や負傷者とともに荷車でプルシュクフの中継収容所に送られた。その後、八月一一日、ワルシャワ郊外のポトコヴァ・レシナで医師の診察を受けることができ、二〇日に男の子を産んだ。彼女の記憶によると、ウルスス工場の中庭では五〇〇〇人から七〇〇〇人が殺害されただろうという(29)。

ヴォルスキ病院――プウォツカ通り

前身病院の設立は一八七七年と古く、当初はヴォルスカ通り四番だったが、五年後にヴォルスキ病院(ヴォラ病院)となり、一九三五年にプウォツカ通り六番に移った(現在の表示はプウォツカ通り二六/三〇番)。病院はナチス占領中から、本来の医療活動だけでなく地下活動にもかかわり、ユダヤ人の避難場所にもなっていた。蜂起が始まると多くの市民が避難した。八月五日の大虐殺の「暗い土曜日」、レック部隊の親衛隊が病院を襲い、診察室にいた院長のユゼフ・マリヤン・ピャセツキ医師、小児科医のヤヌシュ・ゼイラント、病院司祭のカジミェシュ・チェチェルスキ神父らを射殺した。病院スタッフと患者、負傷者の大部分は建物の外に集められ、男性はほぼ全員射殺された。ナチス占領者はその後、病院を医療衛生拠点とし、ポーランド人医師らにドイツ人負傷者の手当てを強制した。

聖ヴォイチェフ教会西側のソコウォフスカ通りをまっすぐ北上するとグルチェフスカ通りにぶつかる。鉄道線路にも近い千年首座大司教大通りとの交差点近くの小さな緑地に焦げ茶色の背の高い十字架をともなったヴォラ地区住民虐殺の記念碑がある。

「祖国の自由のために斃れたポーランド人の血で清められた場所。一九四四年八月五日から一二日まで、ナチスはここで一万二〇〇〇人のポーランド民間人を大量処刑した。そのなかにはプウォツカ通りの病院の患者と職員もいた。」

記念碑の背後はＮＩＳＳＡＮの自動車関連ビル、周囲は車の往来もはげしいが、記念碑の周りに供えられた生花の放つ鮮やかな色がまぶしい。

そこからこんどは東へ進むとプウォツカ通りとグルチェフスカ通りの交差点近くに六階建ての大きな病院建物があり、その手前の小さな緑地にも記念碑がある。中心をなすのは一風変わった縦長のモニュメントだが、全体の白い色調が縦に粗い皺のはいった布状のものにみえる。そこに何か具体的に描かれているわけではないが、見方によっては微妙な起伏によってぼんやりと聖母像が浮かび上がっているようでもある。そのモニュメントの左側には大きな石がおかれ、そこにはＰとＷの「戦うポーランド」のシンボルがあり、右側の石の記念碑には「一九四四年八月五日に射殺されたヴォルスキ病院の職員・患者を記念する」との青いプレートがとりつけられている。

ヴォルスキ病院とかかわるエピソードがあるのは、レジスタンスのポスターで有名なグラフィック・アーティストだったスタニスワフ・トマシェフスキ（ミェヅァ）（一九一三〜二〇〇〇）である。彼は国内軍の地下活動家でもあった。一九四〇年にゲシュタポに逮捕されて、悪名高いパヴィヤク監獄に送られる。監獄内でも地下活動したが、自らチフスに感染して感染症病院に送られる。そこで急性虫垂炎を起こしてヴォルスキ病院に運ばれた。病院の医師は手術するが、死亡したものと装う。葬儀まで行われたが、本人は生き延びることに成功した。ドイツ側の情報をかく乱する「N作戦」にもかかわった。ワルシャワ蜂起期間中は国内軍の情報宣伝局のもとで、多数のポスターや切手をデザインして人々を励ました。最もよく知られるポスターに ***"W WALCE-ODWET ZA KREW TYSIĘCY POLAKÓW"***（数千人のポーランド人の血に報復する戦いを！）がある。ナチスの鉤十字に六丁の銃剣の先が向けられている。彼のエピソードは一九八四年に「生きるために死んだ」*Umarłem, aby żyć* として映画化もされた。

ソヴィンスキ将軍記念公園
——ヴォルスカ通り

ヴォルスカ通りをさらに南西に進んでゆくと右手に広がるのはソヴィンスキ将軍記念公園、その西側に隣接するのはヴォルスカ正教会墓地である。ソヴィンスキ将軍公園の東側はエレクツィイナ通り、正教会墓地の西側はレドゥトヴァ通りという位置になる。公園はワルシャワ市長のステファン・スタジィンスキ（一八九三〜一九四三）の意向でつくられたもので、一九三六年に開園した。大きな公園の中央には高い台座の上に三メートルちかくもあろうかと思われるユゼフ・ソヴィンスキ将軍像がまっすぐに立っている（除幕は一九三七年一一月）（写真）。よく見ると右足は義足で右手は杖をついている。ユゼフ・ソヴィンスキ（一七七七〜一八三一）は一七九四年のタデウシュ・コシチュシュコ（一七四六〜一八一七）の反乱に参加した。ワルシャワ公国発足後の一八一二年、ナポレオンの対ロシア戦役で片足を失った。その後、ポーランド会議王国軍人となる。一八三〇年一一月から一八三一年にかけての蜂起に参加し、一八三一年九月のワルシャワ防衛戦ではヴォラ郊外の司令官をつとめたが、ロシア軍の攻撃で死亡した。ワルシャワ、とくにヴォ

ラの伝説的英雄である。

ヴォラがワルシャワ市に編入されたのは二〇世紀初めのことで、それ以前は同名の村だった。

一八三〇年一一月蜂起のとき、現在のレドゥトヴァ通りとヴォルスカ通りの交差点付近には「五六番要塞」が構築されていて、ロシア軍との戦闘の拠点となった。現在のソヴィンスキ将軍公園の敷地もその一部になる。ユゼフ・ソヴィンスキは同年七月、要塞の司令官に任命されてヴォラ防衛の先頭に立つ。同年九月六日、ロシア軍が八七大隊、一一四の騎兵部隊、大砲一〇〇門をもってヴォラに総攻撃をかけた。これを迎え撃ったソヴィンスキ指揮下のポーランド側は兵士一二〇〇名、大砲一二門だった。要塞は「ヴォルスカ要塞」「ソヴィンスキ要塞」などともよばれ、一九三九年九月のナチス・ドイツの侵攻に対するワルシャワ防衛戦でもポーランド軍の防衛拠点となったが、同月二七日に陥落した。公園内には、この要塞の歴史を概観する記念プレートがある。

ソヴィンスキ将軍像は一九四四年のワルシャワ蜂起のとき、ヴォラでのナチス・ドイツの蛮行を目撃したに違いない。ドイツ軍はこの公園内、ソヴィンスキ将軍像からわずか数十メートルの場所に当時最大級の重量臼砲を据えてワルシャワ市内を砲撃した。公園内には一九四四年の蜂起にかかわる記念碑もある。「祖国の自由のため斃れたポーランド人の血によって清められた場所」と刻んだ記念碑はやや古いもので市内各地に同じスタイルのものをよく見るが、ここにあるものには「一九四四年八月、ナチスはこの公園のなかで一五〇〇人を銃殺するとともに、およそ六〇〇〇人のヴォラ地区住民の死体を焼き払った」との記憶が刻みつけられている。

ソヴィンスキ公園の東側、エレクツィイナ通り八番に住んでいた人物の目撃証言がある。八月五日午前一〇時、ナチス親衛隊と凶悪犯罪者部隊が侵入してきて、住民をソヴィンスキ公園付近に駆りたて、多数を射殺した。彼の妻も二歳の子供も射殺された。彼自身も撃たれたが、午後九時頃まで死んだふりをしていた。その間も大量処刑が続き、彼は積み重ねられた死体の山で窒息しそうになった。夜、ようやく処刑が終わり、死体を片付けにきたポーランド人に助けられた。彼の推計では、そのとき約三〇〇〇人は殺された[30]。

聖ヴァヴジィンツァ教会
――ヴォルスカ通り

ヴォルスカ通りとレドゥトヴァ通りの角のあたり、正教会墓地のそばに聖ヴァヴジィンツァ教会がある。ヴォルスカ通り一四〇番で、一八三〇年一一月蜂起でも有名な前述の「五六番要塞」のすぐ近くである。教会の起源は一四世紀にもさかのぼるといわれ、「大洪水」(ポーランド語では「ポトプ」potop) といわれた一六五五年のスウェーデンによる侵略のとき、木造の教会は焼け落ちた。その後、同じ木造で再建されたが、一六九五年にはワルシャワ司教のミコワイ・ポプワフスキのもとで石造りの聖堂建設が始まった。資金援助したのはヤン三世ソビェスキ（一六二九～一六九六）の妃、マルイシェインカだった。だが、ヤン三世ソビェスキの死後、建設工事は相当に遅れて完成は一七五五年のことになる。

一七九四年、プロイセン軍に包囲されたときに防衛拠点となったが破壊された。その後も修復・再建を繰り返し、一八三〇年一一月蜂起が失敗すると、正教会に変えられた。第一次大戦後の一九二三年に再びカトリック教会として復活した。一九三九年のワルシャワ防衛戦では大きな被害を免れたが、一九四四年八月のワルシャワ蜂起では、ナチス・ドイツが同月五日に教会を占拠して中庭で大量処刑を行ない、教会にも火を放った。教区司祭のミェチスワフ・クルィギェルも祭壇近くで重傷を負わされた結果死亡した。ナチスは八月三日から八日にかけて、教区墓地で多数の市民や捕虜とした蜂起兵を処刑した。

灰色が深く沈みこんだ教会建物の入口には「ローマ・カトリック・聖ヴァヴジィンツァ教会」とあるが、すぐその下には「ワルシャワ、ヴォルスカ要塞の」とさらに添えられて、ポーランドの抵抗の歴史との深い関わりを感じさせる。また、教会正門脇の石壁には「祖国の自由のため斃れたポーランド人の血によって清められた場所」という記念プレートがあるが、その下に刻まれているのは「一九四四年八月初め、ナチスはここで蜂起兵と民間人の大量処刑を何度も行なった」という事実である。

教会の壁にはソヴィンスキ将軍のバレリーフ（浅浮き彫り彫刻）もある。

連合軍機パイロットの記念碑
――レドゥトヴァ通り

ヴォルスカ通りとレドゥトヴァ通りの角の小さな緑地公園のまんなかに、もうひとつ見過ごせない記念碑がある。白い三角錐のかたちをしていて、正面右側の面には、「ワルシャワ蜂起勃発の五二周年にあたり、ワルシャワ市民が英国空軍（RAF）の飛行士にささげたものである」ことが刻まれ、左側の面にはパラシュートの形と飛行機の形の厚い鉄板がはめこまれている。飛行機形の鉄の記念板には、「一九四四年八月一五日夜、英国空軍 RAF 第一四八爆撃師団のハリファクス Mk II 968 の乗員が、ワルシャワ蜂起に対する支援物資を運ぶ途中、この場所で戦死した」ことを記すとともに、死亡したその四人の名を見る。また、パラシュート形の記念板には乗務員のなかで生き残った三人の名を記している。

ワルシャワ蜂起者墓地
――ヴォルスカ通り

ヴォルスカ通りをさらに南西に下ると、ユゼフ・ソヴィンスキ通りを真中にはさむようにして、同通り一七四／一七六番にワルシャワ蜂起者墓地がある。大理石の説明板によると戦後間もない一九四五年に開設されたもので、一九四四年蜂起関係者の最大の共同墓地である。およそ一〇万四〇〇〇人がここに眠っているという。そのうちの約一〇万人は国内軍兵士、一般市民など、ワルシャワ蜂起期間中にさまざまな戦闘で死亡したり大量処刑で殺害された人々である。ワルシャワ各地で掘り出された一〇トンちかくにものぼる遺体や遺骨がこの共同墓地に集められて、一九四五年一一月に最初の共同埋葬が行われ、一九四六年八月にも大規模な共同埋葬が行われた。その後も首都各地から掘り出された遺体・遺品の埋葬が続いた。

この共同墓地には一九三九年九月の首都防衛戦で戦死もしくは負傷して死亡したポーランド軍兵士が三五二六人、一九四四年から四五年にかけて戦死もしくは負傷して死亡したポーランド軍兵士、二三一人も埋葬されている。一九六〇年代初めに彫刻家のタデウシュ・ヴィジコフスキの設計による造成が始まり、現在のすがたになっている。

濃い緑の木々と整然と区画された緑地に長方形の墓石が縦長にいくつも並んでいる。

「一九四四年ワルシャワ蜂起で自由のための戦いで斃れた」として、数人から数十人の名前が刻まれたもの、あるいは数人の氏名と年齢が刻まれたもの、「四六人の名も知れぬ犠牲者」と刻みこんだもの、あるいは「二四〇人の無名戦死者」とするものなど、重く冷たい墓石だが、抵抗と蜂起にかけた人々の冷ますことのできない熱い思いがいまも静かに大気のなかに漂う。

そのような長方形の墓石が多くあるなかに、上部がゆるやかな弧を描いている墓石がある。ポーランド語とヘブライ語で「この墓所にはＳＫＲＡ運動場で射殺されてナチスの犠牲者となった六五八八人のユダヤ人の遺骨が眠る」と刻まれている。これは、ユダヤ人墓地のあるオコポヴァ通り近く、エドヴァルト・ギバルスキ通りのスポーツ・クラブ運動場で射殺されたユダヤ人の六五八八遺体・遺骨がここに運ばれて埋葬されているものである。スクラ運動場の遺体・遺骨は主として一九六〇年代に住宅建設作業の最中に発見された。当時はユダヤ人墓地にもはや埋葬スペースがなくなっていて、この墓地に運ばれてきたものと思われる。

一九七三年九月、墓地のやや広いスペースに「打ち負かされざる戦死者」*Polegli Niepokonani* のモニュメントが除幕された。作者は彫刻家でワルシャワ美術アカデミー教授のグスタフ・ゼムワである。右手に丸い盾をもち、左手を地面につけ、まっすぐに天を見つめて倒れる古代兵士の大きな像だが、喉のあたりから胸、腹にかけて大きく深く割れ裂けているのが衝撃的だ。記念プレートには「一九三九年から一九四五年のあいだにナチス侵略者に対して祖国の自由をまもる戦いで死亡した五万人以上のポーランド人の遺骨がこの場所に眠っている」とある。だが、記念碑の製作当時はまだ統一労働者党政権下であり、芸術家のプランも検閲を受け、「国内軍」の名や「ワルシャワ蜂起」ということばはもちろん、十字架やバリケードさえ記念碑の構成要素としては認められなかった。この国の政治体制の変革をへた二〇〇一年以降、古代兵士像の周りの花崗岩ブロックや十字架には改変がほどこされているようだ。

チェルニャクフ議長のアパート
――フウォドナ通り

ヴォルスカ通りを軸に南西に下ってヴォラ地区を見てきたが、ここでもう一度、シルドミエシチェ（中央区）にも近い東の方にもどってみる。フウォドナ通りとジェラズナ通りの交差点のすこし東側にかつて、大ゲットーと小ゲットーをつなぐ木製の歩道橋があった。大勢のユダヤ人がその橋を行き交う光景はロマン・ポランスキ監督の映画「戦場のピアニスト」（*Pianista*, **2002**）にも見られる。主人公のヴワディスワフ・シュピルマン（一九一一～二〇〇〇）の一家は当初、小ゲットーの方に住んでいた。

フウォドナ通りはゲットーが封鎖された一九四〇年一一月から一九四一年秋まで、ゲットーの内側にあった。しかし、一九四二年七月に始まるゲットー住民のトレブリンカ絶滅収容所への「大移送」のさなか、八月九日から一〇日にかけて、フウォドナ通りの南側に住むユダヤ人の立ち退き命令が出されてゲットーの外側になってしまうと、ポーランド人

の再定住場所になった。各種の資料から判断すると、一九四二年一月末頃には、このフウォドナ通りをはさんで向かい合う二六番（大ゲットー側）と二三番（小ゲットー側）をつなぐ歩道橋がつくられていた。ジェラズナ通りと交差するあたりである。

　フウォドナ通りの大ゲットー側になる二〇番には、ユーデンラート（ユダヤ評議会）議長、アダム・チェルニャクフ（一八八〇～一九四二）が住んだアパートが残っている。彼は一九四一年一二月一三日の日記に、「フウォドナ通り二〇番のアパートに引っ越した」(31)と記している。二〇〇五年当時、五階建ての建物はまだ戦中の面影を残していたように思えたが、二〇〇八年には外壁が真っ白に塗り替えられていた。窓下のレリーフ、ヴェランダ脇の彫像など、その外観はとても美しく、隣接する古い建物とのコントラストが際立つ。著名なユダヤ人歴史家、エマヌエル・リンゲルブルム（一九〇〇～一九四四）はこの建物を「白亜の館もしくは白亜の城」と皮肉ったが、戦前のすがたがこうだったとしたらその言葉にも頷ける。チェルニャクフはワルシャワ・ユダヤ人のトレブリンカ絶滅収容所への「大移送」が開始された直後の一九四二年七月二三日、グジボフスカ通り二六番のユーデンラート事務所の一室で自殺した。

　二〇〇八年九月、フウォドナ通りをはさんでチェルニャクフが住んだアパート建物の向かいの小さなスペースの石壁に、かつての大ゲットーと小ゲットーをつなぐ歩道橋を描いたストリート・アートを見つけた。全面黒の下地に際立つ白色で歩道橋を、灰色で周囲の建物や壁を描いている。歩道橋を上り下りするユダヤ人のすがたが黒い影のようにひしめいている。そして右上には白色のヘブライ語とポーランド語で、「そこに架け橋があった」と書いてある。畳三、四丈ほどの石壁の絵だが、特異な立体感に引き込まれる不思議な力を感じる絵だ。

　近年、ワルシャワ市内のあちこちに出現するストリート・アートはかなり頻繁に描きかえられるものだが、翌二〇〇九年九月にも「ゲットーの歩道橋」を描いたウォール・ペインティングはそのままにあった。その近くにあらたに見られたのはワルシャワ・ゲットーの地図の記念碑である（写真）。これはワルシャワ・ゲットー蜂起六五周年（二〇〇八年）を記念してユダヤ歴史博物館が推進したプロジェクトで、かつてのゲットーのゲートなど記念碑的な場所二一箇所を選び、それぞれの場所にゲットーの地図のモニュメントを置いて、その地点を明示したものである。そこには当時のその場所を撮影した写真と説明も添えられている。

聖カロル・ボロメウシュ教会
——フウォドナ通り

かつて大小二つのゲットーをつないだ陸橋のあったフウォドナ通りとジェラズナ通りの交差点から、フウォドナ通りをいまはメモリアルとしてのみ残るトラムの線路に沿って北東方向に歩いてゆくと、右側にはバプテスト教会があり、さらに進むと聖カロル・ボロメウシュ教会（フウォドナ通り九番）が現れる。ネオ・ルネサンス様式の白く端麗なすがた、ファサードの高いコラムが印象的である。著名な建築家のヘンルィク・マルツォニ（一七九二～一八六三）の設計により、一八四一年から四九年にかけて建造された。戦争中に破壊され、戦後の一九五六年に再建された。教会のなかには一九三九年から一九四四年までの期間に戦った国内軍関係の記念プレートがあるが、そのなかにはワルシャワ蜂起を戦った「イェジキ」部隊の名もある。

イェジキ特別蜂起部隊の隊長、イェジ・シュチュシャウコフスキは一九二二年八月にウラジオストクから大阪に引き取られた三九〇人のポーランド人孤児の一人で当時一一歳だった(32)。日本赤十字によるシベリアのポーランド人孤児救済事業は一九二〇年七月から二一年七月にかけて五回、一九二二年七月と八月に実施され、東京や大阪の施設に保護された児童は一歳から一六歳まで合計七六五名にのぼった(33)。ポーランドは一二三年間の大国による支配から脱してようやく独立を回復したときだったが、ロシア支配下で抵抗したポーランド人の愛国者や革命家が多数シベリア送りや避難民となっていて、その子供たちが孤児となったり病気や飢餓に苛まれていたのである。日本に引き取られたポーランド人児童たちは日本赤十字社のもとに手厚い看護を受け、一九二〇年と一九二二年に順次、祖国ポーランドに送りとどけられた。

イェジキ特別蜂起部隊は一九三九年一〇月に結成されて総勢最大約六〇〇〇人を擁し、一九四三年三月に国内軍に参加した。一九四四年八月一日の蜂起開始時、シュチュシャウコフスキ指揮下の一二〇人はシルドミェシチェ北に配置されていたが、その後、スタレミャストに移動して戦った。八月二二日、地下水道を使って負傷兵をジョリボシュ地区に脱出させた。その後すぐにカンピノスの森へ向かって態勢を整え、再度市内の国内軍の支援に向かった。八月二八日から九月二日までカンピノスの森の中、ポチエハ村でドイツ側と激戦が続いたが、ワルシャワ市内に到達することはかなわなかった(34)。

教会入口手前の左側の壁にもいくつかの記念プレートがある。木製の大きな十字架をはさんで、「一九三九年から一九四五年まで、ポーランドの自由のための戦いに斃れた国内軍・ゾシカ大隊のスカウト兵士に捧げた」記念プレートと「一九四一年から一九四五年まで、最も高潔な理想のために斃れた武装闘争同盟—国内軍の歩兵予備役、士官学校生徒と教師」に捧げた記念プレートがならんでいる。また、入口に向かって右側の壁には、ソ連の内務人民委員部（NKVD）の収容所で拷問・殺害された国内軍兵士に捧げた記念プレートも掲げられている。

ポピェウシュコ神父記念緑地
——エレクトラルナ通り

カロル・ボロメウシュ教会の西、エレクトラルナ通りとフウォドナ通りにはさまれた小さな三角スペースはイェジ・ポピェウシュコ神父記念緑地になっている。ポピェウシュコ神父（一九四七〜一九八四）は一九八一年から翌年にかけて布告された戒厳令下で自主独立労組・連帯の運動を支持する立場からジョリボシュ地区の聖スタニスワフ・コストカ教会で「祖国のための月例ミサ」をとり行い、政府当局者に不快感を募らせていたが、一九八四年一〇月、治安機関により誘拐されたうえ惨殺された。故ヤン・パヴェウ二世とともに、ポーランド国民の多くから慕われている。

事件は一〇月一九日夜、ブィドゴシュチュでの祈祷会から車でワルシャワへもどる途上で起きた。トルィン近くのグルスクで、交通警察官の制服を着た二人の秘密警察（SB）に止められて運転手は放り出され、神父は意識を失うほどの暴行を受けた。誘拐犯は神父の足に石袋をくくりつけて、トルィンとワルシャワのなかほど、ヴウォツワヴェクのダム近くで水中に沈めたという。二〇日夜のテレビニュースが神父の誘拐を報じると、スタニスワフ・コストカ教会には大勢の市民がつめかけ、神父の救出と無事を願って祈りをささげた。三〇日、ヴィスワ川で神父の遺体が発見された。一一月二日、同教会で葬儀がいとなまれ数十万人が教会とその周辺を埋め尽くした。ヴォイチェフ・ジェンバ司教は「イェジ神父の死によって、主はわれわれの目を開かせ給うた。われらの心の目、精神の目、信仰の目を」と述べた(35)。葬儀の様子はス

タニスワフ・コストカ教会に付設された博物館で録画を見ることができる。二人の秘密警察ら誘拐犯の裁判は同年一二月に開始され、禁固一四年から二五年の判決が言い渡されたが、だれが命令を下したのか、その背後関係は闇のなかである。

イェジ・ポピェウシュコ神父記念緑地の小さなスペースには、やや高めの台座に柔らかな表情のブロンズのマリア像が両手を開いて立つ。その下に鮮やかな生花に囲まれてポピェウシュコ神父の写真がかざられている。そして対面には大きな石の上に神父の顔のレリーフのついた記念碑がすえつけられている。「イェジ・ポピェウシュコ神父、一九四七年九月一五日～一九八四年一〇月一九日。信仰と祖国の殉教者」とある（写真）。

ノルトヴァッヘ――フウォドナ通り

ポピェウシュコ神父記念緑地を西へ歩くとフウォドナ通りとジェラズナ通りの角にいたる。一九四一年一二月、ジェラズナ通りの西側でヴロニャ通り、旧レシュノ通り（現在のソリダルノシチ大通り）、グジボフスカ通りで囲まれる区域はゲットーから除外され、ゲットーは大ゲットーと小ゲットーに切り離された。そのため、二つのゲットーは前述の通り翌一九四二年一月末には、映画などにも見る大きな木製の陸橋でつながれていた。フウォドナ通りとジェラズナ通りの角はその場所のすぐ近くである。

そして、ゲットーから除外された両通りの南西角の建物におかれたのがノルトヴァッヘで、ドイツ側の歩哨部隊が置かれていた。フウォドナ通り二五／四三番の表示のある建物に比較的新しい記念プレートがある。

「ワルシャワ蜂起中の一九四四年八月三日、国内軍・フロブルィ大隊のグスタフ・ヴィルレヴィチ（ソスナ）大尉指揮下の兵士が、ドイツ人憲兵が陣取っていたこのノルトヴァッヘの建物を占拠した。一九九八年八月、フロブルィ一世大隊。」

蜂起部隊は同所を奪取してかなりの武器・弾薬を奪うが、八月五日から徐々に撤退をよぎなくされ、数日後にはクロフマルナ通りからスタレミャストへと撤退する。ノルトヴァッヘの建物はその後、最後までドイツ側の手中にあった。

ノルトヴァッヘのあった建物からフウォドナ通りをさらに西へ歩くと同通り三五／三七番と四一番のあいだあたりの建物にも以下の記念プレートがあるのに気づく。

「祖国の自由のために斃れたポーランド人の血で清められた場所。一九四四年八月初め、ナチスはここで二〇〇人を銃殺し、他の場所から運んだ遺体と一緒に焼いた。」

ハベルブッシュ＆シェーレのビール醸造工場――クロフマルナ通り

ノルトヴァッへの南、クロフマルナ通りとさらに南を走るグジボフスカ通りのあいだにはハベルブッシュ＆シェーレという大きなビール醸造工場があった（グジボフスカ通り五八番）。工場の創設者で所有者はブワジェイ・ハベルブッシュ、コンスタンティ・シェーレ、ヘンルィク・クラヴェで、一八四六年から一九四八年まで操業した。二〇世紀初めにはワルシャワ最大のビール工場となり、一九二一年からは他社とも合同してハベルブッシュ＆シェーレ連合醸造株式会社となった。醸造工場は、ジェラズナ、クロフマルナ、ヴロニャ、グジボフスカ通りが囲む広大な区域とヴァリツフ通りとチェプワ通りの間の区域にあった。後者の工場の壁はかつてのゲットーの境界をなしていて、いまもその名残を見ることができる。

蜂起開始と同時に国内軍のフロブルィ一世の部隊がこの工場の建物群を難なく占拠して穀物や砂糖を大量に入手した。ジョージ・ブルースによると、ヴロニャ通りを支配していたソスナ部隊はクロフマルナ通りのこの工場に司令部をおき、ドイツ側捕虜も収容していた。八月六日午前七時、ドイツ側の空襲を受け、ドイツ国防軍の捕虜など五七人が死亡。隣接する病院も炎上した。看護婦たちが負傷者を運びだす。続いて、オスカー・ディルレワンガーの犯罪者旅団、ライネファートの火炎放射器部隊が蜂起側陣地への侵食をはかって攻撃を加えた(36)。蜂起部隊主力は武器・弾薬の不足により、ミロフスキ広場とレシュノ通りの裁判所建物へ退却する。しかし、七日にはヴァツワフ・スティコフスキ（ハラ）指揮下の部隊が進出して、クロフマルナ通りとヴロニャ通り、ヴァリツフ通りとチェプワ通りの間の倉庫を占拠する。蜂起部隊はさらに工場全域の奪取を試み、一〇日には一部を占拠するが、広大な工場全域を制圧することはできなかった。

戦後、醸造工場は国有化されて、一九五四年に生産も再開された。しかし、二〇〇五年に工場は移転し、二〇〇九年に周辺を歩いたときには戦前の写真に見るような大きな社屋と高い煙突など活気に満ちた工場区域の面影はまったく消え、大きな建物はほとんど残っていなかった。

工場跡地のすぐ近く、ヴロニャ通り五二番のあたりの塀に記念プレートを見た。

「祖国の自由のために斃れたポーランド人の血に清められた場所。ワルシャワ蜂起のとき、ナチスがこの場所で多数の市民を処刑した。」

ミロフスキ市場（広場）

聖カロル・ボロメウシュ教会の東、ヤン・パヴェウ二世大通りを越えると、一九世紀末に起こり、往時にはとても及ばないとしてもいまも庶民でにぎわうミロフスキ市場がある。当初はタルゴヴァ（文字通り「市場」）広場とも呼ばれた。現在のワルシャワ行政区分ではシルドミェシチェ北に入っているが、蜂起緒戦におけるナチス・ドイツの凶悪犯罪者部隊のヴォラ地区進撃と深く関係するのでここでとりあげる。その赤煉瓦造りの建物は対をなす二つで構成されていて、ロシア支配下の一八九九年から一九〇一年にかけて建設された。細長い二階建ての建物の両端には美しい文様のあるやや背の高い塔をもち、側面は上部が湾曲した美しい窓がならんでいる。対をなす二つのうちの西側建物の後方部分の塔には円形のなかに「一八九九～一九〇一」の数字があり、そのまわりには見事な装飾が彫り起こされている。だが、建物の脇を歩いてみると、側面の煉瓦壁には無数の弾痕が残っていて、深く大きく抉られているものもある。そして、建物入口の左隅には白と赤のポーランド国旗と次のような記念プレートがとりつけられている（写真）。

「祖国の自由のために斃れたポーランド人の血で清められた場所」「一九四四年八月七日と八日の両日、ナチスはミロフスキ市場で五一〇人のポーランド人を銃殺した。」

市場東側にドイツ人の自動車工場があったため、周辺は一九四四年八月一日当初から戦闘にまきこまれた。蜂起部隊は市場の建物をすぐに制圧し、市民はバリケードを構築した。八月五日と六日の爆撃で双子の建物は炎上した。六日、ライネファートの部隊がフウォドナ通り、エレクトラルナ通りを通ってミロフスキ広場に向かって進撃してきた。ナチス親衛隊大佐、オスカー・ディルレワンガー指揮下の親衛隊特別部隊には大勢の凶悪犯罪者がふくまれていて、市民に対して暴虐の限りをつくした。ドイツ側はミロフスキ市場からサスキ公園の西、ジェラズナ・ブラマ一帯を制圧し、ブリュール宮殿に孤立するワルシャワ総督、ルードウィヒ・フィッシャーの救出をはかった。

八月七日、エレクトラルナ通りの建物を追い出されたある女性は、ソルナ通り（現在はす

でなく、ヤン・パヴェウ二世大通りと重なる）からミロフスキ広場へとさらに追いたてられた。大きな弾痕と燃え上がる遺体の数々を目撃した。その後、フウォドナ通り、ヴォルスカ通り、トヴァロヴァ通りの交差点近く、キェルツェリ広場に連行される。ドイツ側はそこで蜂起側の銃撃に対抗するため、彼女たち二十数人（ほとんどが若い女性）を自分たちの前にしゃがみこませて「人間の盾」とした(37)。

オグロドヴァ通りに住んでいたある男性は八月七日、エレクトラルナ通り二番にあった商工省建物のシェルターに避難した。避難住民は数百人にのぼっていた。蜂起軍がエレクトラルナ通りを撤退すると、ドイツ側が突入してきて、住民たちは列をつくらされてミロフスキ市場に連行され、そこに散乱する遺体を撤去させられた。ドイツ人憲兵は作業にあたらせた百人ほどの住民に悪罵を浴びせて虐待した(38)。

ミロフスキ市場の双子の建物がある場所はかつて、ワルシャワ・ゲットーの右横腹に食い込んだ非ゲットー地域で、大ゲットーと小ゲットーとを分かつ場所でもあった。いま、市場建物の南北の石畳の歩道には、ちょうどベルリンの壁跡が足元に示されているように、かつてのゲットーの壁跡が「ゲットーの壁、一九四〇〜一九四三」として区別され帯状をなして続いている。ミロフスキ市場の近く、ヤン・パヴェウ二世大通りのすぐそばには小ゲットーの北端を示すモニュメントがある。

国民記憶院――フウォドナ通り

ユーデンラート議長のチェルニャクフが住んだアパートの建物に向かって右手を見ると、遠くに聖ボロメウシュ教会が見えるが、左手を見てすぐ奥には近代的な高層ビルが目に入る。それはワルシャワ・トレード・タワーとよばれる三〇階ちかい建物で、そこに国民記憶院の教育部門が入っている（フウォドナ通り五一番）。国民記憶院はクラシィンスキ広場の最高裁判所の建物に本部をおいている。一九八九年の民主化と政治変革を契機として、一九九八年一二月に特別法にもとづいて創設された。ワルシャワに本部をおき、上訴裁判所のある全国一一箇所に支部がある。ナチス占領時代から戦後のスターリン主義時代、その後の共産党政権時代に関する膨大なアーカイブを一手に管理し、それらの時代に関わる権力犯罪についての訴追権ももつ巨大機関である。主要な目的は三つある。

第一は、一九三九年から一九八九年の間の半世紀に及ぶ期間の権力犯罪の追及である。かつての占領者、ナチス・ドイツとソ連による犯罪だけでなく、戦後のスターリン主義時代の共産党（統一労働者党）と治安組織などによる弾圧もふまれる。一九三九年九月一七日のソ連による旧ポーランド領侵攻以来、一九八九年一二月末に「人民共和国」から「ポーランド共和国」に名実ともに国家体制が変わるまでのあいだの数々の弾圧・迫害も共産党権力機関の犯罪とみなされる。弾圧や迫害被害者としてはポーランド人のみならず、ユダヤ系市民などのマイノリティも対象とされる。

第二はかつてのナチス・ドイツとソ連支配下、共産党政権下でのできごとにかかわる膨大なアーカイブの構築である。首都ワルシャワだけでなく、ポーランド全土の支部機関にも独自のアーカイブがある。このなかには一九四四年七月二二日の共産主義者による「ポーランド国民解放委員会」(いわゆる「ルブリン委員会」)発足から一九八九年末までのあいだのナチス占領者と共産党関係治安機関の膨大な資料がふくまれる。

第三は膨大なアーカイブをもとにしての研究活動、出版、展示、セミナー、レクチャーその他の活動を通じての教育機能である。全国各地でさまざまなイベントも企画している。国民記憶院はその規模と機能からも、国民意識の形成にきわめて大きな影響をもつ。二〇〇八年半ば、そこに所属する二人の歴史学者が『SB(秘密警察)とヴァウェンサ』(*SB a Lech Wałęsa*)を出版して、「ワレサ(元連帯議長)が一九七〇年代初めに秘密警察に情報を提供していた」ことを「新証拠」で「暴露」し、大きな議論を引き起こした。ヴァウェンサ(ワレサ)はもちろん反駁し、当時のレフ・カチィンスキ大統領やポーランド・テレビなどを名誉毀損で告発する動きをみせた。論壇でも元連帯議長を擁護するものと反対者で論争がおきた。

国民記憶院は政府からは独立性を保つものとされ、トップである五年任期の会長職は国家機関から独立し、その選出過程は厳格なもので一年以上がかけられると聞く。旧共産党勢力の一部や宗教右翼からは廃止要求もでているという。

ワルシャワ蜂起博物館
――グジボフスカ通り、プシオコポヴァ通り

一八世紀末のポーランド三分割以来、いく度もの蜂起の歴史をもつこの国でも最大の蜂起といえる一九四四年蜂起の総合的な博物館が開館したのは、その歴史的事件から六〇年もたった二〇〇四年七月末のことだった。戦後のスターリン主義時代はもちろんのこと、一九五六年からの非スターリン化を模索した時代、さらに一定の寛容と自由化を標榜した一九七〇年代においてもまだ、この国が社会主義体制のもとにあるかぎり、国内軍を主力として認識するワルシャワ蜂起を公然と讃えることは固く禁じられてきた。すでにふれたよ

うに、クラシィンスキ広場のワルシャワ蜂起記念碑が除幕されたのはようやく一九八九年のことであり、一九四四年の蜂起に対する評価が変化し始めたのは、自主独立労組・連帯が発足した一九八〇年頃のことだった。それまでは、国内軍メンバーの英雄的行為が個々に評価されることはありえても、戦時中ロンドンにおかれたポーランド亡命政府、占領下ポーランドにおけるその代表部と地下国家、そして国内軍とそのメンバーはソ連支配下の共産党政権樹立に反対し、国の真の独立を追求したために、戦後も「ナチス・ファシストの協力者」として断罪され、一方では一九四四年蜂起で膨大な犠牲者をだした無責任な者たちであるとの烙印を押された。

しかし、一九四四年蜂起に対する評価の変化と修正は、ポーランド国家体制の変革の動きとともに一九八〇年以降徐々に公然化し、ワルシャワ市内の建物の壁や道路脇などには、PとWを組み合わせて錨のようにも見えるシンボルマークがついた記念プレートや記念碑がつぎつぎに現れた。「まえがき」に書いたように「PW」は「戦うポーランド」(*Polska Walcząca*)を表す。

博物館のメインゲートはプシオコポヴァ通りにあり、すぐ右手が博物館の入口、左手はオフィスの建物である。プシオコポヴァ通りにはメインゲートから南の方にもう一つ、フリードム・パークと名づけられた庭園への入口がある。毎年、八月一日かその二、三日前にその場所で蜂起記念日のセレモニーが催され、当時十歳代から二〇歳くらいで蜂起に参加した人々が白と赤の国内軍の腕章をして各地から集まり、大統領やワルシャワ市長、蜂起兵の生存者代表が演説する。庭園の奥は灰色の大理石による「記憶の壁」になっていて、膨大な数の戦死者の名前がぎっしりと刻みつけられている。壁の中央には戦死者を悼む鐘(国内軍ワルシャワ管区司令官の名をつけたモンテル・ベル)が吊り下げられている。

フリードム・パークにはユゼフ・ポニャトフスキ像の残骸がおかれている(写真)。ユゼフ・ポニャトフスキ(一七六三〜一八一三)はポーランドの最後の国王、スタニスワフ・アウグスト・ポニャトフスキ(一七三二〜一七九八)の甥で、ワルシャワ公国のポーランド軍司令官としてナポレオン・ボナパルト一世の対ロシア戦役を戦い国民的英雄となった。ユゼフ・ポニャトフスキのブロンズによる騎馬像はデンマークの彫刻家、ベルテル・トルヴァルセンが一八三二年に制作したものだった。しかし当時はちょうど一八三〇年一一月蜂起勃発の直後でもあり、ロシア皇帝(ツァーリ)ニコライ一世はユゼフ・ポニャトフスキ像をワルシャワに建てることを許さなかった。一八四二年、ポーランド人の抑圧者として知られたイヴァン・パスケヴィチがこの像をロシア皇帝への贈り物としてロシアに持ち帰り、同像が再び祖国にもどったのはポーランドが独立を回復した直後のことだった。一九二三年五月三日の憲法記念日にサスキ公園で除幕式が催されたが、一九四四年九月一六日にナチス・ドイツの手により爆破された。ワルシャワ蜂起博物館の庭園にいま見るのはその残骸であり、クラコフスキェ・プシェドミェシチェ通りの大統領官邸（ナミェストニコフスキ宮殿）の前に見る騎馬像は戦後にデンマークから寄贈されたレプリカである。

　ワルシャワ蜂起の記憶を収集して博物館をつくるという構想は一九七〇年代末からあったようだが、統一労働者党政権の時代にはまだ大きな進展は望めなかった。一九八九年二月から四月にかけて自主独立労組・連帯と統一労働者党側による円卓会議が開かれ、六月に初の自由選挙が行われて民主化が実現した。さらに一〇年余りのち、当時のワルシャワ市長、レフ・カチィンスキのもとで二〇〇四年八月の蜂起六〇周年を目指しての博物館開館の準備が急速に進んだ。ワルシャワ蜂起博物館は最初、ビェラィンスカ通りのポーランド銀行要塞の建物につくるという構想があったが諸般の事情で断念せざるをえず、二〇〇三年にプシオコポヴァ通り二八番（グジボフスカ通り七九番）にあるかつてのトラム発電機工場建物をあてることが正式決定した。建物は一九〇四年から一九〇五年にかけて建設されたもので、一九四四年八月蜂起のときには周辺が戦闘地域となったが、建物は当時の面影をよく残している。二〇〇四年七月三一日、フリードム・パークの「モンテルの鐘」がワルシャワ市長のカチィンスキにより除幕され、同年一〇月二日、博物館の常設展示が初公開された。レフ・カチィンスキは二〇〇五年に大統領に就任したが、二〇一〇年四月、スモレンスクでの飛行機事故で死亡した。

聖アウグスティン教会
——ノヴォリプキ通り

　モルデハイ・アニェレヴィチ通りと平行にその南を北西方向に走るのはヂェルナ通り、ノヴォリプキ通りである。ヂェルナ通りとヤン・パヴェウ二世大通りの交差点から北東地域には戦前・戦中に悪名を馳せたパヴィヤク監獄の大きな建物があった。一九四四年八月にナチス占領者自身の手で爆破されて、現在は片側の門柱が残るだけで当時の面影はなく、一九六五年以来ミュージアムとして開館した半地下の建物だけがある。そこは、現在の行政区画ではシルドミェシチェとヴォラの境界の東側になっているが、その場所のやや南西、つまりヴォラ地区の東の境界近く、ノヴォリプキ通りに聖アウグスティン教会があり、「ノヴォリプキの教会」として親しまれている。ヂェルナ通りとヤン・パヴェウ二世大通りの交差点の南西にあたる。赤茶色の煉瓦壁とその上にひときわ高くそびえる薄緑色の尖塔が特徴である。聖堂は一八九一年から一八九六年にかけて建設された。ナチス占領者の倉庫として使われたため、最後まで破壊を免れた。一九四四年八月蜂起の際も、ドイツ側の拠点となり、高い尖塔は監視塔でもあり機関銃掃射台ともなった。一九四四年八月半ば、ナチス占領者は教会近く、ヂェルナ通りの悪名高いパヴィヤク監獄を爆破するが、残った囚人たちを教会近くで大量処刑した。

白亜を基調とした美しい聖堂内には一九三九年から一九四四年のワルシャワ蜂起を戦って斃れた兵士たちを記念するプレートが五つある。その一つは「国内軍・ヂク（いのしし）大隊兵士が一九四四年八月に王宮をめぐる戦闘でポーランド国旗を掲げた」ことを記念している。

聖堂内後方に蜂起とは直接関係はないが注目すべき記念板がある（写真）。黒っぽいつやのある石板の真ん中に取り付けられた黄金色がかったレリーフに引きつけられる。一本の柱に後ろ手に縛りつけられて息絶え、ぐったりと体を前に倒す男性。その脚にすがりつく女性と、さらに彼女を背後から抱きかかえようとする女性である。その上下にはこう刻まれている。

「神の御手のなかの正義の魂」「兄弟のユダヤ人を助けるため自らの命を捧げたポーランド人のために祈りを」

比較的近年に教会に寄贈されたもののようだが、この教会がヴォラ地区のなかでもムラヌフ地域の、かつてゲットーのなかに入っていた教会の一つであり、ワルシャワ・ユダヤ人の悲惨をつぶさに目撃した建物であることがいまもなお忘れられてはいない。

第三章　ナルトヴィチ広場、二つの蜂起拠点——オホタ

ナルトヴィチ広場の聖母教会（グルイェツカ通り）

オホタ地区

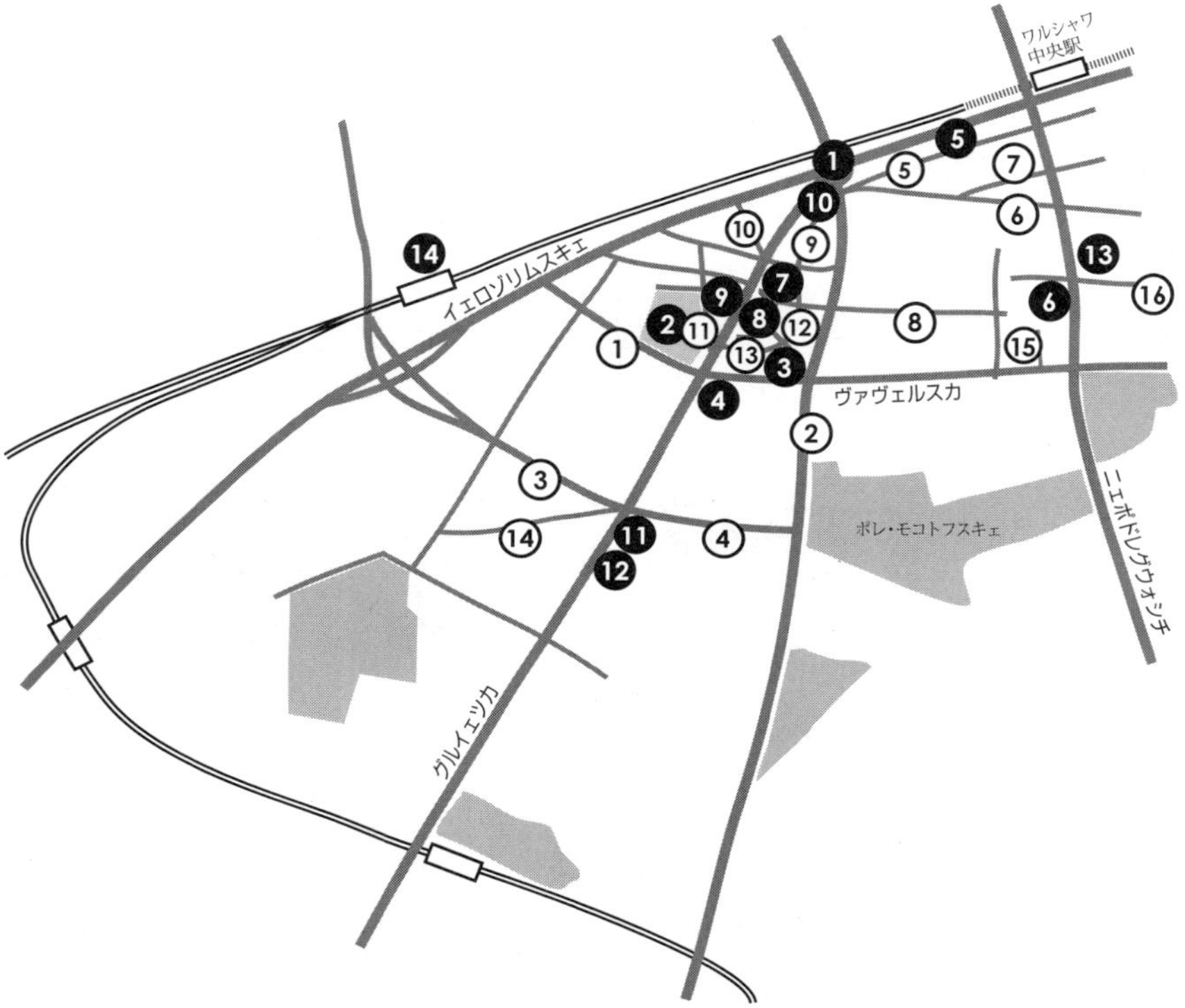

通り名

1 コピィンスカ　**2** ラシィンスカ　**3** 1920 年ワルシャワの戦い　**4** バナフ　**5** ノヴォグロツカ　**6** コシコヴァ　**7** オチュコ　**8** フィルトロヴァ　**9** タルチィンスカ　**10** スピスカ　**11** カリスカ　**12** ウニヴェルスィテツカ　**13** モフナツキ　**14** オパチェフスカ　**15** プロクラトルスカ　**16** ノヴォヴィェイスカ

スポット

1 ザヴィシャ広場　**2** 元カリスカ要塞地域　**3** 元ヴァヴェルスカ要塞地域　**4** マリヤ・キュリー記念病院　**5** スタルィンキェヴィチ広場　**6** 戦場のピアニストの隠れ家　**7** モンテルの元司令部　**8** ナルトヴィチ広場・大学生寮　**9** 聖母教会・アントニン　**10** ヤン３世ソビェスキ・ホテル　**11** 1939 年首都防衛バリケード記念碑　**12** バナフ広場　**13** 工科大学　**14** ワルシャワ西駅

オホタ地区と蜂起

オホタ地区はワルシャワ中心部の南西にあたり、現在のワルシャワ行政区画によると、オホタ、シチェンシリヴィツェ、ラコヴィェツなどの地域をふくむ。中世には貴族階級が住み着いた。後に大きな要塞が各所に築かれて、ラコヴィェツのように地域名が要塞の名に由来するものがある。しかし、産業施設が整備され始めたのは一九世紀になってからだった。一九〇九年にワルシャワに編入されたあと、現在のイェロゾリムスキェ大通りなど主要な道路が整備され、一九二三年にはナルトヴィチ広場ができた。一九二七年に電車（EKD）の操業が始まり、一九三〇年代には学校、病院、工場、軍事施設の建設が促進された。代表的なものは、マリヤ・スクウォドフスカ=キュリー腫瘍学研究所やオケンチェ空港である。戦後は、ウルススのトラクター工場、電気、自動車、航空産業の関係企業が多数進出してきた（現在、オケンチェはオホタの南のヴウォヒ地区にあり、その西のウルスス地区も独立した行政区画となっている）。一方で住宅建設もすすみ、スポーツ、レジャー施設も数多くつくられる。にぎやかな幹線道路はイェロゾリムスキェ大通り、グルイェツカ通りで、ラシィンスカ通りと、ヴォラ地区のトヴァロヴァ通りが成す五叉路（ザヴィシャ広場）の南の角には色彩豊かな建物のヤン三世ソビェスキ・ホテルが建つ。

オホタ地区は一九四四年蜂起ではワルシャワ管区の第四地区とされた。ドイツ側の主要な戦略拠点は、警察部隊の兵舎となっていたナルトヴィチ広場の学生寮、ヴァヴェルスカ通り五六番の国家森林管理局と同通り五八番の政治科学アカデミー、親衛隊の兵舎となっていたタルチィンスカ通り八番の学校建物などだった。

蜂起開始直後、蜂起部隊が制圧した地域はさほど大きくはなかった。ひとつはグルイェツカ通りの西側地域で、タデウシュ・ヨテイコ通り、バルスカ通り、ヴェンギェルスカ通り、南北を走るカリスカ通りの一帯で、拠点となったのはタバコ専売企業体建物を中心としたカリスカ通りの蜂起拠点だった。もうひとつは、ナルトヴィチ広場の南東、ヴァヴェルスカ通りの蜂起拠点、後述するナルトヴィチ広場の聖母教会裏手の建物「アントニン」（バルスカ通り四番）、カリスカ通り九番のナシェイロフスキ工場、そしてヴァヴェルスカ通りのスタシツ団地だった。

八月一日、蜂起部隊はナルトヴィチ広場に面する学生寮（ドイツ軍警察隊兵舎）をはじめとする前述のドイツ側拠点を奪取しようとしたが果たせなかった。ワルシャワ管区第四地区司令官のミェチスワフ・ソコウォフスキ（グジマワ）大佐は指揮下の部隊をホイノフスキの森方面に退却させた。ナルトヴィチ広場周辺地域では戦闘兵士だけでなく民間人も多数犠牲となった。蜂起側は多数の民間人とともに、前記のカリスカ蜂起拠点、ヴァヴェルスカ蜂起拠点、それにスタシツ団地の三拠点にたてこもることになった。

ヴォイチェフ・マルチンキェヴィチ（クブシ）は二〇〇九年九月、ワルシャワでオホタ地区での緒戦について語ってくれた。彼は一九二七年生まれで、当時は一七歳だったろう。蜂起側は一日、ナルトヴィチ広場でドイツ側が拠点にしていた学生寮を攻撃したが不成功に終わる。すでに弾薬も乏しく組織的戦闘行動ができなかったので、やや迂回するルートで南のホイノフスキの森へ撤収する。二日朝、ワルシャワ西郊のペンチツェでドイツ側と戦闘が起きた。グジマワ大佐指揮下の戦闘部隊には十代後半の若者が多数いて、経験豊かで強力なドイツ国防軍部隊と戦った。最年少の蜂起側戦死者は一三歳そこそこだったという。蜂起部隊は多くの死傷者をだしながら、ホイノフスキの森にたどり着く。そこで連合軍機から支援物資の投下を受けた。グジマワの連隊はサディバに転戦して最後まで戦うことになるが、グジマワ自身は八月一九日、ホイノフスキの森からモコトゥフを目指す途中戦死した。

八月三日から五日にかけて蜂起側が一時撤収して手薄になると、ナチス親衛隊はオホタ地区のあちこちの通りで市民を大量処刑した。ブロニスワフ・カミィンスキ指揮下の「ロナ」突撃旅団は八月三日に南からオホタ地区へ攻め上がり、四日朝に同地区に到着する。すぐさま市民の大量処刑・虐殺、略奪に加わるとともに、九日にはグルイェツカ通り九五番の市場近くに設けた「ジェレニャク」（青物市場）とよばれる収容所に住民を追いやった。ヴォラ地区における大虐殺に次ぐ大規模な残虐行為がくりひろげられた。「ロナ」旅団は蜂起開始時にはシレジアに配置されていたが、親衛隊指導者ヒムラーの命令により、一七〇〇人(1)の凶悪集団がワルシャワに投入され、オホタ地区ではオパチェフスカ通りの建物を拠点にして周辺の住民を住居から追い出しては殺害し家屋を焼き払った。オホタ地区での虐殺犠牲者は一万人にものぼり、そのうちの一〇〇〇人は「ジェレニャク」収容所で死亡したという。大量処刑の例をいくつかあげる。

八月四日　グルイェツカ通り一〇四番、約七〇人
八月五日　ユゼフ・コジェノフスキ通り四番、約二〇人～四〇人
八月五日～七日　マリヤン・ランギェヴィチ通り、二〇人以上
八月五日～六日、一九日　ヴァヴェルスカ通りの放射線研究所、約五〇人
八月七日　ヴァヴェルスカ通り五二／五四番、国立森林管

理局、五六人
八月七日　ニェポドレグヴォシチ大通り、五三人
八月一九日　グルイェツカ通り九三番の学校建物、約八〇人
八月五日、一〇日、一二日　グルイェツカ通り九五番の「ジェレニャク」収容所、それぞれ約二〇人、六人、約一五〇人——など(2)。

蜂起軍は少人数ながらも、「カリスカ要塞」(指揮官はアンジェイ・ヒチェフスキ（グスタフ）少尉)と「ヴァヴェルスカ要塞」(同、イェジ・ゴウェンビェフスキ（スタフ）少尉)を拠点にして圧倒的な軍勢の「ロナ」旅団に対抗した。しかし、ドイツ側の平定作戦が進み、多数の市民が虐殺された。五日には空爆も始まった。八日には蜂起部隊の兵士たちが「ヴァヴェルスカ要塞」で退却ルートを確保するために地下室から通路を掘り始めた。九日には「カリスカ要塞」の建物から撤収をよぎなくされ、グスタフ指揮下の兵士約九〇人がホイノフスキの森へ移動した。「ヴァヴェルスカ要塞」ではなおも抵抗が続いたが、一一日についに陥落する。カリスカとヴァヴェルスカの二つの抵抗拠点は一〇日余りで陥落したが、ドイツ側がグルイェツカ通りからイェロゾリムスキェ大通りを突破してヴィスワ川沿岸に進撃するのを暫しは阻止するという意義があった。

この間の地下掘削作業で地下水道への通り道は完成していて、スタフ指揮下の蜂起兵たちは地下水道を通って、シルドミェシチェ、モコトゥフ地区へ逃れた。「ロナ」旅団はオホタ地区を占拠し、さらにイェロゾリムスキェ大通りをこえて市内中心部へ侵攻していった。この間に数千人の一般市民が虐殺された。ナルトヴィチ広場の聖母教会（聖ヤクプ教会）も市民の大量虐殺の舞台となった。八月後半、ナチス・ドイツ側による略奪が続いた。戦後の推計によると、破壊を完全に免れたこの地区の建物は二〇パーセント足らずだった(3)。

映画「戦場のピアニスト」の主人公、ヴワディスワフ・シュピルマンがワルシャワ蜂起期間中に身を隠していたのはオホタ地区、ニェポドレグヴォシチ大通り二一八番と二二七／二三三番(4)だった。

オホタ地区の臨時収容所「ジェレニャク」——グルイェツカ通り

オホタ地区の目抜き通りであるグルイェツカ通りを南西に下ると東からのヴァヴェルスカ通りと交差し、さらに進むと「一九二〇年ビトファ・ヴァルシャフスキェイ（ワルシャワの戦い）通り」との交差点に出る（「一九二〇年通り」はグルイェツカ通りと交差したあと、ステファン・バナフ通りと名が変わる）。そのグルイェツカ通り九五番あたり、車

が頻繁に往来する道路の両側に見るのは、コンクリートでつくられた重厚堅固なモニュメントである。それぞれ、高さは三、四メートルほどだろうか、「一九三九年」を真ん中に、トラムの線路をはさんで左側に「九月八日」(8-IX)と、道路をはさんで右側には「九月二七日」

(27-IX)をかたどった分厚いコンクリート柱がまるで要塞のようにどっしりと打ち立てられている(写真)。モニュメントは一九三九年九月のナチス・ドイツ侵攻に抗するワルシャワ防衛戦を記念するもので、それぞれの側面に以下の説明がある。

「一九三九年九月八日から二七日まで、この場所でポーランド軍兵士とワルシャワ市民はバリケードを築いて戦い、進撃するナチス軍を阻止し、不利な戦闘にもかかわらずワルシャワへの道を英雄的に防衛した。」

前記のヴォイチェフ・マルチンキェヴィチはこう語った。

「一九三九年に戦争が始まったときも、一九四四年の蜂起のときにドイツ軍が攻撃してきたときも、ドイツ側はこのルートを通る必要があった。ドイツ軍がヴォラとオホタを通ったのは偶然ではない。ほかの道路はみな狭すぎて、戦車隊が砲撃されて破壊されるおそれがあった。だから、蜂起のときもまた、グルイェツカ通りからイェロゾリムスキェ大通りに入り、ポニャトフスキ橋を目指したのだ。ヴィスワ川の対岸ではドイツ側の主力が戦っていたので、ヴィスワ川を越えて補給・通信体制を確保することが絶対的に重要だったのである。だからこそ、ドイツ側がこのルートを通って橋梁を目指して執拗な攻撃を続けたのだ。」

グルイェツカ通り九五番あたりには、一九四四年のワルシャワ蜂起関係の記念プレートも見られる。歩道脇に小さく囲まれたスペースには細長い鉄線のようなもので作られたPWのシンボルマークとともに記念プレートがあって、「祖国の自由のために斃れたポーランド人の血で清められた場所」「一九四四年八月と九月、ナチスがこの場所で数百人のポーランド人を射殺した」と刻みつけている。その左隅には次のような説明がある。

「一九四四年八月、ナチスは、戦前から青物市場として知られたマーケットがあったこの場所に、ワルシャワ蜂起で西部地域から追放される民間人を収容するための臨時収容所を設置した。この青物市場を通った数万人の住民のうち、およそ一〇〇〇人が銃殺されたり、虐待されたりした。」

「ジェレニャク」（青物市場）としてよく知られたこのあたりは、いまは「バナフ広場」とよばれてにぎわっている。一九四四年八月に蜂起が始まると、ナチス・ドイツ側はワルシャワの南西に位置するプルシュクフに臨時収容所を開設して制圧地域の民間人を一時的に収容し、そこから当時の総督府領やドイツ国内の強制収容所に移送した。オホタ地区、グルイェツカ通り九五番に設置された臨時収容所に八月五日頃から拘束された夥しい数の人々は九日から一四日にかけてプルシュクフへ移送された(5)。人々は住居から追い出され、財産・所有物を略奪され、収容所へ追いやられた。酒に酔った「ロナ」旅団兵士が女性を引きずりだして近隣の建物で暴行し、最後には殺害もした。収容所には水も食料もなかった。

二〇〇九年九月、ワルシャワで話を聞いたアレクサンデル・ミュルレル（ユレク）は当時の様子を目撃した。彼は一九三一年生まれで当時はまだ一三歳の少年だったが、ボーイスカウト「灰色部隊」の一員だった。その話はこうである。現在、ヤン三世ソビェスキ・ホテルがすぐそばだが、戦前、タルチィンスカ通り八番に小学校があり、戦時中は親衛隊が占拠していた。蜂起直前、ヴィーキング師団部隊もそこにやってきて、二日には付近で住民の処刑を開始した。ユレクたちはそれを目撃したが、手榴弾が数発あるだけでどうすることもできなかった。処刑の場所からはわずか八〇メートルと離れていなかったという。男性は全員、住居群の裏の広場に並ばされ、地下室に入るよう命じられ射殺された。ソ連がカティンその他の場所でやったのと同じ方法で、「後ろから首を撃った。」女性と子どもは男性から引き離されて戦車の楯にされた。八月五日、グルイェツカ通り二四番の人々が処刑された。四〇人が処刑されたという情報があるが、実際はその倍の人が犠牲となったはずだ。「ロナ」突撃旅団は八月四日からオホタ地区を攻撃した。彼らは「兵士」の名に値しない連中で、常に酒に酔っていた。女性たちは暴行された。そうした犯罪行為がなされたのは野菜市場（ジェレニャク）だった。その場所に数千人の住民が集められて残虐行為の犠牲となった。ちなみに、前記のヴォイチェフ・マルチンキェヴィチはタルチィンスカ通りの親衛隊兵舎の襲撃に参加した一人だった。

八月七日頃には収容所は満杯となっていた。九日にプルシュクフ収容所への移送が始まった。蜂起側の抵抗がついに力尽き、マウルィツィ・モフナツキ通りのルベツキ団地やヴァヴェルスカ通りのスタシツ団地での残虐行為もピークに達し、さらに多くの人々が「青物市場」の収容所に追いやられた。ルベツキ団地やスタシツ団地の戦前の写真や絵を見ることができるが、それは日本の集合住宅団地とは趣をまったく異にするもので、ゆったりとしたスペースの美しい個別住宅が通りに面して整然と並んでいる光景である。その場所がナチスの凶悪部隊によって流血の惨状となった様子を、国内軍総司令官のタデウシュ・ブル＝コモロフスキはこう記している。

「ルベツキ住宅団地では住民が年齢、性別にかかわりなく地下室に追い込まれ、道路側の地下室窓から投げ込まれた手榴弾で殺害された。鉄条網で囲まれた広場に集められて、数日間拘束された人々も大勢いた。女性たちは暴行され、若者は即刻射殺された。ドイツ側はこうした残虐行為を実行するのに、いわゆるカミィンスキ旅団を使ったが、その構成員はロシアの囚人たちで、ドイツ軍部隊で働くために釈放されて入隊したものだった。あとで知ったことだが、こうした残虐行為の犠牲者のなかに、ワルシャワの有名俳優、マリウシュ・マシィンスキがいた。彼と妻、二人の姉妹はアパートで喉を掻き切られていた。」(6)

マリウシュ・マシィンスキ（一八八八〜一九四四）は大戦間期にワルシャワで活躍した人気俳優で、多くの映画に出演するとともにコメディの脚本もてがけた。「ロナ」旅団に虐殺された中には画家のヴィクトル・マズロフスキや建築家のステファン・トモロヴィチとそれぞれの妻もいた。オホタ地区で死亡した著名人にはほかにも、作家でジャーナリストのユリウシュ・カデン＝バンドロフスキ（一八八五〜一九四四）、作家で文芸評論家のカロル・イジコフスキ（一八七三〜一九四四）もいた。

グルイェツカ通り九五番から西に入るやや小さめのオパチェフスカ通りがある。その交差点近く、現在はグルイェツカ通り九三番と表示されているあたりで、一九四四年八月初め、蜂起部隊が学校建物を奪取しようとしたが不成功に終わった。八月四日、「ロナ」旅団の凶悪な兵隊たちが多数の市民を処刑し、学校建物にクレマトリア（死体焼却炉）をつくったもという(7)。

前述のコンクリートのモニュメント（一九三九年九月のワルシャワ防衛戦のモニュメント）には、国内軍のメンバーだったヤン・ヤニチェク（一八九八〜一九四四）の詩「オパチェフスカ通り」*ULICA OPACZEWSKA* が掲げられている。

私は悪しき通りだ。私に近づくな
空から死を運ぶ侵略者よ・・・
私は屈することなく決然とわが街を守る・・・
私はつねに戦う準備も覚悟もできている・・・

私は悪しき通りだ！・・・　バリケードをつくり、
砲弾を発し、ライフル銃を撃つ
霰と降り注ぐおまえの何トンもの爆弾も私を恐れはさせぬ
私はいつも、おまえらのトカゲのように憎らしい戦車を大胆不敵に捕まえる

私は悪しき通りだ！・・・　しかし、私は子どもたちを愛す
建物が燃えて炎が蝋燭のごとく輝くなかで
私のふところで毎日死にゆく子どもたちを

私は悪しき通りだ！・・・　飢えが苦しめようとも、
血まみれの暴虐の者たちよ、わが街に入ることはゆるさない・・・
私はオパチェフスカ通り、今日もワルシャワを守っている！

オホタ地区にはナチスの凶悪部隊が大量処刑場所に使った場所が数十箇所もあるといわれ、それに対応した記念プレートがいくつもある。オホタ地区における残虐行為が沈静するのは蜂起側の抵抗が終わってさらに後、ようやく八月下旬になってのことだった。「ジェレニャク」収容所からプルシュクフ臨時収容所への最後の移送が行われたのは八月一三日から一四日にかけてのことだったが、「ジェレニャク」収容所跡地は二〇日頃まで残った負傷者などの処刑場として使用された。

二〇〇九年九月、前記の一九三九年九月のワルシャワ防衛戦の七〇周年記念式典に参加したとき、モニュメントにも近い、グルイェツカ通り一〇四番の建物に比較的新しい記念プレートがあるのに気がついた。

「一九四四年八月四日、ワルシャワ蜂起の四日目、この建物の地下室で、ナチス親衛隊のロナ突撃部隊の親衛隊員が、その住居に隠れていた数十人を手榴弾で虐殺した。同時に、建物の南に隣接する菜園では二〇人を射殺した。」

マリヤ・スクウォドフスカ＝キュリー記念病院

ヴァヴェルスカ通りの南にマリヤ・スクウォドフスカ通りがあり、ライトブラウンとホワイトの色調が美しいマリヤ・スクウォドフスカ＝キュリー記念病院が建ち、その脇の緑の植え込みには彼女の立像がある。うつむき加減で右手をあごにあて、左手でその右腕をかかえるようにして黙考してい

る。あたりをいっそう静寂につつみこむすがたなのだが、ナチス占領下ではこの場所も流血と死とが蔓延していた。病院の角には「自由のために戦ったポーランド人の血で清められた場所」とする記念プレートが「一九四四年八月五日と一九日、ナチスがここで数十人のポーランド人を射殺した」ことを記している。

八月五日、ヴァヴェルスカ通り一五番、当時のマリヤ・キュリー放射線研究所の病院を襲ったのは酒に酔った「ロナ」旅団の犯罪者集団だった。一七〇人ほどの職員、患者らが集められ、持ち物を強奪され、病院外に投げ出され、モコトゥフ競技場近くのキャンプに連行された。女性たちは暴行された。ベッドで動けない病人はその場で射殺された。建物は略奪されて石油をまかれて火を放たれた。キャンプに連行された人々もドイツ人将校に頭を撃ち抜かれた。病院設備は徹底的に破壊され、医療品も台無しにされた。図書館は焼かれ、食料品などが略奪された。八月六日、建物に火が放たれ、大勢の患者が生きたまま焼かれた。数十人が地下室に避難したが、「ロナ」旅団に数日後に発見されて再び火を放たれた。その後も、生存者は発見されては処刑された。

その目撃証言がある。要旨は次の通りである。

八月五日昼前、ヴァヴェルスカ通りからドイツ軍の制服を着た兵隊が一〇〇人ほどやって来て、放射線研究所に乱入して無差別に乱射した。出入り口をおさえて略奪を始めた。建物には患者が九〇人、職員が八〇人ほどと家族たちがいた。所持品は小物まで略奪されたあと、職員はみな機関銃で脅されて中庭に集められた。逃げ出そうとした者はその場で射殺された。四方八方への乱射のなか三列に並ばされて、「ジェレニャク」収容所へ連行された。水も食べ物もなく、四日間そこに拘禁された。その間、女性たちは引きずり出され、酒に酔っ払った兵士に暴行された。

八月六日、重症患者一五人ほどが拳銃で射殺され、マットレスに放火されて遺体ごと焼かれた。即死しなかった人も生きたまま焼かれた。七〇人の患者と七人の職員が建物に残っていた。兵隊がもどってきては少女を連れだして乱暴し、中庭で殺害した。X線用機材など貴重な備品を持ち出された。一九日に研究所の全面的破壊が始まった。残った職員は患者を運び出すよう命令されたが、そのときに射殺されてガソリンで焼かれた人々もある。そして建物に火が放たれた。「ジェレニャク」収容所で生き残ったのはわずか四人だった。放射線研究所の患者は結局、全員殺害された(8)。

カリスカ要塞

蜂起開始の八月一日から二日にかけてオホタ地区の主要な

蜂起部隊が退却をよぎなくされた後、最も重要な抵抗拠点となったのは、いわゆる「カリスカ要塞」と「ヴァヴェルスカ要塞」の二つだった。「カリスカ要塞」は現在、ヴォラ地区との境界をなすイェロゾリムスキェ大通りのすぐ南側でナルトヴィチ広場の西、カリスカ通り、タデウシュ・ヨテイコ通り、ビャウォブジェスカ通り、コピィンスカ通り、バルスカ通りに囲まれた区域の建物群で、他地区から逃れて来た人々をふくめて、八〇〇〇人～九〇〇〇人の民間人が避難していたという(9)。近隣住民も避難民も戦闘による火災の消火やバリケードの構築、負傷者の手当てなどに参加した。占拠したタバコ専売企業工場には相当の食料品の備蓄があった。「カリスカ要塞」の新聞「ノヴィ・ヂェィン」*Nowy Dzień* が発行された。要塞の拠点の一つはカリスカ通りとバルスカ通りの角にある五階建ての大きな建物である（バルスカ通り七／九番）。その近く、カリスカ通り一一番のかなり大きな建物の外壁の樹木の陰に記念プレートがある。その下には生花とろうそくが供えられている。

「一九四四年、ワルシャワ蜂起。カリスカ要塞。八月一日から一〇日まで、国内軍第四地区の兵士たちは、カリスカ通り、バルスカ通り、ヨテイコ通りの区域で、あらゆる戦闘手段を尽くして優勢な敵軍と戦った。」

蜂起部隊はアンジェイ・ヒチェフスキ（グスタフ）中尉の指揮のもとに八月二日から一週間余り、「ロナ」旅団などドイツ側の攻撃にもちこたえ、シルドミェシチェへの進撃を一定期間阻止する役割を果たしたが、同月一〇日に撤収した。この間、八月四日にはドイツ側の戦車二両を破壊している。最も激しい戦闘とされるのは八月五日、六日、カリスカ通り一番のタバコ専売企業工場と住宅局建物をめぐるものだった。八月一〇日から一一日にかけて、「ロナ」旅団の激しい掃討作戦があり、タデウシュ・ヨテイコ通り五番の病院も焼き討ちされて多数の女性、子供、負傷者が殺された。同通り六番の病院の軽傷者は退去を許されたが、身動きできない重傷者は殺害された。家々から追い出された住民たちはビャウォブジェスカ通りに集められた後、「ジェレニャク」収容所に送られた。

蜂起六五周年の二〇〇九年八月一一日、カリスカ通り一番の近く、カリスカ通りとグルイエツカ通りが交わる地点で新しいモニュメント（写真）の除幕式典が催された。そこはいま、カリスカ要塞の名をとった小

公園になっている。モニュメントはステンレスの格子をかぶせた煉瓦造りのブロック壁による構成で、中心のブロックに数枚の写真とともに茶色の記念パネルが掲げられている。

「カリスカ要塞。一九四四年のワルシャワ蜂起のとき、八月二日から一〇日まで、アンジェイ・ヒチェフスキ（グスタフ）中尉指揮下の国内軍蜂起部隊がグルイエツカ、コピィンスカ、ビャウォブジェスカ、スウペツカの各通りの間で、ナチスを前にして戦略的に重要なグルイエツカ通りを防衛した。」

さきに紹介したアレクサンデル・ミュルレル（ユレク）によると、「カリスカ要塞」とよばれたのは戦後のことで、当時はタバコ専売企業工場の名から「モノポル」とよばれていたという。「モノポル」工場はカリスカ通りとグルイエツカ通りのちょうど角にあった。彼は「カリスカ要塞」と次項の「ヴァヴェルスカ要塞」という二つの抵抗拠点が「ドイツ側のワルシャワ中心部に対する主要な攻撃を一〇日間阻止し、おそらくこのことが、シルドミエシチェ北の仲間たちがその陣地を固め、蜂起の最後までそこを死守できた理由だった」と語った。だが、その二つの抵抗拠点にいた兵士を合わせても三〇〇人足らずだったという。

ヴァヴェルスカ要塞

オホタ地区における蜂起軍のもう一つの防衛拠点は「ヴァヴェルスカ要塞」とよばれ、約六〇〇人の住民も避難していた。グルイエツカ通りをはさんで、カリスカ要塞とは反対側のナルトヴィチ広場の南東で、ヴァヴェルスカ通り、アダム・プウク通り、ズィグムント・ミャノフスキ通り、ウニヴェルスィテツカ通りの一帯である。その中心はヴァヴェルスカ通り六〇番の建物で、国内軍第四地区第二地域のイェジ・ゴウェンビェフスキ（スタフ）少尉指揮下の部隊が拠点をおいた。「要塞」の新聞が発行され、毎日数百人分の食事や飲み物が準備され、司祭のヤン・サラムハによって信仰生活もとり行われた。ヴァヴェルスカ要塞は八月一日から一一日まで、オホタ地区では最も長期間維持された抵抗拠点として、ドイツ側のヴィスワ川への東西横断突破を一時的に阻止した。

蜂起部隊が最大の攻撃目標としたのは、ナチス親衛隊の占拠するヴァヴェルスカ通り五六番の政治学アカデミーの建物だった。蜂起部隊はカリスカ要塞の蜂起部隊と同様、圧倒的な軍勢の「ロナ」旅団に対抗して頑強に抵抗した。しかし、八月一〇日にカリスカ要塞が陥落し、オホタ地区最後の防衛拠点となったヴァヴェルスカ要塞も集中攻撃を浴びて、一一日についに陥落をみた。司祭のヤン・サラムハもその日に射殺された。ドイツ側は大量の爆薬を搭載した遠隔操縦の小型戦車「ゴリアテ」を使って蜂起側に多大な被害をあたえるとともに、その士気をくじくことにも一定程度成功した。蜂起部隊はこの日ついに、地下水道を通ってシルドミェシチェ、モコトゥフ地区への撤収をよぎなくされる。ナチスの「ロナ」旅団はオホタ地区を完全に制圧し、数千人の市民が虐殺された。

ヴァヴェルスカ通り六〇／六四番の建物の窓枠のそばにカリスカ要塞のものと同じスタイルの記念プレートがある(写真)。

「一九四四年、ワルシャワ蜂起。ヴァヴェルスカ要塞。八月一日から一一日まで、国内軍第四地区の部隊はこの地域で、住民たちの大きな援助のもとに、首都中央区を援護して優勢な敵軍と英雄的に戦った。」

ヴァヴェルスカの抵抗拠点と隣接するミャノフスキ通り一五番には蜂起側の応急治療センターが設けられていたが、その場所の建物にも「祖国の自由のために斃れたポーランド人の血で清められた場所」との記念プレートが「一九四四年八月一一日、ナチスがここで多数のポーランド人を射殺した」ことを刻んでいる。そのすぐ下の説明板はさらに詳しく述べている。

「蜂起軍のヴァヴェルスカ要塞が崩壊した直後の一九四四年八月一一日、ナチス親衛隊とロナ旅団の凶悪集団がこの場所で、負傷兵全員と多数の周辺住民など数十人を殺害した。そのなかには、ヤギェウォ大学教授で著名な哲学者のヤン・サラムハもいた。」

地下水道入口——ヴァヴェルスカ通り

ヴァヴェルスカ通り六〇番の建物は、蜂起拠点が陥落して蜂起部隊と市民が地下水道に入っていったところである。その五階建てアパートの入口近くの植え込みのかげには地下水道のルートを示すイラストと一九四五年当時の廃墟となったままのヴァヴェルスカ要塞の写真をそえたパネルがある(地下水道地図⑫)。地下水道のルートはヴァヴェルスカ通りをまっすぐ東にのびて、ニェポドレグウォシチ大通りとの交差点近くのプロクラトルスカ通りのマンホールに達する。

地下水道入口の近く、ヴァヴェルスカ通り六六／七四番に、赤っぽい屋根に真っ白な壁の美しい建物の幼稚園と緑ゆたかな前庭がある。一九四四年八月八日、ブロニスワフ・カミィンスキの率いる「ロナ」旅団がそこで二〇人のポーランド人を殺害したことを記す記念プレートがあるが、そのような事実を知らなければ、ただ美しいだけで通り過ぎてしまう光景である。凶悪な「ロナ」旅団は現在のバナフ市場一帯で蛮行をし尽くすと、北東のスタルィンキェヴィチ広場へ移動する。

ツーリスト・ビルに翻る旗
——スタルィンキェヴィチ広場

穴がいくつもあいてぼろ布同然となった白と赤のポーランド国旗がなお敢然と立つ旗竿に棚引いている写真がある。一九四四年蜂起の写真のなかでも最も広く知られたものの一枚で、その旗はイェロゾリムスキェ大通りとスタルィンキェヴィチ広場の角にあったツーリスト・ビル（写真）の屋上に掲げられた。そこはオホタ地区の中央浄水場のすぐ北に位置し、イェロゾリムスキェ大通りを越えるとヴォラ地区、その東はすぐにシルドミェシチェ北で、蜂起側とドイツ側両陣営の前線が対峙する地点でもあった。イェロゾリムスキェ大通りを間にした向かい側には蜂起側の強力な抵抗拠点だった鉄道郵便駅があり、スタルィンキェヴィチ広場の東、イェロゾリムスキェ大通りの南側には軍事地理協会の建物があった。ドイツ側がワルシャワ市内の東西貫通ルートとして最重要視したのはキェルベチ橋に抜けるヴォラ地区と、もうひとつがポニャトフスキ橋に抜けるオホタ地区だった。

ツーリスト・ビルは一九三八年に観光広報事業を目的にワルシャワ市当局によって建設された。旅行グループの宿泊などに使用されたようである。ナチス占領中はドイツ軍守備隊に占拠されていたが、一九四四年八月三日に国内軍のフロブルィ二世軍団がこれを奪取し、五階建てのビル屋上にポーランド国旗を掲げたのだった。この攻撃の先頭には、アウシュヴィッツ（オシフィェンチム）強制収容所に志願して潜入したあと脱出してきたヴィトルト・ピレツキ騎兵隊長やヤン・レヂェイ中尉もいた。ピレツキは最初、ヴァルシャヴィャンカ中隊の狙撃兵として蜂起に参加したが、その後、フロブルィ二世軍団の部隊指揮官となっていた。

スタルィンキェヴィチ広場周辺には蜂起部隊が緒戦で奪取

することを企図した戦略目標が、ツーリスト・ビルのほかにもいくつかあった。ツーリスト・ビルの東に並ぶ財政局、郡事務所、軍事地理協会、やや南にあった幼子イエス病院礼拝堂などである。八月一日、国民武装勢力（NSZ）部隊をふくむ蜂起部隊は軍事地理協会ビルの奪取に成功し、屋上に白と赤のポーランド国旗を掲げた。三日には、前述のツーリスト・ビルを占拠する。イェロゾリムスキェ大通りのすぐ向こうでは蜂起部隊が鉄道郵便駅を奪取した。蜂起部隊は八日、ツーリスト・ビル南の上下水道管理局ビルからドイツ側部隊を駆逐して占拠する。スタルィンキェヴィチ広場一帯における蜂起側の攻勢は、ドイツ側のヴィスワ川への突破を一時的ながらも阻止することになった。しかし、前述の「ジェレニャク」収容所一帯を占拠して残虐行為を働いた「ロナ」旅団がスタルィンキェヴィチ広場へ移動してきた。ドイツ側は八月一一日から一二日にかけて強力な反攻を開始した。ドイツ側は空爆の支援も得ながら、戦車を多数動員してツーリスト・ビル再占拠のための猛攻撃にでた。蜂起側は頑強に抵抗を続けたが、同日夜についに撤収した。イェロゾリムスキェ大通りを越えてすぐの鉄道郵便駅の蜂起部隊がドイツ側を撃退しようとしたが、それも不首尾に終わった。蜂起側は軍事地理協会ビル、郡事務所、上下水道管理局ビルなどの占拠地点からも撤収をよぎなくされた。これにより、イェロゾリムスキェ大通りの南、スタルィンキェヴィチ広場一帯は広くドイツ側の制圧下に入った。

破壊されたツーリスト・ビルは戦後再建され、社会主義時代はポーランド統一労働者党（PZPR）関係機関が使用し、その後、ジェチポスポリタ紙 *Rzeczpospolita* 編集部が入ったこともあったが、現在はワルシャワ市の経済関係機関がいくつか入っている。正面が丸い建物はもちろん修復されたものだが、蜂起中に激戦の的となった面影をしのぶことはできる。

広場の名につけられているソクラテス・スタルィンキェヴィチはロシア人の将軍である。前述のように一八七五年から一八九二年までロシア統治下のワルシャワ市長だったが、トラムによる交通網、水道施設や電話網の整備、ガス灯など、ワルシャワの都市機能の整備確立に大きな功績を残した。ワルシャワ市民のあいだでも、ナチス・ドイツに対する首都防衛戦の先頭に立ったステファン・スタジィンスキに次いで人気がある市長だという。彼の墓はヴォラ地区の正教会墓地にある。

ボドゥエン神父のシェルター
——ノヴォグロツカ通り

スタルィンキェヴィチ広場のすぐ南をイェロゾリムスキェ

大通りと平行にノヴォグロツカ通りが走っている。一九四四年のワルシャワ蜂起とは直接関係がないが、その通りの七五番に「ボドゥエン神父の家」というのがある（写真）。ザヴィシャ広場のヤン三世ソビェスキ・ホテルもすぐ近くだ。それはワルシャワ蜂起前年の一九四三年四月から五月にかけて起きたワルシャワ・ゲットー蜂起のときにユダヤ人の子供を保護した孤児院で、ボドゥエン・シェルターともよばれる。ユダヤ人援助評議会・ジェゴタで子供の保護に力を尽くしたイレナ・センドレロヴァ（一九一〇～二〇〇八）たちはナチス占領期間中、約二〇〇〇人のユダヤ人の子供をこのシェルターに保護したといわれる。この孤児院は本来、ポーランド人警察（いわゆる「ブルーポリス」）の推薦がない子供は受け入れない、つまりユダヤ人の子供は事実上受け入れないという規則があった。イレナたちはこの規則を逆に利用する。「ブルーポリス」の中の協力者のネットワークを使ってユダヤ人の子供を孤児院に保護させたのである。ユダヤ人の子供はあずからないというのが建前だったので、かえって安全というわけだった。

ヴワディスワフ・バルトシェフスキとゾフィヤ・レヴィンが編集した *Righteous among Nations: How Poles Helped the Jews 1939-1945* (London, 1969) には、匿名によるものだが、ボドゥエン・シェルターにまつわる回想が収められている。一九四三年五月頃だろう、ワルシャワ・ゲットー蜂起が鎮圧されて、ユダヤ人戦闘員も残り少なくなった頃、匿名氏のアパートに途方に暮れた女性が赤子の保護を求めてくる。管理人の相談を受けた匿名氏はボドゥエン神父の孤児院を思いつくが、そこはポーランド人警察「ブルーポリス」の保証がないと受け入れない。つまり、ユダヤ人の子供は引き取らないということだった。しかし、匿名氏はあきらめず、管理人とともに警察に出向いて虚偽の申し立てをし、赤子を孤児院に受け入れさせることに成功した。ワルシャワ蜂起のとき、孤児院の子供たちはクラクフの近くに避難して生きのびた。その後、母親が現れて子供を引き取ったが、子供を助けるのに協力したアパートの管理人は蜂起中に死亡した[10]。

「ボドゥエン・シェルター」は「ガブリエル・ボドゥエン神父記念子供の家」として現在も孤児養育施設として続いている。ノヴォグロツカ通り七五番のその建物は古い赤煉瓦の塀に囲まれた白い建物だが、その白なかにも赤煉瓦が要所に配されたデザインには強く引きつけるものがある。鉄門の内側、上下の窓のあいだにボドゥエン神父と幼児の像がある。ガブリエル・ボドゥエン神父（一六八九～一七六八）はフランス人で（本来のフランス名はペテル・ガブリエル・ボードウィン）、一七三六年にワルシャワに孤児施設を開いた。

「戦場のピアニスト」の隠れ家
——ニェポドレグウォシチ大通り

ワルシャワ中心部、シルドミェシチェ・プウノツネ（中央区北）を走るヤン・パヴェウ二世大通りは南下してシルドミェシチェ・ポウゥドニョヴェ（中央区南）に入るとティトゥス・ハウビィンスキ通りとなり、さらにオホタ地区からモコトゥフ地区に入ってはニェポドレグウォシチ（独立）大通りへとその名を変えてさらに南へと走る。その長い大通りを下り、ワルシャワ工科大学の南を東西に走るノヴォヴィエイスカ通り（旧八月六日通り）との交差点の少し南、ニェポドレグウォシチ大通りの二二七／二三三番の表示のある建物は、「戦場のピアニスト」としてロマン・ポランスキ監督の映画に描かれたヴワディスワフ・シュピルマン（一九一一～二〇〇〇）が隠れていた場所とされる。もちろん現在はすっかり改修されて、茶色がかった堅牢な五階建てのビルにかつての面影はない。

まず回想録に従って、ピアニストがニェポドレグウォシチ大通りの建物に身を潜めるようになるまでの経緯をたどっておく。シュピルマンは一九四三年二月にゲットーを脱出し、俳優で友人のアンジェイ・ボグツキ夫妻の世話でスタニスワフ・ノアコフスキ通り一〇番の建物六階の部屋に一時滞在する。ついで、その一〇日余り後の二月二七日にはワルシャワ放送局で同僚だった指揮者のチェスワフ・レヴィツキの世話でモコトゥフ地区、プワフスカ通り八三番の建物の五階に移った。六月初めにレヴィツキが突然現れて隠れ家の移動を勧めたが、シュピルマンは動かなかった。映画「戦場のピアニスト」では主人公が最初の隠れ家のアパートから、四月一九日に始まるワルシャワ・ゲットーのユダヤ人の武装抵抗を見ているが、これは映画向けシナリオ上での創作であろう。この間に彼が隠れていたのはモコトゥフ地区であり、その回想録でもユダヤ人の蜂起については地下組織の新聞で知ったとされている(11)。八月一二日、建物の住民に見つかって逃亡をよぎなくされる。ルドヴィク・ナルブット通りのボルドク夫妻宅に一晩世話になり、さらに放送局の元同僚だったズビグニェフ・ヤヴォルスキ夫妻宅に匿われた。

こうした経緯を経てピアニストがニェポドレグウォシチ大通りの大きなアパートに移ったのはワルシャワ蜂起が起きる

一年ほど前の一九四三年八月二一日のことだった。友人のヘレナ・レヴィツカ（ヤヴォルスカ夫人の義理の姉妹にあたるとされる）が所有していたかなり広い五階のアパートメントは「ポーランド人の蜂起が勃発しワルシャワが完全に破壊される以前の私の最後の隠れ家となる。」(12) 電灯とガスはあったが、水も手洗所も共同だった。隣接する建物にはドイツ人が多く住んでいて軍関係者もいた。シュピルマンは、その隠れ家から向かいにあった軍の病院を眺めている。病院としてよりもむしろ倉庫として使われていたような印象をもった。「毎日、ボリシェヴィキの捕虜たちが重そうな梱包箱をひきずって運んでは出たり入ったりしていた。今度の隠れ家はワルシャワでも最もドイツ人が多い地域になってしまい、ライオンの檻の中にいるようなものだが、実際にはむしろより安全な場所に思えた。」(13) 彼が見ていた建物は当時、ユゼフ・ピウスツキ病院で、現在は国防省の建物になっている。

約一年後、ワルシャワ蜂起開始直前の「午後四時」にヘレナ・レヴィツカがやってきて、「一時間以内に蜂起が始まるから」(14) と言って、シュピルマンを地下室に避難するよう説得するのだが、彼は部屋にとどまることにする。ヘレナが帰った直後、ピアニストはワルシャワ蜂起の開始を見た。

「窓際に行ってみる。通りは静けさに支配されている。歩行者の往来もいつもと変わらないか、若干少なめだっただろう。ニェポドレグウォシチ大通りのこのあたりは、以前からさほどの賑わいがあったわけでもない。工科大学の方からトラムがやってきて停留所に着いた。乗客はほとんどいない。女性が何人かと杖をついた老人が一人降りた。続いて、新聞紙に包んだ長いものを持った若者が三人出てきて、一両目の車両の脇で立ち止まった。一人が時計に目を遣り、辺りを一瞥したかと思うと、突然道路に膝をつき、抱えていたものを肩に担いだ。ダダダダダという凄まじい連続音が聞こえた。包み紙の新聞の端が赤く燃えだして機関銃が現れた。同時に、あとの二人も緊張気味に自分たちの武器を肩に担いだ。若者の発砲は近隣への合図のようだった。まもなく、至るところで銃撃戦が始まった。すぐ近くでの連続した爆発音がおさまると、こんどは市内中心部から銃撃音が止まることなく聞こえてきた。」(15)

八月一二日、ドイツ人部隊が隠れ家を襲って住民の強制退去を命じた。しかし、ピアニストはこれに応じず、「いわば本能に導かれるように」(16)、部屋を出て、踊り場から屋根裏に避難し、親衛隊が引き上げたあと自分の部屋にもどる。ナチス・ドイツの攻撃は激化し、アパートも何度か炎上して崩壊の恐れを感じる。一時は睡眠薬で自殺を試みるが、薬が効かずに死ねない。「八月十九日、ドイツ軍は大きな怒号と発砲のなかで、フィルトロヴァ通りの角の住宅から住民を追い出した。とうとう私は市のこの区画におけるたった一人の住民となる。」(17) フィルトロヴァ通りは隠れ家のすぐ南を東西に走る通りである。

シュピルマンはニェポドレグウォシチ大通りの向こうに見える病院の建物に行ってみようと思いたつ。「八月十五日」(18) 頃のことだ。彼はポケット・カレンダーをもってい て、それに線を引いて月日を確かめていた。彼は病院の中で水や食べ物、生きのびる手段を懸命に捜し求め物色したすえ、八月三〇日、すでに無人の廃墟となったもとのアパートへもどることにする。こんどは四階の廃墟のスペースに身を隠し、その一週間後には屋根裏へ移動した。ウクライナ兵が何度か廃墟となったアパートに侵入して略奪できるものはないかと物色した。

ピアニストは、ワルシャワ蜂起が鎮圧された直後、蜂起部隊がドイツ国防軍に包囲されながら市内から出て行くのも目撃している。「蜂起兵の隊列は完璧な制服に身をつつんだドイツ側分遣隊とは奇妙な対照をなしていた。ドイツ兵は食料もゆきとどいて自信ありげで、蜂起の失敗を嘲り馬鹿にしながら、捕虜となった蜂起兵をフィルムや写真に撮ったりしていた。他方、蜂起兵たちは痩せて汚れにまみれ、ぼろの身なりの者も多く、立っていることさえ困難な様子だった。だが、彼らはドイツ人など意に介さず、むしろ完全に無視し、自分たちの自由な意思でニェポドレグウォシチ大通りを行進しているかのようだった。彼らは歩けない兵士を支えながらも隊列の規律を乱さず、廃墟には目も遣らず、まっすぐ前を見て行進した。征服者の前では惨めなすがただったが、敗北した者のすがたには見えなかった。」(19) このあと、民間人も全員街から追い出され、残ったのはシュピルマンだけになった。「最後の人々が出て行ったのは一〇月一四日だった。」(20)

シュピルマンの記述によると、彼の隠れ家の階段室の窓際からはセンヂョフスカ通りが見下ろせた。この通りは病院建物とは反対側になり、ニェポドレグウォシチ大通りのすぐ西側を南北に走る小さな通りで、南はフィルトロヴァ通りと直角に交差している。ニェポドレグウォシチ大通りからほんの少し裏側に入った感じのその一角、ベランダに赤い花があふれ、真新しいクリーム色の壁のアパートがあるが、その右側に隣接するのは対照的に黒灰色の壁の建物で、センヂョフスカ通り二番の表示がある。センヂョフスカ通り二番の建物の中央部分は焼けたが、両翼は戦闘の被害を受けずに残った。シュピルマンはワルシャワ蜂起鎮圧から一ヶ月半余り経った頃、ドイツ兵に目撃されて隠れ家を変えざるをえなくなる。暫時、スタシツ住宅団地の廃墟に身を隠したが、その後、一九四四年一一月一六日頃から翌一九四五年一月一四日まで、センジョフスカ通りの建物の中二階に身を隠すことになる(21)。彼がドイツ人将校のヴィルム・ホーゼンフェルトと出会うことになるのもその場所で、ホーゼンフェルトの属するドイツ軍参謀本部はその両袖の建物にあった。

ホーゼンフェルトと最後に会ったのは一二月一二日のことだった。「いままでより多い分量のパンと暖かい羽毛布団」を持って来てくれた。彼は分隊とともにワルシャワを出ることをピアニストに告げた。シュピルマンが「市街戦になったらどうやって生きのびればいいのか」と尋ねると、ドイツ人将校は答えた。「君も私もこの五年間、この地獄を生きのびてきたのであれば、それは明らかに生きよという神の思し召しだろう。とにかくそれを信じようではないか。」(22)ピアニストは感謝の気持ちをどう表明すべきか迷いながら、いつかそのドイツ人将校の身に何か起きた時に助けになれることを願って「ポーランド・ラジオ局のシュピルマン」であると名乗るのである。

美術家で芸術史家のフェリツィヤ・ウニェホフスカも一時、センヂョフスカ通り二番に身を潜めていたことがあった。ワルシャワ蜂起が始まって一週間後の八月七日、ブロニスワフ・カミィンスキ大佐指揮下のロシア人部隊「ロナ」旅団がこの地域に侵入し、住民を集めて発砲を開始した。住民たちの後方にいて転倒し、からくも銃弾を逃れたフェリツィヤは死体の山から這い出して地下室に逃げ込んだ。二人の友人と一組の夫婦も隠れていた。ロシア人がもどってきて聞き耳をたて、榴弾を中に投げ込んだが命中しなかった。数日後にはドイツ軍がやってきて、ヴァヴェルスカ通り一帯の住民をすべてプルシュクフ中継収容所へ追放した。フェリツィヤと二人の友人は地下室を出て、最終的にミラヌヴェクに逃れた。

シュピルマンが言う「(ワルシャワ蜂起が終わるまでの時期の)最後の」隠れ家のすぐ近く、ニェポドレグウォシチ大通り二二一番に、ナチスによる住民虐殺を刻む記念板がある。「一九四四年八月七日、ナチスがこのブロックの住民約五〇人を殺害した。その多くが子供だった。」

シュピルマンのように、ワルシャワ蜂起が終わって停戦・降伏協定が締結され、ワルシャワ市民全員がプルシュクフ中継収容所に退去させられたあとも市内に隠れ潜んでいた人々はのちに「ワルシャワのロビンソン」とよばれた。その数はおそらく最大でも三〇〇人程度だったろうとされる(23)。

スターリン主義時代の政治犯
地下拘束房——オチュコ通り

シュピルマンの隠れ家からニェポドレグウォシチ大通りを北上すると、その通りはティトゥス・ハウビィンスキ通りと名を変えるが、イエロゾリムスキェ大通りと交差するすこし手前を西に入ると、ヴォイチェフ・オチュコ通りになる。ちなみに東側はフスプルナ通りである。ヴォイチェフ・オチュコ（一五三七～一五九三）はポーランド国王、ステファン・バトルィ（一五三三～一五八六）、ズィグムント三世ヴァザ（一五六六～一六三二）の秘書官、医師をつとめた人物である。

ナチス・ドイツによるワルシャワ蜂起の鎮圧とソ連軍によるワルシャワ解放は、スターリン主義というあらたな苦難を戦後のポーランドに強いることになった。ソ連のＮＫＶＤ（内務人民委員部）とポーランド共産党（社会党と合同したあと統一労働者党）権力下の元国内軍兵士や地下政府活動家に対する政治弾圧は一般に「秘密警察」とよばれる公安省（MBP「エムベーペー」）や公安局（UB「ウーベー」）、公安部（SB「エスベー」）によるもののほかに、ソ連軍治安機関の薫陶を受けた軍事諜報機関によるものとがあった。そのかつての軍事諜報機関、インフォルマツィヤ・ヴォイスコヴァ（軍事情報）も広義の「秘密警察」だったといえるが、同機関が使用した政治監獄がオチュコ通りの建物の地下にいまも残されている。オチュコ通りのその建物は現在、ポーランドの軍事諜報局の管理下にある。かつてそこには社会主義政権下のポーランド軍事情報中央本部があって、地下室が監獄と拘置所として使用されたものである。こうした地下監獄・拘置所は一九四四年頃からソ連のＮＫＶＤ（内務人民委員部）が各地に設置した政治監獄をモデルとしている。軍事諜報機関のモデルはソ連軍の諜報機関「スミェルシュ」だった。ソ連軍のスパイ機関はポーランドの諜報機関の幹部を多数輩出し、その活動スタイルも広く採用された。

オチュコ通りの政治監獄では、大戦中の一九四三年からポーランドにおけるスターリン主義が終焉する一九五六年までのおよそ十四年間にのべ一万七〇〇〇人の地下活動家が入れかわりたちかわり拘束され、尋問され、あるいは拷問されたという。もちろんその拘束期間は数日から数ヶ月とさまざまではあった。一九五六年一〇月のいわゆる「ポーランドの春」に、この地下拘禁施設は形式的には廃止されてアーカイブに改造されたはずだったが、一九八〇年代にもまだ囚人は残っていたという。

現在、ポーランドの軍事諜報局の管理下に保存されている政治監獄跡を見るには、事前の文書による申請と厳重な身分チェックが求められる。階段を降りてゆくと、そこには四畳半ほどの広さの暗い小部屋がいくつも並んでいる。小さなテーブルの上には尋問の際に調書をとる道具などが置かれているものもある。陽光など射さない薄暗い部屋の冷たく湿った空気、それだけでも精神の圧迫を覚える。ルィシャルト・ブガイスキ監督の映画「尋問」*Przesłuchanie*（一九八二年、公開は一九八九年）が描いた凄まじい光景を思い出させる。「大理石の男」「鉄の男」「デカローグ」（第二話）などに登場する女優 クルィスティナ・ヤンダの壮絶な演技もそのような暗い地下尋問室が現実にあったことをベースにしたものなのだと実感して寒気がはしる。この地下室では処刑も実行されたという。そこには若干の展示もある。戦後、ポーランドにおける政治迫害についての歴史、拘禁された人々の経歴や写真、秘密警察として反体制活動家の迫害に関わった人々の経歴や写真を見る。そこはまさに、戦後ポーランド史の暗渠である。

砲弾炸裂の跡——フィルトロヴァ通り

オチュコ通りをまっすぐ南西に進むとコシコヴァ通りに出る。東西を走るその通りの南側には中央浄水施設が広がり、施設の底辺部分をコシコヴァ通りと平行に東西を走るのがフィルトロヴァ通りで、同通り六〇／六二番にはワルシャワ蜂起での戦闘の生々しい痕跡を見る大きな建物がある。一九三六年から三八年に建てられたとされるもので、角が半円形をした特徴ある建物である。蜂起中、砲撃で崩落したが、戦後改修された。それでも壁面、窓枠の周りには砲弾の跡があちこちに残されている。フィルトロヴァ通り一帯は、スタラ・オホタ（古いオホタ）とシルドミェシチェ（中央区）とをつなぐ重要な戦略地域だった。

八月一日午後五時の蜂起開始命令書——フィルトロヴァ通り六八番

フィルトロヴァ通りを西に進むとガブリエル・ナルトヴィチ広場に出る。ガブリエル・ナルトヴィチ（一八六五～一九二二）は独立回復後のポーランド第二共和制の初の大統領に就任したが、その数日後に狂信的なナショナリストに暗殺された。トラムがカーブするその広場付近、フィルトロヴァ通り六八番のサーモンピンクの大きな建物は貯金局「ペカオ」（PKO）で、建築家マリヤン・ラレヴィチ（一八七六～一九四四）の設計により一九二六年に建てられたものだ。しかし、戦前の写真と比べてみると、大きく改修されたようで上層部分などかなり違った様子がある。だが、ワルシャワ蜂起にとって歴史的に重要なのは、一九四四年七月三一日、国内軍（AK）大佐でワルシャワ管区司令官、アントニ・フルシチェル（モンテル）がその建物で蜂起決行の命令書「至急通達。八月一日一七時に『W』（ヴ）作戦開始を命ずる」に署名したことである。

現在、温かみのある色をした建物の壁には大理石の記念プレートが掲げられている（「プロローグ」扉写真）。

「一九四四年七月三一日、一九時頃、国内軍（AK）ワルシャワ管区司令官、アントニ・フルシチェル（モンテル）大佐（一八九六〜一九六〇）が、この建物の秘密参謀司令部において、ワルシャワ蜂起開始の命令書に署名した。」

モンテルは蜂起中、白と赤の布地に一番の番号、ポーランド軍を表すWP、そして国章である王冠を戴いた鷲の図柄をほどこした腕章を着けていた。彼の死後、遺族がワルシャワ蜂起博物館にその腕章を寄贈した。蜂起部隊は軍人だけでなくさまざまな職業・階層の人々から成る混成団で正規の軍服も行き渡らず、白と赤の腕章によって識別された。腕章には通常、個人名か部隊の番号が記され、AKの二文字がスタンプされていた。

一九四四年七月三一日「午後六時三〇分」(24)、パインスカ通り六七番の建物でタデウシュ・ブル＝コモロフスキ国内軍総司令官から翌日午後五時を期しての蜂起開始命令を受けたモンテル大佐はフィルトロヴァ通りのワルシャワ管区司令部へもどり、命令を暗号化して地区司令官への伝達を準備した。しかし、もうすでに外出禁止令の始まる午後八時が迫っており、傘下部隊への命令伝達は翌日早朝からにならざるをえなかった。そのため、蜂起開始時刻の午後五時までに地区司令官からさらに下部部隊に命令が下達するのには一〇時間程度しかなかった。おそらくは、八月一日のその日、地区司令官が命令を受け取ったのが午前八時頃から一〇時頃、さらに下位部隊指揮官のもとへは昼前後、そして小隊レベルの指揮官に命令が伝達されたのは午後二時頃になったと推定される。そうだとすると、蜂起開始までは三時間程度しかなかった(25)。

国内軍の司令部は二つあった。ブル＝コモロフスキの司令部とモンテルの司令部である。一つはワルシャワをふくむポーランド全域をカバーする国内軍総司令部で、総司令官がタデウシュ・ブル＝コモロフスキ、参謀長がタデウシュ・ペウチィンスキ（グジェゴシュ）だった。ブルは国内軍総司令官としてワルシャワにいて蜂起の最終命令を下したが、蜂起そのものを直接指揮したわけではなかった。ブルの司令部は無線を通じてロンドンの亡命政府やワルシャワ以外の地域の国内軍部隊、ヴィスワ川右岸へ進駐するソ連軍との連絡通信をはかった。ブルは一日二回、ワルシャワ管区の状況報告をモンテルから受けて、国内（被占領地）政府代表のヤン・スタニスワフ・ヤンコフスキとも情勢を協議した。

もう一つがワルシャワ管区司令部で、その司令官がアントニ・フルシチェル（モンテル）だった。モンテルはブルの部下として協議しながらも、蜂起中の作戦命令と軍事行動には自身が第一義的な責任を負った。モンテルの副官は北部軍団司令官ともなるカロル・ジェムスキ（ヴァフノフスキ）大佐で、ジョリボシュ、スタルフカ、カンピノスの森の蜂起部隊を統括していた。モンテル司令部の参謀長はスタニスワフ・ヴェベル（ポピェル）中佐だった。

ザヴォドヌィによると、モンテルはつき合いやすい人物でなく、上官としても必ずしも服しやすいとはいえなかったが、「彼個人の勇気、自己犠牲、愛国心を否定するものはだれもいなかった。」(26) モンテルは蜂起期間中、毎日、戦況報告を出し、その数は「六三日間に九一回」(27) に及んだ。モンテルはまた、毎日前線を視察し、しばしば司令部を空けて批判を招くこともあったが、前線の兵士の間には団結心が生まれ、指揮官に対する敬意が増すことにもなったという。ちなみに、コードネームの「モンテル」はポーランド語では機械の「修理工」「組立工」を意味する。

ナルトヴィチ広場の聖母教会
――グルイエッカ通り

ナルトヴィチ広場近く、グルイエッカ通り三八番になるが、トラムの線路の向こうに煉瓦造りで黒っぽい感じが印象的な、ネオ・ロマネスク様式の無原罪聖母教会が高くそびえる（本章扉写真）。塔正面には赤黒い煉瓦壁の中に鮮やかな色調で描かれた聖母子像がひときわ強く見るものを引きつける。ポーランド・カトリック教徒の聖地であるチェンストホヴァのヤスナ・グラで見るのと同じその聖母子像のすぐ下には大きな文字で、"MATKO! 1382-1982/3" とある。「マトコ！」は聖母マリアに対する呼びかけで、「一三八二～一九八二／三」の意味するところは、その聖像がイェルサレムからコンスタンチノープルとウクライナを経由して最終的にチェンストホヴァに到着したのが一三八二年、その六〇〇周年が一九八二年ということのようだ。教会のこの聖母子像は一九八四年に制作された。

教会建物はオスカル・ソスノフスキの設計のもとに、一九一一年から建設が始まったが第一次大戦期の中断などいろいろな曲折を経つつ、一九三九年にかけて建造された。その間の一九一八年には、ワルシャワ司教のアレクサンデル・カコフスキ（一八六二～一九三八）により、ヤクプ・ドンブロフスキが教区司祭に任じられた。第二次大戦中、とりわけ一九四四年のワルシャワ蜂起の期間にはドイツ軍の砲撃などで建物はひどく損傷し、初代教区司祭のドンブロフスキもドイツ軍の空爆で死亡した。教会は戦後、一九四五年から一九六〇年にかけて再建され、一九六〇年九月にステファン・ヴィシィンスキ枢機卿（一九〇一～一九八一）のもとで献堂式が行なわれた。

教会内部には著名な建築家、ヤン・ザフファトヴィチ（一九〇〇～一九八三）の設計による大理石の祭壇、聖母マリアの礼拝堂には彫刻家、ゾフィヤ・チュチィンスカ＝カミィンスカによる聖処女像などがある。しかし、教会内に入ってとくに印象的なのは正面祭壇に向かって左右の壁に配されたいくつもの縦長の大きなステンドグラスで、そのテーマは明らかにポーランドの抵抗の歴史である。マクスィミリヤン・コルベ神父（一八九四～一九四一）がアウシュヴィッツ（オシフィェンチム）で囚人番号一六六七〇の三角布をつけて描かれている図柄には、散乱する同収容所の囚人服と折り重なる囚人の遺体も見る（写真）。また、ワルシャワ蜂起での国内軍総司令官、タデウシュ・ブル＝コモロフスキや、その後継者で「国内軍最後の総司令官」ともいわれるレオポルト・オクリツキ（一八九八～一九四六）の顔、突撃する蜂起部隊兵士のすがた、王宮広場にそびえるズィグムント三世像の円柱、炎上する王宮と横倒しになったキリスト像など、それらはポーランドの独立と抵抗の意志を伝える絵巻物のようである。教会内には国内軍の指導者たちを記念する大理石のプレートのほか、とくに、国内軍の創始者でその伝説的指導者、ワルシャワ蜂起開始直後にハインリヒ・ヒムラーの特別命令によりザクセンハウゼン強制収容所で処刑されたとされるステファン・ロヴェツキ（グロト）（一八九五～一九四四）の記念板も見られる。教会は聖ヤクプ教会としても知られて親しまれている。

「アントニン」要塞――バルスカ通り

聖ヤクプ教会のすぐ裏手（西側）、バルスカ通り四番に孤児養育院だった建物「アントニン」がある（次ページ写真）。創設者は「孤児たちの父」とよばれたフランチシェク・トポルスキ神父である。一九一〇年頃にはすでに後援者の名から「アントニン」とよばれていた。現在は青年養育センター、小学校、ギムナジウムが入っている。古い建物だが、赤褐色の煉瓦造りに赤い三角屋根のファサード、一階部分の赤い縁取りが建物を囲う樹木とコントラストをなして美しい。向かって左側面には中世の城を思わせるような丸いせり出しがあるのも建物に優しさをあたえている。しかし、その煉瓦壁

にはこんな記念碑が掲げられている。

「一九四四年八月一日、アントニンのドイツ側守備隊に対する攻撃で、オホタ地区国内軍の軍団兵士が戦死した。衛生兵のクルィスティナ・クロプスカ（クロプカ）、ルィシャルト・ボウォンヂ（イェジ）、エウゼビュシュ・フションシュチュ（オルカン）、グジェヴィチ・Mł（ピンクス一世）、ボグダン・ヤツキェヴィチ（ヤヴィチ）、マチェイ・コジツキ（クバ）、ヴィェスワフ・クチツキ（マウィ）、アンジェイ・ミェロスワフスキ（ソヴァ）、イェジ・ザンブロフスキ（ユレク）。彼らを記憶にとどめて！」

敷地はそう大きくはないが、庭園の緑と深い樹木のなかの建物は見事である。建物の正門の横、通用門左の外塀にも次のような記念プレートがある。

「一九四四年八月一日、ワルシャワ蜂起緒戦に国内軍第四地区第一地域の第三軍団が、ナチス親衛隊部隊に占拠されたアントニンを襲撃して奪取した。戦死した国内軍兵士の栄誉を讃えて。」

ナチスによる占領期間中からドイツ占領者はアントニンの建物をすでに支配していたが、一九四四年七月にはドイツ軍の兵站部隊が占拠した。八月一日午後五時すぎ、バルスカ通りとカリスカ通りから、約六〇人の蜂起部隊が攻撃をかけて衛兵を突破し、二時間ほどの戦闘でドイツ側守備隊を撃退した。ドイツ側の一部は降伏し、若干の武器が押収された。アントニン建物の奪取はオホタ地区の蜂起部隊の成功の一つだった。八月二日、アンジェイ・ヒチェフスキ（グスタフ）中尉の部隊が進駐し、カリスカ要塞の守備隊に加わる。八月四日、凶悪な「ロナ」旅団が進撃してきて、一〇日まで蜂起側との戦闘が続いた。八月一〇日夜から一一日にかけて、蜂起部隊九〇人はホイノフスキの森に撤収をよぎなくされた。

クチェラ暗殺作戦に対する報復処刑——バルスカ通り

一九四四年蜂起のちょうど半年前の二月一日、ナチス親衛隊のワルシャワ地区司令官で警察長官でもあったフランツ・クチェラがウヤズドフスキェ大通りの当時のナチス警察本部前で、国内軍の特別部隊により襲撃されて殺害された。この作戦で国内軍部隊にも二人の死亡者がでたが、ナチスの過酷な占領支配に対するポーランド・レジスタンスの断固たる意思を示すできごととしていまも語りつがれている。だが、占領支配と弾圧の中核を暗殺されたナチス占領者はその衝撃を多数のポーランド人に対する報復処刑でこたえた。アントニンの青年養育センターのすぐそば、同じバルスカ通りの閑静な住宅街の煉瓦の壁にその一つとしての記念プレートと説明パネルを見ることができる。記念プレートは「祖国の自由のために斃れたポーランド人の血で清められた場所。一九四四年二月一〇日、ナチスがここで一四〇人のポーランド人を銃殺した」とある。

すぐ左側には白い説明パネルがならんでいる。二〇〇六年に見たときにはところどころ穴が空いて裏側の煉瓦が見えたが、三年後には新しいパネルに置き換えられていた。だが内容はほぼ同じで、およそ次の通りである。

「一九四四年二月一日、ウヤズドフスキェ大通りでドイツ警察のワルシャワ地区司令官でナチス親衛隊少将、フランツ・クチェラの暗殺がポーランド地下組織の判決にもとづき、国内軍兵士により成功裏に実行された。それに対する報復作戦の一つとして、この場所で重大な犯罪行為がなされた。この犯罪の犠牲者のなかには国内軍中央司令部隊の二人の将校がいた。イェジ・クレチュコフスキ中尉とエドヴァルト・マデイ中尉である。前者は一九四三年八月一二日、セナトルスカ通りでの栄えある収用作戦を指揮した。グラルの暗号名で知られる。後者は一九四三年四月、クラクフでナチス親衛隊大将、フリードリヒ・クルーガーに対する襲撃部隊を指揮した。」

この記念プレートはとくに重要な意味をもつ。というのは、クチェラ暗殺作戦の結果、前記パネルにある二月一〇日の一四〇人の報復処刑が、それまでナチス占領者が市内の通りで公然と行っていた公開処刑の最後の例となったためである。

大学生寮（ドム・アカデミツキ）――ナルトヴィチ広場

ナルトヴィチ広場の学生寮（アカデミツカ通り五番）はワルシャワ大学とワルシャワ工科大学の学生寮として、一九二三年から一九三〇年にかけて建造された。ナルトヴィチ広場、マウルィツィ・モフナツキ通り、ウニヴェルスィテツカ通り、グルイェツカ通りの間の広大なスペースの九階建ての本部棟と両翼に四階建てを擁する大きな建築物だった。前記の聖母教会のやや南東向かい側に位置し、そのあいだにはトラムの線路が湾曲して走っている。ナチス・ドイツ占領中は、保安警察第三〇三大隊の約六〇〇人の兵舎になっていただけでなく、ポーランド人を拘束する刑務所もおかれていた。蜂起部隊約一五〇人が八月一日午後五時直前から奇襲をかけたが不成功に終わり、一日夜から二日にかけてセンコチィンの森への撤退をよぎなくされた。ドイツ側は多数の市民を殺傷するとともに、三日にはカリスカ通りの蜂起側拠点を一掃する作戦を開始した。

ナルトヴィチ広場から、聖ヤクプ教会、その裏手の「アントニン」が砲撃にさらされた。蜂起側との戦闘で、ドイツ側は教会に隠れていた市民を多数連行して殺害した。オホタ地区で蜂起が鎮圧されたあと、学生寮の建物はかなりの部分が焼けていたが、同地区のドイツ側拠点としての役割は続いた。九月には、ギュンター・ロール将軍がエーリヒ・フォン・デム・バッハ＝ツェレフスキ将軍とともに一時的であったが、同所に司令部をおいた。九月七日にはポーランド赤十字とフォン・デム・バッハ将軍が同所においてワルシャワ市民の退去について交渉した。学生寮の建物は赤軍のワルシャワ進駐まで破壊されなかった。

建物の側面壁に「この建物の中庭と地下室に国民の記憶にとどめるべき場所がある」とだけ刻んだ茶色のモニュメントと、もう一つ白いプレートがある。前者にしたがって中庭に行ってみると、建物の一角に煉瓦壁があって、そこに以下のように刻んだ記念碑がある。

「祖国の自由のために斃れたポーランド人の血で清められた場所。一九三九年から一九四四年までの占領期間に、ナチスがここで大量処刑を行った。」

建物側面のもう一枚の白いプレートにはこうある。

「記憶にとどめるべき場所のできごと。グルイェツカ通り三九番。一九三九年から一九四四年まで、ドイツ警察大隊（保安警察）が戦前の学生寮ブロックに兵舎を置いた。建物ブロックの地下室には、通りの一斉検挙で逮捕・拘束されたポーランド人の一時的な監獄があった。そこでは拘禁者に対して重大な犯罪が秘密裏に行われた。ナチスの警察はワルシャワ蜂起の第一週にも、近隣市民に対して集団的犯罪を繰り返した。」

第四章　王宮、王宮広場、破壊された磔刑像——スタルフカ

聖マルチン教会（ピヴナ通り）の破壊された磔刑像

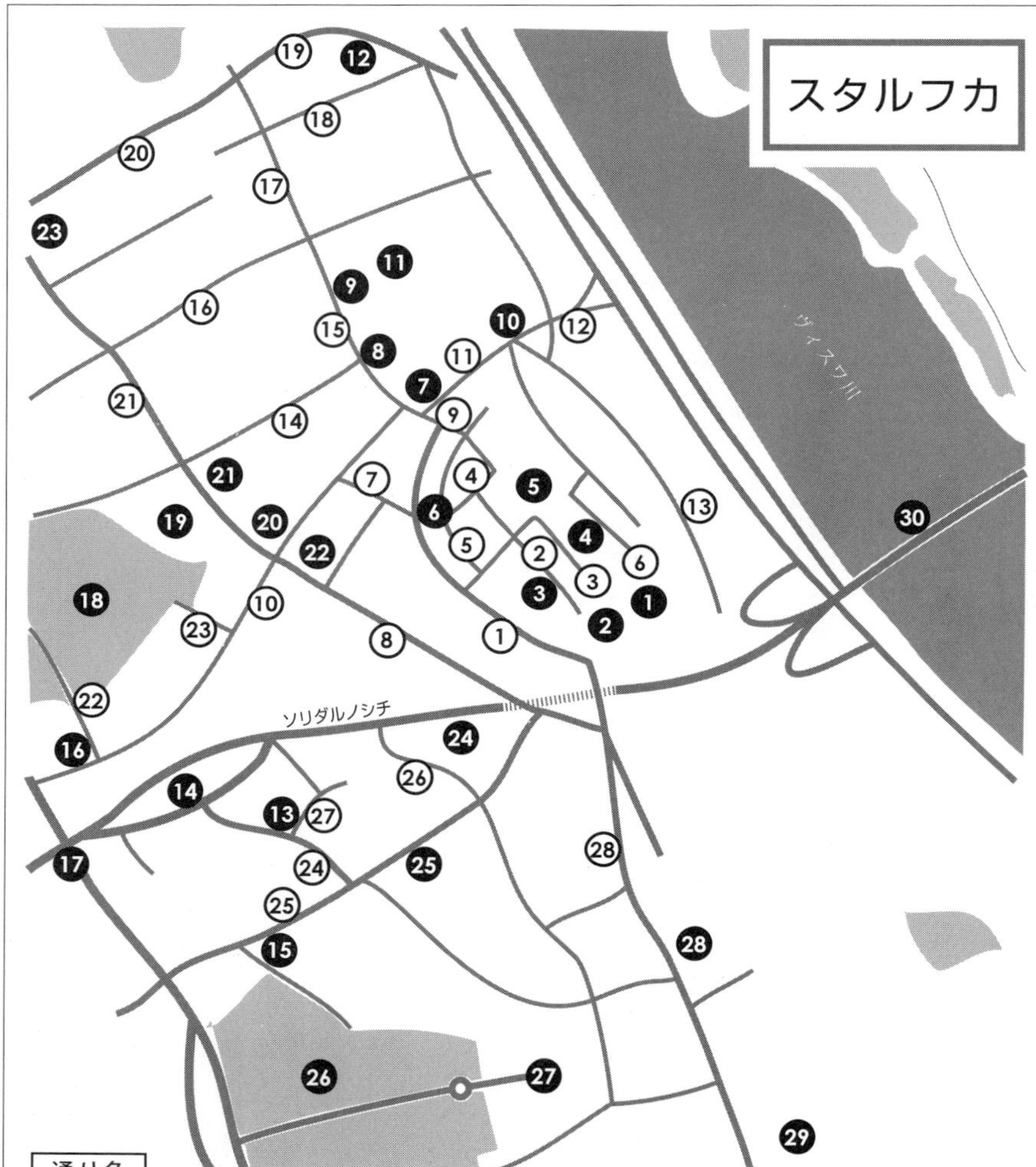

通り名

1 ポドヴァレ　2 ピヴナ　3 シフィェントヤィンスカ　4 ヴォンスキ・ドゥナイ　5 ルィツェルスカ　6 カノニャ　7 キリィンスキ　8 ミョドヴァ　9 ノヴォミェイスカ　10 ドウゥガ　11 モストファ　12 ボレシチ　13 ブガイ　14 シフィェントイェルスカ　15 フレタ　16 フランチシュカィンスカ　17 ザクロチムスカ　18 ヴイトフスカ　19 サングシュコ　20 コンヴィクトルスカ　21 ボニフラテルスカ　22 ゲットー英雄　23 バロコヴァ　24 ビェラィンスカ　25 セナトルスカ　26 ノヴィ・プシェヤスト　27 ダニウォヴィチョフスカ　28 クラコフスキェ・プシェドミェシチェ

スポット

1 王宮　2 王宮広場　3 聖マルチン教会　4 聖ヤン大聖堂　5 旧市街広場　6 小さな蜂起兵像　7 聖ヤツェク教会　8 マリヤ・キュリー記念博物館　9 新市街広場　10 スタラ・プロホヴニャ　11 サクラメント教会　12 国立造幣工場　13 ポーランド銀行要塞跡　14 ラヂヴィウ宮殿　15 聖アントニ・パデフスキ教会　16 旧兵器庫　17 銀行広場　18 クラシィンスキ公園　19 クラシィンスキ宮殿　20 ワルシャワ蜂起記念碑　21 最高裁判所　22 野戦聖堂　23 聖ヤン教会　24 ニケの像　25 劇場広場・大劇場　26 サスキ公園　27 ピウスツキ広場　28 大統領官邸　29 ワルシャワ大学　30 シロンスコ・ドンブロフスキ橋

旧市街と蜂起

「旧市街」を意味するスタレミャストは親しく「スタルフカ」ともよばれる。現在のワルシャワでも行政地区の一つではなく、「中央区」を意味するシルドミェシチェのなかで歴史が最も古い地域にあたる。古くから商業ルートの交差点として、また、ヴィスワ川へ出るにも至便の地区として発展した。有名な市場広場の起源は一三世紀後半にも遡ると言われる。やがて、防壁の外側にはノヴェミャスト（新市街）も生まれ、ワルシャワの市民生活の中心は徐々に壁の外にも移ってゆく。一九世紀になると、貧困層が密集した建物に多数居住する環状地域が旧市街として残り、二〇世紀初めには衰亡の危機に直面する。旧市街の保存がはかられるが、一九四四年のワルシャワ蜂起での激戦に続き、ナチス・ドイツ占領者によって徹底的に破壊されて完全な廃墟となる。戦後、首都再建財団によって一八世紀当時のすがたに復元され、一九八〇年にはパリにおけるユネスコの第四回世界遺産会議で世界遺産への登録が決まった。

本稿ではこの「スタルフカ」を歴史的な意味での狭い旧市街地域に限定せず、一九四四年蜂起において蜂起側が制圧し、その後の旧市街全体の命運に関わることになるより広い戦闘地域もふくめて記述することに留意いただきたい。例えば、そこに王宮広場が含まれるのは当然だが、その近くのクラコフスキェ・プシェドミェシチェ通りの建物、旧市街の外郭を北西に走るミョドヴァ通り、その先のクラシィンスキ広場、ボニフラテルスカ通り、それと交差してヴィスワ川方面に走るコンヴィクトルスカ通り、さらにはロマン・サングシュコ通りと国立造幣工場（PWPW）なども含まれる。旧市街の南西になるビェラィンスカ通りのポーランド銀行などもスタルフカの重要な戦略地点だった。

一九四四年八月一日から二日にかけて、蜂起軍はスタレミャスト全域を制圧する。二日にはビェラィンスカ通りのポーランド銀行、サングシュコ通りの国立造幣工場を、四日にはビェラィンスカ通りのポーランド銀行を占拠した。前年に破壊されて廃墟となっていたゲットー地域の一部も蜂起側の支配下に入った。旧市街には蜂起開始以前からすでに多数の住民がいたが、蜂起開始一週間頃からヴォラ地区やオホタ地区などからも大勢の人々が避難してきて、推定で七万五〇〇〇人から一〇万人にまで膨れ上がったとされる(1)。連合軍機による武器・弾薬の空中投下作戦が初めて決行されたのは八月四日で、一四日までに数回あった。九日にも武器・弾薬が投下されたが、同じ日にドイツ軍機の空爆も始まった。六日から七日にかけて、ドイツ側によるヴォラ地区方面からの攻撃強化により、スタルフカの蜂起部隊はシルドミエシチェから分断された。旧市街広場はドイツ軍の空爆波状攻撃で多くの建物が破壊された。狭い通りはバリケードの構築に都合がよかったが、砲撃や空爆による火災が容易に広がる要因ともなった。ザヴォドヌィは書いている。「翼に黒十字をつけたドイツ軍機は四〇分から五〇分ごとにわれわれの頭上に飛んできては、低空から手当たり次第に爆弾を投下した。飛び去ったかと思うとまたすぐにやって来た。わが方のエンジニアが不発弾の信管をはずして、手製の手榴弾に爆薬を使用していたので、われわれは投下された爆弾の中に一〇〇〇ポンド以上の重さのものがあったことも知っていた。」(2)

八月上旬頃、ヴォラ地区などドイツ側犯罪者部隊による大量虐殺の現場から逃れて来た人々に旧市街は別世界に見えたという。商店もレストランも開き、パンは配給だったが、市場広場では商売も行われ、自由に移動もできた。蜂起軍の新聞がいくつも発行されて各地区で配布された。「住民たちの士気は高かった。ソ連軍が現れないことには苦々しい思いだったが、熱狂的な気分は続いて、蜂起軍や避難民を援助し蓄えを分かち合った。」(3) しかし、八月上旬をすぎる頃、市民は地下室やシェルターでの生活を強いられるようになり、食料も欠乏し始めた。「最初に供給の欠乏に苦しむことになったのは旧市街だった。八月一五日には配給用のパン、野菜、肉がなくなった。」(4)

蜂起開始当初、ワルシャワ市内の国内軍(AK)は第一地区から第六地区まで六つの地域に編成され、スタレミャストは第一地区のシルドミエシチェ(中央区)に入っていた(5)。しかし、蜂起開始から一週間後、国内軍のワルシャワ管区司令官、アントニ・フルシチェル(モンテル)大佐はワルシャワにおける蜂起部隊を次のように再編してゆく。

(一) 北部軍団:スタルフカ(旧市街)、ジョリボシュ、マルィモント、ヴォラ、ムラヌフ、カンピノスの森。当初区分での第一地区の一部、第二、第三地区の部隊にラドスワフ軍団部隊が加わる。総指揮官はカロル・ジェムスキ(ヴァフノフスキ)大佐。

(二) 中央区軍団:南北のシルドミエシチェ(中央区)、ポヴィシレ、上チェルニャクフ。当初区分での第一地区の一部の部隊。指揮官はエドヴァルト・フランチシェク・プフェイッフェル(ラドヴァン)中佐。

(三) 南部軍団:モコトゥフ、シェルツェ、サディバ。当初区分での第五地区部隊とバシュタ連隊。八月一八日からユゼフ・ロキツキ(カロル)中佐が指揮官。

このほかにオホタ地区で孤立した蜂起抵抗拠点として、カリスカとヴァヴェルスカがあった。

スタレミャストを中心とする北部軍団の指揮官、ヴァフノフスキ大佐は指揮下勢力を四つに分けた。

①スタニスワフ・ブワシュチャク（ルク）少佐指揮下のルク軍団。王宮広場、ヴィスワ川沿岸など東部地域の防衛。約三〇〇〇人。

②スタニスワフ・ユシュチャキェヴィチ（クバ）大佐指揮下のクバ軍団。大劇場方面など南西部地域とゲットー地域の防衛。約一五〇〇人。

③ヤン・マズルキェヴィチ（ラドスワフ）大佐指揮下のラドスワフ軍団。墓地地域に隣接する北西部地域の防衛。約二〇〇〇人(6)。

④グスタフ・ビルレヴィチ（ソスナ）少佐指揮下の北部軍団予備部隊。

「ヴァフノフスキは旧市街の混乱状態に一定の秩序と規律をもたらした」(7)という。国内（被占領地）政府のワルシャワ地区代表はマルツェリ・ポロフスキ（ソヴァ）で、そのもとで市民生活の防衛に努力したのはスタロスト・ヴワディスワフ・シフィドフスキ（ヴィク・スワフスキ）だった。彼らは文民行政組織指導者として、防空、防火対策だけでなく、食料配給と児童保護、水の確保（井戸の発掘）、衣類・日用品供給、衛生管理と伝染病の防止など、困難な課題にとりくんだ。スープキチン（無料食料供給所）はフレタ通り三九番、ポドヴァレ通り四六番、二九番、ドウゥガ通り一七番などに設けられ、避難民や住居をなくした人々に食料を提供した(8)。大きな病院は二つあった。ボニフラテルスカ通りの聖ヤン病院とセナトルスカ通りのマルタィンスキ病院だった。

八月一一日、ラドスワフ軍団がヴォラ地区と墓地地域からの撤退をよぎなくされ、前線がボニフラテルスカ通りまで後退した。ドイツ側は旧市街包囲に大きく踏み出した。

八月一三日、ドイツ軍は総計一万人の兵力を動員し、航空機援護の下、重火器・戦車を使用して旧市街地域に大規模な攻撃をしかけて侵食を強めた。グダィンスキ駅の装甲列車、ツィタデラ、ヴィスワ川右岸のプラガ地区からも激しい砲撃が開始された。スタフキ通り、クラシィンスキ公園にも迫撃砲の雨が降り注ぎ、スタフキ通りの倉庫は炎上した。劇場広場の市庁舎の塔も崩壊した。スタレミャストはこの日、完全に包囲されて孤立する。ヴォラ地区からバロコヴァ通りに国内軍総司令部を移していたタデウシュ・ブル゠コモロフスキとシルドミェシチェに司令部をおいていたワルシャワ管区司令官、モンテルとの間の通信も断絶される。キリィンスキ通りのバリケードでドイツ軍車両が大爆発し、蜂起軍兵士が多数死傷したのも一三日のことである。国内軍総司令部がスタレミャストに閉じ込められる状態のなか、八月一四日にドイツ側が市内の給水を止めたため、砲爆撃に対しての消火活動ができなくなった。

八月一五日、ヴィクトル・ルドヴィク・コナルスキ（ヴィクトル）中佐指揮下の国内軍部隊約七三〇人が旧市街を支援するため、カンピノスの森を出発したが、ポヴォンスキ墓地地域で進軍を阻止され、一部はジョリボシュ地区へ逃れ、あとの部隊は森への退却をよぎなくされる。市庁舎はなお蜂起側が占拠して、敵が劇場広場からキェルベチ橋に進出するのを阻止していたが猛攻は続き、クラシィンスキ宮殿も炎上した。

八月一六日、ドイツ軍は第二次大戦で使用された最大級の大砲である六〇〇ミリ臼砲「カロル」でスタレミャストを攻撃する。スタレミャストにたてこもる蜂起軍の制圧地域はわずか一〇平方キロになったが、ドイツ軍はこの狭い地域にカロル臼砲、空爆、重火器で集中攻撃を加えた。しかし、カロル臼砲は不発のこともあり、巨大な不発弾が解体され、蜂起軍はその多量の爆薬で多数の手榴弾を作って使用した。蜂起部隊兵士と市民が構築したポドヴァレ、ピヴナ、シフィエントヤィンスカ通りなどのバリケードによって、旧市街に対するドイツ軍の進撃は阻止される。しかし、一七日には聖ヤン大聖堂、ノヴェミャスト（新市街）の聖母マリア訪問教会も炎上し、一八日にも空爆が続いて、王宮広場、ポドヴァレ通り、ピヴナ通りも炎上する。一九日、カンピノスの森から支援部隊が再びスタレミャストを目指しジョリボシュ地区に入るが、ドイツ軍が死守するグダィンスキ駅で阻止され、支援目的を果たせなかった。一六日から一七日にかけて、スタフキ通りの戦闘もすでに終わっていた。

タデウシュ・ブル＝コモロフスキの国内軍総司令部は八月六日から二五日までスタルフカにあった。ブル＝コモロフスキは、ドイツ側がスタレミャストに総攻撃を開始したのは「一九日午前九時」(9)だったと書いている。「ドイツ側はそれまでの一九日間に、各種連隊、大隊、空軍、警察、親衛隊、カミィンスキ旅団などから戦力をかき集め、総計で約四万人に達していた。それに対して、スタレミャストの蜂起側勢力は五〇〇〇人で、機関銃、トミーガン、手榴弾、対戦車砲、擲弾筒、火炎ビン、あとは戦車に対抗する原始的手段をもっているだけだった。」(10)

空爆は八月二〇日にも続いた。現在のヴワディスワフ・アンデルス将軍通り一五番のモストフスキ宮殿が戦車部隊に支援された歩兵によって攻撃を受けた。蜂起側は対戦車砲ピャトによって戦車一台を破壊して歩兵部隊を撃退した。しかしその後、ドイツ軍が突入に成功し、蜂起側はついに宮殿を明け渡す。ドイツ側はトウォマツキェ通りを制圧し、ポーランド銀行とラヂヴィウ宮殿の間に陣地を築いた。ブル＝コモロフスキはドイツ軍が反撃を開始して二週間後の八月二〇日頃のスタレミャストの状況に関してこう記している。「避難民はありとあらゆる有効な地下通路、かつては裕福な市民が居住した中世の歴史的建造物の地下室などに退避した。人々は包囲する重砲に対してまったくの無防備だった。古い建物がトランプカードのように次々に崩壊し、地下室に避難した人々を瓦礫の下に埋めた。すぐにそこは生き埋めになった何千人もの人々の共同墓地となった。」他方、「人々は最初、炎上する建物から、まだ被害を受けていない建物に逃げ込んでいた。だがそのうち、最も安全な場所はすでに焼失した場所だということが分かるようになった。火炎は地下室までは及んでこなかったので、瓦礫の下が大勢の人々の避難場所となった。」(11)

八月二一日、ドウゥガ通りで戦闘が始まった。蜂起側の主要拠点は旧兵器庫の建物だった。ドイツ側部隊が北から攻撃し、バリケードを突破しながらクラシィンスキ広場に迫った。ディルレワンガーの犯罪者部隊は南から攻め上がろうとしたが、市庁舎地域の蜂起側も頑強に抵抗した。八月下旬の旧市街の状況についてブルースは書いている。「ワルシャワ旧市街の苦悩は頂点に達しようとしていた。弾丸摘出手術に使用する麻酔薬など医療用品の備蓄は底をついた。パンもなく食べ物はほんのわずかしかなかった。水は井戸や湧き水からのわずかばかりで、赤痢が広がっていた」「八月二一日、総攻撃の三日目までに蜂起側が握っていた一一〇〇箇所の建物のうち約七〇〇箇所が破壊された。」(12)

同じ二一日、国内軍副司令官兼参謀長のタデウシュ・ペウチィンスキ（グジェゴシュ）がスタレミャストの戦闘への支援をはかるため、地下水道を通ってジョリボシュ地区へ向かう。その夜、ジョリボシュ地区からはスタレミャスト支援のため、一〇〇〇人以上の蜂起軍兵士が出動したが、ドイツ軍はこの動きをいち早く察知して十字砲火を浴びせ、旧市街北西にあるグダィンスキ駅での戦闘で蜂起部隊の約三〇〇人が死傷し、支援作戦は失敗した。

スタレミャスト攻防戦はいまや接近戦となる。ドイツ軍は旧市街広場から二五〇メートルに迫った。市民は食糧・飲料水のさらなる欠乏で悲惨な状態に陥る。連合軍機による武器・弾薬の空中投下作戦は八月下旬にも何度か敢行されたが、投下されたコンテナのほとんどが蜂起側の手に入らなかった。市民の間に西側諸国への失望が広がった。食料の配給もままならず、市民の不満や蜂起指導部に対する批判が強まった。当然にソ連赤軍の到来への期待が強まった。二五日、ブル＝コモロフスキ総司令官をはじめとする国内軍総司令部は同地域で指揮をとるのはもはや不可能と判断し、同日夜から翌日にかけて地下水道を通ってシルドミェシチェに撤退する。ロンドン亡命政府の国内（被占領地）政府代表、ヤン・スタニスワフ・ヤンコフスキ（ソブル）と挙国一致評議会議長のカジミェシュ・プジャク（バズィリ）の文民行政組織も一緒に中央区へ撤退した。ブルは中央区からロンドンのポーランド軍最高司令官に宛てて、スタレミャストの状況を詳しく打電するとともに連合国の支援を強く訴えた。

旧市街ではどのビルも瓦礫の山と化して地下室しか残らず、その地下室に八〇〇〇人以上の負傷者が分散して収容された。医薬品は欠乏し手術もできない状況になった。脱出は地下水道によるほかなかったが、兵士も市民も蜂起軍司令部の許可なしには地下水道に入ることはできなかった。二七日、地区司令官のヴァフノフスキ大佐はついに、負傷兵が地下水道を通って脱出するのを許可し始める。この日、ヴァフノフスキ大佐は、旧市街防衛戦部隊を再編成し、北部指揮官にヤン・マズルキェヴィチ（ラドスワフ）中佐、東部指揮官にエウゲニュシュ・コノパツキ（チュシャスカ）大尉、南部指揮官にスタニスワフ・ブワシュチャク（ルク）少佐を新たに配置するとともに、西部指揮官にはグスタフ・ビルレヴィチ（ソスナ）少佐を継続配置した。ヴァフノフスキ大佐はスタレミャストを死守しようとしていた。しかし、総司令部の中央区への撤収は市民だけでなく蜂起部隊の一部にも動揺を引き起こした。市民のなかからバリケードをこえてドイツ側陣地へ逃れ出ようとするものがでる一方、ドイツ軍機からは市民の退去を迫るビラが撒かれた。

八月二八日、旧市街ではなお多数の戦闘能力ある蜂起軍兵士が徹底抗戦のかまえだったが、地区司令官のヴァフノフスキ大佐は、兵士、一般市民をスタレミャストからシルドミェシチェへ撤退させることを決意し、国内軍ワルシャワ管区司令官のモンテル大佐もこれを了承する。白兵戦は続き、ドイツ側戦死者も一日平均約一五〇人を数えるまでになった。それでも、ドイツ側は旧市街への包囲網をじりじりと狭めてゆく。三〇日、国内軍総司令部は、ワルシャワ管区司令官との協議の上、旧市街から中央区への撤退を正式に決定する。

この間、旧市街の蜂起軍部隊は八月三〇日夜から三一日にかけて、スタレミャストからドイツ側包囲網を突破してシルドミェシチェの蜂起軍陣地へ達するための最後の決死作戦を敢行するが不成功に終わっている。それは、スタレミャストから敵包囲網を突破する作戦とシルドミェシチェの側からこれを支援する作戦とを同時に決行するものだった。この作戦の不成功により、唯一の撤退方法は地下水道だけになった。

九月一日はスタルフカ最後の日となった。とくに午後五時から六時にかけて蜂起側に対する攻撃は微塵の容赦もなく、国内軍の犠牲者は夥しい数にのぼった。ドイツ側の戦車が次々にバリケードに突入した。蜂起側による必死の抵抗でドイツ側の死者も多かった。ヴァフノフスキ大佐はついに地下水道を通っての撤退を命令する。まず負傷兵、兵站部要員など約三〇〇〇人が中央区に脱出。次いで、戦闘部隊約一五〇〇人も中央区に撤退した（全体で約四五〇〇人の蜂起部隊）。そのほかに約八〇〇人がジョリボシュ地区に脱出した。同日から二日にかけての夜、ヴァフノフスキ大佐も兵士とともに地下水道に入って中央区を目指した。九月二日、蜂起軍の戦闘部隊が撤退したあと、スタレミャストには負傷兵約七〇〇〇人と民間人約三万五〇〇〇人が取り残された。ドイツ軍は旧市街攻撃を継続し、蜂起部隊が撤退した地域を次々に占拠。いたるところで大量虐殺、残虐行為を開始した。生き残った市民もワルシャワ郊外のプルシュクフ臨時収容所に移送された。ドイツ側は旧市街を制圧することにより、キェルベチ橋へ出ることも可能となった。いまや、西はヴォラ、ポヴォンスキからゲットーの廃墟、旧市街を支配下に収め、ヴィスワ川沿岸に達した。

　他方、当初五〇〇人程度だったスタレミャストの人民軍（AL）はすでに八月二三日夜から翌日にかけて約四〇人が地下水道を使ってジョリボシュ地区への脱出を開始し、二五日にはポーランド労働者党（PPR）の活動家やユダヤ戦闘組織（ŻOB）の小隊など約一〇〇人も後に続いた(13)。

　九月三日、蜂起側の制圧地域はポヴィシレ、チェルニャクフをふくむシルドミエシチェ（中央区）、モコトゥフ地区、ジョリボシュ地区の三拠点のみとなる。ドイツ側は旧市街制圧に続いて、ポヴィシレ制圧のための集中攻撃を開始する。

　旧市街での市民犠牲者を正確に確定することはできず、各種数字に大きな幅があるが、死者は少なくとも数万人におよぶと推定される。ヨアンナ・ハンソンは、「この地域には七万五〇〇〇人から一〇万人がいたといわれる。ドイツ側は、九月二日までに五万人のポーランド人が旧市街の外へ出たとする。プシゴィンスキは六万人がプルシュクフ収容所へ送られ、あとの四万人が殺されたという数字をだしている。しかし、キルフマイェルはこの地域で死亡したポーランド人はおよそ三万人としている」(14)と書いている。

　ザヴォドヌィは、旧市街で八月一四日から九月二日までのあいだに死亡した蜂起兵は少なくとも五〇〇〇人、重傷者は二五〇〇人、民間人の死亡者推定数はハンソンの推定に比べてかなり大きく一〇万人～一二万人、重傷者は少なくとも七〇〇〇人にのぼったとしている(15)。一方、旧市街攻撃のドイツ側兵力は約八〇〇〇人だったがその損失も大きく、八月二九日現在の死傷者は将校九一人、兵卒三七七〇人。また、八月二九日から九月二日までの間には少なくとも四〇〇人から五〇〇人を失ったとされる(16)。最近の推定によると、スタルフカ防衛で死亡した蜂起兵は七三四〇人（一日平均二二〇人）で、八月一日の蜂起開始から終結の一〇月二日までの全期間の犠牲者の三〇パーセントにもなる(17)。

国内軍のラジオ放送局「ブウィスカヴィツァ」(稲妻)は旧市街が陥落する寸前の八月三一日、英国とソ連の指揮下にあるポーランド軍兵士に向けて悲痛なアピールを発している。

「ポーランドとワルシャワは一体となってドイツに対する公然たる戦闘を継続している。しかしわれわれは孤立無援である。武器も弾薬も受け取っていない。われわれに対する供給が難しいという説明には納得できない。ミコワイチク首相は、ワルシャワが一日五トンの弾薬を受け取れば戦闘継続は可能だと言明した」「兵士諸君、国内軍蜂起兵には一日五トンの弾薬が必要だということを忘れないでほしい。落下傘兵士の諸君、われわれは過去一ケ月間諸君を待ち続けたこと、そしていまも待ち続けていることを忘れないでほしい。」(18)

旧市街における三三日間の戦闘は蜂起部隊と民間人に膨大な死傷者をだして終結をよぎなくされた。首都ワルシャワの象徴的意味をもつ旧市街の陥落は蜂起側に計りしれぬ精神的打撃にもなった。だが、ブル＝コモロフスキによれば「旧市街のおかげで蜂起は六三日間続いた。」(19)彼は一九四四年九月三日のラジオ・メッセージで「英雄的な旧市街防衛は伝説となろう」(20)と述べた。

王宮と王宮広場

王宮はポーランド国民にとって、国家・国民の歴史の継続性を示す証しである。その起源は一三世紀末から一四世紀初めにかけての頃、ヴィスワ川西の高台にマゾフシェ公が建てた木造小館にまでさかのぼる。その後、一五二〇年代にマゾフシェ公領土はポーランド国王、ズィグムント一世スタルィ（一四六七～一五四八、在位一五〇六～一五四八）の所有となる。ズィグムント二世アウグスト（一五二〇～一五七二、在位一五四八～一五七二）治世下の一五六九年に「ルブリンの合同」によりポーランド・リトアニア共和国が誕生して、両共和国国会（セイム）がワルシャワに置かれることになり、建物はその議会として使用するためにも増築された。さらにその後、ズィグムント三世ヴァザ（一五六六～一六三二、在位一五八七～一六三二）が一五九六年から一六一一年にかけて、クラクフからワルシャワに王宮を移すが、その間の一五九八年から一六一九年まで二〇年余をかけてイタリア人建築家たちの手で多角形様式としてさらに大きく増改築された。

一七九五年、第三次ポーランド分割の結果、最後のポーランド国王となったスタニスワフ・アウグスト・ポニャトフスキ（一七三二～一七九八、在位一七六四～一七九五）が王宮を去り、その後はロシア皇帝が派遣した全権統治者が居住した。一九一八年にポーランドが独立を回復したあと、一九二六年からは共和国大統領公邸となったが、ナチス・ドイツが一九三九年九月にポーランドに侵攻・包囲した際、王宮建物は空爆や砲撃で多大な被害を被った。とくに九月一七日の砲爆撃で王宮は炎上し、正面塔上の時計は一一時一五分で止まってしまった。ナチス占領後、王宮内部は略奪の場となり、貴重な絵画、彫刻、家具、敷物などが持ち出された。爆薬を装填するために一万個もの穴が壁に開けられて王宮爆破の用意が整えられた。

一九四四年八月一日、蜂起部隊、チェスワフ・ザレスキ（ルビチ）中尉指揮下の第一〇一中隊がキェルベチ橋(21)を攻撃し、王宮の大部分を制圧した。王宮には白と赤のポーランド国旗がかかげられた。しかし、八月一〇日すぎにドイツ側は猛反撃に出た。ドイツ側歩兵が正面ホールに突入し、蜂起側と手榴弾を投げ合う戦闘となった。王座の間、謁見の間、舞踏会ホールなども激しい戦闘の場となった。ドイツ側は一三日から一四日にかけて王宮地域一帯を再び占拠して旧市街攻撃の基地とした。ブル＝コモロフスキは、「王宮はドイツ側がめざすキェルベチ橋の進路上に位置していたため、格別激しい攻撃を招いた」(22)と書いている。ナチス・ドイツはワルシャワ蜂起を鎮圧した後、ヒトラーの命令に従い、一九三九年に空けた壁穴を利用して爆薬を詰め、王宮をほとんど完全に爆破してしまった。

国家・国民の統一と継続のシンボルである王宮を再建・復興することはポーランド人の誇りを回復することであった。だが、戦後の社会主義政権は王宮の再建を強く望まなかった。戦争直後のポーランド復興のあと、国内外のポーランド人の熱意と献金により、一九七一年（エドヴァルト・ギェレク政権の時代）からようやく復興作業が始まり、一九八八年に復元が完遂された。現在、見事に復元された王宮の入口には、戦争直後の、ほとんど跡形もなく破壊し尽くされた無残な王宮のすがたを写し撮った写真が掲示されている。王宮広場に高くそびえる十字架をもつズィグムント三世像の円柱（ヴワディスワフ四世ヴァザが一六四四年に父王を讃えるために建造したもので高さ二〇メートル余り）もワルシャワ蜂起中の一九四四年九月二日にドイツ占領者によって爆破された。瓦礫に囲まれて虚ろな空間となった王宮広場に、鎧を身に着けたズィグムント三世像が地に落ちて横転した無残な写真がある。だが、ズィグムント三世像は戦後早くの一九四九年七月に王宮広場の同じ場所に再建された。間近で見ると巨大な円柱のオリジナルの一部がいまも王宮横のスペースに横たえられている。

王宮が完全に破壊されたのはいつだったのか――についてつい最近新説がだされて関心をよんでいる。ワルシャワ国立博物館の館長、スタニスワフ・ロレンツ（一八九九～一九九一）はナチス占領下と一九四四年蜂起のときに同博物館の所蔵品を守るために尽力したことで有名な人物である。王宮はこれまで一九四四年の一一月末から一二月にかけて爆破されたと信じられてきたが、それはロレンツ館長が一二月にはじめて廃墟になった王宮を目撃したと証言したことによる。その年の一〇月初め、蜂起が鎮圧されて降伏協定が調印され、ワルシャワ市民はすべてプルシュクフを主とするワルシャワ郊外の中継収容所に追放されたのだが、ロレンツはその後何度かワルシャワにもどる機会があってその都度王宮のすがたを見ていたはずである。ところが、ズィグムント・ヴァルコフスキ教授が最近明らかにしたドイツ側の写真とソ連軍の航空写真によると、蜂起の最中の一九四四年九月に王宮はもはや写っていなかった。二〇〇八年九月にワルシャワで教授のレクチャーを聴く機会があったが、教授は撮影の日付から推して、王宮は一九四四年九月八日から一八日のあいだに爆破されたという説を唱えている。この説に関連して重要なのは、九月一三日にヴィスワ川にかかる橋がすべてナチス占領者によって爆破されたことである。

王宮広場をはさんで向かい側のレストランの壁に、王宮の再建に力を尽くしたワルシャワ工科大学教授、ヤン・ザフファトヴィチ（一九〇〇～一九八三）の記念プレートがあり、「破壊されたものを再建することは未来の世代に対する責任である」という彼の言葉が刻みつけられている（写真）。

旧市街最後のバリケード
――カノニャ通り

王宮広場から旧市街広場方向に行かずに王宮の北の端の方へ進んでゆくと、左手に入る小さなカノニャ通りがある。ほんとうに広場の一番奥まった場所にあり目立ちはしないが、カノニャ通り二四／二六番の建物の記念プレートはバリケード構築による旧市街防衛戦を記憶するものである。

「国内軍・ルク軍団傘下のボィンチャ大隊兵士により防衛されたスタレミャストの最後のバリケードがあった場所。第一〇一、一〇二、一〇三中隊が一九四四年九月一日まで、王宮、聖ヤン大聖堂、聖マルチン教会、スヒフト工場、王宮広場、ＰＫＯビル、ピヴァナ通り、シフィエントヤインスカ通り、カノニャ通り、イェズイツカ通り、旧市街広場を守って戦い続けた。」

ボィンチャ大隊の指揮官はフランチシェク・エドヴァルト・ソベスキ（ボィンチャ）で、ワルシャワの第一地区を担当したスタニスワフ・ブワシュチャク（ルク）指揮下の軍団一翼を担い、ブジョゾヴァ、イェズイツカ、カノニャ、ピヴァナ、シフィエントヤィンスカ、ドブラの各通りと旧市街市場広場に部隊を配置し、キェルベチ橋の西側制圧を戦略目標としていた。プレートにあるスヒフト工場は現在のシロンスコ・ドンブロフスキ橋のすぐ南にあった洗剤工場であり、ＰＫＯビルとは郵便貯金銀行の職員住宅のことである。

蜂起開始とともに、ピヴァナ通り、シフィエントヤィンスカ通り、ポドヴァレ通りなど旧市街各通りには次々にバリケードが構築された。八月半ば、旧市街の戦闘は、王宮、シフィエントヤインスカ通り、聖ヤン大聖堂、そしてカノニャ通りをめぐって熾烈なものとなったが、蜂起軍は懸命にこれらの拠点を死守した。八月一三日、ドイツ側は王宮広場から戦車八台を動員してバリケードに攻撃をかけ、蜂起側はバリケードの一部から退却をよぎなくされる。旧市街陣地は日に日に縮小されてゆく。一九日にはドイツ側がピヴァナ通りのバリケードに達した。空爆と手榴弾であちこちのバリケードが炎上した。蜂起側も死力をつくして抵抗したが、二五日にはＰＫＯ職員住宅が陥落、二六日には聖ヤン大聖堂も事実上占拠された。九月一日にはカノニャ通りのバリケードも崩壊した。旧市街市場広場で蜂起側の最後の陣地となったのは、ヴォンスキ・ドゥナイ、ノヴォミェイスカ、クシヴェ・コウォの各通りへ出るあたりで、九月一日午後九時一五分まで敵の攻撃に耐えたという(23)。

聖マルチン教会——ピヴァナ通り

王宮広場から旧市街広場へ通じる通りはシフィエントヤィンスカ通りだが、同じ北西方向に入る通りでその一つ手前のそう広くない通りがピヴァナ通りである。どちらも狭い通りで、蜂起開始とともにバリケードが構築された。そのピヴァナ通りを進むとすぐ左側、同通り九／一一番に聖マルチン教会がある。シフィエントヤィンスカ通りの聖ヤン大聖堂、同通り一〇番の聖母マリアのイエズス会修道会教会とともに旧市街で最も広く知られた教会である。ワルシャワでも最も古い教会の一つで、一三五二年にマゾフシェ公ジェモヴィト三世とその妻がアウグスチノ修道会のために創建したのにさかのぼる。ロシア統治下、皇帝アレクサンデル二世が一八六三年一月蜂起への関与と支援を理由に同修道会士を追放し、教会はワルシャワ司教の管轄下におかれた。過去に三度、一四七八、一六六九、一八八八年に大火に見舞われたが、その都度再建されてきた。

だが、一九四四年八月に始まるワルシャワ蜂起での戦闘では、前述のようにすぐ近くにバリケードも構築されて最も激しい戦場の一つとなった。ドイツ側は八月四日頃から同月半ばにかけてピヴナ通りを何度も攻撃し、二三日にはついに教会を一時占拠した。ボインチャ大隊がすぐさまドイツ側を追い出したが、数日後にはまたも教会が主戦場となり、一進一退が繰り返される。二八日には空爆も受けて、ルネサンス・バロック様式の教会は完全に破壊されて崩壊し、内部の装飾も炎上した。

戦後、旧市街の復興に合わせて一九五〇年代初めに再建基金が募られ、一八世紀当時のすがたに再建された。一九五六年、ステファン・ヴィシィンスキ枢機卿（一九〇一〜一九八一）が、ワルシャワ司教として同教会をフランシスコ会修道女会にゆだねた。

教会の起原ははるか昔で古いものだが、幾度もの再建をへて、いま中に入ると予期せぬ斬新で現代的な感覚が漂っていて不思議な感動を覚える。カーキ色の建物の鉄扉を開けると、聖堂に入るポーチにはまさにモダンアートのような装飾の鉄枠とガラス戸があって、中央通路の奥にキリストの磔刑像と祭壇、その天井ちかくに赤色を基調とした現代的なステンドグラスが見通せる。聖堂の側廊には、イエスが死を宣告されてから磔刑に処せられるまでを十四の場面にして、スグラフィート技法で描かれている。

だが、全体として現代的な感覚の漂うこの教会の中でひときわ目を引くのは、正面祭壇に向かって右側の壁にあるキリストの磔刑像である（本章扉写真）。磔刑像といっても、それは無残に破損された下半身と鉄細工によって上半身の輪郭を継ぎ足したものだ。その下半身部分はかつて教会の回廊壁にあった磔刑像のもので、一九四四年に瓦礫の中から見つかった。正確に言うとその下半身部分は、腹のすぐ上、胸の下あたりで斜めに口を開けたように破損されている。戦争直後のポーランド各地で、あちこちの瓦礫の山の中から、同じように破損されたキリスト像や聖母子像がどれほど多く発見されたことだろうとも思うが、聖マルチン教会のこの像は、長期間にわたるこの国の人々の苦難と再生についての深い信念と信仰心をとりわけ強く印象づけるものである。しかも、その両側には記念板が何枚もとりつけられていて、ポーランド再生のために斃れた幾多の人々を追悼・記念している。それらは、一九三九年から一九四五年の戦争、占領、蜂起の時期に斃れたスカウト団員、ワルシャワ蜂起軍兵士、強制収容所や刑務所で死亡した人々などである。

聖ヤン大聖堂
——シフィエントヤインスカ通り

旧市街の中心通りであるシフィエントヤインスカ通りはピヴナ通りの一つヴィスワ川寄りになる。通りに入ってすぐ右側に、ワルシャワでも最も重要な教会建築でバチカンからバシリカの称号を与えられている聖ヤン大聖堂がある。大聖堂は一四世紀末から一五世紀初めのゴシック建築で、一七六四年にはスタニスワフ・アウグスト・ポニャトフスキ国王の戴冠式もここでとり行われた。ワルシャワ蜂起の際にはスタルフカの重要な防衛拠点ともなって最終的には完全に破壊されて瓦礫の山と化し、戦後の一九五六年に再建された。大聖堂周辺はバリケードによる抵抗が最後まで続いたところで、国内軍部隊を記念するプレートがあちこちに見られる。

八月一二日の砲撃で聖堂が焼けたが礼拝は続けられた。聖堂地下室には大勢の市民が避難した。ドイツ側はシフィエントヤインスカ通りのバリケードの強行突破を再三試み、蜂起側はその都度撃退した。二一日、ドイツ軍は「ゴリアテ」（ダヴィデに殺されたペリシテ人の巨人）と呼ばれた遠隔操縦の小型戦車に爆薬を満載して司教座聖堂側面に突入させて巨大な穴を開けた。大聖堂が戦後再建されたとき、側壁には記念プレートとともに、その戦車のキャタピラの一部が煉瓦壁に埋めこまれて残されている（写真）。

ブル＝コモロフスキによると、蜂起側が撤収して大聖堂をめぐる戦闘が終わったのは八月二九日のことだった。彼はそこでの戦闘についてこう書いている。

「戦闘はついに大聖堂そのものにまで及んだ。大聖堂の後陣（アプス）と聖具室に陣取る蜂起側を防衛するため、身廊（ネーヴ）の真ん中にバリケードがつくられた。聖堂の真ん中には丸天井の砕片が散乱し、瓦礫の山もできていた。」[24]

一九四四年一一月半ば、ドイツ側の大量破壊部隊が大聖堂を完全に破壊して瓦礫の山に変えてしまった。大聖堂の外壁にはスタレミャスト、ノヴェミャスト、ポヴィシレ、シルドミエシチェでの戦闘を戦って死亡した国内軍兵士——ルク軍団、ボインチャ大隊、ギ

ク大隊、グスタフ大隊、ヴィグルィ大隊、ZSP第一〇四中隊、PWB一七部隊――を記念するプレートがある。またそのすぐ左側の煉瓦壁には、ワルシャワ工科大学教授で王宮などの再建に力を尽くしたヤン・ザフファトヴィチを記念するプレートが掲げられている。教授は「一九四四年八月の蜂起の期間に破壊された聖ヤン大聖堂の再建計画の立案者」でもあった。

旧市街広場

ワルシャワ市民が戦後、跡形もなく破壊された旧市街広場の建物を壁のひび割れや傷までも戦前の姿の通りに復元し、それがユネスコの世界遺産に登録されていることは広く知られている。

一九四四年八月一日の蜂起開始から一週間余りたった頃、ポヴィシレ地区で看護将校だったイレナ・オルスカは旧市街の看護スタッフを支援するため、地下水道を通って旧市街に入った。彼女が働いた病院はフキェルのワイン貯蔵庫に設けられていた。あるとき狭く曲がりくねった階段を上って旧市街広場を見た。砲火で空が赤く染まっていた。道を尋ねられて答えられずにいると、後ろから女性の声がして解決した。振り返ると看護婦だった。「最初の日からずっとこうなのですよ」と、彼女は火炎を指さしながら言った。「連中はここのすべてを焼いてしまうのよ。旧市街もなくなってしまうのでしょう。」その看護婦は旧市街の出身で、そこに強い愛着があった。彼女は爆発音を聞くと、何が火炎に飲み込まれているのか、だれの命が危機に瀕しているのかまで分かるくらいだった。二人は黙ったまま、その火炎を見つめながら立っていた。「無力感が肩に重くのしかかっているのを感じた。何世紀にも及ぶポーランドの歴史のなかで建造されたこの美しい場所が、私たちの充血した眼の前で灰燼に帰そうとしていた。だれも旧市街を再建することなどできないだろう。」(25) イレナはそう思った。

フキェルのワイン貯蔵庫は現在、旧市街でも最もよく知られたレストランとしてその名が受け継がれている。一八一〇年からフキェル家の所有となるが、その起源はさらに一六世紀初め、ワイン商人として有名だったグジェゴシュ・コラプがそこに家を建てて地下にワイン貯蔵庫をつくったのにさかのぼると言われる。フキェル家が登場するのは一八世紀初めで、稀少ワインなどの収集で知られるようになった。一九三九年にナチスがワルシャワを占領したとき、貴重なコレクションは略奪の対象となった。

第六章「ポヴィシレ」にも記すが、現在、広場の真ん中に彫刻家、コンスタンティ・ヘゲルの作となるワルシャワのシンボルである人魚像がある。もともとは一八五五年に広場真ん中の噴水に置かれたものだったが、その噴水が一九二九年に取り壊された際にソレツ地区やポヴィシレ地区に移された。その後、最終的に旧市街広場にもどってくるのは比較的最近の一九九九年一二月のことで、当然のことながら一九四四年八月の蜂起のときにはそこにはなかったはずである。

小さな蜂起兵像——ポドヴァレ通り

旧市街広場の西の角を左折してヴォンスキ・ドゥナイ通りを歩いて行き、バルバカンをくぐりぬけるとポドヴァレ通りに出る。その角にワルシャワ蜂起の「小さな蜂起兵」像が立っている（写真）。小さな肩に小銃を吊るして抱えている。ヘルメットはドイツ軍のもののようだが、白と赤の帯と鷲の紋章がついている。そのヘルメットが大きくて顔は半分隠れているのにも引きつけられる。小さな台座にはPとWのシンボルマークが刻まれ、その前に小さな十字架。周りにはいつも鮮やかな色の花々が絶えることはない。スカウト協会の募金運動でこの像がつくられたのは、クラシィンスキ広場のワルシャワ蜂起記念碑よりも数年前のことで、一九八三年一〇月一日に、蜂起当時一四歳で国内軍のグスタフ大隊傘下のスカウト・メンバーだったイェジ・シフィデルスキにより除幕された。自主独立労組・連帯が発足してまだ数年、ワルシャワ蜂起に対する評価の変化がかなりはっきりと現れてきていたが、それはまだ蜂起の犠牲となった子どもを悼むもので、蜂起全体についての見直しにはさらに時間がかかった。この像の原型は、著名な彫刻家であるイェジ・ヤルヌシュキェヴィチ（一九一九～二〇〇五）がまだワルシャワの美術アカデミーの学生だった一九四六年にデザインして制作した作品とされる(26)。

同像の除幕式の一年後、背後の赤い煉瓦壁にワルシャワ蜂起の愛唱歌の一つ「ワルシャワの子どもたち」*Warszawskie dzieci* の歌詞を刻んだ記念プレートが取り付けられた。「ワルシャワの子どもたちよ、戦いへ行こう」と呼びかけるこの歌の作詞はスタニスワフ・ルィシャルト・ドブロヴォルスキ（一九〇七～一九八五）、作曲は著名な指揮者としても活躍したアンジェイ・パヌフニク（一九一四～一九九一）によるものである。パヌフニクは戦後のポーランド社会主義政権

による創作活動への圧力を感じて一九五四年にロンドンに亡命し、以後その地で音楽活動を続けた。有名な作品の一つに「カティンの墓碑銘」(一九六八)という管弦楽曲がある。

「小さな蜂起兵」像のすぐ近くには小さなルィツェルスカ通りがあって、同通り一二番の建物の記念プレートには「一九四四年九月二日、ナチスがこの場所で七〇人のポーランド人を銃殺した」とある。その近く、ポドヴァレ通りとピェカルスカ通りの角あたりには、一七九四年のタデウシュ・コシチュシュコ(一七四六〜一八一七)の反乱でのヒーローだったヤン・キリィンスキ(一七六〇〜一八一九)の像が抜剣して天にかざしている。キリィンスキ像は戦前、クラシィンスキ広場にあった。

ドイツ軍車両の爆発事件
――キリィンスキ通り

バルバカンに沿って湾曲するポドヴァレ通りを北西に歩いてゆくと左側にヤン・キリィンスキ通りがあってドウゥガ通りに出られる。このあたりにも蜂起軍と市民がバリケードを構築していた。一九四四年八月一三日、午後七時頃、ドイツ軍「戦車」が王宮広場方面からポドヴァレ通り、ピェカルスカ通り、旧市街広場、ノヴォミェイスカ通りを通って、またポドヴァレ通りに入るというコースで進入してきた。厳密に言うと、それは戦車ではなくて、キャタピラつきの重量運搬車両である。蜂起軍・グスタフ大隊の兵士がポドヴァレ通りに残されたその「戦車」を捕獲してキリィンスキ通りのバリケード内にもちこんだところ、突如大爆発した。ドイツ軍が「戦車に多量の爆薬をいっぱいに詰めこんで時限装置で起爆した」という説がこれまで広く流布されていた。しかし実際は、ドイツ側兵士が放置した運搬車両に乗り込んだ蜂起軍兵士が誤って起爆してしまった「事故」だったとの説を最近は聞く。この事件で一般市民をふくむ約三〇〇人が死亡した。すぐそば、ドウゥガ通り七番の三階建ての司法省建物(ラチィンスキ宮殿)の二階にいた国内軍総司令官のブル＝コモロフスキも爆風を受けて負傷した(27)。

ブル＝コモロフスキの国内軍総司令部は八月第一週の終りにヴォラ地区からの撤収をよぎなくされて旧市街に移り、八月六日から一三日までバロコヴァ通り六番の学校建物、一三日から二五日までドウゥガ通り七番の司法省建物(ラチィンスキ宮殿)にあった。キリィンスキ通りの車両爆発は、ブルが新総司令部に到着して早々に起きた大事件だった。現在、ヤン・キリィンスキ通り三番には重量輸送車両のキャタピラを象った青緑色のモニュメントがあって「犠牲者の血」に捧げられている。

「一九四四年八月一三日、ドイツ軍の戦車の爆発により戦死した五〇〇人の蜂起戦士と住民の血を清める場所。」

旧市街でも戦ったザヴォドヌィはこう書いている。

「ドイツ軍戦車が手つかずで持ち込まれたとき大変な騒ぎになった。市民は熱狂して駆け寄り、好奇心でそれを見ていた。約四〇分後、群衆のまっただなかで猛烈な威力の爆発が起きた。何人が死んだか正確には分からないが、最も控えめにみても三〇〇人以上だった。戦車を見に行った友人のタデウシュ・ファルバ（彼は私に何度も一緒に見に行こうと誘っていた）も死んだ。」(28)

ブル＝コモロフスキが国内軍総司令部を置いていた同通り七番のラチィンスキ宮殿の建物壁には「祖国の自由のために斃れたポーランド人の血で清められた場所」の記念板があって、「一九四四年九月一日、ナチスは蜂起側の病院でおよそ四三〇人を殺害した」と刻んでいる。この建物は国王の宮内長官だったカジミェシュ・ラチィンスキの屋敷だったもので、ネオ・クラシック様式の建物は一七〇二年から四年にかけて建てられ、一七八七年から八九年にかけて改築された。一九四四年蜂起では病院ともなった。ナチス占領者はこれを襲い、大勢の人々を処刑した。建物の土台壁の一部には数々の弾痕を残している。戦後の一九四八年から一九五〇年にかけて再建された。

ドミニコ修道会聖ヤツェク教会
――フレタ通り

聖マルチン教会のあるピヴナ通りを北西にまっすぐ進み、ピェカルスカ通りを横断してさらに進むとヴォンスキ・ドゥナイ通りにぶつかる。右折して旧市街広場に出て、こんどは左手のノヴォミェイスカ通りを道なりに進むとフレタ通りへつながる。その入口あたり、同通り一〇番にドミニコ修道会聖ヤツェク教会がある。フレタ通りのこのあたりはノヴェミャスト（新市街）とよばれる。

一九四四年八月一日、蜂起軍はこのノヴェミャスト一帯も占拠し、フレタ通り、シフィエントイェルスカ通り、コジラ通り、新市街広場あたりに次々とバリケードを構築した。八月二五日から三〇日まで、カロル・ジェムスキ（ヴァフノフスキ）大佐の北部軍団司令部が聖ヤツェク・ドミニコ教会付属の修道院におかれた。蜂起期間中、教会は病院にもなった。八月二〇日、二六日、三〇日にドイツ側から激しい砲爆撃を受け、とくに二六日の爆撃により、教会は丸天井が崩壊した。それでも同月末には教会の病院には二五人の医療スタッフと約二七〇人もの負傷者がいたとされる(29)。ドイツ軍の爆撃により蜂起期間中、同教会では一〇〇〇人以上の人々が死亡

したため、その場所は蜂起犠牲者の記念碑的スポットとなっている。もとは一七世紀の建築物だった教会聖堂は蜂起期間中にほとんど完全に破壊されたが、戦後の一九六二年に一応の再建が終わり、ステファン・ヴィシィンスキ大司教のもとで献堂式が営まれた。

教会に入ると薄暗いなか、すぐ左側にイエスを抱く聖母の立像がある。おそらくは砂岩彫刻なのだろうが、一見したところ日本の古寺にみる木彫のような印象をうける（写真）。よく見ると、その聖母の顔には眉間から鼻筋、口から顎にかけてまっすぐ縦に細い溝が走っていて、顔の左半分が右半分よりも色合いが薄くなっている。また、聖母が抱きかかえるイエスの頭と聖母の左肩の間にも細い溝が走っている。蜂起期間中に聖堂に撃ち込まれた砲弾によるものと思われるが、聖マルチン教会のあの下半身のキリストの磔刑像と同じように、この国の人々の悲しみと深い信仰心、しかし苦難から再生を求めてやまない強靭な意思も感じとられる。

聖堂は前述の聖マルチン教会の現代的感覚のそれとは対照的に、白黒を基調とした深い静けさと落ち着きとを感じさせるものである。しかし、この教会にも蜂起と抵抗の人々を記念するプレートがたくさんある。前述の聖母子立像のそばには、ルヴフ地域の国内軍兵士を記念するもの、一九三九年の首都防衛戦で斃れた歩兵連隊兵士を悼むもの、蜂起で斃れた国内軍・フロブルィ一世大隊の兵士を記念する大理石のプレートが並んでいる。また、聖堂の左側廊には英国とイタリアから発進して祖国にパラシュート降下した国内軍兵士の戦死者を記念する大きな記念板があり、その犠牲者の名前で埋め尽くされている。彼らは「チホチェムヌィ」cichociemny（dark and silent「暗闇と静けさ」の人々）と言われる。

ほかにも、「一九三九年から一九四五年まで、ポーランド独立のために戦った国内軍・女性兵士を記念する」プレート、国内軍の創設者でもあったステファン・ロヴェツキ（グロト）を記念するものがある。さらに、蜂起中の激戦地とその戦闘に参加した国内軍部隊の名で埋め尽くされた大きな記念板にも驚かされる。

ブロンディンカが隠れた地下室
——フレタ通り

国内軍・フロブルィ一世大隊の衛生兵だったダヌタ・ガウコヴァさんには二〇〇七年七月末と二〇〇八年九月、二〇〇九年九月の三度お会いした。最初はワルシャワ蜂起記念式典が行われたワルシャワ蜂起博物館のフリードム・パークで、あとの二回はクラシィンスキ広場近くのワルシャワ蜂起者同盟事務所だった。彼女はピアニストのヴワディスワフ・シュピルマンと同じように、ワルシャワ蜂起の停戦・降伏協定が締結されたあともワルシャワ市内に隠れ潜んでいた「ワルシャワのロビンソン」の一人といってもよい。彼女自身と夫のミェチスワフ・ガウカ（エレガント）は一九五七年にポーランド・ラジオのインタビューでその体験を詳しく語ったが、その録音の公開が許されたのは一九六九年だった。以下にその要旨を紹介する(30)。

一九四四年八月の蜂起当時、ダヌタ・シロンザクのコードネームは「金髪女性」を意味する「ブロンディンカ」だった。蜂起軍が一九四四年八月一日の緒戦以来制圧してきたスタレミャスト（旧市街）は九月二日に陥落することになるが、直前の八月三一日、当時二〇歳になるかならぬかのブロンディンカは旧市街のノヴォミエイスカ通りとモストファ通りの角の建物におかれた仮救護所に避難していた。彼女の部隊にも旧市街を撤退してシルドミェシチェ（中央区）で戦闘を継続せよとの命令が下っていた。しかし、同じくフロブルィ一世大隊所属で後に夫となる一歳年上のミェチスワフ・ガウカ（エレガント）を見捨てることはできなかった。彼の左足はドイツ軍の砲撃で崩壊した石壁でつぶされて身動きできない状態だったのである。

九月一日、すぐ近くの聖ヤツェク教会地下室に設けられた蜂起側病院に行き、医師から鎮痛剤と包帯を入手する。教会もすでに数回爆撃を受けていて、もはや安全ではなかった。翌朝一〇時頃、ドイツの犯罪者部隊兵士が武器を探してもとの仮救護所建物に乱入し、避難民から貴金属などを略奪した。避難民は建物から退去を命じられ、身動きできない老婦人とその娘、修道士、ブロンディンカとエレガントだけが残ったが、老婦人と修道士が撃たれた。ブロンディンカとエレガントは蜂起兵だと発覚しなかったのだろう、ドイツ兵は蜂起兵を探させるため彼女を五階に連行した。そのとき外で銃撃が起き、ドイツ兵が近くを離れたすきに彼女は階下へ駆けおりた。彼女は偶然入ってきた神父らとともにエレガントを担架にのせて、ポドヴァレ通り二五番のレストラン「曲がった街燈の下」*Pod Krzywą Latarnią* に設けられた病院に運び込んだ。負傷者が二〇〇人ほどいた。ここにもドイツ兵が乱入しては貴重品を略奪し乱暴狼藉を「楽しんで」いた。建物に火を放つと言われ、自力で動ける人々は出口に進んだ。ブロンディンカとエレガントはじっとしていた。銃声とともに手榴弾が投げ込まれた。建物は放火されて黒煙が広がり、外では犯罪者部隊兵士の酒に酔った声が聞こえた。

ブロンディンカはエレガントをひきずって必死に脱出口をさがした。エレガントは強烈な脚の痛みに苦しんでいた。ドイツ兵の銃撃を避けて偶然入りこんだのは三階のトイレだった。そこはまだ火の手はのびておらず、ほかに数人が隠れていた。彼女は前に避難していた部屋に置き忘れたザックをとりにもどった。わずかでも薬、包帯、乾パンなどが入っていたからである。黒煙で視界も遮られ数メートル進むのも容易ではなかった。疲れ果てていたが何とか地獄の入口から逃れる出口を見つけようとした。まだ延焼していないドアがあって、ようやく中庭に出た。ぞっとする光景が広がっていた。銃殺された人々の死体がころがり、火傷をおった負傷者が大勢いた。彼女は重傷者が脱出できるように死体をわきにどけて通路をつくった。ブロンディンカ、エレガント、他の負傷者たちは這いずるようにして中庭を出た。

ドウウガ通りは燃えていたが、同通り四番の建物はまだ燃えていなかった。すぐ近くだったが入口にたどり着くのに一時間ちかくかかった。しかし数時間後には隣の建物が燃え始めた。そのときエレガントが思い出した。蜂起を戦ったとき、向かいのフレタ通り一／三番の建物は燃えたが、その地下には退避壕がある。二人をふくめ二二人がやっとのことで通りを渡り、こんどはフレタ通り一番の建物地下に身を潜めた。朝六時頃になっていた。みな消耗しきっていた。水とコーヒーがそれぞれに入ったやかんが二つ見つかった。負傷者たちには宝物だった。

小さな隙間から隣接する建物に移った。二日間は銃声も聞こえず「平穏」ではあった。しかしその後、ドイツ兵たちが地下室に入り込んで金目のものを物色し、たまたま出くわした負傷者を射殺した。銃声はドイツ兵がまだ近くにいることをおしえた。生存者はもはや十数人となり、だれもが「つぎは誰の番だろう」と自問した。動けるのはブロンディンカだけで、地下室に残された砂糖などを分け与えたり包帯をとりかえたりして残された負傷者を援助した。アンジェイ、エデク、ジェリィンスキら、明日も知れぬ負傷者たちは家族や愛する人のこと語りあった。地下室からはわずかながらヴォトカ、ワイン、ろうそく、タバコ、炭酸水なども見つかった。ヴォトカは傷口の洗浄に使った。負傷者たちは空腹で弱りはて、無数の蚤にも悩まされた。数日後、ついに水もなくなってしまった。

数日来、銃声が聞こえなくなっていた。エデク（エドヴァルト・マテツキ）がヴィスワ川近くの野菜畑に行ってみようと言った。エデクはまだ自力では動けなかったが、モップを松葉杖代わりにし、ブロンディンカが片側を支えてやった。

モストファ通りを下って行った。道端にカビの生えたパンが落ちていた。カビをそぎ落として二人で分け合ったが、何とおいしかったことか。川岸の野菜畑には取り残されたたくさんの赤いトマトと少しばかりの玉葱があった。新鮮な野菜をみんなに食べさせることができると嬉しくなった。先行きを少しは違ったふうに思い描き始めていた。しかし、九月二〇日、ブロンディンカは疲労でついに倒れ、数日間高熱に冒されて意識を失っていた。その間にもドイツ兵に見つかって射殺されたり、重傷者が亡くなったりして、九月二五日頃にはブロンディンカ、エレガント、エデク、アンジェイの四人しか残っていなかった。

彼女は二七日には水と食べ物を探しに出るくらいに回復した。その直後、アンジェイが亡くなった。飲まず食わずの日が数日続いた。エレガントは重態だった。そして一〇月七日朝、彼女はまた水を探しに出た。ザクロチムスカ通りの方からドイツ兵の集団が来るのを見た。すぐに地下室へもどらずにしばらくは瓦礫のなかに身を潜めた。突然、聖ヤツェク教会の廃墟から白い前掛けをした女性と修道女が出てきて、ブロンディンカに何をしているのかと尋ねた。彼女は九月二日以来、重傷者とともにフレタ通りの地下室に隠れてきたが、もう食べ物も飲み水もなくなったこと、すぐに医師の治療と援助が必要であることを訴えた。ブロンディンカはそのときはじめて、数日前の一〇月二日に停戦・降伏協定が締結されて蜂起がすでに終わっていたことを聞いた。翌一〇月八日、ブロンディンカは修道女たちの援助もえてヴォラ地区、当時プウォツカ通りにあったヴォルスキ病院へ行き、エレガントの治療を要請した。彼は九日に同病院で左足を切断する大手術を受けて一命をとりとめ、後にブロンディンカと結婚した。この実話は「廃墟のなかの結婚式」（岩倉務、レナ・マルシニャク・文、フランチシェック・マシルシチャック・絵、平和博物館を創る会編／平和のアトリエ刊、一九九〇）という絵本にもなっている。

人民軍（AL）のワルシャワ地区司令部――フレタ通り

共産党系の武装組織・人民軍（AL）はノヴェミャスト（新市街）のフレタ通り一六番、マリー・キュリー生家跡に総司令部をおいていた。一九四四年八月二六日、ドイツ軍の爆撃を受け、同所で会合していた人民軍総司令官、ボレスワフ・コヴァルスキ（ルィシャルト・ピャセツキ）少佐、参謀長のエドヴァルト・ラノタ大尉らをふくめ約一三〇人もの人々が死亡した。そのうち戦闘員は三〇人、あとはポーランド労働者党（PPR）の活動家や一般住民だった(31)。死者のなかにはラノタ大尉のほかにも、ユダヤ系将校でメナシェ・アナスタズィ・マティヴィェツキ大尉、スタニスワフ・クルラント大尉がいた(32)。すぐ近くのモストファ通りのバリケードでユダヤ戦闘組織(ŻOB)部隊を率いていたイツハク・ツキェルマンはちょうど負傷していて向かいの建物の床に寝かされていたが、この空爆のとき大音響がしてその建物も大きく揺れたと語っている(33)。

再建された薄茶色の壁が優しい建物はいま、マリヤ・キュリー・スクウォドフスカ(一八六七~一九三四)を記念する博物館になっている。建物は一八世紀末に銀行家が建てたもので、のちのノーベル賞受賞者は一八六七年にそこで生まれ、二四歳のときにパリに出た。夫のピェール・キュリーとともに、二つの放射性元素を発見した。ラジウムとポロニウムである。一九〇三年にノーベル物理学賞を受賞し、一九一一年には同化学賞を受賞した。ポーランドという国が地図の上にはない時代だった。博物館は彼女の生誕一〇〇年に当たる一九六七年に開館した。

ブル=コモロフスキによると、人民軍は蜂起開始四日目に全部隊に対して、国内軍の各地区司令官の戦術命令を受け入れて戦闘に参加せよと指示した。ワルシャワにおけるその勢力は約五〇〇人といわれ、主な戦場はスタレミャストとジョリボシュ地区だった。一九四四年一月、共産主義者を核とする全国国民評議会によって結成されたもので、その前身はポーランド労働者党の武装組織、人民防衛軍(GL)である。ソ連から武器援助を受けて、ピーク時には占領地全域で一万四〇〇〇人の勢力(34)だったという。最高司令官はミハウ・ジミェルスキ(ロラ)(一八九〇~一九八九)で、一九四九年まで挙国一致臨時政府(TRJN)の国防相をつとめた。

スタラ・プロホヴニャ(古い火薬庫)
——ボレシチ通り

スタレミャストからノヴェミャストに入るあたり、ドミニク修道会聖ヤツェク教会の近くでフレタ通り、ドウゥガ通り、ノヴォミエイスカ通りが出会う。その地点でドウゥガ通りを南西に進むとワルシャワ蜂起記念碑のあるクラシィンスキ広場にいたるが、反対に南東方向、つまりヴィスワ川方面に向かうと、通りはモストファ通りからボレシチ通りとなる。モストファ通りは川べりへ向かう石畳の下り坂で、両側の建物の街路表示や街灯カバーなども古いものが残っていて歴史的風情を感じ快い。坂を下った地点、ルィバキ通りと少しせまいボレシチ通りの角に三階建てのスタラ・プロホヴニャ(古い火薬庫)がある(ボレシチ通り二番)(写真)。現在は「スタラ・プロホヴニャ劇場」という劇場として使われているが、もともとは一六世紀にヴィスワ川に架かる木製橋の出入り口の建物だったらしい。その後、一七世紀半ばから火薬庫、さらにその後には監獄にもなったという。昔の写真からみると、現在見る建物はその一部が修復されたもののようだ。

　一九四四年八月一日、この建物を占拠したのは国内軍のチク（いのしし）大隊だった。蜂起部隊は火薬庫建物周辺にバリケードを構築して拠点とした。一〇日ほど後、人民軍のチュファルタクフ大隊が支援に入り拠点防衛にあたることになる。一三日には、サンディカリスト第一〇四中隊もこれに加わり、ドイツ側からの度重なる攻撃を撃退した。しかし、ドイツ側は二五日に蜂起側拠点に侵入を始め、蜂起部隊は二八日に火薬庫からの撤退をよぎなくされながらも抵抗を続けた。

　現在、劇場となった建物壁には演劇のポスターとともに、記念プレートが一つある。

「一九四四年八月、ワルシャワ蜂起でスタレミャスト、ノヴェミャストの防衛戦を戦い斃れた国内軍ルク軍団・チク大隊の兵士を記念する。多くのものがその蜂起拠点の防衛に若い生命を捧げた。彼らにゆだねられた旧市街の急斜面の地区を最後まで保持した。」

ツキェルマンのユダヤ戦闘組織部隊
——モストファ通り

イツハク・ツキェルマン（一九一五～一九八一）はワルシャワ・ゲットー蜂起を戦って生き延びたユダヤ戦闘組織（ŻOB）の指導者の一人である。ワルシャワ蜂起開始直後の八月三日、ゲットー蜂起を生き延びたユダヤ人に対して「この戦いはわれわれの戦いだ」*Bój ten jest naszym bojem...* と蜂起部隊への参加をよびかける「宣言」を発表し、人民軍などの機関紙に掲載された。ツキェルマンは自らユダヤ戦闘組織の部隊を編成し、人民軍司令部から旧市街・モストファ通りのバリケード防衛の任務をあたえられた。人民軍司令部はツキェルマンをモストファ通りのバリケードの指揮官に任命しようとした。しかし、彼はこう言ったという。「われわれがここにユダヤ戦闘組織の名のもとにユダヤ人としてここにいることを知ってほしい。われわれはこのバリケードで、人民軍メンバーとも国内軍メンバーとも肩を並べて戦う。私はここではスタニスワフ・バグニェフスキではなく、イツハク・ツキェルマンであり、一人のユダヤ人としてここで戦っているという事実を考慮してほしい。理由はこうだ。もしもポーランド人の戦闘員に何か起きたら、ユダヤ人が非難される。それに、私の権限も受け入れられないだろう。」(35)

ツキェルマンはユダヤ戦闘組織が防衛任務についたモストファ通りの向かいに「赤い家」とよばれた建物があって、当時ドイツ側が拠点をおいていたと語っている。「赤い家」は当時、むき出しの赤煉瓦壁の建物だったためにそうよばれていたもので、ドイツ側占領以前はポーランド人兵士の家族用住宅だった。その東はヴィスワ川もすぐ近く、ブガイ通り一四番である。確かにモストファ通りの「向かい」に見えるが、すぐ眼の前ではなくて、同通りとボレシチ通りの交差点から南東に走るブガイ通りに面してあった。蜂起側は八月一四日、一七日にこの建物を占拠しようと攻撃をかけ、一時的に作戦の成功を見るが、すぐにドイツ側の再占拠をゆるすことになる。四階建の「赤い家」は現在も当時とほとんど変わらぬかたちを残しているが、外壁は塗装されていてもはや「赤い」家ではない。ただ一部、緑地に接する建物側面の下の方だけに当時の赤煉瓦壁が残る部分がある。いまはまったく閑静な住宅地である。

モストファ通りのバリケードはドイツ側拠点のすぐそばだったため、空爆や砲撃を受けることはなかった。バリケードから後方基地の建物に入ると大勢のポーランド人がいて、ツキェルマンたちがユダヤ人部隊であることを知っていた。しかし、ツキェルマンはこのときに感じたことをこう語っている。

「反ユダヤ主義は微塵も感じなかった。たぶん、子どもの頃からのポーランドにおける人生で初めて、われわれに対する無制限の賞賛というものを感じた。われわれは決定的な勢力でもなく、重要な勢力と言えるものではなかった。わずか数十人の部隊だ。しかし、精神的には重要なものだった。われわれは蜂起への参加を誇りに思っていた。ただ一人の落下傘兵が何をもたらすだろう。ほとんど何ももたらさない。しかし、ときには人を励まし、さらなる力をあたえることがあるのだ。われわれが蜂起に対して行ったのはそれである。バンカーのポーランド人は、われわれがバリケードへ向かう途中、敬礼することもあり、われわれもまた、空爆中に彼らがバンカーに避難するときキスを投げ返した。」(36)

ツキェルマンは、モストファ通りのバリケードで「国内軍と人民軍の共同部隊があった」とも語っている(37)。

ツキェルマンが率いたユダヤ戦闘組織の部隊はせいぜい二〇人ほどの小隊だったが、そのなかには妻のツィヴィヤ・ルベトキン、スィムハ・ロテム、トゥヴィヤ・ボジコフスキ、ユゼフ・サク、ステファン・グライェク、ズィグムント・タベルマン、ダヴィド・クレイン、マレク・エデルマンらの戦友たちがいた(38)。

前述のようにフレタ通りの人民軍司令部は八月二六日の爆撃で破壊され、多数の指導者が死亡した。数日後、旧市街は陥落し、ツキェルマンたちユダヤ人戦闘集団も九月初め、クラシィンスキ広場近くのマンホールからジョリボシュ地区へ逃れることになる。

ツキェルマンは語っている。「旧市街にいたとき、一般市民からも国内軍からも、反ユダヤ主義を感じたことはただの一度もなかった」「人民軍はわれわれを高く評価してくれたし、国内軍も友情を示してくれた。われわれはともにバリケードで戦い、同志たちも反ユダヤ主義のひとかけらも耳にしなかった事実を立証できるだろう。」(39)

だが、ワルシャワ蜂起期間中に国内軍蜂起部隊によるユダヤ人の虐待や殺害事件が一部にあったことにも目を背けることはできない。証言が伝聞にもとづくものであることも多く正確な事実の確認は極めて難しいが、一九四四年九月、プロスタ通りでオスロヤ兵長ら国内軍兵士が、かつての小ゲットー地域に隠れていたユダヤ人住民を処刑・殺害したとされる事件が代表的なものである。旧市街で国内軍と肩を並べて戦っていたツキェルマンは、国内軍メンバーによるユダヤ人殺害を知ったのは蜂起が終わってからだったと語っている。(40)もちろん、こうした「ユダヤ人狩り」を実行した兵士は当時四万人以上を数えた国内軍のなかでは「一〇〇人を超えることはまずなく」「せいぜい五〇人以下」(41)だったという説もあるし、処刑寸前のユダヤ人を救った国内軍将校がいたという事実も一方ではある(42)。したがって、ワルシャワ蜂起の最中にユダヤ人住民が「ユダヤ人であるがゆえに」処刑・殺害された事件があったことは忘れてならないが、他方でこうした出来事のゆえに国内軍全体を本質的に「反ユダヤ主義」であると規定するのは大きな誤りである。

サクラメント教会
――ノヴェミヤスト（新市街）広場

フレタ通りを北にまっすぐ進んでゆくと、右側にノヴェミャスト広場を見、その奥に薄緑色の丸屋根に十字架を戴き、優雅な白壁が美しいバロック様式のサクラメント教会がある。ヤン三世ソビェスキ（一六二九～一六九六）がウィーンでトルコ軍を破ったことについて、マリア・カジミェラ王妃

（一六四一〜一七一六）が神に感謝するために一六八八年から一六九二年にかけて建造させたものである。一九三九年のドイツ軍の爆撃の際、ノヴェミャストは幸運にも重大な被害を免れたが、ワルシャワ蜂起の期間、サクラメント教会は大きな病院・救護所となってドイツ側の激しい攻撃を受けることになった。修道女たちは教会地下室に多数の民間人を避難させただけでなく、近くの修道院に負傷した蜂起兵も避難させた。ドイツ軍はこれに対する報復措置として一九四四年八月三一日午後、教会を爆撃した。聖堂の丸天井は崩落し、内部の装飾も完全に破壊され、瓦礫の中に約一〇〇〇人の民間人、三五人の修道士、四人の神父が埋まるという大惨劇が起きた。

聖母教会と修道院壁のストリート・アート――ノヴェミャスト

サクラメント教会の北、コシチェルナ通りとプシルィネク通りには、一四〇九年にマゾフシェ公ヤヌシュ一世とその妻によって建てられたゴシック様式の教会、聖母マリア訪問教会がある。過去に何度も修復されて今日に至っている。煉瓦壁とオジー形の窓が印象的だ。ワルシャワ蜂起期間中、教会は次項にあるサングシュコ通りの国立造幣工場での戦闘の後方拠点として重要な役割を果たしたが、八月三〇日から三一日にかけてプシルィネク通り一帯はドイツ側に完全に制圧されてしまう。

その聖母教会に隣接する教区建物の外壁はヴィスワ川沿岸の急斜面にあるが、二〇〇八年当時、その外壁の横長いっぱいにワルシャワ蜂起を描いた一種のストリート・アートの「壁画」があった（写真）。

白い塗料で横に大きく力強く *„Pamiętamy”*（パミエンタムィ＝われわれは忘れない）とあるが、語頭のPの文字は「戦うポーランド」を意味する**PW**（*Polska Walcząca*）をかたどり、Wの部分だけが赤く塗られている。その左側には白地の上に銃を構える蜂起兵が黒色で描かれているが、ヘルメット部分のヘッドバンドは白と赤で塗られ、左下には「栄光の六三日間」とある。右側にも蜂起兵の顔が大きく描かれている。この「壁画」は教会の許可なく一夜にして描かれたものだというが、教会も敢えてそれを消そうとはしていなかった。

国立造幣工場（PWPW）——サングシュコ通り

フレタ通りとドウゥガ通りの角のドミニコ教会からフレタ通りを北西に進むとコシチェルナ通りにぶつかる。それを横断してさらに進むとそれはザクロチムスカ通りとなり、まもなく右手に国立有価証券工場（国立造幣工場）（PWPW、通称「ペヴペヴ」）の建物群が見えてくる。それらは四、五階の建物ブロックをなし、ザクロチムスカ通り、それと交差するロマン・サングシュコ通りとヴイトフスカ通りに囲まれた長方形の広い敷地におさまっている。東はヴィスワ川沿岸となり、サングシュコ通りの向こう側には古い軍団要塞跡が今もある。サングシュコ通り一番のこの造幣工場の建物群は一九四四年蜂起開始直後の八月二日に蜂起軍が占拠したもので、同月二八日まで蜂起軍部隊の最も重要な要塞拠点の一つとなった。造幣工場の建物をめぐる戦闘の帰趨はスタレミャストの命運を決する攻防戦となった。

造幣工場の起源はポーランド独立回復直後の一九一九年一月にイグナツィ・ヤン・パデレフスキ首相（一八六〇～一九四一）の下に創設された国立図版工場にあり、翌年初めて紙幣が印刷された。一九二五年にポーランド有価証券工場（制作所）に改組され、サングシュコ通り一番を本部とした。建物群の設計はアントニ・ディガトによる。一九三二年に輪転グラビアによるズヴォティ紙幣の印刷が始まり、証券、切手なども印刷された。一九三九年に始まるナチス占領下では占領者の管理下におかれ、紙幣、ケンカルタ（身分証明書）、食料配給券、その他占領当局の文書なども印刷されるようになった。しかし、ドイツ人当局のもとでも現場職員はポーランド人だったため、一九四〇年にはミェチスワフ・ヒジィンスキ（ペウカ）少佐を指揮官とする国内軍地下組織 PWB/17 が結成され、占領当局の管理のもとで表向きの仕事をこなす一方で、秘密裏に国内軍の地下文書などを印刷したという。

一九四四年八月二日、蜂起側は内部の地下組織 PWB/17 と外からの国内軍部隊が呼応して造幣工場を占拠した。外から攻撃したのはゴズダヴァ大隊（チャルニェツキ大隊）、ポーランド・サンディカリスト同盟第一〇四部隊、ヴィグルィ大隊などだった。蜂起部隊は数十丁のカービン銃や拳銃を弾薬とともに捕獲した。建物群は強力な要塞として約四週間にわたり旧市街と新市街の防衛拠点となった。工場では火炎瓶が製造され、臼砲などの試作もおこなわれた。工場はドイツ側の食料倉庫としても使われていたため、残された食糧も活用された。ドイツ側は当初からしばしば工場を奪回するため反攻にでたが、その都度蜂起側に撃退された。

八月一八日、ドイツ軍は早朝から旧市街一帯を空爆するとともに、造幣工場に対しても強力な砲撃を加えた。二一日、ヤン・シポフスキ（レシニク）中佐指揮下のレシニク軍団が到着して要塞防衛を引き継いだ。しかし、二三日にドイツ軍が猛攻を開始し、二五日には建物群のなかの一部を奪取。翌日には歩兵部隊が向かい側の軍団要塞を拠点にして、戦車隊の援護のもとに造幣工場の中心ブロックへの攻撃を集中して侵入し始めた。二七日、ドイツ側は蜂起部隊を建物群南西、ザクロチムスカ通りとヴイトフスカ通りの角に追い詰めて重要拠点から排除し、二八日には造幣工場の全ブロックがドイツ側の手に落ちた(43)。蜂起側の最後の司令官はチェスワフ・レフ（ビャウィ）中尉で同日戦死している。約四週間の工場拠点の防衛戦で一〇〇人ちかくの蜂起兵が戦死した。建物はこの戦闘で見る影もなく破壊されたが、戦後にほぼ元のすがたに再建された。

二〇〇六年にそこを訪れた。構内には蜂起での戦闘に関する記念プレートが少なくとも三つ（一九四七、一九九九、二〇〇五年に設置された）あるはずだが、警備が厳しくて外からの写真撮影さえ禁止された。二〇〇九年に再訪したときは許可を得て、外の鉄格子塀の隙間からそのうちの一つをズームで撮影することはできた。それは建物入口横のかなり大きな縦長の記念プレートで、ＰＷＰＷの大きく太い浮き出し文字の上に一九四四年八月二日に造幣工場を奪取した国内軍部隊と指揮官の名を以下のように、上から示している。

国内軍造幣工場地下部隊 PWB/17、指揮官：チェスワフ・レフ（ビャウィ）中尉

国内軍ゴズダヴァ大隊、指揮官：ルツィヤン・ギジィンスキ中尉

サンディカリスト第一〇四中隊、指揮官：カジミェシュ・プチィンスキ（ヴロニスキ）中尉

そしてＰＷＰＷの文字の下には、八月三日から二八日までの約四週間、その造幣工場を防衛した部隊と指揮官の名を列挙している。この記念プレートは造幣工場設立の八〇周年にあたる一九九九年に取り付けられたものである。

工場設立九〇周年にあたる二〇〇九年の再訪時、建物外壁や鉄の格子塀にはＰＷＰＷの歴史と一九四四年蜂起における同地での戦闘について解説や、工場地下組織の指導者一〇人の写真などの展示物が掲げられていた。

建物外壁の記念プレートで注目すべきは、前記の国内軍 **PWB/17/S** の最後の司令官だったチェスワフ・レフ（ビャウィ）中尉と工場地下組織で医師のリーダーだったハンナ・ペトルィノフスカ（ラナ）の顔を浮き彫りしたものである（写真）。二人とも一九四四年八月二八日、造幣工場陥落の時に死亡した。ハンナは一九〇一年生まれで、プラガ地区にあ

るワルシャワ動物園の園長、ヤン・ジャビィンスキ（一八九七～一九七四）の妹である。ヤン・ジャビィンスキは、ナチス占領下で三〇〇人ともいわれるユダヤ人をワルシャワ動物園に匿ったことで知られる。ハンナの夫、マリヤン・ペトルィノフスキも医師で地下活動家だったが、一九四〇年に逮捕されてオーストリアのマウトハウゼン強制収容所に送られ、三ヶ月後に死亡した。ハンナは夫の逮捕後も「ドクトル・ラナ」として国立造幣工場の地下組織の医療・看護活動を指導し、献身的活動をおこなった。八月二八日、蜂起側部隊が撤退する際にも、身動きできぬ負傷者や医療スタッフとともに地下病院を離れなかった。ドイツ兵が地下病院に侵入してきたとき、「ここは病院だ」と叫んで負傷者の前に立ちはだかったが、手榴弾を投げつけられて死亡したといわれる。ハンナ・ペトルィノフスカとチェスワフ・レフの記念プレートの両側には白と赤のポーランド国旗が取り付けられている。

造幣工場の建物は現在、白壁の立派な建物となっているが、鉄の格子塀をよく見てみると、鉄の格子のところどころが深くえぐれているのが分かり、塗料をぬりかえても約七〇年前の戦闘の傷は消え去ってはいない。

　鉄格子塀には共産党系の人民防衛軍（GL）の記念プレートが一つある。四隅に星を配した社会主義時代初めの頃の古いものだとすぐに分かる。

「一九四三年二月二八日、ヤン・スチュシェシェフスキ（ヴィクトル）の指揮する人民防衛軍がナチスの工場の警備を武装解除し、ポーランド人民の死刑執行人に対する死刑宣告を実行した。」

軍団要塞――サングシュコ通り

国立造幣工場の北、すぐ向かい側に、かつてロシアがツィタデラ要塞の外輪の一つとして築造した軍団要塞が残っている。築造当時はヴワディミル要塞と呼ばれたが、ポーランドの独立回復後、軍団要塞と改名された。赤い煉瓦造りのロトゥンダ（円形の構築物）の要塞で無数の弾痕が残り、その周囲は草地だが深い壕が掘られている。ナチス占領中は弾薬庫に使われていた。一九四四年八月蜂起のとき、蜂起側はこの要塞を奪取できず、ドイツ側の造幣工場に対する強力な出撃・攻撃拠点となった。要塞と造幣工場のあいだに緑地公園があり、そこに石の記念碑がある。それは、一八六三年一月から一八六四年にかけての蜂起に関するもので、一八六四年八月にそこで処刑された蜂起指導者五人の名が刻まれている。それらは、ロムアルト・トラウグット、ラファウ・クライェフスキ、ユゼフ・トチスキ、ロマン・ジュリィンスキ、ヤン・イェジョラィンスキである。

ソ連のポーランド侵攻による東方犠牲者を悼むモニュメント
——ムラノフスカ通り

サングシュコ通りを西方に道なりに進んでゆく。ザクロチムスカ通りと交差すると、通りはコンヴィクトルスカ通りとなり、さらにボニフラテルスカ通りと交差し、こんどはムラノフスカ通りとなる。ムラノフスカ通りの真ん中には一九三九年九月一七日に始まったソ連の侵攻による旧ポーランド東部領土での戦死者・犠牲者を悼むモニュメントがある（写真）。丸石を敷き詰めたゆるやかなスロープの上の鉄道線路にブロンズによる鉄道車両の台車があり、その中にはあちこちに傾きながら群立する大小さまざまな十字架が、ソ連侵攻にともなってシベリアやソ連領土奥地へと強制移送された旧ポーランド領東部の犠牲者を象徴している。カトリック教会の十字架だけでなく、東方正教会の十字架、ユダヤ教のダヴィデの星、イスラム教の三日月などで埋まった車両の側面には王冠を戴く鷲が取りつけられ、車両の前にはソ連領内でポーランド国民が犠牲となった戦場、強制収容所などの名を太く大きく浮き彫りにしたブロンズの枕木が数十本も並んで迫ってくる。そのなかにカティン、スモレンスクの名もある。

両側を車が頻繁に行き交う中にも重々しく圧倒的な存在感のあるこのモニュメントは、彫刻家、マクスィミリヤン・ビスクプスキの制作によるもので、一九九五年九月一七日に除幕された。以来毎年、ソ連軍によるポーランド東部侵攻のその日、その場所では記念のミサがいとなまれる。二〇〇八年九月一七日、ワルシャワはすでに気温が一〇度を割りこみ、冷たい雨が降り続いていたが、ソ連軍の東部侵攻に起因する

犠牲者の遺族たちが傘をさしながらモニュメントに花を供える光景を見た。午後五時、ミサが始まり、白と赤のポーランド国旗、黄と赤のワルシャワ市旗が林立するなか、大統領や首相のメッセージが披露され、ワルシャワ市長が演説し、カトリック、プロテスタント、正教会、ユダヤ教の聖職者のことばがあり、やがてポーランド軍による礼砲が鳴り響いた。タデウシュ・ピョトロフスキによると、ソ連占領期間中にソ連国内の北部や中央地域に移送されたポーランド人市民は一二〇万から一七〇万人にのぼり、その多くが死亡したとされる(44)。また、ザヴォドヌィはこう書いている。

「ポーランド人にとってもう一つの辛い体験は東方領土からのポーランド市民の大量移送だった。一二〇万人から一四八万人がわずか四時間前の通告で強制的に自分たちの家々から追い出され、ソ連の北方・東方領内に移送された。そのほかに、ドイツ軍と戦った二〇万人のポーランド人戦争捕虜がソ連側に逮捕・拘束され、その最大の悲劇はポーランド人将校団の約四二パーセントを含む一万五〇〇〇人の兵士が忽然と消えたことだった。そのうちの八〇〇〇人は医師だった。一九四三年、このうちおよそ四四〇〇人の遺体が虐殺現場のカティンの森で発見された。しかし、あとの一万一〇〇〇人は名も知れず、何の形跡も見つからなかった。」(45)

これは一九七八年刊行の書物の記述である。ソ連当局が「カティン事件」などの残忍な犯罪をスターリンのＮＫＶＤによる仕業として認め、大量埋葬地の存在を明らかにしたのはゴルバチョフが大統領に選出された直後の一九九〇年四月で、その後いくつかの処刑現場での発掘が認められ、遺体や遺品が発見された。ロシア当局は虐殺に関する公文書の閲覧を認めた。

強制労働のユダヤ人解放——スタフキ通り

ムラノフスカ通りはヴワディスワフ・アンデルス将軍通りと交差して、こんどはスタフキ通りとなり湾曲しながら西へと続き、やがて三〇万人余のワルシャワ・ゲットーのユダヤ人がトレブリンカ絶滅収容所へ連日移送される起点となったウムシュラークプラッツ（現在はその壁の記念碑）にいたる。現在、モルデハイ・アニェレヴィチ通りとルドヴィク・ザメンホフ通りの角にあるゲットー英雄広場からウムシュラークプラッツ記念碑までのルートは、一九四〇年から四三年までの「ユダヤ人の受難と闘争を記憶するルート」として定められている。「記憶のルート」はゲットー英雄記念広場の記念碑に始まってザメンホフ通りに出、シュムル・ズィギェルボイム広場から、ミワ通り一八番のゲットー蜂起司令部跡を経由しながら、スタフキ通りに出て左折し、かつてのウムシュラークプラッツにいたるというものである。(詳細は『記憶するワルシャワ』の第八章参照)

スタフキ通り六/八番の大きな建物は学校だったが、戦時中は臨時に病院として使用された。ナチス占領者はこの建物を、トレブリンカへの移送前にユダヤ人を拘束する場所に利用していたが、一九四二年七月から九月上旬にかけての「大移送」、一九四三年一月の第二次移送、一九四三年四月から五月にかけてのゲットー蜂起のあとも、軍服や食料の倉庫として使っていて、ゲンシュフカ収容所からユダヤ人を動員して積み込み作業などを強制していた。

一九四四年八月一日、午後五時過ぎ、蜂起軍はいちはやくスタフキ通りのドイツ軍倉庫と学校建物の攻略に成功する。しかし一一日、ドイツ側が強力な反撃に出て、蜂起部隊は激しい砲撃にさらされ、翌日には撤退をよぎなくされた。この戦闘で蜂起部隊に多数の死傷者がでた。ドイツ側はこれにより、スタレミャストの国内軍部隊を攻撃するための橋頭堡を確立した。蜂起部隊はスタフキ通りを再度奪回しようと激戦を展開し、同日午後には学校と倉庫を一時的に再度奪回する。しかし、ドイツ軍が再度これを奪回する。蜂起部隊によるスタフキ通り陣地制圧は八月一七日までで終わり、スタレミャスト包囲網が狭まる。

学校建物の記念プレートにはこうある。

「一九四四年八月一日、ワルシャワ蜂起の緒戦において、スタニスワフ・ソサボフスキ(スタシンカ)中尉指揮下の国内軍・ケディフ(破壊攪乱工作指導部)A部隊がナチス親衛隊守備隊との戦闘のすえにこの建物を奪取するとともに、ここに閉じ込められていた約五〇人のユダヤ人を解放した。彼らはヨーロッパの様々な国から移送されてきた。この部隊は地下破壊活動を続けた後、蜂起のために以下の場所で敵との公然たる戦いに立ちあがった。ヴォラ地区、スタフキ通り、スタレミャスト、シルドミェシチェへの突破作戦、サスキ公園、チェルニャクフ地区のヴィラノフスカ通り。戦死した兵士を讃え、蜂起四六周年にこの記念プレートを設置する。部隊の栄光を讃えて。」

この建物にならぶスタフキ通り四番の街路表示の下には「ミコワイ・コペルニク経済学校」のプレートがかかげられている。

ポーランド銀行要塞
——ビェラィンスカ通り

スタフキ通りからは離れて、こんどは旧市街の南の地域を歩いてみる。王宮広場の南西角からセナトルスカ通りを下ると、ノヴィ・プシェヤスト通り（当時はダニウォヴィチョフスカ通り）との角、セナトルスカ通り一一番の建物の壁に地下水道のルートを示すプレートがある。このルートはいったん西へ進んだ後、ヴィェジュボヴァ通りからマゾヴィェツカ通りを下って、シフィェントクシスカ通りの交差点（現在のワルシャワ蜂起者広場）のマンホールに出てシルドミェシチェ（中央区）に入るものである（第一章④―⑤）。第一章「地下水道」に記したように、旧市街から中央区への地下水道ルートはこのほかに、クラシィンスキ広場のマンホールからノヴィ・シフィャト通りへいたるコース（第一章①―③）、クラシィンスキ広場のマンホールから銀行広場のセナトルスカ通り四〇番に出るコース（第一章①―⑥）があった。

ワルシャワ蜂起での激闘をいまも生々しく想起させる建物が、セナトルスカ通りと交差して北西にのびるビェラィンスカ通り一〇番に見ることができる。それはかつてのポーランド銀行で、蜂起開始の八月一日から九月一日まで、ナチス・ドイツ軍が南西方面から旧市街へ突破をはかろうとするのを阻止するうえで重要な要塞となった。激しい砲弾の雨にさらされた無残な壁跡が、すでに改修されたオフィスビルの正面に残されている。昔のままの壁跡にあるプレートにはかつての建物の写真があり、こう記されている。

「ポーランド銀行の廃墟。一九〇七年から一九一一年にかけてロシア帝国銀行のために建設された。敷地はかつて、一八世紀と一九世紀に国立造幣局として使用された二つの宮殿のあった場所である。レオンティイ・ベノイスの設計によるネオ・ルネサンス様式。一九四四年のワルシャワ蜂起の期間、ポーランド側の重要拠点だったが、ドイツ軍機の爆撃を受けた。」

建物は完成後の一九二〇年代半ばにポーランド銀行の本部所在地となった。しかし、一九四〇年から一九四四年まではナチス占領当局の任命による総督府の中央銀行がおかれた。一九四四年八月一日、蜂起軍のウカシィンスキ大隊が銀行建物を包囲した。三日から四日夜にかけてドイツ側がピウスツキ広場へ撤退したため、蜂起部隊は難なく銀行建物を占拠した。ドイツ軍は翌日から戦車も動員して態勢をたてなおし、一〇日にはセナトルスカ通りから建物の廃墟を通って銀行内への浸透をはかった。一八日、銀行建物はドイツ軍機の空爆を受けて大きな被害を受けた。ドイツ側はラヂヴィウ宮殿からもビェラィンスカ通りを攻撃して要塞包囲網を狭めてゆく。二二日から二三日にかけての夜、戦闘は銀行内部に移り、ドイツ側は建物の北の一角を奪取する。建物内の階段一つ一つをめぐる熾烈な戦闘が展開された。

九月一日朝、ドイツ側がビェラィンスカ通りとドウゥガ通りの角から強力な圧力をかけたのに対し、銀行要塞の蜂起軍守備隊は建物裏側となるヒポテチュナ通り、さらにはクラシィンスキ広場へと後退をよぎなくされる。砲爆撃を受けて大きく破壊された要塞に最後まで残ったのは、ヴィトルト・ウィジヴィンスキ（マチェイェフスキ）指揮下、ウカシィンスキ大隊のパトロール兵若干名だったが、二日朝にはクラシィンスキ広場の地下水道に入り、シルドミェシチェに脱出をよぎなくされた。

ポーランド銀行要塞は一九六〇年代にビェラィンスカ通りと「東西ルート」（W-Zルート）の角側がかなり解体されたが、いまも半ば廃墟のすがたをさらしている。石と煉瓦の壁に残る数々の砲弾・銃弾の跡はこれが六十年も前のものなのかと思えぬほどに生々しい。真っ赤な花を植えこんだ花壇の奥にPとWを組み合わせた国内軍の大きなシンボルが立ち、壁には「ポーランド銀行要塞、ワルシャワ蜂起において旧市街を防衛するため、国内軍のソスナ軍団・ゴズダヴァ大隊兵士がここで戦い死亡した。一九四四年八月一日～九月二日」と記すプレートがある。ワルシャワ蜂起の激闘のあとを今も鮮烈に残すこの建物は、ワルシャワ蜂起博物館建設の最初の候補地だった。

国内軍総司令官のブル＝コモロフスキは一九四四年八月二五日夜から二六日にかけて、総司令部を旧市街からシルドミェシチェに移すために地下水道に入った。彼は撤退直前のその夜おそく、「スタレミャストの見納め」にと、数少なくまだかたちを残していたビルの屋上の監視ポイントに上がってみる。そのときのことをこう書いている。

「私の足元にスタレミャストの全景があったが、それはかつて都市として存在したものの廃墟にすぎず、噴煙と塵の幕に包まれていた。強い風が西から吹いてきて、その幕をゆっくりとヴィスワ川方面に動かしていった。しばらくの間、私はそのような光景をどこかで見たのを思い出そうとした。そして思い出した。それは、ある連絡員が数ケ月前にロンドンからもってきたスターリングラードの写真の光景だった」「左手には、ポーランド銀行のわが方の拠点を見ることができた。ドイツ側はそこを攻略するのに困難をきわめた。半ば廃墟と化した建物のドームには、白と赤のポーランド国旗の切れ端がまだ棚引いていた。その建物は笊《ざる》のように見えた。壁に空いた数々の穴を通してコンクリートの骨組が見えた。大きな穴は二二〇ミリ砲であけられたものだ。前日、ポーランド銀行は同じタイプの砲撃を一七発も受けた」「ドイツ側は七度、建物に侵入したが、建物左翼で七度抵抗にあった。そして、戦闘は中央階段と各階に移り、最後にはドイツ側が地下室で完全に打ち負かされた。」(46)

プシェベンドフスキ・ラヂヴィウ宮殿
――ソリダルノシチ大通り

ポーランド銀行要塞跡を右手に見ながら、ビェラィンスカ通りを道なりに北西方向に歩くと、ソリダルノシチ大通り六二番にプシェベンドフスキ・ラヂヴィウ宮殿がある。「宮殿」とは本来は国王の住む建物を指すのだろうが、ポーランドではそのように大きなものから貴族の屋敷でかなり小さなものまで「パワツ」（宮殿・邸宅）とよばれる。ラヂヴィウ宮殿もそう大きなものではないが、鶯色の二層の丸屋根、弓形にせり出した正面、二階窓の上のレリーフなど、実に優雅で暖かな雰囲気の建築物である。

だが、その場所は現在、ワルシャワを東西に横断する基幹道路、ソリダルノシチ大通りの「東西ルート」の環の中にあり、周囲の車の往来が激しく、あまり落ち着いた雰囲気はない。「東西ルート」は戦後すぐに敷かれた基幹道路で、戦前には狭い地域ながら閑静だった宮殿の環境は一変してしまったのである（宮殿の当時の住所はビェラィンスカ通り一四番だった）。ソリダルノシチ大通りはかつてレシュノ通りとよばれ、ラヂヴィウ宮殿の前、ビェラィンスカ通りと出会う地点で終わっていた。戦後間もなく、一九四〇年代末に「東西ルート」敷設により、ソリダルノシチ大通りは旧市街からヴィスワ川右岸へ幹線道路として延長されていった。もちろん、「連帯」というその大通りの名も体制変革とともに改められたもので、戦後長く共産主義者のカロル・シフィェルチェフスキ将軍大通りと呼ばれていた。

ラヂヴィウ宮殿はワルシャワに数ある邸宅・屋敷のなかでも最も美しいものの一つといわれ、アウグスト二世の財務長官、ヤン・イェジ・プシェベンドフスキにより、一七二八年にバロック様式で建設された。設計はヤン・ズィグムント・デイベルによる。一七六〇年からスペインの外交使節、ペドロ・アランダ伯にも使用されたが、一九四五年までヤヌシュ・ラヂヴィウ公の所有だった。

屋敷は一九四四年のワルシャワ蜂起での戦闘でひどく破壊された。同年八月二〇、二一日、蜂起軍部隊は、前述のポーランド銀行とラヂヴィウ宮殿をめぐってドイツ軍と激しい戦闘に突入した。ドイツ軍は蜂起軍が拠点とするポーランド銀行を攻め落とすことができず、宮殿も攻撃対象となった。二一日、ドイツ軍は激戦のすえに宮殿を奪取したが、午後一〇時頃、ステファン・カニェフスキ（ナウェンチュ）指揮下の保安軍団突撃大隊の兵士がドイツ軍を撃退し、二五日まで同所を要塞拠点として防衛した。しかし、二六日明け方にドイツ軍の激しい砲撃にさらされて、蜂起軍部隊は多くの負傷者をだして退去、一部はドウゥガ通り二九番のホテル・ポルスキ、聖母マリア要塞へ撤退した。この間、ラヂヴィウ公は宮殿の地下に家族らと隠れていたところをドイツ軍に捕らえられ、尋問のためにベルリンに移送されるが、蜂起が鎮圧されると再びポーランドへもどることが許された。しかし、一九四五年、こんどはソ連の内務人民委員部（ＮＫＶＤ）に逮捕されるという数奇な運命をたどる。

宮殿は戦後、社会主義政権に接収されて改修され、一九五五年から一九八九年まではレーニン博物館とされていたが、一九九〇年以降はワルシャワ独立博物館となって、一八世紀のポーランド分割から今日にいたる歴史資料を集めている。

シルドミエシチェ（中央区）北への強行突破作戦

一九四四年八月末、ジョリボシュ地区からの支援作戦も不成功に終わり、旧市街陥落が必至となったなかで、北部軍団のカロル・ジェムスキ（ヴァフノフスキ）大佐は国内軍ワルシャワ管区司令官のアントニ・フルシチェル（モンテル）の承認のもとに、ドイツ軍陣地を強行突破してシルドミエシチェ（中央区）への道を開く作戦に賭ける。国内軍は旧市街に残る数千人の蜂起兵士をその後の戦闘のために温存して中央区へ移動させたかったが、それほど多数の兵士が地下水道を通って中央区へ脱出することなど不可能だと思われたためである。当時、蜂起側・北部軍団の制圧下にあった旧市街地域の南縁はビェラィンスカ通りで、その南にはドイツ側が制圧下においていたサスキ公園が広がっていた。目指すのはその南、蜂起側が制圧するシルドミエシチェ北の北縁をなすクルレフスカ通りである。作戦はサスキ公園のドイツ軍陣地の真ん中を貫通しようというものだが、その距離は直線にして七〇〇メートル、多少の迂回をみても一〇〇〇メートルはない。

八月三〇日から三一日にかけて、前記のポーランド銀行要塞のあるビェラィンスカ通りからグスタフ・ビルレヴィチ（ソスナ）少佐とヤン・マズルキェヴィチ（ラドスワフ）中佐の指揮下にある軍団部隊が先陣として作戦を決行した。作戦が成功した場合はロケット弾で知らせ、旧市街部隊の移動を準備させる手はずだった。これに合わせてチャタ四九大隊とユリウシュ特殊部隊、ミョトワ大隊がクラシィンスキ公園近くのマンホールから地下水道を通り、サスキ公園西の銀行広場に出てドイツ軍を背後から急襲するという陽動作戦も決行された。

他方、中央区の国内軍数部隊もクロフマルナ通りからサスキ公園の西側出口に位置するジェラズナ・ブラマ広場や、さらに西になるヴォラ地区のミロフスキ市場のドイツ軍を攻撃して側面支援をはかった。スタルフカからシルドミェシチェへの強行突破作戦の成功は、この三つの作戦がいかにうまく連動して同時進行で成功するかにかかっていた。

だが結局、作戦は不成功に終わる。チャタ四九大隊兵士は三〇日午後一〇時にクラシィンスキ公園近くのマンホールを降りて地下水道に入った。翌日午前一時頃、ジェラズナ・ブラマ広場で中央区の部隊がドイツ側と戦闘を開始した。そのすぐ後、北の銀行広場のマンホールから蜂起兵が出てドイツ側と交戦したが不意打ち作戦は失敗し、多数の死傷者をだした。最終的に旧市街から中央区に到達できたのは、ラドスワフ軍団傘下のゾシカ大隊などの兵士約六〇人だけだった。彼らはビェラィンスカ通りのポーランド銀行から出撃し、セナトルスカ通りの聖アントニ・パデフスキ教会、次いでザモイスキ邸の地下に隠れた。午後一〇時頃、夜陰に紛れてサスキ公園をほぼ縦断し、クルレフスカ通りの蜂起側陣地に何とか着いた。旧市街から中央区への強行突破作戦の死傷者は約一五〇人と言われる(47)。こうして、旧市街の蜂起兵数千人はクラシィンスキ広場近くのマンホールから地下水道を通って脱出するほか選択肢はなくなった。

ジャーナリストのジョージ・ブルースはラドスワフ軍団・ゾシカ大隊の兵士「約七〇人」がドイツ軍陣地だったサスキ公園の真ん中を通って中央区に到達したときの様子をこう書いている。

「司令官のイェジは部下に対して、ドイツ側から奪った親衛隊の制服に着けていた白と赤の腕章を取るよう命じた。そして、兵士を二列に整列させて先頭にはドイツ語を流暢に話せる者を四人おき、約三〇〇ヤード離れたポーランド側のバリケードに向かって行進するよう命じた」「敵のパトロールが近づいてきた。イェジは攻撃されない限り撃つなと静かに伝言を送らせた。ドイツ人下士官は、ちょっとした音でもポーランド側の銃撃を招くぞと警告しただけだった。イェジは冷静に、近くで地雷のあるのはどこだと尋ねてみせ、その返事を聞くとポーランド側のバリケードに向かって兵士を元気よく行進させた。しかし、ポーランド側はドイツ側陣地の方から親衛隊の制服を着た部隊が行進してくるのを見て発砲し、一人が死亡、二人が負傷した。銃撃が中断すると、イェジの兵士たちはポーランド語で『撃つな！』と叫びながらバリケードに向かって走った。彼らは救出された。」(48)

他方、中央区側の蜂起部隊司令部からこの作戦を見たのはワルシャワのクーリエとして有名なヤン・ノヴァク（ズヂスワフ・イェジョラィンスキ）である。彼は八月三〇日にモンテルによばれ、同司令官に随行して国内軍の旧市街守備隊の中央区への強行突破作戦の状況をラジオ放送で送れと命じられた。モンテルは作戦についてノヴァクに説明した。旧市街守備隊は夜間に旧市街を脱出する。中央区の精鋭部隊はサスキ公園からジェラズナ・ブラマ広場とミロフスキ市場へと続くドイツ側回廊に対する攻撃を集中する。ドイツ側に十字砲火を浴びせて、旧市街からの部隊がわが方に合流するのを支援する。サスキ公園での陽動作戦でドイツ側の注意を逸らせ、その間に中央区部隊はジェラズナ・ブラマ広場とミロフスキ市場の食料貯蔵庫付近を突破し、旧市街守備隊と合流するというものである。

中央区の部隊と旧市街の部隊は互いに敵味方を間違わないように、双方ともが「ソスナ」(松)という合言葉を叫び続けることになっていた。モンテルはこの大作戦の成功に強い自信をみせていた。午後一〇時、ノヴァクはモンテルとともにグジボフスカ通りへ向かった。午前零時過ぎ、モンテルは旧市街の部隊に作戦開始を知らせる照明弾の合図を命じた。長い間、応答の合図を待って空を見上げていたが、それはなかった。午前一時頃、サスキ公園の方から砲声が聞こえ、オレンジ色の照明弾が空に上がった。しかし、ドイツ側の砲撃は激しく、「二〇〇人の死者」と「一五〇人の負傷者」を出し、モンテルは明け方に部隊の撤収を命じざるをえなかった。この多大な犠牲は「全く不必要なことだということがあとで証明された。数日後、旧市街で包囲されたカロル・ジェムスキ大佐の分遣隊の生存者は地下水道を通って中央区に退却した。ただ一つの部隊だけが作戦翌日の夜、奇跡的にサスキ公園を突破して中央区にたどりつくことができた。」(49)

ダニウォヴィチョフスカ通りはビェラィンスカ通りから北東方向へ入った通りである。同通り九/一一番の街路表示のすぐ下には「ジラルド・バリケード」について次のように記した記念プレートがあって、旧市街から中央区への突破作戦にもふれている。

「一九四四年八月中、ビェラィンスカ通りとのあいだにジラルドと名づけられたバリケードのあったこの場所で、国内軍(AK)の第二突撃中隊とヴァレリャン・ウカシィンスキ大隊が敵と戦い、ドイツ軍が民間人を盾にした戦車で劇場広場から攻撃したのを撃退した。八月三一日、ここから、蜂起部隊はスタレミャストからシルドミエシチェへの大きな突破作戦に出た。この戦いで、ポーランド兵士には大きな死傷者がでた。その中で生き残ったのは、わずか五九人だった。」

旧兵器庫とパサシュ・シモンサ
——ドウゥガ通り

ラジヴィウ宮殿（ソリダルノシチ大通り六二番）のやや北西、ドウゥガ通りとゲットー英雄通りと現在よばれている通りの角には旧兵器庫がある。四角形の建物で真ん中に広い中庭がある。明るい色の壁と赤い屋根が印象的だ。ゲットー英雄通りの名は戦後つけられたもので、その通りは戦前のナレフキ通りの一部である。旧兵器庫の周辺で一九四三年三月二六日、伝説的なエピソードとしても伝えられるレジスタンスの「兵器庫作戦」が敢行されたことについては『記憶するワルシャワ』に書いた。建物はヴワディスワフ四世ヴァザ（一五九五～一六四八）の命により一六三八年から一六四三年にかけて建てられた。一八三〇年一一月蜂起のあとには改築されて政治犯も収監された。一九三八年からはワルシャワ市の公文書保管所としても使われた。

一九四四年八月一日、国内軍のウカシィンスキ大隊とゴズダヴァ大隊がドウゥガ通り一帯を制圧し、旧兵器庫も三日には占拠されていた。七日にはフロブルィ一世大隊が旧兵器庫に陣取った。医療センターも設けられた。一三日から一四日にかけて、旧プシェヤスト通りのモストフスキ宮殿から避難民が流れてきた。旧ナレフキ通り側のバリケードが旧兵器庫の防壁となっていたが、ドイツ側はまもなく「ゴリアテ」戦車を動員してバリケードを破壊した。八月半ばには空爆も受けて一部が炎上した。モストフスキ宮殿が陥落し、蜂起部隊がさらに撤収してきたが、ドイツ側は旧兵器庫を奪取するための集中攻撃を開始した。絶え間ない空爆と砲撃で建物は破壊された。蜂起側は頑強に抵抗したが、二二日に撤退命令が下り、すぐ近くのパサシュ・シモンサの陣地へ移ることになる。ドイツ軍は蜂起鎮圧後の一一月四日に兵器庫に再度火を放ち、貴重なアーカイヴを完全に消失させた。建物は一九四七年から一九五〇年にかけて再建され、一九五九年から一九六〇年にかけての全面修復をへて、現在は民族学博物館になっている。

旧兵器庫はドウゥガ通りとゲットー英雄通りがなす逆T字路の左側に位置するのだが、現在のゲットー英雄通り、すなわち旧ナレフキ通り二番Aには戦前、パサシュ・シモンサという名の大きな商業施設ビル、いわば「百貨店」のようなものがあった。旧兵器庫のすぐ北東の向かい側のスペースである。だがいまそのあたりは駐車場とその横に低層の建物があるだけで、当時の面影もにぎわいもない。かつてのコンクリート造りの七階建ての建物は一九〇〇年から一九〇三年にかけて建てられたもので、その名は創業者のアルベルト・シモンスに由来する。その中には数十の小売業者、卸売業者が店をおいたほか、ホテルもあったらしい。一九三九年のドイツ軍によるワルシャワ包囲と空爆でも大きな被害を受けず、占領期間も商業施設としての役割を果たした。

だが、パサシュ・シモンサも一九四四年のワルシャワ蜂起のさいには、蜂起軍とドイツ軍の激しい戦場となった。八月一日、ウカシィンスキ大隊が占拠した。六日にはヴワディスワフ・ヤホヴィチ（コナラ）指揮下のフロブルィ一世大隊がヴォラ地区から撤収してきて司令部をおいた。パサシュ・シモンサの蜂起部隊は旧兵器庫の蜂起部隊と共同してドイツ軍の砲撃に相対した。ドイツ軍は二二日に旧兵器庫に総攻撃をしかけ、二二日から二三日にかけて旧兵器庫を奪取し、同所の蜂起部隊がパサシュ・シモンサに退避した。ドイツ側は攻撃の手をゆるめず、戦車でバリケードの突破をはかり、二四日にはパサシュ・シモンサの建物の一部に侵入して放火した。建物内部で一進一退の熾烈な戦闘が続き、蜂起軍部隊はその拠点を死守しようとして抵抗した。しかし、三一日には空爆もうけて、パサシュ・シモンサの激闘に事実上の決着がつけられた。この空爆により百数十人の蜂起軍兵士と市民合わせて三〇〇人ちかくが死亡して瓦礫に埋まったとされる(50)。

いまはただの駐車場となったその場所からドウゥガ通りを北東に歩いてゆくと、まずは、一九四四年八月三一日のドイツ軍の空爆による犠牲者を追悼する石の記念碑がある。すぐそばに集合住宅があるが、それに隣接する緑地公園はかつてパサシュ・シモンサが建っていた敷地で鉄柱の痕跡が残っている。さらに、公園中央には背の高い鉄製の十字架を真ん中にして四つの石塊、楕円形の記念プレートからなるモニュメントがある（写真）。左側に王冠を戴いた鷲とＡＫを浮き彫りにした記念プレートにはこう記されている。

「一九四四年八月三一日、パサシュ・シモンサの爆撃で、二〇〇人以上の国内軍・フロブルィ一世大隊兵士と市民が死亡した。一九四七年に九九人の遺体が発掘され、身元が確認されたのは二三遺体であるが、多くがここに残り永遠の眠りについている。」

この石塊のモニュメントの裏側にも楕円形のプレートがもう一つある。国内軍の戦闘を記念するもので、ＰＷのシンボルの下に以下のように記している。

「ヴォラ、スタレミャスト、シルドミェシチェで戦った国内軍・フロブルィ一世大隊兵士を記念する。その他の戦線、シモンサの建物の瓦礫の中、スタレミャストの戦闘などで、同大隊の兵士およそ三〇〇人が斃れた。」

緑地公園にはだれも見えず静まり返っている。しかし、記念プレートのわきには白と赤のポーランド国旗、台座の前にはたったいまおかれたかのように鮮やかな白い花が供えられている。

ホテル・ポルスキ——ドウゥガ通り

集合住宅に隣接する緑地公園を出て、ドウゥガ通りをさらに道なりに北東に進むとすぐそこは、かつてホテル・ポルスキのあった同通り二九番である。一九四四年八月二六日明け方、前述のラヂヴィウ宮殿をめぐる攻防戦を戦っていた蜂起軍の一部はドイツ軍の激しい砲撃にさらされて、ドウゥガ通り二九番のホテル・ポルスキ、聖母マリア要塞へ撤退した。

ホテル・ポルスキは古く一八〇八年に建てられたものだった。ワルシャワ・ユダヤ人との関係でとくに重要なのは、ワルシャワ・ゲットーが完全に破壊された直後の一九四三年五月から六月にかけて、ゲシュタポが連合軍のドイツ人捕虜との交換要員と称して、南米諸国を主とする中立国のビザを得たユダヤ人をこのホテルに誘い出し、結局はその大部分の人々をアウシュヴィッツ強制収容所へ移送したり、パヴィヤク監獄で射殺したりしたことである。「滅ぼされたユダヤの民の歌」で有名なユダヤ人詩人、イツハク・カツェネルソン（一八八六～一九四四）も息子とともに、ホンジュラス発行のパスポートを所持していたが、そこからフランスのヴィッテル、ドランシーの中継収容所を経由してアウシュヴィッツへ移送され、到着後すぐにガス殺されたという。ホテル・ポルスキには、八月一日から国内軍部隊が駐屯し、地下には多くの負傷者が保護されていた。

ドウゥガ通り二九番に見る横長の建物はもちろんオリジナルのままではないのだろうが、蜂起当時の写真とそう違ってはいないようだ。だが、二〇〇八年当時、その一階にはアジア料理店が入っていた。街路表示の下に掲げられたプレートは電気・金属業界のもので、戦中の歴史を記憶にとどめるものはなにもない。

聖母マリア要塞——ソリダルノシチ大通り

一九四四年八月下旬、蜂起軍はドウゥガ通り二九番のホテル・ポルスキのすぐ南側、いまはソリダルノシチ大通りにかかる地域に「聖母マリア要塞」とよばれた抵抗拠点をおいた（ドウゥガ通り二七／二九番）。その名の由来は、同地の建物が焼け落ちた際に二階か三階にあったヤスナ・グラの黒いマリアの肖像画がガラスケースのまま無傷で残り、炎の中でも輝いて見えたというエピソードに由来する。そのエピソードが、かつて一六五五年末、「大洪水」（ポーランド語では「ポトプ」）といわれるスウェーデン軍とモスクワ軍の侵略の際に、チェンストホヴァのヤスナ・グラ修道院の黒いマリアの肖像画が抵抗したポーランド軍を鼓舞したというはなしを想起させるのは言うまでもない。蜂起軍部隊は九月一日に地下水道を通ってシルドミエシチェ（中央区）へ撤退する最後の瞬間までこの要塞を防衛した。

一九九八年、ソリダルノシチ大通り六二ａ／六四番に茶色の大理石によるオベリスクが建てられた（写真）。上部は三角屋根のようなかたちでＰＷのシンボルが彫りこまれている。その下、記念碑の中央には一見してチェンストホヴァのヤスナ・グラ修道院の黒いマドンナを連想させるブロンズの聖母子像が取り付けられている。聖母の頬にはヤスナ・グラ修道院の聖母と同じように二筋の傷が走っている。だがよく見てみると、この要塞のマドンナが抱いている少年は背中に国内軍（AK）のヘルメット、胸には銃弾ベルトをつけ、左手には小銃を握っている。ヤスナ・グラの聖母の眼差しは前方に向けられているが、要塞の聖母の視線は斃れた少年をじっと見つめている。聖母の被り物についても、ヤスナ・グラ修道院の黒いマドンナのそれと似てはいるが、このブルーのショールの模様はＰＷのシンボルを散りばめたものである。そして、この聖母子像の下には、「一九四四年のワルシャワ蜂起のとき、この場所に聖母マリア要塞があった」ということばと十字架が彫りつけられている。遠い一七世紀の侵略に対する抵抗の歴史がナチス・ドイツに対する抵抗のなかに強く生き続けていることを思い知らされる聖母子像であり、聖母マリアに対するポーランド人の格別にあつい信仰心を見る。

クラシィンスキ公園とクラシィンスキ宮殿

かつてパサシュ・シモンサのあった場所の北に広がるのはクラシィンスキ公園である。境界線となっていたのは、（当時の）ナレフキ通りとそれに直角に交わるシフィエントイェルスカ通りだった。だが、当時の公園敷地は現在とはすこし異なる。ナレフキ通りは現在ではゲットー英雄通りと名を変えているし、シフィエントイェルスカ通りも戦前はナレフキ

通りと直角に交わって北東に一直線に走っていたが、戦後は新しく敷かれたアンデルス将軍通りと交差してモルデハイ・アニェレヴィチ通りとつながっている。そして、当時、シフィエントイエルスカ通りの向こう側は壁によって分断されたゲットーだった。公園はもともと、クラシィンスキ宮殿の庭園としてつくられたが、共和国(51)が宮殿を取得した後、一七七六年に一般の人々に開かれた。戦後はその敷地も広げられた。一九四四年蜂起が始まって一週間後、反転攻勢にでたドイツ軍は八月一二日前後からクラシィンスキ公園の蜂起部隊に対する猛攻を続けた。蜂起側もナレフキ通り、ドウゥガ通りのバリケードで、敵軍のクラシィンスキ広場への接近を阻止して懸命に反撃した。

公園の北東に建つのがクラシィンスキ宮殿である。ワルシャワ市内のバロック様式で最も大きく壮麗なその宮殿は一六七七年から一六九五年にかけて、プウォツク郡長、ヤン・ドブロゴスト・クラシィンスキのために建造された。設計はオランダ生まれの建築家、ティルマン・ガメルスキ(ティルマン・ヴァン・ガメレン、一六三二〜一七〇六)による。宮殿には、レンブラント、ルーベンス、デューラー、コレッジョなどの名画も多数収められていた。

宮殿は一七六五年までクラシィンスキ家の所有だったが、共和国がこれを購入して「共和国宮殿」ともよばれた。さらに、宮殿のそばには税関建物とバデニ宮殿が建てられた。一九一八年から一九三九年までの第二共和制時代、クラシィンスキ宮殿には最高裁判所、隣のバデニ宮殿には控訴裁判所がおかれた。地区裁判所はミョドヴァ通りを南東に少し下ったバツ宮殿にあった。クラシィンスキ宮殿はナチス占領支配とワルシャワ蜂起の戦闘で破壊されたが、戦後再建されて現在はポーランド国立図書館の特別蒐集部門がある。

宮殿正面入口の両側に記念プレートが二つある。左側の記念プレートは国内軍・パラソル大隊を記念するものである。

「国内軍のラドスワフ軍団・パラソル大隊兵士を記念する。ヴォラ地区とゲットーの廃墟での戦闘のあと、一九四四年八月一〇日から九月一日まで、スタレミャスト（旧市街）を防衛した。そこでの戦闘では一〇〇名以上の大隊兵士が死亡したが、同大隊は北部要塞を最後に撤退してチェルニャクフでの戦闘に参加した。ワルシャワ蜂起での英雄的な防衛戦に対して、戦功十字勲章が授与された。一九八六年八月、ワルシャワ」

パラソル大隊はヴォラ地区から撤収してスタルフカへ移動した後、国立造幣工場（PWPW）、ラヂヴィウ宮殿、パサシュ・シモンサ、銀行広場などの戦闘に参加し、スタルフカだけでも一二〇人ちかくの犠牲者をだした。さらに旧市街陥落後はチェルニャクフでの戦闘に参加して約九〇人の犠牲者をだしたのである。パラソル大隊がスタレミャストとチェルニャクフでだした犠牲者数（二〇〇人以上）は大隊の犠牲者総数の七五パーセントちかくにもなる。

宮殿正面入口の右側にある記念プレートはポーランド・サンディカリスト同盟（ZSP）の第一〇四中隊を記念するものである。

「ルク軍団のZSP第一〇四中隊の国内軍独立部隊兵士を記念する。彼らは一九四四年八月二日、クラシィンスキ宮殿を占拠して四三人を捕虜とし、八月八日からは国内軍のルク軍団傘下に入って、王宮、聖ヤン大聖堂、その他の旧市街の蜂起拠点の戦闘に参加し、四〇人以上の戦死者をだした。一九八九年八月、ワルシャワ」

一九四四年八月一日にスタレミャストで結成されたZSP第一〇四中隊は発足当初五〇人程度の独立した性格をもつ部隊だったが、すぐに三〇〇名以上になった。八月二日のクラシィンスキ宮殿奪取、国立造幣工場（PWPW）、PASTA電話局ビル、王宮などをめぐる戦闘に参加した。旧市街陥落のとき、地下水道を通ってシルドミェシチェに脱出した。その後、ボインチャ大隊に加わってポヴィシレ、チェルニャクフでも戦った。宮殿前のボニフラテルスカ通りはシフィェントイェルスカ通りと交差するが、その通りの四／一〇番の店舗・住宅建物にも記念プレートがある。同中隊がその指揮下に入ったルク軍団の角笛のマークの下に以下のように記されている。

「一九四四年八月一日から九月二日まで、国内軍ルク軍団のZSP独立第一〇四中隊、すなわち共和国宮殿を奪取した兵士たちがこの場所に宿営した。この場所の地下には、病院、手榴弾製造工場、イスクラ紙の編集部、捕虜収容所があった。兵士、看護兵、連絡員など四〇人以上が命を落とした。」

現在、クラシィンスキ宮殿の前、ミョドヴァ通りがボニフラテルスカ通りへとなって北西方向にのびる大きな車道の向かい側には全面ガラス張りのような緑色の大きな建物がある。それは最高裁判所で、よく見ると鉤型のようで、北西部分が車道を跨いでクラシィンスキ宮殿側にのびている。現在ここに最高裁判所があるのは、かつてクラシィンスキ宮殿に最高裁判所がおかれていたことと無縁ではない。クラシィンスキ宮殿の前の通りには二〇世紀初めまで馬が引く軌道車両が走っていたが、一九〇八年に路面電車にとってかわられた。一九四〇年一一月以降、前述のようにクラシィンスキ宮殿とクラシィンスキ広場の北側（当時シフィェントイェルスカ通りの北側）はゲットーが広がっていた。一九四四年蜂起直前のドイツ空撮写真で見ると、破壊されておそらくは無人と化したゲットーの廃墟の凄惨なすがたは、壁のこちら側との相違が戦慄を覚えるほどに強烈である。

クラシィンスキ広場とワルシャワ蜂起記念碑

クラシィンスキ広場というのは、宮殿と現在の最高裁判所のあいだの広いスペースのことをいう。当時でいえば、北はシフィエントイエルスカ通り、東はノヴィニャルスカ通り(現在の同通りとは場所が異なる)、西はクラシィンスキ宮殿、そして、南はドウゥガ通りに囲まれた広いスペースのことである。ワルシャワを訪れる人々が必ずは案内されるワルシャワ蜂起記念碑があるのは最高裁判所建物のすぐそばだが、クラシィンスキ広場の南東の角、ほんの一部にすぎない。ワルシャワ蜂起から四五年もたった一九八九年に除幕されたワルシャワ蜂起記念碑は建築家ヤツェク・ブディンが設計し、彫刻家ヴィンツェンティ・クチマにより制作された。蜂起兵の一団が手榴弾、銃、ピストルなどを手にして、いままさに突撃しようとしている瞬間をとらえたものだ。兵士らの背後には救急袋を提げた女性が立つ。その群像の左手前では兵士が地下水道のトンネルに身を沈めようとしている。その後ろにはもう一人の兵士、さらにその背後には幼児を抱いた女性像があり、右横には神父像が立つ。憂いのただようその表情が気になるが、国内軍総司令官のブル＝コモロフスキの回想録に次の一文がある。

「スタレミャストの精神的拠り所はイエズス教会だった。イエズス会のトマス神父が教会の地下室に病院を組織していた。神父はスタレミャストの厳しい防衛戦にくっきりと浮かび上がるような素晴らしい性格の人物だった。地下水道を通って脱出を開始する際、(北部軍団司令官の)ヴァフノフスキは神父に対して、兵士たちは苦しい時に常に神父に援助されてきたので同行するよう求めた。しかし神父は拒絶した。彼は重傷者のそばにいることが自分のつとめだと主張した。」(52)

蜂起群像のなかの神父像がブルの語る神父をモデルにしたかどうかは分からないが、少なくとも、蜂起の戦闘の渦中に兵士たちと運命をともにした聖職者たちの存在の重さを示す記念像である。

一九四四年八月一日、クラシィンスキ広場でチャルニェツキ大隊とウカシィンスキ大隊の兵士が、クラコフスキェ・プシェドミェシチェ通りからミョドヴァ通りを通ってジョリボシュ地区へ向かおうとするドイツ側機甲部隊と衝突した。クラシィンスキ宮殿近辺には、ドイツ側車両の進行を阻止するためにバリケードが構築された。翌日、ポーランド・サンディカリスト同盟一〇四部隊とウカシィンスキ大隊の兵士がクラシィンスキ公園からドイツ側部隊を攻撃し、包囲されたドイツ側部隊は大きな抵抗もなく降伏。ゲットー方面に逃亡したものもあった。八月九日から旧市街が陥落する同月末まで、クラシィンスキ宮殿にはパラソル大隊の司令部がおかれた。クラシィンスキ公園には蜂起部隊の車両が待機し、野戦給食所や銃器修理場などもおかれた。

クラシィンスキ広場と公園は、ロンドンの連合国軍司令部が派遣した連合軍機が蜂起側のために武器・弾薬、支援物資を空中から投下した場所の一つでもあった。支援物資の空中投下任務を帯びた連合軍機は、ソ連が自国領内の飛行場使用を拒否している状況のもとで、イタリアのブリンディジ英国空軍基地からの長大なルートを往復するという過酷な任務を引き受けた。支援物資の投下期日はロンドンからのラジオ放送で暗号となるメロディーが流されて知らされた。それはしばしば中止されることもあり、その場合の暗号放送も決められていた。八月一四日から一五日にかけての夜、連合国軍指揮下の南アフリカ連邦航空師団所属の空軍機が蜂起部隊への支援物資、武器・弾薬の空中投下のためクラシィンスキ広場上空に飛来した。だが、同機は目標地点から一五〇メートルほど南西にそれたミョドヴァ通りの建物の屋根に翼を接触させ、建物を焼きながら墜落した。飛行士は蜂起部隊駐屯地の教会裏に埋葬され、後にクラクフの英国人戦争墓地に移された。現在、ミョドヴァ通り二四番の演劇アカデミーの建物には記念プレートが掲げられている。

「一九四四年八月一五日、この場所で、南アフリカ航空師団所属のリベレーターの乗組員全員がワルシャワ蜂起に対する援助物資を輸送中、飛行士としての死をとげた。」

この記念プレートはワルシャワ蜂起五〇周年にあたる一九九四年にとりつけられたもので、前記の一文のあとには勇敢な任務に斃れた七人のパイロットの名前も記されている。チャーチルとローズヴェルトはスターリンに対してソ連領内の基地使用を再三求めていたが、スターリンは拒否し続け、米軍機の着陸に同意したのはようやく九月一〇日のことになる。連合軍戦闘機による支援物資の空中投下作戦は少なからぬ戦死者をだしたうえに、投下物資は必ずしも蜂起側の手に入ったわけでなく、ナチス・ドイツ側支配地域に落ちたものもあった。しかし、武器・弾薬不足に苦しむ蜂起勢力にとって、連合軍からの支援物資はまさに死活を制する要求だった。

クラシィンスキ広場とクラシィンスキ宮殿は一九四四年八月末まで、旧市街の防衛拠点となった。しかし、八月二七日朝の空爆は激しく、宮殿の天井から地下まで貫通するほどだった。地下では交代で休息をとっていた蜂起兵の二七人が死亡した。

地下水道入口――クラシィンスキ広場近く

クラシィンスキ広場のドウゥガ通り側でミョドヴァ通りとの交差点、現在、ワルシャワ蜂起記念碑がある近辺だが、そこに地下水道に入るマンホールがある。前記のバデニ宮殿（控訴裁判所）の建物のすぐそばである。一九四四年八月末から九月初め、この建物の中庭に旧市街からの脱出をはかる蜂起部隊兵士や民間人が続々と集まってきた。八月三一日と九月一日、ナチス占領者は、ボニフラテルスカ通り、ノヴィニャルスカ通り、シフィエントイェルスカ通り、フレタ通り、クラシィンスキ公園の各所からクラシィンスキ広場の蜂起部隊に激しい砲撃を浴びせた。蜂起側はラドスワフ軍団、グスタフ大隊、パラソル大隊の兵士がこれに応戦した。九月一日、控訴裁判所の建物もドイツ側の猛烈な砲撃で大きく破壊されていたが、蜂起側はなお抵抗を続け、ユゼフ・ザレンバ（クルチュニカ）指揮下の工兵部隊が旧市街の蜂起兵のシルドミエシチェへの大脱出を援助した。

いま、ワルシャワ蜂起記念碑のある区画からミョドヴァ通りを渡ってクラシィンスキ宮殿側に行ってみると、目の前の建物に記念プレートがある。（地下水道地図①）記念プレートの上のパネルには、当時の地下水道入口がすぐそばにあることと、地下水道の経路を示す図に当時の写真も添えられている。記念プレートの下には小さな花壇があり、そこから色を変えた敷石の帯が真っ直ぐ数メートル、そして右に直角に延びていて、そこにマンホールの入口がある。

ポーランド軍野戦聖堂
――ドウゥガ通り

ドウゥガ通りをはさんで、クラシィンスキ広場の蜂起記念碑群像の向かいに建つのはポーランド軍の「野戦聖堂」である。ヴワディスワフ四世ヴァザ（一五五九～一六四八、在位一六三二～一六四八）の時代の一六四二年にカトリック教会として建造された。しかし、ロシア支配下では正教会として改造された。一九一八年一一月のポーランド独立回復後、軍駐屯教会となり、元のカトリック教会に再建された。一九四四年の蜂起では蜂起軍の攻撃拠点ともなった。戦後の再建が完了して現在のすがたになったのは一九六〇年頃で、一九九一年から「野戦聖堂」となっている。正面入口扉にはポーランド史における八つの主要な戦闘がその様子をフィーチャーしたレリーフで記念されている。

①レグニツァの戦い（一二四一年）：モンゴル軍の侵入に対する戦闘

②グルンヴァルトの戦い（一四一〇年）：ドイツ騎士団との戦闘
③ヤスナ・グラ防衛の戦い（一六五五年）：スウェーデンの侵入に対する戦い（いわゆる「大洪水」）
④ウィーン救援戦争（一六八三年）：ポーランド軍によるウィーン防衛戦
⑤コシチュシュコの反乱（一七九四年）
⑥ポーランド・ソヴィエト戦争（一九二〇年）
⑦モンテ・カッシーノの戦い（一九四四年）
⑧ワルシャワ蜂起（一九四四年）

建物壁には次の記念プレートもある。

「祖国の自由のために斃れたポーランド人の血で清められた場所。一九四四年八月二〇日、この場所で国内軍の病院の負傷者と職員一二〇人が、赤十字の標識があるにもかかわらず、ナチスの空爆を受けて死亡した。」

聖堂に入ると、とくに一九三九年から一九四四年までのポーランド軍、国内軍関係の記念プレートがあふれているが、入口のすぐ奥に見るカティン犠牲者の記念碑には慄然とする。でこぼこした四本の石柱の上方の横木から一人の男が両手を広げ、足をだらんと垂らしたまま吊るされている。その足元にはコジェルスク、カティンという文字が浮き出しにされている。一九三九年九月のソ連軍によるポーランド旧東部領侵攻で捕虜となったポーランド軍将校たち数千人は後ろ手に縛られて後頭部を撃ち抜かれていたが、野戦聖堂のこのオベリスクはその残忍なできごとを象徴しようとするものなのだろう。

アンデルス将軍の肖像レリーフ
——クラシィンスキ公園

クラシィンスキ広場とクラシィンスキ宮殿の西に広がるクラシィンスキ公園には、モンテ・カッシーノ戦闘記念碑がある。翼をつけた白亜のニケがそれで、アンデルス将軍の肖像レリーフもある。ヴワディスワフ・アンデルス（一八九二〜一九七〇）は一九三九年のソ連軍による旧ポーランド東部領土侵攻で赤軍の捕虜となり、モスクワのルビヤンカ監獄に投獄されるが、一九四一年六月の独ソ戦開始をへた九月、マイスキー・シコルスキ協定の締結により釈放されて、ソ連領内で結成されたポーランド軍の総司令官に任命される。しかし、翌一九四二年には部隊（市民をふくめて一一万数千人）をイランに撤収させ、九月には中東のポーランド軍も指揮下に入れてポーランド軍第二軍団司令官となる。その歴史的功績は、一九四四年五月、英国軍部隊とポーランド軍を率い、イタリアのモンテ・カッシーノの修道院要塞を大激戦の末に攻め落とし、六月四日の連合軍によるローマ入城に道を開いたことである。クラシィンスキ公園のモンテ・カッシーノ戦闘記念碑は一九九九年に除幕された。

聖ヤン教会——ボニフラテルスカ通り

ワルシャワ蜂起記念碑のあるミョドヴァ通りとドウゥガ通りの交差点からミョドヴァ通りを北西方向に進むと、通りはボニフラテルスカ通りとなってやがてムラノフスカ通りと出会う。その少し手前、ボニフラテルスカ通り一二番にボニフラテル修道会付属聖ヤン教会がある。もとは一八世紀初めの建造とされる。同じ世紀の半ば頃、聖堂のすぐそば、ボニフラテルスカ通りとコンヴィクトルスカ通りの角に聖ヤン病院も建てられた。病院はとくに精神障害患者の治療専門となり、一九四四年蜂起の直前には約二五〇人の患者が入院していたという(53)。一九四四年蜂起のとき、ボニフラテルスカ通り、コンヴィクトルスカ通り、サピェジィンスカ通りで囲まれた教会と病院は蜂起側の重要な抵抗拠点となった。病院で司令官として指揮をとったのは精神科医のアドルフ・ファルコフスキだった。当時、ボニフラテルスカ通りの西側は縮小されたゲットーがまだ残っていた。

抵抗拠点の当初の主要勢力は、チャルニェツキ（ゴズダヴァ）大隊だった。八月六日頃、ヴォラ地区から大量の避難民や負傷者も流れ込んできた。一〇日過ぎ、ラドスワフ軍団がスタレミャストに到着し、ゾシカ大隊も教会付近の戦闘に加わるが、ドイツ側も同じ頃、教会と病院に対する砲撃を強化して多大な被害をあたえた。一二日から一三日にかけて、負傷者や医療職員約三〇〇人がドウゥガ通り七番の蜂起側病院（ラチィンスキ宮殿のこと）に避難した。病院にはなおも約一五〇人の精神障害患者らが残っていた。二〇日過ぎ、敵は戦車や強力な火砲を動員して病院に迫った。蜂起側はチャタ四九大隊、ミョトワ大隊、ピェンシチ大隊も戦闘に加わって抵抗を続けたが、二五日に破壊された病院からの撤収をよぎなくされた。教会はドイツ側の砲爆撃と蜂起側との戦闘でほぼ完全に破壊された。

一九五二年に再建された教会は比較的小さくてシンプルな建築様式だが、どこか親しみやすく暖かさと安らぎをあたえてくれるような雰囲気がある。教会正面入口の左側には修道院と教会のミサの案内と並んで、レジスタンス関連の記念プレートが縦に四つある。一番上にあるのは、教会と病院の防衛戦を戦ったラドスワフ軍団のブロダ五三部隊の兵士を記念するもので、比較的最近取り付けられた大理石のプレートである。上から二番目は、ヴァンダ・ゲルツ

（レナ）（一八九六〜一九五八）が指揮するディスク（女性破壊妨害工作部隊）に所属する女性の破壊活動部隊を記念する。その下にある記念プレートは、「国内軍・ラドスワフ軍団のピェンシチ大隊の兵士たちがこの地域で戦い死亡した。自由なポーランドをめざす戦いに斃れた人々に捧げる」とある。「ピェンシチ」とは「こぶし」の意味で、そのシンボルマークがある。そして一番下に取り付けられた黒い記念板はやはり国内軍を記念するものだが、ワルシャワ・ゲットーのユダヤ人蜂起を支援したことを記憶にとどめようとするものである。

「一九四三年四月一九日、ワルシャワ・ゲットーで蜂起が開始されたとき、国内軍の工作部隊兵士がユダヤ戦闘組織に対する支援作戦で斃れた。エウゲニュシュ・モルカフスキ（ムウォデク）とユゼフ・ヴィルク（オルリク）を記念して。」

その日、ユゼフ・プシェンヌィ指揮下の国内軍部隊二五人がゲットーの外側から、ユダヤ人蜂起に対する支援作戦を展開した。

正面入口の右側にもいくつかの記念プレートが並んでいる。その一つは「祖国の自由のために斃れたポーランド人の血によって清められた場所」とする記念板で「一九四四年八月三〇日、ナチスがこの場所でボニフラテル病院の病人、医師、看護婦ら約三〇〇人を射殺した」と刻んでいる。

このほかにナチス侵略者と戦って死亡した兵士を記念するプレートが三つある（ゾシカ大隊、ミヨトワ大隊、ピェンシチ大隊）。

さらにこの教会正面入口の上、ボニフラテルスカ通り一二番の街路表示の斜め上に、故ヤン・パヴェウ（ヨハネ・パウロ）二世教皇の故国巡礼を記念するプレートがある。

「一九七九年六月二日から一〇日まで、ヤン・パヴェウ二世教皇が故国へ初めての歴史的巡礼をなされた。また、ヤスナ・グラ六〇〇年祭とウィーン会戦勝利三〇〇年祭にあたる一九八三年の六月一八日にはご自身の祖国でありわれらの祖国に二度目の巡礼をなされ、この聖堂近くを通られた。」(54)

一九六四年にクラクフ大司教に任じられたカロル・ヴォイティワは一九六七年に時の教皇パウロ六世（在位一九六三〜一九七八）により枢機卿に親任され、一九七八年には、非イタリア人としては約四五〇年ぶりにローマ教皇に選出されてヨハネ・パウロ二世となった。教皇は翌一九七九年（自主独立労組・連帯発足の前年）、一九八三年（戒厳令撤廃の直前）、一九八七年、一九九一年（二回）、一九九五年、一九九七年、一九九九年、二〇〇二年と故国ポーランド訪問を重ね、戦後の長い社会主義体制の閉塞感に苦しむポーランド国民を鼓舞し続けた。その教皇が亡くなったのは二〇〇五年四月のことだった。

ゲットー蜂起での
ユダヤとポーランドの二つの旗
——ムラノフスカ通り

聖ヤン教会の前のボニフラテルスカ通りをほんの少し北上すると、左がムラノフスカ通り、右はコンヴィクトルスカ通りとなる交差点に出る。すぐそこで目に入るのはムラノフスカ通りの真ん中にある前述のモニュメントである。それは、一九三九年九月一七日に始まったソ連によるポーランド旧東部領土侵攻による犠牲者を悼むもので、胸を圧するその光景に暫したたずまずにはいられないが、そのモニュメントのすぐそば、ムラノフスカ通り一番の建物には一九四三年四月から五月にかけて起きたワルシャワ・ゲットー蜂起に関するプレートがあり、記憶にとどめておきたい出来事を記している。

「一九四三年四月一九日から二二日までと一九四三年四月二七日と二八日、ワルシャワ・ゲットー蜂起でも最大の激戦の一つがユダヤ人抵抗組織によりここで戦われた。ユダヤ軍事同盟（ŻZW）の司令官、パヴェウ・フレンキェルの指揮のもとに、ユダヤ人戦闘員はドイツ側の襲撃を数日間もちこたえた。広場にはユダヤとポーランドの二つの旗が掲げられてワルシャワ市内広く遠くからも見え、ドイツ軍に対するワルシャワの人々の蜂起のシンボルとなった。」

「広場」というのはかつてのムラノフスキ広場のことで、戦後敷かれたヴワディスワフ・アンデルス将軍通りとスタフキ通りの角の南西あたりになるはずである。ユダヤ軍事同盟（ŻZW）はユダヤ戦闘組織（ŻOB）とは組織的に一線を画した改訂派シオニストの武装抵抗組織で、勢力は三〇〇人とも一五〇人ともいわれた。

ワルシャワ蜂起者同盟——ドウゥガ通り

クラシィンスキ広場の南東の一角にワルシャワ蜂起記念碑の群像が並ぶそのすぐそば、ドウゥガ通り二二／二四番の建物にはワルシャワ蜂起者同盟の中央本部、一九四四年ワルシャワ蜂起メッセージ財団本部、一九四四年ワルシャワ蜂起記憶協会の入るオフィスビルがある。二〇〇八年九月にその三階、ワルシャワ蜂起者同盟のオフィスで、同盟会長のズビグニェフ・シチボル＝ルィルスキ氏、副会長のエドムント・バラノフスキ氏、事務局長のズビグニェフ・ガルペルィン氏に会った。シチボル＝ルィルスキ氏は一九一七年生まれで、一九三九年のナチスによる侵略に対する九月防衛戦のときは飛行連隊のパイロットだった。一九四一年から四三年にかけてパルチザン闘争に加わり、一九四四年一月からはヴォウィンで国内軍中隊を指揮し、同年七月からラドスワフ軍団のチャタ四九大隊でワルシャワ蜂起に参加。当時、コードネームは「モティル」で銀行広場の戦闘を指揮し、ポーランドの最高の軍事勲章を受けている。毎年八月一日前後に催されるワルシャワ蜂起記念式典では蜂起参加者の代表として必ず演壇に立っている。同じ事務所では、前記の「ブロンディンカ」、蜂起時にフロブルィ一世大隊で戦ったダヌタ・ガウコヴァさんにも会った。彼女も元国内軍・フロブルィ一世大隊兵士の組織の委員長をつとめている。

ワルシャワ蜂起者同盟は一九九〇年五月に、ワルシャワ蜂起者同盟とワルシャワ蜂起者協会とが合同して発足し、会長に選出されたのがシチボル=ルィルスキ氏だった。各種委員会が設けられ、元蜂起者に対する社会的援助、権利の擁護、顕彰、健康管理と維持、若い世代との共同、蜂起の記憶保存、出版活動などを行っている。同盟発足の頃、参加者は四〇〇〇人以上だった。

第五章　劇場広場、銀行広場、ラジオ放送局・稲妻

——シルドミェシチェ北

国内軍のナウェンチュ大隊が転戦した地域を示す記念プレート（1旧兵器庫　2 PASTAビル　3市庁舎（ラトゥシュ）　4ラヂヴィウ宮殿　5ポーランド銀行　6ホテル・ポルスキ　7ムニシェフ宮殿　8カノニチュキ修道院）

シルドミェシチェ北地区

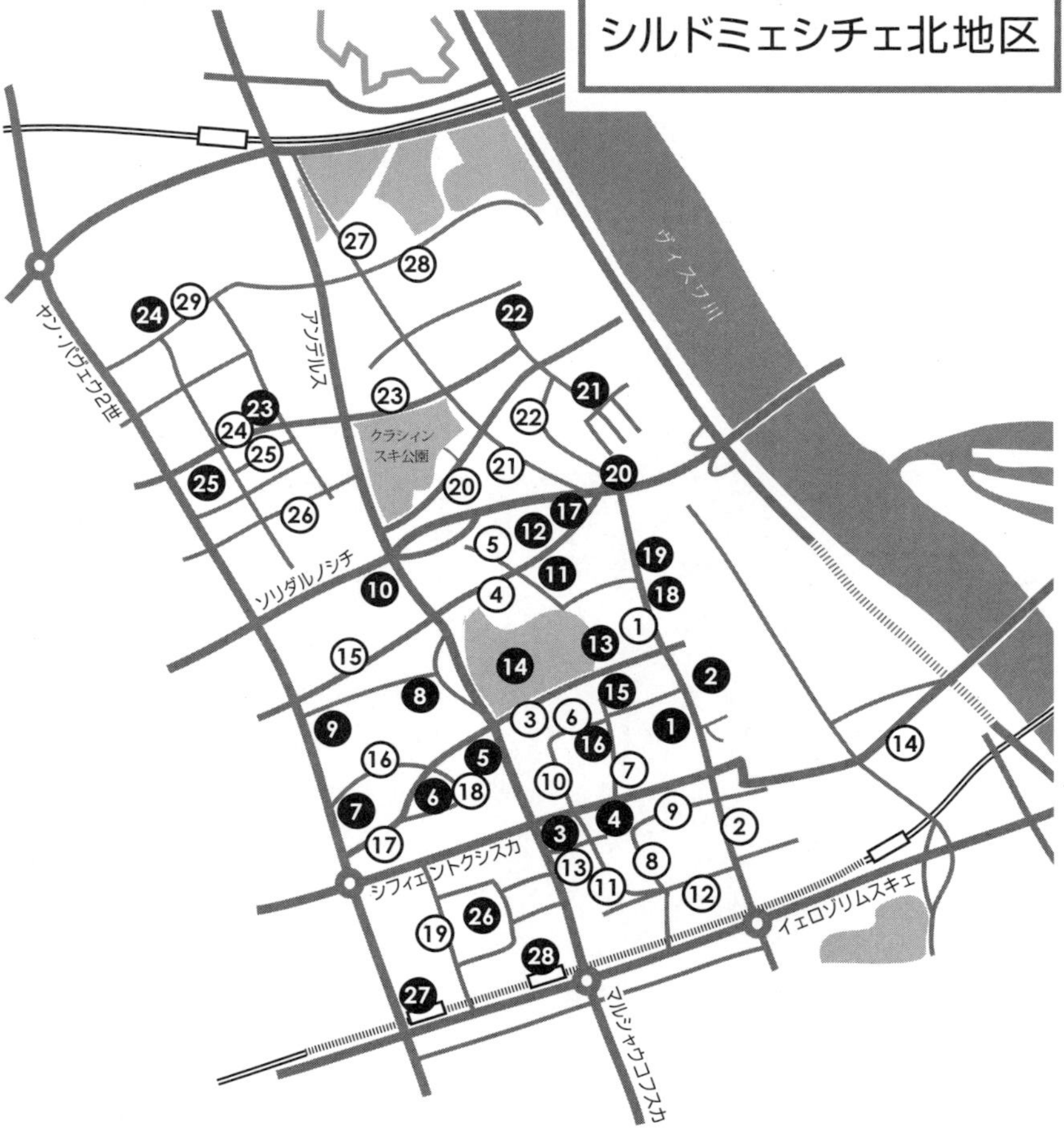

通り名

1 クラコフスキェ・プシェドミェシチェ　**2** ノヴィ・シフィャト　**3** クルレフスカ　**4** セナトルスカ　**5** ビェラィンスカ　**6** クレディトヴァ　**7** マゾヴィェツカ　**8** シュピタルナ　**9** ヴァレツカ　**10** ヤスナ　**11** ズゴダ　**12** フミェルナ　**13** シェンキェヴィチ　**14** タムカ　**15** エレクトラルナ　**16** グジボフスカ　**17** トファルタ　**18** プルジュナ　**19** プラテル　**20** ドウゥガ　**21** ミョドヴァ　**22** ポドヴァレ　**23** シフィェントイェルスカ　**24** アニェレヴィチ　**25** パヴィヤ　**26** ノヴォリプキ　**27** ボニフラテルスカ　**28** コンヴィクトルスカ　**29** スタフキ

スポット

1 聖十字架教会　**2** ワルシャワ大学　**3** 中央郵便局（元 PKO ビル）　**4** ワルシャワ蜂起者広場　**5** 旧 PASTA ビル　**6** グジボフスキ広場　**7** ホテル・メルキュール　**8** ジェラズナ・ブラマ広場　**9** ミロフスカ市場　**10** 銀行広場　**11** 大劇場・劇場広場　**12** 元市庁舎　**13** ピウスツキ広場　**14** サスキ公園　**15** ホテル・ヴィクトリア　**16** 民族学博物館　**17** ニケの像　**18** 大統領官邸　**19** ミツキェヴィチ像　**20** 王宮・王宮広場　**21** 旧市街広場　**22** 新市街広場　**23** ゲットー英雄広場　**24** ウムシュラークプラッツ記念碑　**25** パヴィヤク博物館　**26** 文化科学宮殿　**27** ワルシャワ中央駅　**28** ワルシャワ・シルドミェシチェ駅

中央区北と蜂起

シルドミェシチェは「都市の中心」（Town Center）を意味し、文字通りワルシャワの中心部である。ヴィスワ川左岸のワルシャワ生活の起こりは一三世紀から一五世紀にかけてで、中世時代、前述のようにその中心は旧市街の市場広場だった。その後、一六世紀に新市街広場や王宮広場、クラコフスキェ・プシェドミェシチェ（クラクフ郊外）通りが発展した。一八世紀にはイェロゾリムスキェ（イェルサレム）大通りも敷かれ、市の中心はクラコフスキェ・プシェドミェシチェ通り、ノヴィ・シフィャト（新世界）通り、サスキ広場や劇場広場の方へ移っていった。一九世紀、商業生活の中心となったのは、マルシャウコフスカ通りとイェロゾリムスキェ大通りの交差点にあったワルシャワ・ウィーン駅である。一方、ヴィスワ川沿岸近くのポヴィシレは労働者階級の居住地となり、市内北西部のムラヌフにはユダヤ人が多数居住する地区となった。だが、両大戦間期の中心はやはり、マルシャウコフスカ通りとイェロゾリムスキェ大通りで、近辺には行政機構の建物や、優雅な商業建物、学校や文化施設が多くつくられた。ナチス占領時代、ムラヌフを中心としたゲットーが隔離された。一九四四年のワルシャワ蜂起で蜂起側が最後まで、つまり一〇月初めの停戦・降伏協定調印まで支配していたのは、イェロゾリムスキェ大通り二二番（当時）と一七番（当時）の連絡壕でつながれたシルドミェシチェ北とシルドミェシチェ南だった。

一九四四年八月一日、蜂起軍は、このワルシャワ中央部を全体としては制圧した。シルドミェシチェは当初、ポヴィシレ、スタレミャストなどとともに国内軍のワルシャワ管区第一地区に入っていて、司令官はエドヴァルト・フランチシェク・プフェイッフェル（ラドヴァン）中佐だった。すでに第四章の注（5）に記したように、国内軍は蜂起開始時、ワルシャワ管区の六地区と周辺円環をなす第七地区、第八地区のオケンチェに分けられていて、ワルシャワ管区第一地区はさらに次の四区域に分けられていた。

第一区域　スタレミャスト、ムラヌフ、ポヴィシレ。

第二区域　中央区南東部で、マルシャウコフスカ通りとヴィスワ川沿岸の間の地域。主たる作戦地域はウヤズドフスキェ大通りと三十字架広場。

第三区域　中央区南西部で、マルシャウコフスカ通り、フミェルナ通り、ポレ・モコトフスキェのあいだの広い地域。

第四区域　中央区北西部で、銀行広場、ナポレオン広場（現在のワルシャワ蜂起者広場）と中央郵便局（当時）、

PASTAビルなど重要な戦略拠点があった。

蜂起開始に指定されていた八月一日の午後五時より少し早く、ナポレオン広場ではすでにキリィンスキ大隊により戦闘の口火が切られていた。シフィェントクシスカ通りを越えたやや北西のドンブロフスキ広場やマゾヴィェツカ通りでも衝突が始まっていた。ナポレオン広場の東側には、当時ワルシャワで最高層だったプルデンシャル・ビルとその南には中央郵便局があった。蜂起軍は緒戦の数日間でプルデンシャル・ビル、中央郵便局、マワホフスキ広場の労働局ビル、現在はヴォラ地区に入るが、ジェラズナ通りの近く、イェロゾリムスキェ大通りの郵便鉄道駅、スタルィンキェヴィチ広場のツーリスト・ビル、フウォドナ通りとジェラズナ通りの角のドイツ軍警察「ノルトヴァッへ」などを占拠した。当時「摩天楼」と言われたプルデンシャル・ビルの屋上には白と赤のポーランド国旗が掲げられた。

現在のユゼフ・ピウスツキ元帥広場（かつてのサスキ広場、占領中は「アドルフ・ヒトラー広場」）はシルドミエシチェの激戦地のひとつだった。ドイツ側はサスキ宮殿、その北西のブリュール宮殿を占拠していて、ピウスツキ広場から劇場広場にかけての地域を制圧していた。ブリュール宮殿にはドイツ占領者のワルシャワ総督、ルードウィヒ・フィッシャーをトップとするナチスの行政組織が置かれていた。八月第一週、ライネファート部隊とディルレワンガー旅団がサスキ公園に進軍して、同地にたてこもるワルシャワ守備隊司令官のライナー・シュターエル将軍とフィッシャー総督の救出作戦を展開し、他の部隊の支援も得て将軍と総督の救出には成功した。

イェロゾリムスキェ大通りはドイツ側が制圧する建物から銃火にさらされていたため、八月七日から翌日にかけて、中央区を横断する同大通りを境に南北をつなぐ唯一の通路として、同通り二二番（当時）の建物から一七番（当時）の建物へ連絡壕が掘られた。この通路は蜂起の最後までシルドミエシチェの南北の蜂起部隊の連絡や市民の避難ルートの役割を果たすことになる。この間、第四章「スタルフカ」に記したように、ワルシャワ管区の国内軍司令部の再編がなされる。八月四日、モンテルがワルシャワ地区司令部を置いていたヴィクトリア・ホテル（ヤスナ通り二六番）が空爆で破壊されたため、司令部はシフィェントクシスカ通りとヤスナ通りの角の郵便貯金銀行ビル（通称ＰＫＯ「ペカオ」ビル）に移った。八日、このＰＫＯ銀行ビルから蜂起軍の放送局・ブウィスカヴィツァ（稲妻）が放送を開始した。翌日には過去五年間禁じられていたポーランド・ラジオの自主放送（短波）もドンブロフスキ広場のアパートから再開され、街頭に設置されたスピーカーでも流された。一三日にはズウォタ通りの映画館「パラデュム」でワルシャワ蜂起の様子を撮影した自主記録映画が初めて上映された。

八月半ばから戦闘はさらに激化した。蜂起側はジェラズナ通りの郵便鉄道駅、鉄道職員集合住宅を死守した。ドイツ側はプルデンシャル・ビルの奪回をはかって砲撃を繰り返し、当時最高層だったビルは炎上した。チェプワ通りの警察隊兵舎、グジボフスカ通りの食料倉庫は蜂起軍とドイツ側双方のあいだで奪回、再奪回が続いた。一九日、ヘンルィク・ロイツェヴィチ（レリヴァ）大尉指揮下の蜂起部隊などがドイツ軍のたてこもる九階建てのPASTAビル（ポーランド電話会社ビル）に対して攻撃を再開し、十数時間の激闘の末の翌日に攻め落として制圧した。

八月二三日、蜂起部隊は聖十字架教会に隣接するナチス警察本部を奪取する。蜂起側はドイツ側のたてこもる建物を次々に陥落させ、ドイツ兵を多数捕虜にするが、ドイツ側も郵便鉄道駅や鉄道職員住宅など蜂起側の拠点に対して激しい攻撃を集中した。キリィンスキ大隊は二五日、ノヴィ・シフィャト通りとイェロゾリムスキェ大通りの角のカフェクラブにあったドイツ軍の前進拠点を奪取し、南北中央区をつなぐバリケードに対するドイツ側の攻撃に対抗した。ドイツ側も二七日にチェプワ通りの警察隊兵舎を奪回するとともに、サスキ公園西側出口のジェラズナ・ブラマ広場一帯の陣地を強化した。前述のように八月三〇日から三一日にかけて、中央区の蜂起部隊は旧市街から中央区への脱出作戦を支援したが、所期の目的は果たせなかった。

九月初め、ワルシャワ市民の誇りでもあったスタレミャストが陥落し、シルドミェシチェ住民にも強く重い衝撃をあたえた。九月四日、ブル＝コモロフスキの国内軍総司令部とモンテルのワルシャワ管区司令部がおかれていたPKO銀行ビルもドイツ軍の激しい攻撃を受けて多数の死傷者がでた。ブル＝コモロフスキの国内軍総司令部は八月二六日から九月五日まで、このPKO銀行ビルにあったが、九月六日から一〇月五日までピウス十一世通り（現在のピェンクナ通り）一九番の「小PASTA」とよばれた電話局建物に移る。「小PASTA」ビルは八月二三日に蜂起側が制圧したものである。八月四日からPKO銀行ビルにあったモンテルの司令部は九月六日からはズウォタ通り七／九番のパラデュム映画館に移った(1)。

九月七日にポヴィシレ地区が陥落したため、ドイツ側は砲爆撃をシルドミェシチェ北に集中し、蜂起側はノヴィ・シフィャト通り、サスキ公園、ジェラズナ・ブラマ広場などからのさらに激しい攻撃にさらされることになる。ポヴィシレ地区の発電所も敵の手に落ちたため、四日以降は市内全域で電気が止まった。空爆により、ナポレオン広場、マルシャウコフスカ通り、シフィエントクシスカ通りもひどく破壊された。八日にはクラコフスキェ・プシェドミェシチェ通りの警察本部からの撤退をよぎなくされ、ドイツ側はシフィエントクシスカ通りから聖十字架教会にかけての区域の拠点を確保した。ドイツ軍はヴィスワ川右岸・プラガ地区へのソ連軍の進撃にそなえて、イェロゾリムスキェ大通りの完全制圧に全力をあげるが、蜂起側も激しく抵抗した。

九月下旬、ドイツ側の攻撃目標は蜂起軍の抵抗が残る三地区、すなわち、シルドミェシチェ、ジョリボシュ、モコトゥフにしぼられていた。二七日にモコトゥフ、三〇日にジョリボシュが陥落して、シルドミェシチェは蜂起側の最後の支配地域となる。シルドミェシチェ北の蜂起側制圧地域は東西二キロ余り、南北約一キロ、シルドミェシチェ南では東西、南北それぞれ一キロ余りの地域だけだった。すでに二七日、スタルィンキェヴィチ広場の近く、イェロゾリムスキェ大通りの中ほどで蜂起側とドイツ側が会い、ポーランド側使者がドイツ側陣地に入って停戦協議についての接触があった。三〇日、中央区司令部からドイツ側に使者が送られ、同区内に居住する民間人約二〇万人の撤退問題が話し合われた。ワルシャワ全域での休戦が締結され、その日時を一〇月一日および二日の午後五時から八時までと取り決められた。一〇月一日、休戦協定により一万人前後の市民が中央区を出た。休戦協定の時間切れの午後八時を過ぎると、ドイツ軍の砲撃が再開された。一〇月二日のポーランド時間午後九時（ドイツ時間午後八時）、降伏協定への署名が行われ、六三日間の蜂起は終わる。

八月末から九月初めにスタレミャストから地下水道を通ってシルドミェシチェにたどり着いたブル＝コモロフスキや蜂起部隊の兵士たちは、まだそこに建物が立ち並び、店舗もスープキチンもあり、井戸もよく利用されている光景を目にして、旧市街の惨状との大きな違いに驚いたという。しかし、ヨアンナ・ハンソンによると、シルドミェシチェの実情も当初から明るいものではなかった。蜂起開始一週間ですでに、ソ連軍や連合国軍からの支援がないことに市民の苛立ちが起きていた。批判はロンドン亡命政府にも向けられた。シルドミェシチェでも地域によって程度の差はあったが、八月半ばになると食料と水が不足し、市民生活そのものが深刻な事態に陥った。衛生状態も悪化したが、文民行政組織の管理のもとに伝染病が広がることはなかった。前記のように九月四日以降は電気が止まった。最大の問題は水だった。水道はもはや使用できず数十箇所の井戸がたよりだった。蜂起部隊、病院、食料を提供するスープキチンで活動する人々、そして一般市民が同じ井戸に集まった。長い列ができた。病院はとくに多量の水を必要とする。そこで、「軍は午前六時から七時までと午後九時三〇分から一一時まで、スープキチンは午前五時から六時までと午後三時から四時まで、病院は午前四時から五時までと八時から九時三〇分まで、一般市民は午前七時から午後三時までと午後四時から八時まで」(2)というふうに時間割がつくられて、市民たちの間の摩擦の解消がはかられた。

しかし、ハンソンは夜通し井戸の列に立ったある女性のこんな証言を記している。「水はちょろちょろとかすかな流れとなるだけで、ますます少なくなった。新しい井戸が掘られた。湧き出る水は薄皮のようにわずかで、本当は飲むのにも適さなかった。それでも飲んだ。ほかにどうしようもなかった。水を待つ列に並んでいて撃たれる人もいた」「毎朝、井戸のまわりに遺体がいくつかあった。けれども、翌日にはさらに大勢の人々がバケツを持って列をつくった。水はぽたぽた落ちるだけで、バケツが一杯になるには相当な時間がかかった。いつどの瞬間に死ぬか分からない。それでもだれも急がなかった。また、だれも不満を言わなかった。」(3)

赤軍がヴィスワ川右岸のプラガ地区を制圧したとされる九月一五日、蜂起側放送局・ブウィスカヴィツァ（稲妻）は「最も悲劇的な瞬間が来た。ワルシャワは飢餓に直面している」と放送した。生活の破局に突き落とされた市民たちの苛立ちと不満は明らかだった。ブル＝コモロフスキ自身も九月一七日にロンドンへ送った電文で、ワルシャワの蜂起軍、文民行政機関、そしてロンドンの亡命政府に対する非難が強まっていることを認めていた。「兵士も市民も、長く耐えながら待ち望んできた西側からの援助を信じることを止め、その結果、亡命当局に対する怒りと不信を募らせている」「ソ連軍部隊がワルシャワに入ったとき、ソ連のプロパガンダに影響された世論がロンドンのわが最高機関と西側連合国に背を向けることも予想できる。」(4)

ハンソンは、チェルニャクフも陥落し（九月二三日）、ヴィスワ川右岸からの渡河支援作戦も不成功に終わった九月下旬の状況に関連して次のように指摘している。

「第一に、蜂起指導者に対する批判が着実に強まっていた。第二には、共産主義者の人民軍（AL）とポーランド人民軍（PAL）に対する支持が目に見えて大きくなった。戦闘の長期化で国内軍当局に対する不信の拡大と支持の喪失が顕著となった。このことを表すのは共産主義者の新聞の部数の増大である」「人民軍こそがソ連と友好関係のポーランドをきずくことができると考える人もいた。」(5)もちろんそれは人々が共産主義自体を支持したことを示すのではなく、国内軍指導者たちに対する批判と幻滅を表したものだった。

九月二六日、ブル＝コモロフスキはロンドンに「支援物資が毎日投下されなければ、食料は一週間、最大で一〇日間しかもたない」(6)と打電する。中央保護協議会（RGO）や行政機関のブロック委員会が乏しい食材を提供していたが、もはや限界を突破していた。チェルニャクフ陥落のあと、モコトゥフ、ジョリボシュ両地区へのドイツ側の総攻撃が伝わる。ソ連軍への期待も何度も裏切られた。「蜂起の悪夢がすぐにでも終わるという希望はなかったが、それでもなお、がんばりぬこうという意思と自らを鼓舞する精神があった。だからこそ、終幕は多くの人々にとって大変なショックだったのである」(7)とハンソンは書いている。

占領地の地下政府で市民闘争指導部（KWC）の責任者だったステファン・コルボィンスキは蜂起最終盤の九月二二日、二三日、二六日に、降伏協定直前の中央区の状況についてロンドンの亡命政府に打電して報告している。

九月二二日「中央区では二六万人の半数以上が他地区からの避難民である。軍用にも民間人用にも食料の備蓄は大麦一〇〇トン、小麦が五〇トン。料理用油脂は明日にでも、砂糖は四日もすれば尽きてしまうだろう。食料は商売人や無人と化した住居から徴発したりしているが、それもわずかにすぎない。電気、ガス、水の供給がなくなって相当経過している。九二箇所の井戸が使用されていて、さらに八〇箇所で井戸を掘り抜いているところである。重大ではないが赤痢の感染が少しある。各兵站部に四人、各住宅ブロックに一人の医師が配されて医療にあたっている。病院は軍民両用に六つ、民間人専用に一二箇所開かれている。」

九月二三日「ジョリボシュとモコトゥフは市民の密集がまだ少なく、野菜などもあるので状況はまだましである。中央区では水の取引が始まった。井戸もまもなく枯渇し使えなくなるだろう。今日からは小麦を煮込んだものと砂糖入りのコーヒーだけで生きていくことになる。激しい榴弾砲にさらされている。」

九月二六日「各地区代表との昨日の会議にもとづき、市民がいっそうの飢餓に苦しんでいると声を大にして言わねばならない。小麦の備蓄はすでに配りつくし、大麦の残り六〇トンもいま配給に出している。備蓄はもうない。人々は犬を殺して食料にしている。われわれには降伏の恐怖が迫っている。でなくとも、飢餓ゆえに市民をドイツ側に引き渡さねばならない。毎日相当量の支援物資の投下がなければ、一週間、最大でも一〇日しかもたない。しょう紅熱が二〇件報告されている。」(8)

聖十字架教会とナチス警察本部
——クラコフスキェ・プシェドミエシチェ通り

ショパンの心臓が聖堂の壁に埋め込まれていることで有名な聖十字架教会（写真）はクラコフスキェ・プシェドミェシチェ通り三番で、ワルシャワを訪れる観光客が必ず訪れるスポットだが、その隣、クラコフスキェ・プシェドミェシチェ通り一番の建物に戦時中、ナチス・ドイツの保護警察本部があって、その一帯が蜂起のときの激戦地だったことはあまり知られていない。

一九四四年八月の蜂起開始当時、ナチス占領者は聖十字架教会と警察本部、クラコフスキェ・プシェドミェシチェ通りをこえた斜め向かいのワルシャワ大学構内を制圧していた。ドイツ側のこれらの陣地は蜂起側にとって何としても奪取すべき戦略目標だった。蜂起側は八月一日を期して攻撃をかけて不成功に終わったが、九日には教会のやや南東のスタシツ宮殿を占拠し、教会裏側のタデウシュ・チャツキ通り、その北のロムアルト・トラウグット通りも制圧して、教会と警察本部に対する攻撃を準備した。

八月二三日、国内軍の四部隊がドイツ側陣地を急襲した。ハルナシ大隊が教会の背後から、ルィシャルト部隊が警察本部の左右から、レヴァル中隊が教会を、そして、クルィバル部隊がワルシャワ大学を攻撃した。ヴウォジミェシュ・ザヴァツキ（バルトキェヴィチ）少佐の軍団がナチスに占拠されていた聖十字架教会を奪取するとともに、警察本部にも攻撃をしかけ、激しい戦闘が続いた。ブルースは、八月一六日のPASTAビル奪取がこの攻撃にもはずみをつけたと書いている(9)。しかし、ナチス側はその後、聖堂を砲撃して鐘楼や祭壇を炎上させ、九月六日には急降下爆撃機シュトゥーカの空爆とともに、遠隔操縦の小型戦車「ゴリアテ」を動員して同教会を奪い返した。聖堂は崩壊し、丸天井は崩落した。九月八日には警察本部も再度奪取された。

いま、聖十字架教会の左隣の建物の壁には国内軍・ハルナシ部隊の指揮官、マリヤン・エウスタフ・クラフチク大尉と、一九四四年八月二三日にこの警察本部建物と教会の奪回作戦を戦った兵士の記念板が掲げられている。二〇〇二年に取り付けられたその記念板には、作戦全体の統括者が国内軍中央区北司令部参謀長のベルナルト・ロマノフスキ（ヴォラ）だったことも記されている。聖十字架教会と警察本部の占領者に対する国内軍の電撃作戦の死傷者は死者約一〇人、負傷者約二〇人だった。これに対してドイツ側は数十人が死亡し、一〇〇人ちかくが捕虜となった(10)。教会はドイツ側に無残に破壊されて戦後再建されたが、もとは一七世紀後半の建物である。ナチス占領者はショパンの心臓を納めた骨壺を一時持ち去ったが、ワルシャワ・ゲットー蜂起の後に大司教に返還し、一九四五年一〇月に教会にもどされたという(11)。

コペルニクス記念像

聖十字架教会の斜め向かいに有名なミコワイ・コペルニク(ニコラウス・コペルニクス、一四七三〜一五四三)の記念坐像がある(写真)。デンマークの彫刻家、ベルテル・トルヴァルセンの制作によるもので、一八三〇年に除幕された。こんなエピソードがある。第二次大戦中、ナチス占領者は記念碑台座の「同胞より、コペルニクへ」との碑文の上に「偉大なドイツ人天文学者へ」とドイツ語で記したプレートをかぶせた。ある日、作業服を着た若者たちが来て、さも日常仕事のように上に被せられたプレートを取り外してしまった。目の前には前項にみるドイツ占領者の警察本部があったが、通りを隔てて向かい側に立つ歩哨には「作業員」たちの仕草がいかにも合法的で事前承認を受けた作業に見えた。占領者が自分たちのプレートが除去されたのに気づいたのは三週間もたってからのことだった。ナチス占領者のワルシャワ総督、ルードウィヒ・フィッシャーの署名入りで尊大なことばの布告が出された。

「最近、犯罪者たちが政治的理由により、コペルニクス像から記念板を取り去った。その報復として、私はキリィンスキ記念像の撤去を命じる。同時に、今回と同様の行為がまた冒されるならば、ワルシャワのポーランド人の食料の配給を一週間停止することを厳に警告しておくものである。」(12)

ヤン・キリィンスキ(一七六〇〜一八一九)はワルシャワの靴職人だったが、タデウシュ・コシチュシュコの一七九四年の反乱で民衆を指導してロシア侵略者と戦ったヒーローである。キリィンスキの記念像は現在、旧市街にあるが、戦前はクラシィンスキ広場の真ん中にあった。フィッシャーの布告の数日後、キリィンスキ記念像はクラシィンスキ広場から撤去されて、イェロゾリムスキェ大通りの国立博物館の地下室に入れられた。翌日、通行人たちは国立博物館の壁に黒く大書された一文を目にした。

JAM TU LUDU W-WY. – KILIŃSKI JAN !

（ワルシャワ市民諸君、私はここにいる。ヤン・キリィンスキ）

一週間後、フィッシャーの布告の表現をまねて、次のようなポスターが貼り出された。

「最近、犯罪者たちが政治的理由により、キリィンスキ記念像を撤去した。その報復として、私は東部戦線の冬を二ケ月間延長することを命令する。ミコワイ・コペルニク」

不思議なことに、その年の冬は例年より長く、東部戦線におけるドイツ軍の反攻計画に大きな影響をあたえたともいわれる。

クラコフスキェ・プシェドミェシチェ通りのコペルニク記念像にナチス占領者がかぶせたプレートを取り外したのは、国内軍傘下でレジスタンス活動したスカウトの「灰色部隊」メンバー、マチェイ・アレクスィ・ダヴィドフスキ（一九二〇〜一九四三）で、国立博物館の「キリィンスキによる」落書も彼のものとされる。コペルニク記念像はその後、ワルシャワ蜂起の期間に大きく損傷してスクラップ同然になったが奇跡的ともいうべき復元がなされた。

地下水道脱出の出口
——ノヴィ・シフィャト通り五三番

ミコワイ・コペルニクの記念坐像の前を通り、シフィェントクシスカ（聖十字架）通りを横断すると、通りの名はノヴィ・シフィャト（新世界）通りとなっている。少し歩くとすぐに十字路があるが、左手はオルディナツカ通り、右手はヴァレツカ通りである。そのヴァレツカ通り一〇番への入りくち、気をつけないと通り過ぎてしまいそうになるが、ノヴィ・シフィャト通り五三番の建物壁に、旧市街の蜂起部隊が一九四四年九月初めに地下水道を通って逃れ出た場所を示す記念板がある。（第一章「地下水道」参照、記念プレート③）分厚い磨りガラスのプレートは「蜂起部隊の移動コース」というもので、旧市街近くのクラシィンスキ広場からヴァレツカ通りの出口までの地下水道のコースをイラストしたものと、旧市街防衛にあたった蜂起兵がマンホールから出てきた瞬間の写真が添えられている。これは二〇〇二年一〇月に取り付けられたものである。クラシィンスキ広場近くのマンホールからの地下水道は北西方向に伸びて、ワルシャワ・グダィンスカ駅の北、ジョリボシュ地区のズィグムント・クラシィンスキ通りに出るルートと、南東方向にミョドヴァ通り、クラコフスキェ・プシェドミェシチェ通り、聖十字架教会の下を通って、ノヴィ・シフィャト通りとヴァレツカ通りの角に出るルートがあった。ここの記念プレートに図示されているのは、その後者のコースである（地図①—③）。

ドンブロフスキ広場

聖十字架教会を出て前項とは逆に、クラコフスキェ・プシェドミェシチェ通りを旧市街方面にすこし進み、すぐに左折するとロムアルト・トラウグット通りに入る。ロムアルト・トラウグット（一八二五～一八六四）は一八六三年の対ロシア一月蜂起の指導者である。その通りをまっすぐに進み、マゾヴィェツカ通りを横断してこんどはクレディトヴァ通りを西進すると左手に見るのはヤン・ヘンルィク・ドンブロフスキ広場である。さほど広い場所ではないが、中央に落ち着いた緑地があり大きな木々や草花が優しい。イタリア大使館など周囲の建物はどれも修復をへて新しい感じがするが、ドンブロフスキ広場一番の建物の真新しい壁の一部にワルシャワ蜂起中の銃弾の跡を受けた当時の壁の一部をそのままに残している。弾痕を残した矩形部分の下には、「二〇〇五年の改修の際、一九四四年のワルシャワ蜂起における英雄的戦いの跡が保存された」との小さな記念プレートがある。

ヴィクトリア・ホテルと国内軍のワルシャワ地区司令官、モンテル——ヤスナ通り

ドンブロフスキ広場の東を南北に走るのはヤスナ通りである。そのヤスナ通り二六番に戦前、三階建てのヴィクトリア・ホテルの建物があり「ドイツ人専用」*Nur für Deutsche* となっていたが、国内軍がこれを奪取して、ワルシャワ地区司令官、アントニ・フルシチェル（モンテル）大佐が蜂起開始直後に司令本部（ワルシャワ管区司令部）を置いた。モンテルは蜂起開始前日の七月三一日まで、オホタ地区のフィルトロヴァ通り六八番の建物を執務室にしていた。蜂起開始とともにヤスナ通り二二番に移動し、さらに国内軍が占拠した隣接のヴィクトリア・ホテルに移った。

国内軍の連絡員だったグレタによると、蜂起開始後約二〇分で同ホテルからドイツ人は駆逐された。彼女は司令を受けるためにホテルに近づこうとしたが、ドイツ軍の砲撃が激しくてヤスナ通りを横断できず、地下室壁に穴を開けてつくられた通路を通ってようやく、モンテルの司令部に着いた。グレタは「ワルシャワからのクーリエ」として有名なヤン・ノヴァク（本名ズヂスワフ・イェジョラィンスキ）とその後の蜂起期

間中に結婚式をあげることになる人物だ。ドイツ軍は八月四日にこの司令部を空爆し、建物は炎上焼失した。戦後、その場所にはまったく違った設計の建物が建てられたため、ホテルのすがたは写真にしか残らない。モンテルの司令部は八月五日から、シフィエントクシスカ通りとヤスナ通りの角の郵便貯金銀行ビル（ヤスナ通り九番、通称ＰＫＯビル）に移った。

ノヴァクはイタリアのブリンディジ基地から飛び立って蜂起開始の数日前にポーランドに降下して蜂起直前の国内軍幕僚会議にも出席し、八月一日にモンテルの司令部がおかれたヴィクトリア・ホテルに入った。彼はロンドンからの放送を傍受しようと、大きな受信装置をもって階上の一角を確保した。ナポレオン広場（現在のワルシャワ蜂起者広場）の方から砲撃音が聞こえてきた。だれかがノヴァクの袖口を引っ張り、空高く何かがあるのを指さした。ワルシャワの「摩天楼」と言われたプルデンシャル・ビルのてっぺんに白と赤の大きな旗が誇らしげにゆったりと棚引いていた。その旗は市内のどこからでも、ヴィスワ川の対岸、プラガ地区からでも見えるのではないかと思った。

ノヴァクがロンドンからのラジオ放送で初めて蜂起のニュースを聞いたのは八月二日一七時一五分、ポーランド・ラジオによるポーランド語放送によってだった。「こちらはロンドンのポーランド・ラジオ放送。昨日、午後五時、国内軍がワルシャワで戦闘を開始した。」ただその一文だけだった。しかし、その一文を読み上げたアナウンサーの声には深い感動がこもっていた。こんどはＢＢＣのポーランド語放送を待った。同じメッセージが同様の感情がこめられて繰り返された(13)。ノヴァクは、ワルシャワ蜂起で何が起きているのかについての情報を編集し、連合国とロンドンに向けて発信する活動を決意し、国内軍の宣伝情報責任者だったヤン・ジェペツキに承認を求める。ジェペツキはノヴァクの提案に同意し、まだヴォラ地区にあった国内軍総司令部にブル＝コモロフスキとペウチィンスキを訪ね、その活動についての承認を得るよう指示する。

国内軍総司令部、ワルシャワ地区司令部
――ＰＫＯビル

前項にもあるプルデンシャル・ビルから西へすこし歩き、ヤスナ通りとの交差点を渡って進むと中央郵便局がある。ヤスナ通り九番（シフィエントクシスカ通り三一番の角）のその建物をふくむビル群は一九一八年の独立回復直後の一九二一年から二二年にかけて建てられたもので、ＰＫＯ（郵便貯金銀行）ビルとよばれていた。現在の中央郵便局の様相は基本的に変わってはいないが、蜂起当時はもう少し高

い八階建てだった。一九四四年八月一日、キリィンスキ大隊の部隊がPKOビルの占拠に成功した。同月四日にヤスナ通りのヴィクトリア・ホテルを空爆されたモンテルの司令部がここに移動してくる。PKOビルには大規模な野戦病院が開かれ、地下には銃器修理・製造工場もおかれた。

ブル＝コモロフスキの国内軍総司令部は蜂起開始時の八月一日から六日までヴォラ地区、ヂェルナ通りのカムレルの工場建物に、六日から一三日まではクラシィンスキ公園のすぐ近く、バロコヴァ通りの学校建物に、一三日から二五日まではドウゥガ通りの司法省建物（ラチィンスキ宮殿）におかれ、ついで八月二六日から九月五日まではモンテルが司令部を置いていたのと同じシフィェントクシスカ通りのPKOビルにおかれた。ブル＝コモロフスキは八月二五日から二六日にかけての夜にスタレミャストから地下水道を通ってシルドミェシチェに脱出し、そのあとすぐにモンテルの司令部に向かったのである。ブルは「モンテルの参謀本部はヤスナ通りのがっしりとしたPKO銀行の建物におかれていた。それはワルシャワでも最も深くて強力な防空シェルターで有名だった」(14)と書いている。ブルが蜂起勃発後にモンテルと会ったのはこれが最初だった。

ブルとモンテルはさまざまな観点から蜂起をめぐる状況について話し合った。食料不足が深刻になっていた。国内軍総司令官はこう書いた。「パンは九月二日までしかもたない。ミルク不足と絶え間ない精神的ショックで、母親は乳児に授乳してやることもできない。幼児の死亡率は驚異的に上昇している。年長の子供たちも大勢死んでいる。水不足で消火活動ができず、伝染病が発生する恐れがある。シェルターで赤痢が広がっている」「ソ連が米軍に飛行場の使用を拒否しているとの放送が人々に深い失望をあたえており、士気がくじけそうになっている。」(15)

九月二、三、四日にドイツ側が空爆を繰り返し、さらに五日にも急降下爆撃機シュトゥーカによる猛爆撃があって、PKOビルは大きな被害を受けた。建物内の兵士や負傷者が多数死亡した。ブル＝コモロフスキが別の場所での会議からもどってみると惨状がひろがっていた。「瓦礫の山が二階床の高さにまでなった。丸屋根が落ちて通りに転がっていた。巨大な女性用帽子が逆さになっているみたいだった。近くには不発弾が二発あった。地下室の参謀本部へ入ろうとしたが、通路がふさがれていると歩哨が警告した。」(16)それでも彼はなんとか無線機のある地下の執務室に入り込んでみた。三〇人ほどが死亡した。グジェゴシュ、クチャバ(17)、バシャが重傷を負った。負傷者は隣接する病院に運び込まれていたが、その病院も爆弾で大きな被害を受けていた。ブルが駆けつけてみると、病院内は負傷者の苦痛のうめき声に満ちていた。十人ほどの医師が疲労で倒れそうだったが次から次へと粘り強く手術に取り組んでいた。「ようやくグジェゴシュを見つけた。すでに手当てを受けていて、頭と顔には包帯が巻かれていた。顎をやられており、顔中が木や石のかけらで傷だらけになっていた。通信将校のクチャバがすぐそばに横たわっていた。セメント・ブロックに埋まっていたバシャは死にそうだった。同志の一人が今この瞬間にわれわれのもとを去ろうとしている。最も困難な瞬間に冷静沈着でみなにもすぐに広がる快活さで元気づけてくれた人。彼女の本名はM・ピェカルスカである。」[18]

ブル＝コモロフスキはその夜、国内軍総司令部をシルドミェシチェ南のピウス十一世通り（現在のピェンクナ通り）の「小PASTA」ビルに移すことを決定する。モンテルの司令部はズウォタ通り七／九番のパラデュム映画館に移る。グジェゴシュが九月四日の爆撃で重傷を負ったため、ブル＝コモロフスキはレオポルト・オクリツキ（ニエヂヴィャデク）を参謀長に任命した。PKOビルは戦後その一部が再建され、その一つが現在の中央郵便局である。

ラジオ放送局「ブウィスカヴィツァ」(稲妻)
——モニュシュコ通り

現在は中央郵便局（街路表示はシフィェントクシスカ通り三一／三三番）となっているかつてのPKOビルは、一九四四年八月八日、蜂起軍のラジオ放送局「ブウィスカヴィツァ」（稲妻）がズビグニェフ・シフィェントホフスキ（クシシュトフ）のアナウンスにより、次のように放送を開始した場所でもあった。

こちらは、ワルシャワの国内軍（AK）放送局、ブウィスカヴィツァです！　周波数三二・八と五二・一メーターバンドでお送りしています。ワルシャワの精神は素晴らしい。ワルシャワの女性たちも、すべての人々が兵士とともに、衛生兵として、あるいは連絡員としてみなが同じ戦線で目覚ましい働きをしている。子供たちでさえ、驚嘆すべき勇敢な精神のもちぬしだ。われわれは、自由を愛する世界のすべての人々にあいさつを送る。イタリア、フランスで戦うポーランド人兵士、ポーランド人飛行士や水兵たちへ。

蜂起軍のラジオ放送局「ブウィスカヴィツァ」（稲妻）は蜂起開始から一週間経った一九四四年八月八日に始まり、戦闘停止・降伏協定締結直後の一〇月四日、最後に一九世紀以来の愛国歌「ヴァルシャヴィャンカ」*Warszawianka* を流して終わった。放送を運営したのは国内軍の情報宣伝局と国内

（被占領地）政府情報広報局の下にあったポーランド・ラジオ局のスタッフである。蜂起軍兵士や市民に対してはポーランド語で、国外に向けては英語で放送された。

当初の所在地は前述のヤスナ通り九番のＰＫＯビルだった。それは前述のように八月一日の蜂起緒戦で蜂起軍部隊がドイツ軍から奪取した建物で、四日からは国内軍のワルシャワ管区司令部も置かれていた。放送局はその後、同月一八日にドイツ側の砲撃を受け、二三日(19)にスタニスワフ・モニュシュコ通り一〇番のダンスホール「アドリア」の建物に移る(20)。国内軍司令部と放送局が同じ場所に所在すべきではないとモンテルが主張したことによるという。モニュシュコ通りは、ヤスナ通りとシフィエントクシスカ通りの交差点をさらに南下してすぐの交差点を東西に走る通りである。「稲妻」放送局はさらに九月四日にポズナィンスカ通り一五番の旧ソ連大使館ビル、次いで八日から一〇月四日まではコシコヴァ通り二六番のワルシャワ市図書館に移って放送を続けた。ノヴァクによると、この頃には一日の番組もかなり限定され、英語放送は毎朝一〇時から一一時までの間に一度となった(21)。

放送局の番組編成チーフはスタニスワフ・ザドロジヌィ（パヴリチュ）、サブチーフがゾフィヤ・ルトコフスカ（エヴァ）だった。送信機は一九四三年に国内軍のエンジニア、アントニ・ゼンビク（ビェグウィ）、ボレスワフ・ドルジヂらがチェンストホヴァで製作したもので、同年末にワルシャワに運び込まれた。機器が水に濡れて八月一日の蜂起開始には間に合わなかったが、放送開始の八日以降通常はポーランド語で一日四回、英語で二回の放送を続けた(22)。

最後の放送は一〇月四日、午後七時二〇分からの一〇分間だった。技術部門の責任者だったヤン・ギェオルギツァ（グジェゴジェヴィチ）が告別の言葉を送り、ヴァルシャヴィャンカの曲を流した後、その手で送信機を破壊した。ドイツ占領者は「稲妻」と同じ周波数によるポーランド語放送を流して国内軍の放送を妨害しようとした。

ブル＝コモロフスキは「稲妻」放送局について回想録で次のように書いている。

「九月一日、私は初めてスタジオのマイクの前に向かった。そこはアドリアという、当時ワルシャワでも大きなダンスホールの建物の中にあった。もちろん、放送のための条件はいささか原始的なものであった。毎回の放送では初めにコールサインとして、一八三一年の国民歌、ヴァルシャヴィャンカのメロディーが流された。ヴォラ地区の街頭にも流されていた曲だ。レコードは擦り切れていて、メロディーはシューシューいう音にかき消されるくらいだった。いつも放送直前に送信機に不具合がおきて時間と競争して修復しなければならなかった」「私の放送の数日後、アドリアのビルは焼夷弾を受けて炎上した。運良く、放送局のスタッフは何とか放送設備を守ったが、炎上するビルから持ち出すことのできたのはそれだけだった」「放送局は何度かその場所を変えることをよぎなくされたが、放送は蜂起の最後の日まで休みなく続いた。」(23)

ワルシャワとロンドンを往復したクーリエのヤン・ノヴァクも「稲妻」のラジオ放送に参加した。その回想によると八月七日、国内軍の情報宣伝部責任者のヤン・ジェペツキと宣伝担当のタデウシュ・ゼンチコフスキ（コヴァリク）から「ラジオ放送の英語プログラムの編集」にあたるよう指示され、「稲妻」のチーフだったパヴリチュを紹介された(24)。八月八日朝、ノヴァクは、ロンドン生まれのポーランド人、アダム・トルシュコフスキ（アダム）のサポートも得て最初の英語原稿を書いた。午前一〇時少し過ぎに最初のポーランド語による放送が始まり、午後二時三〇分に最初の英語放送が流された。ノヴァクは書いている。「大方のラジオ放送局に比べれば、ブウィスカヴィツァは蜂がブンブン音をたてているようなものだった。それは一〇〇ワット程度に過ぎなかったが、ＢＢＣの強力なモニター受信機が受信してくれるものと期待した。」(25) だが、ノヴァクによると、ロンドンが「稲妻」の放送の受信を初めて明確に確認し、先に放送した内容の要旨を繰り返したのは八月一五日夜のことだった。

ノヴァクが英国空軍パイロットのジョン・ウォードに会ったのは八月一一日頃だった。ウォードは二年前にドイツ側に撃墜されて、ポズナン近くの捕虜収容所に送られたが、脱走してワルシャワに潜伏し、国内軍の活動に協力していた。「彼は国内軍の腕章を着け、ポーランドの鷲の紋章のついた帽子を被っていた。」(26) ノヴァクの記述によると、ウォードは蜂起が開始された最初の週にワルシャワでステファン・コルボィンスキとその妻に出会った。夫妻は何年も前から独自の短波送信機を使っていて、そのときも自分たちの隠れ家からモールス信号でロンドンへの送信を続けていた。地下政府の市民闘争指導部（ＫＷＣ）責任者だったコルボィンスキはウォードに英語の通信記事を書かせて、それをロンドンに発信しようと考えていた。八月一三日から一四日にかけての夜、ノヴァクもウォードを連合軍機による武器・弾薬の投下予定地近くに連れて行った。ウォードが現場で直接見たことを発信することが大事だと思ったのである。「彼（ウォード）は飛行士だったので、武器・弾薬の空中投下に関する情報に最も強い関心があった。彼は勇敢な男で、やや騒々しく自信家でもあり、少し傲慢と思えるところもあった。一度モンテルのもとへ連れて行ったが、彼とも口論になった。しかしもっと重要なことは、彼が自分の使命と蜂起の命運に完全に没頭していたという事実である。」(27)

ノヴァクは戦後、BBCのポーランド担当部署で三年働いた。そのとき、ワルシャワ蜂起中に「稲妻」放送局からの送信をキャッチするため一週間はりついていた人物に会った。初めの受信は大変な出来事だったという。戦後すぐ、BBCは自身の放送史に関する番組で「稲妻」放送局の受信に関して「これが、さきの戦争期間中、被占領地の戦闘地域の放送局が番組を直接送ってきた最初で最後だった」と回想したという(28)。

ノヴァクは回想録にこうも書いている。「降伏の日、同僚のアダムと私は翌一〇月四日に放送する英語番組を準備した。ブヴィスカヴィツァは四度目の移転をして、コシコヴァ通りの公立図書館のシェルターにあった。ブヴィスカヴィツァはポーランド・ラジオと同様、一日か二日の中断はあったものの、蜂起期間中ずっと放送を続けた。八月九日から一〇月三日まで、再放送を数えないでも五七本の英語番組を放送し、ジョン・ウォードは短波に乗せたモールス信号で六五本の英文記事を送った。」(29)

ポーランド国内からの音声放送は国内軍の主導する「稲妻」のほかに地下政府情報広報部門の管轄下に文民が主導したポーランド・ラジオによるものがあった。ナチス・ドイツによる占領が始まった一九三九年秋に発足していたが、一九四四年八月の蜂起開始時には機器の不備などにより放送できなかった。同月九日から蜂起が終わるまでポーランド語と英語での放送を続けた。著名な作家で一九四二年にユダヤ人援助評議会・ジェゴタの創設に大きな役割を果たしたゾフィヤ・コッサク=シュチュツカ(一八九〇～一九六八)も番組編成に協力したという(30)。BBCのポーランド部局はポーランド・ラジオの放送を多数傍受していた。最後の放送は一〇月四日、挙国一致評議会(RJN)と地下政府閣僚評議会の声明だった。

蜂起前のナチス占領下ではポーランド亡命政府からの「シフィト」*Świt*(夜明け)というラジオ放送があった。これはワルシャワ市内から放送されているかのように装ってはいたが、実際にはロンドンから放送されたものだった。一方、共産主義者からはポーランドの愛国者名をとった「タデウシュ・コシチュシュコ」放送があり、ポーランド人市民はワルシャワ市外のソ連軍部隊からの放送だと思わされていたが、こちらはソ連領内から放送されていた。

コルボインスキが「夜明け」の存在を知ったのは一九四二年末のことだったという(31)。彼自身もワルシャワでの地下通信局の確保とロンドンとの交信に奔走していたが、その日、妻のゾシャが解読した電文は「毎日、午前八時と午後七時にポーランド語で放送している地下放送局を聴いているか」と尋ねていた。コルボインスキはそれまでそのような地下放送局があることをまったく知らなかった。「午後七時ちょうど、強く明瞭な声が部屋に広がった。放送局は強力な電波を発しているに違いなかった。アナウンサーの二言三言で、その反ドイツ放送が占領下ポーランドのどこからか送信されているものと思った。だが、いったいどこから発信しているのだろう。また、このような完璧な技術がどうやって達成されたのか理解できなかった。」(32) だが、その秘密はロンドンからの極秘電文で明らかになった。「その秘密放送局は外国、連合国のどこかにあるのだ！『夜明け』は二つの理由から、占領下のポーランドから放送されていると思わせようとしていた。第一に、西側世界がその放送により信頼をおくように、第二に、ドイツ側を混乱させ、反ドイツ・プロパガンダで攪乱するためである。」(33)

コルボィンスキは秘密放送局「夜明け」によって世界がポーランド内部での状況を把握し、その放送を注意深く聞いていたドイツ側を大いに攪乱することができたと書いている。そして、その秘密放送局がいかにも占領下のポーランドにあると思わせることができた背景には、コルボィンスキたち地下抵抗組織が占領下での出来事の情報をいち早く無線で提供したことがある。秘密放送局「夜明け」は市民闘争指導部の決定によるゲシュタポの処刑などを詳しく放送した。

コルボィンスキによると、占領者ドイツの御用新聞「ノヴィ・クリエル・ヴァルシャフスキ」*Nowy Kurier Warszawski* が「『夜明け』放送局が英国から放送している」と報じたのは一九四四年初めのことだった(34)。

ダンスホール「アドリア」
——モニュシュコ通り

国内軍の放送局「ブウィスカヴィツァ」(稲妻) は八月二五日から九月三日までスタニスワフ・モニュシュコ通り一〇番のダンスホール「アドリア」におかれた。一九二八年から一九二九年にかけて建造され、一九三〇年代初めにレストラン、ダンスホール、バー、喫茶室などが開業し、大勢の有力将校、政治家、財界人、映画・舞台俳優などが出入りして賑わった。ドイツ軍の空爆で大きな被害を被った。戦後再建され、一九七三年から二〇〇五年までレストランを開業した。

ノヴァクは「アドリア」に対する砲撃について記している。彼が翌日の放送番組を準備して机に向かっているときだった。突然、激しい轟音がして、六階建ての建物が大きく揺らいだ。ガラスが砕ける音がして、白煙で目の前が見えなくなり、呼吸さえ困難になった。アドリアは二四インチ砲を浴びて、六階の各フロアーからダンスホールまで破壊された。大勢の人々がパラデュム映画館のロビーやポーランドの有名なチョコレート店、エミル・ヴェデルに避難をよぎなくされた(35)。

プルデンシャル・ビルとワルシャワ蜂起者広場
――シフィエントクシスカ通り

現在の中央郵便局からシフィエントクシスカ通りを少し北東方向に進んでゆくと、右手に高層のホテル・ワルシャワとワルシャワ蜂起者広場がある。現在のホテル・ワルシャワのもとの建物は、戦前、ワルシャワで最も高い建築物で「摩天楼」といわれたプルデンシャル・ビルである（写真）。一九三一年から三三年にかけて英国のプルデンシャル保険会社によって建てられた。一九三九年九月、ドイツ軍の砲撃で最上階が炎上したこともある。現在のワルシャワ蜂起者広場は、戦前はナポレオン広場とよばれていた。やや縦長のナポレオン広場の南東、ヴァレツカ通り側には当時の中央郵便局の建物があった。一九四四年八月一日、ワルシャワ蜂起開始予定前の午後四時半頃、シルドミエシチェ（中央区）で最初の銃声が鳴り響いたのは、この旧ナポレオン広場だった。ナチスが占拠していたプルデンシャル・ビルをめぐって、蜂起部隊とドイツ軍の間で激戦が始まった。国内軍のキリィンスキ大隊は激闘の末に、高さ六六メートル、一六階建ての建物の搭上に白と赤のポーランド国旗を掲げることに成功し、ワルシャワ市民を奮い立たせた。翌日、蜂起部隊はプルデンシャル・ビルを完全制圧するとともに南の中央郵便局の建物も占拠した。

プルデンシャル・ビルの天辺にポーランド国旗を立てたのは、キリィンスキ大隊のイェジ・フルィムス（ガルバティ）だった。ノヴァクによると、重い結核を患ったガルバティは肺の切除手術の数日後に病院を出て戦闘に参加していた。上着の下に旗をしまい、長い竿を片手に一六階まで駆け上り、中央郵便局のドイツ軍守備隊からの砲撃をくぐりながら、その旗をたてた。しかし彼は自力で階下へもどることはできず、仲間たちによって運び降ろされたのだった。

その日、ヴォラ地区、カムレルの工場（ヂェルナ通り七二番）におかれた国内軍総司令部に到着していたブル＝コモロフスキ総司令官がプルデンシャル・ビルの屋上に翻ったポーランド国旗を目にしたのは午後八時頃だった。ワルシャワの夏はまだ十分に明るかった。彼はそのときのことをこう記している。

「兵士の一人が工場の屋根裏から降りてきて、興奮しながら、すぐに屋根の煙突までついてきてくれと言った。監視兵が任務についていた。彼は叫んだ。『旗です！ポーランド国旗です！』その方向を指さして、『市の真ん中あたりにポーランド国旗が見えます！』と言う。屋根の上からは市内が一望に見渡すことができ、あちこちに火炎が上がっていた。たしかに、ワルシャワで最も高く市内中心部を見下ろす一六階建のプルデンシャル・ビルの天辺に大きな旗が棚引いていた。私は目を凝らしてよく見てみた。そうだ、たしかにナチの旗ではない。白と赤が見える。この五年間で初めてポーランド国旗が再び公然と首都の空に翻ったのだ。さらによく見てみると、郵便貯金銀行、市庁舎、その他のビルの屋上にも同じ旗がすでに翻っている。蜂起開始日の戦闘状況について私が受けた最初の合図、報告はこれだった。」(36)

ブル＝コモロフスキはすぐさま階下へ走り、ロンドンの共和国政府首相、ポーランド軍最高司令官に宛てて、「八月一日午後五時、ワルシャワの戦いを開始した」と至急報を打電し、武器・弾薬の空中投下による支援を求めた。しかし、無線機の不具合により、ワルシャワ蜂起開始についての国内軍総司令部からの第一報がロンドンにとどいたのは二日になってからだった。ブル＝コモロフスキの回想によると、ロンドンのBBCがワルシャワ蜂起勃発のニュースを最初につたえたのは同日午後五時四五分のことだった。モスクワは沈黙していた。

しかし約一ヶ月後、ドイツ軍は八月二八日に最重量砲火で反撃し、プルデンシャル・ビルにはミサイルが命中して破壊された。その光景は写真家、スィルヴェステル・ブラウン（クリス）によって撮影され、巨大な砲煙に包まれた高層ビルの一連の写真は、ワルシャワ蜂起を思い起こさせる強烈な印象の写真の一つとなっている。

クリス・ブラウンは一九〇九年、ワルシャワの生まれで、もとは測地学者だった。戦前、ワルシャワの都市計画局で働いていたが、ナチスによる首都破壊の写真を撮り始め、国内軍の情報宣伝局の一員として本格的撮影に従事するようになった。ワルシャワ蜂起中、三〇〇〇枚以上の写真を撮り、そのうち約半分が残っているといわれる。ソ連軍のワルシャワ進駐後、スウェーデンに渡り、その後一九六四年に米国に移住した。ワルシャワ蜂起についての初の個展は一九七九年に開催されている。彼が蜂起中に撮影した写真のネガはすべて、ワルシャワ歴史博物館に寄贈された(37)。プルデンシャル・ビルにドイツのミサイルが命中した瞬間をとらえた有名な写真は、ミコワイ・コペルニク通り二八番の建物屋上から撮影されたと推察される。プルデンシャル・ビルは甚大な被害を受けたにもかかわらず、降伏協定が締結される最後まで蜂起側の制圧下にあった。

現在のホテル・ワルシャワ（開業は一九五四年）として建て替えられた旧プルデンシャル・ビルの建物の前、ワルシャワ蜂起者広場には数メートル四方の厚みのある大きく平たい大理石のモニュメントがある。ワルシャワ蜂起三五周年の一九七九年八月一日に除幕されたもので、蜂起開始予定の午後五時直前に戦闘を開始したキリィンスキ大隊を記念している。

同じく旧ナポレオン広場に面しているが、プルデンシャル・ビルのやや南東、ヴァレツカ通りの角には当時、中央郵便局（旧ナポレオン広場八／一〇番）の大きな建物があった。ブル＝コモロフスキの回想によると、蜂起部隊は八月二日午後五時前にドイツ側の激しい抵抗を打ち破って、中央郵便局建物の主要部分を占拠した。旧中央郵便局の建設は一九〇二年と古い。一九四四年九月後半には廃墟同然となったが、戦後はその場所にポーランド国立銀行が建てられた。

ブル＝コモロフスキは八月二日、無線機の通信機能回復をえて、前記の蜂起開始第一報に続き、連合軍機による武器・弾薬の空中からの投下場所としてナポレオン広場とユダヤ人墓地を指定するとともに、ポーランドのパラシュート旅団のヴォラ地区降下を要請する電報を送っている。

パラデュム映画館――ズウォタ通り

現在の中央郵便局の前、シフィエントクシスカ通りと交差するヤスナ通りを下ってゆくと、スタニスワフ・モニュシュコ通り、ヘンルィク・シェンキェヴィチ通り、ガブリエル・ピョトル・ボドゥエン通りと出会ったあと、ズウォタ通りと交わる。右折すると左手前方のズウォタ通り七番にパラデュム映画館がある。一九三五年から三七年にかけて建てられたもので、ナチス・ドイツによる占領以前は店舗付きの豪華でモダンな施設として知られた。占領中は「ヘルゴラント映画館」*Helgoland*[38]と名を変えられた。蜂起が始まると蜂起部隊の制圧下に入り、八月一三日には、蜂起部隊スタッフの撮影による記録映画がここで初めて上映された。九月六日から、この建物にはモンテルの国内軍ワルシャワ管区司令部もおかれた。建物はドイツ側の砲撃や空爆による被害を免れて、現在は六階建ての建物のなかに映画館、コンサートホールとして存在する。ワルシャワの映画人は蜂起開始直後から各地区でその様子をフィルムに収めた。記録フィルムは戦後に編集され、「六三日間・ワルシャワ蜂起の記録」（一九六九年製作）いうタイトルの記録映画として一九八一年に日本でも上映されたことがある。ブル＝コモロフスキは八月末にスタレミャストからシルドミェシチェに脱出してきて間もなく、パラデュム映画館に招かれ、撮影部隊の記録したフィルムを見たと書いている(39)。そこはドイツ側防衛線から三〇〇ヤードと離れていない建物の地下だった。

それより少し前、蜂起開始から三週間ほどたったときのこととされるが、ポヴィシレ地区で看護将校として活動していたイレナ・オルスカがたまたま任務でシルドミェシチェに来ていた時の出来事を書き記している。

イレナはその日、ズウォタ通りでドイツ軍機の大規模な空爆に遭い、建物の地下シェルターに逃げ込んだ。ズウォタ通り七番、「ヘルゴラント」と名を変えられてドイツ人専用となっていた映画館だった。イレナが入ってみると、そこには一〇〇〇人ほどが避難していたが、そのほとんどが蜂起開始直後からの「定住者」だった。劇場の座席用に並べられた椅子の列の間を歩いてゆくと女性に名前をよばれた。いとこのヤドヴィガだった。何年も会っていなかったが、もともとあまり仲がよくなく、政治信条の違いも疎遠の原因になっていた。ヤドヴィガは母親、祖母、小さな息子と一緒だった。彼女はイレナが着けている国内軍の腕章に厳しい目を向け、険しい表情で言った。「あんたも、私たちを無駄死にさせるあのひどい連中の仲間なのね。自分たちの罪深い行為が恥ずかしくないの？」イレナも頭に血がのぼり冷静さを失いかけたが、何とか抑えながら言った。「あなたこそ、自分勝手に神格化したソ連の犯罪の責任を私たちに押しつけるつもりなの？彼らが私たちにドイツ軍に対して蜂起して赤軍の進撃を支援せよとよびかけたことを忘れたの？彼らが私たちにあらゆる支援と援助を約束したのを知らないの？私たちはそれを信じた。それがわたしたちの唯一の罪なのよ。」

ヤドヴィガがヒステリックになって言い返す。「私たちを無駄死にさせようとしているのはあんたとあんたの仲間たちよ。あんたたちの子供も同じ運命になればいいわ。」そのとき、ヤドヴィガの祖母が「ヤドヴィガ、何てことを言うのだい」ととりなし、孫娘の言ったことを忘れてくれと頼みながら言った。「この娘は間違ってる。いつかその間違いに気がつくでしょう。でも、ヤドヴィガを許してやって。自分が何を言ってるのか分からないのよ。まだ若いし怖いのよ。私はもう年だし怖くはない。あなたとあなた方の行いに神の祝福がありますように。」イレナは老婦人を抱きしめて手を握ったが、その手は透き通るくらいに薄いものだった。ヤドヴィガは激しく泣きながら言った。「これからどうなるのか、どこへ行くのか分からない。食料はあと二日間だけ。息子がどんな状態か見たら分かるでしょう。胸がはりさけそうよ。夫もなくしてしまったし、こんな状態ではやってはいけないのよ。」ヤドヴィガはイレナの手を握った。

人々が周りに集まってきていた。ヤドヴィガの訴えに共感し、絶望と非難の言葉が石飛礫《つぶて》のようにイレナに向けて投げつけられた。イレナは「私たちは皆の自由のため、皆の子供たちの未来のために戦っているのです」「皆さんの子どもたち、兄弟、夫たちはバリケードで戦っているのですよ」と必死に言い返した。一人の女性がヒステリックに叫んだ。「息子は、（戦闘は）一週間以内に終わると言った。ロシア人が私たちを助け、ワルシャワに入城するってね。でも約束は守られなかった。あんたも約束は守らないのでしょう？」イレナには答えようがなかった。「この人たちは私たちがどんなに空腹で疲弊しているのか、不潔で悪臭に満ちた地下水道を這いまわり、吐き気で気も失うほどになったことなど分からないのだ。」シェルターの雰囲気はイレナにはいたたまれぬものになり、じりじりと出口の方に近づいた。だれかが嘲るように吐いた。「女戦士を見ろよ。真実から逃げようとしているぞ。」イレナは憤激して振り返り、言い放った。「逃げるものですか。私はシェルターじゃなく、バリケードの自分の持ち場にもどるだけです」と。

しかしすぐに、彼女は自分の言葉を後悔し恥ずかしくなった。そこにいた人々が臆病であるがゆえにシェルターに身を寄せているのではないことを分かっていたからである。彼女は思い直し、人々にまっすぐ顔を向け、子供たちに話をするように、蜂起部隊の戦闘、戦場での苦しみと死、武器・弾薬の欠乏、裏切られたソ連の援助への期待などについて辛抱強く話した。そして「皆さんの苦しみの責任はだれにあるのか」と問いかけた。彼女を取り囲んだ人々は黙り込み、敵意の目は感じられなくなった。イレナは思った。「この人たちは、私の言っていることが正しいと分かっているのだ。でも、その正しさを支えるだけの力がもう残ってはいない。人間の心を鋼鉄のように固くするのは何なのだろう。この人たちは過去五年間、拘束されて拷問に苦しみ、最愛の人と全財産を失い、ナチスの重い軍靴に国土を蹂躙されてきた人たちであり、偉大な日が到来するのをずっと待ってきたのだ。五日以内にポーランドの首都は共同する連合国軍によって解放されるはずだったのだ」「戦闘はすでに三週間になろうとしていた。堅固な人間の心もいまや枯木のように折れやすくなっていた。戦闘開始直後に国内軍兵士に喝采を送り、乏しい食料、肌着、医薬品などを駐屯地に届けてくれた同じ人々が、あれほど熱い信念を注ぎこんだ大義に忠誠であろうとして死ぬことに直面し動揺し始めていた。」イレナは涙で目が曇っていた。シェルターの階段を上り、自分の部署にもどった。「私は祈りたかった。でも、祈りの言葉が頭の中で混乱した。こぶしを握りしめ、私たちに対してひどいことばを投げつけた人々、しかし許すべき人々のことを思った。」(40)

蜂起兵たちの行進

——フミェルナ通りとシュピタルナ通りの角

クリス・ブラウンの写真の中でも非常によく知られた写真がほかにもある。それは、蜂起部隊の若い兵士たちが二列縦隊になって（写真では十数人を確認できる）、フミェルナ通りとシュピタルナ通りの角を明るく行進してくる写真である。きびきびとした軽い足取りの兵士には笑みも浮かび、歌声が聞こえてきそうだ。当時はアパートだったと思われる角の建物の二階のバルコニーからは住民がこの行進を眺めている。もちろん、建物は蜂起中に被害を受けたのだろう。改修されて窓枠の形など変わってしまったところもあるが、バルコニーと背後の窓の位置や大きさなど、当時の趣は現在も十分にうかがうことができる（写真）。このあたりは、ノヴィ・シフィャト（新世界）通りから西に折れたところで、いまでも賑わいの変わらぬ通りである。

　写真が撮られたのは一九四四年八月一五日か一六日の朝で、兵士たちはポヴィシレ地区の夜間の戦闘からヘンルィク・シェンキェヴィチ通りとガブリエル・ピョトル・ボドゥエン通りの宿営にもどるところだとされる。先頭を歩きカメラに目を向けているのは、部隊の指揮官、エドムント・グジヴィンスキ（レオン）だが、彼は八月二八日に司令部を爆撃されて負傷し死亡した。兵士たちがいかにもすがすがしい表情で行進しているのは、戦闘の後、いましがた水浴してきたからだともいう。

ヤプコフスキ兄弟の百貨店

——ブラツカ通り

フミェルナ通りはシュピタルナ通り、ズゴダ通りと交わるが、そのズゴタ通りが南東へ下るブラツカ通りとなるあたり、街路表示ではブラツカ通り二五番には「トラフィック」という大きな書店がある。五階建ての立派な建物で、各階の広いスペースには様々な分野の専門書からDVDまでそろっているが、もとはヤプコフスキ兄弟の百貨店だった建物である。創業者はアニェラ・ヤプコフスカでで、最初はフミェルナ通りの近く、ヴィドク通り六番の小さな商店から始まり、その後も兄弟のユゼフ、ブロニスワフ、ステファン、カジミェシュらが関わり、店舗を変えながらレストランや商店を経営した。ブラツカ通り二五番での百貨店の開店は一九一四年で、およそ五〇〇人の従業員を雇い、衣服、寝具、家庭用品、子供用品など多くの商品をそろえた、戦前のワルシャワでは唯一の百貨店だった。また、隣の建物（フミェルナ通り二一番）には従業員団体のオフィスのほかに、スポーツクラブや図書館などもあった。いまふうのコミュニティ・センターのようなものだったのだろうか。

百貨店は一九四〇年にナチスにより一時閉店させられたあと再び開店を許されたが、販売品が規制されたり、従業員が逮捕されたりした。一九四四年の蜂起が起きると、蜂起部隊に衣服や靴などがその在庫から無償で提供された。建物は二ケ月間の戦闘期間をもちこたえたが、降伏協定のあと、ドイツ側に略奪・放火された。しかし、コンクリート造りの堅牢な建物は戦後の再建も早く、現在の書店の建物によって戦前のすがたを外観から想像することはできる。

PASTAの高層ビル
――ジェルナ通り

マルシャウコフスカ通りを境に前述のドンブロフスキ広場と反対側に小さなジェルナ通りが南方向に走るが、その通りの三七／三九番に、ワルシャワ最初の「摩天楼」だったことのあるPASTA（ポーランド電話株式会社）の八階建て高層ビルの建物がある。まだロシア支配下にあった一九〇七年から一九一〇年にかけて、ワルシャワの電話網拡大を受注したスウェーデンのツェデルグレン社によって建造されたものである。一九二二年の契約終了により、ポーランドの電話株式会社（PAST）が資産を引き継いだ。ナチス・ドイツ占領中は総督府全域をカバーする電話局となり、蜂起の緒戦ではその高い窓から正確な銃撃がなされ、蜂起側の近隣での動きを封じていた。一九四四年八月一日から蜂起側は何度もこの建物の攻略を試み、一九日夜から二〇日にかけてキリィンスキ大隊が十数時間の戦闘のすえに立てこもるドイツ兵を駆逐して攻め落とした。このとき、ドイツ側兵士三十数人が戦死し、約一二〇人が蜂起軍側の捕虜となる一方、蜂起軍側の犠牲者は少なくとも一七人だったという(41)。蜂起部隊は敵軍から多量の武器・弾薬を奪い、大いに士気があがり、階上にはポーランド国旗が掲げられた。PASTAビルの攻略は、前述した三日後の聖十字架教会横のドイツ側警察本部襲撃にもつながるものだった。建物は最後まで蜂起側の制圧下にあったが大きな被害を受け、戦後再建された。現在は一階が店舗、上階は住宅となっているようだが、その一階の店舗の壁には次の記念プレートがある。

「一九四四年八月二〇日、国内軍第四区域、キリィンスキ大隊が他の蜂起部隊の参加もえて、流血の戦闘のすえにこの建物を奪取した。」

ブル＝コモロフスキはその回想録で「PASTAビル奪取の主たる功績は六〇歳をこえた一人の労働者に帰する」(42)と書いている。電話会社の技術者だったその人物は建物の内部と周辺を知り尽くしていた。蜂起開始の日、彼は蜂起部隊に出頭して入隊と武器の供与を願いでた。だがそのとき、より若い兵士たちにも武器は不足していて要望は受け入れられず、別の活動を助言された。そこで彼は自身のやり方で蜂起に貢献しようと考えた。破壊された建物の地下室をうまく使いながら、毎晩通路を掘り抜いて電話局ビルに迫ったのである。二週間以上も掘りつづけて貫通した地下通路は一〇〇メートルちかくにもおよんでいて、電話局ビルの地下室に入り込むこともできるようになっていた。彼は蜂起部隊の現地司令官に電話局ビルへの秘密の地下道の存在を知らせた。次の夜、午前二時、蜂起部隊の技術兵が地下通路を通って地雷をおき、入口を爆破で広げて本隊の攻撃に道を開いた。ドイツ側は完全に不意をつかれた。蜂起部隊は主として地雷を使用して壁を爆破して前進し、ドイツ側と激しい戦闘が続いた。ドイツ側はじりじりと退却し、一〇時間ちかい戦闘ののち蜂起部隊はビルの最上階に到達した。ところが、追い詰めていたはずのドイツ兵が消えていた。ドイツ兵は最上階に達すると、建物の天辺から地下まで電話線を包んでいた耐火チューブをつたって地下室まで急降下していたのである。

グジボフスキ広場の地下武器製造記念碑

ジェルナ通りと交差するプルジュナ通りを西へ歩いて行くと、その両側にはかつて、ユダヤ人が居住していた集合住宅が四棟、戦前のすがたのままに残っている。一八八〇年から一九〇〇年頃にかけて建てられたとされる。これらの建物はもうさびれて補修計画の対象となり、実際にいま居住している人はごくごくわずかと思われる。しかし、ワルシャワ・ゲットー蜂起の六五周年にあたった二〇〇八年に、この場所ではいくつかの記念行事が行われ、かつて店舗として使われたであろう一階部分には飲食や記念品の出店がぎっしりと並び、大勢の人々でにぎわった。同年九月、すぐ近くのグジボフスキ広場ではゲットー蜂起六五周年記念イベントの一つとして、若者のコンサートが開かれたが、その際にも多くの出店で賑わいを見せて、戦前のゲンシャ通りやナレフキ通りのユダヤ人街の喧噪はさぞこうだったのだろうと思わせた。このときには、集合住宅の内部に足を踏み入れて、中庭や各部屋の階段、踊り場などの装飾などを見る貴重な機会があった。アパート内部各戸の入口ドアは画一なものでなくそれぞれに個性ある装飾がほどこされている。階段踊り場にも素朴な枠木の小さな窓がある。ドアのノブ、鍵穴、塗料が色落ちした階段の手すり、ところどころ剥げ落ちた白壁と天井、床の亀甲模様など、戦前から戦後にかけて長く、ここで生活してきた大勢の住人の日常について想像がかきたてられる。

かつてのユダヤ人集合住宅のあいだをぬけると、前述のグジボフスキ広場に出る。目の前に見るのは、ネオ・ルネサンス様式の二つの塔をもつ堂々たるファサードが印象的な諸聖人の教会である（グジボフスキ広場三／五番）。教会正面には戦死した国内軍兵士に捧げた五つの記念プレートがある。グルト軍団、キリィンスキ大隊、フロブルィ二世軍団、イェレミ中隊、ルム軍団と国内軍全体を記念するものである。

グジボフスキ広場のなかほどの小さな緑地スペースの真ん中に大きな石のモニュメントがある。ポーランド地下軍事組織の武器として一発の大きな砲弾がはめこまれている。その背面にはＰＷのシンボルで囲まれたなかに白い文字でこう記されている。

「一九三九年から一九四五年まで、地下兵器庫で活動し、銃器、爆発物、手榴弾、弾薬、その他の破壊・戦闘手段を製造したポーランド地下国家の兵士の名誉を讃えて。」

国内軍の武器製造工場

グジボフスカ通りがヤン・パヴェウ二世大通りと交差する角にホテル・メルキュール・フルィデルィク・ショパンがある。現在の行政区画ではシルドミェシチェとヴォラの境界線のわずかに東側になっている。そのホテルの壁に、軽機関銃のかたちを浮き彫りした記念プレートを見た。

「一九四二年から四四年までのあいだ、この地域のコンラト・ヤルヌシュキェヴィチの工場のなかに、国内軍のユゼフ・カプレル少尉と国内軍兵士作業員二六名が始めたポーランド式軽機関銃の秘密製作所が存在した。」

「一九四四年のワルシャワ蜂起において、国内軍のフロブルィ二世軍団、とりわけイェレミ少尉中隊は、シルドミェシチェへのルートを英雄的に防衛した。」

記念板は一九九四年、国内軍の戦友たちによって捧げられた。グジボフスカ通りをはさんでホテル・メルキュールの向かい側には高級ホテル・ラディソンがあるが、それと隣接する高層ビルの間にまたがるような位置に、かつてユーデンラート（ユダヤ評議会）の建物があったはずだ（旧グジボフスカ通り二六番）。ユーデンラート議長だったアダム・チェルニャクフは一九四二年七月二三日、ゲットーのユダヤ人のトレブリンカ絶滅収容所への「大移送」が始まる中、その建物の一室で自殺した。

銀行広場の地下水道作戦
――セナトルスカ通り

サスキ公園の北西角、セナトルスカ通りとマルシャウコフスカ通りの交差点付近は現在、銀行広場の南部分にあたるが、戦前はその地域がまさに銀行広場とよばれたところで、三角形をしたその広場の真ん中には噴水と緑地、そして地下水道の入口があった。銀行広場全体の様子は戦前と同じではないが、その地下水道のマンホールはいまも記念プレートの近くにある。少年像のある噴水はアンデルス将軍通り一番に移設されたが、当時のままのすがたをいまそこに見ることができる。

一九四四年八月の蜂起開始から、銀行広場では蜂起側とドイツ側が頻繁に衝突していた。同月末、チャタ四九大隊とユリウシュ特殊部隊の蜂起軍部隊約一〇〇人がその地下水道のマンホールから出て銀行広場のドイツ軍を背後から撃ち、陥落寸前のスタルフカの北部軍団蜂起部隊がシルドミェシチェへ強行突破するのを側面支援する作戦を敢行した。作戦を指揮したのは、第一小隊のズビグニェフ・シチボル＝ルィルスキ（モティル）中尉（当時）と第二小隊のズヂスワフ・ゾウォヒィンスキ（ピョトル）中尉だった。いま、銀行広場のセナトルスカ通り四〇番にはその地下水道のルートをイラストした記念プレートがある（地下水道地図⑥）。

八月三〇日午後一〇時、蜂起部隊はクラシィンスキ公園の南東角、ドウゥガ通りとミョドヴァ通りの角近くのマンホールから地下水道に入り、クラコフスキェ・プシェドミェシチェ通りの下を南下、トレンバツカ通りの下を西進、ヴィェジュボヴァ通りの下を北西に進み、セナトルスカ通りの下へ出て、当時の銀行広場のマンホール出口に到達した。八月三一日午前一時頃、蜂起軍部隊は地上へ出て、ネポムクの聖ヤン像付近に身を潜めてドイツ側を奇襲しようとした。しかし、蜂起部隊全員がマンホールから出ないうちに銃撃戦が始まり、作戦は不成功に終わる。蜂起部隊のうち数十人がドイツ軍の重火器の犠牲となり、残りの兵士たちは地下水道を通ってスタレミャストに逃れる結果になった。ドイツ側の捕虜となったものも多数あった。セナトルスカ通り四〇番の記念プレートには、地下水道のルートのほかに一九四四年当時の銀行広場の写真もあり、地下水道のマンホールを矢印で示している。

ソスナ大隊傘下の部隊に所属していたザヴォドヌィは銀行広場の作戦について、こう書いている。

「九三人から一〇〇人の兵士がドイツ軍陣地内の地下水道出口から出たところを銃撃された。この行動は、別の国内軍部隊が中央区へ強行突破するために注意を逸らすことを狙って行われた。それは自殺的使命だったが、参加した国内軍男女はみなそのことを承知だった」「彼らは、自分たちが敵の砲火をいかに引きつけておくことができるかに大勢の蜂起部隊、民間人、負傷者の命がかかっているということを自覚していた。」(43)

ザヴォドヌィの記述によると、蜂起部隊は小さな地下水道の支流に入り、手や膝をついて這って進んだ。先頭が銀行広場下に着いて、マンホールの蓋を開けようとしたが、上からロックされているようだった。地上での作戦が始まるまでまだ三〇分あった。頭上でドイツ兵のブーツの音が聞こえた。司令官が懸命に肩で蓋を押すと動いた。慎重に動かして外を覗いてみた。司令官は数十人のドイツ兵があたりにいるのを見た。パイプやタバコを吹かしている者もいる。そこは完全にドイツ軍陣地の中だった。決定が下された。中尉一人と一団の兵士がマンホールから出て機関拳銃を撃ち、残りの部隊が這い出るスペースを切り開くという作戦である。数人がマンホールから出た。近くのドイツ軍テントから声が聞こえた。中尉がテントを銃撃し戦闘が起きた。ドイツ側は手榴弾を蜂起部隊に投げつけた。マンホールから出てきたものはみな撃たれた。ドイツ側は手榴弾をマンホールにも投げ込んだ(44)。

セナトルスカ通りにあるネポムクの聖ヤン像(写真)は戦闘で完全に破壊されることはなかったので、銀行広場でのドイツ軍奇襲作戦を見ていたのだろう。ネポムクのヤン(一三四五頃~一三九三)はボヘミアのネポムクという小さな町に生まれ、プラハやパデュアの大学に学んだ。ボヘミア王でもあった神聖ローマ皇帝、ヴェンツェスラス四世(一三六一~一四一九、皇帝在位一三七八~一四一九)の命にそむいたため拷問されたすえに、プラハのカレル橋からヴ

ルタヴァ（モルダウ）川に投げ込まれて溺死した。一七二九年、ベネディクト十三世教皇により列聖された。当然、プラハのカレル橋の聖ヤン像が有名だが、ジョヴァンニ・チェヴォロッティによるロココ様式で一八世紀前半に建てられたワルシャワのセナトルスカ通りの聖ヤン像も暖かな人間味を感じさせて見事である。像を支えている台座には、カレル橋から投げ落とされて川中に落ちてゆくヤンが浮き彫りにされている。

現在、銀行広場というと、新古典主義様式の壮麗なワルシャワ市庁舎の東側、北をソリダルノシチ（連帯）大通り、南をセナトルスカ通りで囲まれる地域一帯をいうようである。戦後敷かれたヴワディスワフ・アンデルス将軍通りとソリダルノシチ大通りの交差点の南側の縦に長い地域で、その南半分に戦前、銀行広場とよばれた三角地域がふくまれる。現在のワルシャワ市庁舎の建物は一八二四年のオリジナル・プラン(45)に従って、一九四七年に再建されたものである。柱廊式の正面と拱廊とがローマのパンテオンを思わせる。かつては財務委員会、ポーランド銀行、証券取引所などもあった。社会主義時代にはその斜め前にポーランド人でソ連秘密警察の長だったフェリクス・ヂェルジィンスキ（一八七七〜一九二六）の像が建てられて、広場も「ヂェルジィンスキ広場」と名づけられていたが、一九八九年一一月に、ポーランド銀行が一八二五年に創設されて以来の本来の名である銀行広場にもどされ、悪名高い秘密警察長官の像は引き倒された。現在、ソリダルノシチ大通りとヴワディスワフ・アンデルス将軍通りの交差点の東側の角にはブルータワーとよばれる全面ガラスばりの高層ビルが建ち、近くの地下鉄入口のそばには一九三九年のワルシャワ防衛戦の先頭に立ったステファン・スタジィンスキ市長（一八九三〜一九四三）の像がある。蜂起期間中、ワルシャワ市民は広場をスタジィンスキ広場とよんだ。

ムニシェフ宮殿（旧マルタィンスキ病院）
――セナトルスカ通り

セナトルスカ通り四〇番の地下水道の記念プレートのすぐ近く、同通り三八番の建物の角を入ると、その奥に現在はベルギー大使館になっているムニシェフ宮殿がある。優雅なその建物の記念プレートによると、宮内長官だったユゼフ・ヴァンダリン・ムニシェフの屋敷で、一七〇〇年に建設が始まり、一七一四年から一七三〇年にかけて完成をみた。もとはバロック様式で、一七六二年、さらに一八二九年には商業会議所として改修もされた。もちろん、一九四四年に焼失したため、一九六〇年に再建された。

記念プレートの下にはさらに、黒く重々しい浮き出し文字が「一九三九年九月七日から一九四四年八月一四日までここで、マルタィンスキ戦時病院が活動した」ことをおしえている。ナチス・ドイツによるポーランド侵攻開始一週間後から、ワルシャワ蜂起開始後半月までのあいだ、ウヤズドフスキ病院の分院として抵抗活動での負傷者を始め多くの人々を治療・手当した場所だった。八月初めには、ヴォラ地区がナチス占領者に侵食されて、大勢の市民や負傷者でいっぱいになった。

一九四四年八月上旬、銀行広場とビェラィンスカ通りの間で激戦となり、蜂起軍部隊はセナトルスカ通りの聖アントニ教会に追い詰められ、ドイツ軍に攻め落とされた周辺地域は大量虐殺と放火に見舞われた。セナトルスカ通り三四番のマルタィンスキ病院もその悲劇を免れることはなかった。八月七日、ドイツ軍戦車が病院への攻撃を開始して多くの人々を殺傷し、九日と一〇日には生き延びていた約二〇〇人を銃殺したという。記念プレートは病院開設五〇周年の一九八九年に設置された。

大劇場と市庁舎——劇場広場

セナトルスカ通りを東に旧市街方面に向かって進むと劇場広場に出る。大劇場はイタリア出身の建築家、アントニオ・コラッツィ（一七九二～一八七七）による古典主義の代表作で、一八二五年から一八三三年にかけて建造された。バルコニーをささえる四本のコリント様式のコラムとその上の一〇本のコラムのファサードがとくに印象深く、当時ヨーロッパでも最も美しく、大きな劇場の一つだった。だが、ナチス占領下にほとんど完全に破壊され、一九六五年にボフダン・プニェフスキ（一八九七～一九六五）により、いくぶんの拡張をふくめて再建された(46)。劇場正面の右側にはポーランド演劇の父、ヴォイチェフ・ボグスワフスキ（一七五七～一八二九）、左側には作曲家のスタニスワフ・モニュシュコ（一八一九～一八七二）の像が立っている。

セナトルスカ通りをはさんで大劇場の向かい側にはヤブウォノフスキ宮殿が建ち、その東側にはブランク宮殿がある。ヤブウォノフスキ家の宮殿は一七六八年から一七八五年にかけて建造されたものだが、一八一七年から一九年にかけてワルシャワ市庁舎に改装された。ポーランドが独立を回復した一九一八年から、ナチス占領下の一九四四年までワルシャワ市庁舎「ラトゥシュ」だった。一九三九年九月、ステファン・スタジィンスキ市長がその場所からワルシャワ市民に首都防衛戦をよびかけた。しかし同月二五日、市庁舎は爆撃を受けて破壊された。スタジィンスキ市長はナチスによるワルシャワ占領後も反独抵抗闘争の組織を援助したが、一〇月二六日にブランク宮殿で逮捕されてドイツのダッハウへ送られ、処刑されたといわれる。ナチスはワルシャワを占領すると、副市長だったユリアン・クルスキ（一八九二〜一九七六）を市長に任命した。クルスキは国内（被占領地）政府のワルシャワ地区代表、マルツェリ・ポロフスキ（ソヴァ）など、レジスタンスの助言も得て、ワルシャワ蜂起が始まる一九四四年八月初めまでそのポストにとどまり、占領当局の監視下での困難なワルシャワ市政をすすめ、市民への忠誠を貫いた。

一九四四年八月一日、蜂起部隊は大きな抵抗もなく市庁舎に陣取った。ドイツ側はサスキ公園東側のユゼフ・ピウスツキ広場（占領者は「アドルフ・ヒトラー広場」とその名を変えていた）一帯を占拠し、劇場広場をはさんで蜂起軍とのあいだで激しい戦闘に突入した。八月六日、ステファン・カニェフスキ（ナウェンチュ）の指揮するナウェンチュ大隊が市庁舎防衛を引き継いだが、翌日から隣接するブランク宮殿やカノニチュキ修道院とともに、オスカー・ディルレワンガー強襲部隊の激しい攻撃の的になった。一〇日には、ヴォラ地区から撤収してきたキリィンスキ大隊からも増援部隊が入るが、市庁舎はドイツ軍の空爆を受けて火災も発生した。翌一一日、ドイツ軍歩兵部隊が戦車で正面のバリケードを突破しようと試みたが、蜂起部隊はこれを撃退した。さらに一二日もドイツ軍の砲火にさらされたが、蜂起側もパラソル大隊、チャルニェツキ（ゴズダヴァ）大隊、レシニク軍団などからも支援部隊がかけつけて反撃した。

八月一三日、市庁舎の塔が被弾して倒壊した。一九日から二三日にかけ、ドイツ軍の強襲部隊がフォフ元帥通り(47)から市庁舎への侵入をはかって激しい攻撃を続けた。建物の外壁は砲撃と空爆でひどく破壊された。二一日から市庁舎防衛は北部軍団の下で戦われ、ブランク宮殿に対する攻撃も撃退した。二三日には、市庁舎の瓦礫のなかの蜂起部隊クルーが重機関銃でドイツ軍爆撃機を撃ち落とすこともあった。八月下旬に入り、市庁舎はまだ蜂起部隊の手中にあった。二九日、ドイツ軍は市庁舎正面に侵入し、蜂起部隊もこれを撃退するなど一進一退が続いた。三〇日、チャルニェツキ（ゴズダヴァ）大隊が再び市庁舎正面玄関を奪回し、バリケードを強化して隣接する建物を占拠する。しかし、蜂起軍守備隊がシルドミェシチェ（中央区）へのルートを開くために拠点を離れて手薄になったところ、三一日にドイツ軍の激しい砲爆撃のもと再度の侵入を許すことになる。九月一日、二日の両日、蜂起部隊はついに市庁舎を手放し、クラシィンスキ広場の地下水道入口へと向かうことになる。

ヤブウォノフスキ宮殿が再建されたのは一九九七年で、現在はBRE銀行とシティバンクが入っている。その旧市庁舎の入り口には記念プレートがいくつかある。その一つは以下のように刻んでいる。

「この場所にヤブウォノフスキ宮殿があった。一七六八年から一七八五年にかけて、ヤクプ・フォンタナとドミニク・メルリニの設計により建てられた。一八一七年に市庁舎のために改築された。一八六五年から一八六九年にかけて、ラファウ・クライェフスキとユゼフ・オルウォフスキの設計により折衷様式に増築された。一九四四年に焼け、一九五三年に解体された。一九三七年当時のファサードがレプリカとして一九九七年に建てられた。」

一九三九年九月の首都防衛戦をよびかけた元ワルシャワ市長、ステファン・スタジィンスキのことばもある。

「私は、ワルシャワが偉大であるように望んだ。また、ワルシャワが偉大であることを信じた。今日、ポーランドの名誉を守っているワルシャワは、その偉大と賞賛の絶頂にある――ステファン・スタジィンスキ。ワルシャワ市長(一九三四〜一九三九)に捧ぐ」

ほかにも、当時の劇場広場の戦闘地域をイラストしたプレートがある。これは、国内軍保安軍団(WKSB)のナウェンチュ突撃大隊が転戦した地域を示すものである(本章扉写真)。大隊は八月一日から、ジェラズナ・ブラマ広場、フミエルナ通り、ノルトヴァッヘ、フウォドナ通りでの戦闘を経て、劇場広場の戦闘に参戦する。同月七日からはカノニチュキ修道院の蜂起拠点の防衛にあたる。さらにその後、ドウゥガ通り、トウォマツキェ通り、ラヂヴィウ宮殿、聖母マリア要塞などでも戦い、八月三一日に地下水道を通ってシルドミェシチェに脱出し、蜂起の最後まで戦い続けた。

さらには、隣接するカノニチュキ修道院蜂起拠点の防衛にあたった国内軍を記念する大理石の記念プレートがある。

「一九四四年八月のワルシャワ蜂起でこの蜂起拠点を防衛して戦い斃れた国内軍第一八〇六師団第一騎馬狙撃連隊兵士たち、カノニチュキ蜂起拠点の防衛者たちに捧げる。」

カノニチュキ修道院の抵抗拠点
――劇場広場

大劇場はドイツ側が占拠していた。劇場広場をはさんで向かい側には蜂起側が制圧していたブランク宮殿、市庁舎があり、その西側のカノニチュキ修道院(使徒アンジェイ教会)も蜂起側の重要な抵抗拠点だった。一九四四年八月二日、ヴウォジミェシュ・コザキェヴィチ(バッルイ)の指揮する蜂起部隊がこの教会・修道院を難なく奪取した。教会・修道院はバリケードで固められ、窓には銃砲が備えつけられ、監視塔が設けられてドイツ側に対抗した。八月六日にはナウェンチュ大隊、一二日には国内軍第一八〇六師団も防衛支援に入り、ドイツ側からの連日の攻撃に反撃した。しかし、教会は一四日に空爆を受けて一部炎上した。一五日、ドイツ側の強力な攻撃を撃退したが、ドイツ側は翌日に修道院の一部に侵入した。二四日、蜂起部隊は死守していた別館からもついに撤収する。二九日、チャルニェツキ（ゴズダヴァ）大隊が反撃して修道院を奪回し、九月一日にはドイツ側の攻撃を再度退けるが、同日夜から二日にかけて、蜂起部隊の最後の一団がダニウォヴィチョフスカ通りのマンホールから地下水道に入り、シルドミェシチェに脱出する。

カノニチュキ修道院・使徒聖アンジェイ教会のファサードには三階上まで達する背の高いポルチコが四本あるが、その上にヤン・パヴェウ二世がローマ教皇に選出された直後の一九七九年六月に祖国を訪れた際に語ったことばが大きく金色に彫りつけられている（写真）。

「あなたの精霊が下り、この大地の顔を一新されますように」

教皇は同年六月二日、現在のユゼフ・ピウスツキ元帥広場（当時は「ズヴィチェンストフォ（勝利）広場」とよばれていた）でミサを行ったが、修道院に彫りつけられているのはそのときのことばである。一九七六年の労働者の闘争の余韻がただよい、自主独立労組・連帯が発足する一年前、社会主義政権下での長い閉塞感に苦しむポーランド国民に対して、大地の下に深く根をおろして力をたくわえ、大きな変革に希望と確信をもつようにはげまし、あるいは近い未来を予言したことばとも受け取れる。

ブランク宮殿と詩人の死

旧市庁舎の東側に隣接するのはブランク宮殿である。もとは一七六二年から六四年にかけて建造されたもので、一八世紀の銀行家、ピョトル・ブランクが同世紀末まで所有していた。一九一八年から一九三九年までワルシャワ市長の執務室がおかれ、前述のように、スタジィンスキ市長が逮捕されたのもこの建物だった。一九四四年八月三日、蜂起軍はこの建物を占拠した。セナトルスカ通り一四番のその建物には、戦闘に参加していた詩人、クシシュトフ・カミル・バチィンス

キ（一九二一～一九四四）が大劇場側からの銃弾を受けて死亡したことについての記念プレートがかかげられている。

「一九四四年八月四日、戦うポーランドの詩人、クシシュトフ・カミル・バチィンスキが兵士として戦死した。」

バチィンスキは士官学校生徒で伍長だった。ブランク宮殿の二階の窓で、大劇場方面からドイツ側スナイパーの銃弾を受けて斃れた。遺体は市庁舎中庭に埋葬されたが、戦後の一九四七年一月にポヴォンスキ軍人墓地に移され、いまは妻のバルバラ・バチィンスカとともにそこに眠っている。彼が最初に埋葬された場所、かつての市庁舎であるヤブウォノフスキ宮殿の中庭には大きな石の記念碑があって、「戦うポーランドの詩人、クシシュトフ・カミル・バチィンスキの墓がこの場所にあった」ことを記している（写真）。人通りも多くはないこの場所にも色鮮やかな生花が供えられないことはない。

ブランク宮殿もワルシャワ蜂起中に破壊されたが、一九五〇年から一九五三年にかけて再建された。長年、音楽学校が本部をおいていたが、現在はスポーツ観光省が入っている。

ピウスツキ広場とサスキ公園、ブリュール宮殿、サスキ宮殿

大劇場の南側にはユゼフ・ピウスツキ元帥広場とサスキ公園が広がっている。サスキ公園の入口の前には衛兵が常時直立する無名戦士の墓がある。ユゼフ・ピウスツキ（一八六七～一九三五）は一九一八年の独立回復後、ポーランド国家主席となった。ボルシェヴィキ・ソ連との戦争（一九一九～一九二一）で「ヴィスワの奇跡」をもたらした勝利者・国民的英雄だったため、社会主義時代における評価はむしろ否定的だった。広場に立つその元帥像は社会主義体制崩壊後の一九九五年八月に除幕されたものだ。広場は一七九四年、ポーランド蜂起軍とロシア・ツァーリ軍の戦場ともなり、一八世紀末から数々の軍事パレードの舞台となってきた。ナチス・ドイツ占領下ではドイツ国防軍の軍事パレード、戦後は共産党政権がメーデーや軍事パレードに使った。現在、ユゼフ・ピウスツキ元帥広場という名が復活しているが、

一八世紀から一九三五年まではサスキ広場、一九三五年から一九四〇年まではピウスツキ広場、一九四〇年から一九四四年までは「アドルフ・ヒトラー広場」、戦後の一九四五年から一九九〇年まで、共産党政権下ではズヴィチェンストフォ（勝利）広場とよばれてきた。

現在、ピウスツキ広場の南側には高級ホテルの一つ、ソフィテル・ヴィクトリアがあるが、戦前その場所に建っていたのはクロネンベルク宮殿だった。一八六八年から一八七一年にかけて、ゲオルク・ヒッツィヒの設計により、ユダヤ人銀行家のレオポルド・クロネンベルク（一八一二～一八七八）のために建造されたもので、一九世紀のワルシャワ建築物のなかでもとくに重要なものの一つだった。しかし、一九三九年に火災被害を受け、戦後の一九六一年から翌年にかけて取り壊された。現在はホテル正面玄関のプレートにそのすがたを写真で見ることができるだけである。

戦前、広場の北西部分に建っていたのはブリュール宮殿で、ナチス占領下には占領者のワルシャワ総督、ルードウィヒ・フィッシャーをトップとするナチスの行政機関とドイツ国防軍の本部がおかれていた。蜂起開始直前、ライナー・シュターエル中将がヒトラーの任命を受けてワルシャワ守備隊の指揮をとるため同宮殿に入ったのは七月三一日だった。ブルースの記述によると、シュターエルはワルシャワ守備隊兵力として、一万五〇〇〇人のドイツ国防軍、一万三〇〇〇人のドイツ空軍、四〇〇〇人の武装親衛隊、その他を合わせておよそ四万人を想定していたが、着任当日判明したのは、戦闘部隊約五五〇〇人、親衛隊・警察部隊が四三〇〇人、空軍部隊が一三〇〇人など合計約一万二〇〇〇人だけだった(48)。

シュターエルのドイツ側守備隊司令部が八月一日の蜂起の動きを察知したのは蜂起開始直前の午後四時過ぎだったという。ただちに全軍に非常警戒態勢をとらせるが、午後四時三〇分頃にはところどころで衝突が始まり、ブリュール宮殿もすでに国内軍の攻撃目標となっていた。蜂起開始とともに猛攻を受けて、シュターエルのドイツ側守備隊は孤立し、一週間後、ドイツ側機甲部隊が西方、ヴォラ地区からフウォドナ通り、エレクトラルナ通りを突破して救援に駆けつけるまで危機をしのがねばならなかった。ドイツ側は宮殿を包囲した蜂起部隊を駆逐したが、近隣地区から完全に排除するまでには至らなかった。八月九日午前、国内軍が激しい攻撃を加えたが、フィッシャーは負傷しながらもより安全な場所を目指して宮殿を脱出した。ドイツ第九軍司令官のニコラウス・フォン・ヴォルマンは八月一〇日、ヒムラーに「抵抗は雪だるま式に大きくなっている」と報告した(49)。

ブリュール宮殿は一六三九年から一六四二年にかけての建築物だった。アウグスト二世（一六七〇～一七三三、在位一六九七～一七三三）とアウグスト三世（一六九六～一七六三、在位一七三三～一七六三）の側近宰相でザクセンの政治家だったハインリヒ・フォン・ブリュール（一七〇〇～一七六三）が一七五〇年に購入した。ナチス占領前の大戦間期、一九三三年から一九三六年に修復され、独立を回復したポーランド外務省がおかれていた。一九四四年一二月一八日、ナチスは宮殿を爆破した。

　現在のサスキ公園（写真）の入口スペースには左右両翼に広がる壮大なサスキ宮殿が戦前にはあり、その前には、ユゼフ・ポニャトフスキ像が立っていた。だが、戦後そこに残ったのは破壊された無名戦士のコロネード（柱廊）とポニャトフスキ像の台座だけで、宮殿は文字通り見る影もなかった。その建築物はもともと、モルシュティン家の屋敷だったもので、ザクセン選帝侯のポーランド国王、アウグスト二世が購入して増築した。同国王は一七一三年から、ヴェルサイユ宮殿をモデルに「サクソン・アクシス」*Oś Saska*という都市計画をワルシャワ中心部で推進した。その中心がサスキ宮殿とサスキ公園で、ジェラズナ・ブラマの西からサスキ広場（現在のピウスツキ広場）を通り、クラコフスキェ・プシェドミェシチェ通りへ向かって約一・六五キロの「軸」が東に向かってのびる。このプランは国王の死により未完に終わったが、宮殿は一八四二年までに新古典主義様式で改修された。第一次大戦後、宮殿にはポーランド軍参謀本部がおかれた。一九二五年には、宮殿の左右両翼をつなぐ中央の柱廊のアーケードに無名戦士の墓がつくられた。そして前記のように、無名戦士の墓の東側、広場にはユゼフ・ポニャトフスキ像があった。ドイツ占領下で宮殿にはナチスのワルシャワ司令官本部がおかれたが、第二次大戦中に完全に破壊された。ナチス占領者は一九四四年の蜂起を鎮圧したあと、同年一二月二七日から二九日にかけて特別爆破部隊でサスキ宮殿と無名戦士の墓を爆破したのである。無名戦士の墓は戦後すぐ、一九四六年五月八日、九日の両日に再建式典が行われたが、サスキ宮殿はいまもそのすがたを見ることはできない。

労働局――クレディトヴァ通りとマゾヴィエツカ通り

サスキ公園を目の前にするソフィテル・ヴィクトリア・ホテルを出て左、すぐ南に下るマゾヴィエツカ通りがある。右手はマワホフスキ広場で、同広場三番には芸術文化のギャラリーであるザヘンタが建つ。これもまた、ファサードのポルチコと彫像が目を奪う壮麗な建物である。ザヘンタの南にはロトゥンダとよばれる円形建物のプロテスタントのエヴァンゲリツコ教会が建つ。マゾヴィエツカ通りを下っていくと右側へ入るクレディトヴァ通りとの角に民族学博物館がある（クレディトヴァ通り一番）。それはナチス・ドイツ占領下では労働局とよばれた建物だったが、もとはといえば土地信用協会（TKZ）の建物で、著名な建築家ヘンルィク・マルツォニとユゼフ・グレツキの設計により、一八五六年から一八五八年にかけて建造された。ヘンルィク・マルツォニ（一七九二～一八六三）は、ワルシャワの大シナゴーグ（一九四三年五月にナチスにより爆破されて現在はない）を設計したレアンデル・マルツォニ（一八三四～一九一九）の父親で、ワルシャワで最も古いホテルであるエウロペイスキを設計したことでも知られる。所在地だったクレディトヴァ通り一番の通り名は信用協会の名に由来するもので、一九一六年まではエルィヴァンスカ通りとよばれていた(50)。

ナチス占領者が土地信用協会の建物を接収して「労働局」をおいたのは一九四二年のことで、ポーランド人労働者の登録やドイツへの強制移送などを管理していた。蜂起開始前には保安警察部隊が建物を占拠していた。八月一日、カジミェシュ・ルドヴィク・ポゴジェルスキ（ルイギェル）中尉の軍団など蜂起部隊は建物背後・中庭から攻略を試み、翌日にかけて建物を占拠してドイツ側の武器・弾薬を奪った。地下室に野戦病院が開設された。ドイツ側は同月二三日、「ゴリアテ」戦車を動員して建物を破壊し、蜂起側にも死者がでた。労働局は廃墟同然となったが、蜂起側にとっては依然として重要な防衛線だったため、同所をめぐる戦闘は一〇月一日まで続いた(51)。最後まで防衛戦を戦ったのは国内軍・バルトキェヴィチ軍団だった。建物はひどく破壊されて戦後再建され、一九六二年から一九七一年までは人民文化芸術博物館として使われたが、現在は民族学博物館が入っている。

建物壁に「祖国の自由のために斃れたポーランド人の血で清められた場所」とした記念プレートがあって「一九四四年八月、一五人の蜂起兵がこの場所で、ナチスとの英雄的な戦闘で斃れた」と刻んでいる。すぐそば、マワホフスキ広場側の小さな区画には国内軍の名とＰＷのシンボルマークを刻んだ大理石の重厚な台座の上に石の記念碑がおかれている。石のプレートには「一九四四年のワルシャワ蜂起のとき、この地区で戦った国内軍のバルトキェヴィチ軍団の兵士を記念する」と刻まれている。

バルトキェヴィチ軍団の司令官はヴウォヂミェシュ・ザヴァツキ（バルトキェヴィチ）少佐だった。クレディトヴァ通り五／七番の建物入口には、軍団の第四中隊指揮官だったボレスワフ・コントルィム（ジムヂン）少佐（一八九八〜一九五三）の記念プレートがある。彼は一九四二年九月に英国から占領下ポーランドにパラシュート降下した「チホチェムヌィ」の一人だった。一九四四年一〇月初めの降伏協定でドイツの捕虜収容所に送られ、戦後の一九四七年に帰国するが、翌年には公安局に逮捕されて死刑判決を受ける。一九五三年にモコトゥフ地区のラコヴィェツカ刑務所で処刑されたが、一九五七年に生前の判決が覆されて名誉回復がなされた。彼も国内軍指導者に対する戦後の迫害の犠牲者の一人だった。いまは美しく補修されて窓枠の装飾が魅力的な白い建物はジムヂンが司令部をおいたその場所で、クレディトヴァ通り五／七番の街路表示の下には「ポーランド軍芸術代表集団」の赤いプレートがある。さらにクレディトヴァ通り三番の建物はポーランド最初のガス会社のあったところで、もとは一九〇五年から一九〇七年にかけて建てられたアールヌーボの要素を取り入れた初期現代建築物だった。

マゾヴィェツカ通りを下ると、同通り一一番Aに、ところどころ抉られたり穴のあいた石造りの柱に鉄製の飾り格子の門がある。内側や隣接する建物はおそらく戦後にすっかり建て直されたものである。その鉄門のサイドの入口をくぐってみると、丸みをおびた台形の記念プレートがある。社会主義時代の一九六八年に取り付けられたもので「第二次世界大戦の全戦線で戦死し、あるいはまた、一九三九年から一九四五年までの間に殺害されてナチスの犠牲者となった四〇〇人のポーランド人美術家を記念する」との浮き出し文字を見る。

マゾヴィェツカ通り三／五番の建物に地下水道の出口があったことを示すプレートが掲げられていることについては第一章「地下水道」に記した（地下水道地図⑤）。その地下水道のプレートの上に二つの記念プレートがある。一つは、オペラ作曲家として有名なスタニスワフ・モニュシュコが最後の住まいとした家がそこにあったことを記すものである。「ポーランドの国民的歌劇創作者であるスタニスワフ・モニュシュコが人生の最後を送り、一八七二年六月に亡くなった家がこの場所にあった」とある。またその上には、国際ショパン・コンクールの創始者でピアニストだったイェジ・ジュラフレフ教授が一九五七年から一九八〇年までその建物に住み、一九八〇年一〇月四日に亡くなったことを示すプレートがある。

通りにかけての一帯を空爆した。同地域の大半が瓦礫と化したが、クルレフスカ通り一六番の住宅建物はからくも残った。一九四〇年から商業学校の校長となったマリヤン・モクシツキは「ビチ」というコードネームをもつ地下活動家で、空爆で破壊された部分を改修するときに秘密の収納庫や二重壁などによる偽装をほどこし、武器・弾薬の隠し場所とした。すぐ近くのグラニチュナ通りの別棟では「フィリピンカ」とよばれた蜂起軍手製の手榴弾が製造された。共同住宅建物では、看護兵や連絡兵の教育・訓練も行われたほか、国内軍の士官学校もおかれて一八〇人の学生がその課程を修了したという。一九四四年、モクシツキはワルシャワ管区第一地域第八軍団指揮官、ツィプリャン・オドルキェヴィチ（クルィバル）大尉の副官で第二中隊司令官でもあった。蜂起開始の八月一日、モクシツキの指揮のもとで士官学校生徒たちはポヴィシレ地区に手榴弾を運んだ。

八月半ば、ドイツ側はすぐ南のジェルナ通りにあるPASTAビルのドイツ軍を支援しようとして、クルレフスカの蜂起側拠点に攻撃を強めたが、蜂起側は抵抗して撃退した。ドイツ側はその後も蜂起拠点の一部に侵入するなど執拗に攻撃を続けたが、蜂起側も他地区からの増援部隊の支援を得て戦いぬいた。蜂起側が最終的にクルレフスカの蜂起拠点を明け渡したのは一〇月五日、降伏協定によってドイツ側の捕虜と

クルレフスカ通りの蜂起拠点

クレディトヴァ通りの北を平行して走るのはクルレフスカ通りで、その通りとマルシャウコフスカ通りの交差点はサスキ公園の南の角に接し、戦略的にも極めて重要な場所だった。その通り一四番のいまは現代的なガラス張りのオフィスビルの壁に「クルレフスカ通りの蜂起拠点」の記念プレートがある。

「一九四一年から一九四四年までの期間、この地域のクルレフスカ通り一六番の商業学校の建物のなかに、フィリピンカとよばれる手榴弾の製造工場、国内軍・ウニア大隊の士官学校があったほか地下教育も行われた。一九四四年八月と九月、その学校建物は蜂起軍の不落の拠点として名を馳せた。」

サスキ公園の南端に接するクルレフスカ通り一六番には一八八〇年代初めに建てられた共同住宅の建物があり、隣接しては証券取引所（クルレフスカ通り一四番）の建物もあった。一九三七年から共同住宅の二階部分を商業学校が使うようになった。一九三九年にドイツ軍機がポーランド軍部隊のいた証券取引所の建物をねらって、クルレフスカ通りとマルシャウコフスカ通りの交差点から、その西のグジボフスカ

なったときだった。

クルレフスカ蜂起拠点の残骸は一九六三年に解体され、二〇〇〇年にはその場所にBRE銀行SAが建ったが、銀行当局者はそこに蜂起部隊の記念プレートを残した。

記念プレートにはPWのシンボルマークがあるが、その下にUの文字が重なっているのが他所ではみないデザインである。これはウニア大隊を表すものなのだろう。ウニアは一九四〇年に結成されたカトリックの政治軍事組織、カトリック国民組織連合（UNIA）である。軍事組織は一九四二年に国内軍の指揮下に入り、ワルシャワ蜂起ではクルィバル部隊に参加して戦うことになる。一九四三年には独立性を保持しながらも、勤労党（SP）と提携する。UNIAの活動家・支持者のなかには、のちのローマ教皇ヨハネ・パウロ二世、カロル・ヴォイティワ（一九二〇～二〇〇五）やユダヤ人援助評議会・ジェゴタ創設者の一人で作家のゾフィヤ・コッサク＝シュチュツカ（一八九〇～一九六八）などもいた。ツィプリヤン・オドルキェヴィチ（クルィバル）（一九〇一～一九六六）も国内軍の指導者であるとともにUNIAの地下活動家で軍事組織の副官でもあった。

ニケの像――ソリダルノシチ大通り

劇場広場前のセナトルスカ通りを北東に進み、すぐに左に折れてノヴィ・プシェヤスト通りを北西に歩くと、右側にはワルシャワのシンボルの一つであるニケの像として知られる「一九三九～四五年、ワルシャワ英雄記念碑」を見る。十数メートルはあろうかという高い台座の上で、ニケの像がふりかざす剣とゆたかな長い髪、身体を大きく反り返らせて伸ばしきった足指が見事に平行し、その重量感のままに天空に飛翔するかと思わせるほどの力にあふれている。この像はソリダルノシチ大通りがヴィスワ川右岸へと続いてゆく東西幹線道路（W―Zルート）の側からものぞむことができる。

ニケの像はマリヤン・コニェチュヌィの作品で、一九六四年に劇場広場のヤブウォノフスキ宮殿跡地、大劇場正面の前で除幕されたものである。「ワルシャワ英雄記念碑」の建造計画が決定されたのは、ワルシャワ蜂起開始一二周年の一九五六年のことで、著名な彫刻家のクサヴェルィ・ドゥニコフスキ（一八七五～一九六四）や国立博物館館長のスタニスワフ・ロレンツ（一八九九～一九九一）など多くの専門家で構成する委員会が設けられ、資金集めも始まった。一九五七年から五九年にかけて何度かコンペが行われ、マリヤン・コニェチュヌィの設計が採用された。だが当時は一九四四年の「ワルシャワ蜂起」を直接明示することはまだ許されず、「一九三九～四五年」のワルシャワ英雄を記念するというかたちになった。一九九二年に劇場広場からの移設計画が始まり、一九九七年末に現在の場所への移転が完了した。

聖アントニ・パデフスキ教会
——セナトルスカ通り

劇場広場前のセナトルスカ通りを銀行広場の方に向かって南西に歩き、ビェラィンスカ通りとヴィェジュボヴァ通りとの交差点をすぎるとすぐ左手に聖アントニ・パデフスキ教会がある（セナトルスカ通り三一番）（写真）。一六七九年に建てられた教会正面の両側には回廊の入口がある。足を踏み入れてみると、歩廊の両側一面には大小さまざまの記念プレートが天井のそばまでぎっしりと掲げられていて、ナチス・ドイツ占領下でのポーランド人犠牲者の名前でうめつくされていることに驚き圧倒される。ワルシャワ蜂起での国内軍各部隊の兵士もあれば、ワルシャワのパヴィヤク監獄のほか、オシフィエンチム（アウシュヴィッツ）強制収容所、ドイツ各地に設けられた強制収容所の犠牲者、さらにはカティンで殺された人々の名もある。それらの記念プレートの下には白と赤の小さなポーランド国旗や花も供えられている。

一九四四年八月七日、ナチス・ドイツのオスカー・ディルレワンガー旅団の第二大隊がセナトルスカ通りに侵入してきた。ナチス侵略者は近隣の建物から住民を引き出し、劇場広場での戦闘で戦車の前の「人間の盾」に使おうとした。教会のスタニスワフ・チュシェチャク司祭が人々を教会に避難させたが、侵略者は大勢の市民を教会建物から連行し、セナトルスカ通りから劇場広場への出口をふさいでいるバリケードの撤去作業にあたらせた。その後、市民はヴォラ地区へ追放されるが、それに同行したチュシェチャク司祭は途上で射殺された(52)。九日、侵略者部隊は教会を占拠し、聖堂の貴重品の数々を略奪した。

その後、教会と付属施設はドイツ側が劇場広場の蜂起部隊を攻撃する拠点となった。

前述のように同月三〇日の夜から三一日にかけて、スタレミャストに包囲された蜂起部隊がシルドミェシチェの蜂起部隊の支援も受けて強行脱出作戦をはかった。スタルフカの蜂起部隊はポーラ

ンド銀行要塞からビェラィンスカ通り、セナトルスカ通り、そして聖アントニ教会、サスキ公園へと南下して中央区を目指した。この間の戦闘で蜂起部隊が教会を一時占拠して聖堂に入ってみると、ドイツ側が残していった武器・弾薬や食料のほかに数十の遺体もあったという。

イツハク・ツキェルマン
――旧レシュノ通り一八番

ワルシャワ・ゲットー蜂起をユダヤ戦闘組織（ŻOB）の司令官として戦って生き残ったイツハク・ツキェルマン（アンテク）がワルシャワ蜂起の開始を知ったのは、旧レシュノ通り一八番の隠れ家を拠点に活動を続けていたときだった(53)。現在のソリダルノシチ大通りとヴワディスワフ・アンデルス将軍通りの交差点を南西に下り、間もなく右手に見えるプロテスタントの福音改革派教会の少し先あたりである。

ツキェルマンは蜂起開始三日目の八月三日、「司令官アンテク」の名で、生き残っているユダヤ人にポーランド人の蜂起を支持し、戦闘員として参加するよう訴えた「宣言」を出した。「宣言」は人民軍の機関紙に掲載され、その後国内軍によっても地下組織全体に知らされた。ツキェルマンは蜂起開始のときの思いを「ドイツ人に対する復讐の瞬間がついに来た」(54)と表現した。彼は「宣言」を書いたとき、自らは共産主義者の人民軍（AL）の隊列に加わることを決意していたが、国内軍（AK）との接触も続けていた。彼は「いつどの瞬間にも、いたるところで反乱と抵抗をよびかけていた人民軍」(55)により親近感をもっていた。レシュノ通り一八番の隠れ家に集まっていたユダヤ人活動家たちはことごとく蜂起への参加に賛同した。そして、「われわれのアパートはたちまち、蜂起のことを知り、参加したいと熱望する大勢の活動家を磁石のごとく引きつける場所に変わった」(56)という。レシュノ通り一八番のアパートはすぐ北西に位置するパヴィヤク監獄からもドイツ側砲撃がとどくところだったが、幸いにしてそれまでは一発の被害もなかった。ツキェルマンらは人民軍司令部に赴いてユダヤ人戦闘部隊を受け入れるよう求め、旧市街のモストファ通りのバリケード防衛の任務を与えられた。

一九四四年蜂起の性格について、ツキェルマンも「ドイツに対する武装蜂起だったが、政治的にはよりはっきりとした反ロシア蜂起だった」(57)と語っている。ドゴールは英米によるパリ占領を案ずることはなかったが、ワルシャワの解放は赤軍の手でなされ、「赤いワルシャワ」となる危険があったのである。

ツキェルマンは「ワルシャワ蜂起で約二五万人のポーランド人が殺された」として、さらにこう語っている。

「蜂起について書いた書物はいくつかあるが、この死者についてはあまり多く書かれていない。ポーランド人の死者の名をおきかえてみれば、それはユダヤ人のことのように聞こえる。ドイツ人はポーランド人に対して同じことをした。人々を追いたて、自分の墓穴を掘らせ、射殺した。彼らがワルシャワのヴォラ地区でしたことはそういうことだ。」(58)

国内軍の蜂起開始のタイミングについてはこう語っている。

「国内軍指導者は蜂起のタイミングをはかっていたのだろう。行動を起こさねばならないと感じていたはずだ。私は当時、彼らの見通しは受け入れられなかった。私はワルシャワが『赤化』してもかまわないと思っていたからだ。しかし、彼ら自身の見通しでは正しい判断だったのだと思う。『ワルシャワの共産化』に反対するなら、あのときに蜂起を試みなければならなかったのだ。」(59)

さらに、ゴムウカ(60)や人民軍参謀総長のヴィトルト(61)らは「モスクワからの指示がなければワルシャワで何もできなかったのは疑いない」とし、ソ連側の意図についてはこう語っている。

「ソ連は明らかにワルシャワでの独立蜂起を嫌っていた。彼らの関心はポーランド人蜂起なしにワルシャワを征服することだった。それゆえ、ヴィスワ川の対岸にとどまった。彼らが必要な援助を提供しなかったことについて自分たちなりの説明をしはする。ワルシャワから七〇キロのデンブリン付近で自軍が敗北を喫したことなどだ。しかし、この説明が正しいかは疑わしい。なぜなら、ソ連軍は蜂起の最終盤にワルシャワのプラガ地区に到達していたからだ。彼らはポーランド人に象徴的な援助しか提供しなかった。」(62)

ツキエルマンが組織したユダヤ戦闘組織の部隊は主に旧市街で戦った。ツキエルマンは蜂起開始当時、ワルシャワに生き残っていたユダヤ人を約二万人と見積もっていて、「数千人がポーランド人蜂起に加わって戦った」(63)としている。

ワルシャワ中央駅（イェロゾリムスキェ大通り）と文化科学宮殿

ワルシャワにはいくつかの鉄道駅があるが、現在表玄関となっているのはワルシャワ中央駅（ヴァルシャヴァ・ツェントラルナ）で、イェロゾリムスキェ大通りとヤン・パヴェウ二世大通りの角のスペースに平たく大きな屋根の幅広いすがたが見られる。だがこの駅は一九七二年から一九七五年にかけて建造されたもので、一九四四年にワルシャワ蜂起が起きたときその近辺にあったのは、ヴァルシャヴァ・グウゥヴナ駅だった(「グウゥヴナ」は「主要な」「最高の」という意味でこれも「ワルシャワ中央駅」と訳すのが適当なのだが、こちらは区別してワルシャワ・グウゥヴナ駅としておく)。

現在、ワルシャワ中央駅のすぐ東側には緑地公園をあいだにしてヴァルシャヴァ・シルドミエシチェ駅(これも「ワルシャワ中央」と訳せる)があるが、戦前・戦中、ワルシャワ・グウゥヴナ駅の建物の主要部分はそのあたりにあった。さらにそれ以前にはもうすこし東側、イェロゾリムスキエ大通りとマルシャウコフスカ通りの角にワルシャワ・ウィーン駅があった。戦前の「新駅」であるワルシャワ・グウゥヴナ駅は、ワルシャワ・ウィーン駅を取り壊したあと、一九一九年に独立を回復したポーランドの第二共和制の最重要プロジェクトとして一九三二年に建設工事が始まった。当時のワルシャワとしては最大規模の建物として企画され、店舗、レストラン、娯楽施設などが入ることも構想されていたようだ。

しかし、一九三九年九月、ナチス・ドイツの侵攻と第二次世界大戦の勃発により、建設工事は完遂にはいたらなかった。大戦直前の一九三九年六月には大火にも見舞われた。ナチス占領時代、ワルシャワ防衛戦で一部損壊があったものの、ナチス占領者はこの駅を維持した。当時の写真をみるとナチスの旗が掲げられた駅正面の入口にはまずドイツ語で WARSCHAU HAUPTBAHNHOF(ワルシャワ中央駅)とあり、その下にポーランド語で WARSZAWA GŁÓWNA と大書されているのがわかる。一九四四年八月蜂起の緒戦で、蜂起側は旧ワルシャワ・グウゥヴナ駅を占拠するが、ドイツ側が奪回した。その後の戦闘で駅は大きく破壊され、さらに一九四五年一月、撤退するドイツ軍がこの重量級建築物を爆破してしまった。戦後、「古い」ワルシャワ・グウゥヴナ駅の残骸は解体され、「新しい」ワルシャワ・グウゥヴナ駅が建設されるが、その場所はトヴァロヴァ通りとイェロゾリムスキエ大通りの北西角、ヴォラ地区になる。現在その場所には鉄道博物館がある。

現在、ワルシャワ中央駅、ワルシャワ・シルドミエシチェ駅のすぐ北に、「スターリンの贈り物」といわれてワルシャワ市民が嫌うという文化科学宮殿がそびえ立つのが目に入る。一九五二年から一九五五年にかけてソ連建築家の設計で建てられた。社会主義の威風を誇示するかのような建物は、四三メートルの尖塔部分を含めると二三〇メートル余り、四二階建てで、完成当時はヨーロッパで第二番目の高層建築物だったという。戦前、その広大な敷地の南にはワルシャワ・グウゥヴナ駅があり、その北は集合住宅でぎっしりとうまっていた。だが、ナチスがワルシャワを占領して、一九四〇年秋にユダヤ人をゲットーに封じ込めると、敷地の北半分はいわゆる小ゲットーのなかに入ってゆく。

郵便鉄道駅もしくは「ジェラズナ要塞」——ジェラズナ通り

ワルシャワ蜂起との関連で、しかもイェロゾリムスキェ大通り沿いの鉄道駅としてもう一つふれておくべきは「郵便駅」である。ワルシャワ・グウゥヴナ駅からイェロゾリムスキェ大通りに沿って南西にすすんだところ、ジェラズナ通りとフミェルナ通りの交差点の東南角のスペースにあった七階建ての大きな建物だった。番地はジェラズナ通り二一番とされ、いまの行政区画ではすでにヴォラ地区に入る。一九三〇年代に旧ワルシャワ・カリスカ駅の敷地で鉄道待避線のあたりに建てられた。郵便駅は蜂起中、すぐ東の鉄道職員住宅建物とともに蜂起部隊の重要拠点となった。一九四四年八月三日、ズビグニェフ・ブルィム（ズドゥン）指揮下のフロブルィ二世大隊が郵便駅を占拠した。鉄道職員ビルはフミェルナ通りとジェラズナ通りの角にあった六階建ての建物で、八月四日にタデウシュ・シェミョントコフスキ（マズル）中尉指揮下の国民武装勢力（NSZ）部隊により完全に制圧された(64)。

郵便駅と鉄道職員ビルの二つの建物は当時、「不落の最前線」「最強の抵抗拠点」、もしくは「ジェラズナ要塞」として、ドイツ軍によるイェロゾリムスキェ大通りからポニャトフスキ橋への突破作戦に抵抗するうえで重要な役割を果たした。ドイツ側はヘルマン・ゲーリング機甲師団やブロニスワフ・カミィンスキ指揮下の悪名高い「ロナ」旅団が戦車などで猛攻をかけたが、蜂起部隊は降伏協定まで、この拠点を譲り渡すことはなかった。ここの蜂起部隊は降伏協定締結に反対してなおも戦闘を続けようとしたが、国内軍司令部の強い説得に応じてようやく武器をおいた。現在、ジェラズナ通り一八番の旧鉄道職員建物の前には大きな岩の記念碑があって、フロブルィ二世部隊による戦闘を記念するプレートがついている。

「一九四四年、ワルシャワ蜂起。W時にシルドミェシチェ・プウノツネ（中央区北）の西部地域を制圧した国内軍のフロブルィ二世部隊を記念して。同部隊はイェロゾリムスキェ大通り、ジェラズナ通り、トヴァロヴァ通り、グジボフスカ通り、ヴィェルカ通りを封鎖し、六三日間にわたり、ナチスの攻撃を撃退し、中央トンネルの鉄道線路を破壊することによって敵軍が前線とつながるのを阻止した。この戦いで戦死した六〇〇人の名誉を記念して。一九九一年、フロブルィ二世部隊兵士がこの記念碑を建てる。」

また、同じジェラズナ通り一八番にある、もう少し小さめの記念プレートにはこうある。

「この鉄道住宅には、ワルシャワ蜂起のとき、フロブルィ二世部隊で戦った国民武装勢力、ヴァルシャヴィャンカ中隊が司令部を置いた。」

郵便駅はもうすでに解体されて金網の中には雑草が生い茂っているだけで何も残らないが、集合住宅となっている高層の旧鉄道職員ビルの壁全面にわたっては数え切れぬほどの銃弾の跡が生々しく残っていて、「不落の要塞」の蜂起部隊の激しい抵抗の意思がいまもなお強く迫ってくる（写真）。

二〇〇九年九月にワルシャワで、フロブルィ二世軍団のもとにそこで戦ったイェジ・ザクシェフスキ（ムウォト）の話を聞いた。彼は一九二八年生まれ、当時は一六歳だったはずだ。イェジはボーイスカウトの地下組織に所属していて、ジェラズナ通り周辺の防衛任務をあたえられた。その話によると、彼らの守備範囲はジェラズナ通り、トヴァロヴァ通り、プロスタ通りの中の地域だったようだ。短銃、ライフル銃、機関銃、手榴弾など武器にはめぐまれていた。ドイツ側は戦車で攻撃してきたが、蜂起側の防衛線を突破することはできなかった。戦車数両を炎上させた。ジェラズナ通りの西、トヴァロヴァ通りの方からの攻撃に対しては、トラムや車両をひっくり返してバリケードを構築して敵の侵食を阻止した。ドイツ側は戦車、大砲、空爆で攻撃し、カミィンスキの「ロナ」旅団やディルレワンガーの犯罪者部隊が襲ってきたが、少年兵たちは蜂起前の地下活動時代によく訓練されており、射撃も正確で、いくつもの戦果をあげた。イェジの部隊は一三人が戦死し、全員が負傷したが、最後までその陣地を死守した。指揮官のミロスワフ・ビェルナツキ（ゲネラウ）はとても勇敢な人物だったが、八月三〇日に死亡した。

イェジの話でも確認できるが、前記の記念プレートにあるように、当時、フロブルィ二世軍団第一中隊・ヴァルシャヴィャンカが郵便鉄道駅と鉄道職員建物を制圧し、第二中隊・コスがトヴァロヴァ通りを、第三中隊・ズドゥンが鉄道線沿いとイェロゾリムスキェ大通りの反対側の一部地域を制圧していた。また、グルト軍団が当時のグウゥヴナ駅を真中に、マルシャウコフスカ通り、ジェラズナ通り、イェロゾリムスキェ大通り、パインスカ通りで囲まれた地域をドイツ側の攻撃から守って戦った。前記の記念プレートによると、フロブルィ二世軍団の戦死者は六〇〇人だったが、イェジは戦死者約五〇〇人、負傷者約一五〇〇人と話した。フロブルィ二世軍団はワルシャワ蜂起のなかでも最大の戦闘集団の一つだった。

イェジは八月一五日頃、蜂起側がトヴァロヴァ通りの地下水道を利用することを決定したことについても話してくれた。それは幅も広く、高さも一・八メートルもある雨水排水溝だった。イェジは仲間とトンネルに通じる塹壕を密かに掘ったが、ドイツ側の飛行機に見つかり爆撃を受けた。それでも、カモフラージュ工作して掘り進んでトンネルに到達した。このトンネルは降伏の際、ポヴォンスコフスカ通りの下を通ってさらにカンピノスの森に撤収するときに利用しようとしたものだった。しかし、結局彼らは降伏協定のもとに捕虜となった。イェジ・ザクシェフスキがポーランドにもどったのは一九四七年だった。

共産主義者によるドイツ軍カフェ襲撃
——ノヴィ・シフィャト通り

一九四二年一〇月二四日と一九四三年七月一一日の二度、ノヴィ・シフィャト通りとイェロゾリムスキェ大通りの交差点近く（ノヴィ・シフィャト通り一五／一七番）で、共産党系の人民防衛軍（GL）がドイツ人のカフェクラブを襲撃する事件があった。現在、そこはシャルル・ドゴール将軍像の立つ環状交差点のすぐそばである。当時、ノヴィ・シフィャト通りとイェロゾリムスキェ大通りの角に四階建の共同住宅の建物があり、その一部がドイツ人専用のレストランになっていた。四隅に星をあしらった重々しい記念プレートは一九五二年、ポーランド労働者党（PPR）の発足一〇周年を記念して設置された古いもので以下のように記している。

「一九四二年一〇月二四日、この場所で、ロマン・ボグツキ（ロマン）指揮下の人民防衛軍部隊が、五〇人のポーランド労働者党員の絞首刑に対する報復として、ドイツ人のカフェクラブのナチス隊員に対して手榴弾を浴びせた」「一九四三年七月一一日、ミロスワフ・クライェフスキ（ピェトレク）指揮下の人民防衛軍部隊が、パヴィヤク監獄で二〇〇人の政治囚が射殺されたことへの報復として、ドイツ人のカフェクラブを襲撃した。」

第六章　発電所、ワルシャワ大学の戦闘——ポヴィシレ

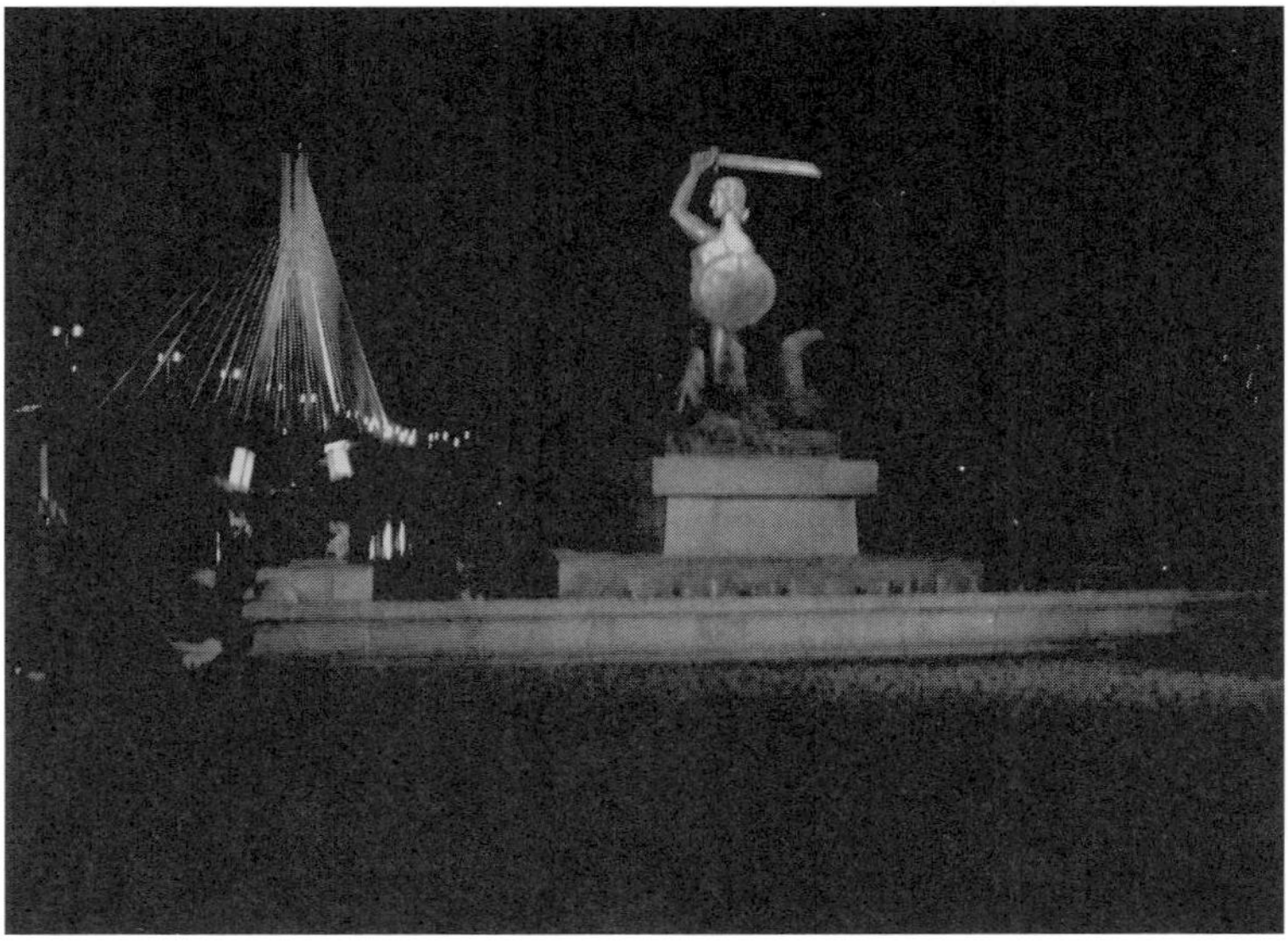

シフィエントクシスキ橋と人魚像

ポヴィシレ地区

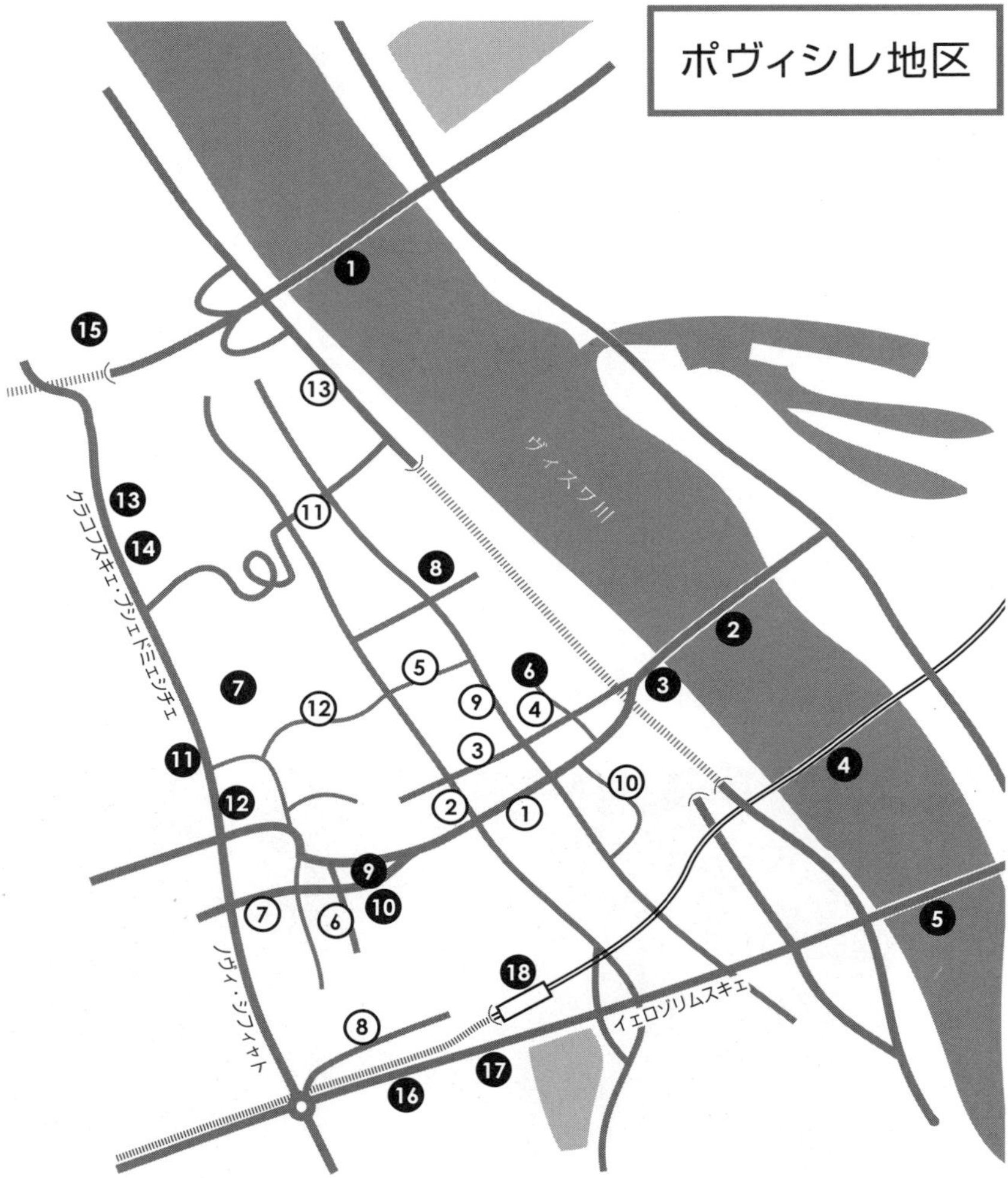

通り名

1 タムカ　2 トピェル　3 ザイェンチャ　4 エレクトルィチュナ　5 レシチィンスカ　6 オクルニク　7 オルディナツカ　8 スモルナ　9 ドブラ　10 スムリコフスキ　11 カロヴァ　12 オボジナ　13 ヴィブジェジェ・グダィンスキェ

スポット

1 シロンスコ・ドンブロフスキ橋　2 シフィェントクシスキ橋　3 人魚像　4 シレドニツォヴィ鉄橋　5 ポニャトフスキ橋　6 旧発電所　7 ワルシャワ大学　8 ワルシャワ大学新図書館　9 ショパン博物館　10 ショパン音楽大学　11 聖十字架教会　12 コペルニクス像　13 ミツキェヴィチ像　14 大統領官邸　15 王宮広場・王宮　16 国立博物館　17 軍事博物館　18 ワルシャワ・ポヴィシレ駅

ポヴィシレ地区と蜂起

ポヴィシレはその名の通りヴィスワ川の沿岸地域で、現在のワルシャワ行政区分ではシルドミェシチェの東部地域になっている。王宮や旧市街（スタルフカ）もヴィスワ川のすぐそばにあるが、その南東地域にあたるポヴィシレには古くから漁民の集落がおこるとともに、農園、工場、倉庫などが多くつくられ、ワルシャワ住民の生活資源の供給地域となった。一七世紀のスウェーデンによる侵攻でひどく破壊されたが、その後、旧市街の発展とともにタムカ地区やマリエンシュタット地区ができて再興する。一九世紀の産業発展で工場建設がすすみ、労働者、商人、漁民などが多く居住するようになり、世紀末にはワルシャワでも人口が最も過密な地域になった。しかし住民の生活水準は高くなく、住宅環境はむしろ劣悪だった。人々の生活環境はヴィスワ川の氾濫や火災などによってもしばしば破壊されて大きな影響を受けた。

二〇世紀に入り、イェロゾリムスキェ大通りからヴィスワ川右岸に続くユゼフ・ポニャトフスキ橋が一九〇三年から一九一四年にかけて建設され、ポヴィシレ地区には商業施設、病院などの社会施設も整備されるようになる。一九四四年のワルシャワ蜂起では、発電所が蜂起部隊の重要拠点となり、蜂起期間中、蜂起部隊と住民への電力供給を維持するのに大きな役割を果たした。蜂起当時、ポヴィシレの南、イェロゾリムスキェ大通りを越えると、ソレツ地区、チェルニャクフ地区が広がっていた。

ワルシャワ大学もヴィスワ川の沿岸近くにあるが、さらに川沿い近く、ドブラ通りとリポヴァ通りの角には同大学の新しい図書館のモダンな建物がある。民主化から一〇年後の一九九九年に開館したもので、内部正面入口の上を見上げると、高いガラス天井の下に緑色の分厚い書物が開かれたかたちの巨大なブロンズがとりつけてあって、そこにはラテン語でHINC OMNIA（すべてがここにある）と大きく刻まれている（写真）。屋上は広々としたルーフガーデンとなっていて、眼下にはヴィスワ川がゆったりと流れ、その向こうには右岸の高層建物群

と緑の森、そのなかにひときわ高くそびえる聖フロリアン教会の尖塔ものぞむことができる。

一九四四年八月蜂起のとき、ポヴィシレ地区はシルドミェシチェ（中央区）とともに国内軍のワルシャワ管区で第一地区に入っていた。現在の行政区分ではシルドミェシチェの一部だが、当時はノヴィ・シフィャト通りをこえるとシルドミェシチェに入るという感じだった。蜂起の時、ポヴィシレ地区はドイツ側がスタレミャスト（旧市街）を制圧する九月二日までは比較的平穏だったという。ワルシャワ大学構内はドイツ側が占拠していたが、その他の地域は重要な戦略拠点でもあった発電所をふくめ、概ね蜂起側が制圧した。

蜂起期間中、この地区では国内（被占領地）政府代表部機関のもとに民間人がよく組織されて、高い士気がたもたれたという。「ポヴィシレの生活はすぐに正常にもどった。商店、バル、薬局、洗濯屋も再開された。靴屋は兵士の靴を無料で修理するとの看板を出し、洋服屋は国内軍の仕立てや修理を申し出た。人々は通りを自由に歩くことができた。母親たちは子供を外に連れ出すこともできた。さまざまな芸術活動が組織され、国内軍のニュース映画が映画館で上映された。結婚式がいくつも行われた。ボーイスカウトによる郵便配達もよく働き、手紙が届かないケースがあれば、それはスカウトの少年、もしくは受取人が殺されたときだった。蜂起軍の新聞がいくつも配布された。」(1)

ヨアンナ・ハンソンによると、八月一六日当時、ポヴィシレ地区には約四〇〇〇人の避難民をふくめて二万六〇〇〇人がいた。地区全体は一六のブロックに分割されて、それぞれにはブロック指揮官と住宅委員会が配置され、地区行政機関には安全、食料、衛生、労働、宣伝、消火などの部門があった(2)。

ポヴィシレ地区のまさにヴィスワ川沿岸のすぐ近くに発電所があった。発電所は蜂起の期間中、戦闘遂行能力に重大な影響をあたえる最重要戦略拠点として、蜂起側・ドイツ側双方の激しい争奪戦が展開される場所となった。蜂起開始の八月一日から二日にかけて、蜂起部隊は発電所を陥落させて、その一帯を制圧した。発電所職員は蜂起側のために懸命に発電作業を続けた。ドイツ側は砲撃を継続し、その都度、蜂起側との激しい戦闘が繰り返された。九月四日、発電所は大きく破壊され、蜂起初日から続いていた市内への電力供給がついに停止し、翌日には発電所建物からの退去をよぎなくされた。ワルシャワ大学はドイツ軍の制圧下にその拠点となっていて蜂起側が緒戦で奪取すべき重要な戦略目標だった。蜂起部隊は八月一日、二三日、九月二日にこのドイツ軍拠点に攻撃をしかけ、部分的な成果もあったが、全体としては不成功に終わり、当初の目的は果たせなかった。

九月に入り、旧市街を制圧したドイツ軍はポヴィシレ地区に対する攻撃を集中強化し、ディルレワンガーとシュミット大佐のドイツ側戦闘部隊が徐々に蜂起側支配地域を侵食していく。空爆と砲撃で地区全体が炎上する。ドイツ側による住民や捕虜の大量射殺も起きた。五日、スタニスワフ・ブワシュチク（ルク）少佐はポヴィシレ地区住民に対して中央区へ避難・移動するよう命令する。六日、多数の民間人がシルドミェシチェ南へ避難した。避難民は敵の銃弾をかいくぐりながら、ノヴィ・シフィャト通りとイェロゾリムスキェ大通り（当時はシコルスキ通りともよばれていた）を渡って蜂起側のバリケード内に逃げ込まねばならなかった。ドイツ軍は北、東、南から空爆をともなった総攻撃を開始し、蜂起部隊は徐々に中央区へ退却。同日夕刻には、ポヴィシレ地区は完全にドイツ側の制圧下に入った。

人魚伝説と人魚像
――シフィェントクシスキ橋

ワルシャワ市内を歩くと、いろんな場所でいろんなかたちの人魚像、あるいは人魚イメージに出会う。ワルシャワ観光の定番である旧市街広場の人魚像だけではない。大きな建築物の装飾から小さな店やレストラン、バルの装飾にもさまざまなバリエーションの人魚イメージがある。しかし、半人半魚のそのほとんどは右手に剣をかざし、左手に楯を握っている。それがワルシャワのシンボルである。ポーランド国旗は白と赤の二色だが、ワルシャワ市の旗は黄と赤である。そして同市の紋章には赤地に黄色の剣と楯をもつ人魚のイメージがあしらわれている。

「人魚伝説」というのがある。はるかむかし、人魚姉妹がバルト海沿岸に泳ぎ着いた。一方はデンマーク海峡まで泳ぎ続けた。コペンハーゲン港の岩の上に見る人魚像はそれだろう。もう一方はグダィンスクの海岸に来て、さらにヴィスワ川をさかのぼり、おそらく現在のワルシャワ旧市街あたりの沿岸に定着するようになった。あるとき、地元の漁師が漁をしていると、何者かが川の流れを乱し、魚網をもつれさせているのに気づく。網にかかった魚も逃げてしまった。漁師たちは「犯人」を捕まえて殺してしまうことにする。だが彼らは人魚の歌声に魅了され、捕獲するどころか、愛情をかけるようにさえなる。その後、人魚は毎晩のように美しい歌の数々で漁師たちを楽しませた。ところがある日、金持ち商人がヴィスワの川岸を散歩していて、美しい人魚のすがたを見つけ、捕まえて見世物に出して金儲けをしてやろうと考えた。金持ちは罠で人魚を捕え、水もない木造小屋に閉じ込めた。人魚の叫び声が漁師の息子の耳にとどき、彼は友人の援助も得て、ある晩人魚を助け出す。人魚は住民が自分を助けてくれたことに感謝し、住民がいつか危険に陥った時には、こんどは人々を守ることを約束した。こうして、ワルシャワの人魚はこの都市を守るため、剣と楯をもつようになったというのである(3)。ちなみに、ワルシャワ **Warszawa** の名の由来については、これもはるかむかし、漁師のヴァルス **Wars** と妻のサヴァ **Sawa** がヴィスワ川の沿岸に住み着いたとき、人魚が川から現れてヴァルシャヴァという町をつくるよう言ったというはなしがある(4)。

代表的な人魚像は二つある。一つは、ポヴィシレ地区を東西に走るタムカ通りからシフィエントクシスキ橋に入るそのたもとに右手で剣をかざし、左手に楯をもって「直立する」重量感のある人魚像「ポムニク・スィレヌィ」である(本章扉写真)。ワルシャワ観光で必ず見るのは現在旧市街広場にあるもう一つの人魚像で、それは「ポムニク・スィレンキ」(小さな人魚像)とよばれている。この二つの人魚像でより古いのは後者の旧市街のものである。作者は彫刻家コンスタンティ・ヘゲル(一七九九〜一八七六)で、一八五五年に広場の噴水のそばに置かれた。やはり右手で湾曲した剣をかざし、左手で楯を構える半人半魚の優美なすがたはその後長くワルシャワ市民の抵抗や戦闘を鼓舞した。一九二〇年代末に広場の噴水が解体されたとき、この人魚像はソレツやポヴィシレに移され、最終的に元の旧市街広場に帰ったのは最近の一九九九年末のことだった(5)。

現在、シフィエントクシスキ橋のたもとにあるもう一つの人魚像は彫刻家ルドヴィカ・ニトスフが一九三九年に制作したものである。ドイツによるポーランド侵攻の三ケ月前の同年六月、ワルシャワ市長、ステファン・スタジィンスキも出席して除幕式が催された。旧市街の人魚像が西欧古典芸術の趣をたたえているのに対して、こちらの人魚像はやはり半人半魚でありながらも、その顔や体は人間そのものをより強く感じさせるのは、彫刻家のモデルとなったのがのちに国内軍兵士となって有名な抵抗歌「若者よ、銃剣を着けよ」*Hej chłopcy, bagnet na broń* を作るクルィスティナ・クラヘルスカ(一九一四〜一九四四)だったからである。彼女はワルシャワ蜂起の二日目にモコトゥフ地区で重傷を負って死亡した。ワルシャワ市内の記念碑は大戦でことごとく破壊されたが、この人魚像は完全に破壊されることがなかった。ワルシャワ市民にとっては奇跡であり、まさにこの首都の守り手に対する敬愛を体現するものとなった。戦後部分的な補修を経て、いまも変わらずにヴィスワの川岸、シフィエントクシスキ橋のたもとに「立って」いる。

イレナ・オルスカの赤十字看護センター
——トピェル通り

イレナ・オルスカは国内軍少尉で、コードネームは「アネリ」といった。国内軍の衛生看護活動に参加し、停戦・降伏協定後にワルシャワ近郊に設けられたプルシュクフ中継収容所に送られたが、同地で看護活動に加わり、そこで蜂起中に離別した一人娘と再会する。一九四五年二月にニューヨークに出国し、翌年には *Silent is the Vistula: The Story of the Warsaw Uprising* を出版した。彼女は蜂起開始前から、一人娘とワルシャワ大学の東側、オボジナ通りとトピェル通りの角近くのアパートに住んでいた。

一九四四年八月一日朝、オボジナ通りを南西に歩いてすぐ、クラコフスキェ・プシェドミェシチェ通りの聖十字架教会のミサに行った。教会は大勢の人々であふれていた。ミサのあと、ウヤズドフ病院に出頭し、医師・看護婦とともに上官クリストファー医師の訓示を聞いた。「今日は偉大な日である。ワルシャワ市民は首都を抑圧から解放するために立ち上がる。われわれはこの都市を制圧して数日間もちこたえねばならない。国内軍の戦闘の四日ないし五日後にはソ連軍が進軍してくるだろう。全員、覚悟はできているか」(6)というものだった。散会してそれぞれ手を握り合い、「バリケードで会いましょう」などと別れのことばを交わした。イレナはその時、こう思っていた。

「ソ連軍は日に日にワルシャワに近づいている。私たちは待ちきれない気持で、あと何マイルかを数えていた。ヴィスワ川の向こうではソ連軍の砲声がゴロゴロ鳴り響いているのが聞こえた。ロシア軍機が毎日、唸りをあげてワルシャワを爆撃していた。ソ連のラジオ放送がポーランド語で、ワルシャワ市民全員に武器をとって蜂起し、攻勢を支援するよう訴えていた。じっとしているわけにはいかなかった。神はわれらとともにあり、正義もまたこちら側にある。連合国も味方している。ポーランドの息子たちは連合国の自由のために、フランス、ノルウェー、リビア、英国、イタリアなど世界中の遠く離れた戦場で血を流してきたのだ。その連合国が私たちの自由をかちとる戦いを支援しないわけはない。必ずなしとげねばならない。数日間だ。私たちの勝利まで、わずか数日間なのだ。太陽はとても明るく、通りを歩くと街全体がお祭り気分のように輝いて見えた。恐怖感はなかった。その日がついに来た。そしてそれに参加できるという限りない喜びしかなかった。」(7)

同日午後、イレナは自分のタバコ店もあったトピェル通り二七番に赤十字看護センターを設置する。白鷲のついた赤いポスターを貼り、「ワルシャワ蜂起、一九四四年八月一日」と書いた。赤十字の旗も立てられた。タムカ通りの司令部に出頭して看護センターの設置を報告し、一〇人の看護婦を確保した。午後五時五分には市内全域で蜂起が始まった。彼女の回想によると、蜂起開始のその日、タムカ通り、ドブラ通りは蜂起側に完全に制圧された。ヴィスワ川沿岸により近いユリアン・スムリコフスキ通りでもドイツ側の占拠する建物に激しい攻撃がかけられた。聖十字架教会の斜め向かいのミコワイ・コペルニク（コペルニクス）通りでは蜂起側も大きな被害がでたが陣地は堅守した(8)。

発電所——ザイェンチャ通りとエレクトルィチュナ通り

一九四四年のワルシャワ蜂起で蜂起軍部隊が緒戦で占拠し、ポヴィシレ地区だけでなく蜂起全体からみて最も重要な戦略的拠点となったのは発電所だった。当時の地図で見ると、ヴィブジェジェ・コシチュシュコ、レシチィンスカ、ドブラ、エレクトルィチュナの各通りに囲まれた一帯で、現在はヴィスワ川沿岸を走るシフィエントクシスキ橋にも近い。

ポヴィシレの発電所が始動したのは一九〇四年のことだった。もとは私企業によるものだったが、一九三三年にポーランドの国家管理に移され、一九三七年にはワルシャワ市当局が管理を引き継いだ。一九三九年に始まるナチス・ドイツによる占領期間も一九四四年の蜂起中も稼動し続けた。現在も一部に残る古い建物には蜂起のときの弾痕が多数見られる。蜂起開始前、ナチス占領者は多くの部隊をこの戦略拠点に配置していた。蜂起側もこの戦略拠点の奪取と防衛には多くの部隊を投入した。

八月一日、蜂起開始とともに蜂起部隊は発電所を占拠した。ドイツ兵が地下室などに隠れていたが、その日のうちに追い出した。トピェル通りに看護センターを設置したイレナ・オルスカは同日夕刻、すぐに発電所に急行せよとの命令を受けて駆けつけた。発電所までは三〇〇メートルと離れてはいない。「発電所の中庭に入ってみると、大勢の蜂起兵が負傷して横たわり、悪運を罵っていた。重傷者はタムカ通りのウルシュラ会修道院の病院か、ザクビェク医師が運営しているスムリコフスキ通りの病院に搬送された。担架車はすぐに戻ってきたが、その度にまた新しい重傷者が待っていた」「巨大な建物群の中では死闘が繰り広げられていた。ドイツ側が追い詰められて発電所を破壊してしまわないように、蜂起軍部隊は同日午後、内部から攻撃をしかけた。ドイツ側増援部隊が反対側から迫っていた。近くのポニャトフスキ橋方面からはドイツ側の砲撃の音が聞こえた」「しかし、万事はわが方にうまく進んだ。蜂起軍部隊は地下を急襲してドイツ側を追い詰めて降伏させた。ポーランド国旗が発電所に翻っていた。私たちの地区、ポヴィシレで最初にポーランド国旗が翻ったのだ！」(9)

以後、蜂起の戦闘期間中、発電所は絶え間なく稼動を続けた。イレナ・オルスカによると「ドイツ占領期間、電力の供給は一日三時間しかなかった」(10)という。発電所は蜂起側の武器・弾薬の製造工場にもなった。そこではシボレーの車体を使った装甲車「クブシ」も製造された。発電所はポヴィシレ地区の大きな要塞となった。百人をこす作業員が発電を中断なく維持するために献身し、蜂起部隊の兵士たちがドイツ側の激しい砲撃から要塞を防衛した。九月に入り、三日から五日にかけてドイツ側の砲撃が激化し、大規模な空爆も受けて発電所は大きな被害を蒙った。電力の供給がついに止まった。五日夕刻、発電所要塞の司令官、スタニスワフ・スキプニェフスキ（ツブルィヌイ）大尉は兵士たちの撤退を決断した。発電所作業員や負傷者も撤退し、最後に発電所を去ったのはエンジニアのヴィンツェンティ・シャンティル（ウルスィン）のグループだった。九月六日、発電所要塞は陥落した。

ステファン・コルボインスキはこう書いている。

「ポヴィシレの発電所作業員の英雄的な努力のおかげで、電力の供給は数週間もの間絶えることなく続いた。発電所は国内軍制圧地域の人々に電力を供給しただけでなく、間断なき砲火に晒されたポヴィシレ地区防衛の拠点の役割も果たした。発電所の作業チームは昼夜の別なく爆弾や手榴弾で断絶されたケーブルを修理し、大勢の作業員がその中で斃れた。激しい空爆を受けて、発電所はついに電力供給を停止し、その後間もなくドイツ側に占拠された。われわれは蓄電池に頼らざるをえなくなった。蜂起軍の工場で自動車のエンジンを使って充電された。」(11)

現在、発電所の敷地のすこし南、タムカ通り一―三番の建物には赤茶色の記念プレートが二つある。その一つはこう記している（写真）。

「一九四四年八月一日、国内軍兵士でワルシャワ発電所作業員でもあった一〇七人が、ドイツ側部隊との長時

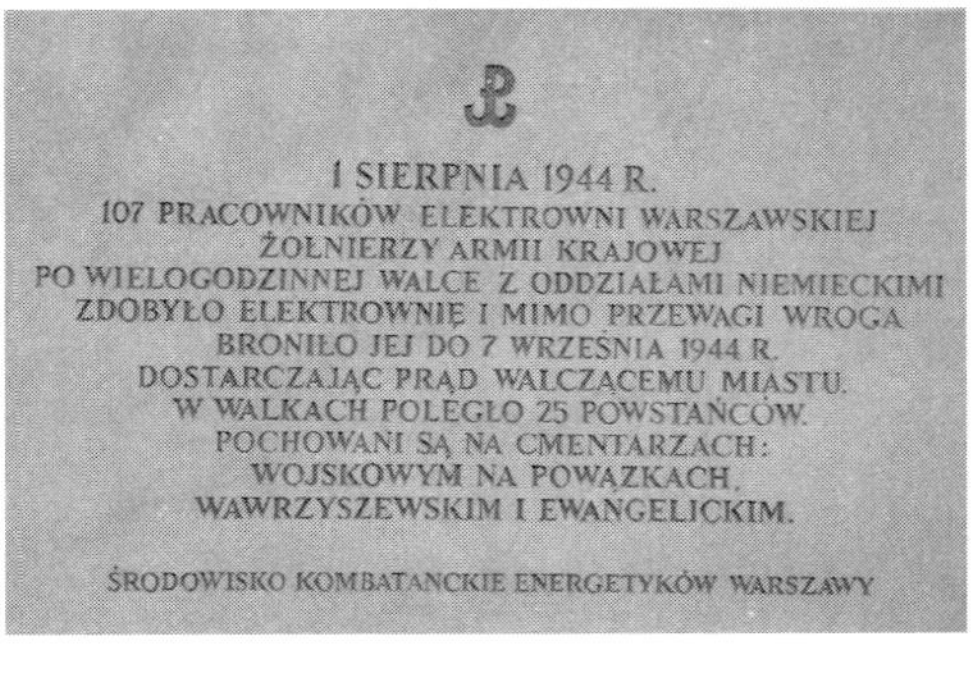

間にわたる戦闘の後に発電所を占拠し、敵の優位にもかかわらず同年九月七日まで防衛して、戦う首都に電力を供給した。この戦いで二五人の蜂起者が戦死した。彼らはポヴォンスキ軍人墓地、ヴァヴジィンスキ墓地、エヴァンゲリツキ墓地に埋葬された。ワルシャワ・エネルギー産業退職者協会」

もう一つは「野蛮な侵略者との戦いで責務の遂行に斃れた発電所作業員を記念し讃えて」というもので、一九三九年九月のワルシャワ防衛戦に斃れた人々のうち四人と、一九四四年八月一日から九月にかけてのワルシャワ蜂起で斃れた二五人の名を刻みつけている。この記念プレートはさらに、一九三九年から一九四五年までのあいだに収容所や公開処刑で殺害された二八〇人の発電所作業員を記憶しようとしている。

記念プレートのあるタムカ通り一―三番の四階建の大きな建物からヴィスワ川寄りに歩いてゆくと、タムカ通り八―一二番の建物にはＰＷのシンボルマークも彫られた黒い記念プレートがある。

「一九四四年八月一日、スタニスワフ・スキプニェフスキ（ツブルィヌィ）大尉の指揮の下、国内軍兵士と発電所職員がここで、相当に戦力の優るドイツ側守備隊との戦闘に勝利して発電所を奪取し、ポヴィシレ地区陥落まで防衛して、ワルシャワ蜂起のための電力を供給した。」

その建物前方少し遠くにはシフィエントクシスキ橋、その右側にクルィスティナ・クラヘルスカをモデルとした人魚像が小さく見える。車道を渡ってみるとシフィエントクシスキ橋の手前はヴィブジェジェ・コシチュシュコ幹線道路脇の「ツブルィヌィ緑地」になっているが、そのなかには石の記念碑があって、正面には「スタニスワフ・スキプニェフスキ（ツブルィヌィ）大尉（一九〇一年八月一五日～一九五八年五月三日）」と「タデウシュ・カール（コヴァルスキ）中尉（一九〇七年五月二二日～一九八二年一月九日）」を記念するプレートがついている。石の側面と正面の足元のコンクリートにはＰＷのシンボルマークが彫られている。右手を見ると人魚像もすぐそこである。

国内軍総司令官だったブル＝コモロフスキも発電所制圧の内幕について記している。

「同日（八月二日）、発電所がわが方の手に落ちた。これには特徴的なエピソードがある。発電所の部隊は地下活動の日々、技術者、専門家としてそこで働いていた人々で構成されており、蜂起のそのとき、かれらは自分たちで発電所占拠の計画を考え出していたのである。ドイツ側は蜂起勃発の数ケ月前に工場防衛部隊という特別部隊で防衛体制を強化した。トーチカがつくられ、機関銃掃射のための塹壕が掘られた。射撃の的は発電所内外の両方に向けられた。

敷地の内外には鉄条網が張られたバリケードが構築されて、もはや前線防衛拠点の様相を呈していた。蜂起勃発の数日前、ドイツ側は守備隊をさらに強化して、完全武装体制を整えていた。われわれは発電所の攻略は容易でないと思っていたが、それは市内で唯一の電力供給源であったため、当然にきわめて重要な戦略ポイントでもあった。戦闘の合図は、あるトーチカの下に仕掛けられた地雷の爆発だった。そのあと、一九時間の戦闘が続いた。発電所を稼働させるものと戦闘に参加するものとに任務分担が決まっていた。内部からの攻撃に直面したドイツ側守備隊は想像を絶する激しさで防戦したが、ついに降伏に追い込まれ、大多数が排除された。わが方が発電所を制圧した直後、ドイツ側はなおも八八ミリ砲を撃ち込んで攻撃を続けたが、電力の供給は続けられた。石炭をボイラーに運ぶクレーンが砲撃で被害を受けたが、すぐさま手押し車で代用され、さらに動員がかけられて労働もきつくなった。発電所の労働者たちは次第に発電所防衛に手をとられるようになり、発電所の稼働は近隣住民によって担われるようになった。発電所は三五日間稼働を続けた後、砲撃と空爆とによって完全に破壊され、九月四日に電力供給は停止した。」(12)

電力の供給によって、国内軍司令部は無線送信機の使用が確保され、武器・弾薬製造工場の作業が可能となり、輪転機が回転して国内軍機関紙が印刷され、そして兵士・市民の士気が鼓舞された。被占領地政府当局は八月三日付の国内軍機関紙「ビュレティン・インフォルマツィイヌィ」で「宣言」を発表した。

「ポーランド人諸君！　首都解放のための武装闘争が始まった。八月一日、国内政府代表、ポーランド政府副首相、挙国一致評議会議長は国内軍総司令官との合意のもとに、武器をとって立ち上がることを決定した。占領軍との三日間の戦闘は、戦術的にも精神的にも大きな成功をわれわれにもたらした。国内軍部隊は首都の大部分を制圧し、敵の抵抗を打ち破り、ポーランド人一人一人の心の中の闘志と成功への信念を解き放った。ポーランド人社会全体が、なによりもワルシャワ市民全体が無私の心をもって戦闘員の援助に駆けつけている。すべての人々が、蜂起指導者の命令と配置のもとに身をおき、すべての力をささげるとともに、卓越した精神規律と大いなる献身をもって行動している。われわれは完全なる解放への途上で数々の障害に遭遇するであろうが、ポーランド国民の団結した軍隊はロンドンのポーランド政府、国内閣僚評議会、国内軍総司令官のもとに、今日まさにワルシャワの街で敵の抵抗を打ち破っているように、そうした障害を乗り越えてゆくだろう。すべての労働者、農民、勤労者、インテリゲンツィヤは、民主的なポーランド、社会正義のポーランド、国民のポーランドのためにともに戦っている。独立ポーランド万歳！」(13)

火炎瓶工場――タムカ通り

発電所の近く、タムカ通り三番の大きな建物はもともとスウェーデンの遠心分離機メーカー「アルファ・ラヴァル」**Alfa Laval** のものだった。蜂起期間中、そこでは手榴弾や火炎瓶が製造されただけでなく、野戦病院の役割も果たした。建物は大きな損壊は免れて、いまも戦前のすがたがある。現在は、タムカ通り三番の街路表示の下に「タムカ図版研究所」とある。

タムカ通りと直角に交わり、ヴィスワ川と平行に南東に走っているユリアン・スムリコフスキ通りがある。その一四―六番の建物にも「祖国の自由のために斃れたポーランド人の血に捧げる」とした記念プレートがあって、以下のように刻んでいる。

「国内軍のコンラト部隊・蜂起参加者のためにこの場所におかれた病院で、一九四四年九月六日、ナチスは部隊の従軍司祭とともに七人の重傷兵士を殺害し、すぐ近くのバリケードでは三〇人のポヴィシレ地区住民を殺害した。」

スカウト郵便配達少年の死
――ショパン音楽院の裏庭

タムカ通りと直角に南に入るオクルニク通りにフルィデルィク・ショパン音楽大学がある。建物の裏側に回ってみると、広々とした緑地公園に風のそよぎ以外には何も感じない静寂がただようだけである。だが、国内軍・「灰色部隊」のスカウト少年のリーダーで野戦郵便活動をしていた当時一六歳のズビグニェフ・バナシ（バナン）（一九二八もしくは一九二九～一九四四）がドイツ側の銃弾を受けて死亡したのはその近辺だと推察される。彼はワルシャワ蜂起のなかで初めて殺害された野戦郵便配達少年で、当時スモルナ通りにあった赤十字病院の近くで死亡したとされる。国内軍機関紙「ビュレティン・インフォルマツィイヌイ」の一九四四年八月一八日付（第五五号）は以下のように報じている。

「今月一七日、ボーイスカウトのバナンが一六歳で死亡した。野戦郵便の手紙の配達を最前哨まで届け始めたボーイスカウトで初めての死者である。彼は赤十字病院付近で銃弾の飛び交う中、手紙を配達中に敵の銃弾を受けてたおれた。ポヴィシレ地区、音楽院の近く、ボーイスカウト・キャンプ場にも近い場所に埋葬された。」

ここにいう「音楽院」とは現在のショパン音楽大学のことではなく、そのすぐ北、現在フルィデルイク・ショパン博物館のある旧オストログスキ宮殿のことである。国内軍情報宣伝局のカメラマン、タデウシュ・ブコフスキがオクルニク通り近くで行われたバナンの埋葬を撮った写真がある。こんもりとした埋葬場所に十字架とスカウト少年の野戦郵便のシンボルである百合のマークが見える。その背後には一五、六人の少年少女が立っている。おそらく一二、三歳から一七、八歳くらいだろう。右腕に白と赤の腕章をつけているものもある。表情はとても悲しげだ。バナンが撃たれたときのことを知る人によると、ドイツ側の銃撃が激しくて、倒れたバナンをすぐに助けることができなかった。遺体の手には手紙の入ったバッグがしっかりと握りしめられていたという。

ワルシャワ大学をめぐる戦闘
——蜂起部隊の装甲車「クブシ」記念板

ワルシャワ大学の正門はクラコフスキェ・プシェドミェシチェ通りにある。大学本部の敷地の北隣りはステファン・ヴィシィンスキ枢機卿像と聖母訪問修道女教会があり、南にはミコワイ・コペルニク像とそのはす向かいには聖十字架教会がある。ドイツ軍が占拠していたワルシャワ大学のキャンパスを奪取することは、発電所の制圧とともにポヴィシレ地区の蜂起軍の最重要戦略目標だった。ツィプリャン・オドルキェヴィチ（クルィバル）大尉指揮下の蜂起部隊が緒戦からその主要任務として大学を攻撃したが成功しなかった。

ワルシャワ大学正門を入るとすぐ左手にいくつか記念プレートがある。そのなかの一つは蜂起五〇周年にあたる一九九四年八月に取り付けられたものである。ワルシャワ大学をめぐる大きな戦闘は八月一日、二三日、九月二日にあった。記念プレートは「一九四四年のワルシャワ蜂起において、ワルシャワ大学をめぐるナチス・ドイツとの戦闘で死亡した国内軍のクルィバル軍団部隊の兵士たちを記念する」とし、その戦闘では、蜂起側が装甲車「クブシ」と「シャルィ・ヴィルク」（灰色の狼）を活用したことも記している。蜂起側はドイツ側に比べて武器・弾薬は圧倒的な劣勢にあったため、しばしば敵側の保有する武器・弾薬を奪取し、奪取した軍事車両の活用を試みた。

「クブシ」は蜂起部隊自家製の装甲車で十人前後が乗ることができた。第二次大戦が始まる三年ほど前、ゼネラル・モーターズはワルシャワで操業していたリルポプ・ラウ・ロウヴェンスタイン社と契約し、シボレーの乗用車・トラックの組み立て工場をつくった。しかし、ナチス・ドイツによるポーランド侵攻と占領で製造がストップした。蜂起が始まり、蜂起部隊の要塞拠点となったポヴィシレ発電所の工場では、一九三八年生産のシボレー・トラックの車台を鋼板で蔽った自家製の装甲車が八月二〇日頃には完成されていた。「クブシ」というのは装甲車製造の工場長の妻のニックネームだという。クルィバル大尉指揮下の蜂起部隊は八月二三日、ワルシャワ大学のドイツ軍陣地攻略で「クブシ」を使用し、強力な敵の正面ゲートを突破してドイツ側に大きな打撃をあたえた。ドイツ側も強力に反撃し、蜂起側は援軍の到着が遅れて退却をよぎなくされるが意気は大いにあがった。この戦闘は蜂起部隊が同日、ナチスに占拠されていた聖十字架教会を占拠し、教会に隣接したナチス警察本部を攻撃したのにも呼応するものだった（第五章「シルドミェシチェ北」参照）。

「シャルィ・ヴィルク」（灰色の狼）は、蜂起部隊が八月一四日にナチス親衛隊第五機甲師団・ヴィーキングから捕獲した装甲車である。最初は中隊指揮官、ヤン・ヤシェンスキの名から「ヤシ」（「ジョニー」）と名付けられたが、後に勇敢な戦闘員アダム・デヴィチ（シャルィ・ヴィルク）のコードネームでもよばれた。「クブシ」と「シャルィ・ヴィルク」を使ってのワルシャワ大学奪取作戦はポヴィシレ地区陥落の数日前、九月二日にも敢行された。蜂起部隊は大学側面のオボジナ通りから攻撃して構内への突入を敢行したが、ドイツ側も大砲を持ち出して強力に反撃し、蜂起側は退却をよぎなくされた。

「クブシ」と「シャルィ・ヴィルク」という二つの装甲車の改造作業は技術者のヴァレリアン・ビェレツキ（ヤン）軍曹の指導で行われたという。「クブシ」は戦後、ポーランド軍事博物館に保管され、現在そのレプリカがワルシャワ蜂起博物館のフリードム・パークにおかれている（写真）。

イレナ・オルスカは「ワルシャワ大学にはドイツ側の強力な大隊がいくつか配置されていて、蜂起側制圧地域にとっては苦痛の種となっていた。その敷地は縦が五ブロック、横が三ブロックにわたり、国内軍の数部隊が攻撃に動員された」(14)と書いた。蜂起部隊は大学裏手のオボジナ通りから攻撃した。彼女の記述からはその攻撃が八月二日明け方と推測されるのだが、イレナたちも大学裏手の野菜畑に出て負傷兵の手当てにあたった。「すでに数人が負傷していた。ある若者は胸を撃たれていた。意識はあった。彼は傷口を手でおさえながら、私たちの方へ這ってきた。三人の看護婦も彼のもとに這っていって、銃弾の届かない場所に

引きずっていった。」(15)夜が明けきった頃、撤退命令がでた。大勢の負傷者がでた。看護センターでは「ファレツキ医師が忙しく、次から次へただ黙って負傷者をまわり、看護婦のゾフィヤが彼の影のようについて回っていた。医師は応急処置を施し、看護婦たちに重傷者をストレッチャーで最寄りの病院に運ばせた。」(16)

陥落——ワルシャワ大学構内に連行

ポヴィシレ地区は九月六日にドイツ側に完全制圧される。イレナたちが拘束・連行されたのもワルシャワ大学構内だった。「大学正門の向こうは、夏の最後の日々のまだ深く生気ある緑の草木につつまれていた。」(17)男性たちは引き離され、イレナは他の女性、子供たちのグループに入れられた。スカーフをとって首にまいた。内ポケットを探ると、ポーランド国章の鷲が刺繍された第四中隊のバッジに手が触れてぎょっとした。見つかれば国内軍のメンバーと分かり、「悪党」の烙印を押されるのは間違いない。足のかかとで地面にそっと穴を掘り、バッジを落とし、足で土を踏み固めた。だが、一人のドイツ人軍曹がイレナを指さし、「おまえはあの悪党の仲間だろう」と言って、グループから彼女を引きずり出した。イレナと男性三人はキャンパスの別の一角に連行され壁の前に立たされた。「処刑される」「頭を撃ち抜かれるのだろうか」と思う。イレナと男性のうちの二人は互いに知った間だったが、互いに知らぬ存ぜぬで通した。軍曹は処刑命令を出した。そのとき、激しい爆発音が大学全体を揺るがした。ヴィスワ川方面から聞こえる砲撃だった。軍曹が「もう言っておくことはないのか」と耳元で言った。「ない」と答えると、軍曹は「では走れ！」と命じた。イレナは「走っているのを後ろから撃つのだ」と思った。連中がよくやる手だ。捕虜が逃げようとしたから撃ったと説明できるからだ。イレナは後ずさりし、もう助かるまいと思いながらそこを去った。振り返ってみると、ドイツ人たちはイレナの方を見てもいなかった。だが、拘束された男性の一人、アンジェイだけがまだ壁際に立たされていた。重い足取りでさらに離れ、もう一

ワルシャワ大学正門

度振り返ってみた。ドイツ人がアンジェイを引きずっていた。彼の姿を見たのはそれが最後になった(18)。

一九六八年三月事件 ——ワルシャワ大学

大学正門を入ってすぐ左手には一九四四年の蜂起とは関係ないものだが、一九八一年にワルシャワ大学の学生、教職員とワルシャワの労働者の名で出されたビラが四つ折にされたかたちの記念板がかかげられている（写真）。ビラはツィプリヤン・ノルヴィト（一八二一～一八八三）の詩の一節、「周りの状況に頭を垂れるなかれ。真実に扉の背後にとどまるよう命じよ」をかかげたあと、次のように記している。

「一九六八年三月、この中庭で言論の自由を要求する学生集会が追い散らされた。三月事件は、独立した思考に対する野蛮な迫害、国民文化とポーランド国家破壊を象徴するものとなった。今日、われわれは連帯して、迫害を受けた人々に敬意を表しつつ、未来の世代のためにこのプレートを掲げる。一九八一年、ワルシャワ大学学生教職員、ワルシャワ労働者」

一九六八年一月、ポーランド統一労働者党（ＰＺＰＲ）は、アダム・ミツキェヴィチ（一七九八～一八五五）の作品「父

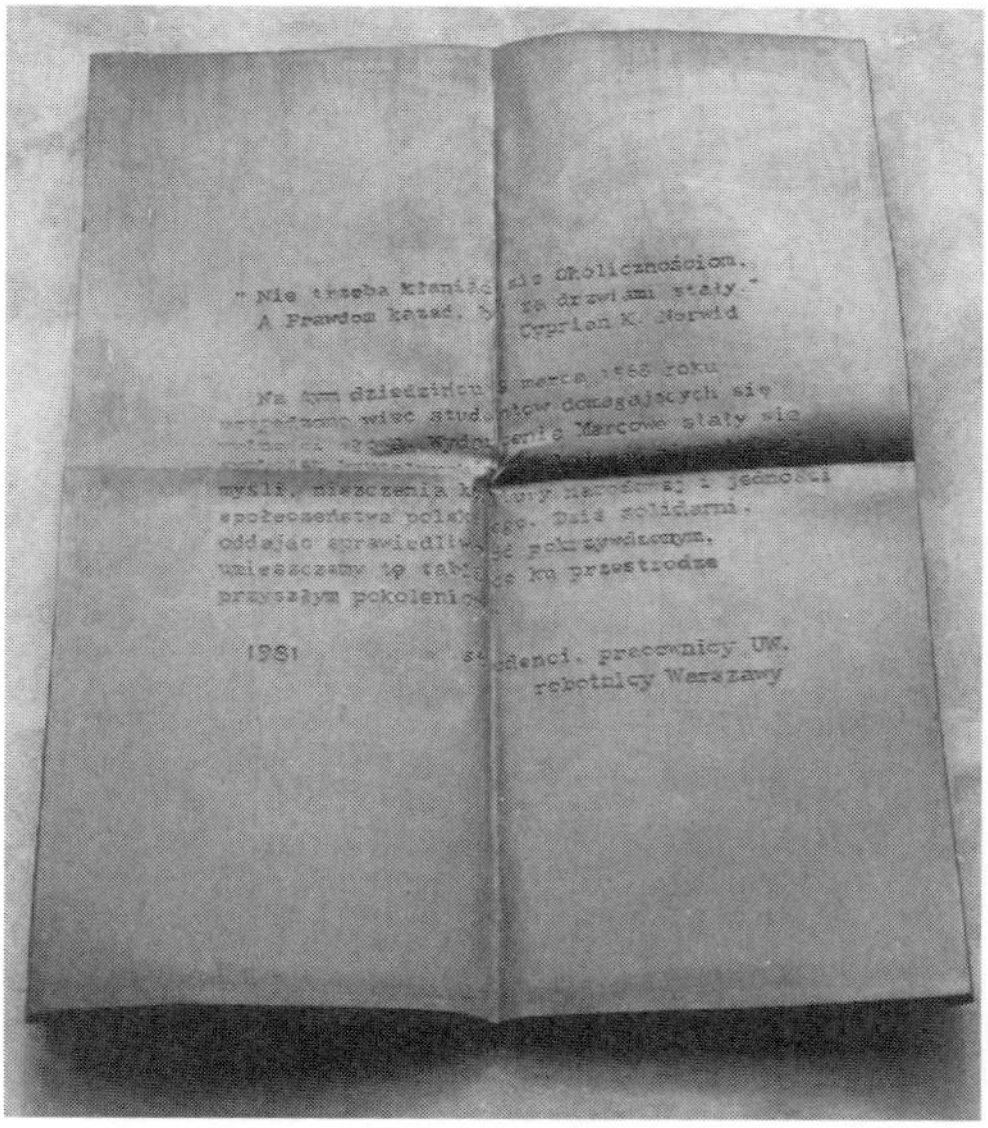

祖の祭り」*Dziady*を「反ロシア的」であるとの理由で二月以降の上演中止を命じた。ポーランドを代表する詩人として広く敬愛の的であるミツキェヴィチの作品に対するこの措置は知識人や学生から大きな抗議をよんだ。一月三〇日の「最終公演」は熱狂的な学生であふれ、途中何度も拍手で中断した。公演後、約二〇〇人の学生たちが「独立と検閲廃止」を叫んで、クラコフスキェ・プシェドミェシチェ通りのミツキェヴィチ記念像のもとへ行き、公演の継続を要求した。静観したかにみえた警察隊が数分後にはこん棒で学生たちを追

い散らして三五人を逮捕した。

二月二六日、ポーランド文学者同盟のワルシャワ支部が「父祖の祭り」の公演中止措置を厳しく非難する決議を採択した。俳優連合も続いた。三月四日、高等教育相のヘンルィク・ヤブウォィンスキは、ワルシャワ大学の学生、アダム・ミフニクとヘンルィク・シュライフェルが外国のジャーナリストに事件を報告したとして放校処分にすると決定した。三月八日、ワルシャワ大学キャンパスで約二〇〇〇人の学生が抗議集会を開いた。当局側は同日早朝、ヘンルィク・シュライフェル、セヴェルィン・ブルムシュタイン、ヤン・リティンスキ、ヤツェク・クロン、カロル・モゼレフスキらを事前に拘束していた。ミフニクは翌日逮捕される。学生たちはポーランド憲法第七一条に訴えて、基本的人権の擁護を要求するとともに、シュライフェルとミフニクの放校処分撤回などを求めた。学生たちの抗議集会は整然としたものだったが、警察機動隊（ZOMO）と「労働者活動家」とよばれる一団がバスで乗りつけて乱入し、学生たちを追い散らした。

当局の弾圧は一般市民や学生にも憤激を呼び起こし、翌日にはワルシャワ工科大学で連帯・抗議集会が開かれたほか、ヴロツワフ、ウッチ、クラクフ、ポズナン、トルン、グダィンスクなどでも学生集会が開かれた。

統一労働者党指導部は「バナナ青年」ということばをふりまいて一般市民の不満を醸成し、その行動を抑え込もうとした。その含意は党組織など特権的階層の子弟の贅沢で甘い行動を揶揄したもので、スローガンにすれば「学生は学業に、作家は執筆に、シオニストはシオンに帰れ」というものだった。統一労働者党は事件の本質を隠すために反ユダヤ主義にも訴えた。弾圧された学生たちの名前には「ユダヤ系」だと思わせるものが多くあったことを利用した。三月一九日、ゴムウカが学生・知識人の行動に対して強硬な発言をしたため、抗議行動は全国に広がった。二七〇〇人以上が抗議行動に参加して逮捕された。党指導者のなかには学生の「暴動」を「シオニストの暴動」といって非難したものもいた。

一九六七年の第三次中東戦争をきっかけに、ミェチスワフ・モチャル（一九一三～一九八六）を指導者とする統一労働者党内の「パルチザン派」が反ユダヤ主義を煽りたてていて、一九六八年三月から七月をピークに最大推計二万人にのぼるユダヤ系市民が国外に脱出したという。しかし、一九六八年の「三月事件」はゴムウカの率いる統一労働者党支配に深いひび割れを生じさせた。二年半後の一九七〇年一二月、こんどはグダィンスクの「レーニン造船所」（当時、現在はグダィンスク造船所）でストライキが起こり「一二月事件」に発展し、ゴムウカは解任されて、後任の党トップにエドヴァルト・ギェレクが就任する。

第七章　三十字架広場、聖アレクサンデル教会、ワルシャワ工科大学――シルドミェシチェ南

ワルシャワ工科大学本部

シルドミェシチェ南地区

通り名

1 ハウビィンスキ　**2** ニェポドレグウォシチ　**3** ノヴィ・シフィャト　**4** ソレツ　**5** クルチャ　**6** ノヴォグロツカ　**7** ブラツカ　**8** ジュラヴィヤ　**9** フスプルナ　**10** ホジャ　**11** ヴィルチャ　**12** コシコヴァ　**13** ポズナィンスカ　**14** ピェンクナ　**15** クションジェンツァ　**16** ルドナ　**17** コノプニツカ　**18** ナ・スカルピェ　**19** ヴィェイスカ　**20** ヴィラノフスカ　**21** チェルニャコフスカ　**22** グルノシロンスカ　**23** ノアコフスキ　**24** ルヴォフスカ　**25** シニャデツキフ　**26** ノヴォヴィェイスカ　**27** シュフ　**28** ワジェンコフスカ

スポット

1 ポロニヤ・ホテル　**2** 南北連絡壕の場所　**3** 三十字架広場・聖アレクサンデル教会　**4** 地質学博物館　**5** 旧YMCA　**6** 国立博物館　**7** 軍事博物館　**8** 新聞ビル　**9** 野戦郵便記念プレート　**10** ヤイチャルニャ　**11** ワルシャワ工科大学本部　**12** 工科大学建築学部　**13** 小PASTAビル　**14** 元ゲシュタポ本部「アレヤ・シュハ」　**15** ルブリン合同広場　**16** 議会　**17** ウヤズドフスキ公園　**18** ワジェンキ公園　**19** ポレ・モコトフスキェ　**20** ワルシャワ中央駅　**21** ワルシャワ・シルドミェシチェ駅　**22** ポニャトフスキ橋　**23** ワジェンコフスキ橋

中央区南と蜂起

「中央区」と訳されることもあるシルドミエシチェはイエロゾリムスキェ大通りを境にして、北のシルドミェシチェ・プウノツネ（中央区北）と南のシルドミェシチェ・ポウゥドニョヴェ（中央区南）に区分できる。一九四四年蜂起が始まったとき、シルドミェシチェ南でのドイツ側制圧地域は、ウヤズドフスキ公園の東、当時の八月六日通り（現在のアルミヤ・ルドヴァ大通り）の南側、そして工科大学以西で、それらの内側は蜂起側が完全に支配していた。蜂起部隊は八月一日すぐにヤン・フルィスティヤン・シュフ大通りのゲシュタポ本部「アレヤ・シュハ」（拙著『記憶するワルシャワ』第七章参照）を襲撃したが制圧するにはいたらなかった。ゲシュタポ本部では連日、百人単位で被拘束者が銃殺されたともいう。蜂起期間中、イエロゾリムスキェ大通りの主要部分はドイツ側が制圧していたため、同大通りの南北、当時の一七番から二二番へ抜ける連絡壕が掘られた。

シルドミェシチェ南の激戦地の一つはワルシャワ工科大学（ポリテフニカ）とその一帯だった。北はコシコヴァ通り、東はスタニスワフ・ノアコフスキ通り、西はニェポドレグウォシチ（独立）大通り、南はノヴォヴィエイスカ通りにかこまれる広い地域である。八月三日、蜂起部隊は工科大学の相当部分の制圧に成功したが、同月半ばからドイツ側が攻勢を強める。一九日からロール将軍のドイツ軍部隊がシルドミェシチェ南への攻撃を開始。工科大学でも徐々に蜂起軍を建物から排除し、蜂起軍の防衛拠点は本部建物だけになり、ついには炎上する本部建物からも退去をよぎなくされる。しかし、蜂起側は同大学建築学部もあるノアコフスキ通りの偶数番地側に拠点を固め、最後までその前線は死守した。

九月、ドイツ側はシルドミェシチェの南北地域の分断をはかり、七日にはポロニヤ・ホテルからイエロゾリムスキェ大通り一帯に対する攻撃を集中し、南北の連絡壕を防衛していたバリケードの破壊をはかった。ドイツ軍はマルシャウコフスカ通りとの交差点付近の重要戦略拠点を制圧し

南北連絡壕があったあたり

た。九日にはシルドミエシチェ南に対しても激しい空爆がなされた。聖アレクサンデル教会のある三十字架広場は蜂起軍制圧地域の北東角の前進拠点で、ドイツ軍の激しい砲撃にさらされ続けたが、蜂起軍はここを死守した。蜂起部隊は三十字架広場の北から東へ走るクションジェンツァ通りを突破してチェルニャクフ地区への連絡ルートを開こうとしたが、それは成功しなかった。

イェロゾリムスキェ大通りの南北連絡壕

イェロゾリムスキェ大通りとマルシャウコフスカ通りの交差点近く、文化科学宮殿の斜め向かいにポロニヤ・パレス・ホテル（イェロゾリムスキェ大通り四五番）がある。一九〇三年開業の古いホテルで、第二次大戦でも破壊されなかった。老朽化により比較的最近改修されて、戦前の豪華な雰囲気をたたえたロビーは美しい。そのホテルを出てマルシャウコフスカ通りを横断し、イェロゾリムスキェ大通りを東に少し歩くと、クルチャ通りとの交差点の手前に同大通り二三番がある。蜂起当時は一七番だったところである。蜂起開始から一週間後、同大通りの反対側、当時の二二番への連絡壕が掘られた。ポーランド語では「プシェコプ」ということばで表現されるが、「坑道」とでも訳せるのかもしれない。

イェロゾリムスキェ大通り（当時はシコルスキ大通りともよばれていた）をはさんで、シルドミエシチェ北とシルドミエシチェ南の地域は蜂起側が制圧していたが、同大通り自体はドイツ側が事実上制圧し、当時のワルシャワ中央駅（ヴァルシャヴァ・グウゥヴナ駅）からは迫撃砲、国立経済銀行ビルからは狙撃兵の銃弾にさらされていた。蜂起側が制圧する南北二つの地域を渡るにはドイツ軍の銃撃をかいくぐる必要があって、きわめて危険だった。それでも当初、通信連絡兵はその危険を冒して夜間に両地区間を走り抜けた。そこで蜂起側は両地区間に溝を掘り、土嚢を積んで防御することを決定する。その連絡壕の掘削作業は八月七日夜から八日にかけてイェロゾリムスキェ大通り一七番（現在は二三番）の建物入口から開始された。シルドミエシチェ北の二二番からも掘削作業が始まった。壕の周りはバリケードと土嚢で防護されたが頭上は何もない。いまみると、イェロゾリムスキェ大通りの向こう側までおよそ二〇メートル余りだろうが、その掘削作業には困難があった。トラムの軌道を壊す必要もあったし、ある箇所には地下に鉄道トンネルが通っていて、その上はやや浅めにしか掘ることができなかった。しかし、この連絡壕は蜂起の最後までシルドミエシチェの南北地区の重要な結び目となった。

いま、忙しく行き交う人で立ち止まって見る人はいないが、イェロゾリムスキェ大通り二三番（当時一七番）の店舗建物に二つの記念プレートが縦にならんでいる。

「一九四四年にこの場所で、ワルシャワ人民と国内軍が六二日間、蜂起軍のバリケードを英雄的に防衛した。バリケードは首都の二つの地区をつなぐ唯一の連絡ルートで、イェロゾリムスキェ大通りを通っての占領者の重要な連絡大動脈を麻痺させた。」

この記念プレートはその記述から一見して社会主義時代にとりつけられたものだろうと推察できる。除幕は一九七一年のはずだ。そこに国内軍の名はあるが、連絡壕の掘削作業に中心的役割を果たした具体的な部隊名がない。それを記しているのは、後に取り付けられたであろう下のプレートである。「国内軍のベウト大隊、キリィンスキ大隊の兵士がバリケードを構築し、それを防衛した」とある。エルヴィン・ブレンネイセン（ベウト）中尉指揮下のベウト大隊はイェロゾリムスキェ大通りの奇数番地側の防衛にあたった。

イレナ・オルスカはその回想記で、シルドミェシチェ南のワルシャワ工科大学への派遣命令を受け、イェロゾリムスキェ大通りを北のバリケードから南のバリケードに渡った体験を記している。工科大学での任務を終えて、もとのポストにもどったのは蜂起開始から六日目のことと書いているので、おそらくその時はまだ連絡壕が掘られておらず、決死の覚悟での横断だったようだ。

「シコルスキ大通り（イェロゾリムスキェ大通りのこと）のバリケードの将校は私の顔と身分証明書を見て肩をすくめ、何も言わずにバリケードに通じる鉄格子窓のついた入口に案内した。さらに黙ったまま、その窓から覗いてみるよう私を促した。私はショックで後ずさりした。生死の判別がつかないが、身動きもせず血にまみれた人々が破壊されたバリケードの前にいくつも横たわっていた。『さっき、南へ渡ろうとした一団だ』と将校は言った。その声の調子には何とも言いようのない冷たさが感じられた。『アネリ中尉《ママ》、暗くなるまで待つように。』」(1)

イレナは大通りを横断しようとする他の将校、連絡員の女性たち、看護婦らとともにバリケード近くの建物で、横断の合図がでるのを待った。ようやくゲートが開いて、兵士たちが這って外に出、あたりの遺体を片付けた。七人の遺体がバリケード内に運び込まれ、埋葬された。「私たちが遺体を埋めているあいだに、兵士たちが夜陰に乗じてバリケードを修復し、ようやく係の将校が私たちに対し、短い間隔で小グループごとに横断する合図をだした。自分の順番が来て、私は眠気を振り払って走った。反対側のバリケードの歩哨が手を伸ばし、私はそこに転がりこんだ。私がいたのは地下だった。オーバーオールが汗でべっとりの背中にくっついていた」「暗がりで『大丈夫か』と声がかかり、やさしく背中をたたかれた。『何とか渡れました。ありがとう』と答えたが、私の声は震えていた。」(2)

国内（被占領地）政府代表部で市民闘争指導部の責任者だったステファン・コルボィンスキは何日のこととは記していないが、南北連絡通路を使ったことを回想している。イェロゾリムスキェ大通りに近づくと、地下通路の前に大勢の人たちが長い列をなして通り抜けの順番を待っていた。通路の両側にはバリケードが築かれていた。コルボィンスキは連絡通路を通る特別のパスをもっていた。衛兵にパスを見せ、人混みの間を抜けて中に入った。通路は発電機による薄暗い明りがついていた。突然前方の扉が開いた。「次の五人、早く！」と声がかかった。コルボィンスキたちが前に出ると、後ろの扉がまた閉まった。「荷物はいいか」「三つ数えるから、全力で向こうがわに走れ」と命じられた。コルボィンスキを先頭に、妻のゾシャ、通信技師のヤン、リシャルトが続いた。背中のリュックサックが左右に揺れながらも大きく跳躍するように全力で駆け抜けた。反対側のバリケードに着いたとき息も絶え絶えで座り込むほどだった。その瞬間、背後で手榴弾の爆発音と機関銃掃射の音を聞いた(3)。

「ワルシャワからのクーリエ」として有名なヤン・ノヴァクは九月五日、フォクサル通りに本部をおいていたヤン・ジェペツキへの連絡任務を引き受けたのを機会に、すぐそばのノヴィ・シフィャト通り三七番のアパートの地下に避難していた母親と弟に再会してその安否を確認した。ノヴァクは母親にイェロゾリムスキェ大通りの南側に一緒に避難するよう説得した。「危険を冒してイェロゾリムスキェ大通りを渡ろうとする人々が群がっていた。あたりはすでに暗くなっていた。大通りを横断する道は一つしかなかった。両側に砂袋を積んで防護壁とした狭い塹壕である。兵士も民間人も老人も子供もそこを渡ろうと群がっていた。」年老いた母がそこを通り抜けられたのは「奇跡」だった。彼らが中央区南に出て、当時のピウス十一世通り（現在のピェンクナ通り）に着いたときすでに朝五時になろうとしていた(4)。ポヴィシレ地区が陥落したその日、ノヴァクは恋人で国内軍の連絡員でもあるヤドヴィガ（暗号名はグレタ）に対し、「蜂起軍が奇跡的に死守している抵抗拠点も明日、明後日には陥落するだろう」「教会と聖職者が残っているいますぐ結婚しよう」と彼女に言った。二人は指輪の代わりに腕時計を交換した。九月七日、国内軍司祭の立会のもとに結婚した。司祭はすぐ後に葬式がひかえていたため、結婚式は七分たらずだった。しかしその後には、盛大なパーティが催された(5)。

「灰色部隊」リーダーの逮捕
——ムィシャ通り

ノヴィ・シフィャト通りとイェロゾリムスキェ大通りの交差点近くから南東方向の三十字架広場に通じるブラツカ通りがある。その通りを南東に下る途中、イェロゾリムスキェ大通りと平行に走る小さなムィシャ通りがあり、その通り二番の建物にはポーランド・ボーイスカウト「灰色部隊」のリーダーだったフロリヤン・マルヒニャクが一九四三年五月六日、その場所で逮捕されたことを記憶にとどめるプレートがある。その下には白と赤のポーランド国旗のペナントと大きなPW（戦うポーランド）のシンボルマークがそえられている。「灰色部隊」は一九三九年九月のドイツによる占領開始とともに結成され、一九四〇年二月にそのコードネームを採用し、ロンドンのポーランド亡命政府の国内（被占領地）政府代表および国内軍との緊密な協力のもとに活動した。マルヒニャクは一九一五年生まれ、一九四四年二月、当時のドイツ領内、現在ではヴロツワフの西方、ロゴジニツァのグロス・ロゼン強制収容所で殺害された。

アンテク・ロスプィラチュ最後の場所
——ブラツカ通り

ブラツカ通り五番にアンテク・ロスプィラチュが戦死した直後に埋められた場所がある。本名はアントニ・ゴドレフスキで、一九四四年八月八日の戦闘中に銃弾を受けて死亡した。大きな集合アパートの中庭の一角には、煉瓦壁の窓の下にガラス付の白い枠に収められた古い壁が残されていて、そこには「アンテク・ロスプィラチュはポヴォンスキ軍人墓地に葬られた」と白いペイントで大書されている（写真）。そのすぐ脇にはくすんだ金色の小さな記念プレートが「アントニ・ゴドレフスキ伍長、一九二三年に生まれ、一九四四年八月八日に戦死。国内軍（AK）サルナ軍団のソクウ大隊兵士」

と刻んでいる。アンテクが死亡したのは、おそらくイェロゾリムスキェ大通りとブラツカ通りが交差するあたりで、イェロゾリムスキェ大通り一一／一九番の街路表示のある建物にはPWのシンボルマークも施された記念プレートがある。アンテクの友人たちがワルシャワ蜂起四一周年の一九八五年に掲げたもので、以下のように刻まれている。

「二〇歳の医学生でソクウ大隊に属したアンテク・ロスピィラチュ（アントニ・ゴドレフスキ）は一九四四年八月八日、ワルシャワ蜂起でのナチスとの戦闘において、この地区を防衛中に斃れた。」

アントニ・ゴドレフスキは二一歳でソクウ大隊の兵士となった。ニックネームの「ロスピィラチュ」とは「スプレー」「自動小銃」の意味で、ステンガンをマスターした彼は文字通り、ドイツ軍の間に恐怖を「撒き散らした」という。蜂起が始まり目覚しい活躍をしたが、わずか一週間後に胸を撃たれて死亡し、翌日、前記アパートの中庭に埋められた。蜂起そのものでの働きはわずか八日間だったが、そのニックネームが勇敢な若い兵士のシンボルとして忘れられることはない。ブラツカ通り五番の記念碑は一九八五年につくられた。

彼はいまポヴォンスキ軍人墓地に両親とともに眠っている。大きな石の墓の真ん中にはヘルメットを被った横顔のレリーフがある。父親のフランチシェクは一九五〇年に六二歳で亡くなったが、母親のアニェラは一九八二年に九一歳で亡くなった。ブラツカ通りに埋められた息子の遺体をポヴォンスキ軍人墓地に移したのはとくにこの母親の努力よるものだった。蜂起の最中は墓地に接近して埋葬することは困難だったのである。

クチィンスキ要塞とバリケード
――イェロゾリムスキェ大通り

アンテク・ロスピィラチュの記念プレートのあるイェロゾリムスキェ大通り一一／一九番の建物はドラッグストアのようだが、正面入口の左側にアンテクの記念プレート、右側の壁にはもう一つの記念プレートがある。クチィンスキ要塞を記念するものである。

「ここ、ブラツカ通り一三番の建物にクチィンスキ要塞があった。要塞は敵の攻撃を前に、一九四四年のワルシャワ蜂起の最後の日々まで、ソクウ大隊とP二〇突撃中隊によって防衛された。指揮官はヴワディスワフ・オルショフスキ（ソクウ）少佐、副官はエウゲニュシュ・モロゾヴィチ（ヤネク）少佐。九月二六日、ドイツ側の要求により停戦協定が締結され、要塞に侵入し防衛部隊により殲滅された約二〇人のドイツ兵の遺体を引き取らせることができた。

ポーランド人のカメラマンが撮影したフィルムが存在する。

要塞の防衛者たちを讃えて。」

聖ワザシュ病院
——クションジェンツァ通り

ノヴィ・シフィャト通りからシャルル・ドゴール像のある環状交差点を下り、三十字架広場の手前でまっすぐ東に分岐しているのはクションジェンツァ通りで、ポヴィシレ地区、シルドミェシチェ南地区、チェルニャクフ地区をつなぐうえで戦略的にきわめて重要な道路だった。すぐ北には聖ワザシュ病院があった。さらにその北には国立博物館とイェロゾリムスキェ大通りがあり、西端はノヴィ・シフィャト通りと三十字架広場の入口、そして東はロズブラト通り、ルドナ通り、チェルニャコフスカ通りと交わりながらヴィスワ川沿岸に近いチェルニャクフ地区にいたる。

蜂起開始当初、クションジェンツァ通りの大部分はドイツ側の制圧下にあったが、八月四日夜から五日にかけて、蜂起側が三十字架広場と同通りの一部を制圧する。聖ワザシュ病院（クションジェンツァ通り二番）も蜂起側とドイツ側の激しい争奪戦の場となった。病院は一八四一年にヘンルィク・マルツォニ（一七九二〜一八六三）とアダム・イヂコフスキの設計をもとにして建設されたものだが[6]、一九四一年にドイツ占領者に接収されていた。蜂起側は三十字架広場制圧後、八日には病院を奪取する。しかし一一日にはドイツ側が病院を再占拠、翌日には蜂起側が再度奪い返した。八月末から九月初め、ドイツ側は国立博物館からの攻撃を強化したが蜂起側はもちこたえた。ドイツ側は九月三日から四日にかけて病院建物を奪取するが、四日から五日にかけてはズビグニェフ・シチブル＝ルィルスキの指揮するチャタ四九大隊の第一中隊がまたもこれを奪い返す。しかし病院はすでに廃墟同然となっていた。一三日、激戦の末、蜂起側は病院廃墟からの撤退をよぎなくされ、シルドミェシチェ南地区とチェルニャクフ地区との連絡も断たれた。

三十字架広場と聖アレクサンデル教会

ブラッカ通りを南東に下ると三十字架広場にでて、聖アレクサンデル教会が見える。「三つの十字架」という呼び名の由来するところは、教会の丸屋根の十字架と、広場のすこし南、自動車道路の左右のコラムの先端にある二つの十字架によるものという。だがそのコラムの十字架は、一七三一年に国王のアウグスト二世（一六七〇〜一七三三　在位一六九七

〜一七〇四、一七〇九〜一七三三）の命令で立てられた三本のうち残った二本なのだともいわれる。

三十字架広場は一九四四年のワルシャワ蜂起中、長く蜂起軍の支配下にあったが、聖アレクサンデル教会はドイツ軍の爆撃を受けて見るも無残に破壊された。ある目撃者が戦後語ったところによると、九月初め、クルチャ通りの方向からドイツ軍機が三機飛来して爆弾を投下、教会の巨大な丸屋根を直撃・破壊した。教会の戦前のすがた、そして戦争直後の大きく破壊された様子をとらえた写真があるが、それらは三十字架広場でいま見る教会とは大きく異なっていて、まるで別の教会ではないかと思うほどだ。いまそこに見る聖アレクサンデル教会は、ローマのパンテオンを思わせるポルチコ（柱廊式フロント）をそなえた円形建築で、うすい緑色が印象的な丸屋根、その上に十字架を戴いている。全体的には素朴でシンプルな雰囲気の建物だ。しかし、戦前の様子は違っていた。

聖アレクサンデル教会は、一八世紀末のポーランド分割後の一八一五年にポーランド会議王国の国王になったロシアのツァーリ、アレクサンデル一世（一七七七〜一八二五）のために一八一八年から一八二五年にかけて、フルィスティヤン・ピョトル・アイグネルの設計により新古典主義の様式で建造された。その後、教会は一八八六年から一八九四年にかけて、ユゼフ・ピウス・ヂェコィンスキ（一八四四〜一九二七）の設計により大規模に増築された。それはネオ・ルネサンス様式と新古典様式の折衷主義ともいわれるもので、正面は現在見るのと同じようなポルチコだが、両翼には高く雄大な塔があり、その奥にドーム屋根をもつ聖堂が重々しいすがたである。ポルチコは丸屋根の聖堂の側、つまり北側にもある。建築当時、教会はワルシャワで最も大きな建造物の一つだったともいわれる。戦前に撮影された航空写真で三十字架広場を見渡すと、その教会建築がいかに大きなものだったかがよく分かる。戦争で七、八割方破壊された建物の写真はそれである。戦後、教会を最初に建築されたときの元のすがたで再建・改修するのか、それとも戦前のすがたにするのかという問題が持ち上がったが、一九四九年から一九五二年にかけて、結局は古典主義的な元のすがたとして再建された。

一九四四年蜂起の時、三十字架広場もまた、連合軍機による武器・弾薬・支援物資の空中投下を受け取る場所として指定されていた。広場には投下目印としてポーランド国旗が描かれた。ブル＝コモロフスキはその回想録に連合軍機による支援物資投下にまつわる次のようなエピソードを書いている。八月一一日頃のことと推定される。

「三十字架広場では、コンテナの一つが聖アレクサンデル教会のドームの上に落ちた。ドイツ側の拠点だった国立経済銀行から二〇〇ヤードしか離れていない。四人の勇敢な男たちがドームにのぼって、コンテナを回収しようとしたが、機関銃が発射されて、四人とも殺害された。そこで、他の男たちがドームの内側をのぼり、コーニス（壁面に突出した平面部分）につかまりながら、ドームの屋根を破り、その穴からコンテナを落として回収した。」(7)

蜂起開始当時、三十字架広場はやや広域でみると、北の国立博物館、南の議会、東はＹＭＣＡなどドイツ側の支配する建物に囲まれていた。しかし、広場にはトラムも走り、アレクサンデル教会では通常のミサもいとなまれていた。広場東側の聾唖盲人協会の建物（三十字架広場四／六番）は国内軍のシルドミェシチェ地区第二区域部隊が司令部として占拠していたが、その南隣の（当時の）ナポレオン映画館（三十字架広場二番）とアレクサンデル教会の斜め向かいのヤドヴィガ女王記念ギムナジウム（三十字架広場一番）はドイツ側が占拠していた。

一九四四年八月一日、蜂起開始時刻の午後五時前から蜂起側とドイツ側の間で小競り合いが起きていた。聾唖盲人協会の蜂起兵がオートバイのドイツ兵を襲って武器を奪った。三日、蜂起側はギムナジウムとナポレオン映画館の建物を奪取し、ドイツ側はＹＭＣＡの建物に後退した。蜂起側は四日以降、三十字架広場一帯を完全に制圧する。九月二日午後、ドイツ側の激しい空爆があり、聖アレクサンデル教会とギムナジウムの建物はひどく破壊され兵士ら十数人が死亡した。ナポレオン映画館も爆撃を受けて、多数の民間人が犠牲となった。しかし、聾唖盲人協会だけは爆撃を免れた。九月一三日にシルドミェシチェ北やチェルニャクフと完全に分断されるが、広場一帯は蜂起の最後まで蜂起側が制圧していた。

聾唖盲人協会——三十字架広場

聾唖盲人協会（次ページ写真）を創立したのは教育者で社会活動家だったヤクプ・ファルコフスキ神父で、協会の活動は一八一七年に始まり、一八二七年に建設された三十字架広場のこの建物に移ってきた(8)。蜂起期間中、建物は国内軍の地下活動の重要拠点となったが、協会での地下活動は一九四一年からすでに始まっていた。養育教師のヴィェスワフ・ヤブウォインスキ（ウシュチチ）が生徒を組織した。ナチス占領中、彼らは障害を示す腕章をつけ、占領当局のスタンプで障害を確認する証明書を所持していた。地下組織の生徒や障害のある兵士たちはそれを逆用して自由に歩き回り、文書や印刷物、武器・弾薬を運び届けた。

蜂起側が三十字架広場全体を制圧したあと、エドムント・マ

リノフスキ（ムントカ）軍曹指揮下の障害者小隊も同所を拠点とした。そこには裁縫工場も設けられて軍服が縫製されたほか、看護兵の活動拠点ともなった。障害のある蜂起兵はバリケードの構築、負傷者の看護のほか、一般兵士の側面支援などの任務を果たした。前記のように建物はドイツ側の空爆被害からは免れた。しかし、ドイツ側は降伏協定後、建物内に残った大勢の人々を追い出して火を放って徹底的に破壊した。

建物は一九四五年から四九年にかけて再建・改築された。ネオ・ルネサンス様式の要素も加えた新古典様式の建物は三階建てで肌色を基調とした暖かみのある壁と赤みのある屋根の色が美しい。正門近くにはヤブウォインスキの胸像がある。そして中庭の大理石の石に腰かけている女性像は戦前から戦後を通じてスカウト活動と障害者教育に献身したヴァンダ・タズビル（一九二〇〜二〇〇六）である。ヤドヴィガ女王記念ギムナジウムと聾唖協会で学び、ポーランド・スカウト連合（ZHP）の指導者となった。一九三九年に戦争が始まると地下活動に入り、志願看護婦の教育訓練を指導した。ナチス占領下で迫害されたユダヤ人の救援にも命がけでとりくみ、一九九四年にイスラエルのヤド・ヴァシェムによる「諸国民のなかの正義の人々」として顕彰された。一九四四年のワルシャワ蜂起にも国内軍兵士として参加した。蜂起の終結でドイツ軍収容所に送られたが一九四七年に帰国し、再びスカウト運動の指導者として活動した。ヴァンダの像の近くには書物を開いた形の記念碑があり、ポーランド語、英語、ヘブライ語で彼女の生涯を簡単に紹介している。その一節にはこうある。

「タズビルは六〇年以上にもわたり、何千人という障害者の教育と多数の教育者を訓練し、スカウト活動の基本だけでなく、ポーランドを愛すること、同胞愛と互いに尊敬しあう精神を教えた。彼女はいかなる人に対しても援助を拒むことは決してなかった。とくに忘れてならないのは、彼女が数々の集まりを組織し、ポーランド人とユダヤ人双方の若者に対して戦争の残酷さ、ホロコースト、ワルシャワ蜂起についても教えたことである。ガールスカウトのヴァンダ・タズビルは聾唖盲人協会の創設者であるヤクプ・ファルコフスキに敬服し、彼の生徒のために全生涯を捧げた。」

ヴァンダ・タズビルのこの記念像は二〇〇七年に除幕されたものである。

ヤドヴィガ女王記念ギムナジウム
――三十字架広場

ヤドヴィガ女王記念ギムナジウムは蜂起開始時、ドイツ側兵舎となっていて、すぐ北東のナポレオン映画館とともに蜂起側にとっては大きな脅威をなしていた。その位置は聖アレクサンデル教会の南向かい側にあたる。三十字架広場、ヴィエイスカ通り、ウヤズドフスキェ大通りのあいだで、現在のシェラトン・ホテル（かつてその場所にナポレオン映画館があった）のすぐそばだったが、現在の建物はまったく別物である。蜂起開始直後の学校奪取作戦は不成功だったが、蜂起側は八月三日に新たな攻勢をかけてこれを制圧し、大量の食料や武器を捕獲した。同月一四日、スワフボル軍団のエドヴァルト・フィルホ（レシェク）小隊が司令部をおく。九月二日の空襲で多大な被害を受けて瓦礫と化した。十数人が死亡したが、残りの蜂起兵や看護兵らは聾唖盲人協会の建物に避難した。破壊された学校建物は再建されなかった。いまそこに見るのは戦前・戦中のものとはまったく異なる建物だが、その壁には白と赤のポーランド国旗にPWのシンボルマークを入れた旗にはさまれて、記念プレートがひとつ取り付けられている。それは、一九四四年九月二日、ヤドヴィガ女王記念ギムナジウムの瓦礫の下で亡くなった人々、シルドミェシチェ南地区の国内軍第二区域・シェキェル軍団第一中隊指揮官、エドヴァルト・フィルホ（レシェク）中尉とともに一六人の蜂起兵を記念するものである。

また、現在のオフィスビルの前の小さな緑地の手前には石の記念碑があって、学校建物がかつてそこにあったことを以下のように浮き彫りしている。

「一八七四年にヤドヴィガ・シコルスカによって設立されたヤドヴィガ女王記念国立中高等学校は一九一八年から一九三九年までここにあり、一九四四年に建物は破壊された。」

ギムナジウムに本拠をおいていたスワフボル軍団に捧げた記念プレートはウヤズドフスキェ大通り二八番の建物壁にある。

ナポレオン映画館
――三十字架広場、ヴィエイスカ通り

三十字架広場の南角でヴィェイスカ通りの入口、現在は

シェラトン・ホテルが建っている場所にかつて、「イタリアの家」とよばれたイタリアの保険会社（Riunione Adriatica di Siciurta）の建物があり、その地階に「ナポレオン映画館」があった。建物は一九三八年の建築である。ナチス占領中は「アポロ」と名前が変えられ、ドイツ人専用の映画館になった。一九四三年一月一七日、人民軍（AL）の前身である人民防衛軍（GL）の共産主義者が映画館のドイツ兵を襲撃しようとして失敗した。その一人、ワディスワフ・ブチィンスキは自殺した。

無名蜂起兵の血痕
——ナ・スカルピェ通りの地質学博物館

三十字架広場の南東、シェラトン・ホテルの脇を東に折れて、ボレスワフ・プルス通りを進んでゆくと、ナ・スカルピェ大通りにぶつかる。そこは大通りと名づけられてはいても小さなスペースで、ポーランド軍元帥、エドヴァルト・ルィツ＝シミグウィ（一八八六〜一九四一）の記念公園の西端にあたり、周囲は深い緑の木々と静寂につつまれている。そしてこじんまりした駐車場の前に、ナ・スカルピェ通り二七番の街路表示の地質学博物館がある。ちょうど日本の古城の石垣に見るような、大小さまざまな石を縦横まっすぐに切って積み重ねた外壁である。

地質学博物館は戦前の建物で、著名な建築家、ボフダン・プニェフスキ（一八九七〜一九六五）の屋敷だった。ナチス占領中はドイツ側に接収されていたが、一九四四年八月の蜂起開始一週間前、理由は不明だがドイツ側が放棄していたらしい。蜂起緒戦の頃、国内軍のミウォシュ大隊が、チェルニャクフ地区とシルドミェシチェ南の結節線だったクションジェンツァ通りを防衛する重要拠点としていた。ドイツ側は西のマリヤ・コノプニツカ通りのYMCA、南の議会建物から攻撃を加えた。九月一一日からドイツ側とのあいだで激戦となり、蜂起側は翌日、すぐ近くの旧中国公使館、フランス大使館一帯とともに、このプニェフスキ邸を奪われる。一五日に再度奪回するが、一七日には最終的に撤退をよぎなくされる。数日後の九月二二日から二三日にかけて、ゾシカ大隊の兵士たちが同地域に到達して支援するなかで、ミウォシュ大

隊の兵士たちは蜂起軍が奪取したＹＭＣＡの建物に逃れた。プニェフスキ邸は一九四八年に再建された。

いま、地質学博物館に入るとすぐに地下への階段があって、階下へゆく中ほどの大理石の床のうえにかなり広く血痕が残り、ガラス板で保護されている。その上には白と赤の国内軍（AK）の腕章、そばには同じ色のバンドのついたヘルメットがおかれている。壁に掲げられた記念プレートには「大理石の上に残されているのは、一九四四年のワルシャワ蜂起で名も知れぬ蜂起兵が流した血の跡である」とある（写真）。さらにその先の壁には屋敷をめぐる当時の戦闘に関する部隊の配置図、激戦で破壊された屋敷の写真、ミウォシュ大隊兵士を記念するプレートが掲げられているほか、おそらくは地中から発見されたものと思われる、完全に錆付いたカービン銃が展示されている。また、血痕のすぐそばの壁にはクシシュトフ・カミル・バチィンスキ（一九二一～一九四四）の詩の一節が紹介されている。

名もなき瞬間がそこにある。
賛歌にあるがごとく、時のなかで焼かれて。
弦のような血の糸で、荷馬車が通ったあと、
道路の上に己の名を記す。

ＹＭＣＡの建物——コノプニツカ通り

地質学博物館のすぐ西に、ボレスワフ・プルス通りと十字路をなすマリヤ・コノプニツカ通りがある。その通り六番にあるのはＹＭＣＡの建物だったもので、蜂起時はドイツ軍が拠点としていた。プールや立派な講義室、井戸もある大きく堅牢な建物である。蜂起側は何度かこの建物を占拠しようと試みたが、ドイツ側の強力な火砲に悩まされて容易には成功しなかった。だが九月二日、建物の前に爆弾が落ちてドイツ軍の保塁が破壊された。これに乗じたミウォシュ大隊兵士は建物に突入して占拠することに成功した。指揮官はステファン・ヤシチュシェプスキ（ミウォシュ）である。蜂起部隊はドイツ側の激しい攻撃にさらされながらも降伏まで建物を死守した。同月二二日から二三日にかけて、陥落したチェルニャクフ地区からルィシャルト・ビャウォウス（イェジ）指揮下のグループがこの建物に避難してきた。現在、建物はポーランド・スカウト連合（ZHP）の本部になっている。建物全体は古いままだが、正面入口だけは真新しく改修されていて、ドア左側の街路表示の下にミウォシュ大隊兵士を記念するプレートが掲げられている。

国立博物館
──イェロゾリムスキェ大通り

国立博物館は一九二六年から一九三八年にかけてタデウシュ・トウヴィンスキの設計で現在のイェロゾリムスキェ大通り三番（当時その部分は「五月三日大通り」とよばれていた）に建設された。ナチス占領中、博物館はその管理下におかれ、重要なコレクションがドイツ本国へ運び出された。隣接する現在の軍事博物館にはドイツ兵が駐留した。

一九四四年八月三日、ドイツ側は東のポニャトフスキ橋からイェロゾリムスキェ大通りを通ってマルシャウコフスカ通りをめざして進撃し、周辺建造物を焼き払うとともに、処刑を断行した。博物館の地下室には近隣から立ち退かされた人々が人質として閉じ込められ(9)、その多くが蜂起側バリケードの解体作業などに駆り出された。ドイツ本国の強制労働に送られた男性も多数いた。九月、ドイツ側は国立博物館から、南側のクションジェンツァ通り方面の蜂起軍に激しい攻撃をしかけた。博物館は一〇月初めの降伏協定後、市内から郊外のプルシュクフ中継収容所へ追放される人々の集合地点ともなった。

新聞ビル──マルシャウコフスカ通り

三十字架広場からウヤズドフスキェ大通りを一路南下すると、アルミヤ・ルドヴァ（人民軍）大通りと交差する。そこから南西方向に分岐するのがヤン・フルィスティヤン・シュフ大通りで、その二五番地にはかつてゲシュタポの本部として悪名高い「アレヤ・シュハ監獄」があった建物がある（現在は教育省）。シュフ大通りをさらに南西方向に進むと、シルドミェシチェ北から真直ぐに南下してきたマルシャウコフスカ通りの南端と交わるルブリン合同広場に出る。

マルシャウコフスカ通り三／五番に「新聞ビル」とよばれた建物がある。ルブリン合同広場のすこし北西、人民軍大通りの南である。ルブリン合同広場から放射状に北西に走るポルナ通りの方からも見ることができる。建物は一九二七年から二九年にかけて、敷物工場を改築するかたちで建てられた。一階に印刷所、階上には編集局などがおかれて、タブロイドの『クリイェル・ヴァルシャフスキ』***Kurier Warszawski***が発行され、ワルシャワ市民にとっては重要な情報源になっていた。しかし、一九三九年九月のドイツ軍によるワルシャワ占領とともに建物も接収されて、一〇月からはドイツ占領者のプロパガンダ新聞『ノヴィ・クリイェル・ヴァルシャフスキ』*Nowy Kurier Warszawski*（『新クリイェル・ヴァルシャスキ』）の印刷・発行所となった。占領当局によれば毎日二〇万部も発行されたというが、おそらくは誇大な数字で、ワルシャワ市民が好んで読んだはずもなかった。

一九四四年八月の蜂起勃発とともに、国内軍・ルブリン・ウワン連隊のイェレィン師団が「新聞ビル」の奪取をはかり、一帯ではドイツ軍とのあいだで激しい戦闘が繰り広げられたが、建物を奪取するにはいたらなかった。ワルシャワ蜂起の歌で最も有名な「若者よ、銃剣を着けよ」の作者でシフィエントクシスキ橋のたもとにある人魚像のモデルにもなったクルィスティナ・クラヘルスカ（ダヌタ）が斃れたのも、その戦闘においてだった。看護兵だった彼女は負傷した蜂起兵をすぐ近くのモコトフスキ公園で手当てしている最中に銃弾を受けて重傷を負った。野戦病院で手術を受けたが八月二日朝に死亡した。

「新聞ビル」は蜂起の戦闘などでも大きな損壊はなかった。多少の補修と改修はあるのだろうが、戦前の写真と現在のすがたを比べてみても、その大きな建物はほとんど変わりないように見える。戦後は一九九二年まで、『ジチェ・ヴァルシャヴィ』*Życie Warszawy*（ワルシャワ生活）の編集局が入っていた。

蜂起軍の無線通信局「アンナ」――マルシャウコフスカ通り

ルブリン合同広場からマルシャウコフスカ通りを北上する。ピェンクナ通り、コシコヴァ通りとの交差点をすぎると、やがてヴィルチャ通りと交わるあたりがマルシャウコフスカ通り六二番になる。その街路表示のついた建物には透明板のカバーつきの記念プレートと、その下には赤と白の花束がとりつけられている。

「一九四四年八月と九月のワルシャワ蜂起の期間、この建物（マルシャウコフスカ通り六二番）にカジミェシュ・オストロフスキ（オレシャ）の指揮下に『無線通信局アンナ』があった。そのスタッフのなかには、アダム・ドブロヴォルスキ（サヴィツキ）とヴワディスワフ・バルトシェフスキ（テオフィル）もいた。放送局は国内軍中央司令部の情報宣伝局（BIP）の機関として、蜂起の作戦中に通信情報を確保する分野で重要な役割を果たした。」

記念プレートにその名があるヴワディスワフ・バルトシェフスキによると、無線通信局「アンナ」は蜂起開始直後から降伏協定締結まで情報の収集と解析の活動を続け、一日数回、多い時は一〇回以上も国内軍司令部に報告書を届けた。モコトゥフやジョリボシュ地区との無線連絡も維持した（10）。無線通信局がおかれた部屋のあるマルシャウコフスカ通り六二番の建物は奇跡的に破壊を免れた。

ボーイスカウト少年たちの野戦郵便活動
——ヴィルチャ通り

マルシャウコフスカ通りの西側になるが、前項の建物からも遠くはないヴィルチャ通り四一番には、蜂起期間中のボーイスカウト少年たちによる野戦郵便活動を記念する重厚なプレートを見る（写真）。当時学校だった建物はシルドミェシチェ南の野戦郵便活動の本拠となった場所である。激しい戦闘中、一二歳から一五歳くらいの少年たちは崩壊した建物の間隙をくぐり抜け、瓦礫に覆われた通りを越え、ときには地下水道をもつたって、蜂起部隊間の通信や市民の安否を記した葉書を送り届けた。ドイツ占領下で地下活動に参加したポーランド・ボーイスカウトはコードネームで「灰色部隊」とよばれ、一九四三年三月二六日の「兵器庫作戦」を敢行したことでもよく知られる。「灰色部隊」は一九三九年九月末、ドイツの占領開始とともに結成され、翌年二月にそのコードネームを採用し、ロンドンのポーランド亡命政府の被占領地代表部と国内軍との緊密な協力のもとに活動した。その組織は「一二歳から一四歳」、「一五歳から一七歳」、「一八歳以上」という三つの年齢グループに分けられ、年齢に応じた活動をしたのだが、野戦郵便の活動の担い手は、その中の最も若い少年グループ「ザヴィシャ」だった。「ザヴィシャ」というコードネームは、英雄伝説にもなっている中世の騎士、ザヴィシャ・チャルヌィ（一三七九?～一四二八）からとられた。

蜂起期間中、特定の場所に赤い郵便ポストがおかれ、市民たちは互いの安否をはがきで報せあった。だがそこにはルールがあって、どの郵便箱のそばにも次の項目が掲示されていた。

一　あまり頻繁に手紙を書かないこと。同じ人が一日に一〇通も一五通も書いている例があります！

二　きれいに書いてください。紙の切れ端などには書かないで！

三　二五字以内で書いてください。
四　軍の検閲があることを承知してください。兵士も市民も軍事活動、国内軍やドイツ軍部隊の配置、危険区域、砲撃などについての情報は許されません。(11)

ヴィルチャ通り四一番の記念プレートには、"HARCERSKA POCZTA POLOWA"（スカウトの野戦郵便）の文字と蜂起の年の44、それに百合の花が丸い枠のなかにかたどられ、いまはくすんだ感じの金文字で以下のように記している。

「ワルシャワ蜂起の期間中、ボーイスカウトの野戦郵便組織がこの場所、ヴィルチャ通り四一番にあった。野戦郵便活動は、ボーイスカウト組織『灰色部隊』のザヴィシャ・グループによって組織・運営された。ザヴィシャは国内軍の最も若い兵士たちである。」

二〇〇八年二月、ドイツのデュッセルドルフで、蜂起当時の百数十通の野戦郵便物がオークションにかけられ、一九万ユーロからせり上げられることになった。ワルシャワ蜂起博物館はポーランド政府の後押しも受けてこれを入手した。同年、入手された手紙の一部はワルシャワ蜂起博物館に展示公開された。筆者は同年九月に展示された手紙の数々を見た。前述の「ルール」に従ってどれもみな二〇字程度のきわめて短い文章だが、戦場の緊張感のなかで肉親の安否を気遣う愛情が切り詰められた数の文字によっていっそう強くほとばしるものばかりだった。

ザヴォドヌィは書いている。

「一般市民はボーイスカウトやガールスカウトによって運営された国内軍の野戦郵便サービスの郵便配達を利用することができた。八月六日、蜂起側陣地のバリケードや病院付近に簡単な間に合わせの郵便箱があらわれた。これらは郵便集収箱で、『野戦郵便サービス』とラベルのついたものもあったが、たいていはポーランド・スカウトのシンボルマークである百合の花のしるしがついていた。どの箱の郵便物も、配達員（みな一五歳未満）が殺されない限り、一日二回、回収されて配達された。この少年少女たちは兵士と同じ赤と白の腕章を着ける特権をあたえられた」「郵便料金は無料だったが、本や書類、読み物を郵便箱の近くにおいておくことが通例となり、蜂起部隊の病院に届けられた。九月二日には蜂起軍が印刷した切手があらわれた。配達先が同じ地区ならば、その日に配達された。しかし、配達先がドイツ軍によって孤立させられていたりすると、二、三日かかることもあった。メッセージは二五字をこえてはならなかった。平均して、毎日五〇〇〇通ものはがきやメッセージが配達された。」(12)

武器製造工場「ヤイチャルニャ」
——ホジャ通り

ヴィルチャ通りの北を平行して走るのはホジャ通りで、同通り五一番の赤煉瓦の工場の壁にはすこし変わったデザインの記念プレートがある（写真）。全体が黄土色のプレートで文字が金色で浮き出ているものだが、例のPとWを組み合わせた蜂起のシンボルマークがその形にくり抜かれ、うしろの煉瓦が見えていて、その空隙に赤と白のカーネーションが横に差し込まれているのが美しい。記念プレートにはこうある。

「国内軍（AK）のヤイチャルニャ施設。一九四四年八月一日からワルシャワ蜂起の最後まで国内軍第七地域（オブロジャ）(13)の兵士制圧下にあり、戦闘員と市民にとっての後方兵站基地となっていた。酪農業者協同組合連合は敵のすぐ近くだったが、その構内には手榴弾、擲弾筒、火炎瓶の製造工場と銃器修理工場が稼動していた。また、独自に設置された発電機が、とくに蜂起軍の放送局・ブウィスカヴィツァ（稲妻）と近所の野戦病院に電力を供給した。さらには地中深い同地の井戸からは近隣の蜂起軍部隊や住民に水が送りとどけられた。この施設は国内軍のザレンバ＝ピョルン大隊の指揮下にあった。」

記念プレートの下半分には国内軍第七地域（オブロジャ）のシンボルとザレンバ＝ピョルン大隊の羽ペンのシンボルがかたどられている。

この後方兵站基地が蜂起中、「卵」を意味する「ヤイコ」に由来する「ヤイチャルニャ」（卵生産所）とよばれたのはこの記念プレートの記述からも明らかだ。そこは酪農業者協同組合の工場だったが、いまもチーズ工場として操業している。工場の建物も大きな被害は免れて、昔のままのすがたを見ることができる。蜂起開始直後の八月二日に蜂起部隊の司令部がおかれた。

「ワルシャワからのクーリエ」として有名なヤン・ノヴァクの回想記に以下のような記述がある。「ピウス十一世通りの建物の裏手の方に武器工場があり、われわれのラジオ放送局に電力を供給していた発電機があった。私は蜂起中、ポズナィンスカ通りに移っていたラジオ放送局に行くのに、一日数回その通りを通った。周辺のアパート建物は爆撃を受けて焼け

落ち、日に日にその様子を一変させていた。しかし、発電機は止まらなかった。単調だがリズミカルな発電装置の音はなにか勇気を与えてくれるようだった。その音はワルシャワの心臓の鼓動のようであり、瓦礫と灰が広がってもこの都市はまだ生きているのだと証明してくれているようだった。」(14)

蜂起期間中、市内に電力を供給していたポヴィシレ地区の発電所が九月三日にドイツ側の空爆を受けて五日には送電が停止する。だが、ホジャ通り五一番の建物の発電装置からの電力供給は途絶えることがなく、地下放送局のブウィスカヴィツァ（稲妻）への電力を送り続けたのだった。

ホジャ通りの南にやや小さなイグナツィ・ヤン・スコルプカ通りがある。一九四四年九月初め、ポヴィシレ地区で看護少尉として活動していたイレナ・オルスカは、同地区へのドイツ側攻撃が激化するなかで、一人娘のバルバルカをシルドミェシチェ南のスコルプカ通りの知人宅に避難させる(15)。友人のヤネクが娘を送り届けてくれた。再会は一〇月初め、ワルシャワ郊外に設けられたプルシュクフ臨時中継収容所でのこととなる。

英国人パイロット、ジョン・ウォードの協力――クルチャ通り

ステファン・コルボィンスキは国内（被占領地）政府代表部の市民闘争指導部（KWC）責任者として反ナチ・レジスタンス活動を指導するとともに、ドイツによる占領が始まってから一貫してロンドンの亡命政府との無線交信に力を尽くした。彼は無線技術者とともにワルシャワ市内を転々としながら通信局の設置を試みた。それは、ゲシュタポの手入れを逃れ、ドイツ側の妨害電波を回避するという極めて困難な活動だった。蜂起期間中のあるとき、彼はクルチャ通り七番の建物を拠点とし、中庭側の窓のそばに米国製の発信機を置き、隣家の屋根の方へアンテナ線を引いた。ロンドンとの交信は成功した(16)。

コルボィンスキは「天気のよい八月のある日の午後」としか書いていないが、彼が友人の紹介で英国人パイロットのジョン・ウォードと会ったのはそのクルチャ通りだった。空爆が小康状態になっていた。ドイツ軍に撃墜されたウォードは一九四一年に捕虜収容所を脱走し、レジスタンスの援助でワルシャワに潜伏していた。コルボィンスキはロンドンへの無線通信にウォードの協力を求める。コルボィンスキはドイツ側が戦車でバリケードを攻撃する際に人質の女性たちを前に立たせて突入するという非道を目撃していた。彼はこの事件をロンドンに伝えたかったが、自分たちよりもウォードの署名つきで伝えればより信頼性が得られると考えた。英国人

パイロットはコルボィンスキの提案を快く受け入れ、モコトフスカの病院にも出かけて女性たちから聞き取りもし、生々しい証言をもとにしてロンドンに発信した。同日夜、ＢＢＣ放送がウォードの電文をもとに事件を報道した。

その後、ロンドンからワルシャワにはウォードの両親からのメッセージが送られてきた。ウォードはワルシャワ蜂起の記録者となった。コルボィンスキの無線通信局は蜂起の戦闘状況、ドイツ側の処刑と砲爆撃などの様子を彼の目撃をもとに発信した。ウォードはワルシャワ蜂起に対する武器援助を要求するとともに、武器・弾薬を積んだパラシュートをどこに降下させるべきかについても指示した。「タイムズ」紙 ***Times*** はワルシャワ通信員にしたいと申し出、彼もこれを引き受けた。

ウォードは蜂起の最後まで蜂起側に協力した。一〇月の降伏協定後、ドイツ側には出頭しなかった。ピウス十一世通りを横断中に脚に銃弾を受けていたが、国内軍は彼をワルシャワ近郊の病院に脱出させた。その後、モスクワの英国大使館経由でロンドンに帰ることが約束された。ワルシャワ近郊、プルシュクフのさらに南西にあるポトコヴァ・レシナで送別会が催され、コルボィンスキと妻のゾシャ、国内軍の新司令官に任命されたオクリツキらが出席し、ウォードの蜂起への協力に深い感謝のことばをささげた(17)。

ワルシャワ工科大学建築学部と本部キャンパス
――コシコヴァ通り、ノアコフスキ通り

ワルシャワ工科大学は中欧でも最大級の大学で、ワルシャワ大学の創立（一八一六年）一〇年後の一八二六年に創立された。ナチス・ドイツ占領下ではワルシャワ大学と同様に地下大学として教育研究活動が続けられた。戦後建築学部教授となるヤン・ザフファトヴィチ（一九〇〇～一九八三）がナチス・ドイツによる占領中、スタレミャストの市場広場など貴重な歴史的建築物の図面などを保存して、破壊された建築物の戦後の復元に大きな貢献をしたことはよく知られている。

ルヴォフスカ通り（一二番）とコシコヴァ通り（五五番）の角にあるワルシャワ工科大学建築学部は蜂起開始直後から、ステファン・ゴレンヂノフスキ（ゴルスキ）少佐のゴルスキ大隊が司令部をおき、蜂起部隊だけでなく市民組織の活動拠点ともなった。中央保護評議会（RGO）が管理する調理場・食堂、手術部屋のある病院、ミサをとり行う集会室、さらにはドイツ側捕虜の収容部屋まで設けられた。蜂起中、コン

サートも催され、ヤン・エキェルがショパンを弾き、ミラ・ジミインスカやミェチスワフ・フォッグが歌ったという。

工科大学の本部キャンパス（本章扉写真）は建築学部の西、コシコヴァ通り、スタニスワフ・ノアコフスキ通り、ニェポドレグウォシチ（独立）大通り、ノヴォヴィエイスカ通り（当時は八月六日通り）に囲まれた広い区域にある。蜂起側はドイツ側の度重なる攻撃に抗し、この本部キャンパスをシルドミェシチェ南の最重要拠点として八月中旬まで制圧していたが、一九日に戦車や「ゴリアテ」による集中攻撃を受け、ノアコフスキ通りの東側へ後退をよぎなくされた。しかし、同通りの東側、ルヴォフスカ通り、シニャデツキフ通り一帯は降伏協定締結まで多大な犠牲をだしながらも蜂起側が死守した。

九月一五日夕刻、建築学部は空爆を受けて死傷者をだし、ゴルスキ大隊司令部はスタニスワフ・ノアコフスキ通り一〇番のアパート建物に移動した。病院の負傷者はあらかじめ地下室に移され、大きな被害は免れた。中庭には数十人の死亡者が埋葬されたが、一九四五年にすべて掘り出されて墓地へ移された。同大隊は八月二二日、工科大学の東、ピウス十一世通り（現在ピェンクナ通り）の電話局ビル（小ＰＡＳＴＡ）奪取作戦にも参加した。ゴルスキ大隊は降伏協定まで抵抗を続けた。一〇月五日、ドイツ側捕虜となるため、タデウシュ・ブル＝コモロフスキの国内軍総司令部の将校たちとともにシニャデツキフ通りへ行進した。現在、コシコヴァ通りとノアコフスキ通りの角地がゴルスキ大隊を記念する小さな緑地になっている。

工科大学建築学部の正面入口を入るとすぐ、掲示板の上にプレートが掲げられている。

「一九四四年のワルシャワ蜂起のとき、国内軍第三機甲大隊ゴルスキがここに司令部をおき、一二〇〇名の兵士でワルシャワ工科大学地域を防衛した。」

中庭に入ってみる。建物壁にＰＷのシンボルマークとともに「工科大学防衛で戦死した国内軍の第三機甲大隊ゴルスキの兵士を記念する」との浮き出し文字を見る。窓の手前にゴルスキ大隊兵士を記念する四枚の黒い矩形の記念碑が立っている。

このほかにも、ポーランド建築研究所を設立したオスカル・ソスノフスキ教授が一九三九年九月二四日、ナチス・ドイツによるワルシャワ包囲のなかで斃れたことを記念するプレートもある。ひっそりとした中庭にベンチがいくつもあるが、そのかたわらに濃い緑色をした古い井戸がある。蜂起の最中、ドイツ軍の攻撃にさらされた人々の重要な水の供給源だったにちがいない。

建築学部を出てノアコフスキ通りを歩く。同通り一二番に外装は新しいが中庭に入る鉄門の古さとその装飾が印象的な建物がある。鉄門の右肩の記念プレートにはこうある。

「一九三九年九月二七日、ポーランド・スカウト連合が地下活動に移行する決定がこの建物でなされた。その出来事の五〇周年を記念し、スカウト組織の灰色部隊に敬意を表して。」

鉄門を開けて中に入ると、奥の建物の前に小さなチャペルがあり、ろうそくや花が供えられている。蜂起期間中のものではないかもしれないが、当時も同じようなチャペルがきっとそこにあって、避難した人々の精神的ささえになったのだろう。

ノアコフスキ通り四番の古いアパートの一階には太い鉄線を折り曲げてつくられたＰＷのシンボルの上に次のような灰色の記念プレートがある。

「工科大学地域。一九四四年八月一日から一〇月二日までワルシャワ蜂起の要塞だった。攻略されることのなかったバリケード。シルドミェシチェ第六軍団第三機甲大隊ゴルスキの兵士によって防衛され、敵の激しい攻撃に完全にもちこたえた。」

同じ建物には、ワルシャワ工科大学建築学部教授だったスタニスワフ・ノアコフスキ（一八六七～一九二八）の横顔を浮き彫りにしたプレートもある。

工科大学の本部キャンパスは前述のように、ノアコフスキ通りの奇数番地側とノヴォヴィェイスカ通りがつくる鋭角地点と、西のニェポドレグウォシチ大通りとノヴォヴィェイスカ通りの角を底辺とする台形状の地域にある。工科大学広場の前にある本部棟はファサード壁面の彫刻と屋上で右手をかざす彫像がひときわ印象的なとても優美な四階建の建物である。中に入るとイタリアの劇場内部でも思わせるような素晴らしいホールがすぐあるが、そんな場所の壁にも目を引くプレートがあった。

「スカウトメンバー、タデウシュ・ザヴァツキ（ゾシカ）。灰色部隊の兵士で国内軍少尉。ワルシャワ工科大学学生。一九四三年八月二〇日、シェチヒで戦死した。ゾシカと、一九三九年から一九四五年までの期間にこの地下大学で学んだ学生たちを記念して。」

本部中庭にある記念碑の一つはゴルスキ大隊を記念するものである（次ページ写真）。国内軍の第三機甲大隊ゴルスキを一九四四年蜂起での工科大学の防衛者として記念する赤味がかった大理石があり、その上には六つの穴が空いた四角いコンクリート板が載っている。その穴の一つには砲身の先端のようなものがのぞいている。記念碑の前には緑地にはさまれた細い石畳があるがその左脇には装甲車のキャタピラがおかれている。本部中庭のもう一つのオベリスクは太くて背の高いコンクリート柱に記念板がはめこまれたもので、一九三九年から一九四五年までの期間に戦死したり虐殺された教授、職員、学生たちと、一九三九年九月の戦闘、一九四四年の蜂起を戦った兵士たちを記念している。

工科大学本部キャンパスからの出口近くの建物にＰＷのシンボルマークとともに黒い大理石の記念プレートがあるのに気づく。その建物にアンナ・スモレィンスカ（ハニャ）とタデウシュ・ザヴァツキ（ゾシカ）が住んでいたことを記している。アンナ・スモレィンスカはワルシャワ大学の地下大学に学んだ。スカウトの「灰色部隊」メンバーで国内軍の兵士でもあり、ＰＷ（*Polska Walcząca*）のシンボルマークの考案者として知られる。ＰとＷを組み合わせ、それを錨型にしたそのシンボルマークは国内軍の宣伝情報局が企画したデザイン・コンクールに応募されたなかから採用されたもので、一九四二年三月頃に現れたといわれる。しかし、そのデザインを採用されたアンナは一九四二年一一月に家族とともに逮捕され、一九四三年三月にアウシュヴィッツ（オシフィェンチム）で死亡した。

タデウシュ・ザヴァツキは「ゾシカ」というコードネームで、一九四三年三月二六日の「兵器庫作戦」の指導者として広く知られる。「兵器庫作戦」は灰色部隊が最初にかかわった大作戦で、同部隊の青年指導者、ヤン・ブィトナル（ルディ）（一九二一〜一九四三）をゲシュタポ本部「アレヤ・シュハ」からパヴィヤク監獄への移送途中で奪還するというものだった。その作戦の指導者だったゾシカは「コトヴィツキ」（錨）というコードネームとしても知られる。それは彼が「ヴァヴェル」というスカウト地下組織で活動していたときに錨型のＰＷを最も数多く街頭に描いたというので、そのコードネームが特別に授けられたためである。タデウシュ・ザヴァツキ（ゾシカ、コトヴィツキ）は一九四三年八月二〇日から二一日にかけて、ヴィシュクフ近くのシェチヒで国境警備警察に対する攻撃作戦の最中に死亡した。しかし、「ゾシカ」の名は国内軍大隊に引き継がれ、ワルシャワ蜂起のなかでの中核部隊となっていった。

アンナ・スモレィンスカとタデウシュ・ザヴァツキが住んでいたその建物は工科大学の教員住宅だった。二人とも父親が工科大学教授だったのである。建物自体は一九世紀から二〇世紀の変わり目頃の建築物だったが、破壊されたため戦後再建された。

国内政府代表部・市民闘争指導部の責任者、ステファン・コルボィンスキはロンドンとの無線交信のため、一〇日ほどヴィルチャ通りの建物で通信技師とともに活動していたことがあった。ところがある日、突然電気がストップした。ポヴィシレ地区の発電所からの電力供給がストップしたのか、供給途中で爆弾などにより電力が遮断されたのか分からなかった。そのとき、近くの工科大学には独自の発電機があるとの話を聞き、早速同大学構内に入った。当時、工科大学は三方から敵側の攻撃を受けていたが、まだ蜂起側の強力な拠点だった。コルボィンスキと電信技師たちは同大学のスタッフの歓迎を受け、そこで送受信機をまた組立ててロンドンとの交信を再開した(18)。

ワルシャワ工科大学建築学部のあるルヴォフスカ通りについてひとつ加えると、そこは社会主義独立運動の活動家でユダヤ人援助評議会・ジェゴタの創設者の一人だったヴァンダ・クラヘルスカ・フィリポヴィチョヴァ(一八八六〜一九六八)が一九〇六年に当時のロシアのワルシャワ総督に対する爆弾攻撃に参加した場所である。

「小PASTA」
——旧ピウス十一世通り(現ピェンクナ通り)

ヴィルチャ通りの南を走るピェンクナ通りは戦前ピウス十一世通りとよばれていた。現在のピェンクナ通り一九番の建物は蜂起中、「小PASTA」とよばれ、国内軍が最後に総司令部をおいた場所となった(九月六日から一〇月五日まで)。いまその建物にあるやや古い感じの記念プレートにはこうある。

「一九四四年八月二三日、二三日間の激しい戦闘ののち、国内軍のルチャイ大隊・郵便小隊はここで、小PASTAの建物を奪取し、蜂起部隊の動きを封じていた敵の拠点を崩壊させた。戦闘参加者の名誉を讃えて。」

「小PASTA」はシルドミェシチェ北のジェルナ通り三五/三七番にあったポーランド電話株式会社に属する建物で、蜂起当初はドイツ側守備隊が占拠していた。蜂起側の緒戦での攻撃は不成功だったが、八月二二日から二三日にかけての戦闘で建物に突入し、ドイツ側部隊を撃退するとともに、一二三人を捕虜とした(19)。

ブル=コモロフスキの国内軍総司令部は、シフィエントクシスカ通りのPKOビルが九月四日の爆撃で破壊されたため、同月六日からイェロゾリムスキェ大通りの南(シルドミェシチェ南)、当時のピウス十一世通りの「小PASTA」の建物に移る。ブル=コモロフスキは書いている。

「以前の経験からして、最も安全な場所というのはしばしば、戦線にできるだけ近い場所だと知っていた。ドイツ側も自身の陣地にあまり近くには砲爆撃を控えるので、そうした場所の方が騒ぎが起こる可能性は少なかったのだ。PASTAビルはドイツ側区域から三〇〇ヤードと離れておらず、そのケースに該当した。」[20]

国内軍総司令部と地下国家指導部は降伏協定締結までピウスツ一世通りの「小PASTA」に本拠をおくが、モンテルの国内軍・ワルシャワ管区司令部はズウォタ通りのパラデュム映画館建物にとどまる。

国内軍の創設者、ロヴェツキの記念像

ピエンクナ通りとウヤズドフスキェ大通りの交差点の近く、ウヤズドフスキ公園のすぐそばに、ステファン・ロヴェツキ（一八九五〜一九四四）の記念像が比較的最近建った。「グロト」という暗号名で知られるロヴェツキはポーランド・レジスタンスの地下軍事組織を統合して国内軍を創設するのに貢献し、初代総司令官になった。しかし、一九四三年六月三〇日にオホタ地区で逮捕されて、ドイツのザクセンハウゼン強制収容所に送られ、ヒムラーの特別命令により、ワルシャワ蜂起開始直後に処刑されたとされる。ロヴェツキが処刑されたあと、国内軍総司令官に任命されるタデウシュ・ブル＝コモロフスキは、「一九四三年六月末から七月初めにかけては、ポーランド地下運動の歴史の中でも『暗黒の週』と言われるようになった」[21]と書いている。彼がその日、つまり六月三〇日に受けた報告によると、ロヴェツキ逮捕の事情はこうだった。

午前一〇時、オホタ地区のスピスカ通りに二〇〇人以上のゲシュタポが約六〇台の車で到着し、あたり一帯に非常線をはり、集合住宅全戸に踏み込んだ。住民全員が中庭に集められた。異様な雰囲気から重大な捜索が行われていると思われたが、逮捕・連行されたのはただ一人だった。ロヴェツキはその日午前に予定されていた会議にいったん出かけたのだったが、不運にも一度隠れ家にもどったわずか数分間にゲシュタポの非常線が張られて手入れが始まり、一時間もたたぬうちに逮捕された。ブル＝コモロフスキはまた、ある地下運動活動家の友人から、たまたまその日午前中にゲシュタポ本部で尋問を受けてもどってきた人物の話を聞いた。その人物は同日午前尋問を受けていたが、突然打ち切られた。ゲシュタポ本部の建物全体が騒然とし、大勢の係官たちが階下へ走った。「これで地下運動の息の根が止まる」との興奮のどよめきが聞こえた。午前一一時過ぎ、その人物は、厳重なガードのもとに手錠をかけられた男が

連行されてきたのを見た。彼は顔を上げて、しっかりした足取りで歩いていた(22)。

ロヴェツキの逮捕から数日後、七月四日にはロンドンのポーランド亡命政府首相、ヴワディスワフ・シコルスキ将軍(一八八一〜一九四三)がジブラルタル上空での謎の飛行機事故で死亡した。ナチス占領者は街頭のラウドスピーカーでこのニュースを大々的に流し、市民はみな深い落胆に突き落とされた。この短い「暗黒の週」にポーランドは傑出した二人の指導者を失ったのだった。

ブル＝コモロフスキはロヴェツキの後任として国内軍総司令官に任命され、この命令を受けて初めて「ブル」というコードネームを使ったという。参謀長はタデウシュ・ペウチィンスキ(グジェゴシュ)将軍が留任し、ブルの副司令官ともなった。国内軍は当時すでに約三〇万人を数えていた。

ジョージ・ブルースはワルシャワ蜂起開始の報を聞いたヒムラーの「最初の反応」、すなわちロヴェツキ処刑命令について書いている。「東プロイセンの司令部にいたヒムラーの最初の反応を想像するに難くない。怒りの感情をなだめるために流血を望んだ。彼は国内軍創設の中心人物であると信じた男を選んだ。ロヴェツキ将軍は八月三日明け方、ザクセンハウゼン収容所で銃殺された。」(23)

ワルシャワの処刑執行者・クチェラ暗殺作戦

真新しいロヴェツキ記念像の立つあたりは、ワルシャワ蜂起が始まるちょうど半年前の一九四四年二月一日、国内軍のパラソル大隊が、ナチス親衛隊のワルシャワ地区司令官で警察長官でもあったフランツ・クチェラを襲撃して暗殺したところでもあり、ウヤズドフスキェ大通り二三番には大きな石の記念碑がある。(詳細は拙著『記憶するワルシャワ』第七章参照)

ブル＝コモロフスキによると、ナチス親衛隊指導者、ハインリヒ・ヒムラーがクチェラをワルシャワに送り込んできたのは一九四三年秋のことである。まだ三〇歳そこそこだったが、ヨーロッパ占領地での市民虐殺ではすでに名が知られていた。彼のワルシャワ派遣の任務はまさに、あらゆる手段を講じてもポーランド人レジスタンスを壊滅させることだった。ワルシャワにおける公開処刑の犠牲者が急上昇した。「一九四三年一〇月一六日、二〇人、一七日、二〇人、一九日、二〇人、二〇日、一〇人、二二日、一〇人、二三日、二〇人、二五日、二〇人、二六日、三〇人、三〇日、一〇人」(24)——とわずか二週間で一七〇人もの人々が処刑された。「何としてもクチェラを殺害しなければならない。ドイツ人のテロと戦うにはテロを用いる戦術が唯一の適切な方法だ」(25)とブルは考えた。

大きな石の記念碑には「一九四四年二月一日、この場所でポーランド地下国家の宣告により、国内軍中央指令部の破壊攪乱工作特別指導部のパラソル大隊は、ワルシャワ地区警察長官で死刑執行人のフランツ・クチェラに対する作戦を首尾よく実行した」とある。著名なポーランド史家でもあるノーマン・デイヴィスはこの作戦を「一分四〇秒の行動」(26)と書いたが、ブル＝コモロフスキも「わずか三分もかからなかった」(27)と書いている。

元公安省の建物――コシコヴァ通り

ウヤズドフスキェ大通りはウヤズドフスキ公園の南で、アルミヤ・ルドヴァ（人民軍）大通り、ヤン・フルィスティヤン・シュフ大通りと五叉路を形成し、ナ・ロズドロジュ広場がある。人通りはまばらだが、通りには落ち着いた感じのカフェもある。そのすぐそばのコシコヴァ通り四番にあるのは現在司法省の建物だが、かつては公安省の建物で、戦後、元国内軍の指導者や活動家が多数拘束されて厳しい尋問や拷問が行われた場所だった。二階以上は新しく改修されたあとがあるが、一階部分はそれよりは古い感じが残っている。その壁の窓横には大きな矩形の記念プレートがあり、一面を蔽う角ばった浮き出し文字で次のように記している（写真）。

「一九四五年から一九五四年まで、この建物には公安省があり、秘密警察の拷問部屋に一〇〇〇人にもおよぶポーランド人が監禁、拷問、虐待されて秘密裏に殺害された。彼らは第二共和国のポーランド軍将校、兵士であり、一九三九年から一九四五年まで続いたポーランド地下国家の市民活動家であり、国内軍の将校と兵士であり、共産主義の強力な体制の押し付けに抗して戦った『自由と独立』（WiN）、『国民武装勢力』（NSZ）、その他多くの戦後の地下独立組織の人々である。そうした人々を記念して。」

一九四三年三月二六日の「兵器庫作戦」にも参加し、ワ

ルシャワ蜂起中はゾシカ大隊で戦ったヤン・ロドヴィチ（アノダ）も戦後この場所に拘禁され、一九四九年に取り調べの尋問中に窓から飛び降りて死亡したとされるが、その真相は謎のままである（第一〇章「ジョリボシュ」の「地下通信局『潜水艦』」の項参照）。

第八章　ヴィスワ川沿岸の橋頭堡と渡河支援作戦
——チェルニャクフ、サディバ

ヴィラノフスカ通りの蜂起拠点ビルに描かれたストリート・アート

チェルニャクフ、サディバ地区

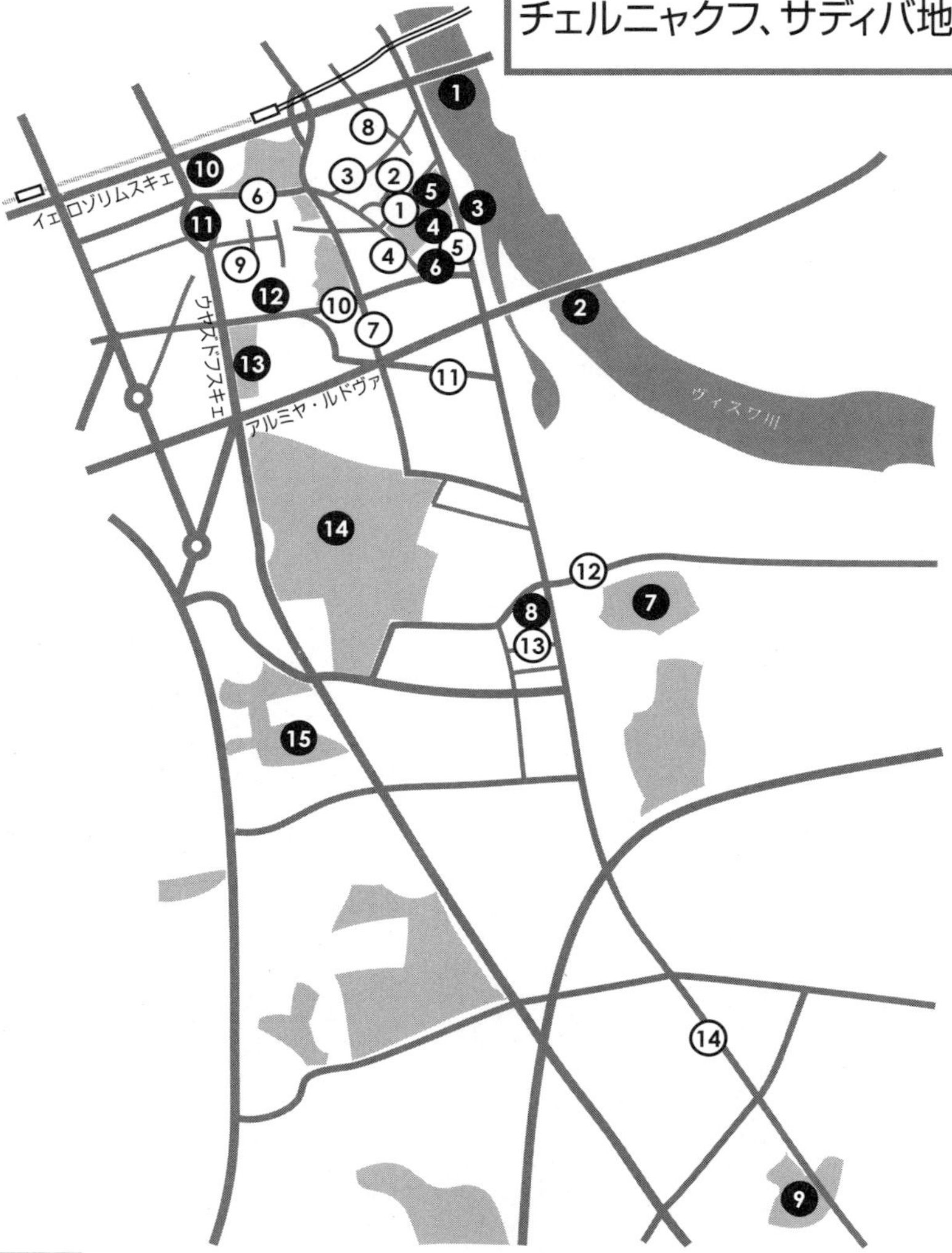

通り名

1 ヴィラノフスカ　2 オクロンク　3 ルドナ　4 チェルニャコフスカ　5 ザグルナ　6 クションジェンツァ　7 ロスブラト　8 ソレツ　9 コノプニツカ　10 グルノシロンスカ　11 ワジェンコフスカ　12 バルティツカ　13 ホウォフコ　14 ポフシィンスカ

スポット

1 ポニャトフスキ橋　2 ワジェンコフスキ橋　3 ヴィスワ渡河支援記念碑　4 工兵記念碑　5 ヴィラノフスカ抵抗拠点建物　6 聖母マリア教会　7 チェルニャクフの丘　8 ナザレ修道院　9 カティン博物館　10 国立博物館　11 三十字架広場　12 議会　13 ウヤズドフスキ公園　14 ワジェンキ公園　15 モコトフスキェ・オコ公園

チェルニャクフ地区と蜂起

チェルニャクフは中世以来、ワルシャワ旧市街からかなり南方の小村にすぎなかったが、一九世紀に工場労働者などが多く住むようになった。一九四四年のワルシャワ蜂起では蜂起部隊の最後の拠点の一つとなった。現在のワルシャワ行政区画ではチェルニャクフもサディバも広域のモコトゥフ地区に入っている。サディバは本来、下モコトゥフ（チェルニャクフ）の一部である。また、一九四四年九月のチェルニャクフ地区での激闘が展開されたヴィスワ川沿岸近くのヴィラノフスカ通り一帯は、イェロゾリムスキェ大通りの南、ワジェンキ公園の北東にあって、現在はソレツという地域でよばれている。それは「上チェルニャクフ」とよばれた地域で、ヴィスワ川沿岸近くのため、蜂起側にとってもドイツ側にとっても戦略的・戦術的観点からきわめて重要だった。一九四四年蜂起で八月一七日から二一日にかけて、蜂起部隊のバシュタ連隊などがチェルニャクフ、サディバ地区を制圧し、九月中旬まで死守した。とくに激しい戦闘は九月一日から、チェルニャクフ陥落の二三日まで続いた。

九月一日、スタレミャスト（旧市街）が陥落すると、ドイツ軍はチェルニャクフ、シェルツェ、サディバに対する攻撃を強化し、二日にはサディバ地区がドイツ軍の制圧下に入った。ロール将軍指揮下のドイツ戦闘部隊は多数の民間人も殺害した。ドイツ軍はサディバを奪取することにより、下モコトゥフの二つの幹線道路（チェルニャコフスカ通りとベルヴェデルスカ通り）を確保し、シェルツェの蜂起側防衛部隊はきわめて困難な状況に追い込まれた。三日から四日の夜にかけて、旧市街の死闘を戦ったラドスワフ軍団がチェルニャクフに入り、イェロゾリムスキェ大通りの南側地域一帯を占拠する。それよりも南側地域の防衛にはズィグムント・ネツェル（クルィスカ）大尉のクルィスカ軍団があたった。五日、蜂起部隊はチェルニャクフとシルドミェシチェの連絡ルートとして三十字架広場の北から東に走るクションジェンツァ通りを何とか確保する。

九月一一日、ドイツ側が本格的な攻撃を開始し、チェルニャクフ包囲作戦を強化した。それまで静寂が支配していたプラガ地区でソ連軍がようやく攻勢を開始したときだった。ワルシャワ市民のあいだにはソ連軍の攻勢開始に希望を託して歓喜するものもあったが、ヴィスワ川左岸の蜂起軍守備隊はドイツ軍の戦力増強の脅威にさらされていた。同日正午頃、ロール将軍指揮下の部隊が南から、ディルレワンガー指揮下の部隊が北から蜂起側拠点を攻撃した。これに対抗したのは、ヤン・マズルキェヴィチ（ラドスワフ）中佐の率いるラドスワフ軍団、ズィグムント・ネツェル（クルィスカ）大尉のクルィスカ軍団、チェルニャクフ港防衛についていたチャタ四九大隊だった。また、ロズブラト通りに沿ってはパラソル大隊の兵士が防衛線をはっていた。ドイツ軍機はワジェンコフスカ通りを空爆し、多数の市民が瓦礫の下敷きになった。

一二日、ソ連軍のプラガ攻撃の進行にともない、ドイツ軍はチェルニャクフの完全制圧をめざして攻撃をさらに強化し、チェルニャクフの橋頭堡、約二五〇平方メートルの地域に攻撃を集中した。チェルニャクフ港、ルドナ通りのガス工場、クションジェンツァ通りの聖ワザシュ病院一帯などで激戦が展開され、蜂起軍部隊の完全制圧下にある建物はコノプニツカ通りのＹＭＣＡビルだけになる。

九月一三日、プラガ地区で退却をよぎなくされたドイツ軍はポニャトフスキ橋と鉄道専用橋を爆破する。それでも、ソ連軍上陸の際の橋頭堡としてチェルニャクフとジョリボシュが考えられたが、チェルニャクフの蜂起部隊制圧地域は急速に侵食されていった。ドイツ側はチェルニャクフの造船所、ワジェンコフスカ通り、プシェムィスウォヴァ通りを制圧する。ブル＝コモロフスキはこの日、ロンドンに打電している。

「巨大な敵の砲火と技術的優位のもとに、われわれはチェルニャクフとフラスツァティ地域を手放したが最後の力でもちこたえている。弾薬を成功裏に投下したあと、食料を必ず投下せられたし。明日、九月一四日以降、底をついた配給も停止しなければならない。プラガでのソ連軍の攻撃は成功している。」(1)

九月一五日、ヴィスワ川右岸は完全にソ連軍の制圧下に入り、ドイツ側は左岸のチェルニャクフ地区の橋頭堡制圧に全力を集中する。その一五日から一九日にかけて、ズィグムント・ベルリンク指揮下のポーランド軍第一軍団の第一歩兵師団（コシチュシュコ師団）などの兵士がヴィスワ川を渡って左岸でのチェルニャクフ防衛の戦闘に加わった。第三歩兵師団司令官のスタニスワフ・ワティショネク少佐もこのとき（九月一七日から一八日にかけて）渡河した。

蜂起部隊は九月一五日までにルドナ通り、チェルニャコフスカ通り、ザグルナ通りに囲まれたヴィスワ川沿岸地域に追い詰められていた（そのなかにヴィラノフスカ通りもある）。ドイツ軍は包囲網を狭めた。蜂起軍の抵抗地域は侵食され、ヴィラノフスカ通りの建物を死守するだけの状況に追い詰められる。ザグルナ通り九番の蜂起側病院もドイツ側に奪われ、負傷者全員が殺害された。ドイツ側の制圧地域では、取り残された負傷兵が多数射殺され、捕虜になった兵士も縛り首にされたりした。指揮官のヤン・マズルキェヴィチ（ラドスワフ）中佐は、ザグルナ通りとソレツ通りの交差点の地下水道入口から約二〇〇名の負傷兵をモコトゥフ地区へ脱出させる。ルイシャルト・ビャウォウス（イェジ）大尉指揮下のゾシカ大隊と、右岸から渡河したワティショネク少佐指揮下のベルリンク部隊第三歩兵師団兵士が残って、ソ連軍上陸支援のための橋頭堡を守ろうとした。一部兵士にはドイツ軍陣地を突破して中央区に脱出したものもあったが、ヴィスワ川右岸のサスカ・ケンパ地区への渡河脱出の試みは失敗した。危機的状況の打開は右岸からの支援にかかったが、最終的には成功せず、二三日に蜂起部隊の抵抗は終わる。降伏した蜂起部隊兵士は銃殺・絞首された。クルィスカ部隊の従軍司祭、ユゼフ・スタネク（ルディ）神父も絞首された。イェジ大尉指揮下のゾシカ大隊の小グループだけが市内中央に脱出した。

ジョージ・ブルースはこの間の戦闘について書いている。

「ラドスワフ軍団部隊は破壊された建物をふくむ平坦な河岸地域、およそ五〇〇ヤード四方の地域の防衛にあたったが猛烈な砲撃にさらされた。一週間昼夜にわたって反撃したが、九月一九日にはすでに部隊の七〇パーセントが死傷し、戦闘能力も限界に達していた。もはや弾薬も尽き、水、食料、医薬品もなくなっていた」「部隊司令部の建物はチェルニャコフスカ通りとヴィラノフスカ通りが交差する場所にあって、防衛拠点の中心となっていた。ラドスワフの司令部と病院が地下におかれていた」「ドイツ側は全方位から攻撃した。ゴリアテを使って建物壁に穴を開け、手榴弾の雨を浴びせて建物内に突入し、建物の一部を占拠した。ヴァツェク大尉はマウィ中尉とゾシカ大隊の予備部隊の援護で反撃したが成功しなかった」「ラドスワフはその夜［一九日夜］、部隊の一部を地下水道でモコトゥフ地区に脱出させることを決断する。残りの部隊は負傷した蜂起兵をプラガ地区へ撤退するのをカバーすることにした」「ラドスワフと残存部隊は九月二〇日早朝、モコトゥフ地区へ向かうトンネルに入っていった。」(2)

ブル＝コモロフスキによると、九月二四日朝、負傷して杖をついた将校が、女性連絡兵一名と兵士二名とともに市内中央の司令部にからくもたどり着いた(3)。兵士の一人はベルリンク部隊所属兵だった。四人とも心身ともにひどく衰弱していた。その将校がゾシカ大隊指揮官のイェジであるとはなかなか分からなかった。「あとのものはどうした？」とみなが尋ねると、悲しげに首を振るだけだった。みな途中で戦死したというのだ。その四人しか生きてたどり着けなかったのだ。イェジはその日、何もしゃべれなかった。極度に消耗し、負傷し、空腹で、もはや力が残っていなかった。翌日になってようやく、彼はチェルニャクフの戦闘についておよそ次のように語ったという。

ゾシカ大隊兵士たちは残り少なくなった拠点の建物と河岸地域で最後まで粘り強く戦った。連日にわたり戦車と歩兵部隊の攻撃を受けて大勢の犠牲者がでた。それでも、「ヴォルガ川からヴィスワ川までドイツ軍を追い詰めてきた強大な征服軍」が接近するなかで降伏することなど考えられなかった。ベルリンク部隊の師団指揮官、ワティショネクは無線機をもっていた。ビャウォウス（イェジ）とワティショネクは、半壊した建物の司令部で一日中打電して食料や砲弾を求めた。しかしソ連軍は食料も弾薬も兵隊も送ってはこなかった。蜂起兵、負傷者、民間人は四日間も何も食べていなかったのだ。

九月二三日午前六時、イェジはワティショネクやゾシカ大隊の従軍司祭であるピョトル神父と協議し、残った兵士、負傷者、民間人をヴィスワ川の対岸に退避させることを決定した。ワティショネクは無線でソ連軍司令部に接触をはかり、午前八時に渡河作戦を決行するというイェジの決定を伝え、河岸のドイツ側拠点に対する砲撃、煙幕、ポンツーン（箱舟）などの支援を求めた。ソ連側の第五師団司令官は午前九時にこの支援を実行することを約束した。ポンツーン一〇〇艘の提供が約束された（一艘で二〇人を運べる）。煙幕は要所にはられることになった。防衛部隊には希望がわき、準備して辛抱強く午前九時を待った。しかし約束の時間に援助はこなかった。

数時間後、ソ連側は日中の渡河は無理として、約束の支援は日没後の午後八時になされると通告してきた。食料投下の要請に対しては、大きなシグナル・シートを拡げておくように指示し、数時間内に空中投下することを約束した。イェジの部下たちはすぐにタオルやベッドシーツを正方形になるように広げたが食料は投下されなかった。逆に、目印のシーツはドイツ側の激しい榴弾攻撃の的になってしまった。その間も、ドイツ側は新たな攻撃を繰り返しては建物に火を放った。昼頃、ドイツ側が降伏受諾提案をもった使者を送ってきた。イェジはまだ渡河の希望をもっていたので拒否した。対岸から指示されていた渡河時刻である午後八時が近づいていたが支援は来ない。イェジはソ連側司令部との直接交信を求め、ベルリンクと話ができた。ベルリンクは技術上の困難により渡河が再度延期されたが、九時には必ず実行されるとした。一〇〇艘のポンツーンをすでに準備させていて万端整っているとのことだった。

すでに二回も延期されたので、ソ連側の援助はほんとうに来るのだろうかとの疑いが蜂起兵たちの心に募った。午後九時、部隊は小グループに分かれて川に向かった。彼らは一一時まで待った。真夜中直前、工兵のボートが二艘、左岸に渡ってきた。一艘の将校がソ連側司令部の計画変更を伝えた。

一度に一〇〇艘のポンツーンを送るのをやめて、工兵のボートを毎晩一五艘送ることにしたというのである。対岸に退避するという希望が打ち砕かれ、待っていた人々は絶望感に支配された。なかには泳いで渡ろうとするもの、筏を投げだすものもでてきた。イェジの指揮下に約六〇人がその夜、中央区のポーランド側拠点を目指して強行突破にでた。そのうちの四人だけがたどり着いた(4)。「あれほど長期間、多大な犠牲を払ってもちこたえたチェルニャクフ要塞の陥落は、ワルシャワに対する実体ある効果的な支援に対する希望の息の根を止めた」(5)のだった。

『ワルシャワ蜂起大百科事典』によると、イェジ・ビャウォウス（イェジ）大尉指揮下の蜂起兵がシルドミェシチェへの脱出をはかったのは九月二二日夜から二三日にかけてだった。ワティショネク少佐と十数人の兵士も同行した。イェジ大尉はシルドミェシチェにたどり着いたが、ワティショネク少佐は捕らわれた(6)。

チェルニャクフの戦闘は膨大な死傷者をだした。戦死者はクルィスカ軍団が約六八〇人、ラドスワフ軍団が約三〇〇人、ポーランド軍第一軍団第三歩兵師団約一三〇〇人とされ、その他一般市民が砲爆撃で多数犠牲になった。

ヴィスワ渡河支援作戦

戦前、ヴィスワ川に架かる橋は四つあった。キェルベチ橋とポニャトフスキ橋、あとの二つは鉄橋（北はツィタデラ近く、グダィンスキ駅へいたるツィタデラ下橋、南はワルシャワ・グウゥヴナ駅へいたるシレドニツォヴィ橋）である。ドイツ軍は九月一三日に、この四つの橋をすべて爆破した。一四日夜、人民軍（AL）の女性連絡兵二名がチェルニャクフ地区から、対岸に布陣するソ連軍とポーランド軍（ベルリンク部隊）との連絡をはかるために渡河した。

ヴィスワ渡河支援に参加した兵士やドイツ側の攻撃で死亡した兵士の推定人数はいくつかあるが(7)、四度にわたる作戦行動の概略は以下の通りである。

（一）九月一五日夜から一六日　ポーランド軍第一軍団（ベルリンク部隊）・第三歩兵師団第九連隊第一大隊の兵士約三〇〇人が浮船用平底船を使ってソレツ地区に渡り、チェルニャクフ防衛作戦に加わった。

（二）一六日夜から一七日　第三歩兵師団第九連隊第一大隊と第三大隊兵士がさらにサスカ・ケンパ地区から渡河し、前日と合わせて合計約一二〇〇人（最大推計）が左岸の蜂起部隊に合流して戦闘に加わった。

(三) 一七日夜から一八日　第三歩兵師団第九歩兵連隊司令官のスタニスワフ・ワティショネク少佐と六三人の兵士が渡河。

(四) 一八日夜から一九日　第三歩兵師団第八歩兵連隊第二大隊などの兵士ら約一一〇〇人が右岸からの砲撃に支援されながら、ポニャトフスキ橋とシレドニツォヴィ橋の間から左岸へ敵前渡河を試みたが不成功に終わった。兵士たちは爆破されたポニャトフスキ橋の途中にたてこもって再度渡河のチャンスをうかがったが、ドイツ軍の攻撃で大打撃を受けた。左岸に到達できたのはほんのわずかだった。

この間の九月一七日から一九日にかけて、第二歩兵師団第六歩兵連隊の兵士グループ約三七〇人がジョリボシュ地区のさらに北、マルィモント地区の高台をめざして渡河したが、敵の強力な攻撃で河岸に釘付けされてヴィスワ川左岸深く進むことはできなかった。左岸の蜂起部隊は夜明けにカジミェシュ・プロムィク通りで第六歩兵連隊兵士の到着を待ったが、孤立を知って退却せざるをえなかった。一九日には第八歩兵連隊第一、第二大隊兵士がポヴィシレ地区に渡河上陸し、ソレツ通りに向かったがドイツ軍からの側面攻撃に遭遇した。

チェルニャクフ橋頭堡への上陸作戦についての記念碑は二つある。一つは川沿いのソレツ通りにある大きな正方形のもので、一九四四年九月一六日から二三日までの期間に同地区で戦ったポーランド軍第一軍団・第三歩兵師団の兵士の戦闘を記念している。もう一つはあまり知られてはいないが、前記の記念碑から約二キロ南に下ったところにある。

一方、対岸のサスカ・ケンパ地区には、ワジェンコフスキ橋のたもとに「オブザーバー・モニュメント」ともいわれるズィグムント・ベルリンク記念像が立っている。また、同記念像脇のシュチェチン沿岸道路を一路北西にのぼってゆくと、北東に走るステファン・オクシェヤ通りとの交差点近くにはポーランド第一軍コシチュシュコ師団の巨大な兵士像がある（第一一章「プラガ」参照）。

チェルニャクフ橋頭堡の記念碑

ヴィラノフスカ通り、チェルニャコフスカ通り、ソレツ通りに囲まれた地域は広い緑地になっていて、河岸近辺に記念碑がいくつもある。まず目に飛びこんでくるのは、それぞれが十数メートルはある高くて大きな六本の角柱が身をかがめる一人の大きな兵士像を囲んで、天を突くかのごとくに屹立するモニュメントで「血をもって最初にワルシャワの再建を始めた人々を忘れない」と刻みこまれている。だが、これはワルシャワ蜂起やベルリンク部隊の支援行動を直接に記念したものではなく、「工兵を讃える」モニュメントとして一九七五年五月八日、第二次大戦終結三〇周年を記念してつくられたものである。ドイツ軍が一九四四年九月一三日にヴィスワ川に架かる橋をすべて爆破し、右岸に数多くの地雷をしかけたのを、一九四五年一月にソ連軍がワルシャワを解放した際に、多数のポーランド人工兵が地雷の除去作業で貢献したことを記念している。六本の高い角柱は地雷の破裂を象徴するものらしい。

川沿いに向かって歩く。ソレツ通りの少し手前、ユゼフ・スタネク神父通りとの角の緑地に四角い記念碑が一つぽつんとあって、「祖国の自由のために斃れたポーランド人の血で清められた場所。一九四四年九月一八日、ナチスが蜂起側の病院で六〇人のポーランド人負傷者を射殺」と刻んでいる。

河岸にでるため、沿岸自動車道路下の地下道への階段を降りて潜ってゆくと、出口のすぐ目の前にベルリンク部隊による渡河作戦での兵士群像を描いたレリーフが目にとまる。川の流れを連想させる横長の矩形の中に、背をかがめてボートの櫓を漕いでいる兵士、低い姿勢で銃を構える兵士たち、苦しげな表情で斃れる兵士、それに女性兵士の横顔も見える。

河岸に上り出てすぐ目の前にするのは、正方形で大きく銀色で枠取りした前述の平たい記念碑で、ポーランド軍第一軍団のヴィスワ渡河作戦を直接的に記念し、「祖国の自由のために斃れた英雄たちを讃える」ものである（写真）。一九四四年九月一五日から一六日、一六日から一七日、一七日から一八日にかけての三夜、ポーランド軍第一軍団第三歩兵師団第九連隊の兵士たちがこの場所に上陸した。兵士たちは左岸の国内軍・ラドスワフ部隊と連携して橋頭堡の拡大をはかったが結局は不首尾に終わった。

ヴィスワ川の源から五一一キロ地点を示す立て札の近くにある銀色の平たいその正方形の記念碑。一辺が二メートル以上あるだろうか、かなり大きい平面なので読むのがむずかしいが、その浮き出し文字は以下の通りである。

「一九四四年九月一六日から二三日まで、この川沿いで、ポーランド軍第三歩兵師団がソ連軍の火砲と空軍の支援のもとに、戦うワルシャワ人民に対する援助を急ぎ、ヴィスワ渡河を強行したあと、ナチスの優勢な軍事勢力と厳しい戦闘を

交えた。二〇五六人のポーランド軍とソ連軍の兵士と将校、チェルニャクフとソレツの蜂起兵一〇〇人が勇敢な死をとげた。祖国の自由のために斃れた英雄たちの栄誉をたたえて。」

記念碑は「ポーランド軍とソ連軍」の犠牲者を「二〇五六人」とし、左岸の蜂起部隊の犠牲者を「一〇〇人」としていて、その数字のアンバランスとともに、「ソ連軍の火砲と空軍の支援」がとくに強調されているようにも思え、記念碑制作の意図というものも感じられる。

記念碑のすぐ向こうはヴィスワ川がゆったりと静かに流れている。岸辺には小舟が何艘か繋いである。そして対岸には濃い緑色の森林の帯、さらにその奥にはサスカ・ケンパ地区の高層住宅が建ち並んでいる。アンジェイ・ヴァイダ監督が映画「地下水道」で描いたモノクロームの光景が重なる。

ヴィスワ渡河作戦のモニュメントがもう一つあると聞いた。それはチェルニャコフスカ通りを南下し、左折してバルティツカ通りを東に進み、ヴィスワ川に向かって左折して入る小さなロヂンコヴァ通りにある。広くはない道路の片側にはこざっぱりとした低層住宅が並び、反対側はこんもりとした森になっている。その道路の突き当たり、ヴィスワ川の源から五〇九キロ地点とされる場所にそのモニュメントはある。横長の石壁の前に「祖国の自由のためポーランド人が戦った場所」と刻んだ記念碑である（写真）。その下には「一九四四年九月、蜂起したワルシャワに対する支援にかけつけて上陸したポーランド第一軍の英雄的な兵士たちがここで戦った」と刻んでいる。記念碑の左側には真っ白い剣が二丁、右側にはこれも真っ白な鷲が石壁にとりつけられている。人影はないが記念碑の前に供えられた赤や黄色の花は鮮やかだ。

蜂起部隊の抵抗拠点
――ヴィラノフスカ通り

ヴィラノフスカ通りは、東はヴィスワ川沿岸を走るソレツ通りにほぼ直角に出会い、西はチェルニャコフスカ通りとオクロンク通りの角に至る。蜂起中、同通りの偶数番地側は住宅アパート、奇数番地側は工場建物だったらしい。

ヴィラノフスカ通り六／一六番の街路表示の建物には、クルィスカ部隊とラドスワフ部隊がチェルニャクフ地区防衛での最後の抵抗闘争で果たした役割を讃えた記念プレートがある。一九八六年にとりつけられたものである。

「両部隊はポーランド軍第一軍団・第三師団の上陸兵士たちとともに、一九四四年九月二三日の一昼夜を通し、当時ヴィラノフスカ通りの向かい側にあったチェルニャクフの最後の保塁を防衛した。この戦闘は、五三日間に及んだドイツ占領者との英雄的なチェルニャクフ地区の戦いのすえに終わった。一九八六年、ワルシャワ。」

このプレートの向かい側にあるヴィラノフスカ通り一番の五階建ての建物が蜂起部隊の「上チェルニャクフ」における文字通り最後の抵抗拠点となった。蜂起部隊は九月二〇日まででそこで抵抗を続けた。指揮官はゾシカ大隊のルィシャルト・ビャウォウス（イェジ）大尉で、敵の降伏勧告を最後まで拒否し続けた。建物は戦闘で大きく破壊されたが、戦後修復されてかつての面影を見ることはできる。

二〇〇九年九月、その建物の側面壁に横長の大きなストリート・アートを見た（本章扉写真）。左側に白と赤のヘッドバンドをつけたヘルメットの蜂起兵が二人とPWのシンボルマーク、右端には旧市街のポドヴァレ通りにある少年蜂起兵が白色を基調にして描かれている。真ん中の「ワルシャワ1944年」の文字の背景にワルシャワの建物がシルエットのように黒く描かれている。その上にやや小さな文字でこう書かれている。

「血塗られたわが町ゆえに、蜂起兵はここで武器をとった。彼らは自由をもとめて戦うため地下からすがたをあらわした。われらはその出自を誇りに思う。」

ヴィラノフスカ通り一帯での戦闘は九月半ばから激化した。九月五日にラドスワフ軍団がチェルニャクフの蜂起部隊支援に駆けつけていたが、ドイツ側の侵食が進んだ。九月一五日夜からヴィスワ川右岸からの支援部隊が渡ってきた。一六日、ヴィラノフスカ通り一八／二〇番にラドスワフ軍団司令部がおかれた。翌日、ドイツ側は同通り二二番の建物を激しく砲撃し、蜂起側はもちこたえたが、軍団司令部はヴィラノフスカ通り五番に移動した。ドイツ側は一八日朝から蜂起側の陣地に対していっそう激しい砲爆撃を加えるとともに近隣住民を多数殺害した。一九日から二〇日にかけて、ラドスワフ軍団の多数は地下水道を使ってモコトゥフ地区への脱出をはかる。二〇日朝からディルレワンガー部隊がヴィラノフスカ通りを総攻撃し、蜂起側は撤退をよぎなくされる。こうして、蜂起側の手中に残ったのはヴィラノフスカ通り一番の建物とソレツ通り五一／五三番の建物の二つだけになり、ラドスワフ軍団の残存部隊とクルィスカ軍団部隊、それにヴィスワ右岸から支援にきたポーランド軍第一軍団・第三歩兵師団の兵士がたてこもって応戦した。二二日、ドイツ側はこの陣地を最終的に一掃する作戦を開始し、翌日にはこれらを完全に制圧した。

スタネク神父とモッロの記念碑

ヴィスワ川近くの建物の前記記念プレートの向かい側の角地には、ＰＷのシンボルを台座にした大きな十字架を真ん中にして、チェルニャクフ地区での抵抗闘争に捧げられた三つの石の記念碑がある。背の高い十字架の前、ＰＷのシンボルのついた白い台座の上にある石碑は国内軍のクルィスカ軍団部隊で従軍神父として行動し、ナチスに絞首刑にされたユゼフ・スタネク神父を記念するものである。

「ユゼフ・スタネク神父、国内軍・クルィスカ軍団部隊の従軍神父。コードネームはルディ。一九一六年一二月四日生まれ。一九四四年九月二三日、ナチスによりこの場所で殺害された。」

蜂起における聖職者の役割はとくに大きなものがあった。ポーランドの一〇〇〇年の歴史において、ローマ・カトリック教会はつねに独立と自由の精神の源だった。国内軍には従軍司祭がいて蜂起部隊兵士と行動をともにし、かれらの信仰をささえた。「千年首座大司教」となったステファン・ヴィシィンスキ枢機卿も蜂起中は国内軍部隊の従軍司祭だった。スタネク神父のように抵抗と戦闘の結果、兵士とともに命を落とした聖職者は多い。

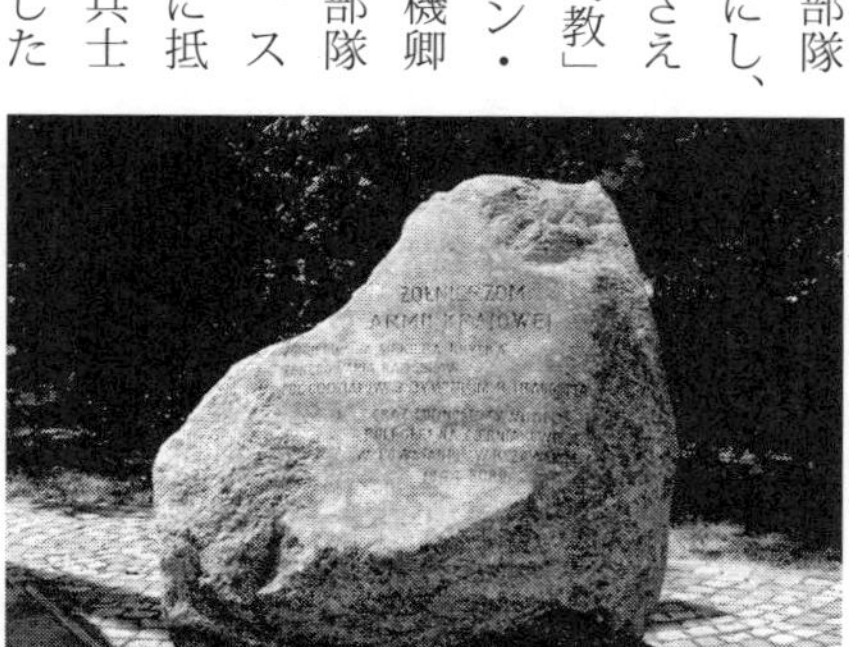

スタネク神父の記念碑の右側にある石碑は、クルィスカ部隊、ラドスワフ部隊、ロムアルト・トラウグット師団分隊兵士など、チェルニャクフ地区に斃れた人々を記念している（写真）。左側の石碑は、国内軍・ゾシカ大隊のルディ中隊指揮官、アンジェイ・ロモツキ（モッロ）（一九二三～一九四四）やブロダ五三旅団の兵士など、一九四四年九月に同地区で戦死した人々を記念している。ロモツキのコードネーム「モッロ」は本名の音節をひっくり返したものらしい。早くからスカウト運動のリーダーで国内軍の「灰色部隊」の指揮官、さらにはゾシカ大隊のルディ中隊指揮官となった。

ゾシカ大隊は国内軍でも最強部隊の一つで、ヴォラ地区、旧市街、チェルニャクフへと転戦した。モッロも緒戦のヴォラ地区から同大隊で戦い、ついで旧市街で戦い、旧市街が陥落したときには中央区へ脱出した。旧市街から中央区への強行突破に成功したのはゾシカ大隊の一部だけだった。多くの兵士が戦死したため、モッロがゾシカ大隊の指揮をとることになった。

一九四四年九月初め、旧市街の陥落で蜂起側の精鋭はチェルニャクフに移動した。同月半ば、ヴィスワ川右岸からポーランド軍第一軍団兵士による渡河作戦が始まる。このときに不幸な出来事が起きた。九月一五日朝、モッロは銃弾を胸に受けて死亡した。場所はソレツ通りとヴィラノフスカ通りが直角に交わる地点から少し北の川沿いあたりとされる。その北東からベルリンク部隊の兵士が上陸してきた。ちょうどそのとき、ドイツ側はソレツ通りなど北西側から銃撃を加えていた。味方に誤射されたとの説もあるようだが、その生命を奪った銃弾がドイツ側からのものか、それとも上陸してきたベルリンク部隊兵士からの誤射かどうかは分からない。当時遺体はソレツ通り六一番の三位一体教会の敷地に葬られた。一九四五年秋に遺体が掘り起こされて同教会に運ばれ、その後にポヴォンスキ軍人墓地に埋葬された。同志たちが彼の棺をかついでポヴォンスキ軍人墓地へ向かうときの写真が残っている。その中には、戦後の一九四八年に公安局に逮捕され、翌年にコシコヴァ通りの公安局建物（第七章「元公安省建物」参照）でミステリアスな死をとげたヤン・ロドヴィチ（アノダ）の姿があり、彼の後ろにはモッロの母親の姿が写っている。葬列はモッロが転戦したチェルニャクフ、旧市街、ムラヌフのゲットーの廃墟、オコポヴァ通りを通ってポヴォンスキ軍人墓地に向かったという。

国内軍、人民軍、ポーランド軍のためのオベリスクとスロヴァキア人部隊

ヴィラノフスカ通りの西端、チェルニャコフスカ通りとユゼフ・スタネク神父通りの角の緑地にあるのは、チェルニャクフで戦死した国内軍・クルィスカ軍団、チェルニャクフ地域の人民軍、ポーランド軍兵士、さらには同地域で殺害された一般市民を記念するオベリスクである。横長の大きな石を二段に積み、さらにその上に二つの石を柱にして横長の石をもう一つ積み上げたものである。

チェルニャコフスカ通りをわたって緑地公園に入る。そこはミロスワフ・イリング公園となっている。ポーランド人にしては変わった名前だと思ったが、やはりそれはポーランド人ではなくスロヴァキア人の名前だった。ミロスワフ・イリ

ング（一九一四～一九八五）はスロヴァキア系ポーランド人である。一九三九年のワルシャワ防衛戦にも参加し、ナチス占領下では国内軍とも連携しながら、スロヴァキア人のレジスタンス組織をつくった。一九四三年末にはスロヴァキア人独自の部隊として五三五小隊を結成し、ワルシャワ蜂起開始後は国内軍の司令部のもとにモコトゥフ地区で戦い、その後はチェルニャクフ地区での激戦を戦った。国内軍が白と赤の腕章をつけたのに対して、スロヴァキア人の五三五小隊は白・青・赤の腕章をつけた。イリングは戦後、国内軍のメンバーだったとして共産党政権から迫害を受けたという。

彼の名を冠した公園の大きな樹木の下にスロヴァキア人五三五小隊の記念碑がある。国内軍の司令部のもとにチェルニャクフ防衛のために戦ったスロヴァキア人兵士を記念する大理石の前には、卵を縦半分に割ったような形をした大きな石の記念碑があり、そこに五三五小隊兵士の名が彫りつけられている。

チェンストホヴァの聖母マリア教会
——ザグルナ通り

ヴィラノフスカ通りを西へ歩くとチェルニャコフスカ通りと出会う。チェルニャコフスカ通りを南東に進むと、こんどはザグルナ通り、さらにはグルノシロンスカ通りがある。このザグルナ通りとグルノシロンスカ通りのあいだ、ザグルナ通り五番になるのか、そこにチェンストホヴァの聖母マリア教会がある。大きくはないが現代的な様式の建物正面の塔にはチェンストホヴァのヤスナグラ修道院のマドンナ像がとりつけられている。また、壁面には重厚な記念プレートがあって、九月二三日のチェルニャクフ地区陥落まで死闘を繰り広げた蜂起軍部隊の名を大きなＰＷのシンボルマークの周りに隙間もないほどぎっしりと列挙している。その記念プレートの上にも、ヤスナグラ修道院のマドンナがモザイクで飾られ、下の壁には小さくくり抜いたなかに一発の銃弾が収められている。

この教会建物の壁にはもうひとつ注目すべきモニュメントがある。教会聖堂の明るい色の煉瓦壁の一部にやや錆びついた機関銃一丁がそのままに収められており、その周りには戦

闘に斃れた兵士たちの名、コードネーム、年齢、所属部隊名が彫りつけられた百数十個の煉瓦が敷き詰められているのである（写真）。

教会は一九七〇年代に建てられたものだが、その敷地は蜂起部隊がヴィスワ川を渡ってきたポーランド軍第一軍団兵士とともに戦った場所でもある。

チェルニャクフの丘
――バルティツカ通りから

ワジェンキ公園の東、南北を走るチェルニャコフスカ沿岸自動車道を下り、モコトゥフ地区に入ってすぐ東に折れてバルティツカ通りをさらに東に進むと左手には建築用品の量販店が見えるが、右手に見上げるのはチェルニャクフの丘である。現在のワルシャワ行政区画ではモコトゥフ地区の北端になる。両側を緑に囲まれて緩やかに曲がってゆく石段を十分ほど登ってゆく。登り道の両側には木の十字架が何本も立っている。数百本か、あるいは千本をこすのか分からない。上りつめてそこに見るのは、巨大なPWの錨形シンボルである（写真）。白い台座の裏側には王冠を戴いた鷲のついた記念プレートがある。国内軍兵士、ワルシャワ蜂起参加者、ワルシャワ市民の名において「一九三九年から一九四四年のあいだに殺害され戦死した人々を記念」している。

チェルニャクフの丘は自然のものではない。ナチス占領者により破壊されたワルシャワ中の建物の瓦礫が戦後の一九四六年から一九五〇年までの期間に積み上げられ土が盛られてできたもので、「ワルシャワ蜂起の丘」ともよばれる。当時、その場所を破壊されたワルシャワを記念する場所とするプロジェクトが持ち上がったが、共産党（統一労働者党）政権のもとでは実現することはなかった。長くはげ山だったそこにワルシャワ蜂起の記念碑が建つのは四十数年の後だった。ワルシャワ蜂起五〇周年の一九九四年にようやく、その巨大な錨が建てられた。プロジェクトの中心はワルシャワ蜂起にも参加した建築家、エウゲニュシュ・アイェフスキ（コトファ）である。いかにも重量感あるPWの錨形のシンボルは一五メートルの高さはある

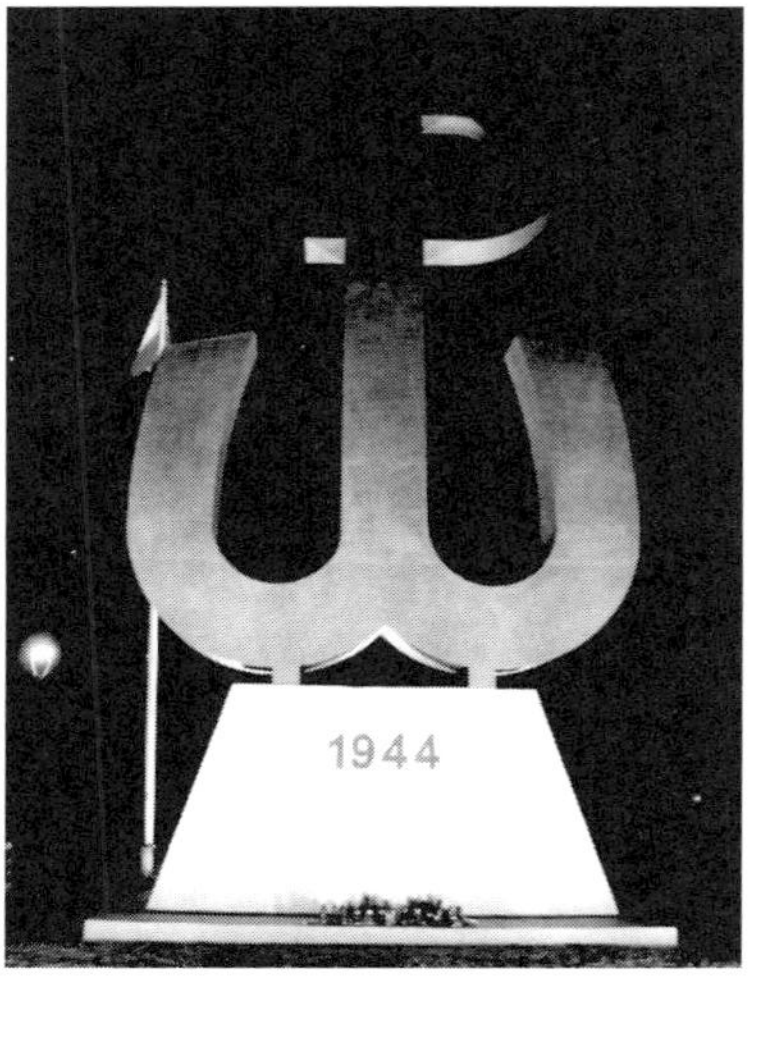

だろう。台座を入れると二〇メートルちかくなるかもしれない。その周りは三六〇度、ワルシャワの町を遠くまで見渡すことができる。やはり一際高いのが文化科学宮殿やマリオット・ホテルである。

　毎年、蜂起が開始された日の八月一日から終止符が打たれた日の一〇月二日まで、その記念碑の背後でワルシャワ蜂起の記憶を絶やさぬようにと薪の炎が昼夜を分かつことなくずっと燃え続けている。

ナザレ修道院
――チェルニャコフスカ通り

　ヴィラノフスカ通りがヴィスワ川の沿岸でぶつかるのはソレツ通りというハイウェーで、それはチェルニャコフスカ通りと名を変えて一路南へと向う。そのハイウェーはワジェンキ公園の南端の東側でノヴォシェレツカ通りと交差するが、現在の行政区画ではそのあたりがシルドミエシチェ南とモコトゥフの境界になる。ナザレ修道院があるのはチェルニャコフスカ通り一三七番で、まさにそのノヴォシェレツカ通りとの角地である。修道院には一般教養のための中等学校（ギムナジウム）が併設されている。灰色の煉瓦造りの一部に紅葉が這い始めた美しい建物はひっそりと静まり返っている。だがその壁のあちこちに見てとれるのは間違いなく銃弾が撃ち込まれた跡である。修道院建物は戦闘で大きな被害を受けた。

一九六七年から前記のように学校が併設開校された（写真）。

　蜂起開始前、建物はドイツ軍に占拠されて、その重要拠点となっていた。八月二六日夜から二七日にかけて蜂起側の攻撃が始まり、建物一階部分を占拠する。ドイツ側は階上から蜂起側に反撃する。蜂起側はドイツ側を徐々に追い詰めて、ついに修道院を制圧する。スタニスワフ・カミィンスキ（ダニエル）指揮下のバシュタ連隊の二中隊が修道院を奪取し、尼僧や負傷者を保護した。蜂起兵はホールで重病人が多数射殺されているのを発見した。占拠したバシュタ連隊はモコトゥフ地区にもどっていった。かわってグスタフ中隊が進駐してきたが、ドイツ側による再占拠直前の三〇日に修道院を去った。翌日、約五〇人の修道女と十数人の老人たちが建物を離れた(8)。

ギムナジウムの門は閉じられているが、建物正面の壁には一九九六年に掲げられた大理石の記念プレートがあって、以下のように刻まれている。

「一九四四年八月二七日と二八日の両日、中央区への突破をはかるモコトゥフの蜂起部隊に対抗するドイツ軍の主要拠点は、国内軍（AK）・バシュタ連隊の二中隊――B3とK1の兵士によって奪回された。」

また、ギムナジウム名の下に据えられた記念プレートは一九三九年から一九四五年までのあいだに斃れた修道院学校の教師と生徒に捧げられたもので、その横にはナザレと彫りつけられた十字架がある。

ナザレ修道院は一九二六年に建設された。一九三九年九月のナチス・ドイツに対するワルシャワ防衛戦でポーランド軍部隊の出撃拠点となり、負傷者や焼け出された人々の避難場所になった。建物は「ナザレ修道院要塞」ともよばれた。同年九月二八日にワルシャワが陥落すると、中央保護協会（RGO）のセンターがおかれた。一九四四年二月、ドイツ占領当局に接収されて、ハンガリー人兵士の野戦病院に使われた。八月一日の蜂起開始時、蜂起側は修道院奪取を図ったが、ドイツ側の強力な戦力の前に成功せず、カバツキとホイノフスキの森へいったん退却した。修道院には蜂起開始当初から蜂起側、ドイツ側双方の負傷者が多数運び込まれて野戦病院となっていた。修道院の敷地には死亡者が埋葬された。修道院の近くには、シェルツェとチェルニャクフをつなぐ地下水道の入口もあった。（地下水道地図⑮）

詩人、バチィンスキの住居
――ホウォフコ通り

ナザレ修道院のあるチェルニャコフスカ通りが交差するノヴォシエレツカ通りを南西に下り、こんどはポトホロンジフ通りを南下するとすぐ左手にタデウシュ・ホウォフコ通りがある。閑静な集合住宅の裏の駐車場をぬけてゆくと、ホウォフコ通り三番の表示のついたコンクリートの門柱の建物があり、白壁には劇場広場の戦闘でドイツ軍のスナイパーの銃弾に斃れた若き詩人、クシシュトフ・カミル・バチィンスキの記念プレートを見る。

クシシュトフ・カミル・バチィンスキは一九二一年、文芸批評家で作家、ポーランド軍の兵士でもあったスタニスワフ・バチィンスキと教師だったステファニャ・ジェレィンチクのあいだに生まれた。母は熱心なカトリック教徒だったが、キリスト教への同化ユダヤ人の家系だった。クシシュトフは、シュフ大通りとマルシャウコフスカ通りが交わるルブリン合同広場近くのバガテラ通り一〇番で生まれ、当初はそこに住んでいた。一六世紀の国王ステファン・バトルィ（一五三三〜一五八六）の名を冠したギムナジウムに学び一九三九年に卒業した。その同級生には、のちにボーイスカウト「灰色部隊」の指導者となるヤン・ブィトナル（ルディ）とタデウシュ・ザヴァツキ（ゾシカ）がいた。ギムナジウム時代に社会主義青年組織・スパルタクス *Spartakus* に参加し、一九三八年に同組織の雑誌『シュチュシャワ』*Strzala*（矢）に詩を発表してデビューした。卒業後、ワルシャワ大学でさらに学ぼうとしていたが、戦争が勃発して果たせなかった。

クシシュトフはドイツによるワルシャワ占領中、ホウォフコ通り三番に住んでいた。一九四〇年にワルシャワ・ユダヤ人はゲットーに閉じこめられたが、彼は母とともに「アーリア」地区にとどまった。一九四二年から四三年にかけて地下のワルシャワ大学に学び、『プウォミエニェ』*Plomienie*（炎）、『ドロガ』*Droga*（道）などの地下出版物の詩部門のリーダーとして活動した。一九四三年七月、国内軍のゾシカ大隊に加わり、レジスタンス活動に専念するようになる。この間、一九四二年七月にバルバラ・ドラプチィンスカと結婚した。ワルシャワ蜂起が始まると、パラソル大隊で戦ったが、一九四四年八月四日、ドイツ軍の占拠する大劇場と蜂起軍の支配するブランク宮殿の間で戦われた劇場広場の戦闘中、午後四時頃、ドイツ軍のスナイパーの銃弾を受けて死亡した。若くして抵抗に斃れた詩人と、わずか一ヵ月後の九月一日に死亡した妻、バルバラの墓はポヴォンスキ軍人墓地にある。

二〇〇八年九月、ホウォフコ通り三番の街路表示のある集合住宅は一部が改修中だったが、外塀の濃い灰色の記念プレートにはバチィンスキの顔の額、目、鼻、口元をとくに浮き出させたレリーフがほどこされ、「詩人であり国内軍の兵士でもあったクシシュトフ・カミル・バチィンスキ（一九二一〜一九四四）が一九三六年から一九四四年までこの建物に住み、そこから蜂起に出かけた」と記している。この記念プレートは一九八九年にとりつけられたものである。タデウシュ・ホウォフコ（一八八九〜一九三一）はユゼフ・ピウスツキのサナツィヤ・ブロックを支持した政治家である。

カティン博物館——チェルニャクフ要塞

ナザレ修道院の前の広い車道、チェルニャコフスカ通りをさらに南東方向に進んでゆくと、その名はポフシィンスカ通りと変わり、サディバとよばれる地域にカティン博物館がある。現在のワルシャワ行政区分では、そのあたりはまだモコトゥフ地区で、すぐ先はヴィラヌフ地区に入る。

カティン博物館があるのは、かつての要塞跡地である（写真）。いまはチェルニャクフ要塞といわれるが、もとはワルシャワ・ツィタデラ要塞の外輪として一九世紀にロシアのツァーリが造ったものである。ポーランドが一九一八年に独立を回復すると、国歌（ドンブロフスキのマズルカ *Mazurka Dąbrowskiego*）でもその名が知られるヤン・ヘンルィク・ドンブロフスキ将軍（一七五五〜一八一八）の名がつけられて、ドンブロフスキ要塞とよばれ、大量の砲弾貯蔵庫としても使われた。ポーランドでも最大級のその要塞は幅広い外壁に囲まれて、数多くの砲台が据えられた。一九三九年九月、ナチス・ドイツの侵攻に対するポーランド軍の首都防衛拠点となり、激しい戦闘が繰り広げられたが同月二六日に陥落した。一九四四年のワルシャワ蜂起開始時、要塞にはドイツ側守備隊が駐屯していて、蜂起部隊とのあいだで激しい攻防が繰り広げられ、サディバ地区の戦場の要となった。八月一八日から九月一日まで、チェスワフ・シュチュデウェク（ヤシュチュル）指揮下の国内軍第五地区のオアザ大隊がサディバ地域を支配して司令部をおいたが、九月一日の一〇時三〇分、ドイツ軍の砲爆撃を受けて司令部は崩壊し、蜂起部隊は要塞から南へ撤退した。

　カティン博物館の外観は街中で見かけるミュージアムとは趣をまったく異にする。長く続く大きな砲塁の下はレンガ造りの格納庫なのか、その前に戦車が何台も並んでいる。その格納庫の一部が博物館に使用されているようだ。煉瓦の壁には記念プレートがいくつかあって、その一つ、両側にポーランド国旗が掲げられた楕円形のプレートにはこうある。

「ヤン・ヘンルィク・ドンブロフスキ将軍記念・チェルニャクフ要塞。一九三九年九月一七日から二六日、ポーランド人兵士の血がほとばしった。コンスタンティ・ズビイェフスキの指揮の下、ワルシャワ防衛第三六〇歩兵連隊第二大隊兵士、ステファン・スタジィンスキ市長の呼びかけで結成された志願兵第二大隊、オルドナ記念大隊、O.W. 労働者大隊が要塞を防衛した。彼らは最後の一発まで戦い続けた。」

記念プレートはさらにその下に一九四四年のワルシャワ蜂起に関しても記している。

「一九四四年八月一八日から九月二日まで、戦うサディバの心

臓部だった。国内軍第五地区・オアザ第五区域。一九四四年九月一日、この心臓は停止してしまった。」

また、別の記念プレートには九月一日午前一〇時三〇分の爆撃で死亡したオアザ大隊兵士の名が刻まれている。

カティン博物館の開設は一九九二年一二月に決定され、一九九三年六月末にポーランド軍事博物館（国立博物館の隣にある）の分館として開館された。もちろん、博物館の意図は一九四〇年春のソ連による残虐行為に関して、スモレンスク近くのカティンの森で殺害されたポーランド人将校だけを記念しようというのではなく、コジェルスク、オスタシュクフ、ミエドノイエ、スタロビェルスク、ハルクフの収容所に拘束されて殺害された将校、兵士、民間人をも包含するものである。「カティン」はそうしたソ連の犯罪行為全体の象徴なのである。

ポーランド人将校たちの処刑・抹殺は一九四〇年三月五日のソ連共産党政治局の決議によるものとされる。ラヴレンティ・ベリアは同日付でスターリンに宛てた「覚書」で、NKVDの収容所に拘束している多数のポーランド人将校や警察官らを「ソ連権力に対する憎悪に満ちた不倶戴天の敵」とし、「釈放されればすぐにも反ソ連活動に積極的に参加するだろう」と書いていた(9)。

一九四一年六月、独ソ戦が始まった。ナチス・ドイツ軍はスモレンスクとその周辺地域を占領する。一九四三年四月一三日、ベルリンからのラジオ放送が、スモレンスク近くのカティンの森で大勢のポーランド人将校の殺害遺体を発掘したことを報じ、翌日にはナチス占領下にあったポーランドでもそのニュースは伝えられた。積み重なった遺体の多くは後ろ手に縛られ、後頭部を撃ちぬかれていた。だが、ソ連側はその直後から一貫して、残虐行為がナチス・ドイツによるものと世界を騙し続けた。ソ連は戦後、国際軍事法廷（ニュルンベルク裁判）でも戦勝国の一員としての威を借りてカティン事件はナチス指導者に責任があると告発した。ゴルバチョフが事件の責任はNKVD（内務人民委員部）にあると認めたのは一九九〇年四月一三日のことである。一九三九年九月のソ連によるポーランドの旧東部領侵攻で拘束されたポーランド人将校たちが処刑されたのは、その翌年、一九四〇年春のことであったから、ソ連当局が残忍な犯罪を自らの行為として認めるまでに実に半世紀が経過していた。ソ連当局はポーランド検事総長の調査要求に応じて、ポーランド人将校らの処刑がNKVDの仕業であることを認め、大量埋葬地の存在を明らかにし、ロシア当局は一九九二年に初めて、虐殺に関する公文書の閲覧を認めた。前記の一九四〇年三月五日の政治局決議が公表されたのもこの年だった。

カティン博物館は一九三九年八月二三日の独ソ不可侵条約

と秘密議定書にもとづく「ポーランドの第四次分割」に関する展示から始まる。展示によると、同年九月一七日のソ連侵攻の結果、約二三万人のポーランド軍人がソ連軍の捕虜となった。一〇月、NKVDの長、ベリヤの命令で、そのうち一万五〇〇〇人の将校たちはコジェルスク、オスタシュクフ、スタロビェルスクなどの教会や修道院に設けられた収容所へ移送された。彼らは身を刺す寒さと食料不足に耐えるが、その命はあと半年しかなかった。翌年春、処刑が始まった。毎夜、二五〇人から三〇〇人、一分半から二分ごとに一人が銃殺されていったという。アンジェイ・ヴァイダ監督は二〇〇七年に製作した映画『カティン』(*Katyń*, 2007)で、まさにその戦慄の光景を映像化している。

カティン博物館の資料によると、スターリンらが死刑執行に署名したポーランド人は二万一八五七人。そのうち一万四七三六人はコジェルスク、オスタシュクフ、スタロビェルスクの収容所の捕虜、あとの七〇〇〇人は他の収容所の捕虜だった。捕虜となった将校たちとその家族のあいだでは一九四〇年四月頃まで手紙のやりとりがあったが、それ以降は完全に途絶えた。当時、ロンドンにあったポーランド政府は早くから「行方不明」のポーランド軍将校らの所在をソ連側に照会していたが、スターリンは「もう解放されているはずだ」などとポーランド国民を瞞着するばかりだった。遺体が発見され、ポーランド政府が国際赤十字に真相の究明を求めようとすると、ソ連政府は「ナチスのプロパガンダ」にのるものとしてポーランド政府を激しく非難して外交関係を断絶した。ポーランドの人々は「カティン」がソ連による犯罪であることを疑わなかったが、戦後の共産党(ポーランド統一労働者党)政権下ではその責任を問うことはタブーだった。

一九九一年夏、ソ連当局はいくつかの処刑場での発掘を認めた。ミェドノイェとハルコフで犠牲者の持ち物が多数発見された。ミェドノイェでは二四三遺体、ハルコフでは一六九遺体が発掘され、そのうちおよそ一〇〇遺体の身元が判明した。博物館には、軍人や警察官のバッジ、ぼろぼろになった制服、ボタン、メダル、カップ、スプーン、ナイフ、フォーク、眼鏡、身分証、手紙など数々の遺品が展示されている。

第九章　クルリカルニャ、モコトゥフ行進曲、モコトゥフ刑務所——モコトゥフ

国内軍のバシュタ連隊を記念するオベリスク（ドレシェル公園）

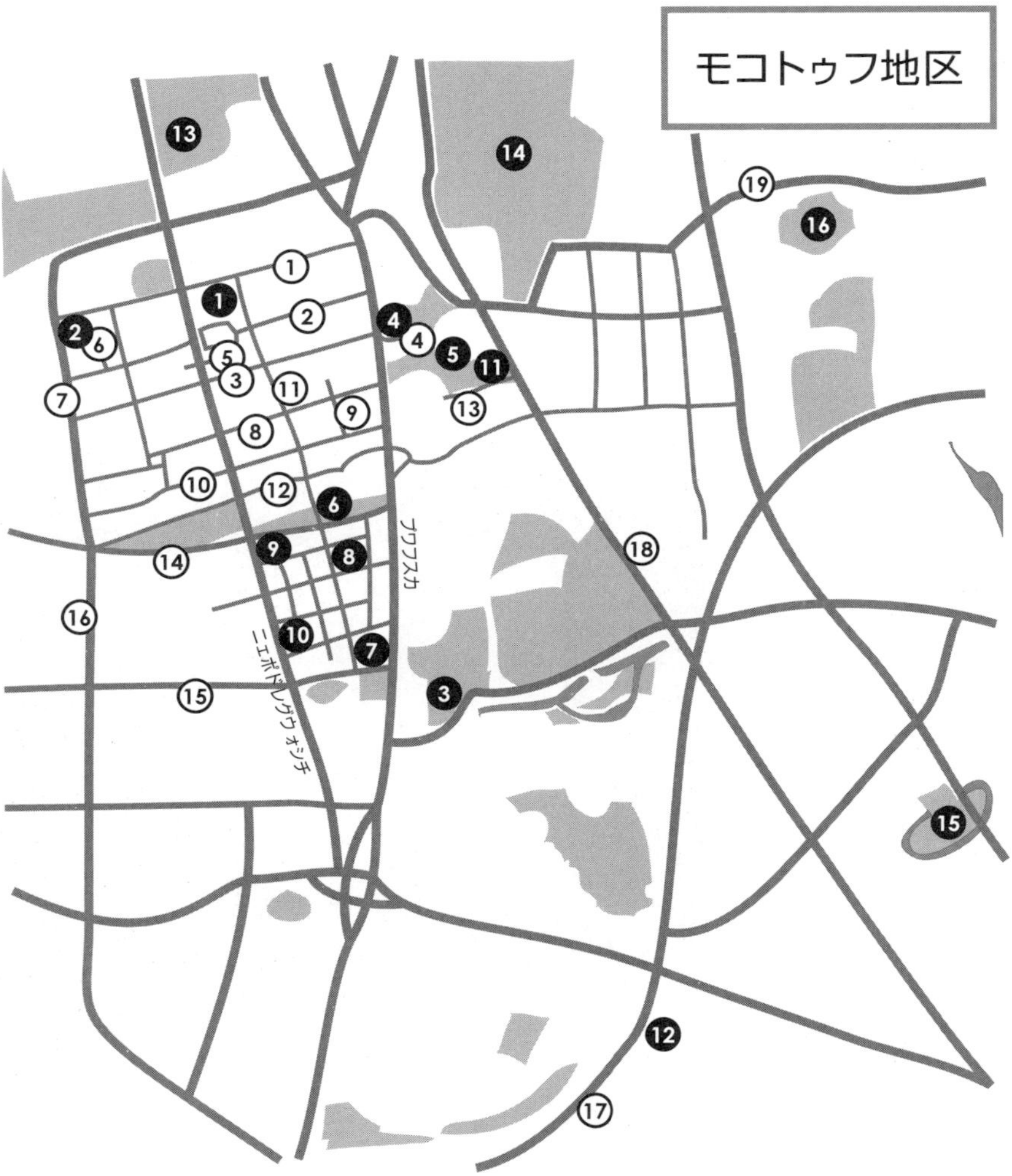

通り名

1 ラコヴィェツカ　2 ナルブット　3 マダリィンスキ　4 ドヴォルコヴァ　5 リゴツカ　6 ファワト　7 ボボラ　8 ドンブロフスキ　9 バウツキ　10 ヴィクトルスカ　11 カジミェショフスカ　12 ラツワヴィツカ　13 プロメナダ　14 オディニェツ　15 ヴォロニチ　16 ヴォウォスカ　17 ドリナ・スウジェヴィェツカ　18 ヤン・ソビェスキ　19 バルティツカ

スポット

1 モコトゥフ刑務所　2 イエズス会教会　3 クルリカルニャ・アルカディア公園　4 地下水道脱出蜂起兵の処刑場所　5 モルスキェ・オコ公園　6 ドレシェル公園　7 ヴォロニチ通りの学校　8 エルジュビェタネク修道院　9 元「アルカザル」蜂起拠点　10 元「プデウコ」蜂起拠点　11 マグネト要塞　12 聖カタジナ教会　13 ポレ・モコトフスキェ　14 ワジェンキ公園　15 チェルニャクフ要塞（カティン博物館）16 チェルニャクフの丘

モコトゥフ地区と蜂起

モコトゥフ地区はシルドミェシチェの南に位置し、現在の行政区画ではモコトゥフ、ヴィェジュブノ、ヴィグレンドゥフ、スウジェヴィェツ、シェルツェ、チェルニャクフ、サディバ、クサヴェルフなどをふくむ広い地域である。一六世紀には裕福な貴族、バルィチクフ家が居住地域を広く所有していた。一八世紀末に建設産業が発展し、一九一六年にワルシャワに編入された。第一次、第二次の両大戦間期に学校、病院、社会施設が多くつくられて急速に発展し、主要な道路として南北を走るプワフスカ通りが敷かれ、モコトゥフ公園なども造成された。戦後間もなく、サディバ、ステグヌィ、スウジェフなどに大規模団地がつくられた。ワルシャワ市内中心部へ出るのにも便利で、地下鉄の建設も一九八〇年代半ばにモコトゥフから建設が始まった。スウジェヴィェツには多くの企業、工場、大型店などがあって、雇用の中心的存在となっている。ワルシャワ大学や工科大学の研究施設をはじめ、教育施設も多い。

一九四四年蜂起のとき、モコトゥフ地区はワルシャワ管区第五地区とされ、ドイツ側が南から首都中心部を攻め上がるのを阻止する防衛拠点だった。モコトゥフ地区にはドイツ軍、親衛隊兵士だけでなく、かなり多数のドイツ民間人が住んでいた。またこの地域は「シルドミェシチェのようにアパートのブロックが並ぶ地域ではなく、もっと大きく広い地域で、ワルシャワの富裕層の所有する屋敷があり、概ねどの屋敷も庭に囲まれていた。」[1]

一九四四年蜂起の緒戦、蜂起部隊は、ルドヴィク・ナルブット通りの南、ニェポドレグウォシチ（独立）大通りの東側になる上モコトゥフ（モコトゥフ・グルヌィ）と、ワジェンキ公園の南端にあるポトホロンジフ通りの南、チェルニャコフスカ通りの西側にあたる下モコトゥフ（モコトゥフ・ドルヌィ）の主要地域、さらにはその南東のサディバを制圧した。蜂起部隊が蜂起開始直後の八月二日、いちはやく占拠したのはヤン・パヴェウ・ヴォロニチ通りの学校で、相当量の武器、弾薬を確保した。ドイツ側は民家に放火して市民を虐殺した。ヨアンナ・ハンソンによると、八月四日の時点でのモコトゥフ地区の前線は「北はプワフスカ通りと交差するシュストラ通り、東はベルヴェデルスカ・ソビェスキ通りとプワフスカ通りの間のふくらんだ地域、南はヴロニチ通り、西はニェポドレグウォシチ大通り」[2]だった。モコトゥフ地区の蜂起軍制圧地域は当初、シルドミェシチェなど他の蜂起軍制圧地域からは孤立した状態にあったが、八月五日から六日にかけて、国内軍連絡将校のエルジュビェタ・オストロフスカ（エラ）が地下水道を通ってモコトゥフ地区へ到着するなど、蜂起軍司令部との連絡が回復した。

八月一三日夜、モコトゥフ地区蜂起部隊の主力だったバシュタ連隊が中央区への突破をはかろうとして進撃したが、敵の猛攻にあって失敗し、大きな損害を被った。一八日、国内軍ワルシャワ管区司令官のアントニ・フルシチェル（モンテル）は、ユゼフ・ロキツキ（カロル）中佐をモコトゥフ地区司令官に任命し、カロルの部隊は二二日夜から二三日にかけて地下水道を通ってモコトゥフ地区に入った。彼は部隊を下モコトゥフ、上モコトゥフに分割し、バシュタ連隊とともに蜂起部隊制圧地域の防衛にあたった。八月末からドイツ側の砲爆撃が激化し、とくに上モコトゥフが強力な砲火にさらされる。セヴェルィン・ゴシチィンスキ通りのエルジュビエタ修道女会病院や、ヘウムスカ通り一九番の病院では病院スタッフ、負傷者が多数殺害された。

九月に入り、ドイツ軍は上モコトゥフを中心に砲爆撃をさらに強化した。下モコトゥフでも激戦が続いた。一四日、ドイツ軍はオディニェツ通りとニェポドレグウォシチ大通りの角のアルカザル要塞を空爆したが、蜂起部隊も拠点を死守する。しかし、ドイツ軍は翌日、下モコトゥフに総攻撃をかけ、蜂起部隊はシェルツェ地区を撤退して上モコトゥフへ退却した。ドイツ側は下モコトゥフのほとんどを制圧し、ワジェンキ公園の西側から南西に走るベルヴェデルスカ通りがモコトゥフの防衛線となった。サディバでは二日にドンブロフスキ要塞が陥落し、中旬には同地区全体がドイツ側制圧下に入った。

ハンソンによると、モコトゥフ地区でも蜂起開始直後、住民は熱狂したが長くは続かなかった。それはおそらく、この地区には庭のある広い屋敷を所有する富裕層が多く住んでいたことにもよるもので、ハンソンは同地区における階層間の対立について記したヤン・ドブラチィンスキの報告を引用している。ドブラチィンスキはスタレミャストの国内軍情報宣伝局（BIP）局長代理で、九月六日に地下水道でモコトゥフ地区に入り、現地の様子を見た。「上モコトゥフの金持ちでインテリの人々と、下モコトゥフの労働階級の間には潜在的な対立があった。後者はポヴィシレ地区での戦闘によって、上モコトゥフへの避難をよぎなくされた。双方の反感は日に日に強まり、軍隊が働けるものにはだれにでも課したジャガイモ掘りなどの労働によってもその対立は増幅された。労働をのがれたりするものがいると、対立、言い争いが起こり、当局に対する不満ともなった。概して、上モコトゥフの人々は国内軍に批判的で、蜂起は必要なかったなどとずっと言っていた。こうした人々は一戸建ての屋敷の所有者で、自分の財産が破壊されるのを恐れていたと思われた。他方、下モコトゥフの住民はすでに自分の家も破壊されており、まだ破壊されていない財産を無断借用して使ったりし、ボルシェヴィキの侵略があるぞと脅したり、ボルシェヴィキがやがてブルジョアジーを片付けてくれるといった雰囲気をかきたてていた。」(3)

一方、モコトゥフの食料供給状態は蜂起期間中のワルシャワのなかではジョリボシュ地区を別とすれば最良だったという。モコトゥフ地区では広い畑や庭園からジャガイモ、キャベツ、トマトなど新鮮な野菜だけでなく、果樹園からはブドウなども手に入ったが、こうした食料を入手するにはドイツ側の砲火をくぐらねばならず、その間に命を落とす人もあった(4)。それでも九月半ばになると、食料事情も悪化して他の地区と同様に飢餓に苦しんだ。水不足や電気の供給については他地区と同じ状況だった。井戸も多数掘られた。衛生状態も悪化し、修道院などに設けられた病院ではベッドやシーツ、医薬品や包帯も足りなくなった。

九月二三日、チェルニャクフの陥落により、ドイツ軍の集中攻撃目標はモコトゥフ地区に定められた。翌日早朝から、シュトゥーカによる急降下爆撃とともにロール将軍麾下のドイツ側部隊による総攻撃が始まった。モコトゥフ攻略にあたったのはドイツ軍第一九機甲師団と、それを補強する第七三歩兵師団、ヘルマン・ゲーリング機甲師団、ヴィーキング機甲師団などだった。

歩兵部隊は空爆、砲撃、機甲部隊のバックアップを受けて蜂起部隊制圧地域を侵食し始めた。クルリカルニャ宮殿が奪われ、プワフスカ通り一六二番の蜂起軍前進拠点も破壊された。ドイツ軍戦車は蜂起部隊をモルスキェ・オコ公園南のコンドゥクトルスカ通りまで追いつめた。モコトゥフ地区を防衛する国内軍部隊司令官、ユゼフ・ロキツキ（カロル）中佐はバウティク大隊、カルパティ大隊、オルザ大隊、オアザールィシ大隊の約二二〇〇人を指揮下においていた(5)。

カロル中佐は二人のソ連軍砲撃観測員を通じて、ヴィスワ川右岸のベルリンク部隊からの支援を求めたが実行されなかったという(6)。二五日、カロル中佐は国内軍総司令官、ブル＝コモロフスキに「状況は深刻。ソ連側砲撃の支援もなし」との短い電文を送る。カロル中佐は同日、民間人、負傷兵、兵士が地下水道を使って撤退することを決断し、翌二六日早朝、六時三〇分から、ヴィクトルスカ通り一四番のマンホールから地下水道でシルドミェシチェへの脱出が始まる。ドイツ側も地下水道を塞いだり、手榴弾、化学薬品、砂袋を投げ込んだりして妨害行動に出た。ワルシャワ管区司令官のモンテルはカロル司令官に宛てて「モコトゥフ地区死守」を命令する至急報を送ったがすでに遅く、第一〇歩兵連隊の地下水道脱出は始まっていた。このとき、ドイツ軍は蜂起部隊をルジナ通り、カジミェショフスカ通り、ウルスィノフスカ通り、プワフスカ通りで囲まれる小地域にまで追い詰めていた。

　ハンソンはこの脱出についてこう記している。「九月二六日午前六時、カロルはロンドン経由でシルドミェシチェの国内軍司令部に次の報告を送った。『軍内にパニックが起きており、白旗をだそうとの動きもあり、命令を実行しない指揮官もいた。私は、地下水道を使って徐々に撤退するつもりである。』」(7)カロルはモンテルから、負傷兵と民間人の地下水道による脱出の許可は得ていた。しかし、モンテルは部隊の撤退については頑強に認めず、その旨をカロルに伝えた。しかしカロルがそれを知ったのは、すでに脱出が始まっていてからだった。二六日夕刻、脱出はすでに始まっていて、マンホールの入口には大勢の民間人が押し寄せた。カロルは午後一一時一五分、地下水道に入り、翌日早朝六時に中央区にたどり着いた(8)。

　ジョージ・ブルースの記述はこうである。

「カロル大佐《ママ》は九月二六日夕刻までに部隊の損失がすでに七〇パーセントに達していると判断した。暫時停戦により約五〇〇〇人の市民がモコトゥフ地区を出て、プルシュクフの収容所へ向かった。明け方、ドイツ側が攻撃を再開したが、もはやカロルに抵抗は不可能と思われた。モコトゥフは九月二七日午後一時に降伏した。」「降伏直前、カロル大佐《ママ》と国内軍司令部の間で地下水道を通って中央区に脱出するプランについて意見の不一致があった。コモロフスキと参謀は、地下水道がもはや厳重に警戒されていてドイツ側に封鎖されているとして、この動きに反対した。彼は無思慮からくる損失を恐れた。しかし、九月二六日午後《マ》一一時《マ》頃、カロル大佐《ママ》の指揮の下に最初《ママ》の部隊がトンネルへの梯子を降りた」「トンネルの底のあちこちに溺れて死んだものの遺体があって足元を塞いだ。ドイツ側がこの脱出に気づき、マンホールに向けて発砲したり、手榴弾を投げ込んだりした。近くにいたものは死亡した。狭いトンネルのなかで混乱が起きた。多くの男女、とくに負傷者や弱者は足をとられておぼれた。より小さな側溝に逃れたものもいたが、地上に出ることはできなかった。」(9)

九月二七日、国内軍司令部は同地区でのドイツ軍による民間人大量殺害を恐れて、ドイツ側と降伏条件の合意に踏み切った。モコトゥフ地区の蜂起部隊兵士約一二〇〇人が捕虜となり(10)、民間人はプルシュクフの臨時収容所に送られることになった。ドイツ側は蜂起部隊兵士をジュネーブ協定に従って処遇すると保証したが、ドヴォルコヴァ通りでは約一二〇人が虐殺された。その多くは地下水道でシルドミェシチェ（中央区）に脱出できずにモコトゥフ地区へ引き返してきた蜂起兵だった。

クルィスティナ・クラヘルスカの住い――ファワト通り

シフィェントクシスキ橋のたもとにあるワルシャワ人魚像のモデルであり、ワルシャワ蜂起の有名な抵抗歌「若者よ、銃剣を着けよ」の作者でもあるクルィスティナ・クラヘルスカ（一九一四～一九四四）が住んでいた家が、モコトゥフ地区、ラコヴィェツカ通りを南に折れたユリアン・ファワト通り六番にある。いまはピンクがかった薄紫色の壁にその記念プレートがあって、彼女が一九三六年から三九年までそこに住んだことを刻んでいる。父親はポーランド軍将校のヤン・クラヘルスキで、叔母は社会主義的独立運動の活動家でユダヤ人援助評議会・ジェゴタの創始者の一人でもあったヴァンダ・クラヘルスカ・フィリポヴィチョヴァ（一八八六～一九六八）である。クルィスティナが生まれたのは現在のベラルーシ領だったが、ワルシャワ大学で地理や歴史を学んでいる。一九三六年から三七年にかけて人魚像の制作者で彫刻家のルドヴィカ・ニトスフのためにモデルをつとめた。その後、プワーヴィにも住んだが、一九四四年のワルシャワ蜂起では「ダヌタ」のコードネームで衛生兵として活動した。蜂起開始の八月一日、負傷兵を救援中に撃たれて重傷を負い、翌日死亡した。

モコトゥフ刑務所――ラコヴィェツカ通り

ワジェンキ公園、ベルヴェデル宮殿の南西あたりを走るのはラコヴィェツカ通りで、その三七番の表示がある大きな建物は戦前から今にいたるまで刑務所として使われている。「モコトゥフ刑務所」とも「ラコヴィェツカの刑務所」ともいわれるが、ポーランド史にしめるその役割と重要性は、悪名高い他の監獄・刑務所だったツィタデラ、パヴィヤク、アレヤ・シュハ、ダニウォヴィチョフスカのそれに十分比肩しうるものである（次ページ写真）。

この刑務所は二十世紀初め、ロシアの監獄として建てられた。一九一八年のポーランド独立回復後、一般刑法犯の刑務所として使用されたが、一九三九年にナチス・ドイツの占領が始まるとゲシュタポの重要な監獄の一つとなり、ポーランド人政治家やレジスタンス活動家、街頭で無差別に拘束された一般人までもが収容された。厳しい尋問や拷問が日常的に行なわれた。一九四四年八月一日、ワルシャワ蜂起が始まると、同刑務所は蜂起側の主要な攻撃目標となり、国内

軍が突入しておよそ三〇〇人を解放したが、完全に占拠するには至らず、反撃したナチス側が翌日に報復として刑務所内の五〇〇人を射殺したといわれる。

　モコトゥフ刑務所の暗い歴史は戦後も続く。一九四五年一月、ワルシャワはソ連軍により解放されるが、同所はソ連の内部人民委員部（NKVD）とポーランドの共産党である統一労働者党権力のもとで公安局の監獄と化し、ポーランド戦後史におけるスターリン主義時代（一九四五年〜一九五六年）の暗渠となる。そこに収容されたのはドイツの戦争犯罪人だけでなく、ソ連と共産党勢力の支配に抵抗し続けたポーランド独立地下運動の活動家たちで、過酷な尋問と拷問にさらされるとともに、公正な裁判もなく処刑が断行された。

　同刑務所で処刑されたなかにヴィトルト・ピレッキ（一九〇一〜一九四八）がいる。国内軍に属し、アウシュヴィッツ（オシフィェンチム）強制収容所に自ら潜入して地下抵抗組織を指導したことで知られる人物である。ピレッキは青年時代から第一次世界大戦、ポーランド・ソ連戦争（一九一九〜一九二一）に参加し、ナチス・ドイツとソ連のポーランド侵攻後の一九三九年一一月には、最初の地下運動のひとつでもある地下ポーランド軍（TAP）を組織して司令官となった。同組織はのちに国内軍に統合される。

　一九四〇年九月二二日、ワルシャワから一七〇五人の拘束者がアウシュヴィッツに連行された。パヴィヤク監獄の五六六人ら街頭での一斉検挙で捕らわれた人々である。そのなかに「トマシュ・セラフィンスキ」という偽名を使ったヴィトルト・ピレッキがいた。当時は地下ポーランド軍（TAP）の指導者で、設立間もない強制収容所の内情を探り、レジスタンスを組織するために意図して検挙されたのである[11]。ピレッキは同収容所内で囚人番号四八五九を「得て」、「軍事組織連合」（ZOW）を組織し、収容者たちを物心両面にわたって支えるとともに、外部からの支援のもとにキャンプを解放する下準備を工作した。一九四一年秋には、ヤン・カルチュ大尉がアウシュヴィッツの第二収容所・ビルケナウ（ブジェジンカ）にも入って組織を拡げた。ZOWは一九四二年春頃までに約一〇〇〇人のメンバーを組織したという。ピレツキとZOWは一九四〇年秋から、強制収容所の実態をロンドンの連合国に詳細に報告していたともいう。彼は連合国によるアウシュヴィッツ爆撃や、国内軍による襲撃を期待していたが実現せず、一九四三年四月二七日、他の二人の囚人とともに強制収容所を脱走した(12)。

一九四四年八月一日にワルシャワ蜂起が始まり、ピレツキは国内軍・フロブルィ二世軍団に加わった。同月三日にはスタルィンキェヴィチ広場のツーリスト・ビル奪取作戦の先頭に立って戦うとともに、トヴァロヴァ通りとパインスカ通り一帯での戦闘を指揮し、蜂起側拠点を二週間守り続けた。停戦・降伏協定でドイツ側の戦争捕虜収容所に送られた。

ソ連によるワルシャワ解放後、一九四五年七月、ピレツキはポーランド軍に加わって情報収集活動にあたり、ポーランド独立地下運動に対するソ連軍の迫害・虐待・流刑・処刑などについて証拠を集めていたが、一九四七年五月、ポーランド公安局に逮捕された。度重なる拷問のあと「西側のスパイ」として告発されて裁判にかけられ、一九四八年五月にラコヴィェツカ刑務所で処刑された。ピレツキに対する嫌疑は捏造によるもので、ポーランドの体制変革後、一九九〇年一〇月にその名誉は回復され、一九九五年には叙勲された。二〇〇三年には彼の裁判にかかわった検察当局者や関係者が「ピレツキ殺害」に関して告発されている。ピレツキに関する情報は一九八九年まで固く封印されてきた。

エミル・アウグスト・フィェルドルフ（一八九五～一九五三）も国内軍の指導者だが、「ナチ・ファシスト」のレッテルを貼られ、モコトゥフ刑務所で絞首刑にされた。青年時代からポーランド軍に参加した彼は一九三九年九月の首都防衛戦のあとフランスに逃れ、同地のポーランド軍部隊に合流した。一九四〇年、ロンドンにおかれたポーランド亡命政府の任務でナチス占領下のポーランドにパラシュート降下した。国内軍の破壊攪乱工作指導部「ケディフ」の司令官だった。一九四三年、極秘裡に「ニェ」NIE（ニェポドレグウォシチ（独立）の「ニェ」、否定の「ニェ」も意味する）の組織を準備し始める。その目的は赤軍によるポーランド占領を想定して地下運動の継続にそなえることであった。ワルシャワ蜂起後、国内軍は一九四五年一月一九日に解散される。彼はその後も地下組織「ニェ」の指導者として活動を続けた。同年三月七日、NKVDに逮捕・拘束されたが、そのときはまだ国内軍指導者とは発覚しなかったらしく、「闇屋」の一味としてウラルの労働キャンプに送られた。一九四七年にポーランドに送還されたあと、再び「ニェ」や「自由と独立」（WiN）の地下活動に参加した。一九五〇年に逮捕され、「反ソ活動」容疑で見世物裁判にかけられ、一九五三年二月に処刑された。

　この間、一九五一年三月、ポーランド公安局はモコトゥフ刑務所で共産党権力に抵抗していた地下組織「自由と独立」（WiN）第四次指導本部の次の七人の指導者を処刑した。ウカシュ・チェプリィンスキ、カロル・フミェル、アダム・ワザロヴィチ、ユゼフ・ジェプカ、ユゼフ・バトルィ、ミェチスワフ・カヴァレツ、フランチシェク・ブラゼイ。七人は一九四七年から四八年にかけて逮捕され、厳しい尋問と残忍な拷問を受けた。一方的な裁判は彼らを「裏切り者」「スパイ」「アメリカの従僕」として断罪した。そのうちの一人、チェプリィンスキ（一九一三～一九五一）はポーランド軍司令官として一九三九年九月の首都防衛戦を指揮した。一九四一年から四五年にかけては「武装闘争同盟・国内軍」（ZWZ-AK）のジェシュフ地区司令官、戦後の一九四七年には「自由と独立」（WiN）の最高指導者となる。

　ラコヴィェツカ通り三七番のその刑務所の正面部分は黄土色の壁と大きな建物から成るが、隣接するのは堅固で重圧感のあるコンクリートの高い塀で、遠い先まで長く続いている。そしてその灰色のコンクリート壁には同刑務所で処刑された人々の名がぎっしりと埋まった記念板が十一枚、肩を寄せ重なり合うように並んでいる。その上には「人民ポーランドの時代、この刑務所で殺害された」と大きな文字。その中心にあって左上角に十字架がはめこまれた記念板にはこうある。

「死と受難、記憶と愛しい人々、祝福によって救われた兄弟たちに捧ぐ」「共産主義のテロルの時代、神聖なる自由の事業のため、ＮＫＶＤとＵＢによって拷問され苦しめられた同胞に捧げる」「国内軍（AK）兵士を讃えて。」

　その記念板の周りの一〇枚の記念板には、同刑務所に拘束され、拷問され、処刑された人々の姓名と生年月日が隙間なく埋め尽くされている。

　刑務所の壁にはそのほかにも、社会党指導者、カジミェシュ・プジャク（一八八三～一九五〇）、国内軍情報宣伝部門の最後の責任者でジャーナリストだったカジミェシュ・モチャルスキ（一九〇七～一九七五）の記念プレートも掲げられている。プジャクは若い頃から社会党（PPS）の活動家で、一九〇六年にはロシア警察に逮捕されて一九一七年までシベリアに送られた。一九一八年に帰国して、イェンヂェイ・モラチェフスキ（一八七〇～一九四四）の政府に参加した。第二次大戦まで社会党の中央指導者として、ユゼフ・ピウスツキ（一八六七～一九三五）のサナツィヤ体制には反対したが、ポーランド共産党（KPP）の「人民戦線」にも反対した。一九三九年の首都防衛戦を戦ったあと、ナチス占領下で社会党系の地下抵抗組織を指導した。一九四五年三月、十五人の地下国家指導者とともにソ連からプルシュクフの屋敷へ誘い出されて逮捕され、モスクワに連行されて裁判にかけられた。その結果、「反ソ活動」の罪状により禁固一年六月の判決が下された。一九四六年にポーランドに帰還したが、今度はポーランド共産党当局に逮捕され、モコトゥフ刑務所で獄死した。

カジミェシュ・モチャルスキは一九四五年に逮捕され、「ゲシュタポに協力した」との嫌疑により死刑判決を受けた。彼は同刑務所で、ワルシャワ・ゲットー蜂起を鎮圧したワルシャワの親衛隊・警察司令官、ユルゲン・シュトループ（一八九五～一九五二）と同監房に二二五日間、拘留された。一九五六年、終身刑に減刑されてのちに名誉回復した。著書に「死刑執行人との対話」*Conversations with the Executioner* があり、シュトループという人物を知る重要な書物の一つとなっている。

もう一つのプレートは他の記念板とは異なる大理石のようで、劇作家で翻訳家でもあるレオポルト・スタッフ（一八七八～一九五七）の詩の一節が刻まれている。

彼らがわが心を良く言おうが悪しく言おうが、
私について言われることはすべて真実となろう

そしてその下にはこう刻まれている。

「一九四四年八月二日、水曜日、親衛隊部隊がモコトゥフ刑務所の鎮圧作戦を開始した。この間、六〇〇人の受刑者が殺害された。処刑執行人の残忍な行為に対する報復として、受刑者の一部が強い抵抗に決起し、モコトゥフ地区住民の献身的な援助により、自らを解放しワルシャワ蜂起に合流した。」

イエズス会建物での虐殺
——ラコヴィェツカ通り

ラコヴィェツカ通りとアンジェイ・ボボラ通りの角に一九八〇年から一九八九年にかけて建てられたイエズス会教会の聖アンジェイ・ボボラ聖所の現代建築がひときわ目を引く。アンジェイ・ボボラ（一五九一～一六五七）はイエズス会聖職者・殉難者で、すぐ近くの緑地には右手に杖、左手をかかげるその立像がある。さらにその前には黒く大きな十字架も立つ。そして聖ボボラ像の背後、教会の隣にあるのが修道院でもある「イエズス会修道士の家」（ラコヴィェツカ通り六一番）である。ローマ教皇のピウス十一世（一八五七～一九三九、在位一九二二～一九三九）により一九三五年に設立され、ボボラの遺物も同所に収められた。

一九四四年八月蜂起の二日目、そのイエズス会修道院がナチスによる惨劇の場となった。八月二日午前、ラコヴィェツカ通り四番に駐屯していたナチス親衛隊が侵入してきた。建物には修道士が二十数人のほかに近隣住民など数十人が避難していた。ナチスは上級司祭のエドヴァルト・コシボヴィチ神父（一八九五〜一九四四）に対して「修道院の窓からドイツ軍に発砲している」と難詰した。神父はそのような事実がないことを証明するため、ナチス側に院内を検査するよう求める。ナチス側は院内を見回り、同所に避難している人々を検査した。だが、彼らはコシボヴィチ神父を修道院の外に連行し、モコトゥフ競技場近くの庭園で射殺した。修道士と避難していた近隣住民は地下室に追いやられた。その後、地下のボイラー室に集まるよう命じられる。一人ずつ呼び出されて持ちものを検査され、貴重品を所持していると強奪され、別室に閉じ込められた。ナチスは扉を開けて発砲するとともに手榴弾の束を投げ込んで人々を殺害した。混乱のなかで脱出しようとした数人も射殺された。

惨劇はその日正午頃から午後五時頃まで続いた。その夕刻、蜂起部隊の従軍司祭だったフランチシェク・シマニャク神父が事態を知らずに礼拝堂にやって来て射殺された。ナチスがいったん引き揚げた間に九死に一生を得た数人が脱出した。ドイツ人がもどってきて、死体にガソリンをかけて焼いた。翌日、ナチスは修道院内のアンジェイ・ボボラ礼拝堂を破壊した。厨房に隠れていた五人が二日から三日にかけて脱出した。八月五日になって、この惨劇の様子は蜂起側の部隊にたどりついた修道士によって知らされた。八月二日の惨劇の犠牲者は司祭八人、修道士八人、一般市民二八人の合計四四人（建物の外に連行されて射殺されたコシボヴィチ神父をふくめると合計四五人）とされるが、五〇人以上とする説もある。

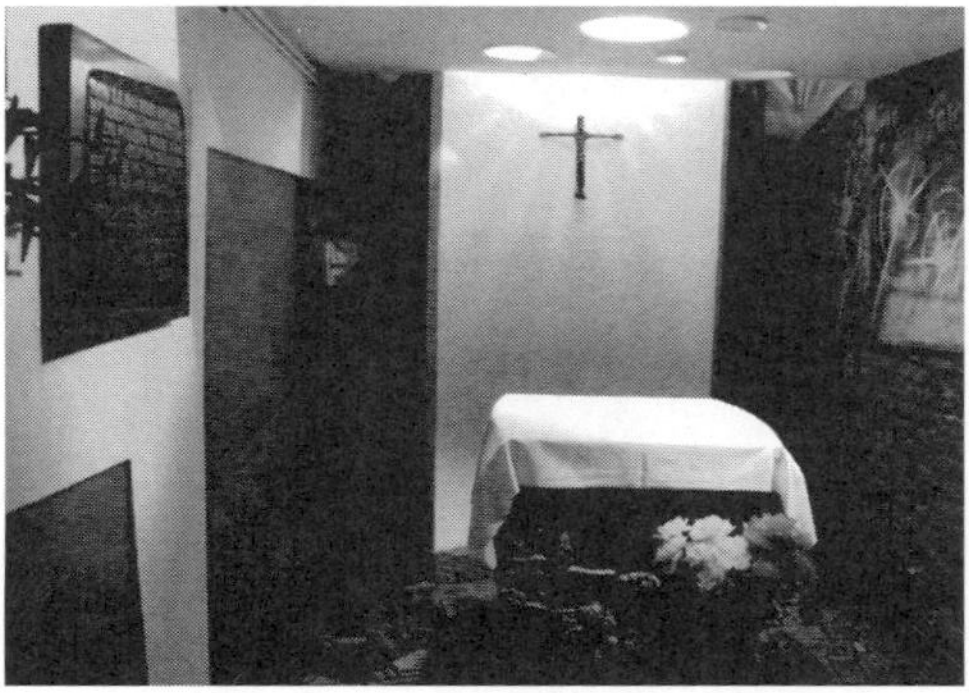

建物の地下、ボイラー室の隣の虐殺現場は受難者を記念するチャペルとなっている（写真）。戦後、犠牲者の遺骸が棺に納められて床下に埋められた。薄暗い明りの下に十字架。その前に白布をかぶせた台と赤と白の生花。右側面の煉瓦壁には受難を描いた絵画。左側面の壁には記念プレートがある。

「一九四四年八月二日、この場所でドイツ人が四〇人以上のポーランド人を殺害した。そのなかにはイエズス会聖職者が一五人いた。遺体は焼かれ、その灰が床下に眠る。」

そのほかにも、コシボヴィチ神父の遺体発掘や虐殺現場などの生々しい光景の写真をそこに見る。

現在、イエズス会神父のコレギウムが入っているその建物入口の左手、ボボラ通りの街路表示の下には、コンクリートの分厚い記念プレートが掲げられている。

「祖国の自由のために斃れたポーランド人の血で清められた場所。一九四四年八月二日、ナチスがこの場所で、四〇人のポーランド人を射殺して焼いた。」

ヤン・ブィトナル（ルディ）が逮捕された家——ニエポドレグウォシチ大通り

ラコヴィェツカ通りと十字に交差するニエポドレグウォシチ（独立）大通りをすこし南に下ったあたり、同通り一五九番に濃い灰色の古い建物が並ぶ中の弁護士事務所の小さな看板のある入口脇に、記念プレートがひとつかかげられている。

「灰色部隊の英雄、ヤン・ブィトナル（ルディ）がこの建物にかつて住んでいて逮捕された。彼は一九四三年三月二六日、兵器庫作戦でゲシュタポの手から解放されたが、同年三月三〇日、負傷がもとで死亡した。二一歳だった。」

前述のように、旧兵器庫はドゥウガ通りと現在のゲットー英雄通りの角にあるもので、一八世紀から一九世紀に何度も起きた独立武装蜂起でつねに戦略的に重要な攻撃目標になってきた。「兵器庫作戦」はポーランド・ボーイスカウトで組織した「灰色部隊」による大作戦で、同部隊のリーダーでコードネームを（ルディ）といったヤン・ブィトナル（一九二一年～一九四三）をゲシュタポ本部「アレヤ・シュハ」からパヴィヤク監獄への移送途中で奪還するというものだった。ルディはこの作戦で救出されたが、拘留中にナチス占領者から受けた虐待がもとで数日後に死亡した。作戦はワルシャワ蜂起の約一年半前に決行されたもので、ポーランド・レジスタンスの歴史のなかでも伝説的な事件となっている。

モコトゥフ行進曲——プワフスカ通り

現在のモコトゥフ地区の北東角に位置するのはルブリン合同広場で、オホタ地区からマルシャウコフスカ通り、ヤン・

フルィスティヤン・シュフ大通り、ポルナ通りが集まり、そこからプワフスカ通りがモコトゥフ地区を南下する。それを下ってアントニ・ユゼフ・マダリィンスキ通りと交わる信号のすこし先、プワフスカ通り五九番の建物の高い時計塔からは、毎日午後五時になるとモコトゥフ地区の蜂起部隊の讃歌でもあるモコトゥフ行進曲 ***Marsz Mokotowa*** のメロディーが流れてくる。午後五時というのはもちろん、ワルシャワ蜂起開始の「W時」(午後五時)を想起させるものである。モコトゥフ行進曲はワルシャワ蜂起最中の八月半ばに生まれたものとされ、モコトゥフ地区の戦闘を鼓舞した。歌詞はミロスワフ・イェジェルスキ(カルニシュ)、音楽はヤン・マルコフスキ(クシシュトフ)による。建物入口の記念プレートには、この二人がワルシャワ蜂起では、国内軍・バシュタ連隊の兵士であったことを記している。この記念プレートはモコトゥフ地区が陥落した五五周年の一九九九年九月二七日にかかげられた。

モコトゥフ行進曲の聞こえる時計塔があるプワフスカ通り五九番はモルスキェ・オコ(海の目)公園の入り口のすぐそばでもある。どのようないわれなのか分からないが、その入口付近に有名な歴史画家、ヤン・マテイコ(一八三八~一八九三)の記念像がある。

クルリカルニャとアルカディア公園
——プワフスカ通り

プワフスカ通りをさらに南下する。同通り一一三番Aの街路表示があるあたりから東側にアルカディア公園が広がる。からだ全体がふわりと包みこまれるような緑の陰を通り抜けてゆくと、やがて高い空が現れ、明るい日差しのなか、広々とした緑の奥にドーム状の屋根をもつ優美な小宮殿・クルリカルニャが見える(写真)。クルリカルニャとはクルリク(うさぎ)からきたことばで、「うさぎ御殿」とでもいうのだろうか。公園入り口のプレートにもあるシンボルマークは宮殿の円屋根にうさぎの長い耳がついたものでとても可愛らしい。そのように近隣住民からも親しまれている美しい宮殿だが、その建物をふくめてこのあたり一帯もまた、ワルシャワ蜂起では激しい戦闘が行われた。

「うさぎ御殿」の呼称は国王アウグスト二世(一六七〇~一七三三、在位一六九七~一七三三)がその一帯をうさぎ狩り場にしようとしたことに由来するらしい。一七七八年に国王スタニスワフ・アウグスト・ポニャトフスキ(一七三二~一七九八、在位一七六四~一七九五)の侍従がこの土地を購入し、一七八二年から八六年にかけてドメニコ・メルリーニの設計により新古典主義様式の宮殿が建造されたとされる。そのモデルとなったのはイタリア北東部のヴィチェンツァ近くにある邸宅のようだ。一七九四年、タデウシュ・コシチュシュコがロシアに対して反乱を起こした際に、彼自身も同年七月の数日間そこに陣取ったことがあったという。その後、宮殿は一八一六年にミハウ・ヒェロニム・ラヂヴィウに買い取られ、さらに一八四九年にはクサヴェルィ・プスウォフスキ家の手に渡ったが、一八七九年には大きな火災に見舞われている。

一九三九年、ドイツの侵攻に対する首都防衛戦のとき、クルリカルニャはすでに重要な戦略拠点の一つだった。一九四四年八月のワルシャワ蜂起では、当初から国内軍・バシュタ連隊が宮殿と公園一帯を拠点においていた。

一九四四年九月二三日、チェルニャクフ地区が陥落すると、ワルシャワ蜂起における蜂起側の陣地はシルドミェシチェ、ジョリボシュ、そしてモコトゥフの三地区を残すのみとなる。ドイツ軍はこの三地区に集中攻撃をかける。ドイツ軍歩兵部隊は空爆、機甲師団、砲撃の支援を受けて、モコトゥフ地区南部、南東部地域での激戦のすえ、二四日にクルリカルニャの奪取に成功し、バシュタ連隊はついに同地をあけわたす。ドイツ側はさらにプワフスカ通り一六二番にあった蜂起軍の前進拠点も破壊して、その近くのクサヴェルフ通りまで到達する。バシュタ連隊Ｂ３大隊が二四日夜から二五日にかけてクルリカルニャ奪回作戦を試みるが最終的に不成功に終わった。

破壊されたクルリカルニャは戦後再建された。現在そこには、ポーランドの著名な彫刻家、クサヴェルィ・ドゥニコフスキ（一八七五〜一九六四）の彫刻博物館が入っている。公園内にはクルリカルニャとヤン・パヴェウ・ヴォロニチ通りの学校をめぐる戦闘にかかわった国内軍・バシュタ連隊を記念するプレートがある。宮殿のあるあたりはすこし高い台地になっていて、すぐ下には広い公園の池や近隣住宅の赤い屋根をあちこちに見下ろすことができる。

バシュタ連隊兵士の記念碑
――カジミェショフスカ通り

モコトゥフ地区の戦闘の中心部隊はバシュタ連隊だった。ラコヴィェツカ通りのやや南東、同通りに平行して走る小さなリゴツカ通りがある。リゴツカ通りのすぐ南東にあたるが、アントニ・ユゼフ・マダリィンスキ通りとカジミェショフスカ通りの交差点近くに見るのは国内軍・バシュタ連隊のK２部隊兵士を記念するモニュメントである。灰白色の矩形のなかに黒い大理石のプレートがはめこまれている。そこには、一九四四年八月一三日から一四日にかけて、同連隊陣地を防衛して戦死したK２部隊の兵士五人の名が刻まれている。このモニュメントにも赤と黄の瑞々しい生花が手向けられている。

地下水道入口――バウツキ通りとヴィクトルスカ通りの角

リゴツカ通りのさらに南東、やはりラコヴィェツカ通りとも平行にヴィクトルスカ通りが走り、同通りと垂直に交わるミハウ・バウツキ通りの角近くに地下水道の入口がある。バウツキ通りと十字に交差するヤロスワフ・ドンブロフスキ通り六番の建物の壁には、モコトゥフ地区とシルドミェシチェ（中央区）を結ぶ地下水道の経路を図示したパネルが取り付けられている。（地下水道地図⑨）一九四四年九月二六日と二七日、モコトゥフ地区の蜂起参加者らが地下水道を通ってシルドミェシチェに脱出したことを記すとともに、二つの経路を図示している。一つはモコトゥフ地区のドンブロフスキ通りからヴィルチャ通り、もう一つはヴィクトルスカ通りからザグルナ通りにいたるものである。ドンブロフスキ通りはヴィクトルスカ通りの南をそれと平行に走るやや大きな通りで、一六－八番の道路表示の近くにも地下水道の入口を見る。あたりはとても閑静だが、近くの古い住宅にも数々の砲弾のあとがいまも生々しく残るものがある。

地下水道脱出蜂起兵の処刑
――ドヴォルコヴァ通り

ドンブロフスキ通りを東に歩いてゆくと、大きなプワフスカ通りに出る。横断するとすぐドヴォルコヴァ通りである。そのドヴォルコヴァ通り五番はワルシャワ蜂起のなかでも最大の悲劇的事件の一つがあった場所で、いまは静かな緑地公園のなかにモコトゥフ地区でのナチスによる大量虐殺を記念する白くて背の高い三脚状のオベリスクが立っている（写真）。その土台の前の小さな花壇の上の記念板にはこうある。

「一九四四年九月二七日、すでに降服後だったにもかかわらずナチスにより虐殺されたモコトゥフの蜂起兵たちを記念する――バシュタ連隊戦友より。」

オベリスクから約十数メートルだろうか、煉瓦を敷いて示された一本のルートが緑地公園をはみ出て道路上のマンホールまでのびている。一九四四年九月二七日、ナチスは地下水道入口から出てきた蜂起者百人以上を処刑した。

ザヴォドヌィは、英米両国が八月末に蜂起軍兵士に連合国軍兵士と同様の身分を認めると宣言していたにもかかわらず、ドイツ側が捕虜として扱うべき蜂起兵を即刻処刑した例としてこの事件にふれている。「たとえば九月末、約一五《マ》〇《マ》人の蜂起兵が地下水道から誤ってモコトゥフ地区のドイツ側陣地に出てきたとき、その場で即刻射殺された。」(13)

現在のところ、犠牲者は蜂起兵と市民あわせて約一二〇人と推定されている。ドイツ兵はマンホール出口で待ち構えていて、出てきた蜂起兵や市民から貴重品や身分証明書などを奪ったうえで処刑したという。

オベリスクも近く、こぎれいな邸宅の門扉にドヴォルコヴァ通り三番の街路表示がついているが、そのあたりは五歳から一〇歳までの子どもたちが殺害された場所である。モルスキエ・オコ（海の眼）公園に続くと思われる緑地公園に下りてゆくやや長い階段が目に入る。その階段の降り口の右側には三方をコンクリートの壁で囲んだ記念碑がある（写真）。ナチス兵士が住民を銃殺する様子をシンプルに描いた太い線画の間に黒い記念板がはめこまれている。

「ワルシャワ蜂起中の一九四四年八月一

日から五日まで、罪のない百人が受難の死をとげて犠牲となった。その人々に永遠の名誉と栄光を。」

民家の小さなチャペル
――グロットゲル通り

ドヴォルコヴァ通りのやや南東のアルトゥル・グロットゲル通りはワジェンキ公園の南端に近い。そのあたりの古いアパート住宅、グロットゲル通り一八番の民家の入口に実に小さなチャペルがある。日本で言えば郵便受けよりやや大きいくらいである。三角屋根の下のガラス窓つきの木箱の中に聖母子の絵がかざられている。どのような運命に見舞われようとも変わることのない、この国の人々の静かで深い信仰心をあらわしている。

ナチス・ドイツ占領中でも、ワルシャワ市民はその深い信仰心を隠すことはなかった。どこの集合住宅にも聖母マリアやイエス・キリストの肖像が掲げられていた。小さくて粗末な祭壇であっても、聖職者によるミサがいとなまれ、近隣の住民たちが集まって夕べの祈りをささげた。ミサは空襲下でも、教会、地域の小さなチャペル、そして地下室、シェルターなどでもおこなわれた。

バシュタ連隊記念のオベリスク
――ドレシェル公園

プワフスカ通りを南下していくと、アントニ・エドヴァルト・オディニェツ通りとウルスィノフスカ通りとのあいだにドレシェル公園がある。公園の名は、ユゼフ・ピウスツキに忠誠を示したグスタフ・ドレシェル＝オルリチ将軍（一八八九～一九三六）に由来するのだろう。背の高い緑の樹木が陰をおとす白い道をまっすぐ歩いてゆくと、やがてバシュタ連隊を記念するとても印象的なオベリスクが目に入る（本章扉写真）。石ころを敷き詰めたベースの上に二つに割れたと見える黒っぽい大きな岩のあいだにPWのシンボルが立ち、ウッチでみたことのある「子ども収容所」跡のモニュメントが心臓が二つに割れたようにつくられていたのを思い出させる。縦長の記念碑はその手前に置かれている。

「一九四四年八月一日から九月二七日までモコトゥフ地区で戦い続けた国内軍・バシュタ連隊の兵士たちと、第五地区のマチェイ・ラタイ記念第一〇師団の部隊にささげる。」

ドレシェル公園のすこし南をほぼ東西に走るアントニ・マルチェフスキ通りがあるが、その通りの一七番にある二階建ての住居建物の白っぽい壁には、バシュタ連隊がワルシャワ蜂起期間中本拠をおいていたとの記念プレートがある。

ヴォロニチ通り学校の蜂起拠点

マルチェルフスキ通りのさらに南、やはり東西に走るヤン・パヴェウ・ヴォロニチ通りがあり、南北に走るニェポドレグウォシチ大通りやヴォウォスカ通りと交差している。ヴォロニチ通りとヴォウォスカ通りの交差点近くになるヴォロニチ通り八番の普通学校建物は一九三九年のナチス・ドイツ占領後すぐに、ナチス親衛隊とドイツ兵の兵舎として接収されていた。現在はヤドヴィガ女王記念中等学校である。

その建物は蜂起開始の一九四四年八月一日、「コウォ」というコードネームがつけられていて蜂起側の奪取目標となっていたが、同日の作戦は不成功に終わった。しかし、八月二日にスタニスワフ・カミィンスキ（ダニエル）中佐のバシュタ連隊がこれを奪取して、臼砲、機関銃、手榴弾などの武器・弾薬を奪うとともに食料倉庫も確保した。以後、九月二六日まで、学校建物と隣接する広大なジャガイモ畑はモコトゥフ地区の蜂起勢力の南端の防衛拠点となった。ヴォロニチ通りと南のクサヴェルフ通りをつなぐ塹壕が掘られた。ドイツ側は蜂起側のこの陣地を再三再四攻撃して奪回をはかった。いまは背の高い樹木と緑に包まれた広い庭園の隣に建つ三階建ての学校建物。学生がちらほら出入りするのを見かけるが、その建物の一階部分の窓と窓の間に黒っぽい記念プレートがある。

「普通学校三六番。ナチス親衛隊の兵舎に接収され、コードネームは『コウォ』だった。一九四四年八月二日、蜂起側に奪取された。同年九月二四日から二六日まで、モコトゥフ地区蜂起の南部境界防衛で最も激しい戦闘が行われた場所である。その戦闘で国内軍・バシュタ連隊のK1、K2、K3、B3に所属する多くの兵士が戦死した。その記憶のために！」

この記念プレートがつけられたのは一九九五年九月二六日である。

ドイツ側は九月二四日、クルリカルニャを制圧したあと、学校に激しい攻撃を加えた。蜂起側は二六日まで頑強に抵抗し、一時的に建物を再占拠するが、包囲の危険が高まるにおよび、最後の抵抗を続けていたカルパティ大隊の約一〇〇人の兵士もドレシェル公園に退却した。負傷したカミィンスキ中佐は地下水道を使ってシルドミェシチェに逃れた。

戦後、この建物はヤドヴィガ女王記念のギムナジウムとリツェウム（中等学校）になった。ヤン・パヴェウ・ヴォロニチ（一七五三もしくは一七五七〜一八二九）はワルシャワ大司教でカトリック首座大司教、詩人でもあった。

エルジュビエタ修道女病院
——ゴシチィンスキ通り

ヴォロニチ通りの北、セヴェルィン・ゴシチィンスキ通り一番（ティニェツカ通りとの角）の広い敷地に博物館か市庁舎を思わせるような六階建てのエルジュビエタ修道女病院の大きな建物がある。蜂起中、軍医のカイェタン・ピェトラシュキェヴィチの管理のもとに蜂起側の中央病院となった。八月下旬、ドイツ側の空爆を避けるため、屋上に赤十字の旗を掲げた。しかし、同月二七日から二九日にかけて爆撃を受け、多数の患者と病院職員が瓦礫に埋もれた。病院の前庭の外側にも緑地があって、格子状の囲いのすぐ外側に石彫りの記念碑が横たわっている。PとWを組み合わせたシンボルマークの左側には以下のように浮き彫りされている。

「一九四四年八月二七日、二八日、二九日、ナチスは残忍にも、砲火と空爆によって病院を破壊し、約二〇〇人の蜂起兵負傷者と民間人患者が死亡した。」

記念碑の前には右側にワルシャワ市の旗の色でもある赤と黄の生花が、左側にはポーランドの国旗の色の白と赤のペナントがささげられている。

「アルカザル」蜂起拠点
——ニェポドレグウォシチ大通り

ニェポドレグウォシチ大通りとオディニェツ通りの角に「アルカザル要塞」とよばれた蜂起拠点があって、一九四四年九月二五日までもちこたえた。「アルカザル」とはアラビア語源で「城塞」といった意味だろう。ワルシャワ蜂起のとき、この「アルカザル」は三つの蜂起拠点の建物から成っていた。そのなかで最も大きかったのが「アルカザルⅠ」である。ニェポドレグウォシチ大通りとオディニェツ通りの角の八階建、鉄筋コンクリートの大きな建物で、蜂起部隊が八月三日に占拠した。九月一四日の空爆で大きな被害を受けるとともに、かなりの死傷者をだした。蜂起兵はニェポドレグウォシチ大通りとゴシチィンスキ通りの角の「アルカザルⅡ」とよばれた近くの建物に移動する。翌日、ドイツ側はその建物も爆撃したが致命的破壊は免れた。しかし、近隣の建物では少なからぬ死傷者がでた。その後もドイツ側の空爆は続く。九月二五日、蜂起部隊はついに撤退をよぎなくされた。「アルカザル」の名がつけられたもう一つの蜂起拠点はルドヴィク・ナルブット通り二七番Aの建物である。ニェポドレグヴォシチ大通りとオディニェツ通りの交差点からは少し北になる。

「アルカザル」蜂起拠点の記念プレートはオディニェツ通り五五番の建物の角っこの小さな花壇の上にある。

「祖国の自由のためのポーランド人の戦いの場所。一九四四年にワルシャワ蜂起部隊はナチス占領者に対する長期の抵抗拠点をここにおいた。その戦いで多数が拠点防衛で斃れた。」

「プデウコ」蜂起拠点
——ニエポドレグウォシチ大通り

同じニエポドレグウォシチ大通りとオディニェツ通りの交差点から南に下ったニエポドレグウォシチ大通り五二番の建物は「プデウコ」（箱）という名の蜂起拠点だった。その名は六階建の高くてどっしりした四角い形状によるものである。

「プデウコ」も八月三日からモコトゥフ地区の蜂起部隊の強力な拠点の一つとなった。ドイツ側は何度も攻撃をかけた後、九月二四日朝に総攻撃を開始し、蜂起側は数十名の死者をだし、残存部隊はイグナツィ・クラシツキ通りに撤収した。バシュタ連隊の兵士四四人の兵士が戦死し、五〇人以上が負傷した。

建物は戦後、聖アウグスティンの名を冠した一般教養中等学校として使われ、一九八九年には戦闘の記念板がとりつけられて元蜂起兵が集まって式典が行われた。しかし、二〇〇四年に学校が閉鎖されて住宅・店舗に改装するための解体計画がもちあがった。二〇〇八年には建物壁の記念碑も撤去された。この動きに対して、中等学校の卒業生が建物を保存し、蜂起の記憶を残すための活動を始めた。二〇〇九年五月、卒業生でグラフィック・デザイナーのヴォイチェフ・ソボレフスキらが集まり、建物一階の灰色の外壁に四四人の銃をもつ蜂起兵のポートレートをオレンジ色で描きこもうとしたが、警察が介入したため三七人で中断したという（写真）。二〇〇九年九月、同地を訪れたとき、そのポートレートの間に一度は撤去された記念プレートが復活していて、その下には色とりどりの花が供えられ

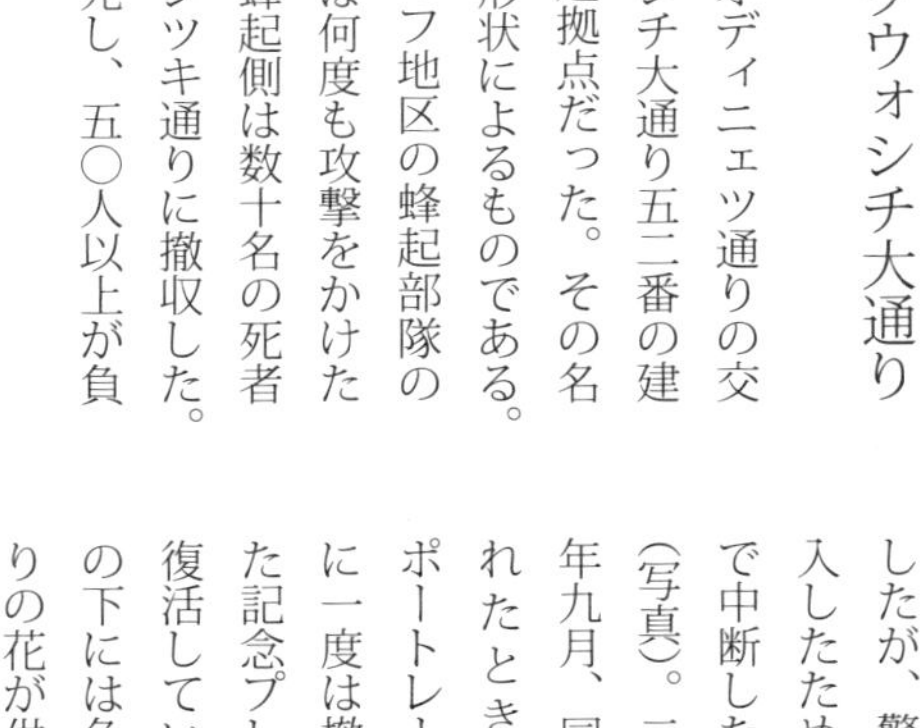

ていた。

「一九四四年、プデウコとして知られたこの建物はワルシャワ蜂起の期間中、国内軍・バシュタ連隊の０－３中隊の重要な抵抗拠点だった。ナチス侵略者との英雄的な戦いで、四四人の兵士が死亡し、五六人が負傷した。世代の模範とならんことを。」

マグネト要塞――ベルヴェデルスカ通りとプロメナダ通り

プワフスカ通りの東、モルスキェ・オコ公園をはさんで南東に走るのはベルヴェデルスカ通りである。そのベルヴェデルスカ通りと直角に交わるプロメナダ通り、トゥレツカ通り、ストポヴァ通り、ルドヴィク・ナビェラク通りの一帯は、ワルシャワ蜂起緒戦でモコトゥフ地区の重要戦略拠点として激戦があった地域である。八月半ば、蜂起側のバシュタ連隊・ヴィトハラ中隊が同地域を占拠し、ベルヴェデルスカ通りとプロメナダ通りの合流地点の蓄電池製造工場を奪取した。蜂起部隊は近隣住民の協力のもと、ベルヴェデルスカ通りを横断するバリケードを構築し、車道の下にトンネルを掘った。トンネルとバリケードは上モコトゥフ（モコトゥフ・グルヌイ）と下モコトゥフ（モコトゥフ・ドルヌイ）をつなぐ連絡道となった。ナチス・ドイツの強力な砲撃に対して、蜂起部隊の抵抗は九月二二日まで続き、その戦いは「マグネト要塞」としていまも記念されている（写真）。

道路わきのモニュメントは、コンクリートづくりでやや単純化された形態のワルシャワ蜂起のシンボルマーク、錨型のＰＷを真ん中にして両側とその後ろに配置された重量感のある石で構成されていて、前方右側の石には、「マグネト要塞・バシュタ」の文字が大きく力強く配置されている。

第一〇章　最初の銃撃戦・最後の降伏、地下通信局「潜水艦」

――ジョリボシュ

グダィンスキ駅の激戦を記念するモニュメント

ジョリボシュ地区

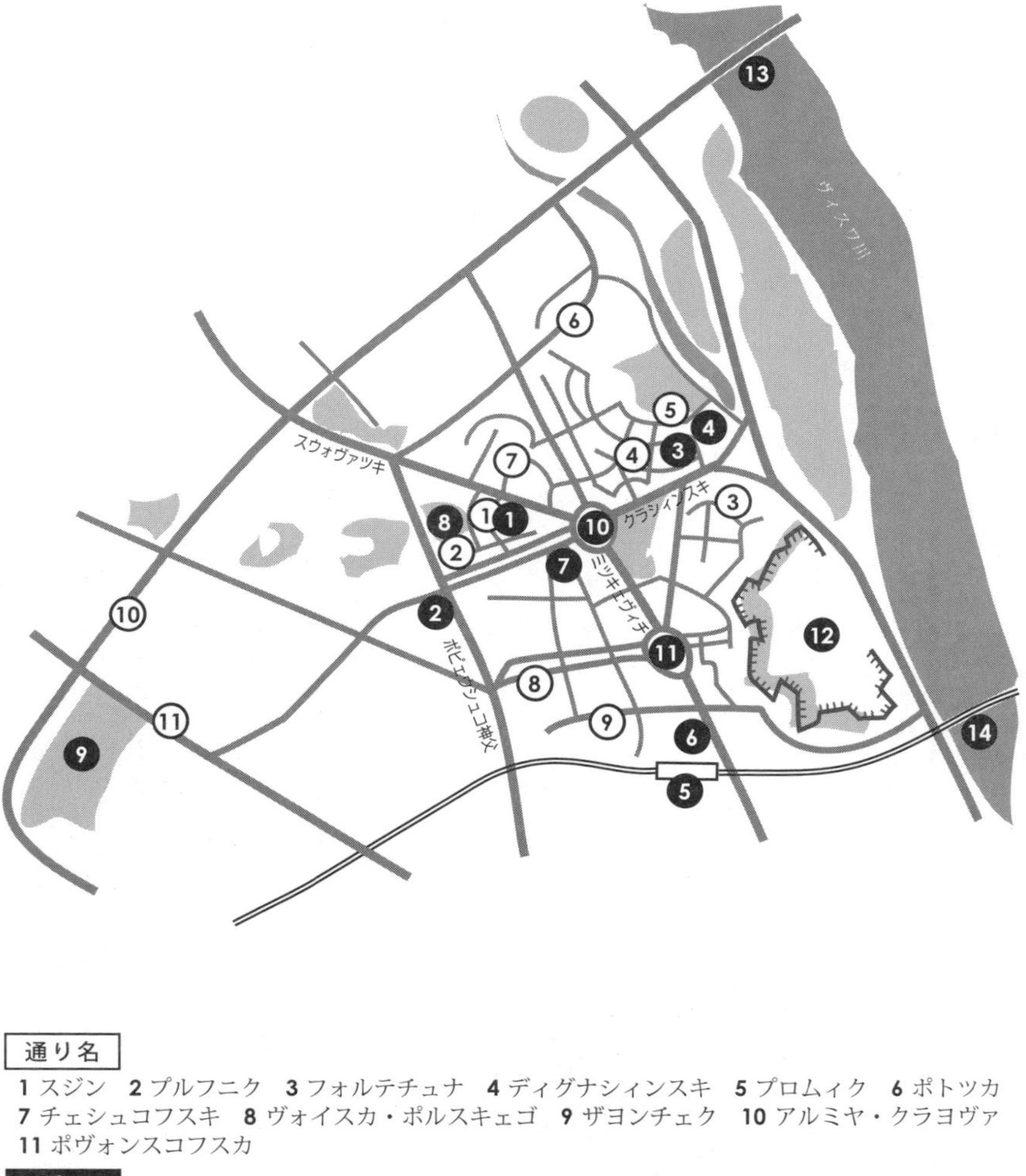

通り名

1 スジン　2 プルフニク　3 フォルテチュナ　4 ディグナシィンスキ　5 プロムィク　6 ポトツカ　7 チェシュコフスキ　8 ヴォイスカ・ポルスキェゴ　9 ザヨンチェク　10 アルミヤ・クラヨヴァ　11 ポヴォンスコフスカ

スポット

1 蜂起最初の銃撃戦記念碑　2 復活修道会　3 ジヴィチェル最後の司令部　4 ユダヤ人戦闘員の潜伏地　5 ワルシャワ・グダィンスカ駅（グダィンスキ駅）　6 グダィンスキ駅戦闘記念碑　7 聖スタニスワフ・コストカ教会　8 ジヴィチェル部隊兵士記念公園　9 ポヴォンスキ軍人墓地　10 ウィルソン広場　11 戦傷者広場　12 ツィタデラ　13 グロト・ロヴェツキ橋　14 グダィンスキ橋

ジョリボシュ地区と蜂起

ワルシャワ中心部の北西。緑が深く並木も整った閑静な高級住宅地で、ワルシャワでも最も美しく魅力的な地域である。その名もフランス語の *joli boug* に語源があるとされる。主要な道路にはアダム・ミツキェヴィチ（一七九八〜一八五五）やユリウシュ・スウォヴァツキ（一八〇九〜一八四九）など偉大な文人の名が冠せられている。両大戦間期、この地区には軍人、官吏、ジャーナリストなど知識人も多く住むようになって住宅地としての整備がすんだ。

一九四四年蜂起では国内軍のワルシャワ管区第二地区とされ、ジョリボシュ地区だけでなく、さらに北西のマルィモントやビェラヌィもふくまれていた。八月一日、蜂起開始命令の下っていた「W時」（午後五時）を待たずに銃撃戦が始まり、降伏協定調印直前の九月三〇日まで抵抗が続いた。ザヴォドヌィによれば、その日に最初の銃声が聞かれたのは午後一時五〇分である(1)。蜂起緒戦約一週間で蜂起軍が制圧した地域をおおづかみに記すと、北はサムエル・トファルドフスキ通り（現在はアルミヤ・クラヨヴァ大通りと平行するライン）、西はストウェチュナ通り（現在のイェジ・ポピェウシュコ神父通り）、東はカメドゥウフ通り（現在のグヴィャジヂスタ通り）、南はグダィンスキ駅の北側、現在のユゼフ・ザヨンチェク通りの内側ということになる。一方のドイツ側はグダィンスキ駅とその北東のワルシャワ・ツィタデラ要塞を重要拠点として支配していた。

八月一日、蜂起開始予定よりも早く銃撃戦が始まったことで、ドイツ側はただちに臨戦態勢に入り、むしろ不意をつかれずにすんだ。ドイツ側は蜂起開始とともに、ジョリボシュ地区とシルドミェシチェ（中央区）を結ぶグダィンスキ駅周辺に強力な攻撃態勢を敷いた。ジョリボシュ地区の蜂起部隊司令官はミェチスワフ・ニェヂェルスキ（ジヴィチェル）中佐（一八九七〜一九八〇）である。一日に所期の戦略目標の奪取に成功せず、部隊をいったんカンピノスの森に撤収させた。

二日早暁、ユゼフ・クシチュコフスキ（シモン）大尉指揮下の蜂起部隊がジョリボシュの北西、ビェラヌィ飛行場を攻撃したが攻略に失敗した。三日、ワルシャワ管区司令官、モンテルの命令により、ジヴィチェル中佐がカンピノスの森からジョリボシュ地区へもどり、ウィルソン広場、インヴァリドゥフ（戦傷者）広場からヴォイスカ・ポルスキェゴ大通り一帯を占拠して陣地を強化した。蜂起開始後、ジョリボシュ地区住民の生活はすぐに通常通りにもどったという。ハンソンは「ワルシャワの他の地区からは切り離されていたが、ジョリボシュの住民はほとんど二ヶ月間にわたり、独自の生活スタイルを発展させた」(2)と書いている。ジョリボシュ地区はもともと、独自の地域的性格により「ジョリボシュ共和国」としても知られていたという。蜂起期間中も国内(被占領地)政府代表部の地区組織や社会党、共産主義者などの影響下にさまざまな市民生活管理組織が生まれ、食料の確保や配給、スープキチン、治安の確保などがはかられた。それでも、蜂起開始の最初の頃は一人当たり一日一キロのパンが配給されたのが、のちにそれは二人分となり、最後には黒パン一キロが四人分となったという(3)。

八月半ばに旧市街の孤立が迫り、国内軍司令部はカンピノスの森の兵力と武器が危機打開のカギと考える。一四日、カンピノスの森のシモン大尉はジヴィチェルから旧市街支援の命令を受け、翌日にはヴィクトル・ルドヴィク・コナルスキ(ヴィクトル)中佐指揮下の約七三〇人が旧市街に向かうがポヴォンスキ墓地付近で行軍を断念する。

八月中旬、グダインスキ駅をめぐる激しい攻防戦に突入する。八月一七日夜中、国内軍参謀部からはタデウシュ・ペウチィンスキ(グジェゴシュ)将軍自らが地下水道に入り、明け方にジョリボシュ地区に着く(4)。一九日、アルフォンス・コトフスキ(オコィン)少佐指揮下の五五〇人の蜂起軍部隊がカンピノスの森からジョリボシュへ向かった。一部は敵軍に阻止されて森へ引き返したが、残りの部隊は同地区に到着して、ヴィトルト・ペウチィンスキ(ヴィトルト)中尉の部隊に合流した。二〇日夜から二一日にかけて、オコィン部隊がグダインスキ駅のドイツ軍を攻撃したが、敵軍の強力な砲火のため成功せず、自軍にも多大な被害がでた。二二日にはジヴィチェルの指揮下でジョリボシュ、カンピノスの蜂起部隊が同駅の攻略をはかったが、敵軍の強力な火砲に直面して攻撃は失敗。蜂起軍部隊に四〇〇人から五〇〇人という蜂起中最大の死傷者がでた。

ワルシャワ・ゲットー蜂起を戦って生き延びたユダヤ戦闘組織(ŻOB)の指導者、イツハク・ツキェルマンは旧市街で戦っていた。旧市街が陥落した九月初め、地下水道を通ってジョリボシュ地区に逃れてきた。そのときのジョリボシュ地区は「比較的平静で、(スターリングラード戦線からもってきたという)装甲列車からの砲撃があったものの、旧市街の状況とはまったく比べものにならない様子だった。静かな時間帯が何時間もあり、通りを走って渡ることもできたし、日光浴だってできた」(5)という。また、彼によると、ジョリボシュには「ユダヤ人が数千人いた」「ジョリボシュは労働者と労働インテリの多い地区で、ポーランド社会党(PPS)、共産主義者、民主主義者の影響が強かった。当然、ユダヤ人は市内の他所よりも身を隠しやすかった。ベルマン博士(6)

も蜂起中ずっとジョリボシュに住んでいた。」(7)

九月半ば、ドイツ側はジョリボシュ地区の北、マルィモント地区からも蜂起軍制圧地域に圧力をかけ、蜂起部隊は徐々にフランチシェク・ボホモレツ通りのラインまで後退をよぎなくされる。一七日から一九日にかけて、ヴィスワ川右岸のポーランド軍第一軍団・第二歩兵師団第六歩兵連隊の兵士が左岸への渡河を敢行した。渡河に成功した部隊はケンパ・ポトツカの橋頭堡強化を図ったが、ジョリボシュの蜂起部隊指揮官のジヴィチェルが第六歩兵連隊の上陸を知ったのは二〇日のことで、両岸の部隊が合流することはできず、上陸部隊もドイツ側の攻撃を受けて右岸への退却をよぎなくされた。ジョリボシュの蜂起部隊は二一日明け方にプロムィク通りからケンパ・ポトツカに到着して孤立を知ることになった。ジョリボシュ地区では屋根の上からでも、対岸の戦闘を望むことができたため、ソ連軍の接近への期待感はとくに強かったという。

九月二三日にチェルニャクフが陥落したのにともない、ドイツ軍は蜂起軍の制圧する残りの三地域、すなわちシルドミェシチェ、モコトゥフ、そしてジョリボシュ地区への攻撃を集中強化した。モコトゥフ地区が二七日に降伏すると、ジョリボシュ地区に対する総攻撃が始まり、蜂起部隊との死闘になった。ドイツ軍は第一九機甲師団を中心戦闘部隊として、戦車の支援のもとにウィルソン広場を基点にアダム・ミツキエヴィチ通りの東側、ズイグムント・クラシィンスキ通りの南側地域にまで蜂起側を追い詰めた。他方、マルィモント地区ではジュブル部隊の兵士がいくつかの拠点を死守し、ジョリボシュ地区でも、ジビク部隊がボホモレツ通りを死守するなど、蜂起部隊はなおいくつかの「点」を守っていた。

二九日、ジョリボシュ地区に対する最後の総攻撃が開始された。ドイツ側は第一九機甲師団が三方面から激しい砲撃を浴びせ、シュトゥーカが急降下爆撃を繰り返した。美しい住宅地は炎上して無残に破壊された。翌三〇日、戦闘はもはや建物単位の接近戦となった。蜂起部隊はヴィスワ川右岸のポーランド軍第一軍団との無線連絡に成功して、午後に渡河避難を決定する。ジヴィチェルの命令で、蜂起部隊はヴィスワ川沿岸へ退却を始めるが、天候が悪く渡河も断念を迫られる。蜂起部隊は午後一一時までに武器を置き、四〇〇名の負傷兵をふくむ約二〇〇〇名が捕虜となった。しかし、人民軍（AL）はこの降伏を認めず、ヴィスワ川を渡って右岸への脱出に賭けたが、脱出に成功したのはわずか三〇名たらずだったという。

ジョージ・ブルースは人民軍部隊で戦ったゼノン・クリシュコ(8)の体験にもとづいて、人民軍兵士のヴィスワ川右岸への渡河について書いている。それによると九月二九日、人民軍司令部はもはや戦闘不可能とみて、ヴィスワ川右岸への脱出を考えた。人民軍将校は蜂起軍司令部会議で、ベルリンク部隊の支援のもとに右岸へ渡河することを提案する。激しい議論のすえ、ジヴィチェルはこの提案を受け入れてその態勢をつくった。夜明け前、プラガ地区のポーランド軍第一軍団から、九月三〇日午前一〇時に煙幕の下、提供するボートで渡河せよとの無線連絡が入る。脱出部隊は下ジョリボシュの川岸へと向かう。ところが、煙幕を散らす逆風が吹いて、渡河脱出作戦は同日午後九時に延期される。午後五時、約三〇〇人の蜂起兵が渡河作戦の援護射撃態勢に入る。人民軍部隊はソ連軍と合流できるとの思いで興奮状態になるが、突然、ジョリボシュ地区での砲声が止む。降伏のうわさが広がり始める。クリシュコと二人の将校が司令部によばれ、ジヴィチェルがブル＝コモロフスキからの降伏命令を受け取り、命令を実行すると告げられた。共産党系の蜂起部隊から怒りと抗議が沸き起こった。ジヴィチェルは脱出計画はもはや不可能だとし、人民軍も降伏の合意に加わるよう求めたが、クリシュコは「われわれはすでに決まった時刻にヴィスワ川右岸に突破して戦う」と答えた。クリシュコら約五〇人の人民軍兵士の決意は変わらなかった。クリシュコは妻と娘に別れを告げた。月明かりの夜だった。川べりに着いた。だがどこにも約束のボートはまだ見えない。対岸からは何の合図もない。ドイツ側の砲声がまた響く。突然、ボートが何艘かこちらに向かってくるのが見えた。彼は合図のピストルを撃った。彼らは無事川を渡り、右岸で歓迎を受けた。クリシュコはジョリボシュの国内軍が当初の計画に賭けなかったことを悔やんだ(9)。

旧市街から地下水道を通ってジョリボシュ地区に逃れたツキェルマンも人民軍のヴィスワ川右岸への渡河脱出に関して語っている。彼は人民軍司令部に呼ばれ、赤軍と交わした合図に従って部隊を右岸に脱出させよと指示される。人民軍司令部はツキェルマンが対戦車砲を扱える少ない人物だったので何とか説得して右岸に脱出させようとしたが、彼は固辞して左岸にとどまった(10)。

ワルシャワ蜂起最初の銃撃戦
——スウォヴァツキ通り

グダィンスキ鉄道駅の北側はジョリボシュ地区になる。ワルシャワ中央部の目抜き通り、マルシャウコフスカ通りは北上してソリダルノシチ（連帯）大通りと交差した後、ヴワディスワフ・アンデルス将軍通りと名を変え、さらにジョリボシュ地区に入るとこんどはアダム・ミツキェヴィチ通りとなり、ウィルソン広場でズィグムント・クラシィンスキ通り、ユリウシュ・スウォヴァツキ通りと出会う。ジョリボシュ地区の中心、ウィルソン広場ではズィグムント・クラシィンスキ通りとアダム・ミツキェヴィチ通りが交差し、ユリウシュ・スウォヴァツキ通りが西方向に放射している。

ジョリボシュ地区は一九四四年のワルシャワ蜂起で、最初の銃撃戦が起きたところであり、そしてまた、二ヶ月間の戦闘のすえに最後に陥落したところでもある。蜂起開始は八月一日の「ゴヂナ・ヴ」(W時)、すなわち午後五時との命令が下っていたが、それよりも早く、ジョリボシュ地区では午後二時前に武器運搬中の蜂起軍兵士とドイツ軍パトロールの間で銃撃戦が起きていた。ズィグムント・クラシィンスキ通り近く、パヴェウ・スジン通りとアダム・プルフニク通りの角の建物の前には、やや縦長の大きな石の記念碑が立っている。蜂起開始に先駆けて戦闘に突入して死亡したヤロスワフ・ドンブロフスキ記念大隊の兵士を記念したものだが、この部隊はポーランド社会党(PPS)系の軍事組織だった。「一九四四年八月一日、午後一時三〇分、この場所でナチス侵略者に対して開始されたワルシャワ蜂起最初の戦闘において独立と社会主義のための戦いに斃れた」という碑文のなかの「社会主義」の部分が黒く塗りつぶされており、戦後ポーランドの屈折した歩みを印象づけている。ドンブロフスキ大隊の兵士たちはプルフニク通りで、ワルシャワ住宅協同組合の建物のボイラー室に隠した武器を運び出しに来たところ、周辺に手入れに入っていたドイツ側のパトロール部隊と銃撃戦になり、蜂起で最初の戦闘員死者がでたのだった。

秘密の地下通信局「潜水艦」
——フォルテチュナ通り

ジョリボシュ地区で大通りからわきの通りへ入ると、緑の木々につつまれた閑静な住宅地が整然と広がり、上品で小綺麗な住宅がいくつも建ち並んでいる。クラシィンスキ通りの南側にあるフォルテチュナ通りもその一つである。そこは、ワルシャワ・ツィダデラ要塞の北西に位置する。

フォルテチュナ通り四番。そこに建つ三階建てにロフトをもつ瀟洒な邸宅の地下深くにポーランド・レジスタンスの秘密通信局があった。その構造から「潜水艦」**Łódź Podwodna** (**Submarine**) とよばれる。ジョリボシュ地区からの送信元を突き止めようと、一九四二年二月にナチスがその家に押し入ったことがあったが、何も発見されず、秘密の通信局は蜂起が終わるまで活動を続けた。その家の白く美しい壁には横長の黒い記念プレートがあり、次のように刻まれている(次ページ写真)。

「一九四〇年から一九四四年まで、この家の地下で秘密の通信局ZWZ－AKが『潜水艦』の名の下に活動した。そのリーダーはスタニスワフ・ロドヴィチだった。一九八七年。」

秘密地下通信局「潜水艦」はポーランド・レジスタンスの家族の物語であり、それ自体がこの国の苦難と自由への戦いの歴史物語ともなっている。「潜水艦」の中心となったのは、スタニスワフ・ロドヴィチ（一九一〇～一九六九）とヴワディスワフ・ロドヴィチ（一九一六年生）の兄弟である。二人とも戦前には大きなポーランド人社会があったキエフに生まれた。兄のスタニスワフは一九二八年から一九三一年までワルシャワ工科大学で、さらに一九三四年から一九三七年までワルシャワ大学で物理学を学んだ。戦後、多くの元国内軍兵士と同様、「ナチスの協力者」という罪名により死刑判決を受けたが、のちに終身刑に減刑される。

弟のヴワディスワフは、ワルシャワの北、ゼグジェの予備役将校通信学校を卒業。一九三九年九月にはポーランド軍将校として派遣部隊を率い、ワルシャワ北西のモドリン要塞防衛戦を戦った。父親も他の兄弟もワルシャワ防衛戦にはポーランド軍人として戦った。首都は陥落し、ナチス・ドイツとソ連によってポーランドは分割占領されることになった。ヴワディスワフとスタニスワフはなんとかフォルテチュナ通りの自宅にたどり着く。祖母とスタニスワフの妻、娘が同通り六番の隣家に隣人とともに住んでいた。だが、父親と次兄のカジミェシュはもどらなかった。父親はソ連軍に捕らわれてカティンで殺され、カジミェシュはドイツの戦争捕虜収容所に送られ、戦後西側に移り住んで一九六〇年に死亡した。

ヴワディスワフは首都陥落後、地下活動に入り、兄スタニスワフとともにフォルテチュナ通りの自宅の地下貯蔵庫の下に穴を掘り、秘密通信局をつくって活動する。しかし、一九四二年、ヴワディスワフはゲシュタポに逮捕されて、ゲシュタポ本部「アレヤ・シュハ」で尋問されたあとパヴィヤク監獄へ移送され、さらにマイダネク収容所、アウシュヴィッツ収容所にも送られた。マイダネクではユダヤ人が裸にされ、溝を掘らされて一斉射撃で殺されるのを無力感に苛まれながら有刺鉄線の外から目撃した。戦後も安穏の生活はなかった。公安局や秘密警察の脅迫があった。一九五三年、死刑判決を受けて収監されていた兄、スタニスワフのことで公安省に呼び出され、秘密警察のスパイになるか、それとも兄の処刑を執行するかの残酷な二者択一を迫られる。与えられた時間はわずかに一五分だった。彼は拒否した。彼は苦悩したが、突きつけられた悪魔の選択は公安局上層部の意向ではなく、彼が屈服していても兄の処刑が回避される保証はないものだったことが後に判明する。数週間後、兄は終身刑に減刑され、一九五六年の「ポーランドの春」に釈放される。弟が公安局の二者択一要求に下した選択について兄に話すと、スタニスワフは「正しい行動だった」と同意したという。

フォルテチュナ通り四番のロドヴィチ家の地下貯蔵室のさらに下に長期間をかけて穴を掘り、そこに秘密通信局を設計・開設したのは物理学や電気工学に詳しい兄のスタニスワフの才知によるものだった。そこは自給生活も可能なかなり大きなスペースで、その構造から「潜水艦」とよばれた。この無線放送局はフォルテチュナ通り周辺に対するドイツ軍の手入れと地下活動家の逮捕が頻繁になる一九四一年まで発信を続けた。その後、発信はもはやできなくとも通信の傍受活動を継続し、そこで傍受された情報は国内軍の『ビュレティン・インフォルマツィイヌィ』紙 *Biuletyn Informacyjny* に提供されて掲載された。

戦後長期間にわたり、「潜水艦」は塞がれたままだったが、一九九〇年代に、ヴワディスワフの息子、ピョトル・ロドヴィチによっておよそ半世紀ぶりに開かれ、内部を見ることも可能になった。ピョトルの話によると、父のヴワディスワフは自宅の地下にかつての秘密通信局があるという事実を、ポーランドの体制変革が起こって社会主義体制が崩壊してゆくさなかの一九八〇年代まで一言ももらさなかったという。秘密警察の暗躍が家族に累をおよぼすのを恐れてのことだったのだろう。

スタニスワフ、ヴワディスワフ兄弟の父、スタニスワフ・ロドヴィチ（一八八三〜一九四〇）はポーランド軍少佐として、ポーランド・ソ連戦争を戦ったが、死亡したのはカティンにおいてである。妻のマリヤとのあいだには、スタニスワフ、次男のカジミェシュ、三男のエドムント、そしてヴワディスワフの四人の息子をもうけた。ポーランド・ソ連戦争（一九一九〜一九二一）の後、妻も亡くなり、一九二三年に息子たちとともにワルシャワのジョリボシュ地区、フォルテチュナ通り四番に移り住んだ。

スタニスワフ・ロドヴィチ（父）には弟が二人、カジミェシュ（一八八五〜一九五一）とヴワディスワフ（一八八七〜一九二三）、妹のゾフィヤ（一八九〇〜一九七三）がいた。

そのカジミェシュ・ロドヴィチはゾフィヤ・ボルトノフスカ（一八九五～一九九〇）と結婚して二人の息子、ズィグムント（一九一六～一九四四）とヤン（一九二三～一九四九）がいた。ナチス・ドイツ占領中、ヤンは「アノダ」という暗号名のボースカウト団長として「灰色部隊」に参加、一九四三年三月二六日の「兵器庫作戦」にも参加した。「兵器庫作戦」は「灰色部隊」の青年指導者、ヤン・ブィトナル（ルディ）をゲシュタポ本部「アレヤ・シュハ」からパヴィヤク監獄への移送途中で奪還するというものだった。作戦は成功してルディも解放されたが、ナチスの虐待が原因で数日後に死亡した。ヤン・ロドヴィチ（アノダ）はスタニスワフ・ロドヴィチ（息子）の叔父の息子、すなわち従兄弟にあたる。ワルシャワ蜂起中はゾシカ大隊の兵士としても戦った。一九四九年、コシコヴァ通りにあった公安省での取調べ尋問中に窓から飛び降りて死亡したとされるが、その原因については謎のままである。もう一つ、スタニスワフ、ヴワディスワフ兄弟の祖父、テオドル・ロドヴィチが一八六三年一月蜂起に参加して重刑を宣告されたことをつけくわえておく。

二〇〇八年九月、ジョリボシュ地区、フォルテチュナ通り四番のロドヴィチ家を訪ねる機会を得、ピョトル・ロドヴィチ氏の案内でその地下秘密通信局跡を実際に見ることができた。地下貯蔵室への階段を降りると、最後のステップの地下床に幅五〇センチ足らずの板がはめこまれている。驚くことに、その板の下には地下通信局への入口となる重いコンクリートの蓋があり、スライドして開閉するしくみになっている。人ひとりがやっと昇降できる狭いスペースを木製の梯子で降りてゆく。周囲の壁はコンクリートでしっかりと固められている。分厚く重たそうなコンクリートの蓋には手をかける穴が少しあいていて、それに手をかけてスライドして地下から閉じてしまう。地下室の地下。壁や天井際にパイプや配線が断線されてはいるが、まだ一部残っている。換気や水などにも緻密な配慮がなされた特殊なスペースで「潜水艦」という呼び名にも納得がゆく。いまもそこには、発信装置やレシーバー、鉄兜、古いビンが何本もおいてある。蜂起中にはおそらく武器なども隠されていたのだろう。階段を上って、分厚く重いコンクリートの蓋をスライドさせて閉じる。そのコンクリートの蓋の表面には鉄管が横に露出してはいるが、それはただのコンクリートの床であって、その下にさらに大きな地下スペースがあるとはとても想像できない。

無名蜂起兵の墓
——チェシュコフスキ通り

パヴェウ・スジン通りは北上するとすぐにスウォヴァツキ通りに出会うが、それを横断してさらに進むとアウグスト・チェシュコフスキ通りとなる。そのチェシュコフスキ通り一／三番の集合住宅の中庭に背の低い鉄柵に囲まれた小さなスペースがあって、そのなかに白い十字架の素朴な墓がひとつある（写真）。一九八〇年のこと、集合住宅の中庭で、ガス管の工事作業中に若い男性の遺体が地中から発見された。身元は不明だったが、蜂起期間中、蜂起軍の病院だったチェシュコフスキ通りの建物で死亡したのだろうと推測された。遺体はその後、ポヴォンスキの軍人墓地に埋葬されたが、集合住宅の中庭には若い蜂起兵の死を記憶にとどめるための墓が残されている。いまもろうそくや花が供えられ、鉄柵の青いプレートには「埋葬もされず忘れられた兵士を象徴する墓」であることが記されている。

復活修道会の蜂起拠点
——クラシィンスキ通り

ズィグムント・クラシィンスキ通りとイェジ・ポピェウシュコ神父通り（旧ストゥウェチュナ通り）の角（クラシィンスキ通り三一番）に薄赤色のやや平たい丸屋根のとても大きな修道院がある（次ページ写真）。蜂起中には「復活修道会要塞」とよばれて蜂起側の抵抗拠点となった。通りの角に湾曲してせり出すその大きな建物にはとてもつつましやかな記念プレートが壁にある。

「一九四四年八月一八日まで蜂起側の病院が、その後九月二九日まで『復活修道会の蜂起拠点』がここにあった。」文字の右側にあるPW（戦うポーランド）のシンボルが十字架と重なっているのがとくに強い印象をあたえる。

修道院は蜂起側の病院であり、市民への食料供給場所でもあった。ナチスによる占領が始まるとすぐに地下活動の拠点となり、地下学校の場ともなり、一〇〇〇人の子どもたちが学んだとも言う。一九四四年八月一日、修道院はすぐに蜂起側の病院となった。三日まではジュネーブ協定に従って病院への攻撃は控えられたが、その後は系統的な空爆とグダインスキ駅からの砲撃にさらされた。クラシィンスキ通りには

蜂起側のバリケードが構築された。あとの項目にあるように、すぐ近くには地下水道へのマンホール入口がある。八月一八日、ドイツ側の攻撃が激化するなか、修道院内の病院はクラシィンスキ通り一六番、一〇番の建物へ、その後はクレホヴィェツカ通り六番の建物に移転する。修道院は完全に防衛拠点の要塞となる。二五日、ジラフ軍団のガイドに伴われて、スタルフカからの負傷者と市民が初めて地下水道を通って到着した。

九月二九日、ドイツ側はジョリボシュ地区に総攻撃を開始した。修道院要塞にたてこもる百数十人の蜂起側兵士に対して、二〇〇〇人のドイツ兵が戦車一六両や「ゴリアテ」を動員して攻めたてた。修道院要塞は砲爆撃にさらされ、防衛にあたっていたジラフ軍団はその日だけで三分の二の戦力を失った。蜂起側はついに撤退を決定する。修道院は八〇パーセントも破壊され、戦後再建された。

トラムや車が多数行き交うクラシィンスキ通りとポピェウシュコ神父通りの交差点付近には蜂起関係の記念プレートが集中してある。復活修道会の建物の向かい側の小さな緑地のなかには大きな丸い花壇とともにコンクリートの四角い記念碑がある。

「祖国の自由のためにポーランド人が戦った場所。
一九四四年八月と九月、ワルシャワ蜂起のときにこの地域で、国内軍と人民軍のジョリボシュ地区部隊がナチス侵略者に対して共同の戦闘を行った。」

蜂起開始当初、ジョリボシュ地区の人民軍（AL）は分散状態で、まだ有力な勢力をなしてはいなかった。八月四日頃、カロル・グラプスキ（カロル）少尉のもとに部隊を結成して国内軍の司令下に入った。八月二三日頃から二五日にかけて、旧市街から約三〇〇人の人民軍兵士が地下水道を使ってジョリボシュ地区にのがれてくる。九月には約四〇〇人の人民軍兵士がいたとされる。前述したように、降伏協定直前、そのうち数十人がヴィスワ川を渡って右岸のプラガ地区に逃れ、残りは国内軍兵士とともにドイツ側に降伏した。

復活修道会のなめ向かいのクラシィンスキ通り二〇番の建物には大理石の記念プレートがあって「この建物は一九四四年八月から九月のワルシャワ蜂起のとき、国内軍のジラフ軍団・第二二七スカウト小隊が戦闘拠点としたものである」と刻んでいる。この「灰色部隊」小隊には一五歳から一七歳の若者が所属していた。小隊は地下水道を使って旧市街に武器・弾薬を運ぶ任務にもついた。最後までクラシィンスキ通り二〇番一帯で戦ったが、九月三〇日に降伏命令を受けた。

その建物からさらに東へ進めば、クラシィンスキ通り一八番の建物には人民軍司令部がそこにあったことを示す記念プレート、同一六番の建物には国内軍部隊の司令部がそこにあったことを示す記念プレートがある。

ワルシャワとロンドンを往復したクーリエの一人であるヤン・ノヴァクが蜂起開始直前の一九四四年七月にパラシュートでクラクフ東方の小村に降下し、列車でワルシャワに着いたのは同月二七日夜のことだった。その後に落ち着いた場所はジョリボシュ地区、クラシィンスキ通りのアパートで、その番地までは回想録に書かれていないが、「奇妙な状況だった。私はいま自分の町にいて、トラムでちょっと行けば、母親も弟もそこにいるはずなのだ。気が急いた。一刻も早く国内軍司令官に報告の任務を果たしたいと思った」(11)と記している。

旧市街への地下水道入口

ズィグムント・クラシィンスキ通りとイェジ・ポピェウシュコ神父通りの角の近くにはマンホールがある。前項の復活修道会修道院のすぐそばである。シルドミェシチェへの地下水道入口だった。クラシィンスキ通り二九番の建物にそのルートをイラストしたプレートが掲げられたのは二〇〇一年九月末のことである(地下水道地図②)。

ドイツ側は蜂起開始数日で旧市街(スタルフカ)とジョリボシュの蜂起勢力を分断した。両地区の連絡ルートは地下水道のみとなった。八月八日、旧市街から地下水道のパトロールがジョリボシュ地区へ向かい、ルートを確認した。リーダーはポーランド人民軍(PAL)のレオン・ルイヂィンスキ(ヂォバティ)伍長だった。その後、この地下水道ルートを使って武器・弾薬が旧市街に運ばれた。九月初めに旧市街が陥落するときには、蜂起兵がジョリボシュ地区へ逃れるルートともなり、同地区が陥落する九月三〇日直前まで蜂起側パトロールに使われた。

ブル＝コモロフスキは書いている。

「蜂起前、スタレミャストからジョリボシュ地区までは一〇分程度の気持ちのよい散策コースだった。当時は家庭菜園が広がり、恋人同士が行きかっていた。だが、戦闘が始まってわずか二週間、そこにはもはや通行を阻む障害物ができあがってしまった。それまで丹精込めて育てられた野菜畑の列には機関銃が据えられ、鉄条網と深い塹壕が掘られた。隣接する運動場には対空・対戦車砲兵が陣取っていて、わが陣地に対する砲撃を続けた。」(12)

ジョリボシュ地区司令官の最後の司令部――ディグナシィンスキ通り

クラシィンスキ通りをはさんで、フォルテチュナ通りと反対側に半円を描くようにアドルフ・ディグナシィンスキ通りがある。その一三番には、ジョリボシュ地区の国内軍司令官、ミェチスワフ・ニェヂェルスキ(ジヴィチェル)中佐(一八九七〜一九八〇)が最後に司令部とした建物があり、灰色の重量感ある住宅の煉瓦と石造りの塀にその記念プレートがある。

ジヴィチェルは一九四〇年から国内軍の前身である武装闘争同盟(ZWZ)に参加し、ワルシャワの国内軍第二地区(ジョリボシュ)(暗号名XXII)司令官となった。ジョリボシュ地区防衛戦を指揮していて九月二九日に手足に重傷を負い、同地区陥落の翌三〇日にディグナシィンスキ通り一三番の建物に運び込まれたが、なおも戦闘の指揮をとり続けた。ワルシャワ蜂起ではジョリボシュ地区の戦闘部隊とともに、カンピノスの森の部隊の指揮にもあたった。八月二二日には強力なドイツ軍に占拠されていたグダィンスキ鉄道駅に夜襲をかけた。ドイツ側との降伏協定に対しては頑強な反対者だった。一九八〇年に米国のシカゴで死亡した。ワルシャワ管区第二地区の司令本部は当初、クラシィンスキ通り一六番の建物におかれていて、第一地域(ジョリボシュ)、第二地域(マルィモント)、第三地域(ビェラヌィ)、第四地域(ポヴォンスキ)という区域に分かれていた。

ユダヤ人戦闘員の潜伏地――プロムィク通り

ディグナシィンスキ通りの北、それと平行しながら湾曲しているのはカジミェシュ・プロムィク通りである。ワルシャワ蜂起が鎮圧され、蜂起軍とドイツ側のあいだで停戦と降伏協定が調印されたあと、ワルシャワ市民はすべてプルシュクフなど近郊の中継移送収容所へ退去させられ、瓦礫の山となった首都に潜伏した人々はごくわずかになった。そのようななか、一九四三年のワルシャワ・ゲットー蜂起とワルシャワ蜂起を戦ったユダヤ戦闘組織(ŻOB)の司令官、マレク・

エデルマン（一九二二～二〇〇九）ら数人の戦闘員がジョリボシュ地区のプロムィク通りに隠れていた。筆者はこのことについて『記憶するワルシャワ』でもふれたが、二〇〇八年に刊行されたエデルマン自身のインタビューにもとづく回想録(13)でも彼らの救出劇について知ることができる。同書によると、その場所はプロムィク通り四一番だった。いまその場所を訪れても当時の様子を思い出させるものはなにもない。静かな住宅とその前に小公園があるだけである。

エデルマンの最新の回想録によると、当時その場所に隠れていた人として名を記されているのは彼のほかに以下の人々である。イツハク・ツキェルマン（アンテク）、その妻のツィヴィヤ・ルベトキン（ツェリナ）、トゥヴィヤ・ボジコフスキ（タデク）、ユリアン・フィシュグルント（ユレク）、ゾフィヤ・スクシェシェフスカ（ゾシャ）、ズィグムント・ヴァルマン、テオドズィヤ・ゴリボルスカ（トシャ）、ブロニスワヴァ・フェインメセル（マルィシャ）。

同書によると、このうち、ゾフィヤ・スクシェシェフスカとブロニスワヴァ・フェインメセルの二人はレジスタンスとの接触を求める任務で隠れ家を出て、廃墟と化したワルシャワの街をこえてプルシュクフの中継収容所に着く。そこで、のちにエデルマンの妻となるアリナ（アラ）・マルゴリスと出会う。母親のアンナ・マルゴリソヴァはそこで医師として収容者を診ていたが、アリナも看護婦だった。二人はボエルネロヴォの赤十字病院に連絡し、同病院の院長だったスタニスワフ・シフィタルがジョリボシュ地区に潜むユダヤ人戦闘員らの救出隊を即刻組織した(14)。救出隊は赤十字の腕章をつけてドイツ軍の検問を抜け、プロムィク通りの隠れ家からエデルマンらの救出に成功した。

イツハク・ツキェルマン（アンテク）も回想録でこのときのことを詳しく語っている。蜂起は敗北したが、ユダヤ人は降伏して捕虜となることさえできなかった。アンテクは妻のツィヴィヤ、エデルマンら数人の同志とともに、プロムィク通りのバンカーに逃れた。そこにはユダヤ人老女が二人と、家族と離散した病身のポーランド人女性たちがすでに隠れていた。その場所はヴィスワ川まで一〇分程度だった。彼らは「刑務所の小さな監房」のようなバンカーで六週間隠れ通した。精神が錯乱して自殺の衝動さえ起きかねないなかで、なんとかもちこたえようと規律ある生活をするため、各人が毎日自分の得意分野のレクチャーを行うことなども試みた。食料と水が問題だった。瓦礫となった周辺の建物に食料を求めた。ソ連軍が空中から投下したラスクの袋が散乱していることがあって、それで食いつないだ。水は一日四分の一カップと割り当てを決めた。

そのバンカーに隠れて四二日後に救出された。前日の夜は恐怖だった。アンテクはドイツ軍が突入してくるという悪夢を見たが、それは夢ではなかった。バンカーの壁をハンマーで叩く音がした。最後のときにそなえて武器、手榴弾を用意して待ち構えた。そのまま時間が経過し、やがて正午になった。ドイツ軍の動きがなくなった。食事にでも行ったのか。突然、扉をノックして「ツェリナ」「ツェリナ」と呼びかける声が聞こえた。アリナ・マルゴリスだった。彼女はブント[15]とユダヤ人戦闘組織のクーリエでもあった。

　アリナ・マルゴリスが救出部隊を連れてきた経緯はエデルマンの回想録にある事情と異なるが、ツキェルマンは以下のように語っている。トゥヴィヤ・ボジコフスキのガールフレンドだったロヂャはしばしば、老女の一人とヴィスワ川に水を汲みに行っていた。あるとき二人は親衛隊に拘束されて尋問され、バンカーの捜索を受けた。親衛隊はそこには確かに老女が三人と「孫娘」（ロヂャは老女の一人の孫娘だと思われていた）しか隠れていないことを確認したうえで、ワルシャワから数十キロ南西のグロヂスクに移送した。そこには難民が大勢集まっていたが、近くに病院があった。ロヂャはその病院でアリナ・マルゴリスと会い、プロムィク通りに隠れている「国内軍将校」（アンテクを指す）たちのことを話した。ロヂャは相手がどういう人物なのか分からず、警戒心をもって話したのだが、その病院の院長がのちに「諸国民のなかの正義の人」として顕彰されることになる人物だった[16]。彼は救出隊を組織し、ロヂャとアリナもそれに同行することになった。アンテクがあとで知ったところによると、救出隊が去って数時間後、ドイツ人がもどってきた。バンカーに入って、老女たちのほかにもそこに何人か隠れていたことを知った。救出隊は「病人」をストレッチャーにのせて脱出した。ワルシャワ市内を出るときドイツ人パトロールの検問を受けたが、「チフス」患者を移送していることを装ってすり抜けた。グロヂスクでは「最後の蜂起兵たち」のうわさが広がった。アンテクらはグロヂスクの病院から、ワルシャワ近郊のヴウォヒに移動して避難した[17]。

　アンテクの回想録の脚注によると、トゥヴィヤ・ボジコフスキがプロムィク通りのバンカーに当初から隠れていた人たちについて証言している。一人は聾唖者のキリスト教徒女性、キリスト教に同化したユダヤ人のレナ・ラテルネル、ユダヤ人女性のツェツィリヤ・ゴルトマンと、その三人を母親のように世話していた七〇歳くらいのサビナという女性だった。バンカーにはほかにも、アンテクの回想にある前記のロヂャ・ボコフスカ（レア・ズィルベルスタイン）や、レジスタンス活動家で三十字架広場のタバコ売りの少年たちのパトロンだったユゼフ・クラコフスキ、ジェミヤンなどもいた[18]。

　シュムエル・クラコフスキは、プロムィク通りから救出されたユダヤ人戦闘員が一九四五年一月のソ連軍進駐までワルシャワ郊外のポトコヴァ・レシナに留まり、その後、アドルフ・ベルマンとも連絡をとりながらユダヤ人全国委員会の活動を再開したと書いている(19)。

蜂起が敗北し、ワルシャワ市民全員が退去させられた後もなお市内に潜伏し続けたユダヤ人戦闘員は前述の人々だけではなかった。ゲンシュフカ強制収容所の元囚人で編成されたユダヤ人小隊の一部と指揮官のシュムエル・ケニグスヴェインは旧市街のキリィンスキ通りとクシヴェ・コウォ通りの角あたりに潜んでいたし、やはりゲンシュフカの元囚人だったイスラエル・ハイム・ゴルトスタインは他のユダヤ人戦闘員、ポーランド人司祭一人とともにフランチシュカィンスカ通り八番のバンカーに潜んでいたという(20)。クラコフスキは「一九四五年一月一七日、瓦礫に埋もれたワルシャワはポーランド第一軍部隊によって解放された。同部隊の多くのユダヤ人兵士たちは、ワルシャワ蜂起を戦った後バンカーで(さらに数ケ月を)生き延びてきたユダヤ人たちと出会った」(21)と書いているが、ベルナルト・ゴルトスタインの話として、蜂起後も市内に潜伏していた約五〇〇人のなかでその解放の日を迎えられたのは二〇〇人にすぎなかったとしている。

マルィモントの記念プレート
——ビェニェヴィツカ通りなど

ジョリボシュ地区のさらに北は最近の行政区分としてはビェラヌィだが、むかしからマルィモントとよばれる地区で、北西に走るアダム・ミツキェヴィチ通りと北東に走るポトツカ通りとがちょうどX文字のように交差している。そのポトツカ通りの北より地域にすこし入り込んだ木立のあいだを進んでゆくと、バルシュチェフスカ通り一九番の二階建ての古い建物を見る。全体に外壁が剥げ落ちて内壁をなす煉瓦が露出し、弾痕と思われる穴がいくつもある。階下の看板から察すると布張り職人の店らしいが、シャッターで閉じられ人の気配はない。その建物の右側面に周ってみると、すぐ左脇に記念プレートがあって「一九四四年九月一五日、この場所でナチスが五〇人の市民を射殺した」と刻んでいる。そのすぐ右下には小さな十字架と花壇もある。周囲に人家もなく本道から木立のなかに入り込んだ寂しい場所である。こんなところに多くのポーランド人が集められて銃殺に処せられたのだろうか。

ポトツカ通りを南西方向に下ってミツキェヴィチ通りを横断してまもなく、西へ入る小さめの通りはビェニェヴィツカ通りで、その二番Bの建物の記念プレートには「一九四四年九月一六日、この場所で、フォン・デム・バッハ軍団のナチス犯罪者らよって三三人のポーランド人が射殺された」と刻んでいる。ジョリボシュ地区での戦闘が激化した一九四四年九月、ナチスは同地区で連日、市民を虐殺していた。

グダインスキ駅の激戦

アダム・ミツキェヴィチ通りとユゼフ・ザヨンチェク通りの交差点のそば、ワルシャワ・グダインスカ駅のすこし北になるが、あまり目立つこともなく小さな緑の植え込みにうつむき加減の女性像が立ち、その奥に石の記念碑がある（本章扉写真）。それは実につつましく控えめな感じをあたえるものだが、大きな柳の木の下の記念碑に記憶されているのは、ワルシャワ蜂起の中でも最大の流血をもたらした戦闘だった。

「一九四四年八月二〇日と二一日の両日、グダインスキ駅に対する攻撃で戦死したジョリボシュとスタルフカの国内軍蜂起部隊とカンピノス、ナリボツキの森のパルチザンの英雄的な兵士たちの名誉を讃えて。」

一九四四年八月二〇日から二一日にかけての夜、ジョリボシュの国内軍部隊はドイツ側に包囲されて孤立する旧市街（スタルフカ）の救援に出発し、ドイツ軍が掌握するグダインスキ鉄道駅に迫った。同月一六日から一七日にかけての作戦が失敗し、二度目の作戦だった。救援部隊は約一〇〇〇名で、ワルシャワの北西に広がるカンピノス原生林を拠点とするパルチザン部隊も参加していた。しかし、ドイツ側はこれに対して強力な火砲と装甲車両を繰り出して応戦、グダインスキ駅北東のツィタデラ要塞からも攻撃をしかけて、蜂起側に一〇〇人の死傷者を出させた。蜂起側は翌日の夜にも攻撃を再開したが、さらに三〇〇人ちかくの死傷者を出してスタルフカ支援作戦は失敗し、ワルシャワ蜂起のなかでも犠牲者が最大の戦闘となった。

聖スタニスワフ・コストカ教会と最年少兵士像

現在のワルシャワ・グダインスカ駅の北、ズィグムント・クラシィンスキ通りがアダム・ミツキェヴィチ通り、ユリウシュ・スウォヴァツキ通りと出会う地点（ウィルソン広場）の近くに聖スタニスワフ・コストカ教会がある（写真）。教会の敷地に入るとすぐに、イェジ・ポピェウシュコ神父（一九四七〜一九八四）の赤茶色の立像が目に入る。神父は一九八一年から翌年にかけて布告された戒厳令下で自主独立労組・連帯の運動を支持する立場から、この教会で「祖国のための月例ミサ」をとり行い、政府当局者の不快感を募らせていたが、一九八四年一〇月、秘密治安機関により誘拐されて惨殺された。神父の葬儀もこの教会で行なわれたが、それは五〇万人もの人々が周辺を埋め尽くす大集会となった。その情景の録画映像は教会に併設されている「神の僕イェジ・ポピェウシュコ神父記念館」で見ることができる。

　同じ教会の敷地内だがスタニスワフ・ホズユシュ通り二番には戦時中にナチス・ドイツがポーランドに置いた絶滅・強制収容所、ドイツやオーストリアに置いた強制収容所での犠牲者を悼む記念プレートがさまざまにあり、とくに目を引くものにワルシャワ蜂起での最年少兵士二人の像がある（写真）。作者はポズナィンスカ通り一一番の蜂起軍の病院看護婦だったヤドヴィガ・ズボインスカ＝ザウスカとされる。二人ともヘルメットに白と赤のヘッドバンド、肩から小さなカバンをかけている。おそらく蜂起部隊間の伝令をイメージしたのだろう。そして足元には白と赤のポーランド国旗が立てられている。少年兵の像といえば、旧市街のポドヴァレ通りのものがよく知られるが、それよりも前の一九七〇年代半ば頃につくられたものではないかとも聞く。旧市街の少年蜂起兵像が顔の表情もふくめリアルな表現なのに対し、聖コストカ教会の少年兵士像は表情もより幼く、表現形式も細部にわたるリアリズムはなく、むしろ粗いものなのだが、決して表情が乏しいわけではなく、むしろそれが人間の魂の重さを深く感じさせている。台座の下のプレートには「一九四四年、ワルシャワ蜂起、最年少兵士」とある。

　二〇〇九年九月、同教会を再訪してみた。その最年少兵士像の背後には「一九三九年から一九四五年の間の六〇〇万人のポーランド人の受難」[22]を記念するメインプレート

と、その左右にナチスの絶滅・強制収容所、ソ連のラーゲリ（強制収容所）、カティンなどポーランド人将校虐殺の地、ワルシャワ・ゲットー、ワルシャワ市内の監獄や処刑場所などを刻んだプレートが一〇枚ほどならんでいた。

教会近くの車道の真ん中の小さな緑地のなかに、ポピエウシュコ神父像がもう一つある。肩口から上の像でその顔は教会内の像にくらべて、さらに目鼻立ちがリアルにつくられており、知性や思考も伝わってきそうな表現である。台座には「イエジ・ポピエウシュコ神父、一九四七年から一九八四年。信仰とポーランド独立に命を捧げ、善で悪を打ち負かした」とある。

ジヴィチェル部隊兵士の公園
――ポピエウシュコ神父通り

北西に向かうポピエウシュコ神父通りがスウォヴァツキ通りと出会うすこし前、右手に見るのは、ジョリボシュ地区の国内軍司令官、ミエチスワフ・ニェヂェルスキ（ジヴィチェル）中佐の指揮下で同地区防衛に斃れた兵士たちを記念する公園である。緑の樹木に囲まれた区画のなか、ずっしりと重そうなコンクリートの土台には「一九四四年八月一日から九月三〇日」とあり、そのうえに「ジヴィチェルの兵士たちに捧ぐ」という上部が丸い三角形の大きな石の記念碑があって、PWのシンボルマークと重量感あるプレートがとりつけられている（写真）。

「ミエチスワフ・ニェヂェルスキ（ジヴィチェル）中佐の指揮のもと、ジョリボシュ、マルィモント、ビェラヌィ、カンピノスで戦った国内軍XXII地区のワルシャワ蜂起兵士を記念して。同地域の蜂起部隊には、ジャグロヴィェツ、ジビク、ジミャ、ジニヴィャシュ、ジュブル、ジラファの各部隊のほかに、人民軍の補助部隊・チュファルタクフも参加した。同地域の兵士総数は約二五〇〇人となり、そのうち一〇〇〇人以上が戦死した。」

国内軍「XXII」区域というのは、国内軍・ワルシャワ第二地区の暗号名である。

ベモヴォの聖母子像——ベモヴォ地区

現在の行政区分では、ジョリボシュ地区の西はビェラヌイ、ベモヴォ、ヴォラ地区である。まっすぐ西に進むとベモヴォ地区、さらに進むとカンピノスの森に入ってゆく。ベモヴォの名は、同地区にあるベム要塞が由来するユゼフ・ベム（一七九四～一八五〇）の名からきているのだろう。ベムは一八三〇年一一月蜂起を戦った将軍である。ベモヴォの広汎な地域はすでにこんもりとした樹林におおわれているが、ボエルネロヴォ地域のグルトフスカ通りとヴェステルプラッテ通りが交わる場所の一角、見上げるばかりの高い樹木に囲まれたなかに、きわめて印象深い聖母子像が建っている（写真）。欧米の芸術表現スタイルというよりも、日本の仏像を思わせる柔らかでなめらかな彫りの表情や手の平、足の甲が東洋的懐かしさを覚えさせる。だが、これもまたワルシャワ蜂起での犠牲者を悼むものである。聖母子像の高い台座の前には石の記念碑が置かれていて、「この岩塊は一九四四年八月二日明け方、カンピノスの森に行進中、ボエルネロヴォ地域でドイツ側との衝突で戦死した国内軍のジヴィチェル指揮下の蜂起参加者の死を記念するものである」とある。

聖母子像の台座の真ん中には白と赤のポーランド国旗、記念碑の前には赤、白、黄の花が供えられている。あたりに人の気配はまったくないが、これもたったいま誰かが供えていったに違いないほどに生花はみずみずしい。

ポヴォンスキ軍人墓地——ポヴォンスコフスカ通り

オコポヴァ通りのユダヤ人墓地の北側と西側に隣接するのは、一般には「古いポヴォンスキ」とよばれているポヴォンスコフスカ墓地で、その北側はポヴォンスコフスカ通りである。ポヴォンスコフスカ通りを北西にまっすぐ進むと左手に見えてくるのはポヴォンスキ軍人墓地である。地図では現在、コムナルヌィ墓地(旧軍人墓地)と記されているものもあるが、一般には「軍人墓地」としてよく知られている。現在のワルシャワ行政区分によると、前記の「古いポヴォンスキ」はヴォラ地区に入っているが、この「軍人墓地」はジョリボシュ地区に入っている。もともとはロシア兵士のために設けられた墓地らしいが、ポーランドが一九一八年に独立を回復して以来、ポーランド軍関係の墓地になった。現在、ロマン・ポランスキ監督の映画「戦場のピアニスト」の主人公、ヴワディスワフ・シュピルマン(一九一一〜二〇〇〇)やポーランド民主化の活動家、ヤツェク・クロン(一九三四〜二〇〇四)の墓などもあるが、そこには一九世紀後半から二〇世紀前半にかけてのポーランドの独立と抵抗の歴史を記念し、犠牲者を埋葬している。なかでも、この墓地の特徴をなすのは一九四四年蜂起を戦った国内軍部隊を中心とする兵士が多数埋葬・記念されていることである。「まえがき」にも記したが、毎年、蜂起が開始された八月一日の夜には遺族や関係者だけでなく大勢の市民が訪れてろうそくを供え、あちこちの墓や記念碑があかあかと燃える無数のろうそくの炎で照らされる光景は、死す者と生きる者とを問わず、ポーランド人の魂はまさにこの一九四四年蜂起にあるのだということを痛切に感じさせる。

一九四四年蜂起の戦死者・犠牲者の墓・記念碑は国内軍(AK)や人民軍(AL)の部隊ごとにまとまったスペースがあり、各部隊・大隊のシンボルマークもかかげられている。主なものは以下の通りである。

国内軍部隊・大隊「クルィスカ」、「グルト」、「レシニク」、「ベウト」、「ゾシカ」、「フヴァツキ」、「ヴィグルィ」、「ラドスワフ」、「チャタ四九」、「クルィバル」、「グスタフ」、「ミョトワ」、「パラソル」、「ハルナシ」、「フロブルィ二世」、「ピェンシチ」、「バシュタ」、「ガルウフ」、「クバ」など。

そのうちのゾシカ大隊の記念碑を見る。

「一九四三年九月一日に結成された。戦功十字勲章を叙勲される。突撃部隊の指揮官、タデウシュ・ザヴァツキ(ゾシカ)のコードネームを採用した。大隊の若者たちはスカウト組織・灰色部隊の出身で、当初から積極的に戦闘に参加した。彼らは一九四一年からサボタージュ組織・ヴァヴェルの小規模な破壊作戦に参加。一九四二年一一月からは、国内軍中央指令部(ケディフ)指揮下の突撃部隊で大規模な破壊作戦に全面的に参加。ゾシカ大隊はワルシャワ蜂起では、ラドスワフ部隊のなかでヴォラ地区からスタレミャスト、チェルニャクフ地区まで転戦した。戦闘行動、収容所、刑務所、そして蜂起で四五三人の大隊兵士が死亡した。」

この記念碑の背後の数メートルの大理石の壁の全面には死亡したゾシカ大隊兵士の氏名が刻みつけられている。

キリィンスキ大隊のスペースには黒っぽい煉瓦壁にＰＷのシンボルマークのある大きな記念板に「ワルシャワ蜂起のバリケードで斃れたキリィンスキ大隊の兵士にささげる」とあり、その前には死亡した兵士の氏名と死亡年月日などを刻みこんだ記念碑が、例えば街路ごとなどにまとめていくつも並んでいる。

ひときわ大きな黒い鉄のＰＷのシンボルマークがまさに錨のように重々しく立っているモニュメントがある。背後に大きな石の記念碑があって、そのプレートには「占領とワルシャワ蜂起の期間に戦死し、ナチス侵略者によって殺害されたガルウフ第七歩兵連隊の四〇〇人の兵士と、一九四四年八月一日、オケンチェ飛行場のナチス防衛拠点に対する攻撃で死亡した同連隊、クバ部隊の一二五人の兵士を記念する」とある。

ボーイスカウトの青年たちの墓碑は白樺の十字架で、姓名と年齢などを記した楕円形の標示が取り付けられ、なかには写真やネッカチーフが十字架に巻きつけられたものもある。

スカウトのリーダーだったヤン・ブィトナル（一九二一〜一九四三）はコードネームを「ルディ」といい、一九四三年三月の「兵器庫作戦」で救出されたが、ナチスの拷問が原因で同月三〇日に二二歳で死亡した。同じ白樺の十字架の「ルディ」の表示板のすぐ下には、やはり「兵器庫作戦」で死亡したアレクスィ・ダヴィドフスキ（二二歳）のプレートもある。彼は国立博物館壁に「ワルシャワ市民諸君、私はここにいる。ヤン・キリィンスキ」と落書した人物としても知られる（第五章の「コペルニクス記念像」の項参照）。「兵器庫作戦」を主唱したタデウシュ・ザヴァツキ（ゾシカ）の十字架もすぐそばにあり、写真もかかげられている。彼は一九四三年八月二〇日に死亡している。ブロニスワフ・ピェトラシェヴィチは一九四四年二月一日、ワルシャワ地区警察のフランツ・クチェラ襲撃作戦で死亡した（二一歳）。一九四四年蜂起の九月二九日にジョリボシュ地区で活動していて死亡した衛生兵、イェンドルシ・シュヴァイケルトは一一歳だった。スカウトのメンバーを悼む記念碑はほかにもあちこちに見られる。「一九四四年八月五日、ヴォラ地区の病院でナチスにより銃殺された一一人のガールスカウトの衛生兵を記念する」という記念碑には小さなキリストの磔刑像があり、赤く咲きほこる花との鮮やかなコントラストをなす。

人民軍部隊では「チュファルタクフ」の記念碑がある。また、ヴィスワ川右岸のソ連軍指揮下あったポーランド軍第一軍団のタデウシュ・コシチュシュコ歩兵師団兵士を記念する大きな記念碑があり、そこには翼を拡げた雄々しい鷲が彫りおこされているが頭上に王冠はない。ズィグムント・ベルリンク（一八九六～一九八〇）の墓もここにある。さらには、共産党指導者だったボレスワフ・ビェルト（一八九二～一九五六）やヴワディスワフ・ゴムウカ（一九〇五～一九八二）の墓もある。

軍人墓地で目立つのは一九四四年蜂起の参加兵士や若者たちの墓や記念碑だが、ここには一八六三年一月の対ロシア蜂起参加者の区画、第一次世界大戦（一九一四～一九一八）の戦争に参加したポーランド軍兵士の区画、一九一九年から一九二一年にかけてのポーランドの対ボルシェヴィキ戦争参加兵士の区画などもある。一九四三年四月にナチス・ドイツの発表で明るみにでたソ連によるポーランド人将校の虐殺事件「カティン」の記念碑もここにある。犯罪が実行された「一九四〇年」を太くあしらった背の高い十字架と、「カティン」という太文字のついた重々しいもう一つの十字架形の記念碑から成る。そこには数千人のポーランド人将校が拘束されて殺害された三つの収容所地域であるコジェレスク、オスタシュクフ、スタロビェルスクの名がある。

国内軍総司令官のタデウシュ・ブル＝コモロフスキや国内軍ワルシャワ管区司令官のアントニ・フルシチェル（モンテル）もここに埋葬されているほか、広く各界の人々の墓もある。さきにあげた人々以外の例を以下に記す。

クシシュトフ・カミル・バチィンスキ（一九二一～一九四四、詩人）、タデウシュ・ボロフスキ（一九二二～一九五一、詩人）、アウグスト・エミル・フィェルドルフ（ニル）（一八九五～一九五三、国内軍・ケディフ指導者）、アントニ・ゴドレフスキ（アンテク・ロスプィラチュ、一九二三～一九四四、国内軍兵士）、ルィシャルト・ククリィンスキ（一九三〇～二〇〇四、大佐）、タデウシュ・ウォムニツキ（一九二七～一九九二、俳優）、アンジェイ・ムンク（一九二一～一九六一、映画監督）、スタニスワフ・ソサボフスキ（一八九二～一九六七、パラシュート旅団指揮官）、ユリアン・トゥヴィム（一八九四～一九五三、詩人）。

カンピノスの森

ジョリボシュ地区の北西からヴィスワ川にも沿いながら、大きく放射状に広がるのはカンピノスの森である。国立公園にもなっているその原生林は地図でみると、ワルシャワ市内全域にも匹敵しようかというほど広大なものである。その北東には、ナチス占領者が一九三九年の占領直後からとくに一九四一年半ば頃まで、いわゆる「AB作戦」*Ausserordentliche Befriedungsaktion*（特別平定作戦）の一環として、数千人にのぼるワルシャワ市民の大量処刑場に使ったパルミルィ共同墓地がある。

　蜂起開始直前、カンピノスの森は国内軍のパルチザン組織の集結地域にもなっていて、部隊の増強がはかられていた。ブル＝コモロフスキは、ユゼフ・クシチュコフスキ（シモン）大尉をカンピノスの部隊全体の司令官に任命した。シモン指揮下の兵力は八月半ばに約四〇〇〇人だったが、九月には七〇〇〇人に増強された[23]。

　カンピノスの森は、連合国軍機による武器・弾薬、その他援助物資の投下地点の一つでもあった。とくに、ジョリボシュ地区はカンピノスの森から最も近い位置にあったため、武器・弾薬、食料その他の供給源にもなった。また、ジョリボシュ地区とカンピノスの森のあいだにはビェラヌィの飛行場があり、ヴィスワ川沿いにまっすぐ北西に進むと、通信戦略上の要衝モドリンに至る。蜂起開始の八月一日から二日明け方にかけ、シモン指揮下の国内軍部隊はジョリボシュ地区への進路を切り開くために、ビェラヌィ飛行場のドイツ軍部隊を攻撃してその占拠をはかった。一時的に飛行場の占拠に成功するが、戦車・装甲車を動員しての敵側の反撃にもちこたえられず、ほどなくカンピノスの森への撤収をよぎなくされた。

第一一章　対岸の蜂起、ソ連軍の沈黙——プラガ

新旧の建物が共存するプラガ地区の大通り（タルゴヴァ通り）

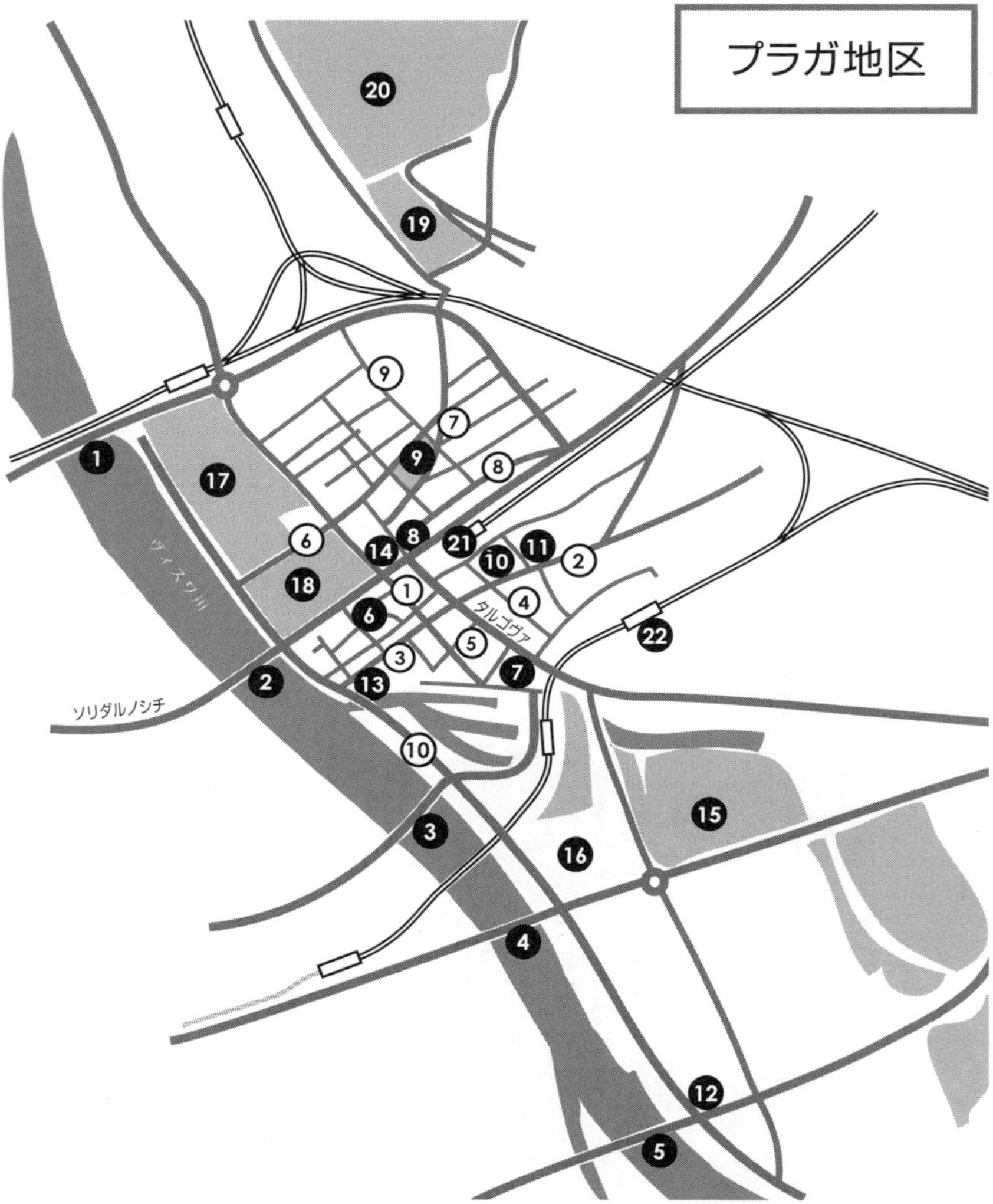

通り名

1 ヤギェロィンスカ　**2** ゾンプコフスカ　**3** オクシェヤ　**4** ブジェスカ　**5** ケンプナ　**6** ラトゥショヴァ　**7** 11月11日　**8** ヴィレインスカ　**9** ナムィスウォフスカ　**10** ヴィブジェジェ・シュチェチィンスキェ

スポット

1 グダィンスキ橋　**2** シロンスコ・ドンブロフスキ橋　**3** シフィェントクシスキ橋　**4** ポニャトフスキ橋　**5** ワジェンコフスキ橋　**6** 聖フロリアン大聖堂　**7** 旧ナチス警察　**8** 旧鉄道管理局　**9** ジュロフスキ大佐記念碑　**10** 旧 PASTA ビル　**11** ヴォトカ工場　**12** ベルリンク像　**13** コシチュシュコ師団兵士記念像　**14** 戦友記念碑　**15** スカルィシェフスキ公園　**16** スタジアム　**17** 動物園　**18** プラスキ公園　**19** ユダヤ人墓地　**20** ブルドノ墓地　**21** ワルシャワ・ヴィレインスカ駅　**22** ワルシャワ東駅

プラガ地区と蜂起

ワルシャワを観光で訪れる人々も、ヴィスワ川右岸のプラガ地区に足を踏み入れることはあまり多くはない。おそらく、その名を耳にするのは、一九四四年のワルシャワ蜂起のとき、東方から進撃してきたソ連軍（コンスタンティ・ロコソフスキー将軍指揮下のベラルーシ第一方面軍）がドイツ軍を追い詰めながらも右岸に留まり、左岸の蜂起部隊と市民を「見殺しにした」といわれることに関してだろう。あるいはまた、アンジェイ・ヴァイダ監督の映画「地下水道」で、蜂起軍の若者とその恋人がようやく暗闇から脱したと思ったまぶしい光の先が鉄格子で阻まれ、ヴィスワ川の向こうに見えた対岸の景色を思い浮かべる人もいるかもしれない。現在の行政区分では、プラガ北とプラガ南に分かれていて、後者にはサスカ・ケンパがふくまれる。「ケンパ」というのは、「小さな丘」「川や湖に浮かぶ樹木の茂った小島」といった意味である。その南北を通るのは美しいフランツスカ（フランス）通りである。

プラガに人の集落がおこったのは相当に古い昔のこととされる。一〇世紀から一一世紀にかけては、北部にブルドノの要塞ができた。一定の行政システムのある都市型コミュニティが出現したのは一六世紀だという。一七九一年にワルシャワに編入され、二〇世紀に入って急速に発展し、労働者階級が多く居住する郊外地域となった。一八世紀初めのスウェーデン軍の侵攻をはじめとするたび重なる戦乱ではその都度大きな破壊を受けた。しかし、一九四四年のワルシャワ蜂起に関していえば、蜂起勢力は緒戦で打撃をうけたが、九月半ばにソ連軍が進駐してきて、その拠点としたため、結果的にはヴィスワ川左岸のような徹底した破壊を免れることになった（破壊の程度は一五〜二〇パーセントだったと聞く）。そのため、ヴィスワ川を渡ってそこに足を踏み入れてみると、左岸とは何かがかなり異なる空気とおもむきを感じるのである。立ち並ぶ建物も戦前から破壊されぬままのものがかなりあり、それが現在修復中の建物と隣り合わせになったりするなど、実に特異な雰囲気がただよっている。

プラガ地区は一九三九年一一月、国内軍の前身である武装闘争同盟（ZWZ）のワルシャワ管区のなかでは第六地区とされ、一九四四年二月からの指揮官はアントニ・ヴワディスワフ・ジュロフスキ（アンジェイ・ボベル）大佐だった。この第六地区は一九四一年に次の五区域に分割されて蜂起を戦うことになる。

第一区域　ノヴェ・ブルドノ、ペルツォヴィズナなどプラガ北部の広い地域（ブルドノ墓地をふくむ）

第二区域　タルグヴェク（プラガ中心部のやや北東部）
第三区域　グロフフとサスカ・ケンパ（南部の広い地域）
第四区域　ミハウゥフとノヴァ・プラガ（「新しいプラガ」でプラガ地区の中心部だが、当時のズィグムントフスカ通り＝現在のソリダルノシチ大通りの北側）
第五区域　スタラ・プラガ（「古いプラガ」、プラガ地区中心部で前記通りの南側）

この中でも最強だった第五区域における蜂起部隊（約一二五〇人）の戦略目標はポニャトフスキ、キェルベチなど四つの橋、二つの鉄道駅（ワルシャワ東駅とワルシャワ・ヴィレィンスカ駅）、タルゴヴァ通り七四番の鉄道管理局、電話局（PASTA）、タルゴヴァ通り一五番の保安警察東部警備局、ドイツ側守備隊が占拠する工場、倉庫、学校などだった。

八月一日、蜂起部隊はプラガ地区の一部地域を制圧する。第一区域ではブルドノ墓地のかなり北、バルトニチ通りの学校建物を占拠する。第一区域と第二区域の結節点、ユダヤ人墓地南側のオシュミャインスカ通りの初等学校では国内軍がブルーポリス（ナチス占領者のもとで組織されたポーランド人警察）を武装解除し、一部が蜂起部隊に加わった。第五区域では国内軍部隊がブジェスカ通りの電話局建物（プラガの「ＰＡＳＴＡビル」といわれる）を占拠した。同区域ではまた、ゾンプコフスカ通りの郵便局建物も占拠した。タルゴヴァ通りとヴィレィンスカ通りの角の鉄道管理局も一時的に占拠したがすぐに明け渡すことになった。タルゴヴァ通りのドイツ保安警察に対する攻撃も失敗した。第五区域の蜂起部隊の主要任務はポニャトフスキ橋を確保して橋頭堡を確立することだったが不成功に終わり、蜂起部隊はカロル・マルチンコフスキ通りの屠畜場に後退をよぎなくされた。キェルベチ橋からドイツ側を駆逐することも不成功に終わった。一一月一一日通りのドイツ軍兵舎の制圧作戦も失敗した。

蜂起部隊による攻撃のいくつかの成功も武器・弾薬不足などのため、長くは続かなかった。ブルドノでは一日、タルグヴェクでは二日、グロフフでも二日、サスカ・ケンパでは一日に戦闘は終わり、ドイツ側の強力な戦車部隊の前に蜂起部隊は全体として一週間ほどで戦闘不能に陥った。死傷者も多数あった。プラガ地区の蜂起軍司令官、アントニ・ジュロフスキ（ボベル）大佐は三日に戦闘中止を決定し、蜂起兵の一部はヴィスワ川を越えて左岸のシェルツェ、サディバ、カンピノスの森での蜂起部隊への合流をめざした。

ソ連軍は蜂起開始決定直前の七月三〇日、プラガ郊外のラヂミン、ヴォウォミン、オクニェフに到達していた。ベラルーシ第一方面軍を率いるコンスタンティ・ロコソフスキー元帥（一八九六〜一九六四）は八月八日、スターリンに対して、可能ならば八月二五日までにワルシャワを攻撃したいと提案したが、スターリンは許可しなかったといわれる。ソ連軍がプラガ地区に対する全面攻勢を開始したのは九月一〇日のことだった。ポーランド人部隊（ポーランド軍第一軍団）のコシチュシュコ第一歩兵師団、ヴェステルプラッテ第一英雄機甲旅団、第一三機甲連隊もこの攻撃に参加した。九月一二日朝には約八〇機のソ連軍爆撃機がプラガ地区上空に飛来し、終日ドイツ軍機と空中戦を展開した。ソ連軍はヴィスワ川左岸近くのツィタデラ、トラウグット要塞、グダインスキ駅などに向けても砲撃も開始する。ドイツ側はプラガの南部から北部へ追い詰められる。

ソ連軍は一三日から一四日にかけてプラガ地区のほぼ全域とサスカ・ケンパ地区を制圧し、一五日にはヴィスワ川右岸はソ連軍により完全に掌握されていた。このとき左岸で蜂起側が支配するのは、チェルニャクフ南部地域、モコトゥフ、ジョリボシュ、そしてシルドミエシチェのみとなっていた。

九月一四日、午後八時三〇分、ブル＝コモロフスキの国内軍総司令部は、「ポーランド国民解放委員会」（ルブリン委員会）の無線放送をキャッチする。「戦うワルシャワへ。英雄的なワルシャワが解放されるときは近い。諸君の苦しみと犠牲はまもなく終わるだろう」「ポーランド第一軍のコシチュシュコ師団がプラガに入り、赤軍とともに戦っている。援助はすぐ来る。戦い続けよ。赤軍最高司令部との合意もなく、機の熟さぬままに蜂起を開始した人々の動機が何であれ、われわれは心から諸君とともにある」「ヴィスワ川沿岸で決定的な戦闘が起きている。援助は近い。勝利は近い。戦闘を続けよ！」(1)

ブル＝コモロフスキはソ連軍によるプラガ地区制圧直後、ソ連軍との協調をはかるため、ロコソフスキー元帥との連絡通信体制の確保を再度試みる。ワルシャワ管区司令官のモンテルもいくつかのグループにヴィスワ川左岸の蜂起部隊についての詳細な情報をもたせて渡河させた。このうち一つのグループは渡河に失敗したが、あとの二つは九月一四日、一五日にそれぞれ右岸に上陸した。さらに一八日にはもう一つのグループが右岸に渡っている。ブル＝コモロフスキは無線のほかに電話線の利用を考えた。ヴィスワ川両岸には電話回線があった。主要回線は戦闘で破壊されていたが、ソ連軍制圧地域と蜂起側司令部とを結ぶ回線がまだ残されていたので、女性の連絡兵に電話線の正確な位置などを記した情報をもたせて右岸に派遣した。

しかし、ソ連側からの反応はなかった。ソ連軍は逆に九月一九日以降、作戦行動を大きく手控えるようになる。他方、ドイツ側は一〇日ぶりに市内に対するシュトゥーカの空爆を再開して反撃を強化した。ブルによると、ヴィスワ川右岸との交信が成立したのは九月二四日のことだった。同日一二時一五分、ソ連側の送信機が初めてメッセージを送ってきた。ポーランド語の電文はズィグムント・ベルリンクからのものだった。その後も交信は続いた。しかし、ベルリンク側は物資投下や砲撃に関する技術的問題にしかふれず、モンテルとブルはソ連軍のヴィスワ渡河作戦への戦術的協力を提案したが「無視された」(2)。

ブル＝コモロフスキはのちにこう書いている。

「ソ連軍は毎夜、数機の物資投下のみに行動をとどめて、ドイツ軍陣地に対してポーランドとソ連による共同の攻撃を組織し、その期日と方向について合意しようというわれわれの提案には一切返答しなかった。ソ連側は自分たちの意図やヴィスワ川左岸の占領に道を開く彼らの攻撃日程についても全く知らせなかった」「彼らは、チェルニャクフの戦闘が自分たちの眼前で戦われているという事実にもかかわらず、蜂起部隊の防衛するチェルニャクフ橋頭堡をドイツ側が破壊するにまかせた。このことから引き出せる結論は一つである。すなわち、ソ連軍の司令官は近い将来にヴィスワ川を渡るつもりがないということだ。たしかに、『戦闘を続けよ！』とのアピールを放送し続け、支援物資を空中投下しているその動機は何なのかという疑問は生じる。それにはただこう説明できるだけだろう。ソ連側の短期間の支援は西側における政治的意見への譲歩にすぎず、ワルシャワとその防衛部隊、市民たちを解放する計画とは無関係だということだ。」(3)

ザヴォドヌィによると、蜂起開始直前にヴィスワ川右岸でドイツ側の反攻に遭ったソ連軍司令官たちは八月八日には攻勢の精神をとりもどしており、ソ連軍最高司令部に対して作戦報告とともにワルシャワ解放計画を提出していた。彼らはその文書で、ワルシャワ制圧のための五項目の要件、タイムテーブルと行動手順を提案し、作戦開始を八月二五日に設定していたという。しかし、この作戦を進める許可は下りなかった。「スターリンがワルシャワ制圧を遅らせようと決めたのは一九四四年八月第二週だった。そしてワルシャワに対する彼の意向が決定的に明らかになったのは八月一三日、タス通信が蜂起を非難するコミュニケを発表したときだった。」(4)

ザヴォドヌィは英国人ジャーナリスト、アレクサンダー・ヴァースが一九四四年八月二六日におこなったロコソフスキー元帥のインタビューを引用しながら書いている。

「元帥の判断では、(当時進行中だった) ワルシャワ蜂起は誤りだった。赤軍との協議なしに開始されたからである。ワルシャワの蜂起は赤軍が実際にワルシャワに入ったときに開始されるべきだった。それから彼は次の点を指摘した。八月一日当時、ソ連軍の通信員は楽観的にすぎた。われわれは押し返されたのだ。八月半ば以前にワルシャワを制圧することは、最良の条件があってもできなかっただろう。」(5)

しかし、ザヴォドヌィは「ロコソフスキー元帥が八月半ば以前にワルシャワを制圧するのが不可能だったと言ったことは重要だ」「彼が八月半ば以降にはそれが可能だったと考えていたのは疑いないし、もしそうでなければ、一九四四年八月八日にソ連軍最高司令官にあのような作戦計画を出すはずがなかっただろう」(6)と論じる。

一方でドイツ側の現地司令官はどう考えていたのか。ザヴォドヌィが引用しているドイツ側機甲師団のハインツ・グデーリアン将軍のことばも興味深い。

「ロシア人がワルシャワ蜂起について知りながらも、なぜ援助するためにもっと多くをなさず、ヴィスワ川のラインで攻勢を止めてしまったのかという疑問をしばしば聞く。それは、ポーランド亡命政府に忠誠を誓うこうした分子が蜂起の成功と首都解放によって強化されるのは、ソ連にとって面白いことではなかったのだろうとも考えられる。ソ連がこうした行動をむしろルブリン陣営のポーランド人の手柄にしたがっていたのは疑いない。しかしこれは当時の連合国が自分たちのなかで解決すべき問題だった。われわれの関心事は、ロシア人がヴィスワ川を越えて前進しなかったこと、そしてその結果、一呼吸つけたということだった。」(7)

ヴィスワ川に架かるワルシャワの橋

現在、ヴィスワ川の左岸と右岸をつなぐワルシャワの橋は八つあるといえる。北からグロト・ロヴェツキ橋、グダィンスキ橋（鉄橋、トラム用、自動車・歩行者用橋をふくむ）、シロンスコ・ドンブロフスキ橋、シフィエントクシスキ橋、シレドニツォヴィ鉄橋、ユゼフ・ポニャトフスキ橋、ワジェンコフスキ橋、シェキェルコフスキ橋である。このうち、戦前から存在していてワルシャワ蜂起との関連でも重要なのは、グダィンスキ橋（蜂起時はツィタデラ下鉄橋）、シロンスコ・ドンブロフスキ橋（同キェルベチ橋）、シフィエントクシスキ橋（同シレドニツォヴィ鉄橋）、ユゼフ・ポニャトフスキ橋である。一九四四年八月の蜂起緒戦で、蜂起側はこうした橋梁の制圧を戦略目標として攻撃を企てたがドイツ側の圧倒的な軍事力の前に不発に終わった。

九月一三日、ドイツ軍はソ連軍に駆逐されてプラガ地区を撤退する際にポニャトフスキ橋とキェルベチ橋、二つの鉄道専用橋の東端を爆破する。ブル＝コモロフスキは書いている。「しかしこれは、さほど心配することではなかった。われわれはまだ、モコトゥフ、ジョリボシュ、チェルニャクフ、シルドミェシチェの四地区を確保しており、そのうちのジョリボシュとチェルニャクフはヴィスワ川に面していて、ソ連軍上陸の際の橋頭堡になりえたからである。過去五週間、日照りが続いていて、川の水位は異常に低かった。監視ポストからも、川幅が狭められて砂地が広がり、二五〇ヤードほどの川幅になっている箇所も見られた。私は赤軍が春の雪解けのときに低ドニエプル川を渡ったことを思い出したが、そのときは現在のヴィスワの川幅の三倍はあったはずだ。しかし、その間にも、われわれの支配する沿岸地域は徐々に浸食されていった。」(8)

スタラ・プラガ（古いプラガ）
——タルゴヴァ通りから

プラガ地区最大の目抜き通りはソリダルノシチ大通りとタルゴヴァ通りだが、ヴィスワ川右岸のこの地区の雰囲気をより強く感じさせるのはタルゴヴァ通りである。北はソリダルノシチ大通りと交差してプラスキ公園の東側まで伸び、南東にかけてはワルシャワ東駅の西で鉄道線路と交差し、ヤン・ザモイスキ通りへと続く。

タルゴヴァ通りは幅が広く真ん中にはトラムが走る。道路の両側には真新しい感じの建物はあまり見られない。それは、ヴィスワ川の左岸地域が九〇パーセントちかく破壊されたのに対して、右岸地域の破壊が一五～二〇パーセントほどだった、つまりプラガ地区の八〇パーセント以上が戦火を免れたためである。もちろん、通りの両側の建物すべてが古色蒼然としているわけではなく、おそらくは一九世紀からの赤煉瓦の建物とやや新しい建物があちこちに隣り合わせで建っている。これは左岸地域の風景とはまったく異なるもので、プラガ地区の風景のみならず、文化的雰囲気や市民気質にも強い影響をあたえているに違いない。

ワルシャワ蜂起のとき、タルゴヴァ通りには蜂起側・ドイツ側双方にとって重要な戦略拠点がいくつもあった。タルゴヴァ通り七四番の鉄道管理局、「タルゴヴァ通り一五番の要塞」といわれたナチスの保安警察東部警備局などである。一九世紀末から続いているルジツキ市場（タルゴヴァ通り五四番）もある。

タルゴヴァ通りから南西に入るケンプナ通りがある。ヤギエロィンスカ通りを交差したあと、古い赤煉瓦塀に記念プレートを見る。

「祖国の自由のために斃れたポーランド人の血で清められた場所。一九四三年一一月一二日、ナチスがここでパヴィヤク監獄の拘束者六〇人を処刑した。」

その赤煉瓦塀はかつての屠畜場の建物壁が一部だけいまも残っているもので、記念プレートにあるナチスの処刑を目の前で目撃したはずである。そのあたりは、戦前の広大な屠畜市場の一部だった。その処刑はワルシャワ蜂起の一〇ケ月ほど前のことになる。ナチス占領者は翌年八月、ワルシャワ蜂起のさなかにその悪名高いパヴィヤク監獄を爆破した。

ケンプナ通りを右折してヴジェシィンスカ通りに入る。さらに左折するとステファン・オクシェヤ通りで、その左手にはかつての屠畜市場跡が広がる。蜂起開始緒戦で蜂起部隊が一時占拠して食料補給の場所ともなった。ステファン・オクシェヤ（一八八九〜一九〇五）は社会主義者で独立運動家だった。さらにその西、オクシェヤ通りとヴィブジェジェ・シュチェチィンスキェ沿岸道路の角あたりに巨大なポーランド人兵士像があって、大きく開いた左手をヴィスワ川方面に向かってのばしている。

オクシェヤ通りから北西に入るユゼフ・シェラコフスキ通りを行くと同通り七番、イグナツィ・クウォポトフスキ神父通りとの角に、戦前ユダヤ人大学生の学寮だった五階建ての立派な建物がある。だが、その建物も蜂起のあとソ連とポーランド公安機関に接収されて国内軍関係者などの弾圧に使用された。

シェラコフスキ通りを北西に進むと、やがて右手に聖フロリアン大聖堂がそびえ立つ。シェラコフスキ通りはソリダルノシチ大通りに出会い、それを北東方向に進むとワルシャワ・ヴィレィンスカ（ワルシャワ・ヴィルノ）駅周辺の商業施設のにぎわいにいたる。その少し手前、ソリダルノシチ大通りとヤギェロィンスカ通りの角の近くに見えるのは、ヤヌシュ・コルチャク（ヘンルィク・ゴルトシュミト　一八七八もしくは一八七九〜一九四二）が若いころに通ったギムナジウム（現在はヴワディスワフ四世記念第八中等学校）である。

ソリダルノシチ大通りとヤギェロィンスカ通りの交差点を左折すると、国内軍・ワルシャワ管区第六地区のなかの第四区域だったノヴァ・プラガ（新しいプラガ）に入る。ソリダルノシチ大通りとヤギェロィンスカ通りの交差点の北側に見えるのは帝政ロシア統治時代の遺産でもある聖マリア・マグダレナ正教会（ソリダルノシチ大通り五二番）である。

ナチスの保安警察東部警備局
——タルゴヴァ通り

タルゴヴァ通り一五番にある建物はナチス・ドイツの保安警察東部警備局だった（次ページ写真）。「タルゴヴァ通り一五番の要塞」とよばれ、蜂起部隊の重要な戦略目標だった。建物は一九二八年に建てられたものだ。ナチス占領前はタ

ルゴヴァ通りでも最も高級なアパートで、エレベーターもついていた。設計者のユリウシュ・ナグルスキは所有者でもあり、住民の一人でもあった。一階にはノヴォチェスナ（「モダンな」という意味）というカフェテリアがあり、最上階からはヴィスワ川左岸を広く見渡すことができた。ナチス占領期間はドイツ軍高官のホテルに使われたが、街頭で逮捕されたポーランド人を労働キャンプ送りにするまでの一時的な拘束場所に一部が使用されたこともある。

一九四四年八月蜂起当時、建物には保安警察東部警備局がおかれ、屋上では砲兵隊が警戒にあたっていた。パヴェウ・ユルチャク（パヴェルスキ）中尉の第一六六二部隊とタデウシュ・ナラゾフスキ（チャルヌィ）の第一六六三小隊がこの「タルゴヴァ通り一五番の要塞」の攻略にあたったが、ドイツ側の強力な火砲の前に不成功に終わった。ヴィスワ川左岸よりのカロル・マルチンコフスキ通りからの攻撃も失敗し、蜂起部隊は退却をよぎなくされた。

この建物を戦後最初に使ったのはロシア人だった（一九四六年まで）という。建物所有者の妻はすでに夫を亡くしていたが、ワルシャワ蜂起開始一週間後の八月七日にヴォラ地区、ミロフスカ市場での大量処刑で殺されたと聞く。

鉄道管理局——タルゴヴァ通り

タルゴヴァ通り七四番にみるのは、古代ギリシャ神殿を思わせるドーリス式円柱が印象的なファサードの鉄道管理局の建物である（次ページ写真）。この大きな複合建築物は一九二八年から二九年にかけて建てられたもので、古典主義とモダニズムが混在しており、室内はアール・デコ様式も取り入れられている。一九八七年には歴史的建造物のリストに加えられた。この建物ができる以前、その敷地の背後にはペテルブルク駅があったのだが、第一次大戦中の一九一五年にワルシャワを引き揚げるロシア軍によって焼かれた。

建物は一九二九年から一九三九年まで鉄道管理局だった。一九三九年から一九四四年まではナチスの東部本部と治安警察がおかれていた。一九四四年八月一日、蜂起部隊はこの

建物をその日一時的だったが占拠した。攻撃にあたったのはフェリクス・マトゥシュキェヴィチ（トゥレク）中尉の第一六五三部隊だった。八月一日、蜂起開始時刻の午後五時少し前、ブロニスワフ・ゴンタルチク（ボレク）中尉の部隊はヴィレィンスカ通り一一番のポーランド人警察本部へ入って蜂起への参加をよびかけた。蜂起部隊は武器を供出させるとともに、鉄道管理局ビルの入口の鍵を入手した。これにより、前記の部隊は鉄道管理局ビルに容易に入ることができて武器・弾薬も捕獲した。しかしすぐに親衛隊が到着して銃撃戦となった。蜂起側はタルゴヴァ通りからヴィレィンスカ通りを封鎖するバリケードを構築し、ドイツ側はロシア正教会とヴワディスワフ四世ギムナジウムを拠点とした。夕闇が落ちる頃、ドイツ側は戦車もくりだして攻撃を強化し、蜂起側はヴィレィンスカ通りへ撤退した。

鉄道管理局攻撃については、ズィグムント・ボブロフスキ（ルドヴィク二世）大佐を指揮官とする第五区域の蜂起部隊小隊がその建物を制圧するとともに、ヴィレィンスカ（ヴィルノ）駅を混乱させたという記述もある(9)。それによると、同小隊はそのときドイツ側戦車を二両破壊したが、機甲大隊の反撃を受け、二日夜にはもはやドイツ側の脅威ではなくなったという。

一九四四年九月一四日から一九四五年まで、共産党がこの鉄道管理局建物にワルシャワ地区本部をおいた。「ワルシャワ生活」*Życie Warszawy* の編集部が最初におかれたのもここである。一九四五年二月一日から同年七月一日までの数ヶ月間、全国国民評議会（KRN）の本部となった。その後、一九四五年から二〇〇一年までは鉄道管理局関係に使われてきた。二〇〇一年からはＰＫＰ（ポーランド国有鉄道）や鉄道労働組合が使用している。

プラガ地区司令官、ジュロフスキ大佐の記念碑
——一一月一一日通り

前述したように、プラガ地区はワルシャワ管区の第六地区

で、その指揮官はアントニ・ヴワディスワフ・ジュロフスキ（アンジェイ・ボベル）大佐だった。ソリダルノシチ大通りの北、ワルシャワ動物園の東になるが、一一月一一日通りとラトゥショヴァ通りのあいだに彼の名を冠した小公園がある。こじんまりとしているが、行き届いた手入れが人々の優しさを感じさせる心地よい空間である。十分な緑の真ん中に背の低い囲いがあってその中に石の記念碑がある。低い台座の上には少し曲がった十字架状のオブジェが数本あり、石に記念プレートがとりつけてある（写真）。

「アントニ・ヴワディスワフ・ジュロフスキ大佐（一八九八～一九八八）。コードネーム、アンジェイ・ボベル。戦功十字勲章を授けられる。プラガ地区におけるワルシャワ蜂起の指揮官で、国内軍第六地区の最後の司令官。英雄的な兵士たちに尊崇の念を表して。戦友とプラガ市民より」

記念プレートの右肩には、王冠を戴く鷲のシンボルのある戦功十字勲章が彫られ、左側には「モットー」として詩人、スタニスワフ・バリィンスキ（一八九九～一九八四）の「私の祖国は、闇の中で戦う孤独で暗いポーランド地下抵抗運動である」ということばが彫られている。バリィンスキは詩人、作家、外交官でもあった。ロンドンにおかれたポーランド政府の外務省で働き、戦後もロンドンにとどまった。

プラガのPASTAビル
——ブジェスカ通り

前述のように、プラガ地区の目抜き通りはシロンスコ・ドンブロフスキ橋から北東へと走るソリダルノシチ大通り、それと交差して南東方向に走るタルゴヴァ通りである。そして、ソリダルノシチ大通りの南をやや平行にビャウォストツカ通り、ゾンプコフスカ通りが走っている。ゾンプコフスカ通り二七／三一番には一九世紀末からヴォトカを生産している国営企業体、コネセル・ヴォトカ工場がある（次ページ上段写真）。赤煉瓦造りの古い建物がいくつもあり、工場見学もよく行われるようだ。建物はコンサートやフェスティバルのイベント、ギャラリー、劇場としても使われている。大変興味深いのは、この工場区域内の一部建物に「ワルシャワ・プラガ博物館」が二〇一一年に開館予定だということだ。ヴィスワ川右岸のワルシャワの歴史に関する初めての本格的なミュージアムとして期待される。工場の囲いも赤煉瓦と鉄の格子で印象的だが、その角にも小さなチャペルがある。

ヴォトカ工場のあるゾンプコフスカ通りを南西方向に下ってゆくと交差するのはブジェスカ通りで、その交差点（ゾンプコフスカ通り一五―二五番）で右を見ると少し奥に「プラガ地区のＰＡＳＴＡビル」といわれた電話局がある（ブジェスカ通り二四番）（下段写真）。一九四四年八月一日、国内軍第六地区・第五区域の蜂起部隊が奪取した建物である。やや遠くから見ても、灰色の煉瓦壁のあちこちに弾痕があるのが分かる。近寄ってみると鉄門があって敷地には入れないが、建物の角に金色の大きなＰＷのシンボルとＡＫの文字、その右側の白字部分に以下のような文章を浮きださせている。

「一九四四年八月一日、国内軍第六地区第五区域、一六六二軍団の一六六四小隊の兵士がナチス占領者との戦闘後、中央電話局の建物を占拠した。」

電話局ビルは当時としては現代的で背の高い堅牢な建物だった。蜂起部隊は建物を占拠して、相当量の武器・弾薬も奪った。しかし、夕刻にはドイツ側が再占拠の攻撃を開始し、蜂起側の占拠も長くは続かなかった。

ゾンプコフスカ通りを左折して再びブジェスカ通りを南東に下ってゆくと、同通り一九番の古い建物に人物のレリーフのついた記念プレートが目に入る。

「一九四四年二月二日、ブジェスカ通り一九番のこの建物にあった秘密の部屋で、国内

軍第六地区（プラガ）の当時の司令官で後に戦功十字勲章を受けるズィグムント・イグナツィ・ルィルスキ（ハインチャ）中佐がゲシュタポに逮捕された。彼は一九四五年三月、シュトゥットホーフの強制収容所で殺害された。」ルィルスキは前記のジュロフスキの前任者で、一九四二年七月から一九四四年二月に逮捕されるまで、国内軍第六地区（プラガ）の司令官だった。シュトゥットホーフ強制収容所はグダインスクから東に三十数キロ、バルト海もすぐそばのシュトゥトフォにナチスが設置したものである。ナチスが旧ポーランド領内に置いた絶滅強制収容所はふつう、アウシュヴィッツ・ビルケナウ（オシフィェンチム・ブジェジンカ）、トレブリンカ、マイダネク、ヘウムノ、ベウジェツ、ソビブルの六つとされるが、これにシュトゥットホーフを加える研究者もいる。記念プレートは二〇〇六年にワルシャワ・プラガ北地区当局によって設置された。

国内軍兵士による左岸での戦闘継続

プラガの蜂起部隊に関して興味深いのは、ソ連軍指揮下のポーランド人部隊によるヴィスワ川渡河作戦（九月一五日〜一九日）以前の八月二二日から九月上旬までの間に多数の国内軍兵士がプラガ地区の南の沿岸からシェキェルキ地区に渡河し、左岸のモコトゥフ地区で戦うバシュタ連隊などに参加して戦闘を継続したことである。

プラガでの蜂起部隊の戦闘は数日間で終わった。プラガの蜂起部隊、すなわち国内軍第六地区は総勢七〇〇〇人から八〇〇〇人を数えたが武器・弾薬は乏しかった。しかも、ヴィスワ川右岸は広大な地域に及んだうえ、同地を占拠するドイツ軍は増派部隊も得て装備・陣容ともに強大だった。蜂起部隊は蜂起開始後の短時日、プラガ地区中央部の数箇所を制圧できただけだった。だが、プラガの蜂起部隊は抵抗を止めたわけではなかった。国内軍第六地区のジュロフスキ司令官は蜂起部隊を地下に潜らせてその勢力の温存をはかり、ヴィスワ川左岸のカンピノスの森やモコトゥフ地区へ兵力を移して戦闘を継続しようとした。プラガ地区では蜂起兵の逮捕・処刑が行われ、市民も労働収容所送りなどになっていたので、ジュロフスキの決断はヴォラ、オホタ地区などのような大規模な虐殺を回避することになったとして評価する向きもある。

ジュロフスキ大佐が蜂起部隊に戦闘を一時停止して地下に潜り、条件次第でヴィスワ川左岸での戦闘継続を命令したのは八月四日である。蜂起部隊は五日に小部隊がサディバに渡ったのを皮切りに、九月九日から一〇日にかけての夜まで、ボートやカヤックを使って断続的に左岸のシェキエルキ、サディバへ移動し、モコトゥフ地区での戦闘に参加した。比較的規模の大きなグループが最初に渡河したのは八月二〇日から二一日にかけての夜だった。八月から九月にかけてプラガ地区から左岸へ渡った蜂起兵の推定人数は二〇〇人前後から五〇〇人前後と幅がある。ボートでワルシャワの北にあるウォミャンキの森に渡り、カンピノスの森に入った蜂起兵もいるので算定は難しい。この間、ドイツ側の地雷に触れるなど犠牲者もでたが、ヴィスワ川左岸に渡った蜂起兵は自ら戦闘に参加するとともに、少なからぬ武器・弾薬も運びこんだ。

ズィグムント・ベルリンク像
——ワジェンコフスキ橋近く

ワジェンコフスキ橋はヴィスワ川左岸のワジェンキ公園の北東地点から、右岸のサスカ・ケンパ地区を幹線道路のワジェンコフスカ・ルート（アルミヤ・ルドヴァ大通り）で結ぶものである。その橋を渡りきった自動車道のすぐ左側に、「オブザーバー・モニュメント」ともよばれる、ズィグムント・ベルリンク記念像がある（写真）。茶色の高い台座の上に大腿部から据えられた真っ白のベルリンク像は一九八五年に除幕されたもので、右手に双眼鏡をにぎり、左手はまっすぐ下にたらしたまま対岸を見つめている。

ズィグムント・ベルリンク（一八九六〜一九八〇）は、第一次大戦中はピウスツキ軍団の将校で、一九二六年のピウスツキのクーデタも支持した。一九三九年にソ連軍により、ウクライナのスタロビェルスクに抑留されたが、赤軍への協力を志願し、赤軍内でポーランド人部隊を組織する道を選ぶ。一九四一年、ヴワディスワフ・アンデルス（一八九二〜一九七〇）の指揮するポーランド軍に参加するが、アンデルス将軍が翌年に同軍を中東へ移動させた際には、袂を分かってソ連内にとどまり、一九四三年に赤軍内のポーランド人部隊、第一コシチュシュコ師団の司令官に任命され、さらに将軍にまで昇進する。ベルリンク指揮下のポーランド人部隊はその後、ポーランド軍第一軍団となり、赤軍の指揮下のもとに対ドイツ戦争を戦うことになる。一九四四年九月、ベルリンクは指揮下の

部隊をヴィスワ川左岸へ送り、窮地にあったチェルニャクフ地区の蜂起勢力を支援した。

だが、ベルリンクに対する評価は一定ではない。ワジェンコフスキ橋は一九七四年に開通したものだが、ベルリンクが一九八〇年に死亡すると、ズィグムント・ベルリンク橋と改名された。しかしいまは再び、ワジェンコフスキ橋の名にもどっている。ベルリンクの記念像が除幕された一九八五年は、自主独立労組・連帯の発足（一九八〇年）から統一労働者党政権の崩壊（一九八九年）というポーランドの政治体制転換の一〇年の半ばの年である。一九四四年のワルシャワ蜂起に対する評価も、「無責任な国内軍指導者により開始された戦闘で膨大な犠牲者をだした無謀な行動」という統一労働者党政権による否定的な評価が目に見えてくずれつつあった。当時の政権はワルシャワ蜂起におけるソ連軍とその指揮下でヴィスワ川を渡って蜂起部隊を支援しようとしたポーランド第一軍の「積極的役割」を強調したかったのに違いない。ベルリンク記念像は橋のたもとに近く、ヴィスワ川沿岸道路を車が行きかうなか、いささか殺風景な場所にぽつんと寂しげに立っているが、その雰囲気もまた、彼に対する評価が定まらないことを象徴しているかのようだ。

拙著『記憶するワルシャワ』にも記したが、著名な歴史家、ノーマン・デイヴィスは、ベルリンク部隊によるヴィスワ渡河作戦を、彼独自の判断によるものとする議論は受け入れられないとしている。この歴史家によると、ソ連軍の事前承認なしにこうした作戦を実行するのは不可能だったし、ソ連軍（ベラルーシ第一方面軍）のコンスタンティ・ロコソフスキー元帥もそうした行動を放置するはずはなかった。同元帥はソ連軍の戦闘部隊を使うことはなかったが、渡河作戦はソ連軍の大砲と空爆、工兵の援助を受けて行われた。ザヴォドヌィは「ソ連筋、ポーランド筋によると、第一ベラルーシ戦線参謀部はポーランド第一軍に、火砲を五旅団、臼砲を一連隊、工兵を三大隊、上陸用舟艇を一大隊提供した。このほかにも、砲兵を六部隊、赤軍の空軍も支援した」(10)と書いている。

ベルリンク記念像の台座が興味深い。ポーランドの国章である鷲のかたちが彫り込まれているのだが、明らかにその頭部には王冠のかたちがない。アンジェイ・ヴァイダ監督の映画「鷲の指輪」(*Pierścionek z orlem w koronie*, 1993)で、主人公マルチンが恋人ヴィシカからもらった指輪についた鷲の王冠部分が共産主義者に切り落とされる場面を思い出す。

ポーランド軍第一軍団はロコソフスキー将軍指揮下のベラルーシ第一方面軍に組み入れられたポーランド人部隊だった。ソ連で組織され、戦前のポーランド東部領土から追放されたポーランド人や赤軍のポーランド侵攻後に徴兵されたポーランド人によって構成されていた。ポーランド第一軍はソ連軍司令部のもとにあり、赤軍との戦友関係とソ連への忠誠を誓っていた。ポーランド第一軍の将校の多数を占めていたのはソ連人将校だった(11)。

イツハク・ツキェルマンは語っている。「たしかに、司令官のベルリンクは共産主義者だった。コシチュシュコ師団の参謀は共産主義者で構成され、多くのユダヤ人もそのなかにいた。しかし、さまざまな理由から、アンデルス軍に参加できなかったり、ただドイツ軍と戦いたいとの思いだった下級将校や愛国者たちも大勢いたのだ。」(12)

連合軍機飛行士の記念碑
——スカルィシェフスキ公園

ベルリンク記念像の北方に広大なイグナツィ・パデレフスキ記念スカルィシェフスキ公園がある。ヴィスワ川左岸のイェロゾリムスキェ大通りからポニャトフスキ橋を渡ってプラガに入ると、まもなく環状交差路があり、自動車道はジョージ・ワシントン大通りとなって北東へ走っている。スカルィシェフスキ公園は、その環状交差路を南西の角とし、ジョージ・ワシントン大通りの北側である。公園の名に冠せられているイグナツィ・ヤン・パデレフスキ（一八六〇〜一九四一）はピアニスト、作曲家として有名であるが、政治家でもあり、第一次世界大戦中には米国でポーランド国民委員会（KNP）を組織した。一九一八年一一月にポーランドが独立を回復すると、その直後の一二月末に帰国して、新政府の首相兼外相に就任した。彼はパリ講和会議のポーランド代表でもあり、一九一九年六月のヴェルサイユ条約の調印者でもあった。パデレフスキはポーランド政界のなかでは左右の仲介者としての役割を果たそうとしたようだが果たせず、一九一九年一二月には辞任して渡米し、芸術活動を再開する。しかし、一九二〇年代後半に再び政治活動にもどり、一九三六年二月にはユゼフ・ピウスツキのサナツィア陣営に対抗する中道右派勢力のモルジュ戦線を結成した。モルジュはスイスの小邑で、パデレフスキのヴィラが同戦線のセンターになったことからその名がある。第二次世界大戦が始まると、パデレフスキはヴワディスワフ・シコルスキの在ロンドン亡命政府を支持し、国民評議会の議長にも就任した。一九四〇年八月、再度米国にわたり、在米ポーランド人の結集につとめた。パデレフスキの胸像は前述の環状交差路近く、公園の南西角にある。

スカルィシェフスキ公園でもうひとつ見逃せないのは、北の方の大きな池の近くでもあるが、ワルシャワ蜂起への支援物資を空輸中に撃墜された連合軍機飛行士の記念碑である

（第一二章扉写真）。大きな石の前面に黒っぽくて分厚い記念板がとりつけられているが、そこに機首を下にして墜落を想像させる飛行機が彫り込まれている。碑文にはこうある。

「一九四四年八月一四日夜、英国空軍第一七爆撃飛行中隊所属のリベレーター EV961 の乗組員がワルシャワ蜂起への援助物資を輸送していて、この場所で非業の死をとげた。彼らを記念し敬意を表して。」

記念碑にある飛行機の主翼の部分にはここで死亡した六人のパイロットの氏名が浮き彫りされている。また、記念板の下にはもうひとつ小さな記念板があって、そこには「この記念碑は一九八八年一一月四日、英国首相、マーガレット・サッチャーが、この飛行機の乗組員で唯一人の生存者であるヘンリー・ロイド・ライン軍曹の前で除幕したものである」と記している。

スカルィシェフスキ公園は一九〇五年から一九一六年にかけて、ワルシャワ市の造園主任だったフランチシェク・シャニョルの設計のもとに、一三七エーカーの広大な敷地につくられた。現在、子供のプレイグラウンド、ローズガーデン、テニスコート、体育館などさまざまな施設のほか、記念碑や彫刻が散在し、珍しい植物も豊富である。公園の西の境界はジェレニェツカ大通りで、ヴィスワ川とのあいだには二〇一一年完成予定でナショナル・スタジアムが建設中である。そこはかつて収容能力七万人の「一〇周年記念スタジアム」（一九五五年開設）で社会主義時代には盛大な国家行事が催されたが、一九八〇年代末には大きなバザールの場所に変わってしまった。新スタジアムの建設は二〇〇八年に始まっている。

ヴィスワ川左岸に援助の手を差し伸べるポーランド人兵士像

ヴィスワ川沿いの幹線道路であるヴィブジェジェ・シュチェチィンスキェのそば、ステファン・オクシェヤ通りを見下ろす高台に巨大なポーランド人兵士の像がある（写真）。高さ一二、三メートルはあるだろう。ヴィスワ川に向かって大きく開いた左手を伸ばしているのは、ズィグムント・ベルリンク指揮下のポーランド軍第一軍団・コシチュシュコ師団のポーランド人兵士で、一九四四年九月中旬に対岸の蜂起部隊を支援しようとしたことをアピールしている。除幕されたのは一九八五年一月一七日で、ソ連軍によるワルシャワ解放の記念日だったが、自主独立労組・連帯がポーランド国民の支持を獲得するなかで、当時政権党だったポーランド統一労働者党の権力支配がすでに土台から揺らぎ始めていたときだった。

記念像は一九七〇年代末に建設計画がもちあがり、当初は一九八〇年に完成させる計画だった。権力支配にかげりを感じ始めていた統一労働者党政権は赤軍とポーランド第一軍という「兄弟」による「ヴィスワ渡河支援作戦」の美談をもう一度、プロパガンダに利用しようとした。しかし、自主独立労組・連帯が誕生して国民の支持を受けるなかで、記念像建設計画は頓挫した。そして戒厳令が完全に撤廃されて三ヶ月後の一九八三年一〇月にようやく建設が始まったのだった。だがもはや、そうしたプロパガンダが国民に通用する時代はすぎていた。現地の人々は、ヴィスワ渡河支援作戦で犠牲となったポーランド人兵士への思いは別としても、統一労働者党政権によるプロパガンダ的な意図をより強く見抜き、記念像兵士が伸ばす手の五本の指に目をやって“Five beers, please!”と皮肉る。記念像の台座にろうそくが数本供えてあるだけなのも、あまりに巨大な記念像とは対照的でさびしげな雰囲気がある。

ソ連軍による解放を感謝する「戦友記念碑」——ソリダルノシチ大通り

スカルィシェフスキ公園の西側境界をなすジェレニェツカ大通りを北上するとヤン・ザモイスキ通りと交わり、それを左折して北西にゆくと、それはプラガ地区の目抜き通りであるタルゴヴァ通りとなり、タルゴヴァ通りはやがてソリダルノシチ大通りと出会う。その賑やかな交差点の右手奥にはワルシャワ・ヴィレィンスカ（ワルシャワ・ヴィルノ）駅があるが、すぐ前方に目に入るのはまさに社会主義リアリズムの典型といえる「戦友記念碑」である（次ページ写真）。プラガ地区で戦後間もない一九四五年にいち早く建造されたモニュメントは、ソ連赤軍にワルシャワ解放を感謝し、その戦闘行動を讃えるものだった。見上げるばかりの高い台座の上には、手榴弾を投げる瞬間の兵士、小銃を構える兵士たちが立ち、下の礎石の角には自動小銃を抱える四人の兵士が立っている。台座にはこう刻まれている。

「ソ連軍の英雄に栄光を」「ポーランド人民の自由と独立のために献身した戦友に捧げる。ワルシャワの住民がこの記念碑を建てた。一九四五年。」

この記念碑が妙に印象的なのは、台座の上の兵士たちがきわめて動的で躍動感を感じさせるのに、台座の四方に立つ衛兵がうつむき加減で目を伏せているのではないかと見えるほどに沈んだ雰囲気をかもしだしていることである。一九四五年一月一七日、たしかにワルシャワは解放されたが、その直後に建造されたこの重々しい記念碑の作者は何を考えたのだろうか。

ソ連NKVDと公安局UB

ソリダルノシチ大通りとタルゴヴァ通りの交差点をはさんで東側にはワルシャワ・ヴィレィンスカ駅があるが、西側には帝政ロシア統治時代の遺産でもあるロシア正教会の聖マリア・マグダレナ正教会がある。一八六八年から六九年にかけて、もともとはワルシャワ・ヴィレィンスカ駅周辺に居住した鉄道労働者の正教会信者のために建造されたという。正教会特有の玉葱形の塔に十字架をつけたドームが五つあり、その青緑色とその下の構築物の黄金色のコントラストが美しい。

ソリダルノシチ大通りをヴィスワ川左岸方向にすこしもどると、フロリヤィンスカ通りとユゼフ・シェラコフスキ通りのあいだに聖フロリアン大聖堂がある。一八八八年から一九〇一年にかけて建造されたネオ・ゴシック様式の教会は第二次大戦中に爆破されたが、一九四七年から一九七二年までの長期間を費やして再建された。その青緑色の双子の尖塔はヴィスワ川左岸からもはっきりと目に映るものである。

シェラコフスキ通り七番には、戦前、ユダヤ人大学生の学寮だった立派な建物がある。前述のように、オクシェヤ通りから北西に入るユゼフ・シェラコフスキ通りを行くと同通り七番、シェラコフスキ通りとイグナツィ・クウォポトフスキ神父通りの角になる。五階建てで、正面入り口の脇や四階部分の窓枠の周りには優美なレリーフ装飾のある、派手ではないが品のある建築物である。だが、この建物は戦争が終わる直前から戦後の一〇年間、NKVD（ソ連内務人民委員部）と共産党政権下のポーランド治安機関に接収されて、国内軍関係者などの弾圧と迫害に使用された。壁の大理石の記念プレートにはこうある。

「この建物にUB（公安局）があった。一九四四年から一九五六年までの期間、ＮＫＶＤとＵＢによって監禁・虐殺された人々を記念する。」

一九五六年はポーランドにおいても「スターリン主義時代」が終わった年だった。同年二月、ソ連邦共産党第二〇回大会でスターリン批判があり、旧ポーランド共産党の解散と幹部粛清は誤りであったとの発表もなされた。三月には統一労働者党第一書記のボレスワフ・ビェルト（一八九二～一九五六）がモスクワで客死する。六月にはポズナンで暴動が起こり、ヴワディスワフ・ゴムウカ（一九〇五～一九八二）が党第一書記に復帰した。

この元学寮だった建物は一九二六年の建造で、戦後イスラエルの首相となるメナヘム・ベギン（一九一三～一九九二）もワルシャワ大学の学生時代にそこで生活したことがある。ベギンはブジェシチの生まれで、シオニスト改訂派の青年組織ベタルの活動家から、パレスティナでの地下軍事組織、イルグン・ツヴァイ・レウミの指導者となる。

シェラコフスキ通りのこの元学寮の地下には政治犯を拘禁した監房があった。そうした地下監獄は一九四四年頃からソ連のＮＫＶＤが各地に設置した政治監獄をモデルとしている。その代表的な例はほかに、ワルシャワ南部、ウルスィヌフ地区のパヴェウ・エドムント・スチュシェレツキ通りのＮＫＶＤ監獄などがある。

社会主義のポーランド人民共和国時代、反体制活動家を政治弾圧し、市民を監視する道具となったのは一般に「秘密警察」とよばれるＳＢ（エスベー）、正式名を内務省公安部という機関である。ＳＢが発足したのは一九五六年で、その前身がＵＢ（ウーベー）とよばれた公安局で、厳密にはかつての公安省（ＭＢＰ）の一機関だったが、市民の側から見ればＵＢとＭＢＰは事実上同義だった。

ポーランド公安局の起源は一九四四年七月のポーランド国民解放委員会（PKWN）、いわゆる「ルブリン委員会」の発足にさかのぼり、その内務機関の一つとして公安庁が設けられたのに始まる。そのトップに就いたのがスタニスワフ・ラトキェヴィチ（一九〇三～一九八七）である。彼はソ連の秘密警察とも関係が深く、自らもＮＫＶＤの幹部で、社会主義ポーランドにおける非情な政治弾圧のシンボルのように言われる。

一九四四年末、「ルブリン委員会」が「ポーランド共和国臨時政府」（RTRP）となったのに伴い、公安庁はその名を変えて前記の公安省となった。公安省の当初の主要任務は国内軍の元兵士やナチス占領時代のポーランド地下政府の活動家を弾圧するとともに、ワルシャワ蜂起敗北後も武装抵抗を続ける「自由と独立」（WiN）などの独立地下組織を一掃することだった。一九五〇年頃、公安省は国内保安軍団（KBW）、民警（MO）などの治安機関も事実上傘下におく強大な権力装置となっていた。ソ連は当初から、このポーランド治安組織に多数の「顧問」を派遣して強力に援助した。その中心人物がソ連治安機関のイヴァン・アレクサンドロヴィッチ・セーロフだった。公安省は一九四五年三月のプルシュクフにおける地下政府指導者一六人の拉致事件にも深く関わったことだろう。

戦後の政治的迫害を記念するモニュメント
――ナムィスウォフスカ通り

ワルシャワ・ヴィレィンスカ駅の北側地域のナムィスウォフスカ通りの一角に、一九四四年から一九五六年の期間にソ連権力をバックにした共産党（統一労働者党）政権の支配のもとで政治弾圧を受けた犠牲者を記念するモニュメントがある。政治囚と思われる一人の男が左手首に切れた鎖をぶらさげたまま、両手をいっぱいに広げて、鉄格子の残る重い石壁の間から出てくる瞬間を造形したものだ。眼はやや下を向いている。胸ははだけている。自由へ踏み出した足元はしっかりしている。表現スタイルは社会主義リアリズムの影響がまだ濃いとはいえ、「スターリン主義」の圧力からの解放感は素朴につたわってくる。

このモニュメントのある場所は、プラガ地区の刑務所の跡地である。傾いてたつ両側の石壁にはそれぞれに記念板がとりつけられている。右側の記念板にはこうある。

「一九四四年から一九五六年まで、国民のために受難した人々に敬意をささげる。彼らの記憶が永遠に生き続け、祖国に対する献身的奉仕を鼓舞するように。」

左側の記念板にはこうある。

「ワルシャワ・プラガ第三刑事・審問刑務所敷地。一九四四年から一九五六年まで、ポーランド独立地下組織兵士に対する拷問と恐怖の場所。ＮＫＶＤとＵＢによる重犯罪の場所。」

その記念板にあるとおり、かつての刑務所建物の一部なのであろうか、一帯には数十センチだけであるが煉瓦壁が深い緑の木立と緑地を囲み、その手前には高さ一メートル弱の太い石柱のモニュメントが点々とある。そして、その低い煉瓦壁にも大理石の記念プレートがいくつかとりつけられている。その一つには「第三刑務所の所在地。一九四四年から一九五六年までの期間、ポーランドの自由のために戦った独立組織の兵士たちがこの場所で苦しみ、そして斃れた。その彼らの記念に」とある。

第一二章　連合軍機による武器・弾薬の空中投下作戦

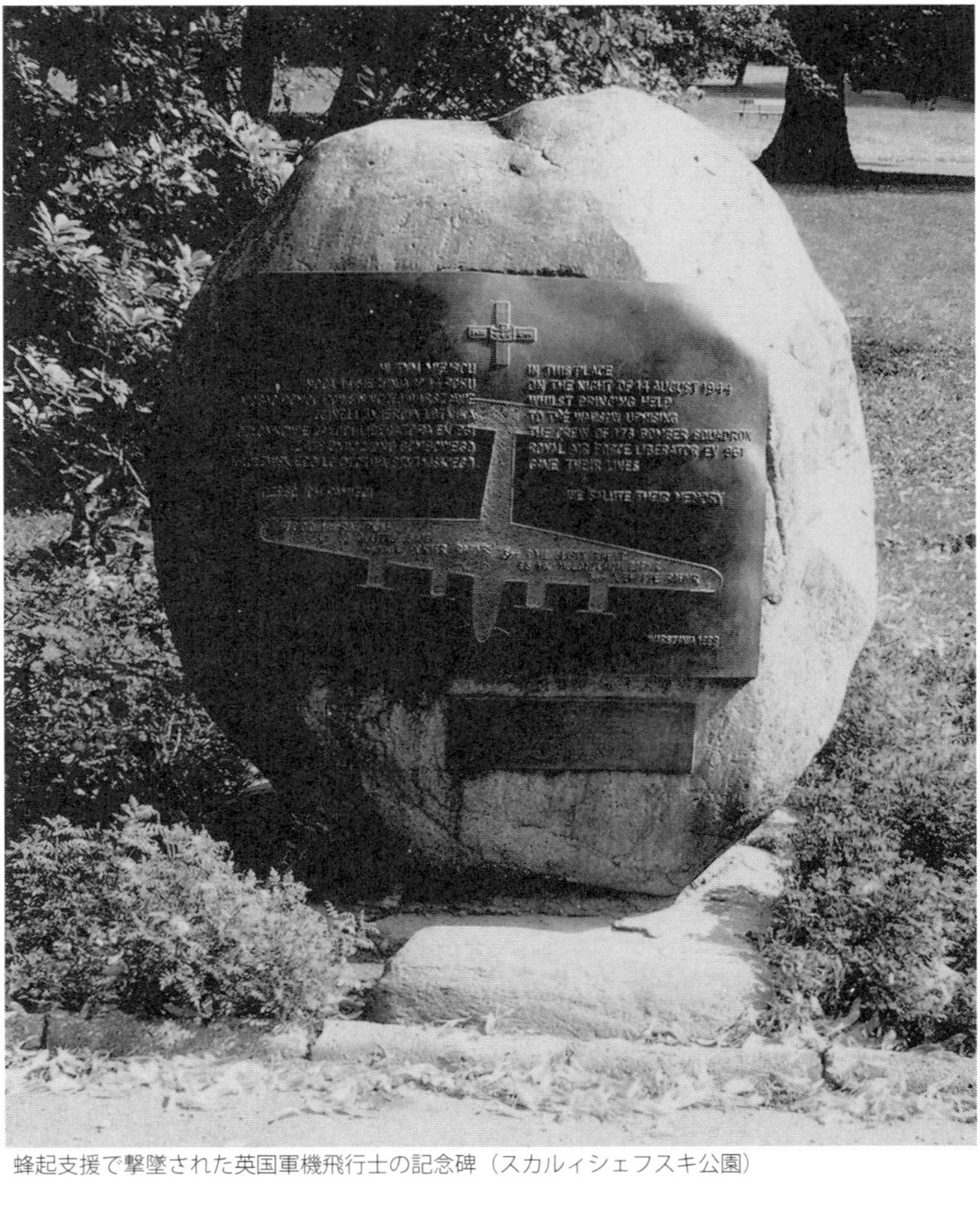

蜂起支援で撃墜された英国軍機飛行士の記念碑（スカルィシェフスキ公園）

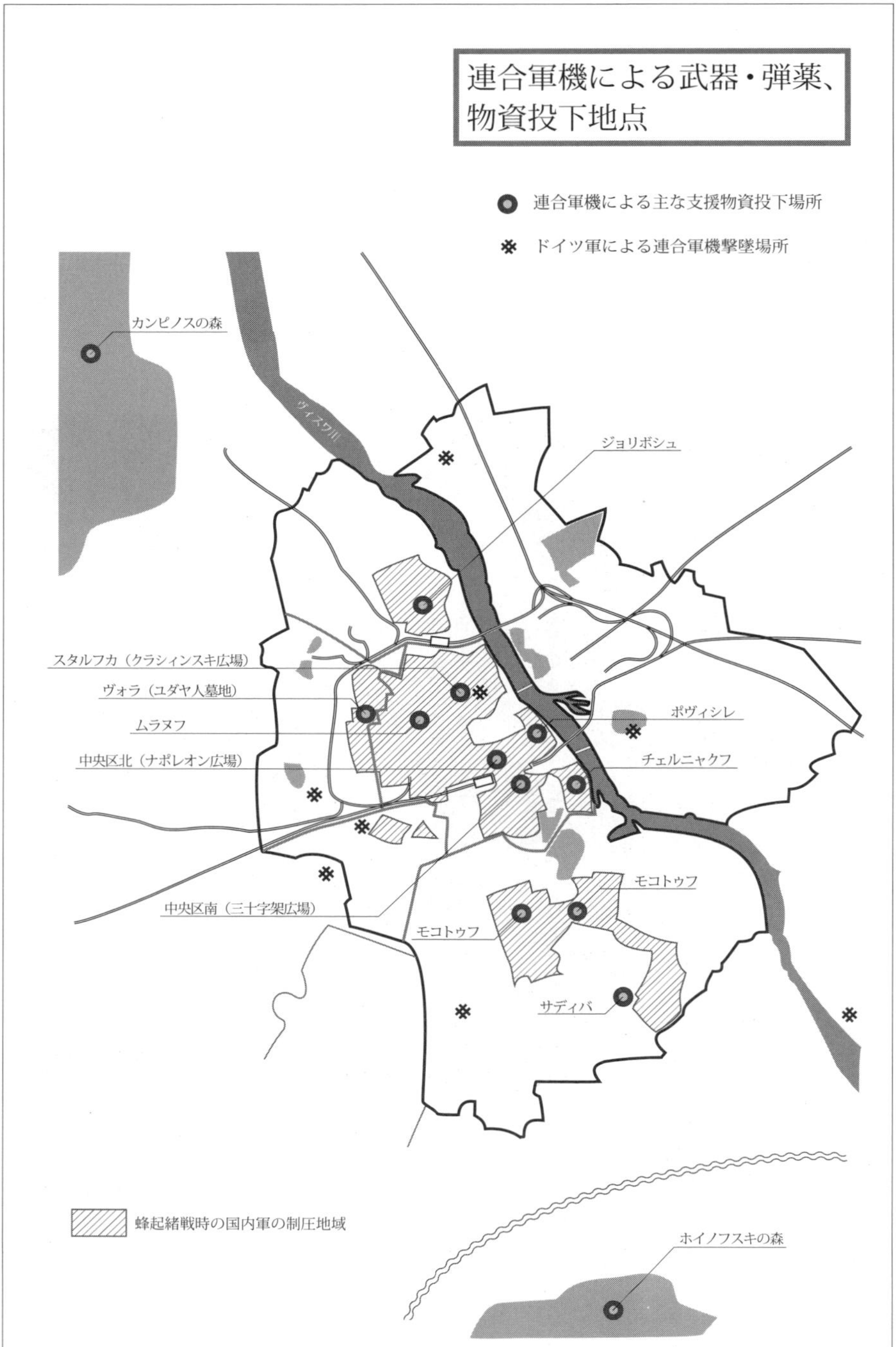
連合軍機による武器・弾薬、
物資投下地点
連合軍機による主な支援物資投下場所
ドイツ軍による連合軍機撃墜場所
カンピノスの森
ヴィスワ川
ジョリボシュ
スタルフカ（クラシィンスキ広場）
ヴォラ（ユダヤ人墓地）
ムラヌフ
中央区北（ナポレオン広場）
ポヴィシレ
チェルニャクフ
中央区南（三十字架広場）
モコトゥフ
モコトゥフ
サディバ
蜂起緒戦時の国内軍の制圧地域
ホイノフスキの森

英国空軍、ポーランド軍機による武器・弾薬投下作戦

ワルシャワ蜂起博物館には、英国空軍所属のリベレーターB-24J爆撃機のレプリカが展示されている。これは、ワルシャワへの支援物資投下を成功裏に遂行しながらも、その帰途にクラクフ東方のボフニャ付近でドイツ空軍機に撃墜された機体を正確に復元したものである。当時、スターリンがソ連領内の飛行場の使用を拒否していたため、同機はワルシャワへの支援物資投下の任務を終えて、再びイタリアの基地へ長大な飛行をよぎなくされていた。リベレーターB-24J爆撃機は英米の協定にもとづき、米国・テキサス州で製造されたもので英国空軍に配備され、ポーランド人のパイロットもふくめ各国の乗組員が乗務してワルシャワ蜂起を支援したため、まさに国際協力と連帯のシンボルとして展示されている。

国内軍総司令官のタデウシュ・ブル＝コモロフスキをトップとする国内軍指導部はソ連軍の進撃とともに、ロンドンにいるポーランド軍・パラシュート部隊の降下、連合軍機による武器・弾薬と食糧・医薬品などの支援物資投下に大きな期待をかけていた。蜂起が開始されるまでの過去三年間、英国空軍爆撃機のハリファクスとリベレーターはすでに、ワルシャワ以外の占領下ポーランド領内の国内軍に武器・弾薬を断続的に投下支援していた。BBC放送が支援物資の投下日時・場所などについて暗号メロディーを流して知らせていた。同じようにしてワルシャワに武器・弾薬、支援物資を投下することが模索された。ワルシャワにおける蜂起部隊の武器・弾薬不足は深刻だった。

英国空軍司令部の下にあったポーランド空軍飛行士たちは厳格な軍規に制限されながらも、祖国の首都への支援物資投下、パラシュート旅団の降下などを上級機関に対して強く求めた。だが当初、ワルシャワへの空輸支援についてはたとえ天候にめぐまれたとしても、長大な距離に加えて、ワルシャワ上空からの物資投下も低空飛行をよぎなくされてドイツ側の対空砲火を浴びるという危険から、飛行部隊を敵上空に飛ばせて直接ワルシャワ、あるいはその近辺に派遣する作戦は実行性がないとして却下されていた。ポーランド軍部隊には不満が募っていた。チャーチルは苦慮したのち、英国空軍元帥で地中海・中東地域空軍司令官、ジョン・スレッサーに対し、イタリア南東部のブリンディジ英国空軍基地からワルシャワへ飛行して武器・弾薬を投下するよう命令を下す。一九四四年八月三日のことである。それはきわめて困難な任務だった。スターリンはソ連領内の飛行場をワルシャワ支援作戦に使用させることを九月半ばまで拒否し続けた。そ

のため、連合軍機はイタリアの英国空軍基地から片道でおよそ一四〇〇～一五〇〇キロの距離を、アドリア海、ユーゴスラヴィア、ハンガリー上空をドイツ軍戦闘機のパトロールをかいくぐって、ワルシャワまで飛行しなければならなかった。ドイツ軍の防空体制は強力なレーダー網と戦闘機群によって支えられており、ナチス・ドイツ支配地域上空を通り抜けてワルシャワまで飛び続けるのはきわめて危険な任務だった。暗黒の闇のなかでも撃墜される可能性が常にあった。

イタリア南東部のブリンディジ英国空軍基地には英国空軍第一四八航空師団、第六〇輸送軍団（米空軍第一〇、一一、一二、二八師団）、ポーランド軍第一五八六エスカドラ特別飛行中隊などが駐屯していた。ポーランド軍のエスカドラ特別飛行中隊はすでに国内軍のパルチザン部隊などへの補給任務を成功させた実績があった。蜂起が開始された一九四四年八月一日当時、同飛行隊はハリファクス七機とリベレーター三機で構成されていた。

八月三日夜おそく、英国空軍第一四八航空師団に所属する一四機（エスカドラ特別飛行中隊・ポーランド人クルーの七機と英国人クルーの七機）がワルシャワへの支援飛行態勢に入った。出発直前、ワルシャワを直接支援することは避けて周辺地域に限定せよとの命令が届くが、ポーランド人クルー七機のうちの四機（リベレーター三機とハリファクス一機）はポーランド人の基地司令官の暗黙の了解のもとに命令に反してワルシャワ市内を目指す。四日夜、うち三機は武器・弾薬、支援物資のワルシャワ投下に成功する。投下されたコンテナの大部分はヴォラ地区の墓地地域に落ちて蜂起部隊の手にわたった(1)。あとの一機はワルシャワを目指す途中、ワルシャワの南西、スレユフ付近でドイツ軍の夜間戦闘機に攻撃されて被弾し、帰還せざるをえなかった。しかし、ピョトルクフ近くの森の国内軍部隊に武器・弾薬、支援物資を投下することには成功した。

ブル＝コモロフスキも八月四日の支援物資空中投下の目標が当初、ワルシャワ郊外地点とされていたことを記している。それでも、蜂起側の監視部隊は同日夜にポヴォンスキ墓地近辺で待機していた。彼はヴォラ地区の総司令部、カムレルの工場におかれた国内軍総司令部にいたはずだが、真夜中すぎに耳慣れたドイツの急降下爆撃機シュトゥーカの唸りとは異なる音を聞いて、バルコニーに出てみた。彼は書いている。

「午前二時頃、連絡兵が報告に来た。パラシュートのナイロン・コードから吊るされたトミーガンを持っていた。二機だけだが、ハリファクスがワルシャワに来たらしい。コンテナが一二個回収された。もちろん、われわれの必要からみれば大海の一滴にすぎなかったが、たとえ二機でも連合国軍機が実際に飛来したことは皆の精神を鼓舞するのに非常に大きな影響があった。その夜の武器投下はワルシャワ向けだとは予定されていなかったが、ポーランド人のパイロットが独自の判断で既定のコースをはずれ、自分たちの首都に直接、供給物資を投下したのだと私は思った。」(2)

英国空軍のスレッサー司令官は八月四日の作戦でポーランド人クルーが命令に背いたことや一部に損害が出た(3)ことで、ポーランド領内への飛行を全面的に停止する決定を下した。命令はロンドンのポーランド政府の間にも不満を引き起こした。ポーランド軍最高司令官のカジミェシュ・ソスンコフスキ将軍は六日、ワルシャワへの空中投下支援の再開と国内軍を支援するためポーランド軍のパラシュート旅団の援助を要求した。ワルシャワのブル＝コモロフスキもロンドンに対して支援の継続を強く求めた。こうした強い圧力のもと、スレッサーは命令を撤回し、生還可能性の低い危険な任務にもかかわらず志願するポーランド人乗員の飛行を認めた。

八月八日から九日にかけての夜、ポーランド軍飛行中隊エスカドラの四機（リベレーター一機とハリファクス三機）はワルシャワ市内上空には入れなかったが、カンピノスの森の蜂起部隊に武器・弾薬の投下を成功させて無事帰還した。その後数日、天候条件にめぐまれず、ワルシャワへの支援飛行は中断するが、その間に英国空軍第一七八航空師団と南アフリカ第三一航空師団をワルシャワ支援に派遣することが決まる。八月一二日から一三日にかけての夜、ポーランド人クルーの四機と英国空軍の三機がワルシャワ市内への支援物資投下に成功した。ほかに英国空軍の三機が飛来したが目標地点を見いだせず、やむなく引き返した。

この間、武器・弾薬と支援物資の投下を待ち焦がれていた国内軍部隊の思いを、ブル＝コモロフスキは以下のように書いているが、それは一九四三年、絶滅の危機にあって世界から孤立していたユダヤ人指導者の絶望感を何となく思い起こさせるものである。

「八月一一日までに、ワルシャワ上空への連合国軍機を合計五機見ていた。八月四日夜に二機と八日の夜に三機だ。それまでの空中投下支援はわずか五回だったわけで、絶望的なほど不十分なものだった。私は、英国軍機が直面していた技術的な困難、つまりワルシャワから一〇〇〇マイルも離れた基地から飛びたたねばならないという問題を十分に承知していた。ソ連の基地はわずか五〇マイルにあったので、実にばかげた状況になっていた。兵士も民間人も連合国の困難を理解できなかった。ワルシャワの人々はみな、ポーランド東部にシャトル空爆作戦用の米軍基地があるのを知っていた。英国軍基地からワルシャワよりも遠い、ブカレスト、プロイェシュティ(4)、ケーニヒスベルクへの爆撃についても、みな知っていた。そして最後に、みなポーランド空軍の存在についても知っていた。ポーランド空軍は、『ブリテンの戦い』(5)に参加し、その後もドイツに対するすべての作戦に参加した。ポーランド空軍は合計で二〇〇〇人以上の死傷者をだした。だれもがみな、BBC放送がノルウェー、トブルク、モンテ・カッシーノ、そしていままさにファレーズ峡谷での陸海空でのポーランド軍の戦果を賞賛するのを耳にしていた。だからこそ、ポーランド人と首都ワルシャワを防衛している人々は、英国軍基地からのワルシャワ支援作戦が損失の重大さを理由に不可能だとする議論を信じることはできなかったのである。われわれの計算によると、毎夜五トンの弾薬を供給してくれれば、わが陣地を守り、戦闘を長引かせることができた。この規模の供給は毎日五機の定期的飛行によって可能だったはずである。一〇〇万人の人々がドイツ軍による大量殺害の危機にあるという事実を考えれば、作戦が乗務員の過剰な犠牲を強いるだろうという議論はだれも納得させるものではなかった。」(6)

そして、ブル＝コモロフスキの記述によると八月一一日のことになるが、BBC放送がポーランド向け番組の最後に、ワルシャワへの物資供給を告げる信号とされていた「レッドベルト」のメロディーを流した。物資の投下地点に指定されていたすべての広場、公園、墓地には哨兵線がはられ、投下されるコンテナを回収する任務の者だけが入るのを許可された。ブルの国内軍司令部はすでに七日にヴォラ地区を去り、クラシィンスキ公園のすぐ東側、バロコヴァ通り六番の学校建物に移動していたはずなので、彼はおそらくその建物の屋上からすぐ北東方向のクラシィンスキ広場を見ていたにちがいない。

広場の方へ目を落とすと、いくつもの隊列をなす人影が真ん中の方へ進んでいくのが見えた。女性たちらしい。一人一人がハリケーンランプ（防風付きランプ）を手にしている。彼女たちは広場の中央に大きな十字架型をつくって腰を下ろし、星空を見つめた。広場のすぐ近くには特別小隊が戦闘態勢で待機していて、コンテナが蜂起側陣地と敵側陣地の間の中間地帯に落ちた場合に備えていた。真夜中まで待った。突然、ブルのそばにいた兵士が、まっすぐ前を指さして叫んだ。「来ました！　ほら、あそこです！　ライトが！」。サーチライトの光線が南の空をなでるように走った。飛行機群はしばらく旋回していたが、やがてみな広場の方へ向かってきた。その直後、銃声を聞いた。暗い夜空に赤、緑、青、黄の四色の曳光弾が発射されるのを見た。彼は以下のように記している。

「連合国軍機は毎分のように増加し、夜空を閃光で埋めた。ドイツ側は重機関銃を撃ち始めた。サーチライトの光線のなかに翼の赤、白、青の輪がはっきりと見てとれた」「巨大な蛾が光に向かってくるような印象だった。屋上の監視員も合図を送った。飛行機群は目標に接近した。広場では巨大な十字架が光をともしていた。女性たちが手にしたハリケーンランプである。彼女たちはドイツ側に物資の投下場所を明らかにして迫撃砲の的にさせないために、最後の瞬間にランプを点灯するのである。飛行機はほとんど屋根の高さの近くまで降下し、その巨大な影が建物や通りに蔽いかかった。飛行機が一機、広場上空を飛んだ時、六本の白くて長い人影のようなものを落としていったが、それは開いて浮かび、ゆっくりと地上に降りてきた。飛行機が続いて飛来した。夜空に飛行機の影を追うサーチライトで機数を数えた。七機で、みな低空飛行した」「飛行機が飛び去ろうとする。家々から、地下室から人々が群衆となって中庭や通りに集まってきて、叫び、拍手喝采し、ハンカチを振り、歓喜した。ついに援助が到来した！」

「しかしそのとき、われわれは無力な目撃者として劇的な光景を見ることになった。われわれの方へ向かってきた一機が被弾し、エンジンの一つが火を噴いた。遠くからでも、あとを引く炎が見えた。飛行機は火を噴きながら降下した。いまにも住宅建物の上に墜落しそうだったが、その瞬間、きわどいところで地上に落ちるのを避けてナポレオン広場の近くで積み荷を落とした。飛行機は飛び続け、ヴィスワ川を越えていった。そしてそこで、地平線の上で巨大な炎が噴出し、煙が空に上がるのを見た。」(7)

　連合軍機による決死の武器・弾薬の空中投下作戦は蜂起兵や市民を鼓舞し、士気を高めた。しかし、ブルによるとまさにその最中の八月一三日、モスクワが「ワルシャワ蜂起についての二週間にわたる沈黙を破り」(8)、タス通信の公式声明を発表した。

それは「ワルシャワ蜂起に責任を負う在ロンドンのポーランド人たちは、この行動についてソ連軍司令部と協調するための試みを何もしなかった。こうした状況のもとで、ワルシャワの出来事の結果に責

英国空軍飛行士の戦死を悼む（ナ・バテルィイツェ通り）

任を負うべきは、ロンドンのポーランド人亡命政府のほかにない」(9)というソ連側の冷淡な反応だった。

パイロットにとって任務は実に過酷なものだった。

「飛行機は一時間に四〇英ガロン、一回の飛行に二三〇〇英ガロンのガソリンを消費した。燃料だけでも三五〇〇ポンドの重量となり、通常それに一二〇〇ポンドの支援物資が加わった。ハリファクスは燃料タンクを六つ備えていたが、ポーランドから帰還した飛行機の少なくとも一機は滑走路に降りたとき、すでにガソリンを使い果たしていた。熟練した航空術があっても、ワルシャワに到着して物資の投下地点を探すのには一五分から二〇分はかかった。」(10)

ワルシャワとその近辺に武器・弾薬、物資を投下したあとの帰路がまた大変な長距離飛行となり、天候やドイツ側の防空態勢にも左右され、帰還するのに一〇時間から一四時間かかったという。ときには出発時数機だったのが、帰還したのは一機だけというような例もあった。

八月一三日から一四日、一四日から一五日にかけての夜、英国空軍第一四八、一七八航空師団がワルシャワ支援に飛来した。このうち二九機が武器・弾薬投下を果たしたが、投下したコンテナの三〇パーセントはドイツ側支配地域に落ちた。五機は地理の不案内のためワルシャワ郊外にコンテナを投下せざるをえなかった。損害も大きかった。一七機は他の理由から支援物資の投下を断念した。一一機は離陸地へ帰還を果たせなかった。四機がひどく被弾して市内に墜落した。一一機は離陸地へ帰還を果たせなかった。数機はひどい損傷を受けて解体修理が必要になった。帰還途上の飛行機もドイツ側の攻撃に見舞われ、乗員にも少なからず負傷者がでた。

二日間の作戦の結果、英国空軍司令官のスレッサーは再び、ワルシャワ市内への空輸支援を中断するが、市内周辺の森林地域（カンピノス、ホイノフスキなど）への飛行は許可した。八月一四日から一五日にかけての夜、ポーランド人クルーの三機と英国空軍の六機が飛来し、そのうちの五機がカンピノスの森など市内周辺への支援物資投下に成功した。さらに一六日から一七日にかけての夜には、ポーランド空軍の五機と英国空軍と南アフリカの一三機がカンピノスの森に飛来し、十数機が支援物資投下に成功したが、ポーランド人クルーの三機、南アフリカの三機、英国空軍の一機が重大な被害を受けて離陸基地へ帰還を果たせなかった。一三日から一七日までの作戦で重大な損害（一四機）がでたため、英国空軍第一七八航空師団と南アフリカ第三一航空師団はワルシャワ支援からはずれることになった(11)。一七日から一八日にかけての夜、ポーランド人クルーの四機がカンピノスの森に飛来したが、物資投下を果たしたのは一機にとどまった。

ノヴァクとウォード

ワルシャワとロンドンを往復したクーリエのノヴァク（ズヂスワフ・イェジョランィンスキ）は蜂起開始後、ワルシャワでロンドンに向けてワルシャワ蜂起の実情を発信する活動を始めていた。八月一三日から一四日にかけての夜、英国人パイロットで国内軍に協力していたジョン・ウォードに連合軍による武器・弾薬投下を現場近くで直接見せて発信記事にするため、スタニスワフ・モニュシュコ通りの「アドリア」の六階建物の屋上で待機していた。前述したように、「アドリア」は戦前から有名なキャバレーだった。間もなく、数機の飛行機の爆音が聞こえてきた。ウォードが叫んだ。「ハリファクスだ！音で分かるのだ。」黒紫色の空に飛行機は編隊をなして低空飛行した。まるで巨大な黒鳥の群れのようだった。胴体と両翼にポーランドの標識をつけた一機が耳をつんざくような爆音をたてて二人の頭上を飛んでゆき、黒っぽい長方形の束があちこちの屋根、通りの上に吐き出された。ナポレオン広場の近くにも。一瞬、その飛行機はプルデンシャル・ビルに激突するのではないかと思われたが、暗闇のなかを飛び去った。ウォードは専門家らしいコメントをした。彼はドイツ側のサーチライトと対空砲列の数を数えていた。それによると、連合軍機は少なくとも二〇機で、ドイツ側は十分に態勢を整えていたが、パイロットたちはうまく低空飛行した。対空砲火は余りに高くを狙いすぎた。強力な対空砲火だが、飛行機の方の損害はそう重大なものではなかろう。問題は、連合軍機が帰途にどれくらいのドイツ軍機と遭遇するかだ。「ソ連空軍からなんの支援もカバーもないのだ」と、ウォードは突然憤激して叫んだ。「このワルシャワから一五分もあればとどく飛行場があるはずなのに。」ノヴァクはウォードに「それも記事にもりこんだらどうだ」と言ったが、ウォードは「その必要はない。飛行士はみな任務のあとそう報告するさ」(12)と答えた。

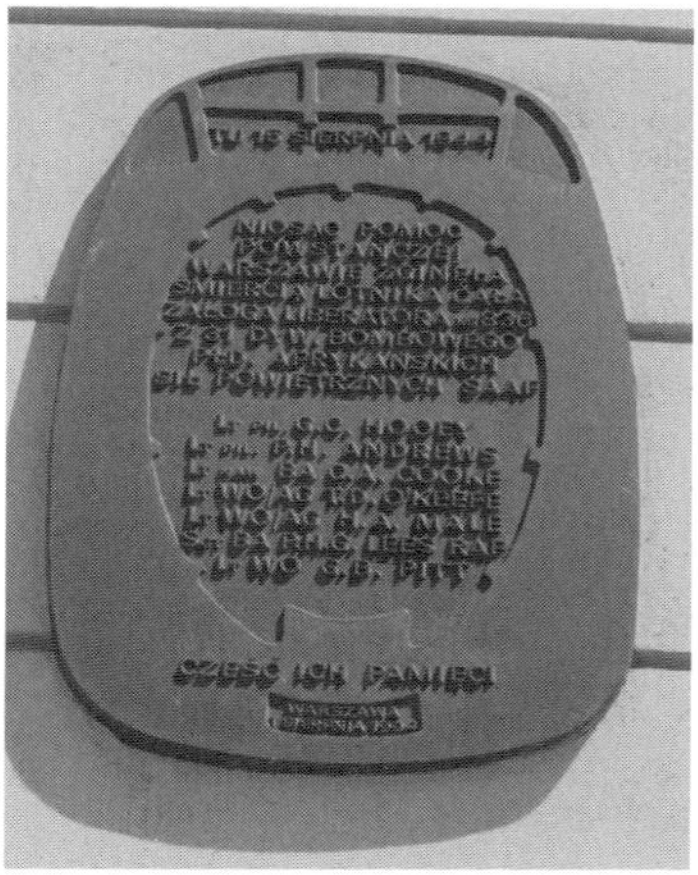

南ア連邦航空師団飛行士の戦死を悼む（ミョドヴァ通り）

ノヴァクは回想する。「ＰＫＯビルのなかでも、モンテルの参謀の間でも憂慮の声が聞かれた。ソ連軍戦闘機がワルシャワ郊外から発進できるのに、英国の戦闘機がなぜ、相当な損害を払ってまで敵占領地の上空をかくも長く飛行しなければならないのか、その理由が分からないというものだ。それに、ロシアはワルシャワを連日系統的に自由に猛爆するシュトゥーカをなぜ駆逐しないのか。ロシアは、ワルシャワを瓦礫となしているドイツ軍の砲撃部隊をたやすく砲撃することができたはずだ。」(13)

八月一八日から一九日にかけての夜、ポーランド人クルーの二機と英国人クルーの五機、あわせて七機がワルシャワ支援に飛んだが、見通しが悪くて任務を十分に遂行できたのは一機にとどまり、あとの六機は積荷とともに基地へ帰還せざるをえなかった。八月二〇日、英国空軍第一四八航空師団はワルシャワ支援飛行に出ず、ポーランド軍の一五八六エスカドラ飛行中隊のみの飛行となった。八月二〇日から二八日までのあいだに、カンピノスの森とその周辺地域に延べ三五機が飛び、そのうち二一機が所期の任務を果たした。しかし、ワルシャワ市内に支援を投下できたのは三機にとどまった。英国空軍司令部は八月末、大きな被害を受けたポーランド軍機一五八六飛行中隊のワルシャワ支援飛行を停止させた。

八月中の支援飛行を累計すると、次のようになる(14)。

・ワルシャワ地域上空　七八機（うちポーランド軍機二四機）、投下した武器・弾薬は約五二トン。蜂起側に回収されたのはそのうち約三五トン。

・カンピノスの森とホイノフスキの森上空　六〇機（うちポーランド軍機四五機）。

・この間の被害はポーランド軍飛行中隊エスカドラが一〇機と八クルー、英国と南アフリカ航空師団は一九機と一八クルーにのぼった。

英国空軍司令部による支援飛行の停止はロンドンのポーランド政府からまたも強い不満と抗議をよんだ。その結果、九月一日から二日にかけての夜、ポーランド人クルーの搭乗するリベレーター二機がカンピノスの森上空へ飛んで武器・弾薬を投下した。しかしその後、ポーランド軍機は往路・復路でドイツ軍機の攻撃を受けて少なからぬ被害をだし、またも飛行は中断をよぎなくされる。

九月一〇日から一一日にかけての夜、二〇機が支援に飛んだ。内訳はポーランド軍機五機、英国軍機一一機、南アフリカ軍機三機だった。しかし、ワルシャワ市内に武器・弾薬を投下できたのはポーランド軍機一機と英国軍機四機だけで、二機はカンピノスの森に積荷を投下し、他の五機はワルシャワ郊外の予定外の地点に投下せざるをえなかった。この作戦では五機（うちポーランド軍機二機）がドイツ側の攻撃で被弾した。

九月一三日から一四日にかけての夜、ポーランド軍のリベレーター二機がワルシャワへ向かった。うち一機は市内に積荷を投下することに成功したが、他の一機は目的地への途上、ハンガリー上空で撃墜された。これが、ポーランド軍の第一五八六エスカドラの最後の支援飛行となった(15)。九月二一日から二二日にかけての夜、ポーランド人クルー二機、英国人クルー五機の英国空軍機と南アフリカ航空師団五機がワルシャワに飛び、そのうちの三機がカンピノスの森のパルチザン部隊に支援物資を投下している。それがワルシャワへの最後の飛行だった。

八月から九月を通じて、ポーランド軍第一五八六エスカドラはワルシャワに三一回、カンピノスの森とワルシャワ近郊に四七回飛来し、一六クルーと一八機を失った(16)。英国空軍と南アフリカの航空師団はカンピノスの森とワルシャワ郊外に二五回飛来した。ポーランド軍、英国空軍、南アフリカ空軍によってカンピノスの森とワルシャワ郊外に投下されたコンテナは四四三個で、そのうち蜂起側に回収されたのは二七九個だった(17)。

イレナ・オルスカが語る出来事

ポヴィシレ地区で看護少尉の任についていたイレナ・オルスカが、連合軍機の投下支援物資をめぐって、ある出来事を記している。八月一四日のことと推測される。ようやく一息ついて久しぶりにナイトガウンに着替えて眠りについたときだった。忙しく走る足音に目が覚め、「連合軍機だ！」との声が耳に入った。ベッドから跳ね起きた。ナイトガウンの上にコートを羽織り、地下室から飛び出した。通りで金属の衝突音がした。パラシュートがついていた。四方八方から兵士たちが駆け寄ってきた。彼らは「天からの授かりもの」を屋根から引き下ろしたのだった。それは長さが一二フィートほどある重い箱で、両サイドに留め金がついていた。歓声が起こる中、兵士たちはその箱を地下室に運び込んだ。箱の中には、接近戦用対戦車砲ピャトが三丁、英国製の対戦車用バズーカ砲が入っていて、民間人のズボンでくるまれていた。ほかには、九本の管に入った弾薬、タバコ、紅茶、軍用コートなどもあった。報告によると、すぐ近くのドブラ通りでも投下物があった。ピャトの組み立て方と使い方について、ポーランド語と英語の説明書もあった。

ところが、そのお祭り気分のなか、「第八軍団司令官クルィバル大尉の副官」が入ってきて、冷たく鋭い声で「ここの司令官はだれか」と尋ねた。司令官が他の投下物を探しに出かけていたので、ゾフ中尉が副官の前に出た。副官は叱責した。「ここでこれを開けるとはどういう考えだ。命令を知らないのか。クルィバル大尉の特別許可なしでそのようなことができると思っているのか。この武器・弾薬は引き渡してもらう。君は懲罰を受けることになるぞ。」一瞬、みな呆然として沈黙した。次の瞬間、怒りの声が一斉に起こった。「でも、ここには武器がないんだ」「この地区に落ちたんだ」「渡してしまうなんてできない。」だが、クルィバルの副官には話し合おうという姿勢はまったくなかった。ゾフ中尉の方を向いて威圧的に繰り返した。「いいか君は懲罰を受けるぞ。そのように取り計らうからな。」ところがゾフは怖気づかなかった。両手のこぶしでテーブルを叩き、ピャトを引き渡せとの命令に憤激して抗議した。怒りの声は周りの人々の大合唱になった。バリケードの歩哨までもこの議論に加わった。イレナもたまらなくなって人をかきわけ、副官と中尉の前に出た。「武器は絶対にあきらめない」と長々述べようとしたが途中で止め、ただこう言った。「いいですか、いまこのときにもドイツ軍機が来たら、私たちはみんなザウアークラウトにされてしまうんですよ！」イレナはあとになって、ナイトガウンにコートを羽織った民間人らしい女性が突然、軍の問題に口出ししたので副官もさぞかしめんくらっただろうと思った。ようやく、ゾフ中尉も冷静になった。結局、命令は命令だ。だが、ピャト一丁と弾薬三分の一、武器をくるんでいたズボン何本かは残されることになった。

　クルィバルの副官が去った後、イレナは左手に封筒を握っているのに気づく。それも何かの説明書だろうと思っていた。封筒は他の説明書のよりも分厚かった。何気なく開けてみると、何枚かの紙に走り書きがあった。眼を凝らして見た。ポーランド語で"*Do Walczących Braci w Warszawie!*"（ワルシャワで戦う兄弟へ）と書いてあった。イレナは喉がつまる思いがした。武器・弾薬を投下した飛行機には連合軍とともに外国で戦っている兄弟たち、ポーランド人のパイロットが乗っていたのだ。イレナは皺くちゃになった紙に敬意を感じながら、手紙のことばに引き込まれた。

「皆さんを支援するためワルシャワへの飛行が私たちに許可されたのはこれが初めてです。イタリアから皆さんのバリケードまではとても遠い距離があります。しかし、それは、私たちがポーランドの皆さんのもとへもどり、自由に到達するための長い道からみるとほんのわずかな道のりにすぎません。私たちはこの戦争で、自分たちの血が求められればどこであれ、すべての戦場で戦ってきました。私たちはポーランドのために戦ってきましたが、ポーランドのためだけに戦ってきたのでもありません。世界中の人間の自由のために戦ってきたのです。多くの戦闘を経て、私は祖国へもどってくる道をたどりましたが、その思いはただ一つです。ただ、祖国、ポーランドへの思いだけです。長引く戦争を短くすることはできませんでした。しかし、戦闘があるごとに近づいてはいます。ドイツ軍機が撃墜されるたびに、私たちは故国に近づくのです」「今日、私の町が燃えています。そして皆さんはワルシャワのバリケードで戦っています。とても遠かった。もっと早く来ることはできませんでした。皆さんのもとに飛行することは許可されなかったのです。私たちは、できる限りの援助を皆さんにもたらすというわれわれの権利を勝ち取るために戦わねばなりません。私たちはこの任務があたえられるように戦います。そうできれば、私たちは皆、あなた方の元に飛来するでしょう」「私たちが皆さんとともにあることを、心は一つだということを信じてください。皆さんが孤立し支援がなくとも堂々と戦っていることを思っても、私にはここで繰り広げられている地獄を描写することはできないでしょう。私たちは皆さんの至上の努力が決して忘れられることはないと信じています。私たちがそれを忘れないことは神がご存じです」「私の家は（同じポヴィシレの）ブロヴァルナ通りです。たぶん、母と姉妹がまだそこにいます。でも分かりません。彼女たちのことをお願いするつもりはありません」「私はワルシャワの息子です。皆さんと同じ血が私の血管にも流れていますし、私たちの心臓は同じリズムを打っています。私は夜目覚めると皆さんのバリケードが見えるのですが、皆さんとともに自分の手でそのバリケードを構築したかのように見るのです。神が皆さんを助け、力づけてくださいますように。」

手紙の末尾には名前がなく、「ポーランド空軍軍曹」とあるだけだった。彼の家はブロヴァルナ通りだから、イレナの看護ステーションからほんの一ブロックさきだった(18)。

ソ連軍機の武器・弾薬投下作戦

ソ連軍がワルシャワへの武器・弾薬投下支援を開始したのは、プラガ地区を制圧しつつあった九月一三日のことだった。まず、偵察機が飛来して試験的投下を行うとの通知を入れた金属缶を投下し、同日夜にソ連軍機による最初の物資投下が行われた。米国製の食料缶やライフルの弾薬などだったが、きわめて低空からパラシュートなしで投下したため、蜂起勢力が渇望していた機器が破損して使用不能になったり、支援物資も飛散して損なわれたりした。ソ連軍機のこのやり方は飛来時期とあわせて、ワルシャワ蜂起に対するソ連の政治的意図を強く感じさせるものだった。

九月一五日、ソ連軍機によるより大規模な支援物資の投下があった。ブル＝コモロフスキは書いている。

「重機関銃二丁、トミーガン五〇丁、擲弾筒一一丁、手榴弾五〇〇個、小麦袋などだったが、みなパラシュートなしだった。残念なことに、われわれのライフルは英国製かドイツ製でロシア製の弾丸は使い物にならず、われわれが使っていた弾丸はドイツ製だった。武器も弾薬もパラシュートなしだったのでひどく損傷された。弾丸は変形し、貴重な武器も地上に落下した際の衝撃で金属スクラップのようになってしまった」「ソ連のやり方は英米とかなり異なっていた。英国空軍によるワルシャワ上空の作戦はせいぜい一〇分ほどしか続かなかったが、ソ連軍機の投下は夜間に数回繰り返し行われた。これは、輸送能力の小さな飛行機が使用されたことと、ワルシャワから比較的近い基地から何度も飛来することが可能だったからである。だがこのことは、われわれの受取場所を夜中明るく照らしておくことをよぎなくさせ、ドイツ側が擲弾筒を使用させる結果となり、物資投下を待つ兵士たちや周辺住民のあいだに大きな犠牲を生むことになった。」(19)

それでも、ソ連軍機が物資投下を開始したとき、孤立を深める蜂起勢力とワルシャワ市民に対してはしばし精神的な支えとなり、首都を防衛する人々の士気はあがった。だが、ソ連軍機による空からのワルシャワ支援作戦は九月一八日をもって終わってしまう。国内(被占領地)政府代表部の市民闘争指導部責任者だったステファン・コルボインスキは「残念なことに九月一九日にソ連軍機は上空から姿を消し、空爆がまた始まった」と書き、さらにその支援作戦を次のようにきびしく批判している。

「九月一三日から一四日にかけての夜、ソ連軍は武器や食料を投下した。しかしそれはパラシュートなしで、われわれをばかにしているのではないかとさえ思われた。投下されたものはみな地上で木端微塵になってしまったのである。明らかにプロパガンダのための物資投下だった。ソ連は蜂起を支援していると西側に主張するためである。実は何もしていないのに。」(20)

ワルシャワ支援米軍機のソ連軍基地使用問題

米軍機はすでに一九四四年六月初め以来、ルーマニアやハンガリーに対する空爆作戦のために英国基地を飛び立ち、給油や爆弾搭載のためにソ連領内の基地を利用していた。しかし、スターリンはワルシャワへの支援飛行の米軍機が同じようにソ連領内の基地を使用することを拒否し続けていた。蜂起開始から二週間たった八月一四日、米国大使ウィリアム・アヴェレル・ハリマンはモスクワに緊急書簡を送り、米軍機がワルシャワへの武器投下のためシャトル飛行できるよう、ソ連領内の基地使用について赤軍の承認を求めた。しかし、ソ連側は翌日、「ワルシャワ市民が冒険主義的行動に引き込まれている」として、この要請を拒否した。ハリマンは一五日の無線通信でソ連側の回答はスターリンのミコワイチクに対する支援約束に符合しないと批判するとともに、ソ連政府がなぜポーランド支援の努力に反対するのか理解できないとのべた。

八月二〇日、ローズヴェルトとチャーチルはスターリンに共同で概要以下のように打電した。

われわれは、ワルシャワにおける反ナチ勢力が事実上見捨てられた場合の世界の世論を危惧する。われわれは、英米ソの三者すべてが当地の愛国者をできる限り多数救うために最大の努力をなすべきだと信じる。われわれは、貴国が即時、ワルシャワの愛国者に対して物資・弾薬を投下するか、でなければ、われわれの飛行機が迅速にその行動をとれるよう同意することを希望する(21)。

チャーチルはさらに八月二五日、ローズヴェルトに宛てて、スターリンに対してより強く米軍機のソ連領内基地使用を求めるメッセージの案文を打電・提案した。それには「われわれの同情はほとんど武器のない人々に対してであって、彼らは特別な信念からドイツ軍の銃、戦車、大砲に対峙している。われわれはこうした抵抗でヒトラーの残虐行為が終わるとは思えない」「戦争が終わったとき、ワルシャワの大虐殺はわれわれを大いに悩ます大問題となるだろう」とも書かれた。

しかし、ローズヴェルトは「戦争を長期的に見ると、ご提案のメッセージを共同で『アンクル・ジョー』（スターリンのこと）に送るのは利があるとは思えない」と反論した(22)。対独戦争勝利という大戦戦略のなかでポーランド問題をめぐりスターリンと決定的対立を避けたいという思いはチャーチルにもローズヴェルトにもあったろうが、この時点で両者の考えにはかなりの温度差があったようだ。チャーチルは落胆した。

ポーランド軍最高司令官のソスンコフスキは九月一日、国内軍兵士に下した命令のなかで、ワルシャワへの支援が十分でないことについて英国を公然と非難した。彼は言う。ポーランドは一九三九年にドイツ軍と戦い、亡命ポーランド軍は過去五年間にわたりドイツの脅威のあるところでは陸海いつどこでも戦ってきた。ワルシャワ市民と国内軍は何ケ月も孤立無援のなかを戦ってきた。それは「とくに連合国軍の技術的優位を考えたときに、ポーランド人には理解しがたいくらいの悲劇的神秘である。ワルシャワは待っていはない。承認とか感謝とかの空虚な言葉や同情とか気遣いをではない。ワルシャワは武器と弾薬を待っている。ワルシャワはある家族のなかで落ちぶれた一員のようにパンくずをめぐんでくれと言っているのではなく、連合国の義務を認め、連合国とのわれわれの協定のもとに戦う手段を要求しているのだ。もしもこの首都の市民が援助の不足のゆえに、傍観者の無関心のゆえに、あるいは冷淡な打算のゆえに家々の瓦礫の下で滅亡するならば、それは信じがたいほど重大な罪となるであろう。」(23)

九月四日、チャーチルと英国戦時内閣はソ連政府に対する強い抗議書簡を起草する。

「蜂起開始に関する賛否がどうあれ、ワルシャワ市民にはその決定に何の責任も負うところはない。わが国民は、なぜ外部から物質的援助が送られないのか理解できない」

「貴国政府が合衆国機のロシア飛行場使用を拒否しているためにこうした援助ができないということは、いまや広く知られるようになっている。もしも、ワルシャワのポーランド人がこのまま、もはや二、三日のうちだとも言われているが、ドイツ側に打ち倒されてしまうならば、世論の衝撃は計り知れない。戦時内閣は貴国政府がワルシャワのポーランド人を援助するという英米両政府の義務を考慮しないことを理解できない。この援助を妨げている貴国政府の行動は、お互いに現在及び将来にわたって重視している連合国の協力精神に一致しないものと思われる。」(24)

チャーチルは同日、ローズヴェルトに対しても、合衆国空軍が武器を（蜂起軍に）投下して「必要とあればロシア側の正式な同意なしでも、ロシアの飛行場に着陸する」ことを許可するよう求めた。しかし、ローズヴェルトは、とくに対日戦争でのソ連の援助の必要を見据えて、こうした行動によって同盟関係を危険にさらす用意はなかった。

九月一〇日、ヴィスワ川右岸でソ連軍の砲声が聞こえ、ソ連軍機が首都上空に現れた。クレムリンの戦術変化とみられた。ソ連軍機は九月一三日から実質的な支援物資投下を開始した。こうしたなか、スターリンが米軍機によるソ連領内基地の使用に同意したのは九月一二日だった。

米軍機「空の要塞」による武器・弾薬、物資投下作戦

スターリンがソ連領内の飛行場の利用を拒否していたので、「空の要塞」Flying fortress とよばれた米国のB-17爆撃機を使用することが長い間できなかった。ワルシャワ上空にそれが飛来したのは、スターリンが前記の態度を変えてからの九月一八日のことだった。一一〇機のB-17「空飛ぶ要塞」の大編隊が英国の四つの飛行場からワルシャワに飛び発った。それは一一〇〇人の飛行士を動員し、一〇〇トンの支援物資コンテナを投下したもので、ワルシャワ市民と蜂起部隊の戦闘精神を今一度奮い立たせたが、一二八四個のコンテナのうち蜂起勢力の支配地域に落ちたものは二二八個にすぎず、人々の熱狂はすぐさま大きな失望と落胆に変わった。米軍機

がワルシャワに飛来したのはその一度だけだった。米軍機によるワルシャワ支援作戦「フランティック七」Frantic 7 は当初、九月一四日に予定されたが、天候条件の不良・悪化などで再三延期されたあと、九月一八日にようやく実行されたものである。

ブル＝コモロフスキは米軍機によるワルシャワ支援作戦の「歓喜と落胆」をこう書いている。

「午後一一時に短い告知があって、夜中すぎにまた繰り返された。『空の要塞』が夜明けに離陸する。すでに合図となっている *Jeszcze Jeden Mazur Dzisiaj*（「今日、マズルカをもう一つ」）のメロディーがＢＢＣのポーランド向け番組の最後に流された。その夜、参謀はだれも眠らず無線受信機の前に集まり、次の番組を待った。同じメロディーがまた繰り返されるのかどうか。もしもそのかわりに *Marsz Piechoty*（「歩兵部隊の行進」）が流されたら航空機の派遣は中止だ。中止か、それとも決行かの確認は午前九時には聞かれる。興奮状態で落ち着かぬまま番組を最後まで聞いた。支援派遣は中止された。」

「翌日夜も同じニュース番組があった。派遣中止の数時間後、飛行機は離陸したのだが、オランダに接近しながら天候上の理由で引き返さねばならなかったとの電文を受けた。毎夜毎夜、われわれは *Jeszcze Jeden Mazur Dzisiaj* が聞こえるのを待ったが空しい結果に終わっていた。そしてついに九月一七日から一八日にかけての夜、作戦決行の知らせが二度確認された。恐ろしさと疑いをいだきながら午前の番組を待った。今度は例のメロディーが繰り返され、支援機は午前一一時から正午にかけてワルシャワに到着するとの電文を同時に受信した。秋のその日はきれいに晴れて雲ひとつなかった。もちろん、人々は支援機の到来を知らず、想像もしていなかった。だが、支援機の飛来を私に知らせたのは、四方八方から湧き上がる喝采と歓声だった。西方高く、空一面が支援機でいっぱいになっていた。その後ろには白い点がいくつも航跡のように続いていた。その点がパラシュートだと気づくにはかなり時間がかかった。ドイツ側の対空砲火が始まった。それほどの高度を飛ぶ支援機には届かなかったが、炸裂した爆弾の破片が個々のパラシュートを貫通した。ワルシャワは今一度、ことばで言い表せぬほどの熱狂につつまれた。病人や負傷者以外、だれもが地下室から出てきた。地下室や地下壕が空になった。集合住宅の中庭や街頭は人で埋まった。人々は最初、パラシュートが自分たちのところに落ちてくるものと疑わなかった。自分の足で立てる者はみな走って出てきた。人々は最初、パラシュートが自分たちのところに落ちてくるものと疑わなかった。」

「歓喜と興奮の時は短く、失望と落胆がそれにとってかわった。私はそれがおそらく、蜂起の最中に経験したなかでの最悪の瞬間の一つだったということを認めざるをえない。われわれは連合軍機の素晴らしい力を見た。しかし、コンテナの大部分はわれわれの戦線の外側、一週間か一〇日前ならば国内軍が制圧していた地域に落ちたのである。歓喜の叫びをあげて喝采していた群衆は、飛行機のすがたが見えなくなると、頭を垂れて地下室や地下壕にもどっていった。われわれは、もっと以前に到来していたら受けることができたであろう支援の大きさを目撃した思いだった。市内の三分の二がわが方の支配下にあった蜂起緒戦の日々に、一八〇〇《ママ》個のコンテナが投下されていたら、われわれはそれをすべて回収し、その後の戦闘の結果を決定することになっただろう。蜂起側にそれだけの武器・弾薬があれば、ワルシャワ全体は間違いなく敵の手から解放されたであろう。残念ながら、支援が来たのは、われわれの保持する地域がほんのわずかになっていたときだった。あれほどの高度から正確に物資を投下するのはもはや困難になっていた。」(25)

コルボインスキは米軍機飛来のその日のことをこう書いている。

「九月一八日、ついにその日が来た。良く晴れた日だ。かつて耳慣れない深くて力強いエンジンの振動音が責め苛まれた都市の上空にとどいた。機影がまだ見えないうちから、ドイツ側の対空砲隊が強力な弾幕を張った。赤く染まるワルシャワの上空、感激して手をかざして叫ぶワルシャワ市民の頭上はるか高くに、巨大で銀色に輝く数々の機体が飛び、何百ともしれぬ多色柄のパラシュートが空に漂うようにゆっくりと落ちてきた。だが、その大部分は蜂起側制圧地域の外側に落ちた。（無線技士の）ヤンは目を涙でいっぱいにしながら私の手を握って振った。私は暗号冊子をつかみ、ヤンが数分後にロンドンに発信した。『たった今、米軍機がパラシュートで支援物資を投下した。』ヤンがスウィッチを切り替え、嬉しそうに紙束の上に走り書きした。『オーケー、オーケー、感謝。』そして満足そうに私を見て言った。『こんなに早い交信は今日が初めてだ。支援物資の投下がまだ続いているのに、ロンドンはもうその知らせを受信したのだ。』」(26)

ブル＝コモロフスキ、コルボインスキが目撃した米軍機によるワルシャワ支援を詳述するとこうだった。九月一八日午前六時二〇分、米陸軍第八航空師団の「空の要塞」とよばれる**B-17**爆撃機一一〇機が英国の基地を飛び立ち、「フランティック七作戦」が開始された。一五四機の米陸軍**P-51**戦闘機マスタングがこれに援護飛行した。**B-17**の一一〇機の編隊のうち三機はメカニカルなトラブルで引き返さざるをえなかったが、あとの一〇七機はバルト海沿岸からコウォブジェグ、トルン、プウォツク上空を通ってワルシャワを目指した。ワルシャワ北西約四〇キロ地点の上空でドイツ軍戦闘機に遭遇して攻撃を受けたが、援護飛行していたP-51マスタング戦闘機が応戦した。ワルシャワ近郊のドンブロヴァ・ジェカヌフ村上空で一機が被弾して爆発し、八人の乗組員が死亡した(27)。

　午前一〇時頃、BBC放送で確認の合図があった。支援機はすでに離陸し、三、四時間後にはワルシャワに飛来するという合図だった。午後一二時三〇分、高度四二〇〇メートル～五二〇〇メートル上空から武器・弾薬などの投下が始まり、約一〇分間続いた。ワルシャワでまだ残っていた窓ガラスが「空飛ぶ要塞」のエンジン音とドイツ側の対空砲火でガタガタと震動した。蜂起兵たちはドイツ側のスナイパーのいるのも顧みず、屋上に群がって手を振り感謝のことばを叫んだという。しかし、「上空一万七〇〇〇フィートから投下された支援物資は強風にあおられて、その多くがドイツ側陣地に流れていった。見ていた人々は泣き叫び、こぶしで壁を叩いた。にもかかわらず、ドイツ軍の黒い十字でなく米国の白い星を見たことは人々の気持ちを大いに奮い立たせた。」(28)

英国空軍飛行士の戦死を悼む（レドゥトヴァ通り）

　米軍支援機は蜂起部隊兵士や市民の熱狂を引き起こしたが、投下された一二八四個のコンテナ（一一七〇個という説もある）のうち、蜂起側の手にわたったのは二二八個にすぎなかった。大部分は敵味方いずれでもない地域に落下したが、結局は全体の七〇パーセントはドイツ側の手に入った。一部にはヴィスワ川右岸のソ連軍とその指揮下のポーランド軍が回収したものもあったという(29)。

　英国空軍基地を離陸してから約一一時間後、B-17爆撃機とP-51戦闘機・マスタングは任務を終えてソ連領内の基地に着陸した。米軍機による二回目の支援作戦として「フランティック八」Frantic 8を一〇月二日に実施する計画があったが、その前日、「ワルシャワにはもう抵抗軍はいない」との理由でソ連側から計画を承認しないとの通告があった。結局、米軍機による大規模なワルシャワ支援は一回だけに終わった。

ワルシャワへの武器・弾薬、物資投下支援の概要

連合軍機によるワルシャワ支援のデータについては、算定方法の違いもあって公刊資料によって数字は必ずしも一致しない。

ワルシャワ蜂起博物館の刊行物によると、連合軍機は一九四四年八月四日から九月二一日までの期間に合計一七八回、ワルシャワとその郊外に飛来した。乗組員にはポーランド人のほかに、英国人、当時の大英連邦のもとにあった南アフリカ、オーストラリア、ニュージーランドなどのパイロットたちもいた。この任務についたポーランド人飛行士は五〇〇人以上で、そのうち五九人がドイツ軍との戦闘で死亡した。また、撃墜された乗員のうち八二人が死亡し、二〇人がドイツ側に、一二人がソ連に捕らわれ、一人が国内軍に参加した(30)。

イェジ・パヴラクによると、一九四四年八月四日から九月一四日までの期間のポーランド空軍第一五八六飛行中隊の飛行回数は九一回（損失は一七機、一六クルー）、英国空軍第一四八、第一七八航空師団の飛行回数は五〇回、南アフリカ第三一航空師団の飛行回数が五五回（英国空軍と南アフリカ航空師団の損失は合わせて二二機、一九クルー）。合計すると飛行回数は一九六回、損失は三九機、三五クルーとなる(31)。

また、ワルシャワ支援の飛行に参加したクルーについては、ポーランド人六三七人（一一二人が撃墜され、そのうち三四人が救出された）、英国・南アフリカ航空師団の乗組員七三五人（同一三三人、七人）、米国人一一〇〇人（撃墜一一人）、合計では二四七二人（同二五六人、四一人）としている(32)。

『ワルシャワ蜂起大百科事典』によると、損害機数は以下の通りである。

ポーランド空軍第一五八六特別飛行中隊：一五機
英国空軍第一四八航空師団：七機
英国空軍第一七八航空師団：五機
南アフリカ第三一航空師団：九機
米国陸軍第八航空団：三機
合計：三九機(33)

エピローグ
——蜂起のあと、停戦・降伏協定、戦後の抵抗

ドイツ軍司令部がおかれ、停戦・降伏協定が調印されたオジャルフの邸宅

現在および戦前のポーランド地図

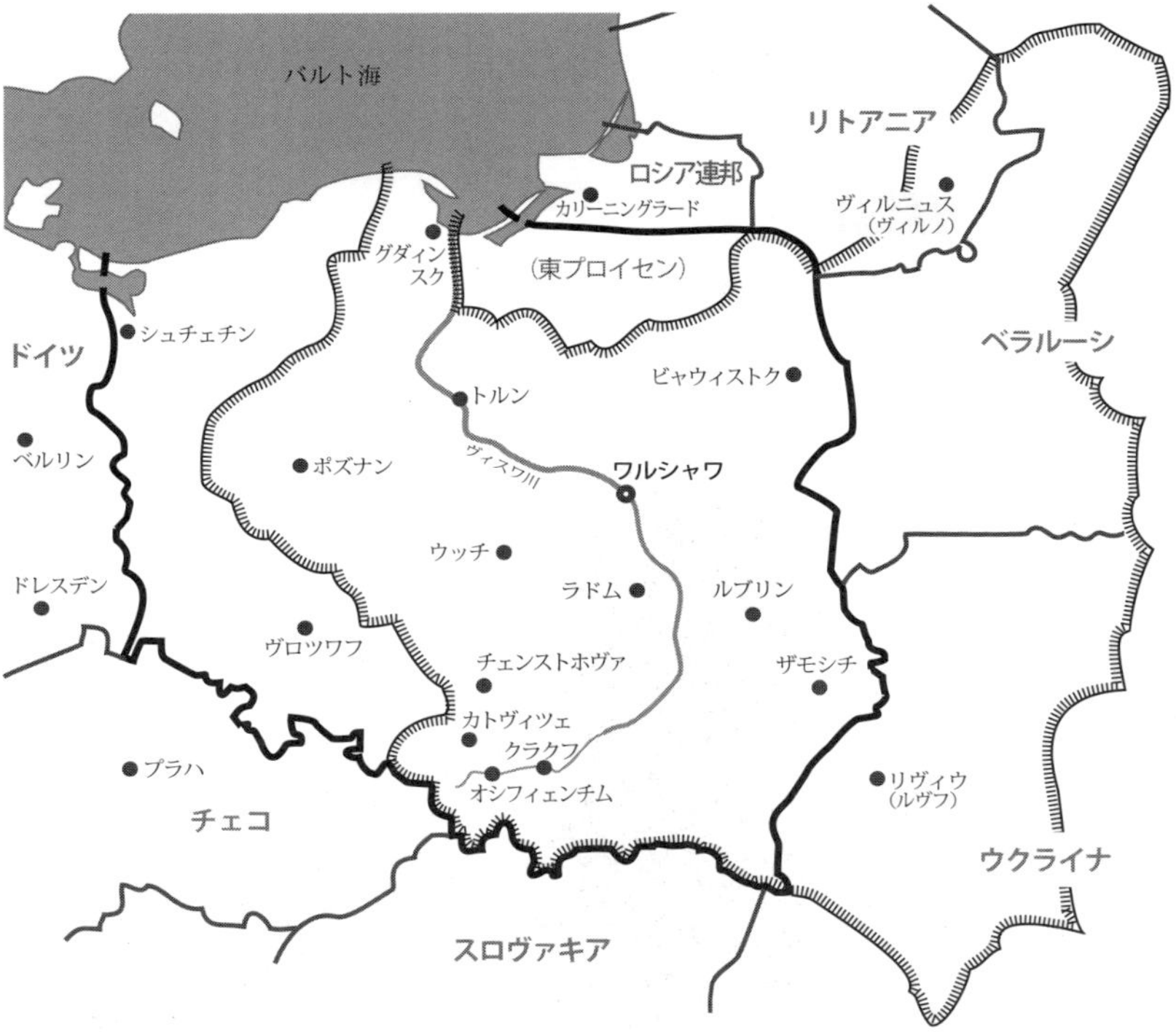

現在のポーランドの国境線（周辺諸国も同じ）

戦前（1918～39年）のポーランドの国境線

停戦・降伏協定

ドイツ側は九月初めから国内軍総司令部に対して降伏交渉をもちかけていた。ブル＝コモロフスキによると九月五日、シルドミェシチェのバリケードに数人の将校を送ってきて、腐敗する遺体を撤去するため数時間の休戦を提案してきた。ドイツ側はその機会を使って、民間人のワルシャワ市内からの退去のため、一定地区での限定的停戦を提案した。ブルはドイツ側の「民間人退去」の裏に大量虐殺の恐れを感じないわけではなかったがこれを受け入れた。ヨアンナ・ハンソンによると、ドイツ側とポーランド赤十字の合意によるシルドミェシチェからドイツ側への民間人退去は九月八日と九日に行われた。蜂起部隊は自発的意思と自己責任においてドイツ側に避難する民間人（主に女性、子供、高齢者、病人など）を妨害してはならぬとの命令を下された。

このときドイツ側に退避した民間人の推定数についてはかなり相違がある。ポーランド側公表数字は一万人以下だったが、ドイツ側の数字はその三倍近かったという(1)。ハンソン自身は「約二五万人の八〜一〇パーセントにあたる二万人から二万五〇〇〇人が蜂起側制圧地区を出たと思われる」と結論づけるが、大多数の市民がワルシャワと運命をともにしようとしたのは戦闘に参加している家族に強い絆を感じていたからだろうと推測している。他方、ジャーナリストのジョージ・ブルースは同じ二日間に市内を退去した民間人は「数千人」で「二五万人以上からみると小さな反応だった。人々は八月の虐殺を忘れることはできなかった」(2)と書いている。この時点で民間人の退避を思いとどまらせた大きな要因として、ドイツ側に渡った後の扱いに大きな不安があったこともあろうが、九月九日、一〇日頃にちょうどプラガ地区での砲撃が聞こえて、ソ連軍の進撃への期待がまたもちあがったということも考えられる。

九月初旬、国内軍総司令官のブル＝コモロフスキも国内軍ワルシャワ管区司令官のモンテルもソ連軍のワルシャワ進撃に対する期待をまだ捨てることはできなかった。モンテルは九月七日の声明で「支援は最大四、五日でやってくる」と蜂起兵たちに言明していた(3)。反対に、地下国家の議会にあたる挙国一致評議会（RJN）は戦闘の中止を提言していた。ブルはドイツ側がもちかける提案を即刻拒否することはせず、ソ連の攻撃開始になお希望をつないで、降伏交渉をできるだけ長引かせることにしていた。

ブル＝コモロフスキによると、ドイツ側司令官、ロール将軍が降伏条件をだしてきたのは九月一〇日である。それには、国内軍が捕虜になった場合に戦闘員としての権利を保障されること、退去する民間人は適切な援助と安全、生存手段が保障されることが盛り込まれていた。この提案がなされたその日、ヴィスワ川の対岸からソ連軍の強力な砲声が聞こえてきた。ブル＝コモロフスキはドイツ側提案に対する回答書を作成するにあたり、ヴィスワ川対岸の戦闘の行方を見守るため、交渉をさらに引き延ばすための条件を提起した。九月一一日にはロンドン経由でベラルーシ第一方面軍のロコソフスキー元帥に対し、ヴィスワ川左岸の蜂起勢力への支援と共同作戦を訴えた。こうした要請に実効はなかったが、「降伏という考えは一瞬にして消え去った。人々が群れをなしてシェルターや地下室から出てきた」「人々はみな楽観主義に染まっていた」(4)という。

しかし、ソ連軍は九月一五日にプラガを最終的に制圧してドイツ側をヴィスワ川沿いの北に撃退した後、またも攻勢にブレーキをかけた。ときたま、砲撃と対空砲火の音が聞こえるだけになった。一方で、ドイツ空軍の活動が再び活発になり、オケンチェ空港を基地にした首都空爆が繰り返された。ドイツ側は再び降伏要求の提案をもちだしてきた。こんどはジョリボシュ地区とモコトゥフ地区に使者を送ってきた。モコトゥフ地区に来た使者は、ブル＝コモロフスキとフォン・デム・バッハ＝ツェレフスキが中立地域で会談することを提案した。両地区の司令官はともに提案を拒否した。

九月二七日、モコトゥフ地区陥落の報を受けて、国内軍総司令部は戦闘停止の決定を迫られる。もはや、ソ連軍がヴィスワ川を渡ってくる気配もなかった。蜂起側が制圧していたシルドミェシチェにはまだ二十万人以上がいた。すでに陥落したスタレミャスト、ポヴィシレ、チェルニャクフ、モコトゥフと同じように降伏の運命がすぐそこまで来ていた。

二八日早朝、ブルはロンドンに以下の電文を打った。

「モコトゥフ地区が九月二七日に陥落した。あと二つの孤立した地区（シルドミェシチェとジョリボシュ）が戦い続けるのは不可能である。飢餓がある。もしも一〇月一日までにソ連軍の攻撃による効果的な援助がなければ、われわれは戦闘の停止をよぎなくされる。われわれがもはやもちこたえられないということをロコソフスキーに直接伝えている。」(5)

九月二九日明け方、ジョリボシュ地区でのドイツ側の総攻撃の知らせが入る。ブル＝コモロフスキは同日、ドイツ側に使者を送った。フォン・デム・バッハは民間人の退去と降伏条件について提案してきた。国内軍には戦闘部隊としての権利を保障して処遇するというものだった。ブルは民間人退去について会談にのぞむことを決定するが、ソ連側からの反応に一縷の希望を残して降伏の決定を下すのはなおも控えた。無線技士は交替で七二時間待機したが回答は来なかった。

九月三〇日、ソ連側からの回答をついにあきらめ、ジョリボシュ地区の蜂起部隊にも希望がないと判断して同地区での戦闘停止を命令する。この間に民間人の退去については合意された。ワルシャワ市民は一〇月一日、二日、三日に市内を去ることになった。二つのバリケードがワルシャワ退去の出口に指定され、その地点での停戦時間が設定された。ザヴォドヌィによると、一〇月初めにワルシャワを退去した市民の数は、一〇月一日、七〇〇〇～一万六〇〇〇人、一〇月二日、不明、一〇月三日～七日、少なくとも一五万五〇〇〇人となっている(6)。

九月三〇日夜、BBC放送は、ブル＝コモロフスキがソスンコフスキに代わってポーランド軍最高司令官に任命されたと伝えた。ブルはヴワディスワフ・ラチュキェヴィチ大統領によるこの任命について、「ワルシャワの将兵にたいする敬意のあかし」(7)と理解した。

ブルは目前の降伏を前に最後の命令を下す。ワルシャワで戦闘が停止しても、ドイツによる他の占領地域ではまだ作戦が続く。ワルシャワの降伏は地下抵抗闘争全体の停止を意味しない。彼は数日後にドイツ側の捕虜となることを予想し、レオポルト・オクリツキ将軍を国内軍司令官の後継者に任命する。降伏条件の交渉についてはイラネク＝オスメツキ（ヘルレル）を責任者とする代表団を任命した。降伏条件としてブルが重視したのは、戦闘員としての諸権利が国内軍の兵士だけでなく国内軍総司令官の命令を受けて戦ったすべての戦闘員に認められることだった。それは当然、人民軍も女性兵士にも認められるべきである。もうひとつは、蜂起参加者は民間人であっても、戦闘期間もしくはそれ以前において地下運動への参加について責任を問われないということだった。

停戦・降伏協定が協議・調印されたのは、ワルシャワ中心部から一〇キロ余り西方にあるオジャルフという町で、フォン・デム・バッハ＝ツェレフスキがドイツ軍の総司令部をおいていた田舎屋敷だった（本章扉写真）。もとの所有者はユダヤ系だがカトリックに改宗同化したレイヘル家だった。レイヘル家の人々もナチス占領中には国内軍などレジスタンス活動に参加した。そのうちの一人、アニェラ・レイヘル（一八九九～一九八八）もワルシャワ蜂起中、野戦郵便活動の監督などに携わった。結婚してアニェラ・ウルバノヴィチとなったので、オジャルフの屋敷も「アニェラ・ウルバノヴィチの邸宅」とよばれることがあるが、その夫はアウシュヴィッツ強制収容所で死亡している。

一〇月二日午前八時、ブルから停戦協議と協定署名の権限を付与された蜂起側代表団はワルシャワ工科大学前のドイツ側バリケードに赴き、オジャルフのドイツ軍総司令部に護送されて会談が始まった。いまそこを訪れてみると、門柱にある街路表示はユゼフ・ポニャトフスキ通り一番となっていて、横幅の広い道が二〇～三〇メートル奥にある小邸宅に続いている。たぶん現在の所有者によって手入れされた広い庭園と緑色が鮮やかな木立が白い壁と黒っぽい屋根の平屋建ての邸宅とよく調和している。正面には少しせり出した玄関があって、こぶりながらも上品な迎賓館、あるいは田舎のしゃれたレストランと言った風情がある。門柱近くの白いブロック塀の前には、国内軍総司令官から代表に任命されたカジミエシュ・イラネク＝オスメツキ（ヘルレル）とズィグムント・ドブロヴォルスキ（ズィンドラム）がその邸宅でドイツ側と停戦・降伏協定に調印したことについての記念プレートが立っている。これは、二〇〇四年一〇月三日、蜂起終結六〇周年におかれたものである。

降伏協定は一般に一〇月二日午後八時に調印されたとされる(8)。停戦・降伏協定の主要部分は次の通りである。

Ⅰ（一）ワルシャワ市地域で戦闘状態にあるポーランド側部隊とドイツ側部隊による戦闘は一九四四年一〇月二日、ドイツ時間二〇時（ポーランド時間二一時）に停止する。一九四四年八月一日から本協定調印の日まで国内軍司令官の戦術下にあったすべてのポーランド人部隊は以後、国内軍部隊とよばれる。

（五）国内軍兵士は戦争捕虜の処遇に関する一九二九年七月二七日のジュネーブ条約の諸規定にしたがって処遇される。一九四四年八月一日に始まった戦闘過程においてワルシャワ市内で捕虜となった国内軍兵士にも同様の規定が適用される。

（六）ジュネーブ条約第八一条により、戦争捕虜の諸権利は国内軍に同行した非戦闘員にも性別にかかわりなく認められる。

（八）前条項により戦争捕虜とみなされた人々は、ワルシャワにおける戦闘期間もしくはそれ以前の期間における軍事的・政治的諸活動について、捕虜収容所から解放されたあとでも迫害を受けることはない。

（九）戦闘期間中にワルシャワ市内にいた市民に集団的責任が適用されることはない。戦闘期間中にワルシャワの行政、司法、治安、公共福祉当局などで活動したことで迫害されることはない。

Ⅱ（一）国内軍司令部は一九四四年一〇月三日、ドイツ時間七時（ポーランド時間八時）からそれぞれのバリケードから撤退する。

（二）国内軍司令部はすべてのドイツ人捕虜を引き渡す。

（四）国内軍司令部は一九四四年一〇月四日、武器を引き渡してワルシャワを出る。

（五）例外として残留する国内軍部隊は一〇月五日に武器を引き渡してワルシャワを出る。

（九）国内軍兵士は軍服の着用如何にかかわらず、白と赤の腕章、鷲の紋章のバッジによって識別される。(9)

ワルシャワ蜂起開始以前から、ドイツ側は国内軍兵士を捕虜にすると即刻射殺していた。このため、国内軍司令部と国内（被占領地）政府代表は連合国に対して、国内軍兵士を連合国軍兵士として正式に認めて宣言するよう要請し続けた。アンソニー・イーデンが最終的に英国議会において、国内軍メンバーは連合国の身分をもち、ポーランド亡命政府の不可分の一部であることを宣言したのは蜂起開始から一ケ月後のことだった。米国も同時に同様の声明を発した。しかし、ソ連は一貫してこうした宣言をすることを拒否した。ザヴォドヌィはバッハ＝ツェレフスキがポーランド側に降伏交渉を持ちかけた際、早くから蜂起部隊に戦闘員としての諸権利を認める約束を提示していたことを指摘し、「パラドキシカルなことだが、敵側がポーランドの蜂起兵に軍事的身分を認めようとしたのに、連合国の一つであるソ連が最後までそれを拒否した」(10)と書いている。ちなみに、蜂起軍はドイツ軍兵士の捕虜の扱いにあたっては国際法上の規定を厳しく遵守した。ただしナチス親衛隊や犯罪者部隊は別である。親衛隊部隊はヴォラ地区など多くの地域で住民や医者、看護婦などを無差別に虐殺した。彼らは処刑された。

一〇月三日、ブル＝コモロフスキは蜂起部隊兵士に対して最後の命令を発する。それは二ケ月間の戦闘をともにした蜂起兵と市民に対する国内軍総司令官の「告別の演説」となった。彼はそのなかで「敵に対する軍事的勝利を達成できなかったが、二ケ月間の戦いはその政治的・思想的な目的を果たした。われわれの戦いはわが国の運命に大きな影響をあたえるであろう。わが国の独立を守るうえで発揮された勇気の比類なき貢献であるからである」と兵士たちの戦闘を讃えた。そのうえで彼は「いまや、ワルシャワ市民が絶滅し、数千人の戦闘員と市民が瓦礫に埋まるという危機に直面している」として戦闘の停止を命じ、「正義の大義が最終的に勝利することを信じ、愛する祖国、偉大で幸福な祖国を信じつつ、ポーランド共和国の規範に忠実な独立ポーランドの兵士であり市民であり続けよう」(11)とよびかけた。

「さらばワルシャワ」
——蜂起部隊の市内退去

ブル＝コモロフスキは一〇月四日午後八時、在ロンドン・ポーランド政府大統領への最後のメッセージを打電した。

「ポーランド共和国大統領閣下、一〇月二日に締結された降伏協定を履行し、ワルシャワの戦闘部隊は本日と明日、武器を捨てることを報告する。私は明日一〇月五日正午前、わが軍とともにドイツ側に降伏する。私は本日、降伏協定を締結した相手のフォン・デム・バッハ将軍を訪ねた。私はドイツ軍代表と民間当局の同席する昼食会への招待を受けた。この昼食会への出席は拒否したが、フォン・デム・バッハ将軍との会談で、国内軍捕虜とワルシャワ市民に最善の条件を保障することについてのすべての問題を解決した。自由な身で大統領に送ることのできるこの最後の電文で、あなたに対して最も深い尊敬の念を送るとともに、共和国の最高代表機関に対し、わが国が自由、偉大さ、幸福を達成することを強く願う気持ちを表明する。わが軍の行為は素晴らしく、敵の賞賛も浴びている。」(12)

一〇月四日、五日の両日、国内軍部隊と人民軍部隊は男性兵士も女性兵士もともに、完全武装のナチス憲兵の隊列の間を行進し、瓦礫に埋もれ黒こげとなった首都から退去した。降伏協定に規定された市外退去コースは次の通りである。

シルドミエシチェ北から：ナポレオン広場～シコルスキ大通り（イエロゾリムスキェ大通り）～グルイェツカ通り、フウォドナ通り、ヴォルスカ通り。

シルドミエシチェ南から：シニャデツキフ通り、八月六日通り（ノヴォヴィエイスカ通り）～フィルトロヴァ通り。

ブル＝コモロフスキは蜂起中、捕獲したドイツ側素材で製造した戦闘服を着ていたことがあったが、ワルシャワを去る時にはそれを着用せず、民間人の服装に白と赤の腕章を着けて行くことにした。それは、国内軍兵士の圧倒的多数に軍服などなく、戦闘中も腕章だけで識別されていたからである。ブルたち指導部はドイツ側が戦闘員の諸権利について、軍服だけでジュネーブ条約を解釈するのではないかと恐れた。そこでブルは国内軍の腕章と身分証でその軍事的身分を証明するのに十分だということを示そうとしたのだという。

一〇月五日午前八時。ブルは警護小隊の最後の査閲にのぞむ。最後の総司令部中庭に三六人が二列に整列した。蜂起当初は一二八人だったが、ヴォラやスタレミャストの戦闘をへて生存者はもはや三分の一にも満たなかった。ドイツ側陣地に入るバリケードまでは数百ヤードだった。九時一五分。シルドミエシチェのポーランド側部隊が隊列をつくってドイツ側への移動準備をととのえていた。「まだ市内を退去する時間のない大勢の人々が通りの両側に群がっていた。突然、喪服を着た女性が群衆から現れて私に近づき、一つのメダルを手渡して言った。『将軍、一八六三年蜂起のこの記念を受け取ってください』と言い、礼を言う間もなく、すぐに群衆の中に姿を消した。定刻が近づいていた。私がポーランド国歌

『ポーランドいまだ滅びず』*Jeszcze Polska nie Zginęła*（*Poland is not yet Lost*）を歌い出すと、兵士たちも市民たちも唱和した。バリケードの向こう側でドイツ人がそれを聞いていた。二〇〇ヤード先のバリケードの向こう側に制服の親衛隊員のすがたがはっきりと見えた。国歌の唱和が終わると、司令官が『左向け左！』と命令した。バリケードでは聖餐のパンを手に持った司祭が退去する部隊と群衆に祝福の十字を切った。われわれはバリケードを通り抜けて、ドイツ側警護部隊の方へ進んだ。」(13)

国内軍兵士は武器を引き渡す。ブルのもとにドイツ人大佐がやって来て、少人数の将兵とともに部隊から切り離されて車でオジャルフに連れて行かれる。

ワルシャワに別れを告げてドイツ側の捕虜収容所に送られていった兵士たちにはどのような感慨があったのだろうか。ソスナ大隊で戦ったザヴォドヌィは降伏協定直後にワルシャワ市内を退去したとき、「生き残った蜂起兵の間には蜂起が成功する見込みは消滅したものの、強固な連帯感があった」「そこには圧倒的な高揚感となすべきことを十分にしたという気分があった」として次のように記している。

「通りのあちこちで、われわれの隊列が通過すると市民たちが膝をついたが、それほどに忘れ難く、ショッキングな光景はなかった。なぜなら、ポーランド人が膝まづくのは聖体に畏敬の念を表すときだけだからだ。」

「六三日後にそれは終わった。兵士たちはドイツ側の捕虜となるべくそこにいた。通りの両側はドイツ人警察のライフル銃でいっぱいだった。やせ衰え、汚れ、包帯をまき、血染めの服を着た数千人のワルシャワの男女が数時間後には捕虜収容所に放り込まれる。泣くもの、叫ぶもの、ポーランド国歌を歌うものもいる。市民のなかからは警官のうしろから走り出て蜂起兵に抱きつき、キスし、贈り物を手渡す人々もいた。」

「ポーランドの文化や価値観に疎い人はだれしも、ポーランド人はなぜそのような苦しみに進んで自らをさらしたのかと問うだろう。その答えはポーランド国民の歴史にあると思われる。蜂起兵たちには自らが守るべき基準、すなわち、文字通り一千年にわたってポーランドの独立を確保し維持するために血を流した先人の基準があったのである。ポーランド国民が過去に戴いた国王、殉難者、兵士たちが彼らの模範であり、自らの行動をはかる理想のシンボルだったのである。過去三〇〇年間だけでも、ワルシャワはスウェーデン、ロシア、オーストリア、ドイツ、ソ連軍と戦ってきた。そしてもちろん、一九三九年にはソ連軍とともにポーランド全土を侵略したドイツ軍とも戦った。彼（一九二〇年にはワルシャワの門口の六マイルまで迫った）

ら蜂起兵には誇るべき伝統と過去があった。それは彼らの祖父母、先人により記憶され語り継がれたワルシャワ流の行為だった。彼らにはそのために守り抜くべきもの、そのために死を賭けるものがあったのである。」(14)

ワルシャワ蜂起での戦闘員・民間人死傷者数

二〇〇四年に開館したワルシャワ蜂起博物館のデータによると、一九四四年蜂起の犠牲者はおよそ以下の通りである。

（ポーランド側）蜂起戦闘員死者、一万八〇〇〇人、ポーランド軍第一軍団兵士死者、三五〇〇人、民間人死者、一八万人、蜂起戦闘員負傷者、二万五〇〇〇人（うち重傷者、六五〇〇人）、戦闘員捕虜、一万六〇〇〇人。

（ドイツ側）兵士死者、一万人、行方不明者、七〇〇〇人、負傷者、九〇〇〇人。(15)

プルシュクフ中継収容所一二一へ（イレナ・オルスカ）

一〇月三日早朝、市内全体には死の静寂が広がっていたという。六三日間の絶え間ない戦闘が終わった。不安の面持ちで空腹をかかえた女性、老人、子供たちが地下室や防空壕から出てきてバリケードの出口の方へ歩き出した。何とか手元に残った持ち物を抱えたり背負ったりしていた。負傷した人、病弱な人も大勢いた。急ごしらえの担架に仕立てた板きれで運ばれる人もいた。人々が向かうのはワルシャワ郊外のプルシュクフ中継収容所である（写真）。でもその先どこへ行くのか分かる人は一人もいなかった。ドイツ側は身の安全や食料の提供を約束していたが、そのまま信じられるものではなかった。

ドイツ側がワルシャワ郊外、スキェルニェヴィツェに向かう鉄道線の途中にあるプルシュクフ中継収容所一二一を設けたのは一九四四年八月第一週のことで、市内各地区を制圧するたびに民間人を移送した。そこは戦前、鉄道車両の修理工場だった。延べ五〇万人以上ものワルシャワ市民が入って

いった「第一四ゲート」や当時の収容ブロックがいまも残っている。(詳しくは『記憶するワルシャワ』の「エピローグ」参照)

ポヴィシレ地区で国内軍の看護少尉として負傷者の手当てにあたっていたイレナ・オルスカは同地区がドイツ側に制圧された九月初め、ワルシャワ大学構内に連行・拘束された。国内軍兵士であることを隠し、処刑される危機を辛くも免れたが、他の民間人たちとともにヴォラ地区のスタニスワフ教会(ヴォイチェフ教会のこと)に集められ、ワルシャワ西駅まで歩かされてから列車でプルシュクフ中継収容所に移送された。列車から降り立ったのは「第一四ゲート」の鉄扉の前だった。ドイツ兵がノートを手にして到着した移送者を数えていた。長時間待たされたあと「第五ホール」に行けと命令された。イレナはそれを「一九四四年九月五日、午前一〇時頃」(16)と記している。

収容所ではドイツ軍の管理下ではあるが、ポーランド人医師や看護婦も少数ながらいてポーランド赤十字の腕章をして移送者の世話にあたっていた。イレナはドイツ人医師に看護婦として働くことを志願し、実際に重傷者の手当てをして見せて信用を得、キャンプ内を通行する特別のパスも入手した。彼女は蜂起の中で離れてしまった娘も必ずその中継収容所に来ると信じ、赤十字の看護婦として働きながらキャンプにとどまろうとした。毎朝「選別」が行われ、胸を切り裂く叫びや泣き声がとびかった。家族が引き裂かれたのである。一四歳までの子どもたちは、自分の子であるとの証明書があれば母親のもとに残された。しかし、そのような証明書を持つ者などほとんどいなかった。男性は女性から引き離された。老人と若者も分けられた。老人と子供のいる母親は「第一ホール」へ、一五歳から五五歳までの女性は「第四ホール」へ、一四歳以上の男性はすべて「第六ホール」に収容された。

ワルシャワからの移送列車が到着すると、イレナは「バルバルカ・ブィトニェフスカ!」「バルバルカ・ブィトニェフスカ!」と叫びながら、到着した人々のなかに娘がいないか必死で探した。すべての収容棟の壁に伝言を貼り付けた。プルシュクフ収容所に到着した人々は通常数日後には選別されて、ドイツ国内の強制収容所や当時の総督府領のどこかにさらに移送された。収容所を通過していった人々が収容棟の壁に貼り付けた伝言は数千枚にものぼっていた。

移送列車が次から次へ到着した。イレナは到着した人々の看護にあたりながら、娘を預けた先のイグナツィ・ヤン・スコルプカ通り(シルドミェシチェ南)からの移送者も探した。同通り五番に住んでいた女性に遭った。イレナは尋ねた。「スコルプカ通り三番のゴルスカ医師をご存じではありませんか。」女性は答えた。「もちろん、彼女も家族もよく知っていますよ。私たちは三週間ほど前に爆撃を受けて焼け出されたのです。」「三週間！」イレナが娘のバルバルカを安全のためにゴルスカ医師のもとに送った数日後にあたった。女性はイレナが何を知りたがっているのか知らずに続けた。「私たちは九月八日にスコルプカ通り三番の地下避難壕に移らなければなりませんでした。人があふれるほどでしたわ。でも何とかなりました。水はホジャ通りにありました。病院も遠くはなくて給食所もありました。毎日ほんの少しだけど食べ物が出されました。そして九月一〇日のことでした。爆弾が三発、建物を直撃したのです。建物はその前に半壊状態でしたが、地下避難壕も廃墟になりました。そこにいた人の半数は生きて出ることはできなかったのです。」イレナは尋ねた。「で、ゴルスカさんはどうなりました。助かったのですか。」女性は答えた。「ええ、彼女は無事です。夫も息子も助かりました。怪我もしていません。飼っていた犬も助かったのですから。ゴルスカさんたちはマルシャウコフスカ通りの友人をたよって行きました。でも、その家も次の日に焼けおちて、皆さんはまた別のところに移らなければならなかったようですよ。」

イレナは泣きたい気持ちになり、何とか平静な声をこしらえて恐る恐る尋ねた。「ひょっとして、ゴルスキさん一家のもとに若い娘がいたのを覚えていませんか。ブロンドでお下げ髪にしている娘ですが。茶色の毛皮コートをもっています。彼女も助かったのでしょうか。」女性は少し苛々した様子で言った。「覚えていませんわ。でもたしか、ゴルスキさん一家がマルシャウコフスカ通りに移っていかれたとき、ほかには誰もいなかったはずです。その女の子は瓦礫に埋まって死んでしまったのではないかしら。とにかく大勢の人たちがそこで亡くなったのですから。」長い沈黙があったようだった。女性は次の質問がないので、イレナを見た。イレナは背を向けて立ち去ろうとした。そのとき、女性は彼女の手をつかんで叫んだ。「何なの？」「私、いま何を言いました？」イレナはもはや口もきけないほど沈んでいたが答えた。「いえ何も。ただ、お尋ねした女の子は……私の娘なのです。」女性は飛び上るほどに驚いて目を大きく見開き、イレナのそばを足早に去っていった(17)。

収容所のラウドスピーカーが勝ち誇ったようにモコトゥフ地区の降伏を伝えた九月二七日、毒ガスで目をやられた市民約六〇〇〇人が二度に分けて移送されてきた。多くの人々は目が見えず、手足も顔も腫れあがっていた。モコトゥフの市民たちは地下水道を通って中央区へ脱出しようとしたのだが、ドイツ軍がガスを投入したのだった。

九月二九日にはジョリボシュ地区が陥落した。捕虜となった国内軍兵士たちも続々と移送されてきた。将校も女性も看護婦もいた。「第七ホール」がモコトゥフ地区、ジョリボシュ地区の蜂起兵の収容棟にあてられ、「第八ホール」が病人や負傷兵、国内軍の女性兵士の収容にあてられた。ドイツ側は蜂起兵を数日間そこに留め置き、その後、ドイツ国内の捕虜収容所に移送した。

一〇月二日夜、国内軍代表団が到着した。その中にポーランド赤十字代表のマリヤ・タルノフスカもいた。イレナは彼女のすがたを見て、蜂起の最高司令部は六三日間の戦闘を止めたことを確認した。その後、ワルシャワ市民は一〇月六日までに市内を退去せねばならず、それ以後残っている者は射殺されるということを知った。途切れることのない人の群れが「第一四番ゲート」を通ってキャンプに入ってきた。一〇月六日には最大規模の国内軍兵士が捕虜となってキャンプに到着した。

「その晩」、イレナは親しかった友人の女性、マルィシャに「第五ホール」で出逢う。娘のこともよく知っている。「マルィシャ」、彼女は囁いた。「イレナ！あなたここにいたの」、信じられないというふうに彼女は言った。イレナは言った。「でも、バルバルカが。バルバルカは死んだって聞いたのよ。」スコルプカ通りのあの女性から爆撃で多くの人々が死亡したことを聞いてから、イレナは娘の死について覚悟ができていないわけではなかった。それでも、自分の目で確かめないうちは信じることもできないでいた。するとマルィシャが大声で叫んだ。「何を言っているの。バルバルカは生きているわよ。つい昨日会ったのだから。」イレナは唇を動かし、何か言おうとしたができなかった(18)。

ワルシャワからの移送列車はもう三〇分ごとに到着するようになっていた。一〇月二日以降、移送者が一日で三万六〇〇〇人にのぼることもあった(19)。イレナは「第一四番ゲート」に詰めて、列車が到着する度に目を凝らしてバルバルカのすがたを探し求めた。

「その日」、二一回目の移送列車が到着した。雨の中、イレナは移送者を数えるドイツ兵たちの後方で次から次へと降りてくる人々に目を凝らしていた。ゲートの向こう側にまた新しい移送列車が停止した。移送者の列がまたこちらへ向かってくる。絶え間なく目の前を流れてゆく顔の中に知り合いのヴァンダを見た。声をかけようとしたがかけそびれた。と、そのヴァンダの後ろに小柄で少しぽっちゃりした女の子がだぶだぶの茶色い毛皮のコートを着て、ぎこちなくよろよろ歩いて来るのが目に入った。涙など流している様子もなく、一歩一歩懸命に歩いてくる。イレナはまだ言葉が出なかった。じっと立ちすくんだまま、わが娘のすがたを見つめた。ヴァンダが目の前に来てイレナをちらと見たが気づかない様子だった。バルバルカが目の前に来た。イレナは足に根が生えたように動けなかった。バルバルカが目を細くしてこちらを見、また歩き始めた。まだイレナだと分からない様子だった。渇ききったかのような喉の奥からしわがれた声で叫んだ。「バルバルカ!」娘はついにイレナの腕の中にあった(20)。

イレナは間もなく、バルバルカをプルシュクフから数マイル離れた小さな町の一家に預ける手立てに成功する。イレナ自身はさらにキャンプで働き続けた。

その後、彼女は一〇月二六日、プルシュクフから少しワルシャワ寄りのピャストゥフに新設された病院で看護婦として働くことになる。一一月五日、ピャストゥフ当局から特別許可を得て、娘のバルバルカとともにクラクフへ逃れた。その後、米国市民の妻となり、一九四五年二月二一日、娘とともにニューヨークに着いた。

ワルシャワの徹底的破壊

降伏協定が締結され、国内軍兵士はドイツ側の捕虜となり、残ったワルシャワ市民数十万人がプルシュクフ中継収容所などに移送されて、ポーランドの首都はからっぽになった。親衛隊長官のヒムラーはワルシャワを地上から抹殺せよとのヒトラーの命令を実現すべく、一〇月一二日に再度、ワルシャワを破壊し尽くせとの命令を下す。首都に動員されたのはシュプレングコマンド(爆破隊)である。ナチスによるワルシャワの系統的な破壊作戦は、一九四五年一月一七日にソ連軍が進駐する直前まで続けられた。その結果、ヴィスワ川左岸の建物の八〇~八五パーセントが破壊されたといわれる。一般住居はもちろんのこと、教会、学校、博物館、大学、劇場、病院などの公共施設、普通の建物であれ礼拝の対象であれ、歴史的・文化的記念物などもおかまいなく何もかもが爆破・破壊の対象となった。樹木も電信柱も街角の小さなチャペルさえ情け容赦なくなぎ倒され、トラムの線路もずたずたにされた。ナチスによるワルシャワの破壊をポーランド語では「ザグワダ・ミャスタ」**Zagłada miasta** というが、「ザグワダ」(絶滅)ということばはユダヤ人の大量殺害、すなわち「ホロコースト」を言うときにも使われるものである。

プルシュクフ中継収容所で働いていたイレナ・オルスカは無人と化したあとのワルシャワに入ってナチスによる首都破壊を目撃した貴重な証言者でもある。それは「一〇月一六日のことだった。」(21) 市内の病院にまだ残された人がいないか探るため、プルシュクフ中継収容所のドイツ軍がトラックを出すことになり、医師と看護婦の一団を同行させた。イレナは志願してこれに加わった。トラックはヴォラ地区から市内に入った。五週間前、同じルートを通って中継収容所に移送されたのだが、その時と同じように通りには数々の遺体が積み重ねられていた。遺体が放つ悪臭が鼻をついた。目的地で正午まで働き、昼食後、しばし自由時間を許可された。どこを見ても瓦礫だらけで、どこへ行こうにも気がめいったが、思い切って歩き始めた。数ブロックほど行った角で作業員集団に出会った。彼らは大声を出して、急いで通りの反対側に渡れと叫んだ。市内は完全に破壊されていたので、もうどれがどの通りなのかは判別がつかない。しかしとにかく訳も聞かずに、イレナたちは走って反対側に渡った。その瞬間、背後で猛烈な爆発が起きた。空気が激しく震動し、さっきイレナたちがそばに立っていた建物が一気に崩れ落ちた。「名も知れぬ人々の黒こげの遺体を隠してしまう墓場がまた一つワルシャワに増えた」(22)と思った。

作業員集団の一人がやって来た。イレナは何をしているのか尋ねた。作業員は答えた。「ドイツ人はこうして、おれたち自身の手でワルシャワを完全に破壊させようとしているのだ。」(23) 作業員はさらに「教えてあげよう」と言ってついて来るよう促した。イレナが聞いた作業員の話によると効率的で徹底した破壊の手順は次の通りだった。「建物からあらゆる貴重品を略奪した後、八人から成る第一グループが呼ばれて建物にドリルで穴を開ける。次に第二グループが爆薬をもって来て、損壊した建物の中庭に引かれた長い導火線を取り付ける。そして最後の一撃を任されて登場するのが第三グループで、火種で導火線に点火し、破壊の最後の仕上げをするのである。」(24)

瓦礫と墓場と化したワルシャワでイレナたちが出会った「住民」はやせ細った犬と猫だけだった。ドイツ人はそれさえ射殺したという。

蜂起指導者たちのその後

ブル＝コモロフスキ

一〇月五日、ブル＝コモロフスキは国内軍兵士たちと切り離されてオジャルフに連行され、ワルシャワ管区司令官のモンテルと合流した。イラネク＝オスメツキ（ヘルレル）も一緒だった。列車でワルシャワ西方のソハチェフに移送され、東プロシアの武装親衛隊キャンプを経由して、一〇月一〇日にベルリンに着いた。この間、再三にわたり、ポーランドのドイツ占領地域全体での停戦への圧力をかけられるが拒否する。「ベルリンのひどい荒廃を見て楽観した。終わりは近い」(25)と思った。翌一一日、ニュルンベルクに近いラングヴァッセルの将校捕虜収容所七三（Oflag 73）に移される。一一月初め、国家保安局からゲシュタポが来て、ソ連に対抗するための協力と地方で作戦を継続する国内軍への停戦圧力を再度せまった。ブルはこれも拒否するが、このことから国内軍がまだ活動していることを知って満足する。
約四ケ月後の一九四五年二月五日、ラングヴァッセル収容所からコルディッツの古城に設けられた捕虜収容所に移される。三〇〇人以上の捕虜がいた。英国人が多数だったが、ドゴール軍のフランス人、英国空軍のチェコ人、米国人もいて、かなり自由に交流もできた。彼らは無線機を隠し持っていて、ブルも拘束後初めて外部のニュースに接することができた。副官だったタデウシュ・ペウチィンスキ（グジェゴシュ）ともまた同室になった。だが、ブルたちはこのキャンプで「敵の手からではなく、信頼できる友人と思ってきた人々から」最も手痛い精神的打撃を受けることになる。その打撃というのは同年二月四日から一一日まで開かれた英米ソ三巨頭によるヤルタ会談のことで、ＢＢＣ放送を聴いた仲間からその内容を知った。彼はこう記している。

「ソ連がポーランドの真の独立に好意的に対応するなどとはいささかも思ってはいなかった。ソ連が『強力な独立ポーランド』をただ共産主義ポーランド（ソ連の一七番目の共和国になる可能性がある）として、あるいは少なくとも『共産主義化した』ポーランドとして再建しようとしていることは明白だった。その証拠はふんだんにあったし、その最たるものがワルシャワ蜂起に対する態度で、ドイツ側がわが国の愛国的勢力全体に対抗するのを拱手傍観していたのである。しかし、連合国がなぜ屈従を許し、その最も誠実で古い同盟国を分割するのか、われわれには到底理解できないことだった。」

「連合国の決定は大西洋憲章の諸原則のすべてをこすり消し、千切ってばらばらにしてしまうものであり、諸国民を鼓舞したポーランドに野蛮な力と暴力を押しつけ、公正と正義を押しつぶすものだった。ポーランドは戦前の領土の四六パーセントを譲り渡し、他方、簒奪者一味とクレムリンの手先は他党派メンバーに補完されながら、何ら実際的な影響力も大義もないのにヤルタ協定の三つの署名国によって、政府として国民の上に置かれようとしていた。しかも、これらの決定はポーランド国民自身の願望のみならず、合法的なポーランド当局の存在を完全に無視して行われたのである。」(26)

ブル＝コモロフスキはコルディッツでまたも、ドイツ側から対ソ連地下闘争をもちかけられたが重ねて拒否した。一九四五年四月、米軍がザクセンに接近してきた。ドイツ側当局の緊張が増し、解放が近いことを予感させた。同月一三日、ブルらポーランド人将兵はオデル川東のケニグスタインに移送された。二四時間後にはチェコスロヴァキアを越えてティロル山系に入り、ラウフェンの民間人収容所に入れられた。米軍がさらに接近していた。連合軍機が上空に現れた。

キャンプの民間人拘留者がドイツ兵を買収してブルに接触した。彼らは独自のチャンネルを使って、付近にいたスイス特使にブルらの拘留を知らせた。ブルらはさらにティロルの山奥のキャンプに移送されるが、スイス特使がドイツ側と交渉し、ブルらを保護国のスイス側に引き渡すことを説得し成功する。五月四日、親衛隊上級指導者からスイス側への引き渡しを通告された。数時間後、ブルらは赤十字とスイス国旗を立てた車でスイス国境に向かう。同日夜、ドイツ側の最後の監視点を通過したあと、インスブルック駐在の第一〇三米国歩兵師団の兵士に迎えられた。翌々日、ジープで数時間をかけてムルナウに着き、近くの飛行場からパリへ飛び、数日後にロンドンに着いたのである。彼はその後もロンドンにとどまり、一九四七年から四九年まで当地のポーランド亡命政府首相をつとめた。ブル＝コモロフスキが妻と子供の消息を知ったのは一九四五年一〇月のことだった。妻と子供たちはいわゆる「グリーン・フロンティア」を通って、ポーランドからドイツの米軍占領地区に入り、その数日後にはブリュッセルに移っていた。

ステファン・コルボィンスキ

ステファン・コルボィンスキ（一九〇一～一九八九）は農民党（SL）の指導者だった。一九四一年に国内軍（AK）の前身である武装闘争同盟（ZWZ）指導部に参加し、その後、被占領地の国内政府代表部のもとに設けられた市民闘争指導部（KWC）の責任者となり、地下法廷の設置、ドイツ軍施設の破壊、物資輸送の妨害、占領者側のプロパガンダに対する闘争、市民生活の防衛などを指導した。一方で、占領下のワルシャワに秘密無線通信局をつくってロンドンの亡命政府と交信する活動にも力を注いだ。

一〇月二日、降伏協定が締結されることになったとき、彼はなおも地下無線通信局を維持してロンドン亡命政府との交信を続けるため、妻、通信スタッフとともにワルシャワを脱出する。プルシュクフよりもさらに南西のポトコヴァ・レシナに地下活動の新たな拠点をおき、ロンドンとの交信を再開した。クラクフに脱出していた国内政府代表のヤン・スタニスワフ・ヤンコフスキやチェンストホヴァ方面に逃れていた国内軍指導者らとの連絡も維持した。

前述のように、一九四五年二月のヤルタ会談の結果は地下抵抗闘争を戦ってきた指導者たちを深い落胆に突き落とした。それはソ連の政治的勝利であり、共産党勢力の「ルブリン委員会」を戦後のポーランド政府の柱として承認するに等しいものだった。さらに三月二七日から二八日にかけて、国内（被占領地）政府代表のヤンコフスキ、国内軍司令官のオクリツキら最終的に一六人の地下闘争指導者がソ連当局者との会談という名目でプルシュクフの屋敷に招かれ、拉致されてモスクワに送られ、六月には見世物裁判にかけられることになる。コルボインスキはその直前、ソ連軍将校からの招待状にどう対処すべきかについてヤンコフスキから意見を求められ、オクリツキともその件で会談している。コルボインスキは「罠ではないか」と直感する。ヤンコフスキもオクリツキも同様の懸念を抱いていたが「招待」には応じざるをえなかった。

三月二八日夜から「会談」場所のプルシュクフの屋敷周辺一帯がNKVDに包囲され、「会談」に招かれた代表たちの足跡は忽然と消えた。数日後、BBC放送がロンドンのポーランド政府のコミュニケとして、代表たちが逮捕されたことを報じた。ソ連軍による「解放」への幻想が砕け散った。西側連合国への期待は揺らぎながらも維持されていたが、四月一二日にはローズヴェルトが死亡して「ポーランド国民は再びロシアの奴隷として売り渡されるのではないか」(27)との不安がさらに募った。

地下政府は指導者が逮捕されて壊滅状態になった。コルボインスキは国内(被占領地)政府でもはや数少ない指導部の一人となった。一九四五年四月半ば、「プルシュクフでの犯罪」以後初めて開いた地下政府指導者会議には挙国一致評議会メンバーが「一〇人」集まった(28)。出席者は、地下政府の解体は連合国によるルブリン政府の承認に道を開くとして、規模は縮小しても挙国一致評議会を維持し、独立ポーランドの存在を知らしめるべきだということで一致した。当面、コルボインスキが国内政府代表代理にあたることをロンドンの亡命政府に伝えることになった。この頃すでにNKVDと公安警察による地下政府関係者の逮捕・拘束が頻繁に起きていた。コルボインスキはヴィスワ川右岸のレンベルトゥフの収容所を「ポーランド中央での共産主義者による最初の収容所」と書き、設置後すぐに「満杯になった」と書いている(29)。

五月一七日、コルボインスキは国内政府代表代理として「ポーランド国民への宣言」を発表した。彼は「真の民主主義の代表者による国民統一臨時政府の樹立」を訴えるとともに、プルシュクフで逮捕された指導者の臨時政府への参加を要求した。一方で相互信頼にもとづく対ソ関係と「ヤルタ合意によるポーランド国民に対する不正」(30)の修正を求めた。

六月一七日から二一日までモスクワで挙国一致臨時政府(TRJN)の樹立をめぐる協議が行われた。ロンドンの亡命政府側からスタニスワフ・ミコワイチク元首相ら、「ルブリン委員会」からはボレスワフ・ビェルト、ヴワディスワフ・ゴムウカら、ポーランド本国からは社会党(PPS)、農民党(SL)の指導者らが出席した。そしてまさにこの協議の最中の六月一八日、プルシュクフで逮捕された地下政府指導者の裁判が始まった。コルボィンスキは、ソ連が一方で挙国一致臨時政府樹立の協議をお膳立てし、他方でまだ存在する合憲的な政府指導者を裁判にかけるなどということは信じがたいことだったとし、「現実は最も豊かな想像力で描きうる最も野蛮な夢をも凌駕した」(31)と書いた。

モスクワにおける協議は難航したが、挙国一致臨時政府が樹立されることになり、ミコワイチクら新政府指導者は六月二七日に空路、ワルシャワのオケンチェ空港に到着した。同日、コルボィンスキはクラクフで挙国一致評議会を招集し、国内政府代表代理などの職を辞した。挙国一致評議会は七月一日、「ポーランド国民へ」の最後の宣言を発表し、一九三九年から一九四五年まで続いた地下政府は解体した。

コルボィンスキが国内政府代表代理職を辞した翌日、すなわち一九四五年六月二八日から二九日にかけての夜遅く、彼と妻はクラクフの隠れ家で秘密警察に逮捕された。妻と引き離されて長時間の尋問が続いた。ある夜、眠れないでいると、一人の公安警察官が監房に入ってきて、プルシュクフで逮捕された一人で国内政府代表だったヤンコフスキがモスクワでの見世物裁判の結果、「禁固八年」の判決を受けたことを知らせてくれた(32)。逮捕から五日目の朝、妻のゾシャとともにワルシャワに移送された。移送先はヴィスワ川右岸、プラガ地区のブルコヴァ通り六番(33)の公安局本部だった。このとき尋問にあたったのは公安省(MBP)の捜査担当部長、ヤツェク・ルジャインスキ大尉(一九〇七～一九八一)で、コルボィンスキに対して、「転向」を認める書面にサインすれば将来の地位も約束されるとの甘言を弄した。コルボィンスキは「自分の人生で最も価値あるものを裏切ってまで生き延びようとは思わず、自由に外を歩けても人々の目をまっすぐ見ることができないのなら生涯監獄にとどまる方がましだ」(34)と覚悟した。ルジャインスキは言った。「君が数ケ月前に逮捕されていたら、私はこんなに丁寧な扱いをしたり、声明文に署名するよう説得したりしなかっただろう。弾丸一発で決着をつけたはずだ。でなければ監獄で朽ち果てるだけだった。挙国一致臨時政府の樹立後に逮捕されたことが君には幸運だったよ。」(35)

ある日、挙国一致臨時政府副首相となったミコワイチクとの面会が許可され、閣僚評議会が彼の釈放を決議するなどの動きを知った。しかしその後も圧力は続いた。それは、彼が「地下政府全権として」地下活動家に対し、公安警察に出頭するよう呼びかける宣言を出せというものだった。彼は断固拒否した。さらに数日後には公安相代理のロマン・ロムコフスキ(一九〇七～一九六八)が前述と同様の宣言を出すよう迫ったが拒否した。そのときには、当時ＮＫＶＤの幹部で後にソ連国家保安委員会（KGB）のトップになるイヴァン・セーロフ（一九〇五〜一九九〇）が同席していた。

ついに釈放される日が来た。その直前に公安相のスタニスワフ・ラトキェヴィチ（一九〇三〜一九八七）の最後の尋問があった。スターリン主義のポーランドで最も冷酷な弾圧者として知られる人物である。彼は反ソ地下活動を激しく非難し、西欧に頼りソ連を敵視するのは重大な誤りだと述べたてた。そして再び、地下活動家に対して武器を捨てて公安当局への出頭をよびかけるよう求めた。降伏と引き換えに自由を得るか、永久に鉄格子の中か。しかしそれはもう十分に考えつくしていたことだった。宣言を拒否して抵抗を続けるだけだった。ラトキェヴィチの要求に従って購った自由など何の魅力もなかった。それは自分自身が身を捧げてきた活動に対する裏切りに他ならなかった。それまで何回もの尋問で答えた意思を再度冷静に伝えた。しかし、どういう理由かは分からないが、上層部の決定で無条件釈放が決まった。私物を返還されて階段を降り、数週間ぶりに自由な身となってブルコヴァ通りへ出た。先に釈放されていた妻のゾシャが駆け寄ってきた。腕を取り合い、呪わしい公安警察からできるだけ離れようと、ヴィスワ川に架かる橋の方へ急いだ。橋の上は大変な交通量があったが、二人の熱のこもった会話の妨げにはならなかった。彼女は自身の拘束中に体験した公安の数々の狡猾な手口について語った。コルボィンスキは公安警察での尋問で、一人の名前も一つの住所も明かさず、地下活動を非難することもなかったことに満足した。

国内軍兵士の逮捕・追放は一九四五年から一九四七年にかけての重大問題になっていた。一九四六年、コルボィンスキはポーランド農民党（PSL）の法規対策委員会委員長として公安省を訪れ、逮捕・拘束されている国内軍兵士の釈放を求めたが、秘密警察幹部は即座に「時間の無駄はやめたほうがいい。NKVDの専権事項でわれわれにもどうにもならない」と答えたという(36)。

一九四七年一月一九日、不正に満ちた総選挙だったが、ポーランド農民党（PSL）から立候補して当選し、反ソ地下活動に対する恩赦法を準備する委員会メンバーになった。しかし、自由な政治活動はますます抑圧され、同年一一月五日、妻とともにスウェーデンに脱出し、さらに同月二六日には米国に渡った。ミコワイチクはすでに二週間あまり前の一〇月二一日にワルシャワを脱出し、英国に亡命していた。

ヤン・ノヴァク（ズヂスワフ・イェジョラィンスキ）

ノヴァクがヤン・ジェペツキから「ブル＝コモロフスキの決定」として、蜂起関係の資料を集めていま一度ロンドンに届けよとの命令をうけたのは、チェルニャクフが陥落する九月二三日のことだった(37)。ノヴァクは当時のピウス十一世通りの「小PASTA」とよばれた国内軍総司令部でレオポルト・オクリツキに会って指令の詳細を聞く。オクリツキはブルの逮捕を想定して国内軍司令官の後継に指名される人物である。地下トンネルを通ってモコトゥフ地区に出、そのあとどこかで英国機が彼を拾うという計画だった。オクリツキはノヴァクに妻ヤドヴィガ（グレタ）の同行を許可した。しかし、その直後にモコトゥフ地区も陥落し、地下水道を通ることは不可能になり、ワルシャワ脱出方法も変更した。

一〇月三日に降伏協定締結を知らされた。ワルシャワ市民はすべて市内を退去することになった。ノヴァクはラジオ放送「ブウィスカヴィツァ」（稲妻）で翌日放送する最後の英語番組を準備し、ロンドンへの脱出にかかる。彼は七月にワルシャワにパラシュート降下した際に腕を骨折していたので、懇意の医者にマイクロフィルムなどに収めた重要資料をギプスのなかに隠してもらった。医師から負傷者としてワルシャワを出る許可を得た。彼はワルシャワを離れる時の心境をこう書いた。

「われわれは工科大学前のバリケードと広場を抜けていった。振り返ると、バリケード近くの建物のバルコニーから白旗が何本も力なく垂れ下がっていた。私は子供時代、学校時代、戦争中の何年か、そして蜂起の日々を送ったこの都市に別れを告げた。すべての小道、街角、アパートの建物が突然とても貴重なものに思われた。われわれは困難で長い道に出発した。再びワルシャワを目にすることができるかどうかも分からない。しかし、運命によりどこでたおれようとも、われわれの心はいつまでもこの都市にあるだろう。」(38)

列車でワルシャワ南方のキェルツェに着いた。偽装したギプスを取り除き、用意された隠れ家で輸送機の手配を待つことになった。しかし、その機会はなかなか訪れず、さらに南のクラクフを拠点にして地下政府指導者らとの連絡を続けることになる。一二月八日、ようやく準備が整ったとのことで、ピョトルクフのロマン・ルトコフスキ（ルディ）のもとへの出頭命令が来た。一五日、待ちに待った知らせが届いた。飛行機が数時間後にイタリアのブリンディジを発つという。ところがその直後に計画はまたもや無期限中止の知らせが入る。ノヴァクは「空輪を待ち続けるのか、それともスイスへ向けて陸路を出発すべきか」という重大な選択をしなければならなかった。空路なら二、三日以内にロンドンに着くだろう。陸路の場合、一ケ月、二ケ月、それ以上かかるかもしれない。ドイツを通ってスイスに入るのに比べれば、空路による危険はほんのわずかにすぎない。だが果たして実現するのか。ノヴァクはもう待たないと決断し、ルディにその意思を伝えた。「もし空輪機があとで来たら、だれかほかの者が利用してロンドンへ行けばよい。しかし、私が陸路でも行かず飛行機も来なかったら、だれもロンドンにたどり着くことはないのだ」と(39)。

早速クラクフにもどり、陸路踏破の準備にかかる。一日も無駄にできなかった。司令部から、クリスマスまでスイス国境近くでガイドが待つとの知らせを受ける。フライブルクを経由してスイスに入るルートを実地に下見したのはエルジュビェタ・ザヴァツカ(ゾ)(一九〇九～二〇〇九)だった。国内軍の外国通信部門に属したクーリエとして占領下のポーランドとロンドンを往復した人物である。一九四三年九月には「チホチェムヌィ」とよばれたポーランド・パラシュート降下兵の歴史で初めてワルシャワに降下した女性である。ワルシャワ蜂起の後、クラクフで地下活動を続けていた。ノヴァクは「彼女は地下運動のなかでも伝説的な存在だった」(40)としてこう書いている。

「彼女の第一印象は評判を裏付けるものだった。中背、ブロンドで青い目。やや男性的だった。常に真剣な態度がみなぎり、厳格で感情を交えることがない。彼女は会話で一度も笑顔を見せなかったし、個人的なことは一言も洩らさず、ただ任務のことだけに集中した。ほんの少しの時間も無駄にはしなかった。しかし、別れ際に私の手を固く握り、ふっと息をついて言った。『神のご加護で無事目的地につけますように！』」(41)

一二月一九日夜、ノヴァクは妻ヤドヴィガ(グレタ)とともに、クラクフにいた妻の両親に別れを告げた。妻の両親は戦争ですでに二人の子供を失っていた。そして三人目がいまそのもとを去ろうとしていた。両親は娘夫婦が遭遇する危険を分かっていたが、二人を止めようとすることばは一切なく、娘の感情に訴えようとすることもなかった。二人はクラクフから列車で西に向かう。当時の総督府領の境界を出る。グリヴィツェを経由して日暮れにはニュルンベルクに着いた。二日目の夜を同駅で過ごし、早朝にシュトゥットガルト行きに乗り込む。シュトゥットガルトはその二日前に最大の空爆を受けていて、鉄道駅も完全に破壊されていた。明け方ようやく次の列車に乗った。フライブルク近くの小さな駅で下車した。事前に指示を受けていた農家まで歩いた。一二月二四日朝、ガイドのマックスがやって来た。その案内で雪をかぶった森をぬけて山を登り、クリスマスイブは山小屋で過ごした。二人目のガイド、ハンスが二人のロシア人青年をつれてやって来た。二五日午前二時頃、スイスへ向けて出発した。美しい星空で昼のように見通しがきいたが、ひどく寒く、凍った雪がブーツにこびりついた。先頭にマックスとハンス、その後にノヴァクとグレタ、後方に二人のロシア人青年が続き、険しい山道を進んだ。しばらくして銅山に入り、やがて森をぬけて山頂にたどり着いた。ドイツとスイスの国境、ライン川はすぐ近くだった。

その国境地域のライン川北岸にスイス側の飛び地が二つあった。大きい方はシャフハウゼンの近く、小さい方はバーゼルの近くである。国境に接近したとはいえまだ四五マイルはあった。当初の指示ではシャフハウゼン付近で次のガイドを待つことになっていたが、計画を変えて小さな登山電車を使ってバーゼルに接近することにした。クリスマスでもあり、夫婦連れだったことも幸いして、車内で厳しい検問もなかった。さらに歩き続けて、夜九時過ぎには国境まで半マイルに達していた。小山の上でバーゼルの街の灯を見た。あとは森をひとつぬけるだけになっていた。ガイドはそこまでで別れを告げた。

目の前には六フィートの高さの有刺鉄線が二重に張られていて侵入を阻んでいた。上着がずたずたに引き裂かれたが、何とか有刺鉄線を越えた。スイスの国境警備に出頭すれば、またドイツ側に送られると考え、とにかくバーゼルに向かって歩いた。あちこち歩き回るうちにスイス警備兵に拘束され、警察署に連行された。ノヴァクは「われわれは政治難民である。ドイツ側に送還されれば、二人とも射殺される」と主張した。一二月三〇日、二人は難民収容所に移送された。彼はそのとき、ベルン駐在のポーランド使節に手紙を書くことを要請し、スイス当局も妨害はしなかった。数日後、収容所当局を通じて衣類と現金が届けられたが、その後はスイスのポーランド使節に手紙を書くことも禁止された。ベルンのポーランド使節からも何の指示もとどかず、もはや脱走しかないと思った。

一九四五年一月八日午前五時、グレタとともにキャンプを脱出した。まだ暗く、人通りもまばらだった。キャンプの外の労働に出ていたので、鉄道駅もベルン行きの時刻表までよく知っていた。数時間後、ベルンに着き、ポーランド公使館に入った。身分を明かすとともに、ワルシャワ蜂起関係資料のマイクロフィルムやオクリツキからの手紙などポーランドからもってきていた重要資料のすべてを引き渡した。キャンプを脱出してから、スイス当局はなおも二人の追跡を続けていたため、一月一一日、公使館の車でジュネーブに向けて移動した。そこから、ノヴァクらをフランスに送るという手筈だった。だが、ジュネーブ近郊の屋敷で密告か裏切りがあって、再びスイス当局に逮捕された。ノヴァクは「フランスへの追放」を要求し、一月二〇日にようやく認められた。ポーランド赤十字で米国当局の認めた旅券を交付された。妻とともに国境を越えた。ポーランド将校の迎えがあって、翌日夕方にはリヨンに着いた。リヨンからパリへ飛び、さらにイングランド南部のフォード基地飛行場に着いた。英国将校が待っていて、一時間後にはロンドン行きの列車に乗った。一月二三日午前九時三〇分、ノヴァクとグレタはベルグレーヴ広場に着き、軍事情報部第六課の新しい責任者、マリヤン・ウトニク大佐のもとに出頭した。

ロンドン到着直後の一月二四日、ミコワイチクに会った。彼はすでに前年一一月半ばにポーランド政府首相職を辞任していた。それに先立つモスクワ訪問で、東部領土と共産主義者を含む新政府樹立についてのソ連側への譲歩がロンドンで受け入れられなかったためである。それはロンドンで「妥協ではなく降伏に等しいもの」(42)とみなされた。だが、元首相は「最も重要なことは、英国と米国に国際監視のもとでポーランドの自由選挙を保障させることであり、現在も森や地下に隠れている人々がその選挙に参加することだ」(43)と、来るべきポーランドでの総選挙のことを考えていた。ノヴァクがミコワイチクに最後に会ったのは一九四五年六月半ば、元首相が挙国一致臨時政府(TRJN)についての協議のためモスクワに向かう直前のことだった。

ノヴァクは戦後もロンドン、ミュンヘン、ワシントンなど西側世界にとどまった。一九四八年から一九七六年までBBC放送・ポーランド部門の著名なパーソナリティとなった。その間の一九五二年にはミュンヘンを本拠とする「自由ヨーロッパ放送」(RFE)のポーランド部門のチーフもつとめた。一九七六年以降はポーランド人米国会議で活動し、米国国家安全保障会議や米国大統領の顧問などもつとめた。二〇〇五年にワルシャワで没した。

独立地下闘争の継続

ソ連軍がヴィスワ川左岸を解放したのは蜂起開始から五ケ月半後の一九四五年一月一七日である。ドイツ軍は戦闘を放棄し、瓦礫の山と化したその首都をあけわたした。国内軍は一九四四年一〇月の降伏協定後もワルシャワ以外のポーランド被占領地でドイツ軍に対する戦闘を続けていたが、ソ連軍が旧ポーランド領土全域を制圧し、ドイツ軍の敗退が明らかになるにおよび、一九四五年一月一九日に解散した。しかし、レオポルト・オクリツキによるその解散命令は「別の占領の始まり」を明確に意識したものだった。一九三九年九月以来の地下国家の戦いの思想は「ソ連による新たな占領」のもとに継承された。武装抵抗は一九四五年に戦後のポーランド領内で最も広く活発な活動が見られ、その後沈静化に向かうが、小さくなった残り火が最終的に消え去るのは一九五〇年代後半のことだった。アンジェイ・ヴァイダ監督の映画「灰とダイヤモンド」（*Popiół i diament*, 1957）の背景にあるのはその独立地下闘争のきざしである。

旧ポーランド領内のソ連軍部隊やＮＫＶＤ（内務人民委員部）はすでに一九四三年半ばから国内軍部隊を敵視していた。こうしたソ連側の脅威に対処しようとして一九四四年春頃に組織されたのが「ニェ」NIEだった。その名は「独立」を意味するポーランド語「ニェポドレグウォシチ」(niepodległość)の頭三文字からきているが、"Nie"は"No"にあたることばでもある。「ニェ」の目的はソ連軍に武力抵抗することではなく、予期されるソ連軍の支配にどのように対処していくか、諜報活動を進めながら政治的打開を探ることだった。アンジェイ・ヴァイダ監督の映画「鷲の指輪」（*Pierścionek z orlem w koronie*, 1993）は、主人公マルチンが「ニェ機関」のもとで活動して共産主義者の旧人民軍側と接触するが、旧国内軍側からもスパイ視され、絶望して自殺するという胸痛むはなしである。一九四五年三月末にポーランド地下政府指導者一六人が逮捕されて約一ヶ月後、「ニェ」は解散されて「国内武装勢力代表部」(DSZ)に改組された。同年五月八日のドイツ降伏後、ＤＳＺ司令官のヤン・ジェペツキはさらに新抵抗組織を準備し、同年九月二日にワルシャワで「自由と独立」(WiN, Wolność i Niezawisłość)が結成される。

「自由と独立」(WiN)の指導者たちも本来は武力でソ連や共産党の治安組織を打倒して政治権力を奪うことを考えていたのではなかった。その目的はポーランドにおける共産主義独裁に反対し、西欧民主主義にもとづく自由選挙を実現することであり、ポーランドの主権回復をヤルタ協定に従い、米英ソとの協議のもとに平和的手段で解決することだった。彼らはドイツ降伏後に連合国の間で矛盾が激化して新たな世界戦争の危機がおとずれると予測していたが、客観情勢はその通りにはならず、ポーランド国内の共産主義者の支配強化と旧国内軍勢力に対する抑圧が一段と強化されるなか、各地にパルチザン闘争が広がっていった。しかし、ナチス占領下の地下国家時代とは違って、独立地下組織には強力な全国統一指導部はなく、大小様々な武装部隊が多数乱立して活動することになる。そのなかでも主要な勢力が旧国内軍系の「自由と独立」(WiN)と旧国内軍の中でも国民党系の「国民武装勢力」(NSZ)だった。

独立地下闘争のパルチザン組織は一九四五年がそのピークで、約三四〇部隊、一万三〇〇〇人～一万七〇〇〇人と推定され、そのうち約一四〇部隊、六六〇〇人～八七〇〇人が「自由と独立」(WiN)、約八〇部隊、二七〇〇人～三六〇〇人が「国民武装勢力」(NSZ)、あとの約三七〇〇人～四八〇〇人は活動がより地域的に限定された中小組織に属していた(44)。その活動は戦後のポーランド領内で地域的にはかなりの相違があり、ジェシュフ、ルブリン、ビャウィストク、キェルツェなどとその周辺地域でとくに活発だった。しかし、同年後半には公安局（UB）が創設され、ＮＫＶＤとともに反ソ抵抗闘争に対する弾圧と掃討作戦も強化される。独立地下闘争は一九四六年六月三〇日の「国民投票」前にはとくに激化したが、「自由と独立」も指導部の逮捕・再建を繰り返し、パルチザン勢力はその後全体として減少傾向をたどった。とくに一九四七年二月から三月にかけて、恩赦法にもとづき多数の独立地下組織メンバーが森から出てきて、大規模な反ソ・反政府ゲリラ闘争は一九五三年末までには事実上終息する。その間、「自由と独立」だけでも数千人の兵士が逮捕され、その多くが死刑を宣告されて処刑されたとされる(45)。

「国民武装勢力」（NSZ）も有力な勢力だった。創設は一九四二年九月で、その主要勢力は極右の旧国民急進陣営（ONR）である。政治理念はカトリックの「大ポーランド」ショーヴィニズムで、反独反ソとともに強い反ユダヤ主義をもっていた。一九四三年には占領下ポーランド全域で約七万人の勢力だったともいわれる。一九四四年三月、組織の一部が国内軍に参加し、一九四四年八月蜂起を戦った。一九四五年、「国民武装勢力」の大部隊はソ連側の捕虜となるのを避けるためにドイツの米国占領地区に逃れたが、残った部隊が一九四七年まで反ソ連のゲリラ抵抗活動を続け、ＮＫＶＤと公安局による掃討作戦で多数が殺害された。

戦後の反ソ連・反共産党の抵抗闘争とそれに対する社会主義政権側の平定作戦がどのようなものであったかは一九四四年八月蜂起とともに、あるいはそれ以上にまだ解明・研究過程にある。一九八九年のポーランドにおける政治体制の転換以来、それは国民記憶院の重要な課題の一つともなっているが、戦後数年間の地下抵抗闘争で約八六〇〇人の兵士が死亡し、五〇〇〇人に死刑が宣告されたほか、二万二〇〇〇人が獄中や労働キャンプで死亡したとされる(46)。一方で、一九五六年の恩赦で多数の元国内軍兵士や指導者が釈放された。ほとんどの元国内軍兵士が社会復帰していったが、ほんのわずかながらなお農村地帯で抵抗を続けるものもいて、「呪われた兵士」"cursed soldiers" とよばれた。社会主義の「人民ポーランド」が終わるまで、元国内軍兵士たちは秘密警察の捜査対象だった。一九八九年、社会主義体制の崩壊と統一労働者党の解体により、元国内軍兵士に対して下された判決が見直され、名誉回復の道が始まった。

注

プロローグ

（1）国内軍のワルシャワ管区司令官、アントニ・フルシチェル（一八九五〜一九六〇）のこと。

（2）ロンドンにおかれたポーランド亡命政府の被占領地政府代表、ヤン・スタニスワフ・ヤンコフスキ（一八八二〜一九五三）のこと。

（3）T. Bor-Komorowski, *The Secret Army*, London, 1950, pp.214-215

（4）*Wielka Ilustrowana Encyklopedia Powstania Warszawskiego*, tom.1, Warszawa, 2005, s.127（以下、*WIEPW* と記す）

（5）*Ibid.*, s.127　ジョージ・ブルースは午後の幕僚会議開始予定を午後五時としている（George Bruce, *The Warsaw Uprising*, London, 1972, p.86）。ヤン・チェハノフスキも、午後の会議は午後五時に予定されていたが、午前の会議の結果もあったので、当初の出席がひどく悪かったと書いている（J. M. Ciechanowski, *The Warsaw Rising of 1944*, Cambridge, 1974, p.239）。

（6）Bruce, *op.cit.*, p.86

（7）*Ibid.*, p.88

（8）Ciechanowski, *op.cit.*, p.240

（9）Bruce, *op.cit.*, pp.86-87

（10）*Ibid.*, pp.88-89

（11）Wiktor Krzysztof Cygan and Jacek Skalski, *Poland-in the defence of freedom 1939-1945*, Warsaw, 2005, p.79

（12）Bor-Komorowski, *op.cit.*, pp.172-173

（13）*Ibid.*, p.176

（14）*Ibid.*, p.177

（15）*Ibid.*, p.178　ベルリンク部隊とは、ワルシャワ蜂起の際にソ連軍とともに東方からプラガ地区に進撃してくることになるポーランド軍第一軍団のこと。一九四三年、ソ連領内で結成された。指揮官はズィグムント・ベルリンク（一八九六〜一九八〇）。

（16）Włodzimierz Borodziej, *The Warsaw Uprising of 1944*, Madison, Wisconsin, 2001, pp.48-49

（17）Bor-Komorowski, *op.cit.*, p.188

（18）*Ibid.*, p.188

（19）Borodziej, *op.cit.*, p.53

（20）*Ibid.*, p.53

（21）*Ibid.*, p.57

（22）Bor-Komorowski, *op.cit.*, p.198

（23）カーゾン線（Curzon Line）はポーランド・ソ連戦争（一九一九年〜一九二一年）中の一九二〇年七月に英国のカーゾン外相（Lord G. Curzon）が提案した休戦ライン（一九一九年一二月、第一次大戦連合国が定めたポーランド東方暫定境界線）。結局はポーランド、ソ連双方ともにこれを受け入れず戦闘が続き、一九二一年三月のリガ条約で両大戦間期のポーランド・ソ連国境が画定する。その結果、ポーランド領土はカーゾン線を国境とした場合の大幅増となったが、第二次大戦の戦後処理のヤルタ協定では英米両国がソ連側の要求を受け入れ、カーゾン線を若干補正したものを両国間の国境として定めた。

（24） Bruce, *op.cit.*, p.67
（25） Bor-Komorowski, *op.cit.*, p.205
（26） *Ibid.*, p.207
（27） Borodziej, *op.cit.*, p.65
（28） *WIEPW*, tom.1, s.125
（29） Borodziej, *op.cit.*, p.67
（30） *WIEPW*, tom.1, s.126
（31） 現在のワルシャワ中央駅ではなく、当時のヴァルシャヴァ・グウウヴナ駅のこと。
（32） Jan Nowak, *Courier from Warsaw*, Detroit, 1982, p.317
（33） *Ibid.*, pp.323-325
（34） *Ibid.*, pp.333-334
（35） *Ibid.*, pp.334
（36） 一九四四年七月、チャーチルとローズヴェルトの尽力もあって、ミコワイチク首相は八月第一週のクレムリン訪問の招待を受けた。ミコワイチクは北アフリカを経由したのち、七月三〇日夜遅くモスクワに到着したが、スターリンとの会見が実現したのは八月三日夜のことだった。
（37） Nowak, *op.cit.*, pp.334-335
（38） *Ibid.*, p.335
（39） Bruce, *op.cit.*, pp.80-81
（40） *Ibid.*, pp.83-84
（41） ヴウォヂミェシュ・ボロジェイによると「八月一日午前四時、ソ連軍の第二戦車軍は防戦にたたされ、同月四日までに八一〇台の戦車のうち、もはや三分の一しか使えなくなってしまった。」（Borodziej, *op.cit.*, pp.70-71）。
（42） Bor-Komorowski, *op.cit.*, p.216
（43） Stefan Korbonski, *Fighting Warsaw*, New York, 1968, pp.352-353
（44） ヤスナ通り二六番のホテル・ヴィクトリアのことだろう。（第五章の「ヴィクトリア・ホテル」の項参照）
（45） Nowak, *op.cit.*, pp.340-341
（46） *Ibid.*, p.342
（47） *Guidebook to the Warsaw Rising Museum*, Warszawa, 2007, p.74　ザヴォドヌィは「当初、蜂起兵の七九パーセントが武装していた」とのモンテルの発言を過大評価だとし、「最も信頼できる資料」として、ある国内軍司令部メンバーの評価を紹介している。それによると、一九四四年八月一日当時、蜂起部隊の装備は次の通りだった。カービン銃一〇〇〇丁、ピストル三〇〇丁、軽機関銃六〇丁、重機関銃七丁、特殊カービン銃とバズーカ砲三五丁、手榴弾二万五〇〇〇個。また、蜂起兵は三万六五〇〇人から四万人と推定され、蜂起開始時に武器をもっていたのは約一五〇〇人（最大でも二五〇〇人）で四〜六パーセントだったという（Zawodny, J.K., *Nothing but Honour: The Story of the Warsaw Uprising, 1944*, Norfolk, 1978, p.26）。
　しかし、ワルシャワ蜂起者同盟がワルシャワ蜂起六五周年の二〇〇九年八月一日に刊行した冊子によると、一九四四年八月一日時点でのワルシャワ管区の国内軍の武装状況は次の通りである。ライフル銃二六二九丁、自動小銃六五七丁、短銃三八四六丁、対装甲車用ライフルと対戦車擲弾発射器ピャト二九丁、火焔放射器三〇丁、手動軽機関銃（RKM）一四五丁、重機関銃（CKM）など四七丁、臼砲六門、擲弾発射筒一〇丁、手榴弾四万三九七一発、火炎ビン一万二〇〇〇個、爆薬一二六六キログラム（Związek Powstańców Warszawskich, *Kronika dni powstania*, Warszawa, 2009, s.10）。

第Ⅰ章

（1）Tymoteusz Duchowski i Juliusz Powałkiewicz, *Kanały, Warszawskie Termopile 1944*, Warszawa, 2003, s.6

（2）*WIEPW*, tom.1, s.134

（3）Irena Orska, *Silent is the Vistula*, New York / London / Toronto, 1946, pp. 73-74

（4）Zawodny, *op.cit.*, p.147

（5）Bor-Komorowski, *op.cit.*, pp.289-290

（6）*Ibid.*, p.298

（7）*Ibid.*, p.302

（8）*WIEPW*, tom.1, s.134

（9）Bruce, *op.cit.*, p.178

（10）Bor-Komorowski, *op.cit.*, p.316

（11）*WIEPW*, tom.1, s.155　ブル＝コモロフスキは回想録に「八月二七日夜に決行」（Bor-Komorowski, *op.cit.*, p.303）と書いているが、「八月二五日から二六日にかけて」が正しいだろう。ソスナ大隊に属して旧市街防衛戦に参加したザヴォドヌィも、ブルと国内政府代表が地下水道に降りたのは「八月二六日午前零時三〇分」（Zawodny, *op.cit.*, p.141）としている。共産主義者の人民軍（AL）の一部は八月二三日頃から地下水道でジョリボシュ地区へ脱出し始めた。

（12）Bor-Komorowski, *op.cit.*, pp.306-308

（13）*Ibid.*, p.316

（14）*WIEPW*, tom.1, s.159　ジョージ・ブルースは「午前五時、瓦礫に埋まる旧市街に曙光がさす頃、ジェムスキと少人数のバリケード歩哨がマンホールに入った」（Bruce, *op.cit.*, p.179）としている。

（15）Marcin Janiszewski, fotoedycja, *Powstanie Warszawski: Dzień po dniu,* Warszawa, 2009

（16）*WIEPW*, tom.1, s.161

（17）Bruce, *op.cit.*, p.179

（18）*WIEPW*, tom.1, s.161

（19）Zawodny, *op.cit.*, pp.145-146

（20）*Ibid.*, p.146

（21）イレナ・オルスカの記述から、地下水道で旧市街支援に入ったのは八月一〇日頃（Orska, *op.cit.*, 73）、旧市街滞在は三日間（*ibid.*, p.88）と推定される。

（22）ナポレオン・カフェ Kawiarnia Napoleonka はノヴィ・シフィャト通りとヴァレツカ通りの角にあった。

（23）Orska, *op.cit.*, pp.74-76

（24）*Ibid.*, pp.88-89

（25）*Ibid.*, pp.148-149

（26）*Ibid.*, pp.150-151

（27）*WIEPW*, tom.1, s.135

（28）マレク・エデルマン（一九二二〜二〇〇九）はブントの活動家で、一九四三年四月から五月にかけてのワルシャワ・ゲットー蜂起ではユダヤ戦闘組織（ŻOB）の指揮官だった。ゲットー蜂起を戦ったユダヤ戦闘組織（ŻOB）の指導者で戦後まで生き残ったのはエデルマンとイツハク・ツキェルマンの二人だけだが、ツキェルマンが戦後、イスラエルに移住したのに対し、エデルマンはポーランドにとどまった。ウッチで心臓専門医となり、自主独立労組・連帯の運動にもかかわった。

（29） ジヴィヤ・ルベトキン（一九一四〜一九七八）はもと、ポアレイ・スィヨン（ツィオン）右派の青年組織・ドロルの活動家で、ユダヤ戦闘組織（ŻOB）のメンバーとしてゲットー蜂起、さらにはワルシャワ蜂起を戦った。イツハク・ツキェルマンの妻で戦闘的な同志でもあり、戦後はイスラエルに移住した。

（30） トゥヴィヤ・ボジコフスキ（一九一一〜一九五九）はポアレ・ツィオンのメンバーで、ゲットーの地下活動家でもあった。ゲットー蜂起、ワルシャワ蜂起を戦い、戦後はイスラエルに移住した。

（31） Yitzhak Zuckerman („Antek"), *A Surplus of Memory: Chronicle of the Warsaw Ghetto Uprising*, Berkeley, Los Angeles, Oxford, 1993, pp.542-544

（32） *WIEPW*, tom.1, s.136

（33） *Ibid.*, s.373

（34） *Ibid.*, s.136

（35） ヴワディスワフ・シェロシェフスキ（サバワ）大尉によると「女性一五人をふくむ七〇人」(Duchowski, *op.cit.*, s.113)。

（36） *WIEPW*, tom.1, s.136

第Ⅱ章

（1） ベルナルト・ベロット（カナレット）の生年については、Adriana Gozdecka-Sanford, *Historical Dictionary of Warsaw* や George J. Lerski, *Historical Dictionary of Poland, 966-1945* では「一七二一年」としているが、Stéphane Loire, Piotr Majewski and Andrzej Rottermund, eds., *Bernardo Bellotto: A Venetian Painter in Warsaw* では「一七二二年」としている。

（2） ヴァルテラント（Wartheland あるいは Warthegau）は、一九三九年一〇月、ナチス・ドイツが帝国に併合したポーランド領土。

（3） Joanna K.M. Hanson, *The Civilian Population and the Warsaw Uprising of 1944*, New York, 1982, p.100

（4） Andrew Borowiec, *Destroy Warsaw!: Hitler's Punishment, Stalin's Revenge*, Westport, Connecticut, 2001, p.101

（5） *Ibid.*, p.101

（6） Bruce, *op.cit.*, p.126

（7） *Ibid.*, p.137

（8） *WIEPW*, tom.2, Warszawa, 2006, s.143

（9） *WIEPW*, tom.1, s.637

（10） *WIEPW*, tom.2, s.321

（11） *WIEPW*, tom.1, s.361

（12） Jerzy S. Majewski i Tomasz Urzykowski, *Przewodnik po powstańczej warszawie*, Warszawa, 2007, s.243

（13） *Ibid.*, ss.241-242

（14） Record No.506, *German Crimes in Poland*, vol.1, Warsaw, 1946, pp.215-216

（15） *WIEPW*, tom.1, s.261

（16） 国内軍総司令部＝Komenda Główna Armii Krajowej（KGAK） ワルシャワ管区司令部＝Komenda Okręgu Warszawskiego Armii Krajowej（KOWAK）

（17） Bruce, *op.cit.*, p.102

(18) Bor-Komorowski, *op.cit.*, p.216
(19) *Ibid.*, p.217
(20) *Ibid.*, p.217
(21) *Ibid.*, p.250　「ゲンシャ通りの強制収容所」とは「ゲンシュフカ強制収容所」のこと。
(22) ラチィンスキ宮殿のこと。
(23) Jürgen Stroop, *The Stroop Report: The Jewish Quarter of Warsaw Is No More!*, New York, 1979
(24) *WIEPW*, tom.1, s.170
(25) *Ibid.*, s.171
(26) Majewski i Urzykowski, *op.cit.*, s.271
(27) Shmuel Krakowski, *The War of the Doomed: Jewish Armed Resistance in Poland, 1942-1944*, London, 1984, pp.276-277
(28) *Ibid.*, p.278　一方で、ゲンシュフカ収容所から解放されたユダヤ人のうち「約一五〇人が人民軍に参加した」(Zawodny, *op.cit.*, p.24)という推定もある。
(29) Record No.63, *German Crimes in Poland*, vol.1, pp.200-205
(30) Record No.57, *German Crimes in Poland*, vol.1, pp.199-200
(31) Raul Hilberg, Stanislaw Staron and Josef Kermisz, eds., *The Warsaw Diary of Adam Czerniakow*, Chicago, 1979, p.307
(32) 梅本浩志・松本照男「ワルシャワ蜂起」(一九九一年)、一一五ページ
(33) エヴァ・パワシュ＝ルトコフスカ、アンジェイ・T・ロメル「日本・ポーランド関係史」(二〇〇九年)、八六〜八八ページ
(34) *WIEPW*, tom.1, s.242
(35) Zygmunt Malacki, *Venerable Father Jerzy Popieluszko*, Warszawa, 2002, p.21
(36) Bruce, *op.cit.*, p.129
(37) Record No.117, *German Crimes in Poland*, vol.1, pp.212-213
(38) Record No.23/II, *German Crimes in Poland*, vol.1, pp.221-222

第三章

(1) Borowiec, *op.cit.*, p.101
(2) *WIEPW*, tom.2, s.143
(3) *WIEPW*, tom.1, s.410
(4) *WIEPW*, tom.2, s.189; Majewski i Urzykowki, s.214
(5) ヴォラ地区住民をふくめて六万人という数字がある(*WIEPW*, tom.2, s.188)。
(6) Bor-Komorowski, *op.cit.*, pp.234-235　二人の姉妹とは画家のハリナ・マシィンスカとスタニスワヴァ・マシィンスカのこと。
(7) Majewski i Urzykowski, *op.cit.*, s.230
(8) Record No.45/II, *German Crimes in Poland*, vol.1, pp.188-193
(9) *WIEPW*, tom.2, s.189; Hanson, *op.cit.*, p.102, 104
(10) Wladyslaw Bartoszewski and Zofia Lewin, eds., *Righteous Among Nations: How Poles Helped the Jews 1939-1945*, London, 1969, pp.398-402
(11) Wladyslaw Szpilman, *The Pianist: The Extraordinary Story of One Man's Survival in Warsaw, 1939-45*, London, 2000, p.137
(12) *Ibid.*, pp.146-147
(13) *Ibid.*, p.147　シュピルマンがゲットーを脱出してからニェポドレグウォシチ大通りの隠れ家にいたるまでの潜伏・逃避行について

は、その著書でも省かれているものがいくつかある。シュピルマン自身が語る番組がポーランド・テレビ TVP で二〇〇四年に放映されたが、それによるとその経路は次のようになる。ゲットー～ナルブット通り八番～ノアコフスキ通り一〇番～プワフスカ通り八三番～ナルブット通り一七番～ユリアン・ファワト通り二番～ニェポドレグウォシチ大通り二二三番～向かい側の病院～ニェポドレグウォシチ大通り二一九番。（インタビューは一九九七年に行われたもの）

（14） *Ibid.*, p.149

（15） *Ibid.*, pp.151-152

（16） *Ibid.*, p157

（17） *Ibid.*, pp.163-164

（18） *Ibid.*, p.162

（19） *Ibid.*, pp.165-166

（20） *Ibid.*, p.166

（21） *Ibid.*, pp.172-173

（22） *Ibid.*, p.181

（23） *WIEPW*, tom.2, s.317

（24） *WIEPW*, tom.1, s.270

（25） Bruce, *op.cit.*, p.99

（26） Zawodny, *op.cit.*, pp.21-22

（27） *Ibid.*, p.23

第四章

（1） Hanson, *op.cit.*, p.105

（2） Zawodny, *op.cit.*, p.139

（3） Hanson, *op.cit.*, p.106

（4） Zawodny, *op*.cit., p.161

（5） 蜂起開始当時、国内軍のワルシャワ管区はワルシャワ市内六地区と周辺地区に分けられていた（本書二六頁の地図も参照）。

第一地区（シルドミエシチェ、四区域）：スタレミャスト（旧市街）、ポヴィシレを含む。

第二地区（ジョリボシュ、三区域）：マルィモント、ビェラヌィを含む。

第三地区（ヴォラ、四区域）

第四地区（オホタ、三区域）

第五地区（モコトゥフ、六区域）：チェルニャクフとサディバを含む。

第六地区（プラガ、五区域）。

そして、ワルシャワ周辺の円環をなす広大な地域が第七地区（「犬の首輪」を意味する「オブロジャ」とよばれた）とされ、八区域に分かれていた。その下部区域のそれぞれの中心は次の通りである。第一区域（レギョノヴォ）、第二区域（マルキ）、第三区域（レンベルトゥフ）、第四区域（オトフォツク）、第五区域（ピャセチュノ）、第六区域（プルシュクフ）、第七区域（オジャルフ）、第八区域（ムウォチヌィ）。

さらに第八地区としてオケンチェが独立した地区として設定されていた。

（6） *WIEPW*, tom.1, s.561

（7） Zawodny, *op.cit.*, p.138

（8） Hanson, *op.cit.*, p.109

（9） Bor-Komorowski, *op.cit.*, p.285

（10） *Ibid.*, p.285

（11）*Ibid.*, p.286, 289
（12）Bruce, *op.cit.*, p.169
（13）*WIEPW*, tom.1, s.155
（14）Hanson, *op.cit.*, p.117, 290
（15）*Zawodny*, *op.cit.*, p.210
（16）*Ibid.*, p.149
（17）*WIEPW*, tom.1,s.563
（18）Zawodny, *op.cit.*, p.172
（19）*Ibid.*, p.148
（20）*Ibid.*, p.149
（21）現在のシロンスコ・ドンブロフスキ橋
（22）Bor-Komorowski, *op.cit.*, p.286
（23）*WIEPW*, tom.1, s.81
（24）Bor-Komorowski, *op.cit.*, p.287
（25）Orska, *op.cit.*, pp.80-81
（26）筆者は前著『記憶するワルシャワ』で「像のモデルは一三歳だった少年兵のアンテク・ロスプィラチュ Antek Rozpylacz で、一九四四年八月八日にその場所付近の戦闘で死亡したといわれる」（一七〇ページ）と書いたが、この記述は誤りだった。現地の有力なガイドブックの記述によるものだったが、筆者の検証不足に責がある。アンテク・ロスプィラチュについては本書第七章の「アンテク・ロスプィラチュ最後の場所」参照。
（27）Bor-Komorowski, *op.cit.*, pp.255-256
（28）Zawodny, *op.cit.*, p.60
（29）*WIEPW*, tom.1, s.226
（30）Zbigniew Galperyn, *Byłem żołnierzem batalionu Chrobry z grupowania Sosna w powstaniu warszawskim 1944*, Warszawa, 2009, ss.187-196
（31）*WIEPW*, tom 1, s.33
（32）Krakowski, *op.cit.*, p.280
（33）Zuckerman, *op.cit.*, p.539
（34）Lerski, *op.cit.*, pp.8-9
（35）Zuckerman, *op.cit.*, p.535
（36）*Ibid.*, pp.535-536
（37）*Ibid.*, p.559
（38）Gunnar S. Paulsson, *Secret City: The Hidden Jews of Warsaw 1940-1945*, New Haven & London, 2002, p.186
（39）Zuckerman, *op.cit.*, p.561
（40）*Ibid.*, p.527
（41）Paulsson, *op.cit.*, p.183
（42）*Ibid.*, p.182
（43）*WIEPW*, tom.1, ss.475-476
（44）Tadeusz Piotrowski, *Poland's Holocaust*, Jefferson, North Carolina & London, 1998, p.13
（45）Zawodny, *op.cit.*, pp.69-70
（46）Bor-Komorowski, *op.cit.*, p.304
（47）*WIEPW*, tom.1, s.492
（48）Bruce, *op.cit.*, p.176
（49）Nowak, *op.cit.*, pp.370-373
（50）「ワルシャワ蜂起大百科事典」によると「死者約二〇〇人で、そのうちの一二〇人がフロブルィ一世大隊兵士」（*WIEPW*, tom.1, s.541）

だった。

(51) 一五六九年の「ルブリンの合同規約」によって発足したポーランド王国とリトアニア大公国の統合体が「共和国《ジェチポスポリタ》」Rzeczpospolita とよばれた。

(52) Bor-Komorowski, *op.cit.*, p.317

(53) *WIEPW*, tom.1, s.228

(54) ヤスナ・グラ修道院のマドンナのイコンはイェルサレムからコンスタンチノープルを経由して、チェンストホヴァにたどり着いたのが（一年のずれがあるが）一三八二年とされる。ヤン三世ソビェスキが率いるポーランド・神聖ローマ帝国軍は一六八三年九月、オスマン帝国のオーストリア包囲を破り、ウィーンで勝利した。

第五章

(1) *WIEPW*, tom.1, s.270, ss.587-588

(2) Hanson, *op.cit.*, p.148

(3) *Ibid.*, p.165

(4) *Ibid.*, p.168

(5) *Ibid.*, pp.171-172

(6) *Ibid.*, p.173

(7) *Ibid.*, p.175

(8) Korbonski, *op.cit.*, pp.395-396

(9) Bruce, *op.cit.*, p.160

(10) *WIEPW*, tom.1, s.656

(11) *Ibid.*, s.302

(12) Bor-Komorowski, *op.cit.*, pp.83-84

(13) Nowak, *op.cit.*, p.347

(14) Bor-Komorowski, *op.cit.*, p.309

(15) *Ibid.*, p.310

(16) *Ibid.*, p.328　ブル＝コモロフスキはこの空爆を「九月四日」のこととしている。

(17) グジェゴシュはタデウシュ・ペウチィンスキ、クチャバはカジミェシュ・プルタ＝チャホフスキのこと。

(18) Bor-Komorowski, *op.cit.*, p.329

(19) *WIEPW*, tom.2, s.47　ワルシャワ蜂起博物館のガイドブックによると「八月二六日」（*Guidebook to the Warsaw Rising Museum*, p.135）。

(20) アドリアではポーランド放送局が八月九日からすでに独自の放送を行っていた（*WIEPW*, tom.2, s.238）。

(21) Nowak, *op.cit.*, p.374

(22) Majewski i Urzykowski, *op.cit.*, ss.61-63

(23) Bor-Komorowski, *op.cit.*, pp.320-321

(24) Nowak, *op.cit.*, p.355

(25) *Ibid.*, p.356

(26) *Ibid.*, p.357

(27) *Ibid.*, p.357

(28) *Ibid.*, p.360

(29) *Ibid.*, pp.387-388

(30) *WIEPW*, tom.2, s.238

(31) Korbonski, *op.cit.*, p.200

(32) *Ibid.*, pp.200-201

(33) *Ibid.*, p.201

（34）*Ibid.*, p.213
（35）Nowak, *op.cit.*, pp.367-368
（36）Bor-Komorowski, *op.cit.*, p.221
（37）*Z Kamerą w powstańczej Warszawie-1944*, Warszawa, 1994, s.49
（38）ヘルゴラント島は北海にあるドイツ領の観光地。
（39）Bor-Komorowski, *op.cit.*, pp.318-319
（40）Orska, *op.cit.*, pp.123-127
（41）「ワルシャワ蜂起大百科事典」によれば「八月一日から一九日までのこの戦闘によるドイツ側戦死者は二五人から三五人、捕虜一一五人」だった（*WIEPW*, tom.1, s.453）。
（42）Bor-Komorowski, *op.cit.*, p.276
（43）Zawodny, *op.cit.*, p.144
（44）*Ibid.*, pp.144-145　ザヴォドヌィは、蜂起部隊がマンホールから出た時刻を「午前二時頃」としている。
（45）大劇場と同じくアントニオ・コラッツィ（一七九二～一八七七）の設計による。
（46）Gozdecka-Sanford, *op.cit.*, pp.107-108
（47）フォフ元帥通りは現在はない。フェルディナント・フォフは第一次世界大戦当時、連合軍の西部戦線最高司令官。
（48）Bruce, *op.cit.*, p.101
（49）*Ibid.*, p.137
（50）*WIEPW*, tom.1, s.25
（51）*Ibid.*, ss.25-27
（52）*Ibid.*, s.24
（53）Zuckerman, *op.cit.*, p.522
（54）*Ibid.*, p.533
（55）*Ibid.*, p.525
（56）*Ibid.*, p.534
（57）*Ibid.*, p.525
（58）*Ibid.*, pp.525-526
（59）*Ibid.*, p.526
（60）ヴワディスワフ・ゴムウカ（ヴィェスワフ）（一九〇五～一九八二）。一九二〇年代はじめにポーランド社会党（PPS）に入り、一九二六年には戦前のポーランド共産党（KPP）に加わる。一九三〇年代半ばにモスクワの国際レーニン学校に学ぶ。一九四三年から一九四八年までポーランド労働者党（PPR）の書記長。一九五六年から一九七〇年まで、ポーランド統一労働者党第一書記。
（61）フランチシェク・ユジヴィャク（ヴィトルト）（一八九五～一九六六）。一九二一年からポーランド共産党（KPP）の活動家となる。一九四二年にポーランド労働者党（PPR）に入り、人民防衛軍（GL）の指導者ともなる。一九四四年から戦後にかけて公安機関の指導者となり、公安省の要職にもついた。
（62）Zuckerman, *op.cit.*, pp.526-527
（63）*Ibid.*, p.530
（64）*WIEPW*, tom.1, s.265

第六章

（1）Hanson, *op.cit*, p.118
（2）*Ibid.*, pp.123-124
（3）*Warsaw in short Guide*, p.23

（4） *Warsaw: The Capital of Poland*, Warsaw, 2005, p.24

（5） *WIEPW*, tom.2, s.356

（6） Orska, *op.cit.*, p.12

（7） *Ibid.*, p.14

（8） *Ibid.*, p.27

（9） *Ibid.*, pp.22-23

（10） *Ibid.*, p.28

（11） Korbonski, *op.cit.*, pp.371-372

（12） Bor-Komorowski, *op.cit.*, pp.225-226

（13） *Ibid.*, pp.226-227

（14） Orska, *op.cit.*, p.57

（15） *Ibid.*, p.59

（16） *Ibid.*, p.61

（17） *Ibid.*, p.205

（18） *Ibid.*, p.207-208

第七章

（1） Orska, *op.cit.*, pp.64-65

（2） *Ibid.*, pp.66-67

（3） Korbonski, *op.cit.*, pp.365-366

（4） Nowak, *op.cit.*, p.377

（5） *Ibid.*, pp.377-378

（6） *WIEPW*, tom.1, s.334

（7） Bor-Komorowski, *op.cit.*, pp.265-266

（8） *WIEPW*, tom.1, s.221

（9） 「ワルシャワ蜂起大百科事典」によると、「およそ四〇〇〇人」（*Ibid.*, s.387）という。

（10） Michał Komar, *Władysław Bartoszewski, Wywiad rzeka*, Warszawa, 2006, ss.113-114

（11） *Guidebook to the Warsaw Rising Museum*, p.136

（12） Zawodny, *op.cit.*, pp.156-157

（13） 「オブロジャ」obroża とは「犬の首輪」のことである。第四章の注（5）に記したように、蜂起開始当時、国内軍はワルシャワ市内を六地域に分け、その周辺の円環地域が第七地域「オブロジャ」とされていた。

（14） Nowak, *op.cit.*, p.380

（15） Orska, *op.cit.*, p.183

（16） Korbonski, *op.cit.*, p.358

（17） *Ibid.*, pp.358-362

（18） *Ibid.*, pp.362-363

（19） *WIEPW*, tom.1, ss.355-356

（20） Bor-Komorowski, *op.cit.*, p.330

（21） *Ibid.*, p.139

（22） *Ibid.*, pp.139-140

（23） Bruce, *op.cit.*, p.112

（24） Bor-Komorowski, *op.cit.*, pp.154-155

（25） *Ibid.*, pp.156

（26） Norman Davies, *Rising '44: The Battle for Warsaw*, London, 2004, p.198

（27） Bor-Komorowski, *op.cit.*, p.157

第八章

（1） Bor-Komorowski, *op.cit.*, p.342

（2） Bruce, *op.cit.*, pp.192-193

（3） Bor-Komorowski, *op.cit.*, p.353　ブルースは「ルィシャルト・ビャウォウス（イェジ）大尉は約六〇人を率い、ドイツ軍包囲網を突破して脱出しようとしたが、二四時間後に市内中央にたどりつけたのは負傷した彼自身と二人の兵士、連絡員の女性だけで、四人とも立つことも困難なほどに疲弊していた」（Bruce, *op.cit.*, p.194）と書いている。

（4） Bor-Komorowski, *op.cit.*, pp.354-356

（5） *Ibid.*, p.356

（6） *WIEPW*, tom.1, s.115

（7） アンジェイ・ガルリツキの記述は次の通りである。九月一六日夜、「約四二〇名の兵士が渡河に成功」し、翌日夜も「ほぼ同数が渡河」した。一八日、「ジョリボシュ地区で二中隊が渡河」した。一九日には「二大隊がポニャトフスキ橋とシレドニツォヴィ橋の間に上陸」したが、「この時の損害は甚大」で「約八〇〇人がヴィスワ右岸に戻らなければならず、このうち負傷者は一六四名を数えた」（『ポーランドの高校歴史教科書』、二〇一～二〇二ページ）。

（8） *WIEPW*, tom.1, s.395

（9） Anna M. Cienciala, Natalia S. Lebedeva, and Wojciech Materski, eds., *Katyn: A Crime Without Punishment*, New Haven & London, 2007, p.118

第九章

（1） Hanson, *op.cit.*, p.175

（2） *Ibid.*, p.175

（3） *Ibid.*, p.177

（4） *Ibid.*, p.182

（5） *WIEPW*, tom.1, s.373

（6） Bor-Komorowski, *op.cit.*, p.359

（7） Hanson, *op.cit.*, p.185

（8） *WIEPW*, tom.1, s.373

（9） Bruce, *op.cit.*, pp.195-196

（10） *WIEPW*, tom.1, s.374

（11） Danuta Czech, *Kalendarz wydarzeń w KL Auschwitz*, Oświęcim, 1992, ss.29-30

（12） *Ibid.*, s.403

（13） Zawodny, *op.cit.*, p.62

第一〇章

（1） Zawodny, *op.cit.*, p.16

（2） Hanson, *op.cit.*, p.187

（3） *Ibid.*, pp.189-190

（4） Bruce, *op.cit.*, p.162

（5） Zuckerman, *op.cit.*, p.546

（6） アドルフ・ベルマン（一九〇六～一九七八）はマルクス主義的シオニスト政党のポアレイ・スィヨン（ポアレ・ツィオン）左派に属し、ユダヤ人ゲットーの孤児らを世話した孤児保護協会本部（CENTOS）の中心活動家でもあった。一九四二年一二月にはユダヤ民族委員会（ŻKN）を代表してユダヤ人援助評議会（ŻEGOTA）の書記に就任した。兄のヤクプ・ベルマン（一九〇一～一九八四）は共産党指導者で、戦後の社会主義ポーランドではスターリンのあつい信任を受けていたといわれる。

（7）Zuckerman, *op.cit.*, p.546

（8）ゼノン・クリシュコ（一九〇八～一九九〇）は一九三一年にポーランド共産党（KPP）に参加した古くからの共産主義者。一九五七年から一九七〇年まで統一労働者党書記・政治局員などをつとめ、ヴワディスワフ・ゴムウカの側近だった。

（9）Bruce, *op.cit.*, pp.196-200

（10）Zuckerman, *op.cit.*, p.548-549

（11）Nowak, *op.cit.*, p.325

（12）Bor-Komorowski, *op.cit.*, p.282

（13）Witold Bereś i Krzysztof Burnetko, *Marek Edelman: Życie, Po prostu*, Warszawa, 2003

（14）*Ibid.*, ss.212-213

（15）ユダヤ人労働者総同盟（ユダヤ人の反シオニズム・マルクス主義政党）

（16）スタニスワフ・シフィタルのこと。一九八一年にイェルサレムのヤド・ヴァシェムから「諸国民のなかの正義の人」として顕彰された。

（17）Zuckerman, *op.cit.*, p.550-555

（18）*Ibid.*, pp.553-554n

（19）Krakowski, *op.cit.*, p.290

（20）*Ibid.*, p.290

（21）*Ibid.*, p.291

（22）第二次世界大戦におけるポーランド人の犠牲者は当時の国民のおよそ五人に一人、六〇〇万人以上にのぼる。その半数の約三〇〇万人はユダヤ系住民だった。英国の著名な歴史家マーティン・ギルバートはその著書で、ナチスが三〇〇万人のポーランド・ユダヤ人だけでなく、ほぼ同数の三〇〇万人の非ユダヤ系ポーランド人を殺害したことは忘れられがちであると書いている（Martin Gilbert, *Holocaust Journey: Travelling in Search of the Past*, London, 1997, p.305）。

（23）Bor-Komorowski, *op.cit.*, p.280

第一一章

（1）Bor-Komorowski, *op.cit.*, p.343

（2）*Ibid.*, pp.346-347

（3）*Ibid.*, pp.359-360

（4）Zawodny, *op.cit.*, p.74

（5）Zawodny, *op.cit.*, p.74　ソ連軍は一九四四年九月一〇日に攻勢を再開し、数日でドイツ側を突破してプラガ地区の制圧に入るが、ロコソフスキーは後に、「ワルシャワ蜂起はその時点で開始されるべきだった」と語ったという（Zawodny, *op.cit.*, p.179）。

（6）*Ibid.*, p.75

（7）*Ibid.*, p.178

（8）Bor-Komorowski, *op.cit.*, p.341

（9）Bruce, *op.cit.*, p.116

（10）Zawodny, *op.cit.*, pp.181-182

（11）*Ibid.*, p.181

（12）Zuckerman, *op.cit.*, p.561

第一二章

（1） *WIEPW*, tom.1, s.668
（2） Bor-Komorowski, *op.cit.*, pp.239-240
（3） ブルースの記述によると「五機が失われた」（Bruce, *op.cit.*, p.123）。
（4） ルーマニア南東部の都市
（5） 「ブリテンの戦い」Battle of Britain　一九四〇年七月一〇日から一〇月三一日までのあいだ、イングランド南東部とロンドン上空で展開された英国とドイツ両空軍の戦闘。英国空軍が勝利して、ドイツによる英国本土侵攻作戦は失敗した。
（6） Bor-Komorowski, *op.cit.*, pp.262-263
（7） *Ibid.*, pp.264-265
（8） *Ibid.*, p.267
（9） *Ibid.*, p.267
（10） 英国空軍第三〇一飛行中隊整備士のネチュク准尉のインタビュー（Zawodny, *op.cit.*, p.117）
（11） *WIEPW*, tom.1, s.670
（12） Nowak, *op.cit.*, pp.358-359
（13） *Ibid.*, pp.359-360
（14） *WIEPW*, tom.1, s.670
（15） *Ibid.*, p.670
（16） *Ibid.*, p.671
（17） *Ibid.*, p.671
（18） Orska, *op.cit.*, pp.92-96
（19） Bor-Komorowski, *op.cit.*, p.343
（20） Korbonski, *op.cit.*, pp.387-388
（21） Zawodny, *op.cit.*, p.125
（22） *Ibid.*, pp.126-127
（23） *Ibid.*, pp.127-128
（24） Bruce, *op.cit.*, pp.173-174
（25） Bor-Komorowski, *op.cit.*, pp.349-350
（26） Korbonski, *op.cit.*, pp.379-380
（27） *WIEPW*, tom.1, s.671
（28） Zawodny, *op.cit.*, p.134
（29） ザヴォドヌイによると、投下されたコンテナ一二八四個の内容は以下の通りである（Zawodny, *op.cit.*, p.133）。サブマシンガン（二九七六丁）、軽機関銃（二一一丁）、バズーカ砲（一一〇門）、リボルバー（五四五丁）、爆薬（七八六五キロ）、爆薬用ヒューズ（五万四四〇〇メートル）、肉缶（五万三五二〇個）、米兵配給用糧食K（五万一八二〇個）、ミルク（五八二〇配給分）、医療機器（一二コンテナ）、弾薬（一六九万一四〇〇発分）、砲弾（二三〇〇発）、手榴弾（四三六〇個）、堅パン、マーガリンなど。
（30） *Guidebook to the Warsaw Rising Museum*, p.188
（31） Jerzy Pawlak, *Nad Warszawą, Warszawskie Termopile 1939 i 1944*, Warszawa, 2000, s.143
（32） *Ibid.*, s.151
（33） *WIEPW*, tom.1, s.574

エピローグ

（1） Hanson, *op.cit.*, p.157
（2） Bruce, *op.cit.*, p.183

（3） Zawodny, *op.cit.*, p.192

（4） Bor-Komorowski, *op.cit.*, p.340

（5） *Ibid.*, p.362

（6） Zawodny, *op.cit.*, p.196

（7） Bor-Komorowski, *op.cit.*, p.365

（8） この時刻は「ワルシャワにおける軍事作戦の停止協定」*Układ o zaprzestaniu działań wojennych w Warszawie* が冒頭で「一〇月二日のドイツ時間二〇時（ポーランド時間二一時）に停戦」としていることによるものと思われる。協定の厳密な最終テキストが調印されたのは「三日午前二時」とする書物もある。

（9） Appendix 29, Norman Davies, *Rising '44: The Battle for Warsaw*, pp.676-678

（10） Zawodny, *op.cit.*, p.62 「一九四四年八月二九日、蜂起開始から二九日後、英米両国政府は国内軍を連合国軍の一部とみなすことを認め、それによって、蜂起兵は少なくとも公式にはジュネーブ協定による保護を受けることになった。」（*Ibid.*, p.112）

（11） Bor-Komorowski, *op.cit.*, pp.371-372

（12） *Ibid.*, p.377

（13） *Ibid.*, pp.378-379

（14） Zawodny, *op.cit.*, p.194

（15） ザヴォドヌィによる推計は以下の通り。

ポーランド側　戦闘員：四万人。そのうち、死亡者、一万二〇〇人、不明（死亡者?）、七〇〇〇人、重傷者、五〇〇〇人、死傷者合計、二万二二〇〇人。ドイツ側の捕虜となったものは一万五九〇〇人（そのうち、将校、九〇〇人、女性、二〇〇〇人、兵卒、一万三〇〇〇人）、民間人に紛れた国内軍兵士、約三五〇〇人。ベルリンク部隊（ポーランド第一軍）：九万九七二人（一九四四年七月一日現在）。そのうち死傷者、五六六二人（死亡、負傷、不明をふくむ）。民間人死亡者、二〇万人～二五万人。蜂起中・後にワルシャワを退去したもの、七〇万人。

ドイツ側　戦闘員：一万三〇〇〇人（一九四四年八月一日現在）、二万一五二〇人（八月二〇日現在）。死者、一万人、不明（死亡者?）、七〇〇〇人、負傷者、九〇〇〇人、死傷者合計、二万六〇〇〇人。ポーランド側の捕虜となったもの、一〇〇〇人～二〇〇〇人（約一〇〇〇人は蜂起鎮圧後、ドイツ側にもどる）。（*Ibid.*, pp.210-212）

アンジェイ・ガルリツキは、蜂起軍兵士死者、約一万八〇〇〇人、負傷者、約二万五〇〇〇人、市民死者、約一八万人、ドイツ側死者・行方不明者、約一万八〇〇〇人、負傷者、九〇〇〇人以上（『ポーランドの高校歴史教科書』、二〇三ページ）としている。

（16） Orska, *op.cit.*, p.213

（17） *Ibid.*, pp.245-246

（18） *Ibid.*, p.259

（19） *Ibid.*, p.262

（20） *Ibid.*, pp.262-263

（21） *Ibid.*, p.272

（22） *Ibid.*, p.268

（23） *Ibid.*, p.269

（24） *Ibid.*, p.269

（25） Bor-Komorowski, *op.cit.*, p.381

（26） *Ibid.*, pp.385-386

（27） Korbonski, *op.cit.*, pp.432-433
（28） *Ibid.*, p.436
（29） *Ibid.*, p.438
（30） *Ibid.*, p.447
（31） *Ibid.*, pp.458-459
（32） *Ibid.*, p.470　地下政府指導者一六人に対する判決はすでに六月二一日に下っていた。
（33） ブルコヴァ通りは現在のステファン・オクシェヤ通り。
（34） Korbonski, *op.cit.*, pp.476-477
（35） *Ibid.*, p.477
（36） *Ibid.*, p.417
（37） Nowak, *op.cit.*, p.383
（38） *Ibid.*, p.388
（39） *Ibid.*, pp.403-404
（40） *Ibid.*, p.404
（41） *Ibid.*, pp.404-405
（42） *Ibid.*, p.442
（43） *Ibid.*, pp.443-444
（44） Rafał Wnuk (redaktor naczelny), *ATLAS: Polskiego podziemia niepodległościowego*, Warszawa / Lublin, 2007, s.LXVIII
（45） Piotr Wróbel, *Historical Dictionary of Poland*, 1945-1996, London・Chicago, 1998, p.102
（46） Eisler, Jerzy, Anna Piekarska, Agnieszka Rudzińska i Paweł Sasanka, „*PRL — tak daleko, tak blisko...*" („*Polish People's Republic — so far away and so close by*"), Warszawa, 2007, s.21

主要参考書

英語

Anderson, Paul, ed., *Orwell in Tribune 'As I Please' and other writings 1943-7*, POLITICO'S, 2006

Bartoszewski, Władysław & Zofia Lewin, eds., *Righteous Among Nations: How Poles Helped the Jews 1939-1945*, Earlscourt Publications Limited, London, 1969

Bartoszewski, Władysław, *Warsaw Death Ring 1939-1944*, Interpress Publications, 1968

Bor-Komorowski, T., *The Secret Army,* Victor Gollancz LTD, London, 1950

Borodziej, Włodzimierz, *The Warsaw Uprising of 1944*, The University of Wisconsin Press, 2001

Borowiec, Andrew, *Destroy Warsaw! Hitler's Punishment, Stalin's Revenge*, Praeger Publications, Westport, Connecticut/London, 2001

Bruce, George, *The Warsaw Uprising: 1 August-2 October 1944*, Rupert Hart-Davis, London, 1972

Central Commission for Investigation of German Crimes in Poland, *German Crimes in Poland*, vol. 1, Warsaw, 1946

Ciechanowski, Jan M., *The Warsaw Rising of 1944*, Cambridge University Press, Cambridge, 1974

Ciechanowski, Jan, *Defeat in Victory*, Doubleday & Company, Inc., New York, 1947

Cienciala, Anna M., Natalia S. Lebedeva, and Wojciech Materski, eds., *Katyn: A Crime Without Punishment*, Yale University Press, New Haven & London, 2007

Coutouvidis, John & Jaime Reynolds, *Poland 1939-1947*, Leicester University Press, 1986

Cygan, Wiktor Krzysztof & Jacek Skalski, *Poland-in the defense of freedom 1939-1945*, Warsaw, 2005

Davies, Norman, *Rising '44: The Battle for Warsaw*, Viking, London, 2004

Dąbkowska-Cichocka, Lena, Dariusz Gawin, Paweł Kowal, Jan Ołdakowski, Agnieszka Panecka, Paweł Ukielski and Ewa Ziółkowska, *Guidebook to the Warsaw Rising Museum*, Muzeum Powstania Warszawskiego, 2007

Gozdecka-Sanford, Adriana, *Historical Dictionary of Warsaw*, The Scarecrow Press, Inc., Lanham, Md., & London, 1997

Hanson, Joanna K.M., *The Civilian Population and the Warsaw Uprising of 1944*, Cambridge University Press, 1982

Hilberg, Raul, Stanislaw Staron and Josef Kermisz, eds., *The Warsaw Diary of Adam Czerniakow*, IVAN R. DEE, PUBLISHER, Chicago, 1979

Korbonski, Stefan, *Fighting Warsaw: The Story of the Polish Underground State 1939-1945*, FUNK & WAGNALLS, 1968

Korbonski, Stefan, *The Polish Underground State: A Guide to the Underground, 1939-1945*, Hippocrene Books, New York, 1978

Kotańska, Anna and Anna Topolska, *Warsaw, past and present*, PARMA PRESS, 2007

Krakowski, Shmuel, *The War of the Doomed: Jewish Armed Resistance in Poland, 1942-1944*, Holmes & Meier Publishers, Ltd., London, 1984

Krall, Hanna, *Shielding the Flame: An Intimate Conversation with Dr. Marek Edelman, the Last Surviving Leader of the Warsaw Ghetto Uprising*, Henry Holt and Company, New York, 1986

Lerski, George J., *Historical Dictionary of Poland, 966-1945*, Greenwood Press, Westport, Connecticut/London, 1996

Leslie, R. F., ed., *The History of Poland since 1863*, Cambridge University Press, Cambridge, 1980

Lukowski, Jerzy and Hubert Zawadzki, *A Concise History of POLAND*, Cambridge University Press, 2004

Nowak, Jan, *Courier from Warsaw*, Wayne State University Press, Detroit, 1982

Mikolajczyk, Stanislaw, *The Rape of Poland: Pattern of Soviet Aggression*, Whittlesey House, McGraw-Hill Book Company, Inc., New York and Toronto, 1948

Omilanowska, Małgorzata and Jerzy S. Majewski, *Eyewitness Travel Guides: Warsaw*, Dorling Kindersley, London, 2003

Orska, Irena, *Silent is the Vistula: The Story of the Warsaw Uprising*, Longmans, Green and Co., New York/ London/ Toronto, 1946

Paulsson, Gunnar S., *Secret City: The Hidden Jews of Warsaw 1940-1945*, Yale University Press, New Haven and London, 2002

Piotrowski, Tadeusz, *Poland's Holocaust*, McFarland & Company, Inc., Publishers, Jefferson, North Carolina, and London, 1998

Szpilman, Wladyslaw, *The Pianist: The Extraordinary Story of One Man's Survival in Warsaw, 1939-45*, Phoenix, London, 2000

Wistrich, Robert S., *Who's Who in Nazi Germany*, Routledge, London and New York, 1995

Wróbel, Piotr, *Historical Dictionary of Poland, 1945-1996*, FITZROY DEARBORN PUBLISHERS, 1998

Zawodny, J. K., *Nothing but Honor: The Story of the Warsaw Uprising, 1944*, Lowe & Brydone Limited, Thetford, Norfolk, 1978

Zuckerman, Yitzhak, Barbara Harshav, ed., *A Surplus of Memory: Chronicle of the Warsaw Ghetto Uprising*, University of California Press, Berkeley, Los Angeles, Oxford, 1993

ポーランド語

Bałuk, Stefan i inni, *Z kamerą w powstańczej Warszawie-1944*, Związek Polskich artystów fotografików, Warszawa, 1994

Barański, Marek i Andrzej Sołtan, *Warszawa, ostatnie spojrzenie: Niemieckie fotografie lotnicze sprzed sierpnia 1944*, Muzeum Historyczne m.st. Warszawy, Warszawa, 2004

Bartelski, Lesław M, *Getto,* Fundacja „Wystawa Warszawa Walczy 1939-1945", Warszawa, 1999

Bartoszewski, Władysław, *Dni walczącej Stolicy, Kronika Powstania Warszawskiego*, Świat Książki, Warszawa, 2004

Bereś, Witold i Krzysztof Burnetko, *Marek Edelman: Życie. Po prostu*, Świat Książki, Warszawa, 2008

Borzymińska, Zofia i Rafał Żebrowski, *Polski Słownik Judaistyczny*, 2 tomy, Prószyński i S-ka SA, Warszawa, 2003

Bukalska, Patrycja, 'Bo tak należało', *Tygodnik Powszechny 6 stycznia 2008*

Bukato, Wiktor, redaktor, *Warszawa, jaka była, Oryginalne mapy Stolicy sprzed 1939 i z 1945 roku*, Wydawnictwa „ALFA", Warszawa, 1984

Czech, Danuta, *Kalendarz wydarzeń w KL Auschwitz*, wydawnictwo państwowego muzeum oświęcimiu-brzezince, 1992

Duchowski, Tymoteusz i Juliusz Powałkiewicz, *Kanały: trasy łączności specjalnej (kanałowej) powstania warszawskiego*, Fundacja „Wystawa Warszawa Walczy 1939-1945", Warszawa, 2003

Eisler, Jerzy, Anna Piekarska, Agnieszka Rudzińska i Paweł Sasanka, *„PRL — tak daleko, tak blisko..."* (*„Polish People's Republic — so far away and so close by"*), Instytut Pmięci Narodowej, 2007

Engelking, Barbara & Jacek Leociak, *Getto Warszawskie: Przewodnik po nieistniejącym mieście*, Wydawnictwo IfiS PAN Warszawa, 2001

Galperyn, Zbigniew, *Byłem żołnierzem batalionu Chrobry zgrupowania Sosna w powstaniu warszawskim 1944*, „Papertinta" Usługi Wydawniczo-Poligraficzne, Warszawa, 2009

Górski, Jan, *Drugie narodziny miasta. Warszawa 1945*, Państwowy Instytut Wydawniczy, 1976

Jagielski, Jan, *Niezatarte Ślady Getta Warszawskiego*, Mówią Wielki, Warszawa, 2008

Janiszewski, Marcin i Tadeusz Szlaużys, *Powstanie Warszawskie: Dzien po dniu*, Muzeum Powstania Warszawskiego, Axel Springer Polska, 2009

Kamińska, Elżbieta i Marek Kamiński, *Powstanie Warszawskie*, Wydawnictwo PARMA PRESS, 2004

Kobielski, Dobrosław, *Warszawa z lotu ptaka*, Wydawnictwo Interpress, Warszawa, 1971

Komar, Michał, *Władysław Bartoszewski, Wiwiad rzeka*, Świat Książki, 2006

Kopf, Stanisław, *Wyrok na miasto: Wypędzenie, rabunek, zagłada*, Fundacja „Wystawa Warszawa Walczy 1939-1945", Warszawa, 2001

Kulesza, Juliusz, *Starówka*, Fundacja „Wystawa Warszawa Walczy 1939-1945", Warszawa, 1999

Majewski, Jerzy S. i Tomasz Urzykowski, *Przewodnik po Powstańczej Warszawie*, Muzeum Powstania Warszawskiego, Warszawa, 2007

Malacki, Zygmunt, *Kościół pod wezwaniem św. Stanisława Kostki –u grobu Sługi Bożego ks. Jerzego Popiełuszki*, Wydawnictwo Archidiecezji Warszawskiej, Warszawa, 1999

Malacki, Zygmunt, *Sługa Boży, ksiądz Jerzy Popiełuszko*, Wydawnictwo Siostr Loretanek, Warszawa, 2002

Maliszewska, Izabella i Stanisław Maliszewski, *Śródmieście Północne*, Fundacja „Wystawa Warszawa Walczy 1939-1945", Warszawa, 2000

Mórawski, Karol, Krzysztof Oktabiński i Lidia Świerczek, *Wola*, Fundacja „Wystawa Warszawa Walczy 1939-1945", Warszawa, 2000

Napiórkowski, Adrian (projekt graficzny), *Kolor wolności*, Warszawa 1944, Muzeum Powstania Warszawskiego, Warszawa, 2005

Paluszkiewicz, Felicjan SJ, opracował, *Masakra w klasztorze*, RHETOS, Warszawa, 2003

Pawlak, Jerzy, *Nad Warszawą*, Fundacja „Wystawa Warszawa Walczy 1939-1945", Warszawa, 2000

Rozwadowski, Piotr, redaktor naukowy, *Wielka Ilustrowana Encyklopedia Powstania Warszawskiego*, tom 1, Fundacja „Wystawa Warszawa Walczy 1939-1945", Warszawa, 2005

Rozwadowski, Piotr, redaktor naukowy, *Wielka Ilustrowana Encyklopedia Powstania Warszawskiego*, tom 2, Fundacja „Wystawa Warszawa Walczy 1939-1945", Warszawa, 2006

Trentowska, Hanna, redaktor, *Zapominane Miejsca Pamięci*, Przedsiębiorstwo Wydawniczo-Handlowe „Graf", Warszawa, 2005

Utracka, Katarzyna, *Pległym chwała, wolność żywym: Oddziały walczącej Warszawy*, Muzeum Powstania Warszawskiego, Warszawa, 2005

Wnuk, Rafał (redaktor naczelny), *ATLAS: Polskiego podziemia niepodległościowego 1944-1956*, Instytut Pamięci Narodowej, 2007

„Wydawnictwo Strażnik", redakcja i korekta, *Robiłem swoją robotę: Rozmowa z mir Januszem Brochwicz-Lewińskim „Gryfem"*, Wydawnictwo Strażnik, 2006

Zaborski, Zdzisław, *Tędy Przeszła Warszawa: Epilog Powstania Warszawskiego*, Wydawnictwo ASKON, Warszawa, 2004

Związek Powstańców Warszawskich, *Kronika dni powstania*, Warszawa, 2009

日本語・日本語訳書

伊東孝之著『ポーランド現代史』山川出版社、1988

伊東孝之、井内敏夫、中井和夫編『ポーランド・ウクライナ・バルト史』山川出版社、1988

岩倉務とレナ・マルシニャク文、フランチシェック・マシルシチャック絵『廃墟のなかの結婚式』平和博物館を創る会編・平和のアトリエ刊、1990

梅本浩志、松本照男著『ワルシャワ蜂起』社会評論社、1991

尾崎俊二著『記憶するワルシャワ：抵抗・蜂起とユダヤ人援助組織ŻEGOTA』光陽出版社、2007

アンジェイ・ガルリツキ著、渡辺克義・田口雅弘・吉岡潤監訳『ポーランドの高校歴史教科書（現代史）』明石書店、2005

アンブロワーズ・ジョベール著、山本俊朗訳『ポーランド史』白水社、1971

J・M・チェハノフスキ著、梅本浩志訳『ワルシャワ蜂起１９４４』筑摩書房、1989

エヴァ・パワシュ＝ルトコフスカ、アンジェイ・T・ロメル著、柴理子訳『日本・ポーランド関係史』彩流社、2009

スタニスワフ・ミコワイチク著、広瀬佳一・渡辺克義訳『奪われた祖国ポーランド：ミコワイチク回顧録』中央公論社、2001

イェジ・ルコフスキ、フベルト・ザヴァツキ著、河野肇訳『ポーランドの歴史』創土社、2007

渡辺克義著『カチンの森とワルシャワ蜂起』岩波書店、1991

索引

人名索引

ア 行

アイェフスキ、エウゲニュシュ（コトファ）
Ajewski Eugeniusz, „Kotwa" *303*
アイグネル、フルィスティヤン・ピョトル
Aigner Chrystian Piotr *268*
アウグスト二世モツヌィ August II Mocny
227, 228, 267, 324
アウグスト三世 August III *228*
アニェレヴィチ、モルデハイ Anielewicz Mordechaj *88*
アレクサンデル一世 Alexander I Romanov
268
アレクサンデル二世 Alexander II Romanov
149
アレクサンデル三世 Alexander III Romanov
48
アンデルス、ヴワディスワフ Anders Władysław
186, 373
イェジェルスキ、ミロスワフ（カルニシュ）
Jezierski Mirosław, „Karnisz" *324*
イェジョラィンスキ、ズヂスワフ（ノヴァク）
Jeziorański Zdzisław, „Nowak" *39-42, 44, 175, 176, 202, 203, 207-210, 264, 278, 345, 389, 420-424*
イェジョラィンスキ、ヤン Jeziorański Jan *168*
イジコフスキ、カロル Irzykowski Karol *116*
イヂコフスキ、アダム Idżkowski Adam *267*
イーデン、アンソニー Eden Anthony *407*
イラネク＝オスメツキ、カジミェシュ（ヘルレル）
Iranek-Osmecki Kazimierz, „Heller" *28, 29, 37, 38, 405, 406, 415*
イリング、ミロスワフ Iringh Mirosław *301, 302*
ヴァイダ、アンジェイ Wajda Andrzej *47, 50, 298, 309, 361, 374, 424, 425*
ヴァウェンサ、レフ Wałęsa Lech *88, 105*
ヴァース、アレクサンダー Werth Alexander
364
ヴァルコフスキ、ズィグムント Walkowski Zygmunt *148*
ヴァルマン、ズィグムント Warman Zygmunt
347
ヴィシィンスキ、ステファン Wyszyński Stefan
132, 150, 156, 300
ウィジヴィンスキ、ヴィトルト（マチェイェフスキ）
Łyżwiński Witold, „Maciejewski" *172*
ヴィジコフスキ、タデウシュ Wyrzykowski Tadeusz *96*
ヴィソツカ、レオカディア（ギェヴォント）
Wyso-cka Leokadia, „Giewont" *79*
ヴィルク、ユゼフ（オルリク） Wilk Józef, „Orlik"
188
ヴィルレヴィチ、グスタフ（ソスナ） Billewicz Gustaw, „Sosna" *101*
ヴェベル、スタニスワフ（ポピェル） Weber Stanisław, „Popiel" *132*
ヴェンツェスラス四世 Wenceslas (Wenceslaus) IV *220*
ヴォイティワ、カロル → ヤン・パヴェウ二世
ウォード、ジョン Ward John *207, 279, 280, 389*
ヴォドニツカ、アドリアナ（グラジナ） Wodnicka Adriana, „Grażyna" *79*
ウォムニツキ、タデウシュ Łomnicki Tadeusz
356
ヴォロニチ、ヤン・パヴェウ Woronicz Jan Paweł
329
ウカシィンスキ、ヴァレリヤン Łukasiński Walerian *171, 176*
ウトニク、マリヤン Utnik Marian *424*
ウニェホフスカ、フェリツィヤ Uniechowska Felicja *128*
ウルバノヴィチ、アニェラ Urbanowicz Aniela
405
ヴワディスワフ四世ヴァザ Władysław IV Waza
147, 177, 185
エキェル、ヤン Ekier Jan *281*
エデルマン、マレク Edelman Marek *62, 163, 347, 348*

オクシェヤ、ステファン Okrzeja Stefan *367*
オクリツキ、レオポルト（ニェヂヴィャデク） Okulicki Leopold, „Niedźwiadek" *28, 37, 38, 133, 205, 280, 405, 417, 418, 421-424*
オストロフスカ、エルジュビェタ（エラ） Ostrowska Elżbieta, „Ela" *314*
オストロフスキ、カジミェシュ（オレシャ） Ostrowski Kazimierz, „Olesza" *275*
オチュコ、ヴォイチェフ Oczko Wojciech *129*
オドルキェヴィチ、ツィプリャン（クルィバル） Odorkiewicz Cyprian, „Krybar" *231, 232, 253*
オルウォフスキ、ユゼフ Orłowski Józef *224*
オルショフスキ、ヴワディスワフ（ソクウ） Olszowski Władysław, „Sokół" *266*
オルスカ、イレナ Orska Irena *49, 57-59, 91, 152, 213-215, 247-249, 254, 255, 263, 279, 391-393, 411-414*

カ 行

カヴァレツ、ミェチスワフ Kawalec Mieczysław *320*
ガウカ、ミェチスワフ（エレガント） Gałka Mieczysław, „Elegant" *157-159*
ガウコヴァ、ダヌタ（ブロンディンカ） Gałkowa Danuta, „Blondynka" *157-159, 190*
カコフスキ、アレクサンデル Kakowski Aleksander *90, 132*
カチィンスキ、レフ Kaczyński Lech *105, 107*
カチェフスキ、フランチシェク Kaczewski Franciszek *79*
カツェネルソン、イツハク Kacenelson Icchak *179*
カデン＝バンドロフスキ、ユリウシュ Kaden-Bandrowski Juliusz *116*
ガドムスカ、クルィスティナ（グラニト） Gadomska Krystyna, „Granit" *79*
カニェフスキ、ステファン（ナウェンチュ） Kniewski Stefan, „Nałęcz" *173, 223*
カニャ、ユゼフ Kania Józef *79*
カプスタ、ユゼフ Kapusta Józef *79*
カプレル、ユゼフ Kapler Józef *218*
カミィンスキ、スタニスワフ（ダニエル） Kamiński Stanisław, „Daniel" *304, 329*
カミィンスキ、ブロニスワフ Kamiński Bronisław *74, 75, 112, 122, 128, 237*
カムレル、イェジ Kamler Jerzy *74, 76, 86*
カラシュヴナ、ヤニナ（ブロンカ） Karasiówna Janina, „Bronka" *28, 37, 52, 61*
ガルペルィン、ズビグニェフ Galperyn Zbigniew *189*
キヴェルスキ、ヤン・ヴォイチェフ（オリヴァ） Kiwerski Jan Wojciech, „Oliwa" *33*
ギェオルギツァ、ヤン（グジェゴジェヴィチ） Gieorgica Jan, „Grzegorzewicz" *206*
ギェレク、エドヴァルト Gierek Edward *147, 257*
ギジィンスキ、ルツィヤン Giżyński Lucjan *166*
キュリー、ピエール Curie Pierre *160*
キュリー＝スクウォドフスカ、マリヤ Curie-Skłodowska Maria *160*
キリィンスキ、ヤン Kiliński Jan *154, 200, 201*
キルフマイエル、イェジ Kirchmayer Jerzy *145*
ククリィンスキ、ルィシャルト Kukliński Ryszard *356*
グジヴィンスキ、エドムント（レオン） Grzywiński Edmund, „Leon" *215*
グジェヴィチ（ピンクス一世）、MŁ Guziewicz (Pinkus I) MŁ *134*
クシジャノフスキ、アレクサンデル（ヴィルク） Krzyżanowski Aleksander, „Wilk" *34*
クシチュコフスキ、ユゼフ（シモン） Krzyczkowski Józef, „Szymon" *134, 335, 336, 357*
クチェラ、フランツ Kutschera Franz *134, 135, 286, 287*
クチマ、ヴィンツェンティ Kućma Wincenty *183*
グデーリアン、ハインツ Guderian Heinz *365*
グライェク、ステファン Grajek Stefan *163*
クライェフスキ、ミロスワフ（ピェトレク） Krajewski Mirosław, „Pietrek" *239*
クライェフスキ、ラファウ Krajewski Rafał *168, 224*
クラコフスキ、シュムエル Krakowski Shmuel *89, 348, 349*
クラシィンスキ、ヤン・ドブロゴスト Krasiński

Jan Dobrogost　181
クラフチク、マリヤン・エウスタフ　Krawczyk Marian Eustach　199
グラプスキ、カロル（カロル）　Grabski Karol, „Karol"　344
クラヘルスカ、クルィスティナ（ダヌタ）　Krahelska Krystyna, „Danuta"　246, 250, 275, 317
グラレフスカ、アリナ（シャロトカ）　Gralewska Alina, „Szarotka"　79
クリムント、マリヤ・ドミンスカ（マルィシャ）　Klimunt Maria Dominska, „Marysia"　64
クリューガー、フリードリヒ　Krüger Friedrich　135
クリシュコ、ゼノン　Kliszko Zenon　337, 338
クルィギェル、ミェチスワフ　Krygier Mieczysław　95
クルスキ、ユリアン　Kulski Julian　223
グルスキ、エドムント　Górski Edmund　79
クルラント、スタニスワフ　Kurland Stanisław　160
クレイン、ダヴィド　Klein David　163
クレチュコフスキ、イェジ　Kleczkowski Jerzy　135
グレツキ、ユゼフ　Górecki Józef　229
グロッスヴナ＝オストロフスカ、エルジュビェタ（エラ）　Grossówna-Ostrowska Elżbieta, „Ela"　64
クロネンベルク、レオポルト　Kronenberg Leopold　227
クロプスカ、クルィスティナ（クロプカ）　Kropska Krystyna, „Kropka"　134
クロン、ヤツェク　Kuroń Jacek　354
グロントコフスキ、ズヂスワフ（ズヂフ）　Grontkowski Zdzisław, „Zdzich"　68
ケニグスヴェイン、シュムエル（スタニスワフ）　Kenigswein Shmuel, „Stanisław"　89, 349
ゲルツ、ヴァンダ（レナ）　Gertz Wanda, „Lena"　187
ケンプスカ、ズヂスワヴァ（ストルムィク）　Kempska Zdzisława, „Strumyk"　79
コヴァルスキ、ボレスワフ（ルィシャルト・ピャセツキ）　Kowalski Bolesław, „Ryszard Piasecki"　159
ゴウェンビェフスキ、イェジ（スタフ）　Gołembiewski Jerzy, „Stach"　68, 113, 120
コザキェヴィチ、ヴウォヂミェシュ（バッルィ）　Kozakiewicz Włodzimierz, „Barry"　224
コシチュシュコ、タデウシュ　Kościuszko Tadeusz　93, 154, 200, 325
コジツキ、マチェイ（クバ）　Kozicki Maciej, „Kuba"　134
コシボヴィチ、エドヴァルト　Kosibowicz Edward　322, 323
コッサク＝シュチュツカ、ゾフィヤ　Kossak-Szczucka Zofia　208, 232
コティンスキ、ヘンルィク　Kotyński Henryk　79
コトフスキ、アルフォンス（オコィン）　Kotowski Alfons, „Okoń"　336
ゴドレフスカ、アニェラ　Godlewska Aniela　266
ゴドレフスキ、アントニ　Godlewski Antoni　265, 266, 356
ゴドレフスキ、フランチシェク　Godlewski Franciszek　266
コナルスキ、ヴィクトル・ルドヴィク（ヴィクトル）　Konarski Wiktor Ludwik, „Wiktor"　142, 336
コナルスキ、スタニスワフ　Konarski Stanisław　85
コニェチュヌィ、マリヤン　Konieczny Marian　232
コノパツキ、エウゲニュシュ（チュシャスカ）　Konopacki Eugeniusz, „Trzaska"　144
コペルニク、ミコワイ　Kopernik Mikołaj　200, 201
ゴムウカ、ヴワディスワフ　Gomułka Władysław　235, 257, 356, 379, 418
コモロフスキ、タデウシュ（ブル）　Komorowski Tadeusz, „Bór"　27-43, 49-55, 73, 85-87, 116, 131-133, 141-143, 146, 147, 151, 154, 155, 160, 172, 183, 195-197, 203-206, 210-213, 217, 250, 264, 268, 281, 284-287, 292, 293, 315, 316, 338, 345, 356, 363-365, 383-387, 393, 397, 398, 403-408, 415-417
コラッツィ、アントニオ　Corazzi Antonio　222
コラプ、グジェゴシュ　Korab, Grzegorz　152
ゴリボルスカ、テオドズィヤ（トシャ）　Goliborska Teodozja, „Tosia"　347

コルチャク、ヤヌシュ　Korczak Janusz　*78, 367*
ゴルトシュミト、ヘンルィク　Goldszmit Henryk
→　コルチャク、ヤヌシュ
ゴルトスタイン、イスラエル・ハイム　Goldstein Yisrael Chaim　*349*
ゴルトマン、ツェツィリヤ　Goldman Cecilia　*348*
コルベ、マクスィミリヤン　Kolbe Maksymilian　*133*
コルボィンスキ、ステファン　Korboński Stefan　*43, 198, 207-209, 249, 279, 280, 284, 394, 398, 417-420*
ゴレンヂノフスキ、ステファン（ゴルスキ）　Golędzinowski Stefan, „Golski"　*280*
ゴンタルチク、ブロニスワフ（ボレク）　Gontarczyk Bronisław, „Bolek"　*369*
コントルィム、ボレスワフ（ジムヂン）　Kontrym Bolesław, „Żymudzin"　*230*

サ 行

ザヴァツカ、エルジュビェタ（ゾ）　Zawacka Elżbieta, „Zo"　*422*
ザヴァツキ、ヴウォヂミェシュ（バルトキェヴィチ）　Zawadzki Włodzimierz, „Bartkiewicz"　*199, 230*
ザヴァツキ、タデウシュ（ゾシカ）　Zawadzki Tadeusz, „Zośka"　*282, 283, 306, 354, 355*
ザヴォドヌィ　Zawodny J.K.　*56, 140, 145, 155, 169, 220, 277, 327, 364, 365, 374, 405, 407, 409*
サク、ユゼフ　Sak Józef　*163*
ザクシェフスキ、イェジ（ムウォト）　Zakrzewski Jerzy, „Młot"　*238, 239*
サッチャー、マーガレット　Thatcher Margaret　*376*
ザドロジヌィ、スタニスワフ（パヴリチュ）　Zadrożny Stanisław, „Pawlicz"　*206*
サニコフスキ、レオナルト　Sanikowski Leonard　*79*
サノイツァ、アントニ（コルトゥム）　Sanojca Antoni, „Kortum"　*37, 38*
ザフファトヴィチ、ヤン　Zachwatowicz Jan　*133, 148, 152, 280*
サラムハ、ヤン　Salamucha Jan　*120, 121*
ザレスキ、チェスワフ（ルビチ）　Zaleski Czesław, „Lubicz"　*147*
ザレンバ、ユゼフ（クルチュニカ）　Zaremba Józef, „Klucznika"　*185*
ザンブロフスキ、イェジ（ユレク）　Zambrowski Jerzy, „Jurek"　*134*
ジェプカ、ユゼフ　Rzepka Józef　*320*
ジェペツキ、ヤン　Rzepecki Jan　*28, 37, 38, 203, 207, 264, 420, 425*
シェミョントコフスキ、タデウシュ（マズル）　Siemiątkowski Tadeusz, „Mazur"　*237*
ジェムスキ、カロル（ヴァフノフスキ）　Ziemski Karol, „Wachnowski"　*52, 55, 83, 84, 132, 140, 141, 144, 145, 155, 174, 176*
ジェレィンチク、ステファニャ　Zieleńczyk Stefania　*305*
シェーレ、コンスタンティ　Schiele Konstanty　*102*
ジェンバ、ヴォイチェフ　Zięba Wojciech　*100*
シコルスカ、ヤドヴィガ　Sikorska Jadwiga　*271*
シコルスキ、ヴワディスワフ　Sikorski Władysław　*31, 286, 375*
シチボル＝ルィルスキ、ズビグニェフ（モティル）　Ścibor-Rylski Zbigniew, „Motyl"　*60, 189, 190, 219, 267*
シフィェルチェク、ヤン　Świerczek Jan　*79*
シフィェントホフスキ、ズビグニェフ（クシシュトフ）　Świętochowski Zbigniew, „Kszysztof"　*205*
シフィタル、スタニスワフ　Świtał Stanisław　*347*
シフィデルスキ、イェジ　Świderski Jerzy　*153*
シフィドフスキ、スタロスト・ヴワディスワフ（ヴィク・スワフスキ）　Świdowski Starost Władysław, „Wik Sławski"　*141*
シポフスキ、ヤン（レシニク）　Szypowski Jan, „Leśnik"　*166*
シマニャク、フランチシェク　Szymaniak Franciszek　*322*
ジミィンスカ、ミラ　Zimińska Mira　*281*
ジミェルスキ、ミハウ（ロラ）　Żymierski Michał, „Rola"　*160*
シムリク、ヤン　Szymlik Jan　*79*

シモンス、アルベルト　Simons Albert　177
ジャビィンスキ、ヤン　Żabiński Jan　167
シャンティル、ヴィンツェンティ（ウルスィナ）　Szantyr Wincenty, „Urusyna"　249
シュヴァイケルト、イェンドルシ　Szwajkert Jędruś　355
シュターエル、ライナー　Stahel Reiner　74, 194, 227
シュチェパィンスキ、ユゼフ（ジュテク）　Szczepański Józef , „Ziutek"　81
シュチュシャウコフキ、イェジ　Strzałkowski Jerzy　99
シュチュデウェク、チェスワフ（ヤシュチュル）　Szczudełek Czesław, „Jaszczur"　307
シュトゥンベルク＝ルィフテル、タデウシュ（ジェゴタ）　Sztumberk-Rychter Tadeusz, „Żegota"　33
シュトループ、ユルゲン　Stroop Jürgen　88, 321
シュピルマン、ヴワディスワフ　Szpilman Władysław　97, 113, 125-128, 157, 354
シュミット　Schmidt　74, 245
シュライフェル、ヘンルィク　Szlajfer Henryk　257
ジュラフレフ、イェジ　Żurawlew Jerzy　230
ジュリィンスキ、ロマン　Żuliński Roman　168
ジュロフスキ、アントニ・ヴワディスワフ（アンジェイ・ボベル）　Żurowski Antoni Władysław, „Andrzej Bober"　361, 362, 369-372
ショスタク、ユゼフ（フィリプ）　Szostak Józef, „Filip"　28, 29, 37, 38
ショパン、フルィデルィク　Chopin Fryderyk　200
シロンザク、ダヌタ　Ślązak Danuta　→　ガウコヴァ、ダヌタ
ズィグムント一世スタルィ　Zygmunt Ⅰ Stary　146
ズィグムント二世アウグスト　Zygmunt Ⅱ August　146
ズィグムント三世ヴァザ　Zygmunt Ⅲ Waza　47, 129, 146
ズィスマン＝ジェミャン、ユゼフ　Zysman-Ziemian Józef　348
ズィルベルスタイン、レア　Zylberstein Leah　348
スウォヴァツキ、ユリウシュ　Słowacki Juliusz　335
スウコフスキ＝ムズィチュカ、ルドヴィク（ベネディクト）　Słkowski-Muzyczka Ludwik, „Benedykt"　38
スキプニェフスキ、スタニスワフ（ツブルィヌィ）　Skibniewski Stanisław, „Cubryny"　249, 250
スクシェシェフスカ、ゾフィヤ（ゾシャ）　Skrzeszewska Zofia, „Zosia"　347
スクロチィンスキ、アルビン（ワシュチュ）　Skroczyński Albin, „Łaszcz"　38
スココフスキ、ユリアン（ザボルスキ）　Skokowski Julian, „Zaborski"　42
スコラチェフスキ、ヴウォジミェシュ　Skoraczewski Włozimierz　61
スタジィンスキ、ステファン　Starzyński Stefan　93, 123, 221, 222, 224, 225, 246, 307
スタッフ、レオポルト　Staff Leopold　321
スタニスワフ・アウグスト・ポニャトフスキ　Stanisław August Poniatowski　73, 106, 146, 151, 324
スタネク、ユゼフ（ルディ）　Stanek Józef, „Rudy"　293, 300
スターリン、ヨシフ　Stalin Josif　41, 42, 184, 309, 362-364, 383, 394-396
スタルィンキェヴィチ、ソクラテス　Starynkiewicz Sokrates　48, 123
スチュシェシェフスキ、ヤン（ヴィクトル）　Strzeszewski Jan „Wiktor"　167
スティャストヌィ、ヤロスワフ　Stiastny Jarosław　81
ステファン・バトルィ　Stefan Batory　129, 306
ストルィイェツキ、ルィシャルト　Stryjecki Ryszard　77
ズビイェフスキ、コンスタンティ　Zbijewski Konstanty　307
ズボィンスカ＝ザウスカ、ヤドヴィガ　Zbońska-Załuska Jadwiga　351
スモレィンスカ、アンナ（ハニャ）　Smoleńska Anna, „Hania"　283
スレッサー、ジョン　Slessor John　383-385, 388
スワヴィンスカ、ヤニナ（シュチト）　Sławińska

Janina, „Szczyt" 79
ゼイラント、ヤヌシュ Zeyland Janusz 92
ゼムワ・グスタフ Zemła Gustaw 97
セーロフ、イヴァン・アレクサンドロヴィッチ Serov Ivan Aleksandrovich 380, 420
センディス、ナタリヤ（ジィトカ） Sendys Natalia, „Żytka" 52
ゼンチコフスキ、タデウシュ（コヴァリク） Zenczykowski Tadeusz, „Kowalik" 207
センドレロヴァ、イレナ Sendlerowa Irena 124
ゼンビク、アントニ（ビェグウィ） Zębik Antoni, „Biegły" 206
ソヴィンスキ、ユゼフ Sowiński Józef 93, 94
ゾウォヒィンスキ、ズヂスワフ（ピョトル） Zołochiński Zdzisław, „Piotr" 60, 219
ソコウォフスキ、ミェチスワフ（グジマワ） Sokołowski Mieczysław, „Grzymała" 111, 112
ソサボフスキ、スタニスワフ Sosabowski Stanisław 170, 356
ソスノフスキ、オスカル Sosnowski Oskar 132, 281
ソスンコフスキ、カジミェシュ Sosnkowski Kazimierz 31, 32, 35, 39, 40, 42, 385, 395, 405
ソベスキ、フランチシェク・エドヴァルト（ボィンチャ） Sobeski Franciszek Edward, „Bończa" 149
ソボレフスキ、ヴォイチェフ Sobolewski Wojciech 331

タ 行

ダヴィドフスキ、マチェイ・アレクスィ Dawidowski Maciej Aleksy 201, 355
タズビル、ヴァンダ Tazbir Wanda 270, 271
タベルマン、ズィグムント Taberman Zygmunt 163
タルノフスカ、マリヤ Tarnowska Maria 413
タルノフスキ、ヤン（ヴァリグラ） Tarnowski Jan, „Waligóra" 73
チェヴォロッティ、ジョヴァンニ Cievorotti Giovanni 221
ヂェコィンスキ、ユゼフ・ピウス Dziekoński Józef Pius 268
チェチェルスキ、カジミェシュ Ciecierski Kazimierz 92
チェハノフスキ、ヤン Ciechanowski Jan 29
チェプリィンスキ、ウカシュ Cieplński Łukasz 320
チェホフスカ、エミリヤ（テレサ） Czechowska Emilia, „Teresa" 79
ヂェルジィンスキ、フェリクス Dzierżyński Feliks 221
チェルニャクフ、アダム Czerniaków Adam 98, 104, 219
チャーチル、ウィンストン Churchill Winston 184, 383, 395, 396
チャルヌィ、ザヴィシャ Czarny Zawisza 276
チュシェチャク、スタニスワフ Trzeciak Stanisław 233
チュチィンスカ＝カミィンスカ、ゾフィヤ Trzcińska-Kamińska Zofia 133
ツィヴィンスキ、フェリクス Cywinski Feliks 89
ツキェルマン、イツハク（アンテク） Cukierman Icchak, „Antek" 62, 63, 160-163, 234, 336, 347, 348, 375
ディヴィス、ノーマン Davies Norman 286
ディガト、アントニ Dygat Antoni 165
デイベル、ヤン・ズィグムント Deybel Jan Zygmunt 173
ティルマン Tylman（Tylman Gamerski あるいは Tylman van Gameren） 181
ディルレワンガー、オスカー Dirlewanger Oskar 56, 74, 75, 80, 102, 103, 143, 245, 291
デヴィチ、アダム（シャルィ・ヴィルク） Dewicz Adam, „Szary Wilk" 254
トゥヴィム、ユリアン Tuwim Julian 356
トウヴィンスキ、タデウシュ Tołwiński Tadeusz 274
ドゥニコフスキ、クサヴェルィ Dunikowski Xawery 232, 325
トゥミダイスキ、カジミェシュ（マルチン） Tumidajski Kazimierz, „Marcin" 35
ドブラチィンスキ、ヤン Dobraczyński Jan 314
ドブロヴォルスキ、アダム（サヴィツキ） Dobrowolski Adam, „Sawicki" 275
ドブロヴォルスキ、ズィグムント（ズィンドラム）

Dobrowolski Zygmunt, „Zyndram” 406
ドブロヴォルスキ、スタニスワフ・ルィシャルト Dobrowolski Stanisław Ryszard 153
トポルスキ、フランチシェク Toporski Franciszek 133
トマシェフスキ、スタニスワフ（ミェヅァ） Tomaszewski Stanisław, „Miedza” 93
トモロヴィチ、ステファン Tomorowicz Stefan 116
トラウグット、ロムアルト Traugutt Romuald 168, 202
ドラプチィンスカ、バルバラ Drapczyńska Barbara 306
ドリィンスキ、タデウシュ Doliński Tadeusz 79
トルヴァルセン、ベルテル Thorvaldsen Bertel 106, 200
ドルジヂ、ボレスワフ Dróżdż Bolesław 206
トルシュコフスキ、アダム（アダム） Truszkowski Adam, „Adam” 207
ドレシェル＝オルリチ、グスタフ Dreszer-Orlicz Gustaw 328
ドンブロフスキ、ヤクプ Dąbrowski Jakub 132
ドンブロフスキ、ヤン・ヘンルィク Dąbrowski Jan Henryk 307

ナ 行

ナグルスキ、ユリウシュ Nagórski Juliusz 368
ナポレオン・ボナパルト一世 Napoleon I Bonaparte 106
ナラゾフスキ、タデウシュ（チャルヌィ） Nalazowski Tadeusz, „Czarny” 368
ナルトヴィチ、ガブリエル Narutowicz Gabriel 130
ニェヂェルスキ、ミェチスワフ（ジヴィチェル） Niedzielski Mieczysław, „Żywiciel” 335-338, 346, 352, 353
ニコライ一世 Nicholas I 106
ニトスホヴァ、ルドヴィカ Nitschowa Ludwika 246, 317
ネツェル、ズィグムント（クルィスカ） Netzer Zygmunt, „Kryska” 67, 291, 292
ノアコフスキ、スタニスワフ Noakowski Stanisław 282
ノルヴィト、ツィプリヤン・カミル Norwid Cyprian Kamil 256

ハ 行

パヴラク、イェジ Pawlak Jerzy 400
パスケヴィチ、イヴァン Paskevich Ivan 106
バチィンスカ、バルバラ Baczyńska Barbara 226, 306
バチィンスキ、クシシュトフ・カミル Baczyński Krzysztof Kamil 225, 226, 273, 305, 306, 356
バチィンスキ、スタニスワフ Baczyński Stanisław 305
バッハ＝ツェレフスキ、エーリヒ・フォン・デム Bach-Zelewski Erich von dem 75, 136, 404, 405, 407, 408
パデレフスキ、イグナツィ・ヤン Paderewski Ignacy Jan 165, 375
バトルィ、ユゼフ Batory Józef 320
バナシ、ズビグニェフ（バナン） Banaś Zbigniew, „Banan” 252, 253
パヌフニク、アンジェイ Panufnik Andrzej 153
ハベルブッシュ、ブワジェイ Haberbusch Bułażej 102
バラノフスキ、エドムント Baranowski Edmund 189
バリィンスキ、スタニスワフ Baliński Stanisław 370
ハリマン、ウィリアム・アヴェレル Harriman William Averell 394, 395
バルトシェフスキ、ヴワディスワフ Bartoszewski Władysław 124, 275
パレフスキ、ユゼフ Palewski Józef 79
ハンソン、ヨアンナ Hanson Joanna 145, 196-198, 244, 313, 316, 335, 403
ピウス十一世 Pius XI 321
ピウスツキ、ユゼフ・クレメンス Piłsudski Józef Klemens 306, 320, 328, 373, 375
ビェシャルスキ、ヤヌシュ（ポライ） Biesialski Janusz, „Poraj” 69
ピェトラシェヴィチ、ブロニスワフ（ロト） Pietraszewicz Bronisław, „Lot” 355
ビェルト、ボレスワフ Bierut Bolesław 356, 379, 418

ビェルナツキ、ミロスワフ（ゲネラウ） Biernacki Mirosław, „Generał" *238*

ビェレツキ、ヴァレリヤン（ヤン） Bielecki Walerian, „Jan" *254*

ヒジィンスキ、ミェチスワフ（ペウカ） Chyżyński Mieczysław, „Pełka" *165*

ビスクプスキ、マクスィミリヤン Biskupski Maksymilian *168*

ヒチェフスキ、アンジェイ（グスタフ） Chyczewski Andrzej, „Gustaw" *113, 119, 120, 134*

ヒッツィヒ、ゲオルク Hitzg Georg *227*

ヒムラー、ハインリヒ Himmler Heinrich *74, 133, 285, 286, 414*

ビャウォウス、ルィシャルト（イェジ） Białous Ryszard, „Jerzy" *273, 293-295, 299*

ピャセツキ、ユゼフ・マリヤン Piasecki Józef Marian *92*

ビルレヴィチ、グスタフ（ソスナ） Billewicz Gustaw, „Sosna" *141, 144, 174*

ピレツキ、ヴィトルト Pilecki Witold *122, 318, 319*

ファルコフスキ、アドルフ Falkowski Adolf *187*

ファルコフスキ、ヤクプ Falkowski Jakub *269, 270*

ファルバ、タデウシュ Falba Tadeusz *155*

フィェルドルフ、エミル・アウグスト Fieldorf Emil August *319, 356*

フィシュグルント、ユリアン（ユレク） Fiszgrund Julian, „Jurek" *347*

フィッシャー、ルードウィヒ Fischer Ludwig *39, 74, 103, 194, 200, 201, 227*

ブィトナル、ヤン（ルディ） Bytnar Jan, „Rudy" *283, 306, 323, 342, 355*

ブィトニェフスカ、イレナ Bytniewska Irena → オルスカ、イレナ

ブィトニェフスカ、バルバラ（バルバルカ） Bytniewska Barbara (Barbarka) *411*

フィリプコフスキ、ヴワディスワフ（ヤンカ） Filipkowski Władysław, „Janka" *34*

フィリポヴィチョヴァ、ヴァンダ・クラヘルスカ Filipowiczowa Wanda Krahelska *284, 317*

フィルホ、エドヴァルト（レシェク） Fircho Edward, „Leszek" *271*

フェインメセル、ブロニスワヴァ（マルィシャ） Feinmesser Bronisława, „Marysia" *347*

フォッグ、ミェチスワフ Fogg Mieczysław *281*

フォン・ヴォルマン、ニコラウス von Vormann Nikolaus *227*

ブガイスキ、ルィシャルト Bugajski Ryszard *129*

ブコフスキ、タデウシュ Bukowski Tadeusz *253*

プシェベンドフスキ、ヤン・イェジ Przebendowski Jan Jerzy *173*

プシェンヌィ、ユゼフ Przenny Józef *188*

プジャク、カジミェシュ（バズィリ） Pużak Kazimierz, „Bazyli" *28, 53, 144, 320*

フションシュチュ、エウゼビュシュ（オルカン） Chrząszcz Euzebiusz, „Orkan" *134*

プスウォフスキ、クサヴェルィ Pusłowski Ksawery *325*

プチィンスキ、カジミェシュ（ヴロニスキ） Puczyński Kazimierz, „Wroniski" *166*

ブチィンスキ、ワディスワフ Buczyński Władysław *272*

ブディン、ヤツェク Budyń Jacek *183*

プニェフスキ、ボフダン Pniewski Bochdan *222, 272*

プフェイッフェル、エドヴァルト・フランチシェク（ラドヴァン） Pfeiffer Edward Franciszek, „Radwan" *140, 193*

フフス、イェジ Fuchs Jerzy *59*

フミェル、カロル Chmiel Karol *320*

ブヤノヴィチ、アルフレト（シュパガト） Bujanowicz Alfred, „Szpagat" *62*

ブラウン、スィルヴェステル（クリス） Braun Sylwester, „Kris" *211, 215*

ブラゼイ、フランチシェク Blazej Franciszek *320*

フラナシェク、ユゼフ Franaszek Józef *81*

ブランク、ピョトル Blank Piotr *225*

ブリュール、ハインリヒ・フォン Brühl Heinrich von *228*

ブルィム、ズビグニェフ（ズドゥン） Brym Zbigniew, „Zdun" *237*

フルィムス、イェジ（ガルバティ） Frymus Jerzy, „Garbaty” *210*
ブル＝コモロフスキ、タデウシュ → コモロフスキ、タデウシュ（ブル）
フルシチェル、アントニ（モンテル） Chruściel Antoni, „Monter” *27-29, 38, 39, 50, 52, 65, 83, 87, 130-132, 140, 141, 144, 174-176, 194, 195, 202-204, 285, 314-316, 356, 364, 389, 403*
ブルース、ジョージ Bruce George *29, 35, 55, 75, 175, 199, 286, 293, 316, 337, 403*
プルタ＝チャホフスキ、カジミェシュ（クチャバ） Pluta-Czachowski Kazimierz, „Kuczaba” *28, 29, 37, 38, 42, 204, 205*
ブルムシュタイン、セヴェルィン Blumsztajn Seweryn *257*
フレンキェル、パヴェウ Frenkiel Paweł *189*
ブレンネイセン、エルヴィン（ベウト） Brenneisen Erwin, „Bełt” *263*
ブロフヴィチ＝レヴィンスキ、ヤヌシュ（グルィフ） Brochwicz-Lewiński Janusz, „Gryf” *80*
ブワシュチャク、スタニスワフ（ルク） Błaszczak Stanisław, „Róg” *141, 144, 149, 245*
ペウチィンスキ、タデウシュ（グジェゴシュ） Pełczyński Tadeusz, „Grzegorz” *28, 29, 37, 38, 40, 41, 131, 143, 203-205, 286, 336, 416*
ヘゲル、コンスタンティ Hegel Konstanty *152, 246*
ペトルィノフスカ、ハンナ（ラナ） Petrynowska Hanna, „Rana” *166, 167*
ペトルィノフスキ、マリヤン Petrynowski Marian *167*
ベネディクト十三世 Benedict XIII *221*
ベノイス、レオンティイ Benois Leontij *171*
ベム、ユゼフ Bem Józef *353*
ベリア、ラヴレンティ Beria Lavrenty *308, 309*
ベルマン、アドルフ Berman Adolf *336, 349*
ベルリンク、ズィグムント Berling Zygmunt *292, 294, 356, 364, 373, 374, 376*
ベロット、ベルナルト Bellotto Bernardo *73*
ホウォフコ、タデウシュ Hołowko, Tadeusz *306*
ボウォンヂ、ルィシャルト（イェジ） Bołądź Ryszard, „Jerzy” *134*
ボクシュチャニン、ヤヌシュ（センク） Bokszczanin Janusz, „Sęk” *28, 38, 40, 42*
ボグスワフスキ、ヴォイチェフ Bogusławski Wojciech *222*
ボグツキ、アンジェイ Bogucki Andrzej *125*
ボグツキ、ロマン（ロマン） Bogucki Roman, „Roman” *239*
ポゴジェルスキ、カジミェシュ（ルィギェル） Pogorzelski Kazimierz, „Rygiel” *229*
ポゴルスキ、タデウシュ（モルファ） Pogorski Tadeusz, „Morwa” *56*
ボジコフスキ、トゥヴィヤ（タデク） Borzykowski Tuwia, „Tadek” *62, 163, 347, 348*
ホーゼンフェルト、ヴィルム Hosenfeld Wilm *128*
ボドゥエン、ピョトル Boduen Piotr *123, 125*
ポニャトフスキ、ユゼフ Poniatowski Józef *106*
ポピェウシュコ、イェジ Popiełuszko Jerzy *100, 350, 352*
ボビクヴナ、ダヌタ（ヴィスワ） Bobikówna Danuta, „Wisła” *79*
ポプワフスキ、ミコワイ Popławski Mikołaj *95*
ボブロフスキ（ルドヴィク二世）、ズィグムント Bobrowski „Ludwik II” Zygmunt *369*
ボボラ、アンジェイ Bobola Andrzej *321*
ポランスキ、ロマン Polański Roman *97, 125, 354*
ボルキェヴィチ、アダム Borkiewicz Adam *29*
ボルツキ、ヘンルィク（チャルヌィ） Borucki Henryk, „Czarny” *42*
ボルトノフスカ、ゾフィヤ Bortnowska Zofia *342*
ボレスワフ五世フスティドリヴィ Bolesław V Wstydliwy *84*
ボロヴィェツ、アンドルー Borowiec Andrew *75*
ボロフスキ、タデウシュ Borowski Tadeusz *356*
ポロフスキ、マルツェリ（ソヴァ） Porowski Marceli, „Sowa” *141, 223*
ホロンジク、タデウシュ（チャルヌィ） Chorążyk Tadeusz, „Czarny” *80*

マ 行

マイギェル、フランチシェク　Majgier Franciszek　*79*

マシィンスキ、マリウシュ　Maszyński Mariusz　*116*

マズルキェヴィチ、ヤン（ラドスワフ）　Mazurkiewicz Jan, „Radosław"　*67, 76, 83, 84, 141, 144, 174, 291, 292*

マズロフスキ、ヴィクトル　Mazurowski Wiktor　*116*

マティヴィェツキ、メナシェ・アナスタズィ　Matywiecki Menashe Anastazy　*160*

マテイコ、ヤン　Matejko Jan　*324*

マティシャクヴナ、イレナ（イタ）　Matysiakówna Irena, „Ita"　*79*

マテツキ、エドヴァルト　Matecki Edward　*158*

マトゥシュキェヴィチ、フェリクス（トゥレク）　Matuszkiewicz Feliks, „Turek"　*369*

マリア・カジミェラ王妃　Maria Kazimiera　*163*

マリノフスキ、エドムント（ムントカ）　Malinowski Edmund, „Mundka"　*270*

マルコフスキ、ヤン（クシシュトフ）　Markowski Jan, „Kszysztof"　*324*

マルゴリス、アリナ　Margolis Alina　*347, 348*

マルゴリソヴァ、アンナ　Margolisowa Anna　*347*

マルチンキェヴィチ、ヴォイチェフ（クブシ）　Marcinkiewicz Wojciech, „Kubuś"　*112, 114, 115*

マルツォニ、ヘンルィク　Marconi Henryk　*99, 229, 267*

マルツォニ、レアンデル　Marconi Leander (Marco Leandro Marconi)　*229*

マルヒニャク、フロリヤン　Marchiniak Florian　*265*

ミェロスワフスキ、アンジェイ（ソヴァ）　Mierosławski Andzej, „Sowa"　*134*

ミコワイチク、スタニスワフ　Mikołajczyk Stanisław　*31, 41, 42, 146, 395, 418-420, 424*

ミツキェヴィチ、アダム　Mickiewicz Adam　*256, 335*

ミツタ、ヴァツワフ（ヴァツェク）　Micuta Wacław, „Wacek"　*89*

ミフニク、アダム　Michnik Adam　*257*

ミフレル、カロル　Michler Karol　*80*

ミュルレル、アレクサンデル（ユレク）　Müller Aleksander, „Jurek"　*115, 120*

ミュルレル、タデウシュ　Müller Tadeusz　*79*

ムニシェフ、ユゼフ・ヴァンダリン　Mniszech Józef Wandalin　*221*

ムンク、アンジェイ　Munk Andrzej　*356*

メルリーニ、ドメニコ　Merlini Domenico　*224, 325*

モクシツキ、マリヤン　Mokrzycki Marian　*231*

モゼレフスキ、カロル　Modzelewski Karol　*257*

モチャル、ミェチスワフ　Moczar Mieczysław　*257*

モチャルスキ、カジミェシュ　Moczarski Kazimierz　*320, 321*

モドロ、イェジ（ラランチャ）　Modro Jerzy, „Rarańcza"　*68*

モニュシュコ、スタニスワフ　Moniuszko Stanisław　*222, 230*

モラチェフスキ、イェンジェイ　Moraczewski Jędrzej　*320*

モルカフスキ、エウゲニュシュ（ムウォデク）　Morkawski Eugeniusz, „Młodek"　*188*

モロゾヴィチ、エウゲニュシュ（ヤネク）　Morozowicz Eugeniusz, „Janek"　*266*

ヤ 行

ヤヴォルスキ、ズビグニェフ　Jaworski Zbigniew　*125*

ヤシェンスキ、ヤン（ヤン・クルル）　Jasieński Jan, „Jan Król"　*254*

ヤシュチュシェプスキ、ステファン（ミウォシュ）　Jastrzebski Stefan, „Miłosz"　*273*

ヤシュチュシェンプスキ、ブロニスワフ　Jastrzębski Bronisław　*80*

ヤツキェヴィチ、ボグダン（ヤヴィチ）　Jackiewicz Bogdan, „Jawicz"　*134*

ヤナシェク、ヴァツワフ（ボレク）　Janaszek Wacław, „Bolek"　*76*

ヤニチェク、ヤン　Janiczek Jan　*116*

ヤヌシュ一世（マゾフシェ候）　Janusz I　*164*

ヤブウォィンスキ、ヴィェスワフ（ウシュチチ） Jabłoński Wiesław, „Łuszczyc” 269
ヤブウォィンスキ、ヘンルィク Jabłoński Henryk 257
ヤプコフスカ、アニェラ Jabłkowska Aniela 216
ヤプコフスキ兄弟 bracia Jabłkowscy 216
ヤホヴィチ、ヴワディスワフ（コナラ） Jachowicz Władysław, „Konara” 178
ヤミョウコフスカ、ヤニナ（スワヴァ） Jamiołkowska Janina, „Sława” 79
ヤルヌシュキェヴィチ、イェジ Jarnuszkiewicz Jerzy 153
ヤン（ネポムクの） Jan Nepomucene (Jan Nepomucký) 220
ヤン三世ソビェスキ Jan III Sobieski 95, 163
ヤン・パヴェウ二世 Jan Paweł II 100, 188, 225, 232
ヤンコフスキ、ヤン・スタニスワフ（ソブル） Jankowski Jan Stanisław, „Sobór” 28, 37, 38, 42, 53, 131, 143, 417-419
ヤンダ、クルィスティナ Janda Krystyna 130
ユジヴィャク、フランチシェク（ヴィトルト） Jóźwiak Franciszek, „Witold” 235
ユシュチャキェヴィチ、スタニスワフ（クバ） Juszczakiewicz Stanisław, „Kuba” 141
ユルチャク、パヴェウ（パヴェルスキ） Jurczak Paweł, „Pawelski” 368

ラ 行

ライネファート、ハインツ Reinefahrt Heinz 74, 83, 102
ラチィンスキ、カジミェシュ Raczyński Kazimierz 155
ラヂヴィウ、ミハウ・ヒェロニム Radziwiłł Michał Hieronim 325
ラヂヴィウ、ヤヌシュ Radziwiłł Janusz 173, 174
ラチュキェヴィチ、ヴワディスワフ Raczkiewicz Władysław 39, 405
ラチュコ、ラファウ Raczko Rafał 79
ラテルネル、レナ Laterner Rena 348
ラトキェヴィチ、スタニスワフ Radkiewicz Stanisław 379, 420
ラノタ、エドヴァルト Lanota Edward 159, 160
ラレヴィチ、マリヤン Lalewicz Marian 130
リェデルヴナ、ゾフィヤ（ステル） Riedelówna Zofia, „Ster” 79
リティンスキ、ヤン Lityński Jan 257
リンゲルブルム、エマヌエル Ringelblum Emanuel 98
リンドレー、ウィリアム Lindley William 48, 49
リンドレー、ウィリアム・ヒーアレイン Lindley William Heerlein 49
ルィヂィンスキ、レオン（ヂョバティ） Rydzyński Leon, „Dziobaty” 62, 345
ルィツ＝シミグウィ、エドヴァルト Rydz-Śmigły Edward 272
ルジャ、イェジ（カクトゥス） Róża Jerzy, „Kaktus” 66
ルジャィンスキ、ヤツェク Różański Jacek 419
ルチィンスキ、アントニ Ruciński Antoni 79
ルトコフスカ、ゾフィヤ（エヴァ） Rutkowska Zofia, „Ewa” 206
ルトコフスキ、ロマン（ルディ） Rudkowski Roman, „Rudy” 421
ルベトキン、ツィヴィヤ（ツェリナ） Lubetkin Cywia (Ziwia), „Celina” 62, 163, 347
レイヘル、アニェラ Reicher Aniela → ウルバノヴィチ、アニェラ
レヴィツカ、ヘレナ Lewicka Helena 126
レヴィツキ、チェスワフ Lewicki Czesław 125
レヴィン、ゾフィヤ Lewin Zofia 124
レヂェイ、ヤン Redzej Jan 122
レック Reck 74
レフ、チェスワフ（ビャウィ） Lech Czesław, „Biały” 166, 167
ロイツェヴィチ、ヘンルィク（レリヴァ） Roycewicz Henryk, „Leliwa” 195
ロヴェツキ、ステファン（グロト） Rowecki Stefan, „Grot” 31, 75, 133, 156, 285, 286
ロキツキ、ユゼフ（カロル） Rokicki Józef, „Karol” 65, 140, 314, 315
ロコソフスキー、コンスタンティ Rokossowski Konstanty 38, 361-365, 374, 404
ロスプィラチュ、アンテク Rozpylacz Antek → ゴドレフスキ、アントニ

ローズヴェルト、フランクリン・デラノ Roosevelt Franklin Delano *184, 395, 396*
ロテム、スィムハ Rotem Symcha *163*
ロドヴィチ、ヴワディスワフ Rodowicz Władysław *340, 341*
ロドヴィチ、エドムント Rodowicz Edmund *341*
ロドヴィチ、カジミェシュ Rodowicz Kazimierz *340*
ロドヴィチ、ズィグムント Rodowicz Zygmunt *342*
ロドヴィチ、スタニスワフ Rodowicz Stanisław *340-342*
ロドヴィチ、スタニスワフ（父） Rodowicz Stanisław *341*
ロドヴィチ、テオドル Rodowicz Teodor *342*
ロドヴィチ、ピョトル Rodowicz Piotr *341, 342*
ロドヴィチ、ヤン（アノダ） Rodowicz Jan, „Anoda" *288, 301, 342*
ロマノフスキ、ベルナルト（ヴォラ） Romanowski Bernard, „Wola" *199*
ロムコフスキ、ロマン Romkowski Roman *419*
ロモツキ、アンジェイ（モッロ） Romocki Andrzej, „Morro" *300, 301*
ローデ、エルネスト Rode Ernest *75*
ロール、ギュンター Rohr Günter *74, 136, 261, 291, 315, 403*
ロレンツ、スタニスワフ Lorentz Stanisław *148, 232*

ワ 行

ワイダ、アンジェイ → ヴァイダ、アンジェイ
ワザロヴィチ、アダム Łazarowicz Adam *320*
ワティショネク、スタニスワフ Łatyszonek Stanisław *292-296*

通り名索引

ポーランド語は「通り」を表す ul.（ulica）を省略して後続する語形を記す。「大通り」を意味する al.（aleja）もしくは Al.（Aleje）がつくものは，通り名のあとに記す。

ア 行

アカデミツカ Akademicka *135*
アニェレヴィチ、モルデハイ Anielewicza Mordechaja *87, 88, 107, 169, 181*
アルミヤ・ルドヴァ（人民軍） Armii Ludowej, aleja *261, 274, 287, 373*
アンデルス将軍、ヴワディスワフ Andersa Władysława, gen. *48, 60, 142, 181, 221, 234, 338*
イェズイツカ Jezuicka *149*
イェロゾリムスキェ Jerozolimskie, Aleje *48, 63, 74, 111-114, 119, 122, 123, 193-196, 201, 235-239, 243-245, 261-267, 274, 284, 291, 375, 408*
ヴァヴェルスカ Wawelska *67-69, 111-113, 115-121, 128*
ヴァリツフ Waliców *102*
ヴァレツカ Warecka *51, 58, 59, 201, 202, 212*
ヴィェイスカ Wiejska *271*
ヴィェジュボヴァ Wierzbowa *52, 60, 61, 171, 219, 232*
ヴィクトルスカ Wiktorska *65, 67, 315, 326*
ヴィシィンスキ枢機卿、ステファン Wyszyńskiego Stefana, ks. Kardynała *77*
ヴィドク Widok *216*
ヴイトフスカ Wójtowska *165, 166*
ヴィブジェジェ・コシチュシュコ Wybrzeże Kościuszkowskie *248, 250*
ヴィブジェジェ・シュチェチィンスキェ Wybr-

zeże Szczecińskie 367, 376
ヴィラノフスカ Wilanowska 292, 293, 296, 298-304
ヴィルチャ Wilcza 47, 65, 275-278, 284, 326
ヴィレィンスカ Wileńska 362, 369
ヴェステルプラッテ Westerplatte 353
ヴェンギェルスカ Węgierska 111
ヴォイスカ・ポルスキェゴ Wojska Polskiego, aleja 335
ヴォウォスカ Wołoska 329
ヴォルスカ Wolska 76-82, 90-97, 104, 408
ヴォロニチ、ヤン・パウェウ Woronicza Jana Pawła 313, 325, 329, 330
ヴォンスキ・ドゥナイ Wąski Dunaj 149, 153, 155
ヴジェシィンスカ Wrzesińska 367
ウニヴェルスィテツカ Uniwersytecka 120, 135
ウヤズドフスキェ Ujazdowskie, Aleje 64, 65, 135, 193, 271, 274, 285-287
ウルスィノフスカ Ursynowska 316, 328
ヴロニャ Wronia 78, 101, 102
エレクツィイナ Elekcyjna 93, 94
エレクトラルナ Elektoralna 76, 103, 104, 227
エレクトルィチュナ Elektryczna 248
オクシェヤ、ステファン Okrzei Stefana 296, 367, 376
オクルニク Okólnik 252, 253
オグロドヴァ Ogrodowa 76, 97, 104
オクロンク Okrąg 298
オコポヴァ Okopowa 74, 83-85, 88, 353
オシュミャィンスカ Oszmiańska 362
オストロルク、ヤン Ostroroga, Jana 83, 84
オチュコ、ヴォイチエフ Oczki Wojciecha 129, 130
オディニェツ、アントニ・エドヴァルト Odyńca Antoniego Edwarda 314, 328-331
オパチェフスカ Opaczewska 112, 116, 117
オボジナ Oboźna 247, 254
オルディナツカ Ordynacka 201

カ 行

カジミェショフスカ Kazimierzowska 316, 326
カノニャ Kanonia 148, 149
カメドゥウフ Kamedułów → グヴィャジヂスタ
カリスカ Kaliska 111, 119
カロルコヴァ Karolkowa 78, 81, 83
ギバルスキ、エドヴァルト Gibalskiego Edwarda 97
キリィンスキ、ヤン Kilińskiego Jana 141, 154, 349
グヴィャジヂスタ Gwiaździsta 335
クウォポト Kłopot 62
クウォポトフスキ神父、イグナツィ Kłopotowskiego Ignacego, ks. 367, 378
クシヴェ・コウォ Krzywe Koło 149, 349
グジボフスカ Grzybowska 78, 101, 102, 105, 107, 176, 195, 218, 219, 237
クションジェンツァ Książęca 262, 267, 272, 274, 291, 292
クラコフスキェ・プシェドミェシチェ Krakowskie Przedmieście 54, 60, 107, 139, 183, 193, 196-202, 219, 228, 247, 253, 256
クラシツキ、イグナツィ Krasickiego Ignacego 331
クラシィンスキ、ズィグムント Krasińskiego Zygmunta 61, 62, 201, 337-339, 343-346, 350
グラニチュナ Graniczna 231
グルイェツカ Grójecka 111-120, 133, 135, 136, 408
グルチェフスカ Górczewska 90-92
クルチャ Krucza 64, 262, 268, 279
グルノシロンスカ Górnośląska 65, 67. 302
クルレフスカ Królewska 60, 175, 231
クレディトヴァ Kredytowa 202, 229-231
クレホヴィェツカ Krechowiecka 344
グロットゲル、アルトゥル Grottgera Arutura 44, 328
クロフマルナ Krochmalna 78, 101, 102, 174
ゲットー英雄 Bohaterów Getta 177, 180, 323
ゲンシャ Gęsia 87, 218
ケンプナ Kępna 366, 367
コジェノフスキ、ユゼフ Korzenowskiego Józefa 112
コシコヴァ Koszykowa 44, 69, 130, 206, 208, 275, 280, 287, 301, 342
コシチェルナ Kościelna 164, 165

ゴシチィンスキ、セヴェルィン　Goszczyńskiego Seweryna　*314, 330*
コジラ　Koźla　*155*
コノプニツカ、マリヤ　Konopnickiej Marii　*272, 273, 292*
コピィンスカ　Kopińska　*119, 120*
コペルニク、ミコワイ　Kopernika Mikołaja　*212, 248*
コンヴィクトルスカ　Konwiktorska　*139, 168, 187, 189*
コンドゥクトルスカ　Konduktorska　*315*

サ 行

ザグルナ　Zagórna　*66, 67, 292, 302*
ザクロチムスカ　Zakroczymska　*62, 159, 165, 166*
ザメンホフ、ルドヴィク　Zamenhofa Ludwika　*63, 169*
サピェジィンスカ　Sapieżyńska　*187*
ザモイスキ、ヤン　Zamojskiego Jana　*366, 377*
ザヨンチェク、ユゼフ　Zajączka Józefa　*335, 350*
サングシュコ、ロマン　Sanguszki Romana　*139, 165-168*
シェラコフスキ、ユゼフ　Sierakowskiego Józefa　*367-369*
ジェラズナ　Żelazna　*27, 81, 90, 97-102, 194, 195, 237, 238*
ジェルナ　Zielna　*216, 317, 231, 284*
ジェレニェツカ　Zieleniecka, aleja　*376, 377*
シェンキェヴィチ、ヘンルィク　Sienkiewicza Henryka　*63, 64, 212, 215*
ジトニャ　Żytnia　*82, 83*
シニャデツキフ　Śniadeckich　*281, 408*
シフィェルチェフスキ将軍、カロル　Świerczewskiego Karola, gen.　*173*
シフィェントイェルスカ　Świętojerska　*155, 180-185*
シフィェントクシスカ　Świętokrzyska　*63, 87, 171, 194, 195, 201-206, 210-212, 284*
シフィェントヤィンスカ　Świętojańska　*142, 149, 151*
11月11日　11 Listopada　*369*
シュストラ　Szustra　*64, 313*
シュピタルナ　Szpitalna　*215*
シュフ、ヤン・フルィスティヤン　Szucha Jana Chrystiana, aleja　*65, 261, 274, 287, 305, 324*
シリスカ　Śliska　*39, 41*
スォヴァツキ、ユリウシュ　Słowackiego Juliusza　*338, 339, 343, 350, 352*
ズウォタ　Złota　*205, 212, 213*
スキェルニェヴィツカ　Skierniewicka　*73, 90, 91*
スクウォドフスカ＝キュリー、マリヤ　Skłodowskiej-Curie Marii　*117*
ズゴダ　Zgoda　*63, 64, 215, 216*
シコルスキ、ヴワディスワフ　Sikorskiego, Władysława　→　イェロゾリムスキェ
スコルプカ、イグナツィ・ヤン　Skorupki Ignacego Jana　*279, 411, 412*
スジン、パヴェウ　Suzina Pawła　*339, 343*
スタネク神父、ユゼフ　Stanka Józefa, ks., aleja　*297, 301*
スタフキ　Stawki　*76, 84, 88, 141, 142, 169*
ストウェチュナ　Stołeczna　→　ポピェウシュコ神父、イェジ
ストポヴァ　Stopowa　*332*
スピスカ　Spiska　*285*
スムリコフスキ、ユリアン　Smulikowskiego Juliana　*248, 252*
スモルナ　Smolna　*252*
スレブルナ　Srebrna　*73*
セナトルスカ　Senatorska　*59, 60, 135, 141, 171, 175, 219-222, 225, 232-234*
1920年のワルシャワの戦い　Bitwy Warszawskiej 1920 r.　*113*
センヂョフスカ　Sędziowska　*127, 128*
千年首座大司教　Prymasa Tysiąclecia, Al.　*92*
ソヴィンスキ、ユゼフ　Sowińskiego Józefa　*96*
ソコウォフスカ　Sokołowska　*90-92*
ソリダルノシチ　Solidarności, aleja　*60, 77, 81, 90, 101, 173, 177-180, 221, 232, 338, 362, 366, 367, 370, 377, 378*
ソルナ　Solna　*103*
ソレツ　Solec　*67, 292, 296-301, 304*
ゾンプコフスカ　Ząbkowska　*362, 370, 371*

タ 行

ダニウォヴィチョフスカ　Daniłowiczowska　*60, 61, 171, 176, 225*
タムカ　Tamka　*248-252*
タルゴヴァ　Targowa　*362, 366-368, 377, 378*
タルチィンスカ　Tarczyńska　*111, 115*
チェシュコフスキ、アウグスト　Cieszkowskiego Augusta　*342, 343*
チェプワ　Ciepła　*195*
ヂェルナ　Dzielna　*74, 85, 86, 107, 108, 204, 210*
チェルニャコフスカ　Czerniakowska　*267, 291-293, 296, 298, 301-306, 313*
ヂカ　Dzika　*63*
ヂャウドフスカ　Działdowska　*91*
チャツキ、タデウシュ　Czackiego Tadeusza　*199*
ディグナシィンスキ、アドルフ　Dygnasińskiego Adolfa　*346*
ティシュキェヴィチ、エウスタヒ　Tyszkiewicza Eustachy　*73*
トヴァロヴァ　Towarowa　*73, 104, 111, 236, 237-239, 319*
ドウゥガ　Długa　*51, 87, 141, 142, 154, 158, 160, 165, 171, 174, 176-181, 183-189, 204, 219, 224*
トウォマツキェ　Tłomackie　*88, 142, 224*
ドヴォルコヴァ　Dworkowa　*65, 66, 316, 326-328*
ドウゴシュ、ヤン　Długosza Jana　*81*
トゥレツカ　Turecka　*332*
トピェル　Topiel　*57, 58, 247*
ドブラ　Dobra　*149, 243, 248, 391*
トラウグット、ロムアルト　Traugutta Romaluda　*199, 202*
トレンバツカ　Trębacka　*60, 219*
ドンブロフスキ、ヤロスワフ　Dąbrowskiego Jarosława　*64-67, 326*

ナ 行

ナ・スカルピェ　Na Skarpie, aleja　*272*
ナビェラク、ルドヴィク　Nabielaka Ludwika　*332*
ナムィスウォフスカ　Namysłowska　*380*
ナルブット、ルドヴィク　Narbutta Ludwika　*125, 313, 330*
ナレフキ　Nalewki　*177, 180, 181, 218*
ニェポドレグウォシチ　Niepodległości, aleja　*37, 68, 69, 113, 121, 125-128, 261, 281, 282, 313, 314, 323, 329-331*
ノアコフスキ、スタニスワフ　Noakowskiego Stanisława　*125, 261, 280-282*
ノヴィ・シフィャト　Nowy Świat　*51, 55, 58, 171, 193, 195, 201, 202, 215, 239, 245, 264, 265, 267*
ノヴィニャルスカ　Nowiniarska　*62, 183*
ノヴィ・プシェヤスト　Nowy Przejazd　*61, 232*
ノヴォヴィェイスカ　Nowowiejska　*125, 261, 281, 282, 408*
ノヴォグロツカ　Nowogrodzka　*123, 124*
ノヴォシェレツカ　Nowosielecka　*304, 305*
ノヴォミェイスカ　Nowomiejska　*149, 154, 155, 157, 160*
ノヴォリプキ　Nowolipki　*107, 108*

ハ 行

パィンスカ　Pańska　*27-29, 131, 238, 319*
パヴィヤ　Pawia　*85, 86*
バウツキ、ミハウ　Bałuckiego Michała　*326*
ハウビィンスキ、ティトゥス　Chaubińskiego Tytusa　*125, 128*
バガテラ　Bagatela　*305*
八月六日　6-go Sierpnia　→　ノヴォヴィェイスカ
バナフ、ステファン　Banacha Stefana　*113*
バルシュチェフスカ　Barszczewska　*349*
バルスカ　Barska　*111, 119, 133-135*
バルティツカ　Bartycka　*298, 303*
バロコヴァ　Barokowa　*76, 87, 141, 154, 204, 386*
ピウス十一世　Piusa XI　*87, 195, 205, 264, 278, 280, 281, 284*
ピヴナ　Piwna　*142, 149-151, 155*
ピェカルスカ　Piekarska　*154, 155*
ビェニェヴィツカ　Bieniewicka　*349*
ビェラィンスカ　Bielańska　*107, 135, 170-176, 222, 233, 234*
ピェンクナ　Piękna　*87, 195, 205, 264, 275, 281, 284, 285*
ヒポテチュナ　Hipoteczna　*172*
ビャウォストツカ　Białostocka　*370*
ビャウォブジェスカ　Białobrzeska　*119, 120*

ファワト、ユリアン　Fałata Juliana　*317*
フィルトロヴァ　Filtrowa　*29, 126, 127, 130, 131, 202, 408*
フウォドナ　Chłodna　*28, 38, 76, 77, 97-104, 194, 224, 227, 408*
プウォツカ　Płocka　*73, 81, 91, 92, 159*
プウク、アダム　Pługa Adama　*120*
フォクサル　Foksal　*264*
フォルテチュナ　Forteczna　*339-341, 346*
ブガイ　Bugaj　*162*
ブジェスカ　Brzeska　*362, 370, 371*
プシェムィスウォヴァ　Przemysłowa　*292*
プシェヤスト　Przejazd　*83, 177*
プシオコポヴァ　Przyokopowa　*105-107*
ブジョゾヴァ　Brzozowa　*149*
プシルィネク　Przyrynek　*164*
フスプルナ　Wspólna　*129*
フミェルナ　Chmielna　*193, 215, 216, 224, 237*
ブラツカ　Bracka　*215, 216, 265-267*
フランチシュカィンスカ　Franciszkańska　*62*
フランツスカ　Francuska　*361*
ブルコヴァ　Brukowa　→　オクシェヤ、ステファン
プルジュナ　Próżna　*217*
プルス、ボレスワフ　Prusa Bolesława　*272, 273*
フレタ　Freta　*62, 141, 156-160, 163, 165, 185*
ブロヴァルナ　Browarna　*393*
プロクラトルスカ　Prokuratorska　*67-69, 121*
プロスタ　Prosta　*27, 163, 238*
プロムィク、カジミェシュ　Promyka Kazimierza　*296, 337, 339, 346-348*
プロメナダ　Promenada　*332*
フロリヤィンスカ　Floriańska　*378*
プワフスカ　Pławska　*65, 66, 125, 313-316, 323-328, 332*
ベルヴェデルスカ　Belwederska　*291, 314, 332*
ベルギイスカ　Belgijska　*66*
ホウォフコ、タデウシュ　Hołowki Tadeusza　*305, 306*
ポヴォンスコフスカ　Powązkowska　*239, 353*
ホジャ　Hoża　*278, 279, 412*
ポズナィンスカ　Poznańska　*206, 278, 351*
ホズユシュ、スタニスワフ　Hozjusza Stanisława　*351*
ポドヴァレ　Podwale　*90, 141, 142, 149, 153, 154, 157, 351*
ボドゥエン、ガブリエル・ピョトル　Boduena Gabriela Piotra　*212, 215*
ポトツカ　Potocka　*349*
ポトホロンジフ　Podchorążych　*305, 313*
ボニフラテルスカ　Bonifraterska　*62, 139, 141, 168, 182, 185, 188, 189*
ポニャトフスキ、ユゼフ　Poniatowskiego, Józefa　*406*
ポピェウシュコ神父、イェジ　Popiełuszki Jerzego, ks.　*61, 63, 335, 343-345, 352*
ポフシィンスカ　Powsińska　*306*
ボホモレツ、フランチシェク　Bohomolca Franciszka　*337*
ボボラ、アンジェイ　Boboli Andrzeja　*321, 323*
ポルナ　Polna　*324*
ボレシチ　Boleść　*160, 162*

マ 行

マゾヴィェツカ　Mazowiecka　*52, 60, 61, 171, 194, 202, 229, 230*
マダリィンスキ、アントニ・ユゼフ　Madalińskiego Antoniego Józefa　*65, 324, 326*
マルシャウコフスカ　Marszałkowska　*44, 63, 64, 81, 193, 195, 216, 219, 231, 236, 238, 261, 274-276, 305, 323, 338, 412*
マルチェフスキ、アントニ　Marczewskiego Antoniego　*328, 329*
マルチンコフスキ、カロル　Marcinkowskiego Karola　*362, 368*
ミツキェヴィチ、アダム　Mickiewicza Adama　*337-339, 349, 350*
ミャノフスキ、ズィグムント　Mianowskiego Zygmunta　*120*
ミョドヴァ　Miodwa　*55, 60, 62, 139, 181-187, 201, 219*
ミレツキ、ユゼフ　Mireckiego Józefa　*84, 85*
ミワ　Miła　*88*
ムィシャ　Mysia　*265*
ムウィナルスカ　Młynarska　*73, 81-84*
ムラノフスカ　Muranowska　*84, 168, 187, 189*
モストファ　Mostowa　*62, 157-162*

モニュシュコ、スタニスワフ　Moniuszki Stanisława　*205, 206, 209, 212, 389*
モフナツキ、マウルィツィ　Mochnackiego Maurycego　*115, 135*

ヤ 行

ヤギェロィンスカ　Jagiellońska　*366, 367*
ヤスナ　Jasna　*44, 87, 194, 202-204, 206*
ヤン・パヴェウ二世　Jana Pawła II, aleja　*27, 102, 104, 107, 108, 218, 235*
ヨテイコ、タデウシュ　Joteyki Tadeusza　*111, 119*

ラ 行

ラコヴィェツカ　Rakowiecka　*317, 320-323, 326*
ラシィンスカ　Raszyńska　*111*
ラトゥショヴァ　Ratuszowa　*370*
リゴツカ　Ligocka　*326*
リポヴァ　Lipowa　*243*
ルィツェルスカ　Rycerska　*154*
ルィバキ　Rybaki　*160*
ルィマルスカ　Rymarska　*63*
ルヴォフスカ　Lwowska　*69, 280, 281, 284*
ルジナ　Różna　*316*
ルドナ　Ludna　*267, 292*
レシチィンスカ　Leszczyńska　*248*
レシュノ　Leszno　*77, 79, 83, 90, 173, 234*
レドゥトヴァ　Redutowa　*93-95*
ロズブラト　Rozbrat　*267, 292*
ロヂンコヴァ　Rodzynkowa　*298*

ワ 行

ワジェンコフスカ　Łazienkowska　*292*
ワシントン、ジョージ　Waszyngtona Jerzego, aleja　*375*

メモリアルスポット索引

ア 行

「赤い家」　*162*
青物市場　→　ジェレニャク収容所
アドリア（ダンスホール）　Adria　*206, 209, 389*
イタリアの家　Dom Włoskiego　*272*

映画館

ナポレオン映画館　Kino Napoleon　*269-272*
パラデュム映画館　Kino „Palladium"　*195, 205, 210-213, 285*

駅

グダィンスキ駅　Dworzec Gdański　*141-143, 335, 338, 343, 346, 350, 363*
郵便駅　Dworzec Pocztowy　*123, 194, 195, 237, 238*
ワルシャワ・ヴィェデインスキ（ウィーン）駅　Warszawa Wiedeński　*193, 236*
ワルシャワ・ヴィレィンスカ（ヴィルノ）駅　Warszawa Wileńska (Dworzec Wileński)　*362, 367, 377, 378, 380*
ワルシャワ・グウゥヴナ駅　Warszawa Główna（Dworzec Główny）　*39, 236-238, 262*
ワルシャワ・グダィンスカ駅　Warszawa Gdańska　*201, 350*
ワルシャワ・シルドミェシチェ駅　Warszawa Śródmieście　*236*
ワルシャワ中央駅　Warszawa Centralna　*235, 236*
ワルシャワ西駅　Warszawa Zachodnia (Dworzec Zachodni)　*411*
ワルシャワ東駅　Warszawa Wschodnia (Dworzec

Wschodni) 362

カ 行

学生寮（ナルトヴィチ広場の） Dom Akademicki 111, 135, 136

学校・大学
ヴワディスワフ四世記念第８中学校 VIII Liceum Ogólnokształcące im. Władysława IV w Warszawie 367, 369
ショパン音楽大学 Uniwersytet Muzyczny Fryderyka Chopina 252, 253
聖キンガ普通学校 Szkoła Św. Kingi 84, 85
ヤドヴィガ女王記念ギムナジウム Królowej Jadwigi Gimnazjum 269-271
ヤドヴィガ女王記念国立中高等学校 Państwowe Gimnazjum I Liceumu im. Królowej Jadwigi 329
ワルシャワ工科大学 Politechnika Warszawska 69, 125, 135, 152, 257, 261-263, 280-284, 313, 405
ワルシャワ工科大学建築学部 Architektury Wydział Politechniki Warszawskiej 261, 280-284
ワルシャワ大学 Uniwersytet Warszawski 48, 135, 199, 243, 244, 253-257, 280, 283, 313, 411
ワルシャワ大学図書館 Biblioteka Uniwersytetu Warszawskiego (BUW) 243

カフェクラブ（ドイツ人の） 195, 239

監獄・刑務所
「アレヤ・シュハ」（ゲシュタポ本部） Aleja Szucha 65, 261, 274, 283, 317, 323, 340, 342
オチュコ通りの政治監獄 128, 129
ダニウォヴィチョフスカ刑務所 317
パヴィヤク監獄 Więzienie Pawiak 87, 88, 93, 107, 108, 179, 233, 234, 283, 317, 318, 323, 340, 366
モコトゥフ監獄（刑務所） Więzienie mokotowskie 230, 317-321
ラコヴィェツカ刑務所 → モコトゥフ監獄（刑務所）

旧兵器庫 Arsenał 176-178, 323

記念碑・記念像
ヴォラ地区の五万人犠牲者を悼むモニュメント 77
「打ち負かされざる戦死者」のモニュメント 97
ウムシュラークプラッツ Umschlagplatz 169, 170
キリィンスキ記念像 Pomnik Jana Kilińskiego 154, 200, 201
クチェラ襲撃記念碑 286
工兵を讃えるモニュメント Pomnik „Chwała Saperom" 297
コペルニクス記念像 Pomnik Mikołaja Kopernika 200, 201, 253
ズィグムント三世像の円柱 Kolumna Zygmnta III 147
聖ヤン・ネポムク像 Pomnik św. Jana Nepomucena 60, 219, 220
1939年9月のワルシャワ防衛戦のモニュメント 114
ソ連軍に感謝する「戦友記念碑」 Pomnik Braterstwa Broni 377
ソ連軍による東方侵略の犠牲者を悼む記念碑 Pomnik Poległych i Pomordowanych na Wschodzie 168, 189
小さな蜂起兵像 Pomnik Małego Powstańca 90, 153, 154
ニケの像（1939～45年、ワルシャワ英雄記念碑） Nike (Pomnik Bohaterom Warszawy 1939-1945) 232
人魚像（旧市街広場） Pomnik Syrenki 153, 246
人魚像（シフィエントクシスキ橋） Pomnik Syreny 245, 246, 250, 317
ベルリンク記念像 Pomnik gen. Zygmunta Berlinga 373, 374
ポーランド軍第三歩兵師団のチェルニャクフ支援記念碑 296-298
ポーランド兵士（ヴィスワ川左岸に手を差し伸べる）記念像 367, 376, 377
モンテ・カッシーノ戦闘記念碑 Pomnik Bitwy o Monte Cassino 186, 187
ユゼフ・ポニャトフスキ像 Pomnik Księcia Józefa Poniatowskiego 106, 228, 243
ユダヤ人の受難と闘争を記念するルート（記憶の

ルート） *169*
連合軍機パイロットの記念碑 *95, 375, 376*
ロヴェツキ（ステファン）記念像 Pomnik Stefana Roweckiego *285, 286*
ワルシャワ蜂起記念碑 Pomnik Powstania Warszawskiego *51, 52, 153, 183, 189*
ワルシャワ蜂起最年少兵士記念碑 Pomnik Najmłodszym Żołnierzom Powstańców Warszawy *351*

宮殿

王宮 Zamek Królewski *146-149, 182, 243*
オストログスキ宮殿 Pałac Gnińskich-Ostrogskich *253*
クラシィンスキ宮殿 Pałac Krasińskich *142, 180-186*
クルリカルニヤ Królikarnia *315, 324, 325, 329*
クロネンベルク宮殿 Pałac Kronenberga *227*
サスキ宮殿 Pałac Saski *194, 226*
スタシツ宮殿 Pałac Staszica *199*
バデニ宮殿 Pałac Badenich *181, 185*
ブランク宮殿 Pałac Blanka *222-226, 306*
ブリュール宮殿 Pałac Brühla *74, 103, 226, 227*
文化科学宮殿 Pałac Kultury i Nauki, PKiN *235, 236, 262*
ベルヴェデル宮殿 Pałac Belwederski *317*
ムニシェフ宮殿 Pałac Mniszchów *221*
モストフスキ宮殿 Pałac Mostowskich *142, 177*
ヤブウォノフスキ家宮殿 Pałac rodziny Jabłonowskich *222-224, 226, 232*
ラチィンスキ宮殿 Pałac Raczyńskich *87, 154, 155, 204*
ラヂヴィウ宮殿 Pałac Przebendowskich-Radziwiłłów *142, 171, 173, 177, 179, 181*

教会・修道院

イエズス会の家 Jezuickiego Dom Pisarzy *321*
エヴァンゲリツコ・アウグスブルスキ教会 Kościół Ewangelicko-Augsburski *229*
カノニチュキ修道院 Klasztor Kanoniczek *223-225*
サクラメント教会 Kościół Sakramentek *163, 164*
三位一体教会 Kościół św. Trójcy *301*
使徒聖アンジェイ教会 Kościół św. Andrzeja Apostoła → カノニチュキ修道院
諸聖人の教会 Kościół Wszystkich Świętych *218*
聖アウグスティン教会 Kościół św. Augustyna *107, 108*
聖アレクサンデル教会 Kościół św. Aleksandra *262, 267-269*
聖アンジェイ・ボボラ聖所 Sanktuarium św. Andrzeja Bobola *321, 322*
聖アントニ・パデフスキ教会 Kościół św. Antoniego Padewskiego *175, 222, 233, 234*
聖ヴァヴジィンツァ教会 Kościół św. Męczenników Wawrzyńca i Stanisława *79, 95*
聖ヴォイチェフ教会 Kościół parafii św. Wojciecha *76, 90, 91, 411*
聖カロル・ボロメウシュ教会 Kościół św. Karola Boromeusza *99, 103, 104*
聖クレメンス・ドヴォジャク教会 Kościół św. Klemensa Dworzaka *78*
聖十字架教会 Kościół św. Krzyża *195, 196, 198-202, 217, 247, 248, 253, 254*
聖スタニスワフ教会 → 聖ヴォイチェフ教会
聖スタニスワフ・コストカ教会 Kościół św. Stanisława Kostki *100, 350, 351*
聖フロリアン大聖堂 Katedra św. Floriana *244, 367, 378*
聖母教会 → 聖ヤクプ教会
聖母訪問修道女教会 Kościół Siostr Wizytek *253*
聖母マリアのイエズス会修道会教会 Kościół OO. Jezuitów *149*
聖母マリア訪問教会 Kościół Nawiedzenia Najświętszej Marii Panny *142, 164*
聖マリア・マグダレナ正教会 Cerkiew św. Marii Magdaleny *367, 378*
聖マルチン教会 Kościół św. Marcina *149, 150, 155, 156*
聖ヤクプ教会 Kościół św. Jakuba *113, 132, 133, 136*
聖ヤツェク教会 Kościół św. Jacka *155, 157*
聖ヤン教会（ボニフラテル修道会付属） Kościół O. Bonifratrów św. Jana Bożego *187*
聖ヤン大聖堂 Archikatedra św. Chrzciciela *142,*

149, 151, 182
チェンストホヴァの聖母マリア教会　Kościół Matki Bożej Częstochowskiej　*302*
ナザレ修道院　Klasztor Nazaretanek　*304-306*
福音改革派教会 Kościół Ewangelicko-Reformowany　*234*
復活修道会　Zgromadzenie Sióstr Zmartwychwstanek　*343-345*
無原罪聖母教会　Kościół Niepokalanego Poczęcia Najświętszej Marii Panny　→　聖ヤクブ教会
野戦聖堂　Katedra Polowa W.P.　*185*

軍事地理協会　Wojskowy Instytut Geograficzny　*122, 123*

劇 場
スタラ・プロホヴニャ劇場　Teatr-Stara Prochownia　*160, 161*
大劇場　Teatr Wielki　*222, 226, 232, 306*

公園・緑地
アルカディア公園　Park Arkadia　*324*
イリング公園　Skwer im. Mirosława Iringha　*301*
ウヤズドフスキ公園　Park Ujazdowski　*261*
クラシィンスキ公園　Ogród Krasińskich　*87, 141, 174, 175, 180, 181, 184-187, 204, 219, 386*
サスキ公園　Ogród Saski　*63, 70, 74, 103, 107, 170, 174-176, 219, 223, 226-229, 234*
ジヴィチェルの兵士記念公園　Park Żołn. Żywiciela　*352*
ジュロフスキ公園　Skwer A. Żurowskiego　*370*
ソヴィンスキ将軍記念公園　Park im. Gen. Sowińskiego　*93, 94*
ドレシェル公園　Park Dreszera　*328*
パデレフスキ（イグナツィ）記念スカルィシェフスキ公園　Park Skaryszewski im. Ignacego Paderewskiego　*375-377*
プラスキ公園　Park Praski　*366*
ポピェウシュコ神父記念緑地　*100, 101*
モコトフスキ公園　Pole Mokotowskie　*275*
モルスキェ・オコ公園　Park Morskie Oko　*315, 324, 327*
ルィツ＝シミグウィ記念公園　Park Kultury im. Rydza Śmigłego　*272*
ワジェンキ公園　Park Łazienkowski　*48, 65, 67, 303, 313, 314, 317*

工 場
カムレルの工場　*74, 86, 87, 210, 384*
国立造幣工場　Polska Wytwórnia Papierów Wartościowych（PWPW）　*139, 164-168, 181, 182*
コネセル・ヴォトカ工場　Koneser, Warszawska Wytwórnia Wódek　*370, 371*
ハベルブッシュ＆シェーレのビール醸造工場　Haberbusch i Schiele　*102*
フラナシェク（ユゼフ）の工場　*81*

国立経済銀行　Bank Gospodarstwa Krajowego (BGK)　*262*
国民記憶院　Instytut Pamięci Narodowy, IPN　*104, 105*
国家森林管理局　Dyrekcja Lasów Państwowych　*111, 112*

サ 行

裁判所
控訴裁判所　Sąd Apelacyjnego　→　バデニ宮殿
最高裁判所　Sąd Najwyższy　*104, 181-183*

ザヘンタ　Zachęta (Towarzystwo Zachęty Sztuk Pięknych)　*229*
市庁舎　Ratusz　*141, 143, 211, 222-226*
市庁舎（現在の）　*221*
司法省ビル　→　ラチィンスキ宮殿

収容所
アウシュヴィッツ（オシフィェンチム）強制収容所　Auschwitz-Birkenau　*88, 122, 179, 233, 318, 340*
ヴィッテル中継収容所　Vittel　*179*
オスタシュクフ（収容所）　Ostaszków　*308, 309*
グロス・ロゼン強制収容所　Gross-Rosen　*265*
ゲンシュフカ強制収容所　Gęsiówka　*87-89, 170, 349*
コジェルスク（収容所）　Kozielsk　*308, 309*
ザクセンハウゼン強制収容所　Sachsenhausen

74, 285
ジェレニャク収容所　Zieleniak　112-119, 123
スタロビェルスク（収容所）　Starobielsk　308, 309
ダッハウ強制収容所　Dachau　88, 223
ドランシー中継収容所　Drancy　179
トレブリンカ絶滅収容所　Treblinka　86, 97, 98, 169, 170, 219
プルシュクフ中継収容所　Pruszków　66, 76, 91, 92, 115, 117, 128, 145, 247, 274, 316, 347, 410, 411, 414
マイダネク強制収容所　Majdanek　88, 340
マウトハウゼン強制収容所　Mauthausen　167
ラングヴァッセル（捕虜収容所）　Langwasser　415, 416

10周年記念スタジアム　Stadion Dziesięciolecia　→　ナショナル・スタジアム
小PASTA　Mała PAST-a　205, 281, 284, 285
新聞ビル（マルシャウコフスカ通り）　274, 275
スタシツ団地　Kolonia Staszca　67-69, 111, 112, 115, 116, 127
政治科学アカデミー　Akademia Nauki Politycznych　111, 120
青年教育センター（アントニンの）　Młodzieżowy Ośrodek Wychowawczy　111, 133-136
「潜水艦」（秘密通信局）„Łódź Podwodna"　339-342

タ 行

大シナゴーグ　Wielka Synagoga　88, 229
チェルニャクフのアパート　97
チェルニャクフの丘　Kopiec Czerniakowski　303
中央浄水場　Filtry Wodociąg Centralny　122, 130
中央郵便局（現在の）　Poczta Polska　203, 205, 212
中央郵便局（戦前の）　193, 194, 210, 212
貯金局（ペカオ）　Powszechna Kasa Oszczędności (PKO)　87
ツーリスト・ビル　Dom Turysta　122, 123, 194, 319
鉄道管理局（プラガ）　362, 366-369
鉄道職員住宅　195, 237, 238
屠畜市場跡（プラガ）　367

ナ 行

ナショナル・スタジアム　Stadion Narodowy　376

ナチス・ドイツ
オジャルフのドイツ軍司令部　405
ナチス警察本部　195, 198, 199, 217, 254
ノルトヴァッヘ（ドイツ軍警察）　Nordwache　101, 194, 224
保安警察東部警備局（プラガ）　Abschnitt Wache Ost der Schutzpolizei　362, 366-368

ナポレオン・カフェ　Kawiarnia Napoleonka　57, 59

ハ 行

博物館
ヴォラ博物館　Muzeum Woli　73
カティン博物館　Muzeum Katyńskie　306-309
神の僕イェジ・ポピェウシュコ神父記念館　351
考古学博物館　→　旧兵器庫
国立博物館　Muzeum Narodowe　148, 201, 267, 269, 274
ショパン博物館　Muzeum Fryderyka Chopina　253
地質学博物館　Muzeum Ziemi　272, 273
彫刻博物館（ドゥニコフスキの）　325
ポーランド軍事博物館　Muzeum Wojska Polskiego　254, 274, 308
マリヤ・スクウォドフスカ＝キュリー記念博物館　Muzeum Marii Skłodowskiej-Curie　160
民族学博物館　Muzeum Archeologiczne　177
民族学博物館（クレディトヴァ通り）　Muzeum Etnograficzne　229
ユダヤ歴史博物館　Żydowski Instytut Historyczny　98
ワルシャワ蜂起博物館　Muzeum Powstania Warszawskiego　105-107, 157, 172, 254, 383, 400, 410
ワルシャワ歴史博物館　Muzeum Historyczne Miasta Stołecznego Warszawy　211

パサシュ・シモンサ　Pasaż Simonsa　176-178, 181

橋

キェルベチ橋　Most Kierbedzia　*56, 76, 122, 142, 149, 295, 362, 365*

グダィンスキ橋　Most Gdański　*365*

グロト＝ロヴェツキ橋　Most Grota-Roweckiego　*365*

シェキェルコフスキ橋　Most Siekierkowski　*365*

シフィェントクシスキ橋　Most Świętokrzyski　*245, 246, 250, 317, 365*

シレドニツォヴィ橋　Most Średnicowy　*295, 296, 365*

シロンスコ・ドンブロフスキ橋　Most Śląsko-Dąbrowski　*149, 365, 370*

ツィタデラ下橋　Most pod Cytadelą　*295*

ポニャトフスキ橋　Most Józefa Poniatowskiego　*114, 122, 237, 248, 274, 292, 295, 296, 362, 365, 375*

ワジェンコフスキ橋　Most Łazienkowski　*365, 373, 374*

ＰＡＳＴＡ電話局ビル　gmach Stacji Telefonów Polskiej Akcyjnej Spółki Telefonicznej　*182, 194, 195, 199, 216, 217, 231*

ＰＡＳＴＡ電話局（プラガ）　*362, 370, 371*

発電所　Elektrownia Miejska　*244, 248-254, 279, 284*

パワツィク・ミフラ（ミハウの屋敷）　Pałacyk Michla　*80, 81*

飛行場

オケンチェ空港　Okęcie　*111, 355, 404, 419*

ビェラヌィ飛行場　Bielany　*335, 357*

広 場

市場広場（旧市街）　Rynek Starego Miasta　*140, 143, 148, 152-155, 193*

インヴァリドゥフ（戦傷者）広場　Plac Inwalidów　*335*

ウィルソン広場　Plac Wilsona　*62, 335, 337-339*

王宮広場　Plac Zamkowy　*139, 140, 142, 146-149, 171, 193*

銀行広場　Plac Bankowy　*59, 60, 175, 181, 193, 219-222*

グジボフスキ広場　Plac Grzybowski　*217, 218*

クラシィンスキ広場　Plac Krasińskich　*51-53, 58, 60, 62, 104, 106, 139, 143, 153, 171, 172, 181, 183-186, 189, 201, 386*

劇場広場　Plac Teatralny　*52, 60, 61, 141, 142, 193, 194, 222-224, 233, 306*

ザヴィシャ広場　Plac Zawiszy　*111*

サスキ広場　→　ピウスツキ元帥広場

三十字架広場　Plac Trzech Krzyży　*64, 193, 262, 265, 267-269, 271, 272, 274, 291*

ジェラズナ・ブラマ広場　Plac Żelaznej Bramy　*76, 103, 174-176, 195, 224, 228*

新市街（ノヴェミャスト）広場　Rynek Nowego Miasta　*155, 163, 193*

ズヴィチェンストフォ（勝利）広場　→　ピウスツキ元帥広場

スタジィンスキ広場　→　銀行広場

スタルィンキェヴィチ広場　Plac Starynkiewicza　*122, 123, 194-196, 319*

ヂェルジィンスキ広場　→　銀行広場

ドンブロフスキ広場　Plac Jana Henryka Dąbrowskiego　*194, 202, 216*

ナポレオン広場　→　ワルシャワ蜂起者広場

ナルトヴィチ広場　Plac Gabriela Narutowicza　*111-113, 130, 132, 135, 136*

バナフ広場　Hala Banacha　*115, 122*

ピウスツキ元帥広場　Plac Marszałka Józefa Piłsudskiego　*52, 61, 193, 194, 223-228, 231*

マワホフスキ広場　Plac Małachowskiego　*52, 61, 194, 229*

ミロフスキ市場（広場）　Hale Mirowskie　*70, 76, 102, 103, 175, 176, 368*

ルブリン合同広場　Plac Unii Luberskiej　*65, 274, 275*

ワルシャワ蜂起者広場　Plac Powstańców Warszawy　*28, 171, 193-195, 203, 210-212, 387, 389*

病 院

ヴォルスキ病院　Szpital Wolski　*73, 92, 93, 159*

ウヤズドフスキ病院　Szpital Ujazdowski　*222*

エルジュビェタ修道女病院　Szpital Siostr Elżbietanek　*314, 330*

聖スタニスワフ病院　Szpital św. Stanisława　*73, 78, 79*

聖ヤン病院　Szpital Św. Jana Bożego　*141*
聖ワザシュ病院（シルドミェシチェ南）　Szpital św. Łazarza　*267, 292*
聖ワザシュ病院（ヴォラ地区）　*79*
ピウスツキ病院　Szpital Józefa Piłusdskiego　*126*
ボニフラテル病院　*188*
マルタィンスキ戦時病院　wojskowy Szpital Maltańskiego　*141, 222*

ＰＫＯ（郵便貯金銀行）ビル　zespół gmachów Pocztowej Kasy Oszczędności　*130, 194, 195, 203-206, 389*
フキェルのワイン貯蔵所　*58, 152*
プルデンシャル・ビル　Prudential　*194, 195, 203, 210-212, 389*

墓地
ヴォルスカ正教会墓地　Prawosławny Cmentarz Wolski　*93*
エヴァンゲリツコ・アウグスブルスキ墓地　Cmentarz Ewangelicko-Augsburski　*81-83, 250*
軍人墓地　Cmentarz Wojskowy　*226, 250, 265, 266, 301, 306, 343, 353*
コムナルヌィ墓地　→　軍人墓地
スタレ・ポヴォンスキ墓地　→　ポヴォンスキ墓地
ポヴォンスキ墓地　Cmentarz Powązkowski　*83, 142, 250, 336, 384*
パルミルィ（共同墓地）　Palmiry　*357*
ブルドノ墓地　Cmentarz Bródnowski　*361, 362*
プロテスタント改革派墓地　Cmentarz Ewang. Reformowany　*82*
プロテスタント墓地　*48, 74, 76, 81-83*
ムスリム墓地　Muzułmański Cmentarz Kaukaski　*82*
無名戦士の墓　Grób Nieznanego Żołnierza　*226, 228*
ユダヤ人墓地（オコポヴァ通り）　Cmentarz Żydowski przy ulicy Okopowej　*48, 74, 76, 83-86, 97, 353*
ユダヤ人墓地（オドロヴォンジャ通り）Cmentarz Żydowski przy ulicy Odrowąża　*362*
ワルシャワ蜂起者墓地　Cmentarz Powstańców Warszawy　*77, 96*

ボドゥエン神父の家　*123, 124*

ホテル
ヴィクトリア　Victoria　*202-204*
ヴィクトリア（ソフィテル）　Sofitel Victoria　*227, 229*
シェラトン　Shelaton　*271, 272*
フレデルィク・ショパン（メルキュール）　Mercure Fryderyk Chopin　*218, 219*
ホテル・ポルスキ　Hotel Polski　*174, 179*
ポロニヤ　Polonia Palace Hotel　*262*
ヤン三世ソビェスキ　Jan III Sobieski　*111, 115, 124*
ラディソン　Radisson SAS Centrum　*219*
ワルシャワ　Hotel Warszawa　*212*

ポーランド共和国議会　Sejm i Senat R.P. (Rzeczypospolitej)　*269, 272*
ポーランド電話会社ビル　→　PASTA ビル

マ 行

マリヤ・スクウォドフスカ＝キュリー腫瘍学研究所　*111, 117, 118*

ヤ 行

ヤイチャルニャ　Jajczarnia　*278*
ヤプコフスキ兄弟の百貨店　*215, 216*
ユダヤ人学生寮（プラガ）　*378, 379*
ユダヤ人集合住宅（プルジュナ通り）　*217, 218*
ユダヤ評議会（ユーデンラート）の建物　*98, 219*

要塞・蜂起拠点
アルカザル要塞　Alkazar　*314, 330, 331*
アントニン養育者施設　Zakład Wychowawczy „Antonin”　*111, 133-136*
ヴァヴェルスカ要塞　Reduta Wawelska　*67-69, 111-113, 120, 121*
カリスカ要塞　Reduta Kaliska　*67, 111-113, 118-121*
クチィンスキ要塞　Reduta Kuczyńskich　*266*

軍団要塞　Fort Legionów　*167*
５６番要塞　Reduta nr 56　*94, 95*
ジェラズナ要塞　Żelazna Reduta　→　郵便駅、鉄道職員ビル
ジラルト・バリケード　Barykad Żyrardów　*176*
聖キンガ要塞　Twierdza św. Kingi　*84, 85*
聖母マリア要塞　Reduta Matki Boskiej　*174, 179, 180*
ソヴィンスキ要塞　→　５６番要塞
チェルニャクフ要塞　Fort Czerniakowski　*295, 306*
ツィタデラ　Cytadela　*48, 62, 141, 167, 307, 317, 335, 339, 350, 363*
トラウグット要塞　Fort Traugutta　*363*
ドンブロフスキ要塞　Fort im. Jana Henryka Dąbrowskiego　*307, 314*
ナザレ修道院要塞　Twierdza Nazaretanek　*305*
復活修道会要塞　Twierdza zmartwychwstanek　*343, 344*
プデウコ要塞　Pudełko　*331, 332*
ポーランド銀行要塞　Reduta Bank Polski　*107, 139, 142, 170-175, 234*
マグネト要塞　Reduta "Magnet"　*332*

ラ 行

ルジツキ市場　Bazar Różyckiego　*366*
ルベツキ団地　Kolonia Lubecki　*115, 116*
聾唖盲人協会　Instytut Głuchoniemych i Ociemniałych　*269, 270*
労働局　Arbeitsamt　*194, 229*

ワ 行

ＹＭＣＡ　Chrześcijańskie Stowarzyszenie Młodzieży Męskiej　*269, 273, 292*
ワルシャワ動物園　Ogród Zoologiczny　*167*

軍組織・団体・機構名索引

ア 行

ウクライナ蜂起軍（UPA）　Ukrajińska Powstańska Armija　*33*
英国空軍（RAF）　Royal Air Force　*383-385, 388-391*
　第１７爆撃飛行中隊　*376*
　第１４８爆撃師団（航空師団）　*96, 384, 388, 390, 400*
　第１７８爆撃師団（航空師団）　*385, 388, 400*

カ 行

合衆国空軍　*384, 396*
合衆国陸軍・第８航空師団　*398, 400*
カトリック国民組織連合　Federacja Organizacji Narodowo-Katolickich „UNIA"　*232*
挙国一致評議会（RJN）　Rada Jedności Narodowej　*28, 37, 53, 85, 143, 208, 251, 403, 418, 419*
挙国一致臨時政府（TRJN）　Tymczasowy Rząd Jedności Narodowej　*160, 418, 419, 424*
勤労党　Stronnictwo Pracy　*232*
軍事情報　Informacja Wojskowa　*129*
軍事組織連合　Związek Organizacji Wojskowych　*318*
警察機動隊（ZOMO）　Zmotoryzowane Odwody Milicji Obywatelskiej　*257*
ケディフ（破壊攪乱工作指導部）　Kierownictwo Dywersji (KEDYW)　*84-86, 170, 319, 354, 356*
公安局（UB）　Urząd Bezpieczeństwa Publicznego　*129, 301, 319, 320, 378-380, 419, 426*
公安省（MBP）　Ministerstwo Bezpieczeństwa Publicznego　*129, 287, 342, 379, 380, 419*

公安庁　Resort Bezpieczeństwa Publicznego　*379*
公安部（内務省公安部、SB）　Służba Bezpieczeństwa Ministerstwa Spraw Wewnętrzynych　*129, 379*
国内軍（AK）　Armia Krajowa
　イェジキ特別蜂起部隊　„Jerzyki" Powstańcze Oddziały Specjalne　*99*
　イェレミ中隊　kompania „Jeremi"　*218*
　イェレィン師団　dywizjon „Jeleń"　*275*
　ヴァヴェル（サボタージュ組織）　Wawer　*354*
　ウカシィンスキ大隊　batalion „Łukasiński"　*171, 172, 176-178, 183*
　ウニア大隊　batalion UNIA　*231, 232*
　オアザ大隊　batalion „Oaza"　*307*
　オアザ-ルィシ大隊　batalion „Oaza-Ryś"　*315*
　オルザ大隊　batalion „Olza"　*315*
　ガルウフ歩兵連隊　Pułk Piechoty „Garłuch"　*354, 355*
　カルパティ大隊　batalion „Karpaty"　*315, 329*
　キリィンスキ大隊　batalion „Kiliński"　*194, 195, 210, 212, 216-218, 223, 263, 355*
　グスタフ大隊　batalion „Gustaw"　*153, 154, 185*
　グスタフ中隊　kompania „Gustaw"　*354*
　クバ・ソスナ軍団　zgrupowanie „Kuba-Sosna"　*55, 141, 354, 355*
　　クルィスカ軍団　zgrupowanie „Kryska"　*67, 291-293, 295, 300, 301, 354*
　クルィバル軍団　„Krybar" Grupa　*199, 232, 253, 354*
　グルト軍団　zgrupowanie „Gurt"　*218, 354*
　ゴルスキ大隊　batalion „Golski"　*68, 280-282*
　コンラト部隊　Grupa „Konrad"　*252*
　ザレンバ－ピョルン大隊　batalion „Zaremba-Piorun"　*278*
　ジニヴィャシュ軍団　zgrupowanie „Żniwiarz"　*352*
　ジビク軍団　zgrupowanie „Żbik"　*352*
　ジャグロヴィェツ軍団　zgrupowanie „Żaglowiec"　*352*
　ジュブル軍団　zgrupowanie „Żubr"　*352*
　ジミャ軍団　zgrupowanie „Żmija"　*352*
　ジラファ軍団　zgrupowanie „Żyrafa"　*344, 345, 352*
　　第227スカウト小隊　*345*
　スワフボル軍団　zgrupowanie „Sławbor"　*271*
　総司令部　Komenda Główna Armii Krajowej (KGAK)　*28, 37, 50-53, 64, 74, 76, 85-87, 131, 141-144, 154, 155, 172, 195, 203-205, 210, 281, 284, 285, 316, 356, 384, 386, 403, 404*
　造幣工場地下部隊 PWB17　Podziemna Wytwórnia Banknotów　*165, 166*
　ソクウ大隊　batalion „Sokół"　*265, 266*
　ゾシカ大隊　batalion „Zośka"　*82-85, 87-89, 100, 175, 187, 188, 272, 288, 293, 294, 300, 301, 342, 354, 355*
　ソスナ軍団　zgrupowanie „Sosna"　*56, 172*
　　ゴズダヴァ大隊　batalion „Gozdawa"　*165, 166, 172, 177, 183, 187, 223, 225*
　第27ヴォウィン歩兵師団　*33*
　第1662部隊　*368, 371*
　第1663小隊　*368*
　第1664小隊　*371*
　第1806師団　*224*
　チャルニェツキ大隊　batalion „Czarniecki"　→ゴズダヴァ大隊
　チュシャスカ軍団　zgrupowanie „Trzaska"　*55*
　　ヴィグルィ大隊　batalion "Wigry"　*89, 152, 165, 354*
　　ヂク大隊　batalion „Dzik"　*108, 151, 161*
　ディスク（女性破壊妨害工作部隊）　„Dysk" (Dywersja i Sabotaż Kobiet)　*84, 188*
　ナウェンチュ突撃大隊　batalion szturmowego „Nawęcz"　*223-225*
　灰色部隊　Szare Szeregi　*115, 201, 252, 265-267, 283, 300, 306, 323, 342, 345*
　バウティク大隊　batalion „Bałtyk"　*315*
　バシュタ連隊　płuk „Baszta"　*140, 291, 304, 305, 314, 324-332, 354, 372*
　　ヴィトハラ中隊　kompania „Withala"　*332*
　バルトキェヴィチ軍団　zgrupowanie „Bartkiewicz"　*229, 231*
　ハルナシ大隊　batalion „Harnaś"　*199, 354*
　フヴァツキ部隊　oddział „Chwacki"　*354*

ブロダ大隊　batalion „Broda"　*83, 84*
フロブルィ一世大隊　batalion „Chrobry I"　*101, 102, 156, 157, 177, 178, 190*
フロブルィ二世軍団　zgrupowanie „Chrobry II"　*122, 218, 237-239, 319, 354*
ベウト大隊　batalion „Bełt"　*263, 354*
保安軍団突撃大隊　*173, 224*
ポーランド・サンディカリスト同盟第104中隊　104. Kompania Syndykalistów Polskich　*152, 161, 165, 166, 182, 183*
マチェイ・ラタイ記念第10師団　dywizjon 10 im. Macieja Rataja　*328*
ミウォシュ大隊　batalion „Miłosz"　*272, 273*
ヤロスワフ・ドンブロフスキ記念大隊　batalion im. Jarosława Dąbrowskiego　*339*
ユリウシュ特別部隊　oddział specjalnego „Juliusz"　*60, 174, 219*
ラドスワフ軍団　zgrupowanie „Radosław"　*82-87, 140, 141, 175, 181, 185-188, 291-295, 297-300, 354*
　コレギウムA　Kolegium A　*84, 89*
　チャタ49大隊　batalion „Czata 49"　*60, 84, 174, 175, 187, 190, 219, 267, 292, 354*
　パラソル大隊　batalion „Parasol"　*80, 82, 84, 89, 181-185, 223, 286, 287, 292, 306, 354*
　ピェンシチ大隊　batalin „Pięść"　*84, 187, 188, 354*
　ブロダ53旅団　brygada „Broda 53"　*187, 300*
　ミョトワ大隊　batalion „Miotła"　*84, 174, 187, 188, 354*
　ルィシャルト部隊　„Ryszard"　*199*
ルチャイ大隊　batalion „Ruczaj"　*284*
ルク軍団　zgrupowanie „Róg"　*55, 141, 148, 151, 182*
　ボィンチャ大隊　batalion „Bończa"　*148-151, 182*
ルブリン・ウワン連隊　Pułk Ułanów Lubelskich　*275*
ルム軍団　zgrupowanie „Rum"　*218*
レヴァル中隊　kompania „Lewar"　*199*
レシニク軍団　zgrupowanie „Leśnik"　*166, 223, 354*
　ロムアルト・トラウグット師団　dywizjon Romualda Traugutta　*300*
　ワルシャワ管区司令部　Komenda Okręgu Warszawskiego Armii Krajowej (KOWAK)　*29, 39, 50-52, 65, 83, 87, 130, 131, 140, 144, 174, 194, 195, 202, 204-206, 212, 314, 356, 363, 403*
　　第1地区（シルドミェシチェ）　*140, 149, 193, 244*
　　第2地区（ジョリボシュ）　*140, 335, 346, 352*
　　第3地区（ヴォラ）　*73, 140*
　　第4地区（オホタ）　*111, 119-121, 134*
　　第5地区（モコトゥフ）　*140, 307, 308, 313*
　　第6地区（プラガ）　*361, 367, 369-372*
　　第7地区「オブロジャ」(周辺郊外地区)　*193, 278*
　　第8地区（オケンチェ）　*193*
　　北部軍団　Grupa „Północ"　*51-56, 83, 131, 140, 155, 174*
　　中央区軍団　Grupa „Śródmieście"　*140*
　　南部軍団　Grupa „Południe"　*140*

国内軍情報宣伝局　Biuro Informacji i Propagandy KG AK　*205, 207, 275, 283, 314, 320*
国内（被占領地）政府代表部　Delegatura Rządu na Kraj　*37, 43, 53, 85, 131, 141, 143, 244, 251, 264, 265, 279, 394, 407, 417-419*
国内（被占領地）政府ワルシャワ地区代表部　*223*
国民急進陣営　Obóz Narodowo-Radykalny（ONR）　*426*
国民武装勢力　Narodowe Siły Zbrojne（NSZ）　*123, 237, 238, 287, 425, 426*
国内武装勢力代表部　Delegatura Sił Zbrojnych na Kraj　*425*
国内保安軍団　Korpus Bezpieczeństwa Wewnętrznego　*379*

サ 行

市民闘争指導部　Kierownictwo Walki Cywilnej (KWC)　*43, 198, 207, 264, 279, 284, 394, 417*
自由と独立　Wolność i Niezawisłość (WiN)　*287, 319, 320, 379, 425*
人民軍　Armia Ludowa (AL)　*36, 145, 159-163, 197,*

234, 235, 272, 295, 301, 337, 338, 344, 345, 354, 405, 408
チュファルタクフ大隊　batalion AL im. Czwartaków　161, 234, 352, 355
人民防衛軍　Gwardia Ludowa (GL)　160, 167, 239, 272
スミェルシュ（ソ連軍諜報機関）　Smiersz　129
全国国民評議会　Krajowa Rada Narodowa (KRN)　160, 369
「潜水艦」（地下通信局）　„Łódź Podwodna"　339-342
ソ連共産党　379
ソ連軍　33-42, 129, 168, 186, 196, 211, 247, 292-295, 298, 338, 362-366, 389, 393, 404
ソ連赤軍　32, 88, 143, 197, 363, 364, 373, 375, 377

タ 行

第1ヴェステルプラッテ英雄機甲師団　1. Brygady Pancernej im. Bohaterów Westerplatte　363
第1コシチュシュコ師団　I Dywizja Piechoty im. Tadeusza Kościuszki　292, 355, 363, 373, 375
第13機甲連隊　Pułku Artylerii Pancernej　363
中央保護協議会　Rada Główna Opiekuńcza (RGO)　198, 280, 305
ディルレワンガー（オスカー）突撃部隊　Grupa Szturmowa Oskara Dirlewangera　74-77, 83, 102, 194, 223, 233, 238, 299
ドイツ軍　32-38, 143, 151, 155, 166, 170, 173, 177, 196, 261, 292, 314, 325, 350, 365
ヴィーキング師団　Viking SS Division　42, 115, 254, 315
第19機甲師団　19th Panzer Division　315, 337
第73歩兵師団　73rd Infantry Division　315
トーテンコップフ機甲師団　Totenkopf SS Panzer Division　42
ヘルマン・ゲーリング機甲師団　Herman Goering Panzer Division　42, 237, 315
ドイツ国防軍　Wehrmacht　102, 127, 226
ドイツ第9軍　German 9th Army　227
独立　Niepodległość（NIE）　319, 425

ナ 行

内務人民委員部（NKVD）　Narodnyj Komissariat Vnutrennikh Del　33, 34, 100, 129, 169, 174, 308, 309, 318-320, 378-380, 418-420, 425, 426
ナチス親衛隊　Schutzstaffel (SS)　68, 74, 81, 88, 103, 112, 117, 120, 134, 170, 227, 286, 321, 322, 329, 369, 407
ナチス犯罪調査委員会　Główna Komisja Badania Zbrodni Hitlerowskich w Polsce　77
ニェ（地下組織）→ 独立
農民党　Stronnictwo Ludowe (SL)　417, 418

ハ 行

ＢＢＣ放送　211, 386, 399, 416, 418, 424
武装親衛隊　Waffen SS　227, 361
武装闘争同盟（ZWZ）　Związek Walki Zbrojnej　30, 100, 320, 346, 417
プルデンシャル保険会社　Prudential Assurance Company Limited　210
ベラルーシ第一方面軍　1 Frontu Białoruskiego (First Byelorussian Front)　38, 361, 362, 374, 404
ベルリンク部隊 → ポーランド第一軍第1歩兵師団（コシチュシュコ師団）
保安警察　Schutzpolizei　367, 368
亡命政府代表部 → 国内（被占領地）政府代表部
ポーランド愛国者同盟　Związek Patriotów Polskich (ZPP)　36-39, 42
ポーランド共産党（KPP）　Komunistyczna Partia Polski　36, 129, 320, 321
ポーランド共和国臨時政府（RTRP）　Rząd Tymczasowy Republiki Polskiej　379
ポーランド軍（在ロンドン）　33, 35-40, 144, 211, 385, 395
空軍第1586エスカドラ飛行中隊　1586 Eskadra Specjalnego Przeznaczenia (Squadron 1586)　384, 385, 390, 391, 400
パラシュート旅団　40, 212, 356, 383, 385
ポーランド社会党（PPS）　Polska Partia Socjalistyczna　320, 339, 418
ポーランド人民軍（PAL）　Polska Armia Ludowa　42, 197, 345
ポーランド赤十字　Polski Czerwony Krzyż　403, 411, 413
ポーランド第一軍　1. Armii Wojska Polskiego

33-36, 294-301, 315, 337, 338, 349, 355, 363, 373-376, 410
第１歩兵師団（コシチュシュコ師団） *292, 355, 363, 373, 375*
第２歩兵師団 *296, 337*
第３歩兵師団 *292-297*
ポーランド第二軍 2. Armii Wojska Polskiego *186, 375*
ポーランド軍事情報中央本部 Główny Zarząd Informacji Wojska Polskiego *129*
ポーランド国民委員会（KNP） Komitet Narodowy Polski *375*
ポーランド国民解放委員会（PKWN） Polski Komitet Wyzwolenia Narodowego *36-38, 41, 105, 363, 379, 417, 418*
ポーランド勝利奉仕団 Służba Zwycięstwu Polski (SZP) *30*
ポーランド政府(ロンドン) Rząd Rzeczypospolitej Polskiej na uchodźstwie *31, 32, 36, 38-40, 74, 131, 196, 198, 211, 251, 265, 276, 319, 390, 407, 418*
ポーランド統一労働者党 Polska Zjednoczona Partia Robotnicza (PZPR) *80, 104, 107, 123, 256, 257, 303, 309, 318, 374, 376-380, 426*
ポーランド農民党 Polskie Stronnictwo Ludowe (PSL) *420*
ポーランド文学者同盟 Związek Literatów Polskich *257*
ポーランド・スカウト連合 Związek Harcerstwa Polskiego (ZHP) *270, 273, 282*
ポーランド労働者党 Polska Partia Robotnicza (PPR) *145, 239*

マ 行

南アフリカ第31航空師団 31 Dywizjonu bombowego SAAF *184, 385, 388-391, 400*
民警 Milicja Obywaterska（MO） *380*
モルジュ戦線 Front Morges *375*

ヤ 行

ユダヤ軍事同盟 Żydowski Związek Wojskowy （ŻZW） *189*
ユダヤ人援助評議会（ジェゴタ） Rada Pomocy Żydom (Żegota) *124, 208, 232, 284, 317*
ユダヤ戦闘組織 Żydowska Organizacja Bojowa （ŻOB） *49, 62, 86, 88, 145, 160-163, 188, 189, 234, 235, 336, 346, 348*
ユダヤ評議会（ユーデンラート） Judenrat (Rada Żydowska or Jewish Council) *219*

ラ 行

ライネファート部隊 *76, 194*
ラジオ放送局・シフィト（夜明け） Świt *208, 209*
ラジオ放送局・ブウィスカヴィツァ（稲妻） Radiostacja „Błyskawica” *146, 194, 197, 205-209, 278, 279, 421*
ラジオ放送「自由ヨーロッパ」 Radio Free Europe (RFE) *424*
ラジオ放送「タデウシュ・コシチュシュコ」 Radiostacja im. Tadeusza Kościuszki *208*
ルブリン委員会 → ポーランド国民解放委員会
連合国軍 *184, 187, 196*
連帯（自主独立労働組合・連帯） Niezależny Samorządny Związek Zawodowy „Solidarność” *106, 107, 153, 188, 225, 350, 374, 376, 377*
「ロナ」旅団 Russkaya Osvoboditelnaya Narodnaya Armiia *67, 68, 74, 75, 112-123, 128, 134, 237, 238*
ロンドン亡命政府 → ポーランド政府(ロンドン)

ワ 行

ワルシャワ蜂起記憶協会 Stowarzyszenie Pamięci Powstania Warszawskiego 44 r. *189*
ワルシャワ蜂起者協会 Stowarzyszenie Powstańców Warszawskich *190*
ワルシャワ蜂起者同盟 Związek Powstańców Warszawskich *189, 190*

地域・地区・地名索引

ア 行

イェルサレム　Jerusalem　*132*
インスブルック　Innsbruck　*417*
ヴァウ・ルダ村　Wał-Ruda　*40*
ヴィシュクフ　Wyszków　*283*
ヴィスワ川　Wisła　*35-40, 42, 48, 67, 73-76, 100, 113, 120, 123, 131, 139, 141, 148, 151, 158, 161, 173, 193, 196, 197, 203, 243-246, 250, 252, 291, 294-301, 315, 337, 338, 344, 355-357, 361-368, 371-378, 396, 404, 418-420, 424*
ヴィルニュス　→　ヴィルノ
ヴィルノ　Wilno　*34, 35*
ウィーン　Vienna　*186*
ヴウォツワヴェク　Włocławek　*100*
ヴウォヒ　Włochy　*111, 348*
ヴォウィン　Wołyń　*33, 35, 190*
ヴォウォミン　Wołomin　*27, 28, 42, 362*
ヴォルヒニャ　Volhynia　→　ヴォウィン
ウッチ　Łódź　*257*
ウルスィヌフ　Ursynów　*379*
ウルスス　Ursus　*111*
ヴロツワフ　Wrocław　*257, 265*
オクニェフ　Okuniew　*27, 42, 362*
オシフィェンチム　Oświęcim　*133, 318*
オジャルフ　Ożarów　*405, 409*
オスタシュクフ　Ostaszków　*308, 309, 356*
オトフォツク　Otwock　*37*

カ 行

カティン　Katyń　*32, 115, 168, 169, 187, 308, 309, 340, 341, 352*
ガリツィヤ　Galicia　*34*
ガルヴォリン　Garwolin　*38*
キエフ　Kiev　*340*
キェルツェ　Kielce　*421, 426*
クラクフ　Kraków　*40, 47, 146, 184, 257, 345, 383, 414, 419, 421, 422*
グリヴィツェ　Gliwice　*422*
クルスク　Kursk　*31*
グルスク　Grósk　*100*
グルンヴァルト　Grunwald　*186*
グロヂスク　Grodzisk　*348*
ケーニヒスベルク　Koenigsberg　*385*
コウォブジェク　Kołobrzeg　*398*
コジェルスク　Kozielsk　*186, 308, 309, 356*
コルディッツ　Colditz　*416*
コンスタンチノープル　Constantinople　*132*

サ 行

ザクセンハウゼン　Sachsenhausen　*74, 285*
シェキェルキ　Siekierki　*372, 373*
ジェシュフ　Rzeszów　*320, 426*
シェチヒ　Sieczychy　*282, 283*
ジブラルタル　Gibraltar　*286*
シベリア　Siberia　*168, 320*
シャフハウゼン　Schaffhausen　*423*
シュトゥットガルト　Stuttgart　*422*
シュトゥトフォ　Sztutowo　*372*
ジュネーブ　Geneva　*423*
ジラルドゥフ　Żyrardów　*38*
スキェルニェヴィツェ　Skierniewice　*38, 74, 410*
スターリングラード　Stalingrad　*31, 172*
スタロビェルスク　Starobielsk　*308, 309, 356*
ストックホルム　Stockholm　*39*
スモレンスク　Smolensk　*168, 308*
スレユフ　Sulejów　*384*
ゼグジェ　Zegrze　*340*
ソハチェフ　Sochaczew　*415*

タ 行

チェンストホヴァ　Częstochowa　*132, 180, 206, 417*
ドニエプル川　Dnieper　*366*
トブルク　Tobruk　*386*
トルィン　Toruń　*100, 257, 399*
ドンブロヴァ・ヂェカヌフ村　Dąbrowa-Dzieka-

nów 399

ナ 行

ニュルンベルク Nuremberg 308, 422
ノヴォグルデク Nowogródek 34

ハ 行

バーゼル Basel 423
パデュア Padua 220
パリ Paris 160, 424
ハルクフ Charków 308, 309
ビャウィストク Białystok 426
ピャストゥフ Piastów 414
ピョトルクフ Piotrków 384, 421
ビルケナウ → ブジェジンカ
ファレーズ Falaise Gap 386
ファレニツァ Falenica 37
ブィドゴシュチュ Bydogoszcz 100
プウォツク Płock 399
ブカレスト Bucharest 385
ブク川 Bug 36
ブジェジンカ Brzezinka 318
ブジェスコ Brzesko 40
プシェブラセ Przebraze 33
フライブルク Freiburg 422
プルシュクフ Pruszków 115, 148, 280, 316, 320, 321, 380, 414, 418, 419
ブリンディジ Brindisi 39, 40, 184, 203, 383, 384, 421
プロイェシュティ Ploesti 385
プワーヴィ Puławy 317
ヘウム Chełm 36, 41
ベルリン Berlin 104, 174, 308
ベルン Bern 423
ペンチツェ Pęcice 112
ポトコヴァ・レシナ Podkowa Leśna 92, 280, 349, 417
ボフニャ Bochnia 383
ボヘミア Bohemia 220

マ 行

ミウォスナ Miłosna 27
ミェドノイェ Miednoje 308, 309
ミュンヘン München 424
ムウォチヌィ Młociny 38
モスクワ Moscow 36, 41, 42, 186, 280, 379, 387, 394, 418, 419, 424
モドリン Modlin 38, 340, 357
モンテ・カッシーノ Monte Cassino 186, 187, 386

ヤ 行

ヤルタ Yalta 416, 417
ユゼフフ Józefów 37

ラ 行

ラヂミン Radzymin 27, 28, 42, 362
ラドシチ Radość 27
ラドム Radom 40
ラングヴァッセル Langwasser 415, 416
リヴィウ → ルヴフ
リヨン Lyon 424
ルヴフ Lwów 34, 35
ルブリン Lublin 33, 34, 38, 39, 88, 418, 426
レグニツァ Legnica 185
ロゴジニツァ Rogoźnica 265
ローマ Rome 268
ロンドン London 31, 36, 38, 39, 131, 172, 184, 197, 203, 207, 208, 211, 280, 284, 319, 345, 383, 385-389, 404, 417-424

ワ 行

ワルシャワ Warszawa
　ヴィェジュブノ Wierzbno 313
　ヴィグレンドゥフ Wyględów 313
　ヴィラヌフ Wilanów 66, 306
　ヴォラ Wola 48, 73-108, 111, 123, 139-141, 145, 159, 175, 187, 194, 204, 206, 210, 222, 227, 235, 237, 301, 353, 384, 407, 408, 414
　ウルルィフフ Ulrychów 73
　オホタ Ochota 29, 48, 67, 76, 111-136, 139, 141, 202, 285, 323
　カンピノスの森 Puszcza Kampinoskiej 99, 132, 140, 142, 239, 335, 336, 346, 350-353, 356, 362, 372, 373, 385, 388-391
　クサヴェルフ Ksawerów 313

グロフフ　Grochów　*362*
コウォ　Koło　*73*
サスカ・ケンパ　Saska Kępa　*293-296, 298, 361-363*
サディバ　Sadyba　*66, 112, 140, 291, 306, 313, 314, 362, 373*
シェルツェ　Sielce　*140, 291, 305, 313, 314, 362*
シチェンシリヴィツェ　Szczęśliwice　*111*
ジョリボシュ　Żoliborz　*42, 48, 50, 51, 55, 61-63, 132, 140, 142-145, 160, 163, 174, 183, 196, 198, 201, 276, 292, 296, 315, 325, 335-357, 363, 366, 404, 412*
シルドミェシチェ　Śródmieście　*47, 48, 51-55, 57-70, 113, 119, 121, 130, 139-145, 151, 157, 170-172, 174-178, 243-245, 295, 313-316, 325, 326, 329, 335, 337, 363, 403*
　シルドミェシチェ・プウノツネ（中央区北）　Śródmieście północne　*99, 120, 125, 174, 193-239, 261, 262, 269, 274, 284, 408*
　シルドミェシチェ・ポウゥドニョヴェ（中央区南）　Śródmieście południowe　*125, 193, 196, 205, 261-288, 408*
スウジェヴィェツ　Służewiec　*313*
スタルフカ　Starówka　*48, 50-52, 55-63, 76, 132, 139-190, 193, 195, 204, 213, 219, 220, 233, 243-245, 291, 344, 345, 350, 354, 408*
スタレミャスト　Stare Miasto　→　スタルフカ
ステグヌィ　Stegny　*313*
センコチィンの森　Las Sękocińskich　*136*
ソレツ　Solec　*48, 153, 243, 246, 295, 298*
タムカ　Tamka　*243*
タルグヴェク　Targówek　*362*
チェルニャクフ　Czerniaków　*48, 66, 67, 140, 145, 170, 181, 182, 197, 198, 243, 262, 267, 272, 273, 291-309, 313, 315, 325, 337, 354, 363, 366, 374, 420*
チステ　Czyste　*73*
ノヴェミャスト　Nowe Miasto　*139, 142, 151, 155, 159, 161, 164*
ビェラヌィ　Bielany　*48, 335, 346, 349, 352, 353, 357*
プラガ　Praga　*28, 48, 141, 196, 197, 203, 292, 338, 344, 361-380, 403, 404, 419*
　スタラ・プラガ　Stara Praga　*362, 366*
　ノヴァ・プラガ　Nowa Praga　*362, 367*
ブルドノ　Bródno　*361, 362*
　ノヴェ・ブルドノ　Nowe Bródno　*361*
ベモヴォ　Bemowo　*353*
ホイノフスキの森　Las Chojnowskich　*112, 113, 134, 305, 388, 390*
ポヴィシレ　Powiśle　*48, 140, 145, 151-153, 193, 195, 213, 215, 231, 243-257, 264, 267, 279, 284, 296, 314, 391, 404, 411*
ポヴォンスキ　Powązki　*145, 346*
マリェンシュタト　Mariensztat　*243*
マルィモント　Marymont　*48, 140, 296, 335, 337, 346, 349, 352*
ミハウゥフ　Michałów　*362*
ミルフ　Mirów　*73*
ムウィヌフ　Młynów　*73*
ムラヌフ　Muranów　*48, 73, 140, 193*
モコトゥフ　Mokotów　*47, 48, 64-68, 113, 121, 125, 140, 145, 196, 198, 291, 293, 299, 302-306, 313-332, 337, 363, 366, 372, 373, 404, 412, 421*
　上モコトゥフ　Górny Mokotów　*66, 313, 314, 332*
　下モコトゥフ　Dolny Mokotów　*66, 291, 313, 314, 332*
ラコヴィェツ　Rakowiec　*111*

著者紹介

尾崎俊二（おざき・しゅんじ）

1946年、兵庫県生まれ。

著書に、『記憶するワルシャワ――抵抗・蜂起とユダヤ人援助組織 ŻEGOTA・ジェゴタ』（光陽出版社、2007年）、同書の英語訳 *WARSAW: THE CITY OF MEMORIES —Resistance, Uprising and the Council for Aid to Jews, ŻEGOTA*（光陽出版社、2008年）、『ザ・ワールド・スピークス――英語で読み解く現代世界』（リベルタ出版、1993年）がある。『増補 平和博物館・戦争資料館ガイドブック』（歴史教育者協議会編、青木書店2004年）では、ポーランドの「トレブリンカ・戦闘と受難の博物館」「ワルシャワ・ツィタデラ10号博物館」「シュトゥットホーフ国立博物館」の項目を執筆。

ワルシャワ蜂起《ほうき》　一九四四年の六三日

2015年12月1日　第1刷発行

定価はカバーに
表示してあります。

著　者　尾　崎　俊　二
発行者　橋　本　盛　作

発行所　株式会社　御茶の水書房
〒113-0033　東京都文京区本郷5-30-20
電話 03-5684-0751 ／ FAX 03-5684-0753

印刷・製本　モリモト印刷株式会社

ISBN978-4-275-02032-1 C3022　Printed in Japan